LÓGICA 6: *Los absolutos son inobtenibles.*

LÓGICA 7: *Las escalas de gradiente son necesarias para la evaluación de los problemas y sus datos.*

Esta es la herramienta de la lógica de valores infinitos: los absolutos son inobtenibles. Términos como bueno y malo, vivo y muerto, correcto e incorrecto, sólo se usan en conjunción con escalas de gradiente. En la escala de correcto e incorrecto, todo lo que estuviera por encima del cero o del centro sería más y más correcto, acercándose a una corrección infinita, y todo lo que estuviera por debajo del centro sería más y más incorrecto, acercándose a una incorrección infinita. Todas las cosas que ayudan a la supervivencia del superviviente, se consideran *correctas* para el superviviente. Todas las cosas que inhiben la supervivencia desde el punto de vista del superviviente, pueden considerarse *incorrectas* para el superviviente. Cuanto más ayude una cosa a la supervivencia, más puede considerarse correcta para el superviviente, cuanto más inhiba una cosa o acción la supervivencia, más incorrecta es desde el punto de vista del que intenta sobrevivir.

COROLARIO: *cualquier dato sólo tiene verdad relativa.*

COROLARIO: *la verdad es relativa a los entornos, la experiencia y la verdad.*

LÓGICA 8: *Un dato sólo puede evaluarse con un dato de magnitud comparable.*

LÓGICA 9: *Un dato es valioso en la medida en que se haya evaluado.*

LÓGICA 10: *El valor de un dato se determina por la cantidad de alineación* (relación) *que imparte a otros datos.*

LÓGICA 11: *El valor de un dato o campo de datos puede establecerse por su grado de ayuda a la supervivencia o su inhibición de la supervivencia.*

(continúa en las páginas de cubierta posteriores)

AL LECTOR

Dianética (del griego *dia:* "a través", y *nous:* "alma") define principios fundamentales de la mente y el espíritu. A través de la aplicación de estos descubrimientos, se hizo evidente que Dianética trataba con un ser que desafiaba al tiempo (el espíritu humano) originalmente denominado el "yo" y subsecuentemente el "thetán". A partir de ahí, el Sr. Hubbard continuó su investigación, trazando finalmente el mapa del camino a la libertad espiritual total del individuo.

Dianética es un precursor y un subestudio de Scientology que, como la practica la Iglesia, sólo se dirige al "thetán" (espíritu), que es superior al cuerpo, y a su relación y efectos sobre el cuerpo.

Este libro se presenta en su forma original y es parte de la literatura y de las obras religiosas de L. Ronald Hubbard, y no es una declaración de pretensiones hechas por el autor, la editorial ni ninguna Iglesia de Scientology. Es un registro de las observaciones e investigaciones del Sr. Hubbard sobre la vida y la naturaleza del hombre.

Ni Dianética ni Scientology se ofrecen ni se presentan como una curación física ni hacen ninguna afirmación a tal efecto. La Iglesia no acepta individuos que deseen tratamiento de enfermedades físicas o mentales sino que, en su lugar, exige un examen médico competente en cuanto a condiciones físicas, realizado por especialistas calificados, antes de abordar su causa espiritual.

El Electrómetro Hubbard®, o E-Metro, es un aparato religioso utilizado en la Iglesia. El E-Metro, por sí mismo, no hace nada y sólo lo utilizan ministros, o personas que se están preparando como ministros, capacitados en su uso para ayudar a los feligreses a localizar la fuente de sus tribulaciones espirituales.

El logro de los beneficios y metas de Dianética y Scientology exige la participación dedicada de cada individuo, ya que sólo se pueden lograr a través del esfuerzo propio.

Esperamos que la lectura de este libro sea el primer paso de un viaje personal de descubrimiento, a esta nueva y vital religión mundial.

ESTE LIBRO PERTENECE A

LA CIENCIA DE LA SUPERVIVENCIA

LA CIENCIA DE LA SUPERVIVENCIA

LA PREDICCIÓN DEL COMPORTAMIENTO HUMANO

L. RONALD HUBBARD

Bridge
Publications, Inc.

UNA
PUBLICACIÓN
HUBBARD®

BRIDGE PUBLICATIONS, INC.
4751 Fountain Avenue
Los Angeles, California 90029

ISBN 978-1-4031-4762-2

© 2001, 2007 L. Ronald Hubbard Library.
Ilustración de cubierta: © 2007 L. Ronald Hubbard Library.
Todos los derechos reservados.

Cualquier copia, traducción, duplicación, importación o distribución no autorizada, total o parcial, por cualesquiera medios, incluyendo la copia, almacenamiento o transmisión electrónicos, es una violación de las leyes vigentes.

Dianetics (Dianética), Hubbard, OT, Purification (Purificación), Scientology, The Bridge (El Puente), Book One (Libro Uno), L. Ronald Hubbard, Saint Hill, E-Meter (E-Metro) y *LRH* son marcas registradas y se usan con permiso de su propietario.

Scientologist es una marca de afiliación colectiva que designa a los miembros de las iglesias y misiones afiliadas de Scientology.

Bridge Publications, Inc. es una marca registrada en California y es propiedad de Bridge Publications, Inc.

NEW ERA es una marca registrada.

LATIN AMERICAN SPANISH – *SCIENCE OF SURVIVAL*

Impreso en Estados Unidos

RECONOCIMIENTO

*A los pensadores de los últimos
cincuenta mil años*

*Sin cuya obra
Dianética nunca habría
podido ser formulada —*

*El mérito es de ellos
no mío —*

LRH

Nota Importante

Al leer este libro, asegúrate muy bien de no pasar nunca una palabra que no comprendas por completo. La única razón por la que una persona abandona un estudio, se siente confusa o se vuelve incapaz de aprender, es porque ha pasado una palabra que no comprendió.

La confusión o la incapacidad para captar o aprender viene DESPUÉS de una palabra que la persona no definió ni comprendió. Tal vez no sean sólo las palabras nuevas e inusuales las que tengas que consultar. Algunas palabras que se usan comúnmente, a menudo pueden estar definidas incorrectamente y por lo tanto causar confusión.

Este dato acerca de no pasar una palabra sin definir es el hecho más importante en todo el tema del estudio. Cada tema que has comenzado y abandonado contenía palabras que no definiste.

Por lo tanto, al estudiar este libro asegúrate muy, muy bien de no pasar nunca una palabra que no hayas comprendido totalmente. Si el material se vuelve confuso o parece que no puedes captarlo por completo, justo antes habrá una palabra que no has comprendido. No sigas adelante, sino regresa a ANTES de que tuvieras dificultades, encuentra la palabra malentendida y defínela.

Glosarios

Al escribir *La Ciencia de la Supervivencia,* L. Ronald Hubbard proporcionó las definiciones de todos los términos técnicos definidos como se usan en este libro y en la secuencia que deberían ser aprendidos. Como tal, las *Definiciones y Axiomas* forman un componente vital de este texto a ser estudiado por completo para una meticulosa comprensión de la nomenclatura y el tema en sí.

Para ayudar a la comprensión del lector, LRH dispuso que los editores proporcionaran definiciones para otras palabras y frases. Estas se incluyen en el Apéndice, *Glosario Editorial de Palabras, Términos y Frases.* Las palabras a veces tienen varios significados. El *Glosario Editorial* sólo contiene las definiciones de las palabras como se usan en el texto. Se pueden encontrar otras definiciones en un diccionario normal del idioma o en un diccionario de Dianética y Scientology.

Si encuentras cualquier otra palabra que no conoces, búscala en un buen diccionario.

CONTENIDO

	La Meta de Dianética		i
	Introducción		v

Libro Uno: Las Dinámicas *del* Comportamiento

Capítulo	Columna		
1	A	La Escala Tonal	1
2	B	Evaluación de Dianética	17
3	C	Comportamiento y Características Fisiológicas	25
4	D	Ámbito Psiquiátrico	29
5	E	Ámbito Médico	37
6		Las Leyes Básicas de Theta Afinidad, Realidad, Comunicación	41
7	F	Emoción	55
8	G	Afinidad	63
9		Comunicación y Realidad	67
10	H	Sónico	75
11	I	Visión	83
12	J	Somático	91
13	K	Conversación: al Hablar Conversación: al Escuchar	99

Capítulo	Columna		
14	L	Cómo Maneja la Persona la Comunicación Escrita o Hablada Cuando Actúa como Punto de Retransmisión	107
15	M	Realidad (Acuerdo)	111
16	N	Condición de la Línea Temporal y de las Valencias	117
17	O	Manifestación de Engramas y Candados	125
18	P	Comportamiento Sexual Actitud hacia los Niños	131
19	Q	Dominio del Entorno	139
20	R	Valor Real para la Sociedad Comparado con el Valor Aparente	145
21	S	Nivel Ético	149
22	T	El Manejo de la Verdad	155
23	U	Nivel de Valentía	161
24	V	Capacidad para Manejar la Responsabilidad	165
25	W	Persistencia en un Curso Dado	171
26	X	Literalidad con Que Se Reciben Afirmaciones o Comentarios	177
27	Y	Método que Usa el Sujeto para Manejar a los Demás	181
28	Z	Valor de Mando de las Frases de Acción	209

Libro Dos: Procesamiento de Dianética

Capítulo	Columna		
1		Los Principios Básicos del Procesamiento	215
2		El Código del Auditor	229
3		Los Factores Mecánicos de la Aberración	237
4		Las Dinámicas de la Existencia	249
5		Descripción General del Procesamiento	255

Capítulo	Columna		
6	AB	Tiempo Presente	269
7	AC	Memoria Directa	287
8	AD	Momentos de Placer	309
9	AE	Incidentes Imaginarios	329
10	AF	Candados	347
11	AG	Scanning de Candados	353
12	AH	Engramas Secundarios	367
13	AI	Engramas	387
14	AJ	Cadenas de Engramas	431
15	AK	Circuitos	437
16	AL	Condición del Archivista	449
17	AM	Nivel Hipnótico	459
18	AN	Nivel de Alerta Mental	471
19	AO	Entheta Relativa en el Caso	489
20	AQ	Nivel de Tono Necesario en el Auditor para Manejar el Caso	509
21	AR	Cómo Auditar el Caso	515
		La Meta del Procesamiento	527
		Definiciones y Axiomas	529

| Página Desplegable al Final del Libro | Tabla Hubbard de Evaluación Humana y de Procesamiento de Dianética | |

Apéndice

Estudio Adicional — 551
Direcciones — 566
Glosario Editorial de Palabras, Términos y Frases — 571
Índice Temático — 677

La Meta de Dianética

Un mundo sin demencia, sin criminales y sin guerra: esta es la meta de Dianética.

Durante miles de años, el Hombre ha avanzado con gran esfuerzo en su conquista del universo material, pero no ha conocido casi nada sobre su arma más importante, su posesión más valiosa: la mente humana. A pesar de este obstáculo de ignorancia, ha progresado. Pero a causa de este obstáculo, ha acumulado sobre sí no sólo las consecuencias de la locura y de la enfermedad, sino lo que es más importante, la amenaza de destrucción de todas sus obras: la guerra moderna.

Dianética es la ciencia del pensamiento. La palabra viene del griego *dianous* (*dia*, "a través", y *nous*, "mente" o "alma"). El ámbito de Dianética incluye todos los datos válidos relacionados con el pensamiento. Mucho más simple de lo que el Hombre suponía, el funcionamiento de la mente humana y del conocimiento mismo se convierte, en Dianética, en un corpus de conocimiento con el que cualquier individuo inteligente en buena medida puede trabajar.

Ninguna civilización puede progresar hacia la estabilidad de una supervivencia continua sin un dominio cierto y seguro de un conocimiento como el que está contenido en Dianética. Pues Dianética, usada con destreza, puede hacer justo lo que afirma. Puede, en el ámbito del individuo, prevenir o aliviar la demencia, la neurosis, las compulsiones y las obsesiones, y puede producir bienestar físico, eliminando la causa básica de alrededor de un 70 por ciento de las enfermedades del Hombre. Puede, en el ámbito de la familia, producir un mayor acuerdo y armonía. Puede, en el ámbito de las naciones o de grupos más reducidos, como los de la industria, mejorar la dirección hasta un punto en que esas ideologías que hacen gala de una lastimosa falta de adecuación por las que luchan y mueren los hombres con tal aterrador fervor, se puedan dejar a un lado en favor de una tecnología funcional.

Dianética abarca un ámbito muy generalizado. El comportamiento y el pensamiento humanos son la base del empeño humano. Una vez que se tiene una respuesta para estos enigmas fundamentales, no hay casi nada que no se resuelva a la larga.

Pero Dianética es también, para algunos, algo extraño y aterrador. Invade e ilumina tantos campos y actividades que no puede menos que buscar y poner al descubierto a aquellos que se aprovechan con la ignorancia y la supresión y cuya única importancia se basa en su capacidad para controlar a otros seres humanos. ¿Dónde queda el líder revolucionario, que con enseñanzas de odio y prejuicio desestabilizaría un gobierno, cuando sus tropas de repente comprenden que la ideología que predica es anticuada y está pasada de moda? ¿Dónde está la sociedad que existía para curar (pero no lo hacía) cierta enfermedad horrible que Dianética puede anular con facilidad? ¿Dónde conseguirá más fondos una sociedad así? ¿Y qué decir del profesional, que estudió durante doce largos años para hacerse un experto en exorcizar demonios de los dementes, cuando de repente se le informa que unas cuantas semanas de estudio de Dianética cualifican a cualquier persona inteligente para hacer un trabajo mucho mejor (y menos dañino) que el suyo?

La repentina aparición de Dianética en un escenario de ignorancias en conflicto acerca de la demencia, la enfermedad, el odio y la guerra, es en verdad motivo de consternación para aquellos cuyo beneficio está basado en el conflicto. Después de toda guerra hay incontables generales entre los desempleados. Se podría decir que Dianética es el comienzo del fin de la guerra del Hombre contra la oscuridad y la ignorancia de su propia mente, y muchos "generales" ven cómo sus estrellas empiezan a desvanecerse.

¿Y qué hace una disciplina, que se ha alimentado sólo de observación aleatoria, cuando se le inyectan leyes naturales que se puede demostrar que son estables y precisas? No se puede discutir con las leyes naturales. Al menos, el científico de las ciencias físicas (domesticado hace algunos siglos, a diferencia de sus colegas de las "humanidades") ha aprendido a aceptar la evidencia de sus sentidos. Pero el "científico" de las humanidades nunca ha recibido formación en la lógica, las matemáticas, o ni siquiera en la metodología científica. Es un farsante en la periferia de las ciencias físicas, esperando tomar prestada parte de la gloria que comenzó en un principio con Newton.

Así pues, Dianética ha sido acosada, hasta cierto punto, por los muchos farsantes infames y sus respectivas botellas de Poción India de Aceite de Raíces de la Ciénaga. La venta de estas botellas era remunerativa, de una forma asombrosa, y sus vendedores no estaban dispuestos a abandonar sus tenderetes sin armar un alboroto, como quiera que fuera.

Quizás nuestra generación actual esté demasiado sumida en la ignorancia para una ciencia nueva. Sería muy triste si eso fuera verdad, pues las bombas atómicas son muy destructivas para la gente y para las ciudades y bien podrían arrasar culturas enteras. Quizá los vendedores de ideologías descabelladas y terapias destructivas sean demasiado ricos y demasiado poderosos y demasiado egoístas para permitir un rayo de esperanza sobre el escenario de nuestra generación. Quizá no sea hasta mañana, si se permite que haya un mañana, cuando Dianética se use y se aplique de forma amplia.

En 1950 se le pidió a Dianética que demostrara su validez. Lo hizo. Fue algo muy tolerante por parte de Dianética, porque *ninguna -logía existente relacionada con la mente humana ha sido nunca confirmada, ni se le ha exigido que se confirme a sí misma.* Las terapias arraigadas, de plano, no funcionan. Sus resultados son muy parecidos a los que se habrían logrado si no se hubiera realizado ningún trabajo. ¿Qué clase de sociedad es esta en la que vivimos, donde la farsa se acepta como algo con validez frente a todos los hechos en contra?

Dianética funciona. Nadie que haya pasado algún tiempo por la Fundación puede dudarlo. Incluso funciona en manos hasta cierto punto inexpertas. Hace sus milagros a diario. Y esto no es muy raro, porque Dianética es conocimiento primordial de la actividad humana.

Pero Dianética no es una psicoterapia y no es medicina psicosomática. Los que quieren y necesitan estas cosas encuentran que Dianética tiene una eficacia rápida en estos campos y así consideran que se trata de una psicoterapia. A aquellos que ven su campo invadido por ella les encantaría que Dianética se ilegalizara antes de que sus cajas de esa maravillosa Poción India de Aceite de Raíces de la Ciénaga resultaran desacreditadas.

Dianética Preventiva significa más para la humanidad, a la larga, que el procesamiento de Dianética. *Dianética de Grupo* significa más para estas sociedades destrozadas por la guerra que ninguna cantidad de curas para la artritis.

Dianética es la ciencia básica del pensamiento humano. Abarca la actividad humana y organiza un corpus de conocimiento hasta ahora inconexo.

Dianética tiene una meta básica, una meta buena, una meta que no se debería descartar ni desechar porque algún charlatán pierda su ingreso, ni porque algún revolucionario pierda su chiflada causa. La meta de Dianética es un mundo cuerdo: un mundo sin demencia, sin criminales y sin guerra. Si nuestras generaciones viven para escribir la historia, déjalas que dediquen con tristeza una página a aquellos que, en esta era caótica y oscura, trataron por medio del beneficio personal y el odio de abatir una ciencia en verdad humanitaria.

La meta de Dianética es la cordura. Sólo la puede parar el demente.

Introducción

Este libro está construido en torno a una tabla*.

En las muchas columnas de esta tabla, encontramos la mayoría de los componentes de la mente humana y todos los que son necesarios para procesar a un individuo.

En este libro nos ocuparemos de estas columnas, una por una de izquierda a derecha, y explicaremos cada columna. Cuando se haya hecho esto y hayas leído el libro y examinado la tabla con detenimiento, tendrás por lo menos las nociones fundamentales que necesitas para procesar a la gente.

Si quieres procesar a individuos de manera limitada, puedes especializarte en *Memoria Directa, Reducción de Candados* y *Scanning de Candados*. Esto se le puede hacer casi a cualquiera con quien puedas ponerte en contacto por lo general sin ningún daño y con una gran cantidad de mejora en su tono general. Si te sientes un poco más atrevido, puedes aprender cómo auditar *engramas secundarios* y así hacerte muy competente en la descarga del pesar y del miedo de un caso. Si quieres llegar hasta el final y te sientes competente, puedes tratar de recorrer *engramas* en un caso prestando mucha atención al tipo de caso en el que intentes recorrerlos.

---

* La Tabla Hubbard de Evaluación Humana y de Procesamiento de Dianética.

Para una formación completa en el procesamiento de Dianética, los elementos están aquí. Pero igual que fuiste a la escuela secundaria para aprender álgebra o física, deberías hacer un curso en la Fundación para convertirte en un auditor competente de verdad. La calificación en la Fundación, junto con cualquier otro entrenamiento que puedas tener, te permitirá llegar a ser un profesional experto. La mayoría de la gente, sin embargo, hacen un curso de la Fundación porque quieren estar mejor formados y funcionar mejor en sus propias profesiones. Pues Dianética no es sólo procesamiento. Eso no es ni una milésima parte de ella. Dianética tiene que ver con el pensamiento y con el comportamiento de los hombres y de los grupos. Y aquellos que conocen el tema a consciencia sobreviven mejor.

El mero hecho de leer este libro, entonces, aunque contiene toda la información pertinente, no cualifica a un individuo para ejercer de manera profesional. Pero una vez que haya estudiado este libro a consciencia, debería ser capaz de manejar casos habituales sin dificultad. No debería intentar practicar Dianética en personas dementes o neuróticas de gravedad, a menos que se sienta particularmente dotado en cuanto a comprensión o a menos que haya recibido un curso de calificación en la Fundación. Esto se aplica en particular a los psicoanalistas, psiquiatras y médicos que, dado que tienen trato con dementes y enfermos crónicos, podrían lograr resultados muchísimo mejores y más rápidos con un conocimiento de Dianética. La ciencia se puso a su disposición en el pasado y aquí se les insta una vez más a sacar provecho de sus técnicas por el mayor beneficio de la Humanidad y el progreso de sus profesiones. Muchos médicos y psicólogos han sido ya entrenados en la Fundación y estos, como muestra la experiencia, se han convertido en buenos auditores.

En ese mismo sentido, el lego debería tener mucho cuidado respecto a quién permite que practique Dianética en él. Antes de someterse a procesamiento de Dianética, el individuo debería buscar el diploma del auditor en la pared y asegurarse de que es válido, o exigir el derecho de hacerle a este auditor un examen de las diferentes definiciones contenidas en este volumen. El individuo que desee procesamiento no debería presentarse a un psiquiatra, psicoanalista o médico pidiendo tratamiento

Introducción

de Dianética, creyendo que ellos, como profesionales, conocen Dianética. Sólo aquellos psicoanalistas, médicos y psiquiatras entrenados por la Fundación, están cualificados por completo para manejar todo el abanico de destrezas que necesita un auditor.

Si tu auditor no está cualificado por la Fundación, entonces déjale que te recorra Memoria Directa, candados y cadenas de candados hasta que estés satisfecho por completo de que sabe lo que está haciendo.

Un auditor, a base de un estudio aplicado de este volumen y entrando sin prisas en la aplicación de sus herramientas, asegurándose de que entiende cada una de ellas progresivamente antes de usar la siguiente, puede alcanzar una gran destreza en el procesamiento. Estos comentarios de advertencia van dirigidos a aquellos que, con una lectura informal del volumen, pueden intentar precipitarse en todo el abanico de técnicas a la vez. Esto sería como tratar de hacer despegar un avión antes de que uno aprendiera dónde está el acelerador de mano y cómo ladearlo para virar. Dianética no es tan difícil como pilotear un avión, pero *es* un tema técnico.

No puedes volver loco a nadie con el procesamiento estándar de Dianética. Sí puedes hacer a la gente algo desdichada. No existen casos a los que el procesamiento de Dianética haya vuelto locos. Sí existen casos en los que técnicas invertidas se usaron de forma criminal en personas. El dolor-drogas-hipnosis puede poner a cualquiera en una camisa de fuerza con más destreza y prontitud que ninguna otra cosa conocida hasta ahora. Sin embargo, el procesamiento de Dianética no tiene nada que ver con reestimular ni implantar engramas.

Así que lee lo que está escrito y familiarízate con tu tabla. Sabrás más acerca de los hombres y mujeres y su comportamiento cuando hayas terminado. Si crees que podrías beneficiarte de algo de procesamiento ven a la Fundación. O forma un equipo con alguien en quien puedas confiar, comenzando con Memoria Directa y candados y estudiando a medida que trabajes en ello. Si es posible, consigue supervisión de un auditor entrenado en la Fundación o haz un curso básico o profesional. No puedes saber demasiado sobre este tema.

No se hace ningún intento en este libro por ser literario ni académico. Con mucho gusto me tomaría un par de años de descanso para escribirte algo de un refinamiento elevado. Pero estamos intentando llegar a donde vamos antes de que la bomba atómica llegue ahí, y trazar y seguir el rumbo lleva algo de tiempo. Así que he escrito aquí simplemente lo que sé sobre esta tabla de una forma que creo que comprenderás. El libro está organizado en torno a la tabla, no en torno a las palabras más largas del diccionario. Esto lo hacen posible algunas diferencias que hay entre Dianética y algunos otros temas. En esos, el autor tiene que compensar con complejidad lo que le falta de comprensión sobre su tema, para que los críticos queden impresionados. Al infierno con los críticos. Pasemos al primer párrafo y empecemos a toda máquina. Hay todo un mundo cuerdo por ganar.

L. Ronald Hubbard
enero de 1951

LIBRO UNO

Las Dinámicas
del Comportamiento

LIBRO UNO, CAPÍTULO UNO

Columna A
La Escala Tonal

Del diccionario Funk and Wagnall's New Standard Dictionary, (Nuevo Diccionario Estándar de Funk y Wagnall) Suplemento Nº 5:

> *Di·a·net'·ics [Dianética]: sustantivo* Sistema para el análisis, control y desarrollo del pensamiento humano, desarrollado a partir de una serie de axiomas coordinados que también proporciona técnicas para el tratamiento de una amplia gama de trastornos mentales y enfermedades orgánicas: término y doctrinas introducidos por L. Ronald Hubbard, ingeniero americano. (Del griego *dianoetikos, dia,* a través de, y *nous,* mente o alma) *Di·a·net'·ic [dianético] adj.*

Presuponiendo la idea básica de que el fundamento único de la existencia es la supervivencia, los problemas del comportamiento del Hombre por lo visto se resuelven con rapidez. Sus relaciones interpersonales, el funcionamiento y los propósitos de sus organizaciones y grupos se vuelven comprensibles.

La ciencia es, para muchas personas, una vaca sagrada. En realidad, por definición, la ciencia es sólo la organización de hechos aparentemente no relacionados en un todo útil. En conformidad con determinados axiomas básicos (que se pueden encontrar en *Definiciones y Axiomas* en este libro), Dianética es un útil corpus de conocimiento con el que se puede resolver el enigma del Hombre y de su comportamiento.

La búsqueda de la energía de la vida iniciada en 1930 se ha resuelto en parte con el descubrimiento del mínimo común denominador de la existencia: ¡SOBREVIVE!

Los científicos cometieron un grave error en el pasado al tratar de explicar la vida de forma materialista a partir del barro, sustancias químicas y electricidad. Estos individuos sostenían que la materia y la energía eléctrica, operando en el espacio y el tiempo, se combinaron en algún momento increíblemente afortunado para formar una unidad autoperpetuante y que este elemento, de manera fortuita, creció y creció, y un día apareció el Hombre en escena. Esta lógica infantil se viene abajo aunque sólo sea por las probabilidades en contra. Vuelve a venirse abajo cuando vemos que la evolución, según se postula, tiene sólo una utilidad limitada, estando en realidad más llena de agujeros que una ocarina. La prueba principal de cualquier mezcolanza "científica" es su utilidad para el Hombre. La teoría de "del-barro-al-Hombre", y es sólo una burda teoría, no ha resuelto el comportamiento del Hombre. Estas escuelas del pensamiento le dieron a los hombres armas ilimitadas, como la bomba atómica, y aún así no han logrado darle al Hombre suficiente cordura para regular sus propios asuntos o usar el tipo de energía liberada por esa bomba para otros fines que no sean destruir ciudades. Así que podemos concluir y enterrar en una silenciosa tumba todas y cada una de las teorías científicas que no han conducido a la paz en la Tierra o que no han logrado hacer que predominen los hombres de buena voluntad. Por supuesto, hay muchos individuos a quienes les gustaría seguir haciendo que el Hombre creyera que es básicamente barro. Pero a estos les legamos la máquina de electrochoques y la lobotomía prefrontal: el nivel de operación más elevado al que condujo la teoría de del-barro-al-Hombre.

Un examen de la existencia y de las más preciadas esperanzas a las que el Hombre se ha aferrado nos revela la posibilidad de que la energía de la vida sea algo diferente de la corriente que fluye por un cable eléctrico o a la energía que irradia la fisión atómica. No es necesario poseer un vasto conocimiento de la física para concluir que la vida es algo más que un artilugio mecánico montado a base de átomos y sustancias químicas. En primer lugar, sólo sigue algunas de las leyes electro-magneto-gravitacionales y en el mejor de los casos sólo tiene un vago paralelismo con estas. La vida tiene sus propias reglas de funcionamiento.

Un examen más profundo de la vida demuestra que, sin duda, está compuesta en parte de materia y que existe en el espacio y en el tiempo. Esto es muy cierto, pues un organismo muerto se desintegra en polvo. Es obvio que algo ha dejado de ser parte de este organismo, no obstante, en el momento en que murió totalmente. A este "algo" se le han dado diversos nombres: el alma humana, el espíritu, la fuerza vital. Bergson lo llamó *élan vital*.

El científico que tiene que ver constantemente con máquinas y reacciones químicas ha considerado durante algunas décadas que un organismo vivo es como un motor de oxígeno-carbono, una máquina de energía térmica que funcionaba de forma no distinta a una locomotora de vapor. Descartó las variables incontrolables que esto introducía en cualquier solución que se intentara con respecto a la vida y el vivir con la amplia afirmación de que la vida era simplemente más complicada que las máquinas que los hombres construían, pero que en realidad era sólo otra máquina. Una escuela del pensamiento "demasiado-complicada", una farsa científica, adoptó este argumento, y vio que confundía cualquier explicación real (o cualquier razón para una) y empezó a decir que la mente humana, al ser parte de una máquina que era demasiado complicada para la biología y la bioquímica, era por supuesto demasiado complicada para entenderse, al ser parte de un organismo demasiado-complicado. Se considera que este "desechar los problemas del funcionamiento de la mente", este operar según el principio derrotista de que el problema no se podía resolver, introdujo "terapias" que eran "demasiado complicadas". Llevó de cuatro a doce años lograr cierta noción de estas terapias. Y todas las pruebas disponibles, cuidadosamente recopiladas, indican que no funcionan, que los problemas de la criminalidad, la demencia y la guerra seguían estando, con estos sistemas de "terapia", muy fuera de control. La escuela demasiado-complicada de la vida y del funcionamiento de la mente nos ofrece la imagen de un grupo de exorcistas de demonios corriendo por ahí en un Londres azotado por la peste hace un par de siglos, diciéndole a todo el mundo que ellos tenían la solución para la peste, mientras que varios cientos de miles de ingleses morían a causa de la Peste Negra. Con 19 millones de dementes en Estados Unidos únicamente, con naciones en las garras de locos planificando conquistas, la escuela demasiado-complicada se apresura a ir por ahí obteniendo prensa favorable sobre lo bien que lo está haciendo, mientras toda evidencia indica totalmente lo contrario.

Por lo tanto busquemos una solución más simple, una que no requiera de doce años de estudio y práctica para aprenderla, una que nos proporcione una terapia y, lo que es más importante, una comprensión de la vida, del Hombre y del funcionamiento de la mente, que pueda dar una solución a los 19 millones de dementes, a nuestros millones de criminales y a la demencia internacional.

Encontramos la primera fase de esta solución al considerar la fuerza vital, el *élan vital* o como se le quiera llamar, como una energía diferente de los electrones, las moléculas y el barro. Una vez aisladas y formuladas las leyes de esta "energía", se encuentra que son paralelas, pero distintas, de las leyes del universo físico.

Denominemos a esta energía vital con un símbolo para identificarla. Le asignaremos la letra griega *theta* (θ) y la distinguiremos como una energía que existe aparte y bien diferenciada del universo físico tal y como lo conocemos.

El universo físico sería el universo de materia, energía, espacio y tiempo. Sería el universo de los planetas, sus rocas, ríos y océanos; el universo de estrellas y galaxias; el universo de soles ardientes y tiempo. En este universo no incluiríamos a theta como parte integrante, aunque es obvio que theta causa impacto en él como vida. Con las iniciales de las palabras Materia, Energía, Espacio y Tiempo (en inglés *Matter, Energy, Space* y *Time*), podemos formar una nueva palabra: MEST.

En Dianética, nos ocupamos, entonces, de theta y MEST. Theta es pensamiento, fuerza vital, *élan vital*, el espíritu, el alma o cualquier otra de las numerosas definiciones que ha tenido durante varios miles de años.

En cuanto separamos estas dos entidades, un sinfín de problemas, que hasta ahora eran muy complejos, se resuelve resultando en una simplicidad. Podríamos decir que theta proviene del universo de theta, que es diferente del universo MEST. Theta tiene su propia materia: ideas. Tiene su propia energía y las características de esa energía. Tiene su propio espacio de operación distinto del espacio MEST. Y tiene su propio tiempo.

Hay una enorme cantidad de pruebas para respaldar a theta como postulado. El pensamiento es instantáneo en el universo MEST hasta donde se puede descubrir. El flujo de energía no viaja a la velocidad de la luz por los nervios de un organismo. El tiempo y el pasado del universo MEST no existen para theta.

Al considerar a theta, encontramos que ella por sí sola, entre las energías observables, motiva y activa materia y energía a través de espacio y tiempo MEST. Además, computa, razona, aprende y retiene lo que aprende. Los hombres, para construir mediante la electrónica una computadora que sólo hiciera una parte de lo que la mente humana puede hacer, tendrían que usar suficiente energía eléctrica como para alumbrar la ciudad de Nueva York, un sistema de refrigeración suficiente como para absorber las Cataratas del Niágara y suficientes válvulas de vacío (si costaran un centavo cada una) como para que la factura ascendiera a un millón de dólares. Y el aparato montado de esa manera, de acuerdo a la duración actual de las válvulas, funcionaría durante una fracción de segundo antes de detenerse para reemplazar las válvulas. La mente humana hace más que una máquina así de torpe, lo hace mejor, dura toda una vida y, para rematarlo, es portátil.

Ahora todo lo que un estudiante de Dianética necesita saber y entender de todo esto es:

Que theta más MEST equivale a *vida*.

Que theta y MEST tienen una afinidad natural mutua y se *combinan*, vinculando los dos universos, por así decirlo.

Que theta y MEST, al encontrarse con demasiada fuerza, entran en una agitación que llamamos *dolor*.

Que la turbulencia de theta y MEST, bajo la presión de un impacto demasiado grande, nos proporciona una *Escala Tonal*.

Cuando theta choca contra MEST con demasiada fuerza se convierte en *entheta*. Cuando MEST es impactado por entheta se convierte en *en*MEST. Entheta no es más que una palabra compuesta que significa *theta en*turbulada. Y enMEST es otra palabra que significa MEST *en*turbulado.

Considera que theta en su estado nativo es razón pura o por lo menos razón potencial pura. Considera que MEST en su estado nativo es sólo el caótico universo físico, sus sustancias químicas y energías activas en el espacio y en el tiempo.

El ciclo de existencia para theta consiste en una colisión desorganizada y dolorosa contra MEST y luego una retirada, con el conocimiento de algunas de las leyes de MEST, para volver y colisionar contra MEST otra vez.

Se podría considerar que MEST se encuentra sometido al ataque de theta. Se podría considerar que theta tiene como una de sus misiones, y su única misión en lo que a MEST respecta, la conquista del universo físico. MEST está siendo asaltado. Theta está realizando el asalto.

Theta sobrevive conquistando MEST y conservando la conquista. Theta puede tener otros muchos medios para sobrevivir, pero no son pertinentes a este universo físico en particular en el que estamos ubicados.

La supervivencia de theta depende, en lo que respecta a este universo, de cambiar MEST y de organizar MEST.

La vida es una manifestación del MEST que theta ha conquistado. Theta ha conquistado y organizado, con una complejidad muy elevada, ciertas sustancias químicas y energías MEST creando formas de vida. Estas formas son muy diversas. Van desde los órdenes inferiores, como los líquenes y el musgo, pasando por todo el reino vegetal, por el reino animal y hasta llegar al Hombre. Cada forma evolucionó a partir del impacto inicial de theta contra MEST. Y a cada forma de nivel superior la mantienen las formas de niveles inferiores.

Sin los líquenes y el musgo para formar el suelo, no podría crecer vida vegetal alguna. Sin vida vegetal que convirtiera la luz solar y las sustancias químicas en alimento celular, ningún animal podría vivir. Sin la variedad de formas de vida por debajo de él, el Hombre no podría mantenerse como organismo inteligente. La inteligencia se desperdiciaría, en mayor o menor grado, en las formas inferiores. La evolución de formas menores a formas mayores existe en tiempo presente y exclusivamente en tiempo presente. Seguir el rastro de la evolución a lo largo del tiempo es seguir el rastro de la evolución a través del MEST que quedó después de que theta pasara por él.

De los reinos animal y vegetal, el Hombre es el único que posee el poder potencial de transformar MEST en grandes cantidades en algo que theta pueda usar. Con palas hidráulicas y dinamita, el Hombre puede mover montañas y quizás, ¿quién sabe?, conquistar una galaxia. Theta evoluciona así hacia una racionalidad cada vez mayor y una capacidad cada vez mayor de conquistar y cambiar el universo físico (MEST).

Si admitimos el ciclo de re-creación, crecimiento y decadencia y el postulado de que theta conquista MEST causando primero un sólido impacto sobre este y aprendiendo de él y luego retirándose para volver con lo que ha aprendido, podemos ver que theta aprende a base de enturbularse y luego enderezarse, como un proceso interminable. La gente ha sabido esto durante mucho tiempo: uno aprende, dicen, "a base de golpes". Esa sería una manera simple de decir que theta se mezcla dolorosamente con MEST y se retira para volver y llevar a cabo una conquista ordenada.

Si este es el ciclo (y esta suposición resuelve problemas que nunca antes se habían resuelto), entonces podemos ver que theta tendría que tener un mecanismo para retirarse. Y resulta que lo tiene. La muerte es ese mecanismo. Theta y MEST se atraen entre sí, pero cuando se llegan a mezclar dolorosamente, se convierten en entheta y enMEST. Entheta rechaza a MEST. EnMEST rechaza a theta. Theta se combina con theta o MEST. Mest se combina con theta o MEST.

Aquí tenemos algo que no es distinto de una reacción química. Dos sustancias químicas se encuentran juntas plácidamente hasta que se les agita. Cuando se les agita, se separan con un estallido. O podríamos asemejar esto a una característica de algunas energías que, cuando se cambia su longitud de onda, se repelen entre sí. Esto es la muerte. Theta y MEST se enturbulan demasiado y el organismo muere, con la theta que queda rechazando al cuerpo MEST, el cuerpo MEST rechazando la theta.

No hay nada muy complicado respecto a este postulado, aunque resuelve muchos problemas. Se podría decir que cuando la vida resulta demasiado dolorosa, el cuerpo se enferma y pierde su vitalidad, y el alma se marcha.

El Hombre ha tendido, durante muchos siglos, a creer en la theta libre. La ciencia se volvió muy impopular cuando trató de echar abajo y abolir, por decreto logarítmico, el alma humana.

Sin embargo, no necesitamos un alma humana para explicar la separación de theta y MEST llamada muerte, aunque estén aumentando las pruebas (buenas pruebas de naturaleza altamente científica en un nivel mucho más práctico que el de la parapsicología) de que el alma humana sí existe en realidad*. Hace poco, un grupo de experimentos bien realizados en una importante universidad demostró que los organismos vivos tenían a su alrededor un campo de energía que tenía un punto de origen. Si la energía irradiara sólo de las células, según teorías del pasado, la situación presentada habría sido muy distinta. Se podría postular, entonces, que la theta libre existe. La línea genética normal de generaciones que engendran generaciones de organismos semejantes explica, en términos biológicos aceptados, el paso de theta a través de las generaciones.

Parece inevitable que a medida que theta conquistaba MEST y lo convertía en organismos más y más complejos, el problema de separar la theta y el MEST enturbulados para la siguiente generación se resolvería, al final, en un nivel intelectual y en una sola generación: dominando theta el problema de acomodarse a sí misma dentro del organismo en sí. De hecho, de un rápido vistazo, esto es Dianética.

Vencer por completo a la muerte no es del todo deseable. La evolución está establecida para proporcionar organismos cada vez mejores y más capaces de sobrevivir. Sin la muerte, todo el espacio planetario que existe pronto se saturaría de vida que no se podría mantener. La muerte no

---

* Un miembro de la Iglesia Católica en una posición muy elevada en ella me dijo una vez: "Joven, si no tiene usted un cuidado muy extremo, acabará estableciendo contacto con el alma humana como tal y midiéndola en ergios y dinas".

puede tomarse vacaciones. Pero la vida puede ser mucho más eficaz, al menos para la especie denominada Hombre.

El ciclo de concepción, crecimiento, decadencia y muerte, según nuestro postulado de theta y MEST, sería el ciclo del aprendizaje por medio del placer y el dolor, mediante el cual el organismo se refina para que la nueva generación que engendra sea más capaz de arreglárselas con el entorno y conquistar MEST que la generación anterior. En el curso de una vida, se acumula mucho dolor. Las células están sujetas al dolor mediante continuo contacto violento con MEST, como en los accidentes o por colisión con otras formas de vida. Todo el organismo, como tal, está sujeto al dolor cada vez que fracasa en sus intentos de satisfacer sus propósitos de sobrevivir mediante la conquista de MEST. Por medio del dolor, las células aprenden nuevos métodos de construcción para una mejor supervivencia. Del dolor del organismo, este aprende nuevas destrezas y métodos de supervivencia.

El problema ha sido que una vez que al organismo se le sometía al dolor, acumulaba cierto conocimiento, pero también acumulaba cierta entheta y enMEST. Cuando había acumulado lo bastante como para volverse ineficaz en extremo, moría, dejando que la siguiente generación continuara. Para un hombre, esto no es eficiente. No hay nada de malo en que aprenda mediante el dolor y el placer lo que es malo y bueno de la existencia. Pero hay mucho de errado en que tenga que llevar a cuestas un exceso de entheta y enMEST, que le ocultan conocimientos y reducen su capacidad para funcionar en su papel adecuado.

Inevitablemente, se podría esperar que una forma de vida superior resolviera este problema de entheta–enMEST sin que interviniera el ciclo de la muerte.

A la turbulencia de enMEST–entheta se la llama, en Dianética, *engrama*. Un engrama es un área del tiempo en que theta y MEST han chocado con fuerza y se han entremezclado de manera "permanente".

Un muchachito se cae y se da un golpe en la cabeza. Durante un instante está inconsciente. En cuanto se levanta puede que crea que tiene una memoria completa de lo que le pasó. Pero hay un instante que está ocluido para su consciencia. Ese instante contiene un área turbulenta de entheta y enMEST. Una parte minúscula de su theta y una pequeña porción de MEST se han convertido en parte de su mente irracional. Este momento es un engrama.

Hay dos mentes para nuestros fines. Una es la *mente analítica*. La otra es la *mente reactiva*.

La mente analítica es donde theta coordina y razona para el organismo. La mente reactiva es donde theta y MEST se han enturbulado. La mente analítica actúa mediante la razón. La mente reactiva actúa mediante reacción.

La mente reactiva, al tener una polaridad diferente a la de la mente analítica, tiene la capacidad de obligar o inhibir al organismo con respecto a ciertas de sus acciones. Las formas inferiores de animales tienen este como método principal de pensamiento.

A la mente reactiva se le llamó en un momento dado mente "inconsciente". Es una mente recia y robusta que está alerta durante cualquier momento de la vida, sin importar la presencia del dolor, y que lo graba todo con una fidelidad estúpida. Almacena la entheta y el enMEST de un accidente con todos los *percépticos* (mensajes sensoriales) presentes durante la "inconsciencia" resultante del accidente.

Así, el muchachito que se dio un golpe en la cabeza contra una piedra sabe de forma analítica que se cayó y se dio un golpe en la cabeza, quizá, pero lo "sabe" mejor con su mente reactiva. Supongamos que en el accidente estaba presente el olor a polvo; la mente reactiva almacenó el percéptico del olor a polvo. Un día resulta que el muchacho está cansado y percibe un olor idéntico a este. Se pone un poco nervioso. Se trata de la mente reactiva que le dice que reaccione y "se vaya de ahí", porque "cuando este olor está presente, uno se hace un chichón". Eso no es lógico, pero es la forma en que funciona la mente reactiva. Si el muchacho no abandona el lugar y el olor a polvo, la mente reactiva activa el dolor en un esfuerzo por obligarlo a que se vaya. Al final, el niño aprende a evitar el olor a polvo, pues cuando está cansado este olor le produce dolor de cabeza. No le gusta el olor a polvo porque, para la mente reactiva, el olor a polvo es igual a un chichón.

CAPÍTULO 1   LA ESCALA TONAL

Con una mente analítica, el organismo puede tener pensamientos complejos y es consciente de estar vivo. Con la mente reactiva, el organismo reacciona de acuerdo con los datos recibidos durante la máxima amenaza para la supervivencia: la inconsciencia.

En la medida en que la mente reactiva funcionó en organismos que no habían desarrollado el lenguaje, fue un mecanismo muy funcional. Cuando un animal era lesionado, su mente reactiva captaba todos los percépticos relacionados con esta lesión (sonidos, olores, táctiles, vistas), y siempre que estos aparecían en el entorno del animal, su mente le hacía huir o luchar. De esta manera los momentos de dolor del pasado lo protegían. Es una especie de método indiscriminado y tiene una gran funcionalidad que, aunque a veces le negaba placer al animal, al menos lo mantenía vivo en un entorno de "garra y colmillo". Cuando el Hombre desarrolló su mente analítica hasta un nivel de acción lo bastante alto como para necesitar el lenguaje, empezaron los problemas. Pues la mente reactiva también podía contener palabras. Las palabras oídas durante momentos de inconsciencia, como las que se dicen durante las operaciones o alrededor de una persona muy enferma o lesionada de gravedad, se graban fielmente junto con el dolor de estos. Al igual que las sugestiones hipnóticas, estas grabaciones pueden ser activadas por una palabra o entorno similares y causar que el individuo actúe como si se encontrara en presencia de un peligro. Reestimulados por el entorno, estos momentos pasados de dolor físico e inconsciencia fuerzan al individuo a obedecer.

Los engramas, estos momentos de dolor e inconsciencia almacenados en la mente reactiva, actúan como puestos de mando ocultos en la mente, obligando al individuo a seguir pautas de pensamiento y comportamiento que, según una evaluación racional de la situación, no son necesarias. Pero el engrama no es razonable. Es sólo una grabación que tiene el único propósito de guiar al individuo a través de peligros supuestos, pero por lo general inexistentes.

Hasta que apareció Dianética, no se sospechaba de la existencia del engrama, pues estaba bien escondido como entidad. La palabra *engrama* es una palabra antigua tomada de la biología. Sólo significa "un vestigio duradero de memoria en una célula". Puede estar grabado en algo más que la célula. Pero frente al procesamiento de Dianética, no es muy duradero.

Aquí, pues, tenemos un fragmento de entheta–enMEST: el engrama. MEST y theta al unirse con demasiada fuerza, como en un impacto o lesión, o al enturbularse por una enfermedad, se almacenan en la mente reactiva y desde ahí enturbulan de forma mecánica la theta de la mente analítica llevándola a acción compulsiva u obsesiva, o enturbulan el MEST del cuerpo causando dolor, deformidad o enfermedades psicosomáticas (*somáticos crónicos,* como se les llama en Dianética).

Acumula suficiente entheta en la mente reactiva, y la mente analítica se vuelve lo bastante aberrada como para suicidarse o emprender actividades contra-supervivencia con objeto de retirar al organismo del mundo de los organismos y permitir que otra generación se haga cargo. Deja que se acumule suficiente enMEST en la mente reactiva, y el MEST del cuerpo se enturbulará causando dolores y enfermedades que matarán al organismo y servirán para el mismo propósito.

Esta es, entonces, la suposición básica sobre la que operamos en Dianética. La suposición es un postulado funcional, pues su aplicación produce resultados muy ventajosos. La persona que está hasta cierto punto cuerda se vuelve más cuerda. El enfermo psicosomático se pone bien. Los desdichados se vuelven capaces de obtener placer y llevar vidas felices. Y tenemos la oportunidad de traer suficiente cordura entre los hombres para detener el asesinato en masa que es la guerra. Podemos resolver los problemas normales del comportamiento y establecer una mejor organización.

La persona que emprende el procesamiento de otro individuo con Dianética sólo está tratando de elevar el *tono* de ese individuo: en otras palabras, aumentar su *potencial de supervivencia.* Para poder hacer esto, el que procesa simplemente recupera para la otra persona la theta contenida en la mente reactiva como entheta. Se devuelve la theta a la mente analítica, a la mente reactiva se le deja sin su destructivo acopio de turbulencia, y el individuo que está siendo procesado se convierte en un *Liberado* o *Clear* de Dianética.

Capítulo 1   La Escala Tonal

La columna A de la tabla está graduada como una Escala Tonal. En realidad, esta escala tiene muchos más puntos de altura y niveles de los que podemos medir y usar ahora. Qué tan alto llega en realidad, no tenemos manera de saberlo en este momento. Para nuestros fines, hacemos uso de ella aquí entre los niveles de -3 y 4.0.

En -3 tenemos simplemente MEST, un cuerpo muerto en cualquier estado de deterioro en que pueda estar. Es diferente de otro MEST sólo en que ha sido organizado por theta en forma de nuevas sustancias químicas y compuestos. Pues a MEST lo hace evolucionar theta para formar nuevas complejidades, al igual que a los organismos los hace evolucionar theta.

En -1, durante un corto espacio de tiempo después de la muerte, tenemos células corporales vivas. Algunas de estas células viven hasta tanto como un año después de la muerte del organismo, según algunos investigadores. Esta es, en todo caso, la zona de la vida celular como algo diferente a la vida del organismo.

En 0.0 tenemos la muerte en el momento en que theta se retira del organismo.

De 0.0 a 2.0 tenemos la banda de actividad de la mente reactiva. Entre estos dos puntos de la Escala Tonal, la mente reactiva tiene el mando del organismo. La mente reactiva en esta banda dirige al organismo según los engramas almacenados y el equivalente analítico del engrama: el *candado*.

De 2.0 a 4.0 tenemos la banda de actividad de la mente analítica.

Por encima de 4.0 podríamos postular otros niveles mentales, como la *mente estética,* pasando por otras mentes, hasta la *mente de theta libre*, si es que existen tales cosas.

Esta Escala Tonal muestra el nivel de supervivencia actual del organismo. También muestra el potencial de supervivencia en términos de longevidad del organismo (a menos que intervenga el procesamiento, por supuesto).

Cuanto más arriba está el individuo en la Escala Tonal, mayor oportunidad tiene de obtener los medios de vida, más feliz es, y más sano estará su cuerpo.

En realidad, una persona oscila por esta escala hora a hora y día a día. Recibe buenas noticias, va por un momento al Tono 3.0. Recibe malas noticias, puede que se hunda por un momento hasta el Tono 1.0. Se enamora y durante un mes estará en el nivel 3.5. Su chica lo deja y durante una semana está en el Tono 0.5. Cuando es muy joven, anda alrededor del Tono 3.5. Según se hace mayor, su tono se desliza hacia abajo a 2.5. Siendo un anciano, puede que se deslice hacia abajo a 0.0 y la muerte, ya sea con lentitud o con rapidez.

Nos interesa principalmente el nivel promedio del individuo en el periodo de vida que abordamos. El promedio es bastante constante. Se puede determinar la posición promedio de un individuo en la tabla examinando las otras columnas. De esta forma, su promedio puede ser de 2.7 en la Escala Tonal y sin embargo alcanzar el 3.5 a veces y sin embargo hundirse hasta 0.5 en otras ocasiones, pero sólo por un breve periodo de tiempo.

La posición constante en la Escala Tonal se ve determinada por tres factores. El primero es la *entheta acumulada* en la persona: cuánta de su theta está enturbulada en engramas y candados analíticos y repercute así contra él, obligándolo a realizar actividades contrarias a la supervivencia, o compeliéndolo o inhibiéndolo en entornos que contienen peligros imaginados.

El segundo factor es la *cantidad de theta* que la persona tiene como fuerza vital. Este sería su volumen de theta. Es la tercera dimensión de la tabla. El terror es miedo con grandes cantidades de volumen. Una persona tiene más volumen de theta que otra y puede soportar por tanto tener más enturbulación, más engramas. Una puede tener tan poca theta innata, que media docena de engramas la convertirán por completo en entheta, dejando a la persona demente. Otra puede tener tanta theta que miles de engramas todavía le dejan suficiente theta real como para continuar llevando una vida productiva en la zona superior a 2.0.

El tercer factor es la *proporción entre la mente analítica y la mente reactiva*. Un individuo puede tener un nivel reactivo de 1.0 y un nivel analítico de 3.5. El resultado es que, cuando está en un entorno reestimulativo, puede ser hostil de forma encubierta. Pero en un entorno más favorable, puede ser analíticamente muy productiva. Estas dos mentes dan lugar a un promedio constante.

Todo lo que la persona que realiza el procesamiento (el *auditor*, como se le llama en Dianética) necesita saber sobre esta Escala Tonal es que proporciona el porcentaje de theta del caso que, debido a engramas y candados, se ha vuelto entheta de forma crónica.

Para elevar a una persona en esta Escala Tonal, sólo es necesario recuperar o convertir la theta a partir de la entheta: eliminar, en otras palabras, las acumulaciones de turbulencia de la vida de una persona o hacer que ya no estén en reestimulación.

El auditor no trata de curar nada. Simplemente está elevando el tono. Como consecuencia secundaria de elevar el tono, los males psicosomáticos a menudo se desvanecen y las aberraciones desaparecen. Pero esto es secundario. La tarea es hacer que un ser humano sea más feliz, más eficaz, más capaz de aceptar responsabilidad y de ayudar a sus semejantes. El que la persona a la que se está procesando se ponga "bien" durante ese periodo y se mantenga "bien", es algo extra.

Todo lo que eleve el tono de una persona se puede considerar como procesamiento legítimo. Esto incluye, por supuesto, la nutrición, el entorno y la educación, así como el procesamiento. Con sólo llevar a una persona a ver una película que quiere ver se puede elevar su tono. El procesamiento logra elevaciones permanentes en el tono. Si en algún lugar es ilegal procesar a la gente, entonces se debe seguir también que es ilegal hacer feliz a la gente. Y si existen leyes en contra de hacer que la gente sea feliz, más vale que alguien derroque a ese gobierno, rápido. Porque es un gobierno de muerte, tan entheta que ocasionará la muerte del estado y de aquellos que se encuentren dentro de él.

Columna B
Evaluación de Dianética

Las metas del procesamiento de Dianética forman una escala graduada. En realidad, esta escala es también la escala de la cordura, pues existe un paralelismo entre la cantidad de fuerza vital (theta) en el individuo disponible para su supervivencia y la cantidad de cordura que manifiesta. La turbulencia de esta fuerza vital no sólo reduce su cordura, sino también su nivel de supervivencia. La esperanza de vida del individuo también es proporcional a su bienestar físico (ausencia de factores que lo predisponen a la enfermedad) y a su bienestar mental.

En otras palabras, el procesamiento de Dianética se ocupa directamente de aumentar la capacidad del individuo para sobrevivir, de aumentar su cordura o capacidad de razonar, su capacidad física y su disfrute general de la vida.

Al observar esta escala, también estamos observando los tonos emocionales del individuo conforme reduce un engrama. Hay una relación muy directa entre esta escala y el desempeño natural. Según el individuo reduce un engrama durante el procesamiento, puede que lo encuentre en un tono de *apatía*. Al relatarlo por segunda o tercera vez, se encuentra que él es *hostil* a los personajes que hay en el engrama, pero no expresará esa hostilidad. Luego empieza a *enojarse* con los personajes que le han hecho esto a él. El enojo se desvanece en *antagonismo*. Luego se *aburre* de todo el asunto. Al relatarlo más veces, lo lleva a un estado de ánimo de *alegría* al respecto. Y al final simplemente se *ríe* de ello.

Fue esta secuencia de comportamiento de un engrama, reduciéndose con el procesamiento, lo que dio la pista de la existencia de estos puntos en la Escala Tonal.

En la parte superior de la tabla tenemos niveles de posible bienestar que aún no hemos explorado y que, aunque tenemos esperanzas, no se pueden alcanzar en este momento. Nuestra tecnología no se extiende hasta donde la deducción y la observación indican que el individuo puede que sea capaz de llegar. En este intervalo de 4.0 a 40.0 en la Escala Tonal, se encuentran muchos estados de ser posibles. ¿Qué es el *ser theta*? ¿Cuánto puede lograr el Hombre en dirección a la espiritualidad? ¿Cuál es la mejor manera de sacar a la luz los percépticos theta plenos, si realmente existen? Estas son algunas de las preguntas. Quizá sea posible desarrollar la tecnología que le permita al Hombre alcanzar un estado más elevado del que puede lograr ahora con nuestras técnicas actuales de procesamiento de Dianética.

El punto más elevado que en este momento podemos alcanzar con el procesamiento de Dianética es lo que llamamos aquí *Clear* Mest. Es probable que haya varias clases de Clear y varias condiciones de ser Clear. Un Clear Mest sería un individuo que ya no conservara engramas ni candados, al haberse borrado estos con el procesamiento de Dianética. La borradura de todos los engramas y candados en un individuo le devuelve el pleno uso de su dotación de theta. Quizás su acopio de theta se pueda aumentar por otros medios, o quizás no. Esa sería una cuestión a resolver por encima de este nivel de la Escala Tonal.

Un Clear en Dianética es, entonces, simplemente el individuo cuyos engramas y candados se han borrado, y al que no lo confunden, obsesionan ni impulsan los momentos de dolor físico del pasado. Esta meta se encuentra mucho, mucho más allá de cualquier cosa prevista o vislumbrada por investigadores como Freud. Puede que haya metas que vayan mucho más allá del estado de Clear Mest.

Por ahora, Clear bastará. La psicometría y todos los tests para buscar aberración demuestran que el Clear no está aberrado. Sus recuerdos son excelentes. Su estabilidad mental es muy buena, puesto que las circunstancias del entorno no lo pueden hacer actuar de forma irracional debido a aberraciones. Su emoción y capacidad de disfrutar la vida están libres. Al llegar a Clear, el individuo alcanza un coeficiente de inteligencia muy superior al que poseía antes del procesamiento.

Al Clear no le crecen alas al instante ni le brota un aura de diez kilovatios. No es un superhombre, pero tiene sus ventajas. Tiene menos accidentes, y ninguno de ellos a causa de él. Está sano. Tiene a su disposición su educación y experiencia cuando las necesita. Actúa conforme a la razón y razona con rapidez. Su tiempo de reacción es más o menos la mitad del de un "normal". Cuál es su longevidad, no tenemos manera de saberlo en estos momentos. Pero sólo podemos suponer que es más elevada que si hubiera permanecido aberrado.

Hay una tendencia general a considerar al Clear como un espectáculo de feria. Cierto, es mejor de lo que los hombres hayan sido alguna vez antes. Pero se ha dado demasiada importancia a los trucos mentales que un Clear podría ser capaz de hacer, su capacidad de recordar con exactitud, su capacidad de ver otra vez cualquier cosa que haya mirado. En el asunto de vivir, estas cosas no son importantes.

La felicidad es importante. La capacidad de organizar la vida y el entorno para poder disfrutar mejor del vivir, la capacidad de tolerar las flaquezas de nuestros semejantes humanos, la capacidad de ver los factores verdaderos en una situación y resolver con precisión los problemas del vivir, la capacidad de aceptar y ejercer responsabilidad: estas cosas son importantes. No vale mucho la pena vivir la vida si no se puede disfrutar de ella. El Clear disfruta de la vida en un grado muy pleno. Puede afrontar situaciones que cuando no era Clear lo habrían dejado hecho pedazos. La capacidad de vivir bien y con plenitud, y de disfrutar de esa vida es el don del Clear. Cualquiera que busque trucos, puede encontrarlos con más facilidad en el teatro de variedades.

El Clear tiene la ventaja de no conservar, ocultos a sí mismo, el dolor y las situaciones dolorosas de su pasado que, al ser reestimulados por el entorno, enturbulan su razón y ponen enfermo su cuerpo. El Clear se produce simplemente borrando todos los engramas y candados: el dolor y los momentos dolorosos del pasado. Él es la meta actual del procesamiento de Dianética.

Se le llama *Clear* (del inglés, limpiar) porque se han limpiado de sombras aberrativas su personalidad básica, su auto-determinismo, su educación y su experiencia.

La experiencia real demuestra que el Hombre, una vez que los controles impuestos por la sociedad y de la dominación por los demás se han eliminado, es básicamente bueno. Sólo es malvado cuando está aberrado. La reducción de sus aberraciones descubre que el Hombre tiene buenas intenciones hacia sus semejantes. La máxima razón, en este mundo de complejas interdependencias, depende de la máxima cooperación del individuo con sus semejantes y con su entorno, y de una actitud constructiva hacia la vida. Cuanta más aberración (engramas y candados) se elimina de un individuo, más independiente y más cooperativo es.

Hay cuatro terapias válidas, si queremos usar el término en términos generales. La primera es el *procesamiento de Dianética*. Este libera al individuo del dolor y de la emoción dolorosa que aberran su razón.

La segunda es la *educación*. Esta instruye al individuo en la cultura en la que vive y le proporciona las destrezas de supervivencia, haciéndolo más capaz de sobrevivir.

La tercera consiste en *cambiar su entorno* por uno que sea menos reestimulativo, más feliz para él, y en el que pueda sobrevivir mejor. Esto incluiría la nutrición, la atención médica y el esparcimiento.

La cuarta es *regular la cantidad de* MEST que el individuo debería controlar. Se le puede dar menos si tiene demasiado. Se le puede dar más MEST si no tiene suficiente para su proporción de theta. O el MEST que él está tratando de controlar se puede cambiar para él por otra clase de MEST (sublimación).

Estas cuatro terapias hacen todas ellas la misma cosa: incrementan la supervivencia del individuo proporcionándole mejores instrumentos de supervivencia, mejores condiciones en las que sobrevivir, mejores razones para sobrevivir. Cualquiera de ellas hace una cosa básica: elevan al individuo en la Escala Tonal. Al ser el placer la recompensa por sobrevivir, por ejemplo, dar placer al individuo eleva su nivel de supervivencia. Sin embargo, las tres últimas de estas terapias son hasta cierto punto ineficaces si el individuo tiene aberraciones contra el placer, cambiar de entorno o aprender de la vida. Y así llegamos a la conclusión de que el primer paso hacia un nivel más elevado de supervivencia sería liberar al individuo de sus aberraciones. Dentro de límites razonables, el resto debería venir a continuación.

El auditor que está llevando a cabo procesamiento con regularidad y que se ha entrenado para ello usará cualquier método para elevar el tono de su preclear*. Porque cuando se eleva el tono, el procesamiento es más fácil. Casi lo único que se puede hacer con una persona totalmente apática es elevar su tono con uno de los tres últimos métodos. Hecho eso, se le puede dar procesamiento.

Así tenemos la actual meta final del procesamiento: el Clear. Esta es la meta a largo plazo. No se alcanza en un momentito. Se alcanza, evidentemente, sólo con muy buena auditación y en manos de un auditor que esté algo más elevado en la Escala Tonal que el preclear.

Una meta que está mucho más cerca es el *Liberado de Dianética*. El Liberado ha alcanzado un punto en el que ya no tiene enfermedades psicosomáticas, tiene una buena estabilidad y puede disfrutar de la vida. Si uno simplemente quitara todos los engramas secundarios de un caso, tendría un Liberado de Dianética. El Liberado de Dianética está muy por encima del normal y, como tal, nunca antes se había logrado por ningún método de terapia conocido. Las pruebas psicométricas del Liberado de Dianética común muestran que está en una condición mental muy superior.

Una meta aun más cercana al comienzo del procesamiento es una persona que esté en un nivel de *normal muy alto*. Con esto nos referimos a una persona que está muy por encima del nivel actual de intelecto y conducta medios. Uno alcanza, en el procesamiento, los niveles que uno es capaz de alcanzar debido a su dotación genética, su educación y sus potencialidades físicas actuales. Uno logra el mejor estado posible según su estado innato. Por lo tanto, un imbécil por dotación genética alcanzaría el nivel de imbécil una vez procesado. Pero, habría estado

---

* Preclear: cualquier persona que recibe procesamiento de Dianética.

debido a la aberración, alrededor del nivel de idiota cuando comenzó. Un intelecto medio, con procesamiento, alcanza un nivel de estabilidad y capacidad muy por encima del promedio. De ahí, para alcanzar el nivel normal muy alto, un individuo habría tenido que estar no muy por debajo del promedio para empezar. El uso del término "promedio" o "normal" está sujeto a malentenderse considerablemente. Simplemente significa el promedio de inteligencia y capacidad de la población. En Estados Unidos, es tremendamente bajo con respecto a lo que podría ser. Pero el promedio de Estados Unidos es considerablemente mucho más elevado que el de otras naciones.

El siguiente nivel es *aburrimiento*. Es la línea divisoria entre lo que se denomina *neurótico* y lo que se denomina *normal*. Una ambición moderada aunque no usada, un estado anímico hacia la vida que no es de descontento ni de conformidad, una falta de propósito en la vida: todo esto caracteriza a este nivel. Es un nivel bastante lamentable, en realidad. Pero es tan superior a lo que está por debajo que el auditor que puede llevar un caso de enojo hasta aburrimiento considera que lo ha hecho realmente muy bien. Y así es.

Por debajo de este nivel tenemos el nivel de *hostilidad manifiesta*. Aquí está el rezongón ocasional, el individuo quejumbroso al que, no obstante, no le cabe duda respecto a lo que encuentra que está mal. El tipo "brusco y honesto" que, carente de tacto, destroza los sentimientos más delicados de sus allegados se encuentra en esta zona.

En 2.0 cruzamos la línea divisoria entre el control de la mente reactiva y el de la mente analítica. Y justo por debajo de esto, tenemos la zona de *enojo*. Aquí está la persona de odio más bien continuo. Aquí tenemos la acción impulsiva y destructiva.

Por debajo de enojo pasamos a un nivel ligeramente más lastimoso, *hostilidad encubierta*. Aquí se encuentra la persona que odia pero que tiene miedo de decir que odia, que se especializa en la traición pero que, no obstante, espera que se le perdone. En el extremo inferior de la hostilidad encubierta u oculta, encontramos a la persona que está asustada todo el tiempo, el individuo acosado por temores, la persona que tiene miedo de ser o poseer cualquier cosa.

Un nivel mucho más grave es el nivel de *apatía*. Aquí está el suicida. Aquí está la persona que ha perdido tanto en la vida que no puede ponerse a la altura de hacer frente a ninguna situación, sino que simplemente se da por vencida acerca todo. Si el auditor puede elevar la apatía hasta hostilidad encubierta, habrá logrado un aumento en el tono. Pero es probable que los actos hostiles del auditor conduzcan al caso de apatía hasta la parálisis total o la muerte en sí misma. Este es un estado anímico muy peligroso, rayando en la vecindad de la muerte.

Luego tenemos la banda más baja de la vida orgánica, la *muerte fingida*. Algunos animales han convertido la muerte fingida en un mecanismo de supervivencia. Fingiendo la muerte dice: "No soy peligroso. Estoy muerto. Márchate y déjame en paz". El soldado en el campo de batalla que de repente se queda paralizado está usando este mecanismo. Algunas razas, la china en particular, descienden a este nivel y realmente mueren como una forma de suicidio, por decisión propia. El auditor que logre que un caso de muerte fingida abra y cierre los ojos, está logrando resultados extraordinarios.

Finalmente tenemos la banda por debajo de la *muerte* y el cuerpo MEST. Y sobre estos no podemos hacer nada, desde luego.

La corrección más correcta que un hombre puede tener es sobrevivir hasta el infinito. El nivel de 0.0 es muerte. ¿Qué tan equivocada puede estar una persona? ¡Muerta!

Cuanto más alto pueda llegar una persona en esta escala, más razón tendrá en términos de racionalidad, en términos de supervivencia y en términos de bienestar general. Cuanto más alto se encuentra, más feliz es. Cuanto más bajo se encuentra, más triste está.

Toda la intención del procesamiento es elevar al individuo de los niveles más bajos a los más altos en esta escala.

Columna C
COMPORTAMIENTO Y CARACTERÍSTICAS FISIOLÓGICAS

EN ESTA COLUMNA tenemos datos que son considerablemente más complejos que ninguna otra sección de este libro, pero que son de considerable interés para los biólogos y otros científicos. El auditor no debería suponer que necesita sabérsela de memoria o siquiera comprender sus términos.

Lo que uno debería entender acerca de esta columna es que proporciona una clave para el comportamiento y para la fisiología de un individuo o que, a la inversa, le permite al auditor situar mejor a su preclear en la tabla (que es, de hecho, el propósito de muchas de estas columnas).

Hay tres acciones principales mediante las cuales la vida se maneja a sí misma y a MEST. Estas son:

1. Atacar.
2. Retirarse.
3. Ignorar.

Estas acciones se han desglosado en sus posiciones relativas en la Escala Tonal.

TONO	COMPORTAMIENTO	CARACTERÍSTICAS FISIOLÓGICAS
4.0	Movimiento de aproximación, acercamiento rápido	Pleno control del sistema nervioso autónomo por la corteza cerebral. Tanto el sistema parasimpático como el simpático del sistema nervioso autónomo funcionando de manera óptima bajo la dirección de la corteza cerebral. Tono muscular excelente. Reacciones excelentes. Alto nivel de energía.
3.5	Movimiento de aproximación, acercamiento	Control moderado del sistema nervioso autónomo por la corteza cerebral. El parasimpático funcionando bien; el simpático ligeramente deprimido. Buen tono muscular. Buenas reacciones. Nivel moderado de energía.
	Movimiento de aproximación, acercamiento lento	Sistema nervioso autónomo funcionando independientemente de la corteza cerebral. El parasimpático funcionando bien; leve actividad del simpático. Tono muscular aceptable. Reacciones aceptables. Nivel de energía aceptable.
3.0	Sin movimiento, permanencia	Sistema nervioso autónomo independiente de la corteza cerebral. Parasimpático funcionando bien, pero sin actividad del simpático. Tono muscular, tiempo de reacción y nivel de energía pobres.
2.5	Movimiento de alejamiento, retroceso lento	El sistema nervioso autónomo empieza a tomar el control. El parasimpático inhibido, la actividad del simpático aumenta. Ligera inquietud, mayor actividad, atención vacilante.
	Movimiento de alejamiento, retroceso rápido	Actividad incrementada del simpático, el parasimpático más suprimido. Inquietud incrementada, vacilación de la atención, incapacidad para concentrarse.
2.0	Movimiento de aproximación, ataque lento	Actividad del simpático incrementada. Inhibición del parasimpático. Irritabilidad. Acción cardiaca incrementada; contracciones espasmódicas del tracto gastrointestinal; respiración incrementada.

TONO	COMPORTAMIENTO	CARACTERÍSTICAS FISIOLÓGICAS
1.5	Movimiento de aproximación, ataque violento	Plena movilización del sistema nervioso autónomo para ataque violento. Completa inhibición del parasimpático; simpático en plena acción. Respiración y pulso rápidos y profundos. Estasis del tracto gastrointestinal. Sangre al sistema vascular periférico.
1.1	Movimiento de alejamiento, retirada lenta	El sistema nervioso autónomo baja hasta fijarse en una reacción de furia crónica, inhibición del parasimpático. Actividad gastrointestinal imperfecta. Circulación vascular periférica incrementada, pulso y respiración incrementados.
0.9	Movimiento de alejamiento, huida violenta	Movilización del sistema nervioso autónomo para una reacción plena de huida. Laxitud del tracto gastrointestinal. Toda la sangre va al sistema vascular periférico, en especial a los músculos para una huida rápida. Respiración y pulso rápidos y superficiales.
0.5	Ligero movimiento, agitación en un lugar, sufrimiento	Movilización del sistema nervioso autónomo para gritar pidiendo auxilio; pesar. Parasimpático al máximo, simpático inhibido. Respiración profunda y sollozante. Pulso fuerte e irregular. Descarga de lágrimas y otras secreciones corporales.
0.1	Sin movimiento, muerte aparente	Reacción de shock. Simpático inhibido. Parasimpático al máximo, disminuyendo gradualmente conforme el organismo se acerca a la muerte. Respiración superficial e irregular. Pulso débil. Sangre acumulada en órganos internos. Músculos flácidos, carentes de tono. Palidez.
0.0	Muerte	Cese de la función orgánica.

Columna D
ÁMBITO PSIQUIÁTRICO

El auditor debería conocer tres términos psiquiátricos, los únicos términos psiquiátricos que encontrará que se usan en Dianética como se usan en la psiquiatría. Estos términos son:

1. Psicótico.
2. Neurótico.
3. Psicosomático.

El término "psicótico" no es realmente un sustantivo sino un adjetivo. Sin embargo, la psiquiatría lo usa como sustantivo con el significado de un individuo que padece psicosis. Una psicosis es cualquier forma grave de afección o enfermedad mental. En otras palabras, un psicótico, en lo que a nosotros respecta, es un individuo que no puede manejarse a sí mismo ni a su entorno lo bastante bien como para sobrevivir, y al que se tiene que cuidar para proteger a los demás de él, o para protegerlo a él de sí mismo.

El estado psicótico al que se concede más interés es el que amenaza la supervivencia del individuo mismo o de los que lo rodean. A ese psicótico se le interna en un hospital psiquiátrico, si hay lugar para él.

En caso contrario, vaga por la ciudad o por el campo. Sin embargo, muchas otras personas son psicóticas, pero no son una amenaza lo bastante alarmante para sí mismas o para los demás como para internarlas en un hospital psiquiátrico.

La siguiente clasificación es sólo cuestión de grado. El individuo "neurótico" es el que tiene una afección mental, pero puede desempeñar alguna que otra función razonable.

El término "psicosomático" ha significado "una enfermedad causada por el estado emocional del paciente, o en la que este influye considerablemente". En realidad se podría decir, de manera más práctica, que es una enfermedad causada por la mente. Alrededor del 70 por ciento de los males del Hombre son psicosomáticos.

En Dianética, usamos estos términos de la forma siguiente:

Psicótico: persona que es física o mentalmente dañina para quienes la rodean, en una proporción mucho mayor a lo útil que es para ellos.

Neurótico: persona que es dañina principalmente para sí misma debido a sus aberraciones, pero no hasta el punto del suicidio.

Somático crónico: enfermedad psicosomática, puesto que se ha descubierto que la enfermedad psicosomática sólo es el somático reestimulado de algún engrama, y desaparece cuando el engrama se contacta y se reduce o se borra.

En cuanto a otras clasificaciones psiquiátricas, estas son famosas incluso para la psiquiatría por su inexactitud y su estado desorganizado. Un hospital psiquiátrico, por ejemplo, sólo se ocupa de esquizofrénicos y así a cualquier paciente que llega allí simplemente se le clasifica como esquizofrénico. Desde hace mucho tiempo, la psicología se ha reído de la psiquiatría porque la terminología psiquiátrica describía cierta manifestación pero no conducía a ninguna cura. Esto se debía a que la psiquiatría no conocía la causa de ninguna manifestación y no podía curar ni la causa ni la manifestación.

CAPÍTULO 4 ÁMBITO PSIQUIÁTRICO

Esta tabla actual proporciona una escala mediante la cual la psicosis y la neurosis se pueden clasificar y describir con precisión por primera vez. Sin embargo, Dianética no necesita una terminología más compleja que la que tiene. Definir el nivel de tono del individuo con números, y señalar los engramas que se manifiestan de manera obvia, nos proporciona el indicio adecuado sobre lo que se debería hacer por el preclear.

Las particularidades de la psicosis y la neurosis tienen su origen en los engramas de un psicótico o un neurótico en particular. Estas peculiaridades del comportamiento tienen su raíz en determinadas órdenes engrámicas (palabras contenidas en momentos de dolor e inconsciencia del pasado). Un engrama puede provocar un estado maníaco, en el cual el individuo afirma histérica y continuamente que es feliz o fuerte, y aún así está muy abajo en la escala. Esa condición se saca a la luz inspeccionando el auditor la tabla en busca de otras diversas manifestaciones del preclear. Cualquier columna o característica en particular de la tabla se puede ver alterada por una pauta de engramas o por una educación severa, pero las demás partes de la tabla permanecerán constantes para ese nivel. Por ejemplo, como en el caso de un engrama maníaco, el individuo aparenta ser feliz a primera vista, e incluso lo dice repetidamente. Pero una inspección más a fondo demuestra que esta persona es muy tímida, que hace regalos a la gente para ganársela, y es dada a sospechar y a decir mentiras dañinas sobre la gente. El engrama maníaco ordena que se manifieste un Tono 3.5, pero esto no altera la posición del preclear en la tabla.

Esto no es muy complicado y es muy importante. Para determinar el nivel de cordura en la tabla, el auditor sólo debe localizar el nivel que contenga una mayoría de las manifestaciones del preclear. Casi cualquier caso tendrá un lugar en la tabla que no corresponde en esta a la mayoría de las características que se mencionan. En otras palabras, busca la mayoría de las características, el nivel donde el preclear se encuentre en la mayoría de las columnas. No te preocupes si el preclear no encaja en una o dos columnas. Una cadena de engramas puede ordenar un aspecto maníaco o depresivo en el preclear para un tema o columna en particular.

Los engramas que ordenan, para un tema de la tabla o una característica de la vida, un tono *inferior* al verdadero tono del preclear, pueden ser duros para el preclear, pero tienen cierto factor de seguridad para el auditor. Es el maníaco, que ordena mediante engramas un tono más *alto* que el verdadero en una o dos columnas, el que es peligroso. Ya que entonces el auditor puede tratar de usar un nivel de procesamiento demasiado alto en la tabla para su caso. En caso de duda, trabaja con el preclear un tono o dos por debajo del que estimas que tiene de acuerdo a la tabla. Al psicótico maníaco-depresivo potencial se le puede forzar a tener una crisis psicótica si se trabaja con él con demasiada intensidad y demasiado alto en la tabla.

Un factor en el diagnóstico que compensa esto favorablemente es que un maníaco-depresivo no siempre es un maníaco ni está por encima de su tono, sino que a menudo está en un estado depresivo y muy por debajo de su tono.

Nadie excepto un auditor calificado tiene derecho a trabajar con un psicótico. El peligro al ocuparse de psicóticos es muy grande. Este peligro no se originó con Dianética. Desde los primeros intentos del Hombre por resolver el enigma de la demencia, el psicótico ha constituido un gran riesgo para el profesional. El porcentaje de psicóticos que se suicidan durante el tratamiento ordinario es enormemente mayor que el porcentaje de suicidios de psicóticos durante el procesamiento de Dianética. La conclusión a la que uno llega es que los psicóticos se suicidan con facilidad. Se suicidan más a menudo cuando están en manos de otros profesionales que en las de aquellos que saben Dianética. En el caso de la demencia, casi cualquier pretexto es aceptable para la ley. El profesional inepto que acaba de perder a su trigésimo noveno paciente a causa del suicidio puede arrellanarse, poner cara seria y de erudito, y decir: "Bueno, vino a verme demasiado tarde. Si lo hubiera tratado un par de meses antes, podría haberlo salvado". No se recomienda a los auditores que usen esta coartada, aunque sólo sea porque está muy trillada. Además, hasta la fecha ningún profesional de Dianética ha tenido jamás ocasión de usarla, y es probable que nunca la tenga.

CAPÍTULO 4   ÁMBITO PSIQUIÁTRICO

Cuando una persona cae por debajo del nivel 2.0, tiene tanta entheta en comparación con su theta que una conmoción repentina podría simplemente enturbular la theta restante y provocarle una crisis psicótica. Cuando se enturbula toda la theta, la reacción de esta es separar la theta y el MEST de forma violenta; en otras palabras, ocasionar la muerte y retirar al organismo del camino de otros organismos. Por lo general, los suicidios se apoyan en engramas que específicamente ordenan el suicidio. Pero el suicidio es una manifestación natural, por lo visto, un medio rápido de separar a theta y MEST y alcanzar la muerte con rapidez. El suicidio siempre es psicótico.

Las personas que se encuentran por debajo del nivel 2.0, sin importar qué intenciones manifiesten abiertamente, ocasionarán muerte o lesiones a las personas, objetos y organizaciones que las rodean si están en la zona de enojo, o su propia muerte si están en la zona de apatía. Cualquier persona que esté por debajo del nivel 2.0 es un suicida en potencia. Por ejemplo, el fascista es casi siempre, cuando se enfrenta a cualquier serio contratiempo, un suicida seguro (pues el fascismo se encuentra por debajo de la línea de 2.0).

Un psicótico es una amenaza de muerte para alguien o algo, incluso aunque sólo sea para sí mismo. Un maníaco-depresivo, que a veces está alegre y en apariencia sólo neurótico, en realidad está muy abajo en la escala y puede suicidarse de repente sin ninguna advertencia real.

El psicótico es un claro riesgo para el auditor, no tanto por el procesamiento o por lo que el procesamiento inexperto pueda provocar, sino porque en el entorno del psicótico puede aparecer de repente algún factor que le hace cometer un asesinato o suicidarse. Esto se puede atribuir entonces al procesamiento. Toda acción de este tipo en pacientes psiquiátricos se le perdona a la psiquiatría como "consecuencia natural" de manejar psicóticos. Maneja a uno con delicadeza y mantenlo apartado de un entorno contra-supervivencia y se podrá tener mucho éxito al tratar al psicótico con Dianética. Pero no te sorprendas si tu preclear se muestra alegre hoy y tiene una crisis psicótica esta noche y mañana se suicida, después de asesinar a su familia.

LA CIENCIA DE LA SUPERVIVENCIA  LIBRO I

Por debajo de 2.0 en la Escala Tonal, tenemos a theta y MEST tratando de separarse de forma violenta y provocar la muerte*.

Es más, al tratar psicóticos, recuerda siempre que uno está trabajando con mínima theta presente y con máxima entheta. Por lo tanto, una conmoción repentina puede reestimular tanto un engrama que la theta restante se enturbie y se desvanezca, dejando un candado compuesto de entheta. Y allá va la cordura. Aborda el candado con delicadeza y vuelve a convertirlo en theta con mucho cuidado y precaución.

No se recomienda al auditor que mezcle Dianética con tratamientos o prácticas antiguas de ninguna índole. Se ha encontrado que el electrochoque instala un grave engrama en una mente reactiva que ya está sobrecargada, y no tiene ningún éxito en modo alguno, aparte de dejar a algunos pacientes tan apáticos que sean apenas aceptables para la sociedad. Desde hace mucho tiempo se reconoce que la psicocirugía (la extirpación de partes del cerebro) es un fracaso total en lo que respecta a una verdadera "cura". La asociación libre es un procedimiento interminable que, aunque ha tenido algo de éxito en la rehabilitación de pacientes que no estaban demasiado cerca del fondo de la Escala Tonal,

---

* Uno de nuestros más brillantes instructores de la Fundación de Los Ángeles, David Cary, se había casado, mucho antes de Dianética, con una joven psicótica. Recurrió a Dianética, al principio tratando de ayudarla. La convenció para que hiciera un curso con él en la Fundación. Trató por todos los medios de darle procesamiento. Pero como ella estaba ahí en realidad bajo protesta, no quería aceptar el procesamiento de él. Cary llegó a ser instructor, pues tenía magnífica experiencia y destreza en la enseñanza, al tiempo que ella se separó de él. No era obvio que fuera psicótica, aunque el departamento de entrenamiento de Los Ángeles la había rechazado por considerar que se encontraba muy por debajo del nivel necesario para un estudiante, basándose en sus resultados psicométricos y en un intento de suicidio anterior y sólo accedieron a aceptarla como favor a Cary. Algún tiempo después, tratando de proporcionarle un poco de alivio, Cary pidió un permiso y se fue a su casa. Allí su esposa lo asesinó y después se suicidó. La devoción de Cary y sus intentos de ayudarla habían sido indudables. Ella había sido en extremo inaccesible. En Dianética, los amigos de Cary le habían dicho muchas veces que era peligrosa. Pero ese peligro estaba oculto: la devoción de Cary le costó la vida, y le costó a Dianética un brillante instructor y un hombre muy apreciado por todos los que tuvieron la oportunidad de conocerlo. Esta nota a pie de página se incluye aquí no sólo en memoria de David Cary, sino como información a los cónyuges que están tratando de ayudar a su pareja psicótica, para que lo piensen. La auditación entre marido y mujer es difícil, en el mejor de los casos, pues por lo general son muy reestimulativos el uno para el otro. Como marido y esposa, es mejor que organicen un intercambio de auditación con otra pareja. Si uno de ellos es psicótico, deberían buscar la ayuda del mejor auditor profesional que Dianética les pueda proporcionar.

a la larga es de dudoso valor. Las inmovilizaciones y las compresas frías sólo logran conmocionar al paciente hundiéndolo en un estado letárgico más profundo. No toleres tales métodos ni permitas que se usen en tus preclears por la sencilla razón, aparte de sus aspectos inhumanos, de que no funcionan. Sólo minan la resistencia restante del paciente. ¿Por qué aferrarse a métodos anticuados e incluso bárbaros cuando Dianética proporciona técnicas más seguras, más eficaces y humanas?

Maneja al psicótico con delicadeza. Respeta su derecho a tener un cerebro íntegro y un futuro. No consideres que es tu juguete o tu animal para experimentos de vivisección ni para "tratamientos" sádicos extraños. Por encima de todo, cuando estés auditando, sé un ser humano civilizado. No trates de castigar a tu paciente porque "se niega a mejorar". Sus engramas y turbulencia general hacen que sea muy difícil llegar a tu preclear. Su personalidad básica está ahí dentro tratando de ayudarte. Disipa la entheta y conviértela en theta y hazlo con toda la delicadeza que puedas. No pierdas la calma ni recurras a métodos drásticos. Sé civilizado. Al Hombre sólo se le puede manejar con la razón, no a base de fuerza hitleriana. No puedes llevar a un hombre a la cordura a base de golpes. Si un preclear te exaspera tanto que te gustaría reprenderlo o golpearlo, para la sesión y ve a calmarte. No lo atiborres de sedantes ni lo sometas a inmovilizaciones. Siendo tan afable y sereno como te sea posible, aumentarás tu éxito enormemente al tratar a tus semejantes. Y tienes que ser primo hermano de un santo para lograr los mejores resultados con los psicóticos.

Cualquier intento por devolver la cordura a un paciente a base de golpes o represión, sólo llevará al fracaso. La prueba de ello son los 19 millones de dementes, internados o en libertad, sólo en Estados Unidos. No estés convencido de que tienes derechos de propiedad o poder sobre la vida y la muerte de tus semejantes. Deja eso a los autoritarios consumados, de los que por desgracia tenemos tantos.

Sé un ser humano y obtendrás buenos resultados.

LIBRO UNO, CAPÍTULO CINCO

Columna E
ÁMBITO MÉDICO

El médico hasta hace poco tiempo rara vez pensaba en sus pacientes en términos de trastornos mentales. Hace poco, se dio cuenta de que cerca del 70 por ciento de los males del Hombre son de origen mental, lo que quiere decir que las enfermedades psicosomáticas explican una gran mayoría de las dolencias.

Además de aquellas que por lo común se enumeran como enfermedades psicosomáticas, se tiene que sospechar de muchas otras debido a otro factor: la presencia de engramas favorece la infección bacteriana en sí. Por lo tanto es posible que el porcentaje sea mucho mayor.

El engrama ayuda a las bacterias y los virus de esta forma: la lesión física (el enMEST del engrama) reside en cierta porción del cuerpo, la porción que se lesionó. Digamos que se recibe un engrama a causa de una grave lesión en el pecho. Puede que este engrama no se active durante muchos años. Pero al sufrir un key-in, provoca entonces una debilidad del pecho debido a que la sangre y los fluidos endocrinos tienden a evitar la zona como si se acabara de lesionar ahora mismo. En esta zona debilitada pueden entrar bacterias de una clase u otra, como las de la pulmonía o la tuberculosis. Esta es una infección temporal.

Pero ahora el dolor de la infección reestimula la zona, y así hay un key-in mayor del engrama y este se refuerza, y la zona del pecho no puede volverse lo bastante resistente para desechar la infección. Así tenemos las infecciones crónicas, las enfermedades duraderas.

Técnicamente, se puede decir que hay tres fases en una enfermedad:

1. Predisposición.
2. Precipitación.
3. Perpetuación.

El engrama es responsable de estas fases debido a que debilita una zona del cuerpo o un órgano (como el corazón). Después, mediante el key-in del engrama, produce la enfermedad. Y al final, como se sigue reestimulando el dolor del que ha habido key-in, hace que la enfermedad continúe.

En lo que respecta a las lesiones, al parecer los engramas causan la propensión a los accidentes. El engrama puede ordenar a la persona que se lesione o que lesione a otros. Un engrama de este tipo, reestimulado en un preclear, hizo que este, "de forma no intencionada", se lesionara la mano gravemente tres veces en una semana. Se encontró y se redujo el engrama, y desde entonces el preclear no se ha lesionado esa mano. Así, los accidentes de mayor o menor importancia se pueden atribuir a engramas. Una orden en un engrama, como: "Siempre tengo que hacerme daño", ocasionará que el individuo haga justo eso.

El sistema endocrino es muy sensible al pensamiento, y está bajo el control del pensamiento. Un médico que asistió a una serie de conferencias de Dianética al final se acercó y, bastante alterado, dijo: "Durante cuarenta años de estudio y práctica he estado usando el concepto estándar de que la estructura controla la función. Por fin veo lo que está usted diciendo. Es al revés. La función controla la estructura. Quizá ahora podamos resolver algunos problemas más".

Los engramas regulan los desequilibrios endocrinos, como la actividad tiroidea reducida, sobrepeso, capacidad sexual reducida, esterilidad y muchos otros. La prueba de esto es sencillamente que cuando se reducen los engramas, los desequilibrios glandulares tienden a corregirse por sí mismos.

Además, los engramas reducen la aceptación de hormonas artificiales por parte del cuerpo. Pues cuando se reducen los engramas, se pueden administrar hormonas artificiales con provecho.

Hay un índice directo entre la cantidad de entheta que hay en un individuo y su salud física. Esto es patente cuando se examina el estado de salud del psicótico. Es casi imposible mantener vivo a un caso de muerte fingida. Los casos de apatía mueren de hambre y contraen enfermedades y no pueden resistir ni las infecciones más leves, de la misma forma en que a los choques de pesar les sigue tan a menudo una enfermedad. El individuo encubiertamente hostil es por lo general hipocondríaco, desarrolla continuamente enfermedades que incluso él sabe que son falsas. El caso de enojo padece todo tipo de males, en especial artritis y otras enfermedades que se afianzan como somáticos crónicos y desarrollan depósitos, que agrandan las glándulas, que alteran el estado del corazón, y demás. Desde ahí hacia arriba de la escala, cuanta menos entheta y más theta haya, mejor será la salud física del individuo.

Como ejemplo, una joven se encontraba en un hospital recuperándose de apendicitis. Tenía fiebre, lo que es muy grave en un caso así. Llamaron a un auditor que, después de algunas preguntas, descubrió que ella estaba atorada en la línea temporal en un engrama anterior de paperas. La trajo a tiempo presente y la temperatura bajó a normal en los diez minutos siguientes, y la recuperación prosiguió entonces sin contratiempos.

Una persona que por lo general está sana pero que se pone enferma de forma temporal, se desliza hacia abajo en la Escala Tonal debido a engramas que se reestimulan de forma temporal. Traerla a tiempo presente a menudo acortará considerablemente el curso de la enfermedad.

Otra parte de Dianética Médica es la *ayuda* de Dianética. Se puede recorrer sin ningún efecto nocivo cualquier engrama muy reciente. Ocuparse de engramas de lesiones que acaban de ocurrir acorta de forma demostrable el tiempo de recuperación y aumenta el potencial de vida que ha sido amenazado por el accidente. La conmoción ocasionada por operaciones y accidentes se vuelve menos peligrosa, según se ha observado en Dianética, gracias a la ayuda de Dianética.

En Dianética Preventiva, la primera regla es:

GUARDA SILENCIO CERCA DE UNA PERSONA LESIONADA O ENFERMA.

Esto impide que el engrama contenga palabras y reduce de forma muy marcada su peligrosidad. En la actualidad, varios hospitales practican esto. Los médicos de otros hospitales encontrarían que su trabajo se facilitaría mucho y tendría más éxito sólo con que adoptaran como estándar la práctica de guardar completo silencio alrededor de las mesas de operaciones.

El auditor no debería pasar por alto, sin tomar en cuenta su capacidad de hacer casi milagros al encarar afecciones físicas, que todavía existen los virus, las bacterias y las piernas rotas. El auditor haría bien en reconocer la función del médico como una necesidad primaria en una sociedad. Cuando una arteria está echando la vida del paciente a chorros al suelo, el engrama que se está recibiendo es la parte menos importante de la circunstancia. Lo importante es inhibir la arteria. Abordar un engrama no sanará los huesos rotos, sino que sólo ayudará a que sanen. Aunque la mayoría de las operaciones quirúrgicas son innecesarias, según lo admiten los cirujanos mismos, sólo la cirugía puede efectuar reparaciones de emergencia. El campo del médico es, claro, el campo del enfermo agudo, y sabio es el auditor que trabaja sin interferencias y en armonía con los médicos, con un reconocimiento pleno de que la medicina es a menudo el único medio de preservar o alargar la vida. El trabajo del auditor es acortar el curso de cualquier enfermedad, ayudar a que sane cualquier lesión y, en particular, subir a la gente por la Escala Tonal a un nivel en que raras veces sean víctimas de los accidentes o de las enfermedades.

Las Leyes Básicas de Theta
Afinidad, Realidad, Comunicación

En Dianética hay un triángulo de gran importancia. Theta, la energía del pensamiento y la vida, tiene como manifestaciones primarias Afinidad, Realidad y Comunicación (ARC).

Esta es la peculiaridad de theta: en lugar de las leyes de la cohesión, la materia y la fuerza propias del universo físico (MEST), el pensamiento (theta) tiene que tener afinidad, realidad y comunicación para sobrevivir. MEST requiere ciertas leyes para sobrevivir u obedece esas leyes en el asunto de sobrevivir. La energía y la materia en el espacio y en el tiempo se mantienen unidas de una determinada forma, gobernadas por ciertas leyes. El descubrimiento y uso de esas leyes MEST constituyen la ciencia de la física. Theta también se mantiene unida en determinada forma. Y el descubrimiento y el uso de esas leyes constituyen la ciencia de Dianética.

No sabemos tanto acerca de theta como sabemos acerca de los átomos y los electrones, que son probablemente la entidad paralela en el universo físico. Los electrones, los protones, los neutrones y otros varios componentes de la energía del universo físico fluyen a determinadas velocidades y, combinados de diversas formas, existen y funcionan en el universo físico.

Está, por ejemplo, la velocidad de la luz. Está la composición de los átomos y de las moléculas. Es probable que theta tenga diversas leyes similares y en estos momentos no sabemos mucho sobre ellas. Pero sabemos lo suficiente para saber que hay una diferencia entre las leyes del funcionamiento de theta y las de las energías del universo físico.

Entre las leyes de theta, la primordial es que tiene una meta fundamental: cambiar MEST. Cambia MEST construyendo con él unidades móviles que conocemos como organismos vivos y, mediante esos, convirtiendo a MEST en formas y objetos diversos o destruyendo esas formas y objetos.

Theta usa una escala evolutiva en tiempo presente. Las formas inferiores de vida sostienen a las formas superiores de vida. En el pasado, hemos considerado la evolución como algo que ha ocurrido durante eones, como una escala graduada de diversas especies que cambiaban según avanzaban las eras, hasta alcanzar nuestras actuales formas de vida. Este concepto de la evolución tiene muchas limitaciones y lagunas, y no es muy funcional. En Dianética, usando la teoría de theta, vemos que toda theta en realidad está en tiempo presente y que no es posible ninguna acción excepto en tiempo presente, y que el tiempo presente es una serie continua de instantes en los que, momento a momento, theta continúa cambiando a MEST. No es muy complicado ver que aquí mismo en tiempo presente tenemos la evolución en funcionamiento. El liquen y el musgo convierten las burdas cenizas y rocas MEST en tierra fértil. Sobre esta tierra fértil pueden crecer formas superiores de vida vegetal.

La vida vegetal, sin embargo, no tiene mucha movilidad. Theta anima a los organismos que están compuestos de theta y MEST, pero los árboles cambian muy poco MEST. Por lo tanto, subiendo por la escala, encontramos a theta dedicada a crear animales e insectos. Y los animales más grandes, incapaces de vivir de tierra fértil y luz solar, viven de las formas de vida vegetal, que son ellas mismas las que convierten la tierra fértil y la luz solar en comestibles para las formas superiores de vida.

CAPÍTULO 6 — LAS LEYES BÁSICAS DE THETA
AFINIDAD, REALIDAD, COMUNICACIÓN

En cuanto llegamos a las formas de vida muy complejas, como son los mamíferos, encontramos que se está convirtiendo una cantidad muy grande de MEST. Cuando llegamos al nivel en el que se encuentra el Hombre, empezamos a ver que theta puede crear o destruir vastas formas de MEST.

Un hombre que construye una presa en un río e instala una planta hidroeléctrica está, para su propia supervivencia, cambiando MEST. Otro hombre dándole a un interruptor y encendiendo una bombilla eléctrica está modificando y alterando MEST.

Theta, en esta cadena de evolución que ocurre justo en tiempo presente, existe en un estado que puede cambiar gran cantidad de MEST. Conforme aprendemos más y más acerca de MEST, más MEST podemos cambiar. Y conforme aprendemos más acerca de theta, más MEST podemos controlar y cambiar. La bomba atómica es un ejemplo de cambiar una gran cantidad de MEST en una dirección que anula una gran cantidad de theta. Por lo tanto, consideramos que la bomba es algo equivocado. Fracasa en mejorar la supervivencia.

El Hombre puede cambiar, de manera razonable, grandes cantidades de MEST. Por lo tanto, a él se le puede considerar como una especie de meta intermedia. Las formas de vida inferiores no pueden cambiar MEST a ninguna escala en lo más mínimo. El Hombre, en potencia, puede construir o destruir planetas. El Hombre evolucionará hacia algo más que el Hombre, probablemente. En el ámbito educacional, evoluciona de forma considerable cuando empieza a comprender algo acerca de su propio propósito de ser.

El ciclo mediante el cual theta comprende a MEST es muy simple. Theta impacta con fuerza contra MEST. Esto causa una turbulencia. Pero de esa confusión, theta extrae alguna minúscula ley de MEST, y se retira para aplicar a MEST esta ley recién aprendida para la conquista de MEST. No existe conocimiento sin una enturbulación primaria. Theta conquista a MEST extrayendo una ley tras otra de MEST y enfrentando a MEST contra MEST para cambiarlo.

Theta, con este mecanismo de la turbulencia, puede aprender mucho acerca de MEST. Pero si theta va a embrollarse con MEST de manera desordenada, entonces theta debe tener algún medio de desenturbularse para poder obtener un beneficio de lo que ha aprendido con la confusión. Theta tiene que ser capaz de retirarse con el fin de volver para una conquista ordenada de MEST, usando las leyes del universo físico para conquistar el universo físico.

El mecanismo básico que theta tenía en el pasado era la muerte. El ciclo de creación, crecimiento, decadencia y muerte era y es un ciclo que se aplica a una especie como especie, a un organismo como organismo o a un grupo de organismos. La única forma en que theta se podía liberar, evidentemente, era por medio de la muerte.

Con la llegada de una ciencia del pensamiento, con la cual se comprenden algunas de las leyes naturales de theta, el Hombre puede desenturbular en una vida su theta y MEST y beneficiarse de la experiencia adquirida por la enturbulación. Ni siquiera se ha investigado de qué manera influye Dianética en la longevidad, pero sin duda altera el propósito obvio del ciclo de la muerte.

En Dianética, tenemos mucho que ver con la afinidad, la realidad y la comunicación. Sea cual sea la exactitud de los postulados básicos, al auditor se le hace patente, al usar estos tres vértices del triángulo, que tiene una herramienta de utilidad muy elevada.

Se podría decir que el triángulo de afinidad, realidad y comunicación es un triángulo interactivo, puesto que ninguno de sus vértices se puede elevar sin afectar a los otros dos vértices y elevarlos, y ninguno de los vértices se puede bajar sin afectar a los otros dos vértices. La razón que se postula para esto es que la afinidad, la realidad y la comunicación son partes componentes de theta y, por tanto, la afinidad, la realidad y la comunicación son tres manifestaciones de lo mismo.

Esto tiene una utilidad muy elevada para el auditor. Por ejemplo, si su preclear tiene un cierre sónico muy profundo, el auditor sabe que puede recuperar algo de sónico, ya sea aumentando la afinidad del preclear en tiempo presente o elevando el nivel de realidad del preclear. De igual

CAPÍTULO 6 — Las Leyes Básicas de Theta
Afinidad, Realidad, Comunicación

manera, si la afinidad del preclear es muy baja, el auditor puede elevar esa afinidad mejorando los conceptos de comunicación y realidad del preclear. Y por último, cuando la realidad del preclear es baja, se puede elevar aumentando la afinidad y la comunicación.

Esto es de una utilidad muy elevada porque a menudo el auditor no puede descubrir directamente al supresor en un vértice del triángulo. Volando candados en los otros dos vértices, puede lograr que este supresor esté accesible.

Tanto si uno comprende la *Teoría Theta–MEST* de Dianética y está de acuerdo con ella, como si no, el postulado de la afinidad, la realidad y la comunicación que se deriva directamente de ella tiene una utilidad infinita.

Es muy difícil suprimir la afinidad de un individuo (es decir, su capacidad de recibir o dar amor) sin suprimir también sus factores de comunicación y realidad. Del mismo modo, uno no puede suprimir el factor de comunicación sin suprimir también los factores de afinidad y realidad. Y por último, uno no puede suprimir la realidad sin suprimir la afinidad y la comunicación. Por ejemplo: una madre que le dice a su hijo que no lo quiere, también le está prohibiendo al niño que hable, y está embotando la realidad del niño, pues por lo general el niño espera que se le quiera. Decirle al niño que se esté callado es también rechazarlo, y es un insulto al concepto que el niño tiene de lo que debería contener el mundo real. Contradecir una de las afirmaciones o creencias del niño (es decir, su realidad) es también romper la afinidad con él y suprimir su comunicación. No se puede tocar este triángulo en ninguno de los vértices sin que afecte a los otros dos vértices. Y sin embargo, cada vértice es altamente específico y tiene sus propias características.

Uno tiene que considerar también, al examinar theta, que theta se mide en una Escala Tonal en gradiente que sube de 0.0 a 40.0. En el nivel más elevado, se podría considerar que theta está en un estado puro. Sería un río transparente que fluye con tranquilidad. Sería el nivel más alto de razón. Sería racionalidad total. Sería realidad total. Podría lograr comunicación total en su propio nivel. Y sería puramente afinidad.

Descendiendo por la Escala Tonal, se podría considerar que se introduce más y más disonancia en theta. La corriente, por así decirlo, se vuelve más y más tumultuosa, más y más atrapada entre márgenes estrechos, fluyendo sobre rocas mayores y luego por bancos de arena. Haciendo una analogía con la música, se podría decir que la nota se convierte en una vibración cada vez menos pura y armónica, y cada vez más desafinada respecto a sí misma.

Al descender por la Escala Tonal, la afinidad, la realidad y la comunicación forman en sí mismas una disonancia, la una con la otra. Theta también se encuentra en una confusión más y más tumultuosa con MEST. En lugar de una conquista ordenada y armónica de MEST por theta, uno observa al descender por la Escala Tonal hacia la muerte, una turbulencia cada vez mayor.

El impacto súbito entre theta y MEST se podría considerar como una turbulencia que crea disonancia en theta. Esto se registra y se graba como dolor. Al haberse impactado entre sí theta y MEST de esta manera, cambian las características de theta, de acuerdo con la teoría y la observación, y theta por debajo de 2.0 en la Escala Tonal puede considerarse theta enturbulada: theta que se ha confundido y mezclado de forma caótica con el universo material y que permanecerá en esta confusión hasta que la muerte o algún otro proceso la desenturbule. A theta por debajo de 2.0 la llamamos entheta.

El mecanismo aquí es simple. MEST en una forma de vida es un conjunto ordenado por encima de 2.0 en la Escala Tonal. Por debajo de 2.0, se considera que MEST está confuso y enturbulado y se le denomina enMEST.

Podríamos trazar un diagrama que mostrara a theta y a MEST por encima de 2.0 y a entheta y a enMEST por debajo de 2.0. De 2.0 hacia arriba, theta y MEST están mezclados de una forma más y más ordenada hasta que MEST queda atrás por completo y theta existe en su estado puro. Por debajo de 2.0, entheta y enMEST están más y más enturbulados en la forma de vida, hasta que se alcanza el punto de la muerte y más abajo.

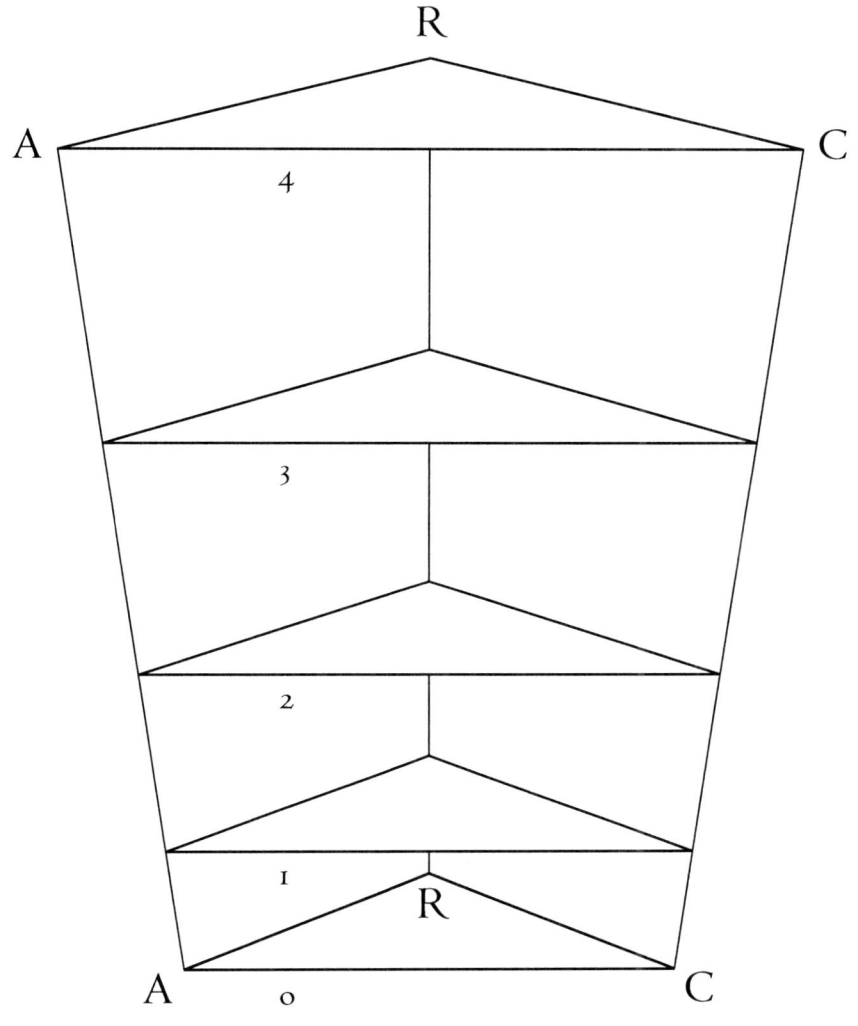

La Escala Tonal
Afinidad, Realidad y Comunicación, las tres partes componentes de theta, ascienden y descienden al unísono por la Escala Tonal.

Podríamos considerar que theta invierte su polaridad de manera gradual según desciende por la Escala Tonal hacia 0.0. Podríamos considerar que MEST invierte su polaridad cuando asciende por la Escala Tonal desde –3. Entheta tiene un efecto muy repelente sobre theta y MEST. EnMEST tiene un efecto repelente sobre theta y MEST. Por debajo de 2.0, MEST y theta están, en el mejor de los casos, unidos de forma turbulenta. Por encima de 2.0, se unen cada vez con más suavidad al ascender por la escala, con el MEST cada vez más bajo la influencia de la theta, y con la theta cada vez más capaz de hacer cosas con el MEST. Por debajo de 2.0, la theta es cada vez menos capaz de hacer algo con el MEST. La entheta se vuelve casi tan caótica como MEST en su estado puro*.

Aquí está el mecanismo de la muerte, entonces: entheta y enMEST expulsando del organismo a la theta y al MEST que quedan.

Este es un postulado importante en Dianética, puesto que de él se pueden derivar la Escala Tonal en pleno y todas las manifestaciones del comportamiento y las aberraciones humanas. Estos postulados son lo que un ingeniero llama una verdad de elevada funcionalidad. Pues para un ingeniero, la verdad no es el absoluto del metafísico, es simplemente algo que tiene una funcionalidad relativamente elevada.

De la Teoría Theta–MEST también se puede deducir una explicación de la curación por la fe, que es algo más que una explicación, al ser un principio muy funcional para el auditor. Se ha observado muchas veces, en el curso de las aventuras del Hombre (en el campo de la curación mental y física) que un individuo u otro, con su sola presencia, o una zona, por su santidad o la creencia de la gente en ella, podían lograr la desaberración casi total de seres humanos con males mentales o físicos. En Sudamérica hay una iglesia en cuyo exterior se encuentra un montículo

---

* Puede que a alguien se le ocurra preguntar: "¿Cuál es la diferencia entre MEST y enMEST, si ambos carecen de orden o planificación?". La respuesta es tanto simple como importante. Se puede decir que el MEST puro es caos virgen, totalmente inocente en lo que a planificación se refiere. Se puede decir que un organismo en Tono 4.0 contiene MEST planificado armoniosamente y organizado por theta. Pero enMEST no es ni lo uno ni lo otro. Ni está organizado ni es virginal. Está confundido y embrollado con entheta en un plan retorcido y *des*organizado.

CAPÍTULO 6 — LAS LEYES BÁSICAS DE THETA
AFINIDAD, REALIDAD, COMUNICACIÓN

de muletas desechadas por inválidos que sanaron con sólo acercarse al altar. Y en Betania, hace algunos años, un hombre llamado Lázaro salió de su tumba.

Es un axioma en Dianética que:

UNA CANTIDAD SUFICIENTE DE THETA PUESTA CERCA DE ENTHETA DESENTURBULARÁ LA ENTHETA Y LA CONVERTIRÁ EN THETA.

Esto es lo bastante importante como para constituir el axioma básico del procesamiento. Le explica al auditor por qué no puede tomar a un psicótico a quien casi no le queda theta y meter con éxito a ese psicótico en la entheta de un engrama. La theta restante del psicótico sólo se enturbularía, al no ser suficiente en cantidad, y el psicótico podría en teoría empeorar.

De ahí el segundo axioma:

UNA CANTIDAD SUFICIENTE DE ENTHETA PUESTA CERCA DE THETA ENTURBULARÁ A ESA THETA.

Aquí tenemos una cuestión de cantidad. Cuando hay gran cantidad de theta presente, una cantidad menor de entheta se desenturbulará y se convertirá en theta. Pero cuando hay presente más entheta que theta, es probable que la theta se convierta en entheta. Este es el factor de contagio de la aberración. A la theta en sí se le podría llamar *razón*. Y a la entheta se le podría llamar *irracionalidad*. Una cantidad suficiente de razón, presentada ante una cantidad menor de irracionalidad, hará que la razón prevalezca. Una cantidad suficiente de irracionalidad puesta cerca de una cantidad menor de razón hará que esa razón se convierta en irracionalidad. De ahí el carácter reestimulativo del procesamiento para el auditor. De ahí, también, las diversas clases de procesamiento que se tienen que usar en diferentes casos.

Cuanto más pura sea la theta, más MEST atraerá bajo ella. La theta, al tratar de conquistar el enMEST, se enturbulará ella misma. Si se aplica entheta a MEST, lo convertirá en enMEST.

La entheta tenderá hacia la muerte y actuará en dirección hacia ella. El enMEST tiende hacia la muerte y actúa en dirección hacia ella. La theta tiende hacia la supervivencia y actúa en dirección hacia ella. Y MEST tiende hacia la supervivencia y actúa en dirección hacia ella cuando ha sido conquistado de una manera ordenada en un organismo o por un organismo theta.

Como ejemplo de entheta, considérese al ladrón. Un ladrón es principalmente entheta y prefiere enMEST a MEST. Un ladrón convertirá en enMEST el MEST que roba, es decir que encubrirá su título de propiedad y es posible que dañe su forma o sustancia. El enMEST, poseído por theta, tiende a enturbular a theta. De esta forma, un hombre honrado que trate de poseer una propiedad dudosa y deshonesta, se enturbulará él mismo.

De estos principios se puede derivar toda una serie de axiomas y códigos de conducta óptima.

También se puede observar que un individuo con una gran cantidad de theta puede conquistar y controlar más MEST que un individuo con una pequeña cantidad de theta o un individuo entheta. El psicótico, por ejemplo, destruirá cualquier MEST con el que se ponga en contacto, mientras que el hombre con un nivel elevado de racionalidad mejorará el MEST con el que entre en contacto.

Aquí tenemos, también, por lo visto, un pequeño indicio de lo que es la "suerte": MEST se acerca de manera automática a la theta buena; MEST se aleja de la entheta.

Cuando hablamos de la afinidad, la realidad y la comunicación, estamos hablando de las tres partes componentes de theta. Estas tres magnitudes combinadas, actuando, sobre MEST, nos proporcionan la manifestación que podríamos llamar computación, o *comprensión*. Uno tiene que tener algo de afinidad por un objeto, algo de comunicación con él y cierto concepto de su realidad antes de poder comprenderlo. Su capacidad para comprender cualquier pensamiento u objeto depende de su afinidad, su comunicación y su realidad. Todas las matemáticas se

CAPÍTULO 6 — Las Leyes Básicas de Theta
Afinidad, Realidad, Comunicación

pueden derivar de la afinidad, la comunicación y la realidad actuando sobre MEST.

Como la afinidad, la realidad y la comunicación son tres partes componentes de lo mismo, es decir, de theta, sería difícil aumentar un componente sin aumentar los otros dos.

El universo físico y lo que hemos llamado el universo theta se basan ambos en el principio de *sobrevivir y sucumbir*. En lo que respecta a la vida, todo lo que se encuentre por encima del nivel 2.0 es sobrevivir, y todo lo que se encuentre por debajo del nivel 2.0 es sucumbir. Por encima del nivel 2.0, el organismo tiende hacia la vida. Por debajo del nivel 2.0, el organismo sólo tiende hacia la muerte. En realidad se podría considerar a las dinámicas como theta aplicada a varios temas y con diversas manifestaciones.

Cualquier individuo, incluso un *aberrado,* tiene momentos ocasionales de funcionar como un Clear. Cuando no está reestimulado (cuando su entorno no reestimula con intensidad sus engramas, candados y secundarias), la theta se desenturbula de forma gradual y él llega a poseer un alto nivel de razón. La mayoría de las personas alcanzan 3.0 parte del tiempo como algo normal. Algunas personas, en ocasiones excepcionales, se comportan y razonan como Clears MEST. No hay casi nadie que no haya tenido momentos en los que se aproximara a la condición de Clear. Ser Clear es un estado de estar en posesión de toda la theta disponible, que en un aberrado estaría atrapada en parte en engramas y candados. La persona común, con sus engramas y candados, rara vez se encuentra en el estado feliz y racional de un Liberado o un Clear. El Liberado o el Clear se encuentran en ese deseable estado de forma más bien constante. Pero esto no significa que el Liberado o el Clear, ante una cantidad abrumadora de entheta en el entorno, no sean susceptibles de enturbularse, pues sí lo son. Sin embargo, no retienen mucho la enturbulación, y en cuanto se liberan de ese entorno entheta, recuperan de inmediato su estado anterior de Clear. Además, no caen demasiado abajo en la Escala Tonal. Este caso es muy diferente al del individuo a quien le queda relativamente poca theta sin enturbular y que incluso en un entorno de ligera entheta cae con rapidez por la Escala Tonal. Es cuestión de elasticidad y de capacidad de recuperación, así como de capacidad de razonar de forma constante y clara en la mayoría de las situaciones.

La tabla debería leerse con la comprensión de que casi cualquier persona a quien no se tenga que internar en un manicomio, totalmente privada de sus sentidos, tiene algo de theta disponible. Hay muchas personas que poseen un gran volumen de theta, pero cuyas aberraciones las hacen descender de manera crónica por debajo del nivel de 2.0 y que, no obstante, aún pueden funcionar, al disponer de cierta cantidad de theta. Estas personas se enturbulan con rapidez. Hay muchas personas que normalmente no están clasificadas como psicóticas, que demuestran cantidades considerables de theta, y que aún así ante un pequeño revés se enturbulan con rapidez hasta bajar a 1.1 ó 0.5 en la Escala Tonal y permanecen ahí durante algún tiempo después de la enturbulación. Estas personas, una vez descansadas y fuera del contacto directo con la situación reestimulativa, recuperan algo de la theta del área turbulenta.

Se podría considerar que la fuerza de las dinámicas de un individuo está determinada, en primer lugar, por la cantidad innata de theta que posee el individuo y, en segundo lugar, por el efecto obstructor de sus engramas al reestimularse en el entorno. Uno podría entonces tener un individuo con una dinámica muy alta que, sin embargo, se ha aberrado tanto, que al menor revés caería rápidamente por debajo de 2.0 en la Escala Tonal. Las personas así, al tener dinámicas altas, tratan de conquistar por naturaleza una gran cantidad de MEST, pero en el proceso de conquistarlo, son enturbuladas por MEST, la sociedad y el entorno, por lo que acumulan enormes cantidades de candados. Y si una persona así tiene ocultos dentro de sí muchos engramas, estos se cargarán con rapidez y la persona acabará muy ocluida y aberrada en extremo, aunque a veces conservará la capacidad de funcionar en un nivel creativo y constructivo.

El sistema de dinámicas es un método de subdividir la theta de un individuo para mostrar cuánta theta tiene disponible en cualquier esfera de actividad. Estas divisiones se podrían hacer de la siguiente forma:

Capítulo 6   Las Leyes Básicas de Theta
Afinidad, Realidad, Comunicación

PRIMERA: la dinámica de uno mismo, el impulso hacia la supervivencia individual, razón hacia la supervivencia individual de uno mismo.

SEGUNDA: la dinámica de la supervivencia mediante el sexo y los hijos.

TERCERA: el impulso de sobrevivir mediante grupos, como miembro del grupo o para la supervivencia del grupo en sí.

CUARTA: el impulso del individuo de sobrevivir por la Humanidad o el impulso de toda la Humanidad por sobrevivir.

QUINTA: el impulso del individuo de sobrevivir por la vida, o de la vida de sobrevivir por sí misma.

SEXTA: el impulso del individuo de promover la supervivencia de MEST, ya sea para su propio beneficio o para beneficio del MEST en sí (que se manifiesta en la preservación de la propiedad como tal, sin importar a quién pertenezca).

SÉPTIMA: el impulso de theta por sobrevivir, el impulso del individuo de favorecer la supervivencia de theta y de sobrevivir por medio de la supervivencia de theta.

OCTAVA: el impulso hacia la supervivencia a través del Ser Supremo. El número ocho acostado nos da el símbolo para el infinito.

Cualquiera de estas dinámicas se puede desglosar en las tres partes componentes de afinidad, comunicación y realidad.

En la Primera Dinámica, uno tiene la afinidad por sí mismo, el concepto de la realidad de sí mismo y la capacidad de comunicarse con la memoria de sí mismo.

La Segunda Dinámica tendría que ver con la afinidad por la pareja o los hijos para el futuro de la especie, la comunicación con la pareja o los hijos, y un concepto de la realidad de estos.

En la Tercera Dinámica se encuentra la afinidad del individuo por el grupo o la afinidad del grupo por sí mismo, la capacidad del individuo y del grupo para comunicarse, la realidad o acuerdo generales existentes en el grupo y entre el individuo y el grupo.

La Cuarta Dinámica, como ARC, significaría la afinidad del individuo por todo el Hombre y de la Humanidad por el individuo. Incluiría la comunicación del Hombre con el Hombre, y los conceptos de realidad o acuerdos de los hombres con la Humanidad.

La Quinta Dinámica incluiría la afinidad del individuo por la vida o la afinidad de la vida por otra vida, la capacidad de la vida para comunicarse con la vida o con el individuo, y el concepto de acuerdo y realidad de la vida.

La Sexta Dinámica incluiría la afinidad, la comunicación y la realidad de MEST como tal (dentro de sus propias leyes como se expresan en las ciencias físicas), pero más importante para nuestros propósitos, incluiría la sensibilidad del individuo hacia MEST: para conocerlo, usarlo y preservarlo.

La Séptima Dinámica sería la de theta en sí, que está compuesta, según nuestros postulados, de afinidad, realidad y comunicación.

La Octava Dinámica sería la Dinámica del Ser Supremo o el Creador. Ese sería Dios. Uno podría considerar que Dios creó el universo físico y el universo theta.

Columna F
Emoción

A LA EMOCIÓN SE LE PODRÍA DENOMINAR la manifestación de energía de la afinidad. Se hace una lista de ellas en dos columnas porque se puede tratar a la emoción como una subdivisión del tema más general de la afinidad.

Emoción no es sinónimo de energía vital, sino que evidentemente es sólo una parte de uno de los vértices del triángulo de afinidad, comunicación y realidad. La emoción, no obstante, proporciona un índice obvio del estado psíquico y es la magnitud que el auditor observa con mayor facilidad. Según se usa en Dianética, a la emoción se le podría denominar el índice del estado de ser.

El desarrollo de una nueva ciencia significa, naturalmente, el desarrollo de muchos términos nuevos. Y según se descubren nuevos datos, se encuentra a menudo que las definiciones antiguas son inadecuadas. Así ocurre con la emoción. En la lengua inglesa, es frecuente que "emocional" se considere sinónimo de "irracional". A menudo se oye la frase: "No seas tan emocional; sé racional". Esto parecería dar por hecho que si uno es emocional, no puede ser racional. No sería posible hacer una suposición más irracional.

Los engramas tienen, cada uno de ellos, sus propios tonos emocionales, así como cada engrama tiene un somático. Este es un tono emocional falso que le ha sido impuesto al aberrado en lugar de la emoción natural y razonable. Como la emoción tiene una fuerte manifestación y como las clases menos deseables de emoción son manifestadas por personas en estados de mucha tensión, se ha desacreditado la emoción como magnitud deseable.

Un ser humano plenamente razonable manifiesta la emoción que corresponde racionalmente a las circunstancias que afronta en tiempo presente. Por tanto, si la circunstancia de tiempo presente requiere pesar, una persona racional y razonable tiende a manifestar pesar. Si la situación de tiempo presente exige enojo, el ser humano racional manifestará enojo.

La emoción irracional podría manifestarse de manera irracional para cualquier situación dada. Si las circunstancias de tiempo presente requirieran pesar y aún así el individuo no manifestara pesar, esto sería irracional. Si la situación de tiempo presente pareciera indicar (debido a las felices circunstancias) felicidad y aún así el individuo permaneciera apático, esto sería irracional.

La emoción, entonces, no es ni racional ni irracional, excepto según se manifieste. Una persona aberrada rara vez manifiesta el tipo de emoción que se requiere racionalmente en cualquier circunstancia dada. Para describir esto, en realidad necesitaríamos una expresión nueva: tal vez "con emoción equivocada". Esta expresión indicaría que una persona no manifestó la emoción que requerían las circunstancias reales de la situación. Esto indicaría que su condición aberrada le hizo manifestar una reacción emocional inapropiada a la situación de tiempo presente. Estar con emoción equivocada sería, entonces, sinónimo de ser irracional. Ser emocional, sin embargo, indicaría (si la emotividad se correspondiera con las circunstancias actuales) un estado racional de ser.

Se puede juzgar bastante bien la racionalidad de cualquier individuo por la corrección de la emoción que manifiesta en un conjunto dado de circunstancias. Estar dichoso y feliz cuando las circunstancias requieren dicha y felicidad sería racional. Manifestar pesar sin causa suficiente en tiempo presente sería irracional.

CAPÍTULO 7 — EMOCIÓN

Los engramas y el estado en general aberrado de un ser por lo general niegan la emoción. Al ser la felicidad y la alegría el auténtico sello característico de la supervivencia, podría esperarse, de forma bastante justificada, que según un individuo se aberrara más y más, fuera menos y menos capaz de ser feliz. Así es. Desde la felicidad en la parte superior, bajando por la espiral descendente, pasando por el enojo, el pesar y la apatía, hasta llegar a la falta total de reacción, descenderían no sólo la emoción, sino también el potencial de vida del individuo. Y tenemos así un índice directo de medición del estado aberrado de la persona.

Se tiene que recordar que incluso una persona muy aberrada, en los momentos de tiempo presente hasta cierto punto no enturbulados, tiene una cantidad considerable de theta libre. El hecho de que una persona se enturbule con facilidad, por ejemplo, yendo al nivel 1.1, y reaccione por tanto de acuerdo a ese nivel, no significa que siempre y en todo momento en que está despierta está reaccionando en ese nivel. Hasta que esté completamente psicótica debido a la enturbulación de tiempo presente, por lo general mostrará una gran cantidad de theta libre. El peligro de su condición no radica en el hecho de que siempre sea psicótica. Radica en el hecho de que cuando se enturbula, su theta libre existente, que es en sí capaz de felicidad y de razón, se enturbulará bajando por la Escala Tonal hasta 1.1. Conforme este individuo viva más tiempo y se vaya aberrando más, al enfrentarse a una situación difícil, una situación que enturbula su theta libre, no sólo caerá hasta el nivel de 1.1, sino más abajo de eso hasta el nivel de 0.5. Una vez que ha dado comienzo la espiral descendente, año tras año, permaneciendo más o menos sin cambio el entorno del aberrado, se puede esperar que cuando él se enturbule caiga más y más abajo en la Escala Tonal. Dianética puede interrumpir esta espiral descendente. Puede devolver theta libre a la mente. Puede erradicar las trampas que esperan al individuo cuando su theta libre se enturbula. Así, una persona que sea Liberada de Dianética o Clear MEST tiene una capacidad de recuperación elevada en extremo. Circunstancias arduas de tiempo presente no forman candados fuertes. No tiene motivos irracionales para experimentar pesar o miedo. Pero cuando las circunstancias de tiempo presente exigen poderosamente estas emociones, las manifestará, pero se recuperará por completo poco después. Lo único que puede enturbular su theta y causar que baje en cualquier medida por la Escala Tonal de forma momentánea es alguna circunstancia en el entorno inmediato lo bastante fuerte para influir en él y afectarlo. No debería esperarse que una persona a quien se ha liberado de engramas, secundarias y candados permaneciera en un estado de alegría idiota frente a todas y cada una de las circunstancias. Este sería en sí un tipo muy aberrado de conducta. Hay ciertos individuos maníacos que hacen esto y por desgracia están bastante dementes.

Una de las principales cosas que hace el procesamiento de Dianética es liberar las emociones del individuo para que él pueda experimentar emoción que baja desde la felicidad, el entusiasmo y el júbilo hasta el enojo, el miedo y el pesar, cuando las circunstancias de tiempo presente requieran estas emociones.

La emoción es un índice primario de la Escala Tonal. Esto no significa que la emoción sea lo único que hay en lo que a theta respecta. La emoción se usa como una señal primaria para el auditor de la posición del preclear en la Escala Tonal, por la gran facilidad con que se reconoce. Sin embargo, los dos sistemas de gradiente que se encuentran en el margen de la tabla (uno de 0 a 1,000 y el otro de –3 a 40.0) son ambos sistemas numéricos arbitrarios. La escala de 0 a 1,000 existe para que se puedan calcular percentiles psicométricos en la tabla. La escala de –3 a 40.0 es la Escala Tonal original de Dianética. Esta escala original se conserva porque al auditor le viene bien para usarla y es una parte básica de la terminología de Dianética. Bastante a menudo, se oye a los auditores hablar de un "caso 1.5", refiriéndose a que se trata de un caso en enojo crónico o un caso que se enturbula cayendo en enojo con facilidad. O se puede oír también a un auditor hablar de un "caso 2.5", lo cual le indica a la persona instruida que lo escucha que este caso está bastante "aburrido con todo el asunto" pero que está bastante bien avanzado y sube con facilidad a lo que se conoce como *cuatro falso*.

La Escala Tonal no es una escala deducida, sino una que se ha construido tras la observación de muchos preclears. Un auditor puede observar esto con mucha facilidad. Supongamos que descubre que su

CAPÍTULO 7   EMOCIÓN

preclear está en el tono de enojo mientras recorre un incidente. El auditor puede esperar que el enojo, al relatar el incidente por primera vez, por lo general remita. Y al relatarlo por segunda vez, que el preclear empiece a expresar resentimiento. Al relatarlo por tercera vez, o por cuarta o quinta, el preclear puede que llegue a aburrimiento, luego a indiferencia y, al relatarlo más veces, que suba hasta una perfecta alegría con respecto al incidente. Si el auditor descubriera un incidente en que el preclear estaba en la apatía más profunda, se vería que el tono del preclear subiría por toda la gama de la Escala Tonal durante la auditación, paso a paso. Primero, el preclear estaría en una apatía muy profunda, sin saber ni importarle si este incidente se resolvería o no. Luego subiría por la escala hasta apatía. Luego a pesar. Expresaría cierto miedo y aprensión. Se pondría hosco. Al final se enojaría, después expresaría resentimiento y, pasando por aburrimiento, subiría de forma gradual hasta cuatro falso.

No en todos los incidentes, por supuesto, sube el preclear paso a paso por la escala. Sigue exactamente la misma escala, pero puede saltarse u omitir varias etapas de la emoción. Así, empezando un incidente en pesar, el preclear puede llegar a aburrimiento y por tanto hasta una completa despreocupación acerca del incidente.

Por lo tanto, la Escala Tonal se basa en la observación. Es un índice muy valioso del estado de un engrama. Si el preclear entra en el engrama en enojo (es decir; el engrama lo enoja), el auditor sabe que el incidente será hasta cierto punto fácil de recorrer hacia arriba. Pero si se encuentra que el preclear está en una apatía muy profunda, el auditor sabe que tiene un largo camino por recorrer con este incidente antes de que pueda sacar al preclear de él por completo y hacerlo subir por la Escala Tonal.

Encontrar al preclear en una profunda apatía en un incidente debería alertar al auditor sobre el hecho de que debería manejar esta situación con el mayor cuidado, que tiene que pedir con mucha delicadeza que lo relate sucesivas veces para que la apatía suba de forma gradual (relatando el incidente repetidas veces) hasta pesar, para que se pueda liberar el pesar y así llevar al preclear hasta la parte superior de la escala en lo que respecta a este incidente.

La Escala Tonal emocional introduce algo más como herramienta para el auditor. Cuando el auditor descubre que no puede recorrer por completo el pesar para sacarlo de un caso, debería examinar con un poco más de cuidado el banco del preclear para descubrir qué tono emocional *puede* él hacer que se active en el preclear, puesto que puede hacer que se active al menos un tono emocional. Si no puede hacer que se active el pesar, quizá pueda hacer que se active el enojo. Y una vez que ha sacado un poco de enojo del caso, quizá pueda recorrer alguno de los niveles inferiores, como el miedo. Tras recorrer varios incidentes que contengan miedo, el auditor puede descubrir que puede sacar el pesar del caso recorriéndolo. A veces un caso caerá en una apatía con tanta facilidad que el auditor tiene que estar muy alerta para aligerar algunas de las emociones de niveles superiores antes de tratar de recorrer los incidentes de más profunda apatía que encuentre en el caso.

Como regla práctica:

UN AUDITOR SIEMPRE PUEDE ENCONTRAR *ALGÚN* TONO EMOCIONAL QUE RECORRER EN UN CASO. DEBERÍA CONCENTRARSE EN DESCUBRIR QUÉ TONO EMOCIONAL ES MÁS FÁCIL DE RECORRER EN EL CASO, Y RECORRER ALGUNOS INCIDENTES DE ESE TONO.

Naturalmente, aunque hace un bien considerable el recorrer incidentes felices en un caso, elevando así el tono del preclear, es probable que una nueva enturbulación suprima al preclear hundiéndolo hasta su estado original. Sin embargo, ha habido veces en que con sólo recorrer incidentes felices en un caso se ha recuperado suficiente theta de los niveles inferiores de tono de la escala para que se recuperaran suficientes unidades de atención para activar sónico y visión. Este truco de recorrer *momentos de placer* es, con mucho, la mejor manera de llevar al preclear a tiempo presente. Uno recorre el momento de placer justo como si fuera un engrama y la atención del preclear se puede atraer hacia este incidente con tanta fuerza que se recuperen unidades de atención.

La emoción es parte integrante esencial de todo engrama, pero existirá de manera independiente en lo que se denomina un *engrama secundario*. De hecho, hay tres clases de engramas secundarios:

1. Engramas de ruptura o imposición de afinidad.
2. Engramas de ruptura o imposición de realidad.
3. Engramas de ruptura o imposición de comunicación.

Estos se llaman engramas secundarios porque no contienen dolor físico, sino que dependen para su permanencia de un engrama de dolor físico anterior en el banco. Así las palabras, engrama secundario, significan un momento con gran carga en la mente analítica del preclear, que depende, para su fuerza, de un engrama de dolor físico más abajo en el banco.

Al recorrer engramas secundarios o emoción dolorosa, el auditor tiene que desarrollar una considerable destreza. Uno no puede, por ejemplo, exigir pesar así sin más. Ni puede uno exigir miedo así sin más. Se requiere destreza y tacto considerables para contactar con el incidente necesario para resolver el caso.

Una regla práctica del auditor es que:

SIEMPRE SE TIENE QUE ALIGERAR DE ALGO DE EMOCIÓN EL CASO. SÓLO A LOS CASOS QUE SE ENCUENTRAN EN UN RANGO MUY ALTO DE LA ESCALA TONAL SE LES PUEDE RECORRER ENGRAMAS DE DOLOR FÍSICO SIN RECORRER ALGUNOS ENGRAMAS SECUNDARIOS.

Si se pudiera recorrer toda la emoción dolorosa de un caso hasta sacarla (todo el resentimiento expresado, el enojo, el miedo, el pesar y la apatía), se obtendría un Liberado de Dianética, tanto si tocaba engramas de dolor físico como si no. Esto es cierto en la teoría, pero en la práctica es casi imposible, puesto que cuando él empieza a recorrer diversos engramas secundarios, el auditor encontrará a menudo que el caso vuelve a caer en el engrama de dolor físico que lo sustenta, el cual debe entonces recorrerse.

Recorrer la emoción dolorosa de un caso hasta sacarla produce la mejoría más notable que se obtiene en el procesamiento de Dianética.

Columna G
AFINIDAD

En vista de que la palabra "amor" tiene por lo menos dos significados destacados en el lenguaje común, si se empleara para representar este factor de theta podría resultar en un malentendido.

Afinidad es un término amplio y simplemente significa una empatía de sentimiento, afecto, el sentimiento de una persona hacia otra, como lo usamos en Dianética. La afinidad, en el sentido de theta, se podría comparar en Dianética con la cohesión y la adhesión en el universo físico en lo que se refiere a la energía. Hay grados de afinidad, según nuestra definición, como se representa en la Escala Tonal. Estos van desde una sensación de bienestar por todas las dinámicas, bajando por las diversas etapas de la emoción, hasta una ruptura del sentimiento con todas y cada una de las dinámicas. La afinidad, en un sentido amplio, incluye a la emoción.

La Escala Tonal de afinidad (según se representa en la tabla) se refiere a la reacción del individuo en cualquier momento determinado hacia una sola persona o hacia un pequeño número de personas. Pero a medida que se suprime la afinidad de forma repetida, el individuo empezará a adoptar un nivel habitual en la escala de afinidad, una reacción habitual hacia casi toda la gente. Esto también es cierto de la escala de afinidad de los grupos.

Y se puede encontrar en esta escala el nivel de tono de cualquier nación o, de hecho, de la Humanidad, para cualquier periodo determinado, lo que supondría el promedio de la reacción general de la Humanidad hacia la Humanidad.

En la parte superior de la escala, alrededor del Tono 4.0, el individuo experimenta amor, intenso y expresivo. Experimenta cordialidad. Esto es una extroversión de la afinidad. Por lo general, esto se encuentra en los niños, quienes tras crecer y recibir rechazos y repulsiones, primero de una o dos personas y luego de muchas, experimentarán de forma gradual el embotamiento de su afinidad.

Alrededor del Tono 3.0 tenemos al individuo experimentando tolerancia sin mucha acción expresiva. El individuo en este nivel aceptará los acercamientos que se le ofrezcan, pero a él no le resulta fácil hacer esos acercamientos.

Alrededor de 2.5 el individuo empieza a hacer caso omiso de las personas o a la gente en general. Quizá hasta le desagraden, como regla general, y trate de alejarse de ellas.

En el nivel de Tono 2.0 la afinidad se expresa como antagonismo, una sensación de molestia e irritación causada por los acercamientos de otras personas hacia el individuo. El amor se recibe con sospecha. Se cuestiona seriamente y puede suscitar, a cambio, aversión.

Alrededor de 1.5 la afinidad casi se ha invertido. Su disonancia se ha convertido en odio, que puede ser violento y así se expresa. El amor ofrecido a una persona así puede incitarla a cometer actos violentos de repulsión. Aquí tenemos, en realidad, un factor de entheta repeliendo a theta, puesto que la theta en sí contiene, como uno de sus componentes, amor.

Alrededor de 1.1 llegamos al nivel de hostilidad encubierta. Aquí el odio del individuo ha sido censurado en el ámbito social e individual hasta el punto en que se ha suprimido y el individuo ya no se atreve a demostrar el odio como tal. Sin embargo, posee suficiente energía para expresar algún sentimiento al respecto así que el odio que siente sale de manera encubierta. Puede que se recurra a toda clase de subterfugios. La persona puede afirmar que ama a los demás y que desea su bien como su máximo interés. Pero al mismo tiempo actúa (de manera inconsciente o no) para dañar o destruir la vida y la reputación de la gente y también para destruir la propiedad.

Por debajo de 1.0 llegamos al miedo, que se expresa en su nivel más alto como timidez aguda, miedo escénico, modestia extrema, quedarse cortado ante otras personas, atemorizarse con facilidad ante el afecto que se le ofrezca. Aquí, encontramos también, la extraña manifestación del individuo de sobornar, tratando de evitar un peligro imaginario, mediante la propiciación. Tenemos un ejemplo interesante de esto en el procesamiento. Los casos que se encuentran muy abajo en la Escala Tonal, cuando llegan al 1.0, bastante a menudo ofrecen regalos al auditor y tratan de hacer algo por él. Una tosca descripción de esto estaba anteriormente contenida en la idea de la "transferencia". En este nivel tenemos el retirarse de la gente.

En 0.5 llegamos al nivel de pesar, en el que tenemos súplicas del individuo, sus ruegos de piedad, sus esfuerzos desesperados por lograr apoyo mediante las lágrimas. Puede que incluso tengamos en este nivel tergiversaciones extrañas en extremo de la verdad encaminadas a lograr la piedad y el apoyo de los demás. Por ejemplo, la enamorada rechazada, al llegar a este nivel de pesar, puede inventar todo tipo de incidentes extraños y peculiares sobre la crueldad del que fuera su amante, con el fin de ganarse la compasión de quienes la rodean.

Sumiéndose por debajo de pesar, se llega a la apatía, donde la afinidad se expresa con un completo alejamiento de una persona o de la gente. En la apatía no hay verdadero intento de ponerse en contacto consigo mismo ni intento de ponerse en contacto con los demás. Aquí tenemos un punto nulo de disonancia que se encuentra en el umbral de la muerte.

Con la escala de la afinidad, el auditor posee un útil instrumento de medición, puesto que puede, observando al preclear, determinar la actitud del preclear hacia la gente o los grupos y descubrir la posición del preclear en la tabla. Además, observando cómo mejoran las relaciones del preclear con los demás, puede ver el ascenso gradual de tono en el caso.

Comunicación y Realidad

El tema general de la comunicación abarca bastante más que el intercambio de información. En esencia, a la comunicación se le podría llamar la ciencia de las percepciones. Así como la semántica general está organizada en torno al tema de las palabras y las ideas, así se podría organizar y así se ha organizado, en Dianética, todo el tema de la percepción.

Se podría decir que todo lo que conocemos del universo físico y tal vez todo lo que podamos saber del universo theta, si se admite su existencia, está contenido en la percepción, computación e imaginación.

Con percepción queremos decir el percibir entidades o existencias. Alcanzamos lo que conocemos de la realidad percibiendo entidades y existencias en el universo físico y tal vez en el universo theta, combinando estas percepciones y computando o imaginando resultados que no estén en desacuerdo con los resultados obtenidos por otros.

Los conductos de nuestra percepción del universo físico son veintiséis. Los más importantes de estos son sónico, visión, táctil, olfativo, cinestesia, térmico, posición de las articulaciones, posición del cuerpo, humedad, percepciones orgánicas y, sumando uno más, descubierto en Dianética, la percepción del movimiento por la línea temporal. Es de estos de los que más vitalmente se ocupa el auditor, pues es por medio de estos que aprendemos la mayoría de las cosas del universo físico.

Con el *sónico* percibimos, mediante un mecanismo mental, las ondas de sonido del universo físico y, mediante la comparación y la experiencia, tanto genéticas como del entorno, las interpretamos.

Con *visión* percibimos las ondas de luz que, como vista, se comparan con la experiencia y se evalúan.

Por medio del *táctil* percibimos la forma y la textura de las superficies y los compuestos.

Con la *percepción olfativa* percibimos las partículas diminutas de materia que se registran como olor.

Por medio de la *cinestesia* percibimos el movimiento a través del espacio y el tiempo.

Por medio del *térmico* percibimos la temperatura (lo caliente y lo frío) y así podemos evaluar más nuestro entorno actual, comparándolo con entornos del pasado.

Percibiendo la *posición de las articulaciones* podemos medir el espacio y el tamaño de los objetos y saber más acerca de nuestra situación física.

Percibiendo la *posición del cuerpo,* sentimos nuestra relación con el entorno inmediato.

La *percepción de la humedad* nos permite sentir la humedad o la sequedad de la atmósfera y así juzgar más nuestro entorno.

Mediante las *percepciones orgánicas* percibimos los estados de nuestros propios cuerpos internamente.

Estos y otros mensajes sensoriales se combinan para crear un corpus de experiencia. Qué parte de esta experiencia es genética y qué parte se lleva en el cuerpo theta, si es que este existe, no podemos, en este momento, medir con precisión. Sin embargo, en nuestro entorno adquirimos

CAPÍTULO 9 **•** COMUNICACIÓN Y REALIDAD

experiencia mediante estos diversos conductos sensoriales, y podemos actuar en el entorno de tiempo presente o hacer planes para el futuro.

Se podría decir que tenemos, en potencia, un mecanismo de recepción sensorial para cada tipo de mensaje sensitivo que pueda ser radiado o entregado a nosotros por el universo físico y desde el universo theta. Así, tenemos oído porque hay ondas acústicas que se pueden registrar e interpretar, tenemos vista porque existen ondas luminosas que registrar, y así sucesivamente. Se podría preparar un artículo muy interesante sobre la probable evolución de nuestros sentidos. Theta, combinándose con MEST para crear la vida, se extiende en su conquista de MEST, mediante las percepciones sensoriales, para existir en el entorno y controlarlo, y en cierta medida para regular el futuro y, en especial en el Hombre, ajustar el entorno al organismo, a la especie o a la raza.

Qué son exactamente los percépticos del universo theta es algo que en este momento es tan difuso que ni siquiera se puede estar seguro de que haya un universo theta. Las manifestaciones como la percepción extrasensorial, la intuición, la clarividencia, la clariaudición y otras constituyen un conjunto de cuasiconocimiento que por lo general se relega al campo de los fenómenos psíquicos. La existencia de Dios y las manifestaciones espirituales se pueden clasificar como universo theta. El contacto con estas se consideraría como un uso de los percépticos theta. Por extraño que parezca, en Dianética se están acumulando (lo queramos o no) pruebas considerables, no sólo a favor de un universo theta y de un cuerpo theta, sino también de los percépticos theta. Esto ha llegado al punto de contener algunas pruebas de que existen ciertas técnicas de aplicación (ya formadas de forma parcial) mediante las cuales se pueden limpiar los percépticos theta, elevando el potencial de predicción del individuo, entre otras cosas. A juzgar sólo por las pruebas disponibles, uno diría que existían más pruebas a favor del universo theta, del cuerpo theta y de los percépticos theta de las que existían para negarlos. Estas pruebas se han acumulado en cantidad suficiente como para proyectar una sombra de duda extrema respecto al postulado "científico" de que lo único que jamás conocería el Hombre era el universo físico. De hecho, la ciencia fue incapaz de resolver problemas mentales, pronosticar el comportamiento e inventar mejores tecnologías humanas en la medida en que supuso que la vida y el Hombre surgieron de compuestos y arcilla del universo físico, sin ningún otro ingrediente. Esta línea de razonamiento no condujo a ningún avance en la tecnología y, de hecho, permitió que las ciencias físicas aventajaran a todo conocimiento del comportamiento humano. Esto parecería más o menos inevitable, no obstante, si uno considerara que la misión principal de theta era conquistar el universo físico, al menos en lo que concierne en la actualidad a la rama de theta que somos nosotros. Con una misión así, el universo físico llegaría por supuesto a ser la esfera de realidad mejor conocida. Quizá theta esté ahora en situación de poderse comprender más a sí misma. Con esto, uno no quiere apremiar al lector a que tenga la idea de que Dianética esté interesada de manera vital en los fenómenos psíquicos en este momento. Pero se menciona de pasada, que en el curso de la investigación, se siguen acumulando datos contrarios a la idea de que el Hombre es una criatura del universo físico únicamente.

El auditor, al trabajar con caso tras caso, no puede evitar encontrarse con pruebas que favorecen en gran medida a un cuerpo theta hasta cierto punto intemporal, que existe como una identidad personal que va paralelo a la línea genética de la especie. Y si ignora esto, puede empantanar algunos de sus casos. Me refiero en particular al volumen continuo y creciente de informes procedentes de auditores sobre el tema de muertes pasadas y vidas pasadas. Es necesario examinar este tema con cautela y muy a fondo. Pero aún queda el hecho de que el auditor que se encuentra con una muerte anterior y no la reduce de forma adecuada, mediante el Procedimiento Estándar, encontrará que su caso se empantana por completo. Y, de hecho, algunos casos no se pueden recorrer y no se moverán por la línea temporal hasta que no se tengan en cuenta estos factores. Algunos de estos datos se han conocido durante dos años, pero el retraimiento a hablar de ello hasta que las pruebas no fueran aplastantes ha suprimido y continúa suprimiendo el conocimiento. Según se desarrolla, Dianética parece más y más capaz, en potencia, de llegar a establecer contacto con el alma

CAPÍTULO 9 🙢 COMUNICACIÓN Y REALIDAD

humana, que a menudo ha sido postulada pero que nunca se ha sentido, medido y experimentado por completo*.

Para aligerar un caso hasta el punto en que el individuo sea un Clear MEST, sólo es necesario trabajar con las vías de percepción hacia el universo físico.

Lo que concebimos que es la realidad es, de hecho, la percepción acordada del universo físico. Hay una interminable disputa filosófica respecto a si nuestras percepciones perciben algo o no o si nuestras percepciones son o no son ellas mismas una simple ilusión. Es bien cierto que el universo físico se puede reducir a cero matemáticamente. Se podría decir que la materia, la energía, el espacio y el tiempo son

---

* El tema de las muertes pasadas y las vidas pasadas está tan lleno de tensión que ya en julio de 1950 la junta directiva de la Fundación trató de que se aprobara una resolución que proscribiera todo este tema. Y a mí se me ha pedido muchas veces que omita toda alusión a esto en el trabajo actual o con el público, por temor a que surgiera una impresión general de que Dianética tiene algo que ver con el espiritismo. Además, se ha manifestado muchas veces que en vista de que los incidentes prenatales son tan "polémicos", la introducción en Dianética de vidas pasadas y muertes pasadas, aun como investigación experimental, permitiría que las antiguas escuelas de terapia siguieran con su delusión de que todo es delusión. Esta difícilmente sería una manera científica de manejar una ciencia. El verdadero científico informa, con franqueza y valentía, de lo que descubre. Un famoso escritor me contó hace poco una anécdota de Thomas Carlyle, quien al escuchar a la escritora americana Margaret Fuller decir: "Yo acepto al universo", sólo dijo: "¡Por Dios! ¡Más le vale!". Al auditor que hace que su preclear retroceda por la línea temporal y de repente se encuentra con que el preclear tiene fuertes somáticos y una visión de un paisaje de 1210 d. C. más le vale reducir el incidente como si fuera un engrama. Si no logra una reducción adecuada, más le vale al auditor pedir el incidente necesario para resolver esta extraña manifestación. Si el auditor es realmente torpe, le invalidará el incidente al preclear y pasará por alto el recorrerlo, momento en que el preclear se empantanará. Es evidente que hay tres clases de estas experiencias: (1) aquellas que son *dub-in* y que ocurren *sólo* en casos que hacen dub-in en la vida actual; (2) fantasías alimentadas por la lectura y la imaginación, pero sin somáticos; y (3) las que parecen ser experiencias válidas y reales. Si estos datos de vidas pasadas y muertes pasadas del cuerpo theta continúan presentándose y resultan susceptibles de comprobación rigurosa, esto sin duda amenaza con radicalmente alterar nuestra cultura. En estos momentos todo lo que podemos hacer es reunir pruebas. La Fundación recibirá con gusto todas las pruebas que los auditores descubran y deseen presentar. *Nunca invalides una vida pasada o una muerte pasada* y nunca dejes de recorrer esos somáticos como experiencias reales. Dejar de observar esta orden enfática puede dañar seriamente al caso. Te he dado esta información porque no creo que ayudar al auditor a auditar y ayudar a que los casos recorran pueda dañar gravemente a Dianética.

el resultado de ciertos movimientos. En cuanto nos apartamos por el camino secundario de preguntarnos si el universo físico es real o no, nos encontramos rápidamente con muchos imponderables filosóficos. Lo que conocemos como realidad, no obstante, es una noción acordada del universo físico en el que vivimos. Tú y yo estamos de acuerdo en que existe una mesa en el centro de la sala. Podemos verla y tocarla y cuando la golpeamos con los nudillos, podemos oír que algo está ahí. Tú y yo nos hemos puesto de acuerdo sobre la realidad de la mesa principalmente porque cada uno de nosotros está de acuerdo en que la percibe mediante sus sentidos. Si alguien viniera y dijera que lo que había ahí no era una mesa sino un gato negro, tú y yo consideraríamos que estaba loco. De hecho, mediante una especie de selección natural, apartamos esas "locuras" de nuestra sociedad. Cuando alguien está en desacuerdo con la mayoría en cuanto a las percepciones sensoriales del universo físico, la primera reacción de la mayoría es hacer que se declare demente a esa persona y se le encierre. Encerrada, no procrea, y así se rompe la línea genética. Esto ocurre lo bastante a menudo como para separar de la raza humana a aquellos que no están de acuerdo respecto a la naturaleza del universo físico mediante sus percepciones sensoriales. Se pueden formar muchos postulados amenos y divertidos sobre el tema de la realidad.

Es cierto que mediante la comunicación, mediante el grupo de percepciones sensoriales que componen la comunicación, conocemos la realidad. Nuestra afinidad con esa realidad, nuestra admisión de que somos parte de esa realidad y nuestra aceptación de nuestra participación en ella, es necesaria para nuestra comunicación con ella. Y así tenemos el triángulo de Dianética: afinidad, realidad y comunicación. Uno de estos factores no puede mantenerse sin los otros dos. No puede haber, por ejemplo, comunicación y afinidad por sí solas. Estas dos cosas darían como resultado cierto tipo de acuerdo, acuerdo que sería una realidad. Si existe la comunicación, se puede alcanzar cierto acuerdo. Y tan pronto como se alcanza un acuerdo entre dos personas o de un hombre consigo mismo, existe cierta afinidad. Si existen afinidad y realidad, entonces debe resultar o ya debe existir una comunicación para que actúe como vía de expresión y reconocimiento del acuerdo.

Capítulo 9 — Comunicación y Realidad

Un auditor que conoce el trío de afinidad, realidad y comunicación, puede usar cualquier vértice del triángulo como punto de ataque con el fin de acrecentar los otros dos vértices del triángulo.

El tema general de la comunicación, como hemos visto, contiene todas las vías de la percepción sensorial: sónico, visión, táctil, olfativo y las demás. También incluye la percepción de un contacto demasiado fuerte con el universo MEST: el dolor (que es en sí, aunque de manera menos directa, una forma de comunicación). La recepción de percepciones del universo real y el propósito de theta se presentan en forma de computación. La computación crea ideas concernientes a la realidad. Y esta creación de ideas conduce al tipo de comunicación que normal y comúnmente se clasifica como comunicación: conversación, mensajes y otros métodos de intercambio de ideas.

El auditor tiene que apreciar el valor de la comunicación, puesto que si su preclear no puede comunicarse con su propio pasado, no podrá juzgar con exactitud su propio presente, y sin duda no puede computar su propio futuro. Cuando un hombre es incapaz de hacer contacto con la realidad del presente o de valorarla, y cuando no puede computar su propio futuro y actuar conforme a esa computación, a esa persona se le considera en grados variables neurótica o psicótica. El auditor, entonces, hace bien si conoce a fondo este campo.

Columna H
SÓNICO

CON LA PALABRA SÓNICO, en Dianética, se quiere decir recuerdo sónico más que oír sonidos exteriores al cuerpo. Sónico significa oír los sonidos que se han recordado. Todos los sonidos que el individuo ha oído en el pasado están registrados, ya sea en el banco analítico de memoria estándar o en el banco reactivo. Aquellos que están grabados en el banco analítico de memoria estándar están todos disponibles para los mecanismos de recuerdo del individuo: para su "yo". Aquellos que se han grabado en el banco reactivo han sido recibidos por el individuo mientras estaba inconsciente: en un estado hipnótico, mientras estaba drogado, mientras deliraba, mientras estaba inconsciente a causa de una lesión grave o incluso mientras estuvo momentáneamente inconsciente a causa de una leve lesión. Antes de Dianética, no se pensaba que percépticos como el sónico se grabaran en absoluto durante un periodo de inconsciencia. Uno de los descubrimientos básicos de Dianética fue que estos percépticos se grababan durante periodos de inconsciencia de un individuo, y que este material estaba disponible para recuperarse y que este material, recibido así y grabado así, tenía un efecto aberrativo en el individuo.

Ya sea que el sonido se haya oído mientras la persona estaba despierta, dormida o inconsciente, ese sonido está a disposición del mecanismo de recuerdo del "yo". La fantástica capacidad de almacenamiento de la mente no tiene explicación estructural en estos momentos. Pero cada sonido, ya sea una voz, el claxon de un coche, el ruido de la vajilla, pisadas o el viento: cada sonido que el individuo haya oído a lo largo de su vida está grabado. Grabado así, está disponible para el "yo" del individuo. La técnica de Dianética envía al individuo hacia atrás a través de su vida y, mediante los percépticos de sónico, visión y demás, le permite recuperar información que ha estado ocluida para él.

Hay muchas gradaciones en la calidad del sónico. Un caso en el que hay mucho pesar y otros tipos de carga puede tener o no tener recuerdo sónico. Un caso que por lo general está ocluido de un extremo al otro de la línea temporal, puede estar tan ocluido por carga, problemas de valencia, órdenes de cierre sónico o por estar atorado fuera de tiempo presente que no tenga ningún sónico en absoluto. Esta condición puede ser tan grave que hace que el individuo sea incapaz de recordar cualquier cosa que se haya dicho, incluso poco después de haberse expresado, al igual que atrás a lo largo de la línea temporal. La carga, los problemas de valencia, las órdenes de cierre sónico pueden ser hasta cierto punto leves, y en estas circunstancias el individuo recibirá lo que se conoce como *impresiones sónicas*. Puede recibir impresiones de los tonos de voz en que se pronuncian las palabras conforme viaja por la línea temporal, pero no oye los sonidos con claridad. Sin embargo, el caso puede tener tan poquito cierre sónico, tan pocos problemas de valencia y carga, que un sónico claro (tal como se oyó en su forma original) esté disponible conforme la persona viaja por la línea temporal, así como estando cerca de tiempo presente.

El cierre sónico puede ser bastante selectivo. El individuo puede ser capaz de oír sonidos, pero no voces. Puede ser capaz de oír toda una orquesta sinfónica, y sin embargo ser incapaz de volver a oír lo que su mujer le pidió que trajera a casa para la cena. Los cierres selectivos están causados tanto por la carga que hay en el caso como por órdenes selectivas de cierre sónico, como: "No puedes oír a tu mujer" o "No me prestas ninguna atención".

Un interés primordial del auditor es activar el sónico. Por lo tanto, debe saber qué es lo que lo desactiva. De acuerdo con la teoría actual, que hasta cierto punto tiene buenos resultados en la práctica, la fuente más severa de cierre sónico es estar *atorado en la línea temporal*. Como el individuo no se puede mover en ella, naturalmente no puede moverse por los incidentes y escucharlos. La interferencia con el sónico que sigue a esta en severidad proviene de los *cambiadores de valencia*. La identidad de la persona se confunde con la de otra persona, ella no está en su propia valencia y está fuera de su propia línea temporal. La fuente de cierre sónico que le sigue en severidad es la *frase de mandato* que dice específicamente: "No puedes oír nada", "Nunca escuchas una palabra de lo que digo", "Tienes que quedarte quieto", "Estoy sordo como una tapia", etc., etc. Además, al sónico lo afectan en cierta medida el pesar y la carga existente en el caso, aunque no tanto como podría esperarse, puesto que los casos que contienen una enorme cantidad de pesar y carga, en general retienen, sin embargo, el recuerdo sónico en la ausencia de cambiadores de valencia.

El cierre sónico más grave sería el causado por una combinación de factores que incluiría no sólo estar atorado en la línea temporal en un engrama, sino también tener la línea temporal en sí plegada sobre sí misma por *agrupadores* que están activos.

Hay casos que tienen sónico falso: *dub-in* sónico. De acuerdo con la teoría, este dub-in está causado por *circuitos demonio*, es decir, porciones fuertemente cargadas de la mente analítica que han sido capturadas por la mente reactiva y acatan las órdenes de esta, separadas en compartimentos por la carga como entidades separadas. Estas son muy fáciles de detectar, no obstante, pues el dub-in sónico por lo general es absurdo y no tiene sentido. Además, cuando el individuo con dub-in ha pasado por un incidente una vez, no puede volver a pasar por el incidente con las mismas palabras. Uno no debería considerar que un caso de recuerdo de dub-in sea difícil de detectar. Detectar el dub-in es muy sencillo, incluso para el principiante, puesto que no repetirá ni soportará la repetición, sino que altera de forma muy marcada, y no es especialmente sensato, y no recorre como un engrama de ninguna manera. Después de que se haya trabajado en el caso de dub-in sónico durante un breve tiempo, se puede esperar que pierda el dub-in. Una vez que se entre en contacto con el circuito que lo causa, el resultado es un caso sin sónico. Este no debería confundirse con un caso que tiene sónico, sino que ha experimentado severas infracciones del Código del Auditor por parte del auditor, al que se le han recorrido engramas parcialmente, pero sin reducirlos, y en el que se han activado agrupadores de forma que la línea temporal está plegada sobre sí misma. La manera de diferenciarlos es que el caso que tenía un dub-in que se ha desactivado seguirá recorriendo la línea temporal con tanta facilidad y capacidad como antes. De estar en condición no sónica, conforme se recorren completamente los cambiadores de valencia y las órdenes de cierre sónico del caso, las impresiones sónicas pasarán a estar disponibles, y entonces el sónico en sí debería retornar.

El tema del recuerdo sónico es uno que requiere una enorme cantidad de estudio antes de que alguien pueda llegar a un juicio definitivo en cuanto a sus ramificaciones totales. La experiencia en Dianética ha demostrado que el Clear recupera por completo los recuerdos, en general, y esto es cierto en lo que respecta al sónico.

Como se puede ver en la tabla, la escala de gradiente del sónico no muestra que sea un fenómeno por el cual se pueda establecer la posición del preclear en la tabla, excepto únicamente en el sentido más amplio. El Clear que está en la parte alta de la escala por lo general tiene recuerdo sónico pleno. Pero su condición aberrada puede haber sido tal, que en grandes zonas de la línea temporal su banco de memoria analítica no ha recibido grabaciones adecuadas o claramente definidas. Desde el momento en que una persona es Clear o casi Clear, en adelante en su vida, tendrá recuerdo sónico. Durante su periodo de aberración, no obstante, es posible que no haya grabado sonidos aquí y allá en la línea temporal.

Hay mucho malentendido acerca de los recuerdos de sónico y de visión en el estado de Clear. Estos recuerdos no son eidéticos en todos los casos, ya que la memoria fotográfica o fonográfica es una cuestión de entrenamiento y una persona no entrenada en ellos no necesariamente graba visiones y sonidos con la concentración suficiente para tener todo el material disponible para un recuerdo inmediato. Se tiene que realizar un número muy grande de pruebas en todo el campo de los recuerdos, y se tiene que observar un gran número de casos antes de que podamos evaluar de manera clara y científica el potencial de recuerdo en cada individuo cuando sea Clear. Los recuerdos, no obstante, son buenos en los casos que hemos observado hasta ahora, pero no son necesariamente eidéticos.

Una persona puede tener recuerdo sónico de carácter exacto en cualquier lugar de la Escala Tonal, siempre y cuando la persona se pueda mover con libertad por la línea temporal y esté *en valencia*. La capacidad de recordar con sónico no es un índice de neurosis o psicosis. Al recuerdo sónico lo afectan factores que, en sí, no son este tipo de índice. La cantidad de theta libre disponible para la percepción analítica y la computación, es en sí, de hecho, el único índice.

Sin embargo, en las partes más bajas de la Escala Tonal, uno normalmente espera que la persona razonable no tenga recuerdo sónico ni ningún otro recuerdo y espera que el individuo que en verdad es psicótico o neurótico sí tenga recuerdo sónico. Esto ha inducido a los profesionales de las artes curativas en el pasado a creer erróneamente que el recuerdo sónico sólo se encontraba en idiotas e imbéciles: una absoluta falsedad, basada en una observación limitada.

El mecanismo que influye en el recuerdo sónico es el hecho de si la mente tiene o no suficiente poder (estructuralmente, lo más probable) para aislar y separar en compartimentos la carga y los resultados generales de los engramas, y aun así reservar una porción del analizador para el pensamiento libre con la theta libre restante. El individuo psicótico o neurótico no tiene el poder de reservar una porción del analizador para pensar con claridad, y por lo tanto, al enturbularse por engramas, aunque todavía en valencia, se enturbula analíticamente de manera completa y total sin tener una porción del analizador en reserva que no esté sujeta a esa enturbulación. Cuando una persona tiene una enfermedad psicosomática y recuerdo sónico, uno debería esperar encontrarse ante un individuo casi psicótico, pues las enfermedades psicosomáticas indican la existencia de muchos engramas y el recuerdo sónico manifiesta que el analizador no tiene el poder de separar en compartimentos las memorias desdichadas y dolorosas. Cuando uno encuentra enfermedades psicosomáticas y cierre sónico, uno puede encontrar a una persona que está potencialmente baja en la Escala Tonal, pero que aún tiene suficiente theta libre para responder en un alto nivel analítico, y que sin embargo puede actuar en la vida de forma muy aberrada a pesar de todo esto.

La reflexión sobre este tema, en el pasado, ha sido enteramente insuficiente. La observación ha sido, en las escuelas del pasado, que una gran cantidad de aberración significaba una gran cantidad de impulso y empuje y que, por lo tanto, se podría esperar que un individuo neurótico actuara en las artes y en otras actividades con más capacidad que una persona que estuviera cuerda. Esto, por deducción, observación y mucha experiencia, es una falacia absoluta. El individuo con mucha theta libre tiende a ser más robusto que sus compañeros. Puede tener o no tener más engramas. Pero intenta desde sus primeros días abarcar más espacio que sus compañeros y adaptar su entorno a él en lugar de seguir el camino borreguil de intentar adaptarse él al entorno. Por lo tanto se le rechaza continuamente y sus engramas acumularán carga de forma gradual mediante el proceso de las rupturas de afinidad, realidad y comunicación, hasta llegar a responder de manera algo neurótica a su entorno. En general, una persona así tiene un cierre bastante considerable en lo que se refiere al sónico y a la visión. Su theta, lo que queda de ella en estado libre, actuando en la pequeña porción de su analizador que todavía le queda disponible, sigue siendo mayor que la theta que el ser humano medio tiene a su disposición. Cuando tomamos a este individuo, lo procesamos con Dianética (y convertimos la entheta en theta), se vuelve más y más poderoso y capaz de encarar y adaptar su entorno. No tendrá sónico ni visión hasta que alcance un estado de Liberado o de Clear. A esos individuos es difícil procesarlos sólo porque la mente se ha aislado de forma tan experta de la carga del caso. Sin embargo, bien vale la pena dar procesamiento a este tipo de individuos, pues cuando el auditor haya terminado, o incluso si el auditor nunca termina, uno le ha dejado a la sociedad un activo fuerte y creativo. El auditor que trabaja con casos casi psicóticos o psicóticos (que tengan sónico) porque parecen fáciles, cuando haya terminado puede tener a un individuo que aunque estructuralmente sea inteligente posea sin embargo tan poca theta que su valor para la sociedad sea pequeño. Estas conclusiones son muy generales, pero se han confirmado en un gran número de casos.

Existen casos en que el individuo está tan poco aberrado que, aunque está dotado de suficiente theta libre para convertirlo en un enorme activo para la sociedad, aún tiene sónico y visión (estando ya en el rango de 3.5 en la Escala Tonal). Dista mucho de ser verdad que una persona para ser valiosa para la sociedad deba estar muy aberrada y deba tener obstruidos sus recuerdos, puesto que en un estado tan aberrado es probable que esté tan abajo en la Escala Tonal que su valor positivo para la sociedad (el cual se materializaría si se encontrara en 3.0 en la Escala Tonal o en un nivel superior) se convierta en un riesgo y que sus aberraciones afecten violentamente a su entorno y provoquen su destrucción. Estas personas son los dictadores que conducen a sus naciones a la ruina mediante la guerra, los artistas que con su obscenidad y vulgaridad destruyen los principios morales de una raza y así destruyen a la raza.

Lo que el auditor debería saber por encima de todo acerca del recuerdo sónico es que hace que el caso sea más fácil de recorrer, y que un caso sin él, si se le da procesamiento apropiadamente, a la larga lo recuperará. El auditor nunca debería desesperarse con los casos de cierre de recuerdo sónico. Las impresiones se harán más fuertes, y al final se activará el recuerdo sónico. Pero el individuo debe estar muy alto en la Escala Tonal antes de recuperar el sónico, si empezó con cierres completos. Además, existe una técnica que a veces activa el sónico, y se le conoce como *recorrer momentos de placer*.

Los momentos de placer se pueden recorrer en un caso de la misma manera que el auditor recorre engramas, yendo a través del momento una y otra vez. Las unidades de atención se ven atraídas al momento de placer, ya que una de las misiones de la mente es lograr felicidad y placer en las diversas dinámicas. Haciendo que el preclear retorne a un momento de placer y recorra ese momento, el auditor será capaz de recuperar unas cuantas unidades de atención de las áreas de enturbulación. Esto hará que al preclear le sea un poco más fácil moverse por la línea temporal y que, al hacerlo, pueda recuperar el recuerdo sónico. De cualquier manera, recorrer momentos de placer es sumamente beneficioso para un caso.

El recorrido de *momentos de placer futuros* a veces afina los percépticos. Estos son en realidad incidentes imaginarios, por lo que podemos decir. El tono del individuo sube cuando se recorren momentos de placer y por lo tanto, cuando se recorren momentos de placer que existen en el pasado o cuando se imaginan momentos de placer en el futuro, se puede esperar que suba el tono de cualquier individuo.

Las rupturas de afinidad a menudo deprimen el sónico, de manera que se puede descubrir que un preclear que tuvo sónico el lunes y una pelea con su novia el martes tendrá mucho menos recuerdo sónico el miércoles. Además, cuando se invalida el recuerdo sónico de un individuo, se deprime su realidad, de forma que el recuerdo se reduce. Las secundarias y candados de ARC influyen de forma marcada en el sónico o en cualquier otro tipo de recuerdo. La afinidad, realidad y comunicación acrecentadas pueden, por sí solas, activar el sónico.

Columna I
VISIÓN

Recordar un escenario viéndolo otra vez recibe, en Dianética, el nombre de *visión,* con lo que se quiere decir recuerdo visual.

Hay dos clases de visión con las que el individuo se puede encontrar. Una es visión imaginaria, que significa el escenario que la imaginación construye. La otra es visión auténtica, con lo que se quiere decir recuerdos de escenas auténticas y verdaderas. En la terminología de Dianética, visión por lo general significa recuerdo válido de escenas del pasado. La palabra *dub-in* se usa para referirse a la visión que es imaginaria.

Visión de escenas del pasado puede tener lugar en tiempo presente, lo que sería el proceso de acordarse de forma visual. O puede tener lugar al retornar al preclear por la línea temporal: viendo otra vez, en el recuerdo, escenas que ha grabado en su pasado. La visión con dub-in puede que funcione de manera muy similar.

Es posible que el límite más exacto entre la cordura y la demencia esté entre saber que uno estaba imaginando lo que había ocurrido y no saber que uno estaba imaginando. Todos los recuerdos pueden sufrir un cortocircuito mediante la imaginación, de tal modo que se hace creer al "yo" que está recordando un hecho auténtico, cuando en realidad los bancos de memoria le están presentando una secuencia imaginaria. Cuando el ARC es muy bajo en un caso, por lo general por debajo del nivel 2.0, prevalece en el caso la condición de que muchos de sus recuerdos, no importa lo auténticos que los considere el "yo", son imaginarios. Como ejemplo de esto, considera a una persona en un estado de enojo que está relatando una conversación o una disputa que ha tenido. Las personas que están enojadas casi nunca dicen la verdad. Las personas que han caído hasta el rango de hostilidad encubierta llegan a estar tan confundidas entre la realidad y la imaginación que incluso su charla trivial es totalmente indigna de confianza. Y sin embargo estas personas pueden creer que están diciendo la verdad. Este es un caso en que el recuerdo sufre un cortocircuito por la imaginación y en que al "yo" se le proporcionan datos imaginarios que no obstante se clasifican como auténticos. Es posible que la infracción más flagrante de la verdad ocurra en el nivel de apatía o ligeramente más arriba, donde el miedo mezclado con el pesar puede provocar la tergiversación más descabellada del recuerdo.

El mejor ejemplo de visión con dub-in sería el escenario que el preclear obtiene cuando se le retorna por la línea temporal hasta el área prenatal. Puede obtener cuadros muy claros y activos pero *exteriorizados* del escenario alrededor de su madre, visiones y escenas que son totalmente falsas, y que el auditor no debe atribuir a la percepción extrasensorial. Denotan una posición entre 1.3 y 1.0 en la Escala Tonal. La *circuitería* (de la que se hablará mucho, más adelante) es la causa de esta visión. Cuando el caso se haya aligerado de muchos engramas secundarios, esta visión cesará y la verdadera visión del prenatal ocupará su lugar. La verdadera visión prenatal, por supuesto, es negra, excepto en las ocasiones en que pudo haberse introducido luz en la zona con fines quirúrgicos, ocasiones en que la luz a veces se graba.

No se debería esperar que la persona que se encuentra entre 1.5 y 0.5 en la Escala Tonal tenga visión exacta o ningún tipo de visión en lo más mínimo, como en el caso ocluido.

La visión y todos los demás recuerdos siguen la misma pauta del sónico. Y al considerar cualquier recuerdo, los datos que se dan respecto al sónico se pueden usar de manera intercambiable.

CAPÍTULO 11 VISIÓN

En el rango 4.0 el individuo cuando está en tiempo presente ve lo que recuerda y cuando se le hace retornar por la línea temporal obtiene cuadros exactos y claros del escenario tal y como los vio cuando lo estaba mirando. Está dentro de sí mismo, es decir, en valencia, y no obtiene una visión de sí mismo como parte del escenario. Esta condición normalmente prevalece hasta bajar a la banda de 3.0. Aquí empezamos a tener oclusiones y exteriorizaciones en zonas que contienen engramas muy cargados, los cuales contienen frases de mandato que sacan a la persona de su propia valencia, como por ejemplo: "No puedo ser yo mismo cuando estoy contigo", etc. Alrededor de 3.0 la persona está en la mayoría de los casos en la línea temporal. Puede tener visión de momentos de placer y puede estar dentro de sí, excepto cuando está en engramas secundarios.

Alrededor de 2.5 la oclusión resulta notable. Pueden faltar grandes áreas de la línea temporal debido a la carga y a los engramas cambiadores de valencia.

De 4.0 a 2.0 es hasta cierto punto fácil recorrer completamente áreas ocluidas y descargar secundarias para que esa visión vuelva con facilidad. Por debajo de 2.0 el auditor empieza a meterse en dificultades y debe hacer uso de una gran cantidad de paciencia con su preclear porque la visión puede o bien estar ausente o ser exteriorizada. Al ocuparse de un caso así, el auditor debería tener mucho cuidado en todo momento de nunca hacer que el preclear ponga atención en esas peculiaridades, ya que esto sería una invalidación del preclear y le haría mucho daño. La dificultad con un preclear de 2.5 para abajo es que la vida lo ha invalidado demasiado a menudo. Cuando el auditor, que está tratando de mantener un ARC elevado con el preclear, parece encontrarse en la misma categoría que los factores de la vida que ya han suprimido y hecho daño al preclear, la poca visión que haya sobrevivido puede colapsar con mucha facilidad, de manera que el auditor se cause a sí mismo una gran cantidad de trabajo consistente en rehabilitar el ARC y recuperar la visión u otros recuerdos.

Alrededor de la banda de enojo empezamos a entrar en la zona potencialmente psicótica. Esto no significa que una persona que está en 2.0 sea psicótica. Significa que cuando la theta libre del individuo se enturbula de forma momentánea, se encuentra con facilidad en la banda de 2.0, y que se comporta en general, en sus reacciones ante la vida, de acuerdo a esta banda.

Es posible que un caso esté en valencia a lo largo de toda la línea temporal, que obtenga buenas visiones con movimiento, y aun así esté en la banda de 2.0, 1.5, y 1.1, y esté completamente psicótico. Aquí tenemos, una vez más, al individuo cuyos mecanismos estructurales son insuficientes para excluir la carga existente en el caso. Por lo tanto, la theta de la persona está enturbulada continua y totalmente, al no tener parte alguna del analizador libre para actuar. Su theta está siempre bajo la influencia de la carga en el caso, porque no ha creado particiones protectoras para ella.

Con "partición", "compartimentación" y "oclusión" no se quiere decir *paredes de valencia*. Estas son otra cosa. La pared de valencia puede existir realmente en el individuo hasta el punto en que puede ser cualquiera de dos personas: él mismo y otra persona. En el caso muy cargado, como el psicótico obvio, estas paredes de valencia están tan bien definidas que el auditor casi puede observar a la persona saltar de una valencia a otra. Al esquizofrénico de la psiquiatría (la persona que cambia de una identidad a otra), lo llamamos en Dianética un *caso de valencia*. Y cuando estas paredes de valencia están tan bien definidas que una personalidad completamente nueva surge con el cambio, tenemos a una persona que, por supuesto, está por debajo de la banda de 2.0. Por lo general estas personas recorren en Dianética de forma bastante ruidosa, y se les llama "gritones". La visión de estas personas normalmente está presente para la valencia en la que se encuentra el preclear en ese momento. Si está en la valencia del padre, obtendrá la misma visión del escenario que la que obtendría el padre. O puede estar en la valencia de la madre, en cuyo caso tendría la visión del escenario tal como lo vería su madre. O puede estar en una *valencia sintética* (una valencia que no corresponde a ninguna persona real), que podría darle una visión del escenario mirando hacia abajo desde el techo. Estos casos casi nunca tienen su propio punto de vista.

CAPÍTULO 11   VISIÓN

Incluso las paredes de valencia son una especie de mecanismo protector con el cual la carga del caso se compartimenta para permitir que el individuo funcione al menos parte del tiempo. El individuo verdaderamente débil sólo continúa acumulando carga hasta que se le suprime hasta casi alcanzar la parte más baja de la escala, sin desarrollar nunca un mecanismo para sobreponerse a la carga. En lo que respecta a sus recuerdos, está continuamente en su propia valencia y en cuanto a visión obtendrá el escenario tal y como lo vio él mismo.

Al igual que en el sónico, la visión se manifiesta hasta lo más profundo del caso cuando la estructura mental es insuficiente para compartimentar, para uso del "yo", cualquier porción del analizador.

La visión con dub-in tiene en realidad dos subdivisiones:

1. Donde existen semejanzas con el escenario real.
2. Donde se sustituye por un escenario completamente nuevo.

La primera está causada por los cambios de valencia. La visión que la persona obtiene del escenario cuando está bajo el efecto de un cambiador de valencia, sumamente cargado, como en el caso del engrama secundario, es exteriorizado (es decir, se ve a sí misma como parte del escenario). Puede que esté en la valencia de otra persona o puede que simplemente esté "a distancia", mirando el escenario. Cuando se recorre hasta eliminar la carga de este escenario en concreto repitiéndolo varias veces, siempre y cuando ocurra una liberación al relatarlo las cuatro o cinco primeras veces, el engrama del que depende esta secundaria (y que debe contener, con toda seguridad, una orden de cambio de valencia si es que crea tal ilusión) pierde algo de su carga y el individuo puede entonces entrar en sí mismo y obtener una visión del escenario tal y como lo vio en ese momento. Cualquier engrama en que el preclear esté exteriorizado no se puede descargar por completo hasta que la visión no vuelva a ser del escenario tal y como lo vio el preclear. En otras palabras, si el preclear continúa exteriorizado, no se ha sacado toda la carga del engrama. Sin embargo, si se puede sacar cualquier cantidad de carga de una secundaria, el auditor debería recorrerla para consumir toda la carga posible.

Si la visión sigue siendo exteriorizada, a pesar de recorrer muchas veces el incidente, por lo general se encuentra carga posterior en el caso: una secundaria posterior que se debe destapar y descargar primero, ya que el dolor físico va de lo antiguo a lo reciente, y las secundarias se deben descargar de las más recientes a las más antiguas.

Las exteriorizaciones imaginarias son más crónicas alrededor de 1.1. En esos casos, el auditor en ocasiones puede usar el mecanismo de recorrer al preclear en la línea temporal de otro (es decir, en la línea temporal del padre, en la línea temporal de la madre o en la línea temporal del abuelo) para poder hacer contacto con los escenarios. En esos casos, es como si la línea temporal de la persona hubiera sido engullida, dejando disponibles sólo las líneas temporales de otras valencias alrededor del individuo. Este mecanismo tiene una utilidad muy limitada.

En cualquier secundaria de apatía, es común encontrar al preclear fuera de sí mismo hasta que se retira la carga del incidente, momento en el cual se interioriza. Siempre existe un cambiador de valencia en alguna parte de un engrama de dolor físico que crea esta ilusión. La carga en sí no hará que la persona se exteriorice, como se ha comprobado con personas que tienen líneas temporales muy cargadas y que, sin embargo, permanecen en valencia en todo el camino de bajada hasta el fondo de la escala.

En el caso muy ocluido, la visión es la cosa cuya ausencia es más notable. Puede que el preclear piense que la visión es necesaria para que él pueda hacer scanning de candados, pero esto no es verdad. Él puede hacer *scanning de candados* "a oscuras", sin ningún tipo de visión, y aun así traer a su consciencia frases o incidentes que se pueden recorrer. El auditor no debe cometer el error de creer que esa visión es necesaria para que el individuo se mueva por su línea temporal.

Se sabe muy poco sobre las razones de la visión y no existe una gran colección de observaciones para determinar el estado de la visión en todas las personas a quienes se les han quitado sus engramas. Sin embargo, sí se ha observado lo siguiente: que la visión sí vuelve en un Clear. Y es deshonesto cualquier intento de hacer pasar por Clear a un individuo que no tiene aún una visión interiorizada de su línea temporal.

CAPÍTULO 11 VISIÓN

La mayoría de los niños tienen visión, por la sencilla razón de que sus engramas todavía no se han cargado hasta el punto en que se puedan formar secundarias que ocluyan la visión o lancen al niño fuera de valencia. En un caso que tiene muchos cambiadores de valencia, las secundarias de afinidad, realidad y comunicación traerá como resultado un caso crónico de visión exteriorizada. En un caso que tiene un analizador lo bastante capaz para bloquear la carga, la visión empieza a desaparecer en presencia de repetidas secundarias. Después de una gran ruptura de ARC, como la pérdida de una novia, la visión se puede desactivar en un caso así. También, en el caso de un individuo que está atorado en un engrama prenatal, la visión es bloqueada por el simple hecho de que la visión prenatal de negrura se encuentra presente en todas sus memorias. Por supuesto, él no se está moviendo por la línea temporal, y por eso no puede obtener el escenario de cualesquiera incidentes salvo aquellos en que esté atorado.

La visión no es una buena prueba para determinar el nivel de tono de un caso, excepto en la generalidad de que cuando la visión está presente y es exacta, y otras columnas de la Escala Tonal concuerdan, se puede decir que la persona está por encima de la línea de 2.0. Pero en vista del hecho de que puede haber visión a lo largo de toda la línea temporal, esta prueba sólo se debe considerar como algo somero.

Columna J
SOMÁTICO

La palabra *somático* significa, en realidad, "corporal o físico". Como la palabra *dolor* es reestimulativa, y como en el pasado esta ha causado confusión entre el dolor físico y el dolor mental, en Dianética se usa la palabra *somático* para indicar dolor físico o malestar de cualquier tipo. Puede significar dolor real, como el provocado por una cortada o un golpe. O puede significar malestar, como el provocado por el calor o el frío. Puede significar comezón. En resumen, cualquier cosa que sea incómoda físicamente. No incluye malestares mentales, como el pesar, que sería emoción desagradable. La dificultad al respirar no sería un somático, sería un síntoma de supresión de la emoción desagradable. Somático significa un "estado de ser físico contra-supervivencia". Por una parte, se distingue de un estado de ser mental contra-supervivencia, y por otra, se distingue de una acción física o de un percéptico pro-supervivencia, como la cinestesia o el táctil o la visión.

Un engrama tiene varios componentes. Los dos principales, por supuesto, son entheta y enMEST. La theta libre ha entrado en colisión con MEST, con la resultante enturbulación. En un organismo vivo, el componente enMEST sería el somático que se manifiesta.

La diferencia principal entre la mente analítica y la reactiva, aparte de sus funciones, es que la mente reactiva registra el dolor, y la mente analítica simplemente graba el hecho de que existe dolor. Esto le da a la mente reactiva un percéptico adicional. Este percéptico se llama somático.

En presencia de *cualquier* dolor físico, el analizador deja de funcionar. Incluso si el dolor es muy ligero y breve, aún existe un momento de cierre analítico. En Dianética, a esto se le llama *anatén,* que es una abreviatura como las que se usan en ingeniería, para "*aten*uación *anal*ítica" (del inglés "*anal*ytical *aten*uation"). El anatén entierra al somático y, por desgracia, entierra con él todos los percépticos que estaban presentes cuando se recibió el somático. Puede que sea difícil darse cuenta de que el anatén está presente en todo somático, hasta que uno se haya lesionado levemente un dedo, por ejemplo, y haya vuelto a repasar el incidente unas cuantas veces. Descubrirá que hubo un incidente durante la lesión que se ocluyó debido al anatén, y al recorrer el incidente dos o tres veces, encontrará algunos percépticos adicionales, que tal vez no había notado antes. Así, este mecanismo de anatén entierra al somático. Este es un mecanismo funcional en un organismo vivo que no es capaz de forma analítica de recuperar el dolor y recorrerlo completamente. Pero no es funcional en un organismo racional dotado de un considerable poder analítico, ya que los percépticos del momento de dolor pueden reaccionar entonces contra el poder analítico, volviéndose el organismo entonces víctima de sus somáticos en vez de que estos le enseñen a "evitar el peligro evitando el dolor" (la utilidad primordial evidente de los somáticos).

Un dolor físico grave causa una considerable atenuación analítica, cerrando el analizador por completo durante un periodo de tiempo. Esto, técnicamente, es un engrama; aunque cualquier incidente, doloroso o no, contenido en la mente reactiva y ocluido por anatén, puede considerarse un engrama.

Una vez que existe un engrama, las experiencias analíticas pueden reestimularlo asemejándose a sus percépticos o interrumpiendo la dramatización exigida por el engrama. A estos momentos analíticos se les llama *candados,* y cargan el engrama. Técnicamente hablando, hay dos tipos de candados así: los que sólo reestimulan al engrama, que luego es

CAPÍTULO 12 — SOMÁTICO

dramatizado por el individuo, y los que interrumpen la dramatización. El primer tipo no es tan grave como el segundo, pues el segundo tipo (haciendo que al individuo le resulte imposible obedecer los "mandatos" de los engramas) hace que se active el dolor físico, y el individuo obtiene lo que ha sido conocido como "enfermedad psicosomática".

Una enfermedad psicosomática, según los hallazgos de Dianética, es la parte somática del engrama, activada por la continua supresión de la dramatización. Por lo tanto, en Dianética, a las enfermedades psicosomáticas no se les considera como tales, sino que se les llama *somáticos crónicos*, puesto que desaparecen una vez que el engrama y sus candados se descargan del caso.

Además del anatén, ocurre otra manifestación con respecto a un dolor físico: el somático enturbula a theta. Y si el incidente analítico que forma un candado en este engrama contiene considerable emoción desagradable, como la que crea el miedo o la pérdida, la presencia de dolor físico anterior en el banco permite que se forme un engrama secundario. La emoción desagradable es en realidad una transformación del dolor físico, según los hallazgos de Dianética. Se podría descubrir mucho más sobre este mecanismo de transformación del dolor físico en, por ejemplo, terror, pesar o apatía, y es probable que este descubrimiento esté en el campo de una mayor investigación y comprensión de la theta libre. Pero es seguro que los engramas secundarios, con su emoción desagradable, ocluyen los somáticos. Cuando se descarga la emoción desagradable, el engrama en sí queda entonces disponible.

De hecho, la relación entre la emoción desagradable y el dolor físico es tan íntima que el caso se recorre por "capas". Al inicio del caso se pueden descubrir muchos engramas de dolor físico que se descargan con facilidad cuando se relatan. Esto saca a la luz una larga serie de engramas secundarios posteriores en el caso. Uno es incapaz de encontrar más engramas de dolor físico hasta que no haya descargado el miedo, el pesar y la apatía de estas secundarias. Una vez hecho esto, el auditor encontrará que tiene a su disposición una nueva serie de engramas de dolor físico para recorrerlos.

Un somático, entonces, se puede decir que está enterrado bajo el anatén y bajo la emoción desagradable, o los engramas secundarios. Así, puede verse que los somáticos de un caso "se esconden".

Los somáticos pueden activarse mediante la auditación de Dianética sólo cuando el anatén y la emoción desagradable no sean demasiado fuertes para el somático particular que el auditor está tratando de alcanzar.

Puede encontrarse que un caso con mucha carga, es decir, un caso con un gran peso de secundarias, no tenga disponibles somáticos que auditar.

Un caso muy ocluido, en que la mente haya compartimentado la carga, también habrá bloqueado la mayoría de los somáticos.

El caso que está completamente atorado en la línea temporal puede tener en reestimulación constante el somático que estaba presente en el momento en que recibió el engrama en que está atorado.

La característica del psicótico es que la parte entheta del engrama está en acción constante, y que la parte somática del engrama no está especialmente activa.

Se diría que el caso al que antes se aludía como el "caso psicosomáticamente enfermo", sería aquel en que la parte entheta del engrama está suprimida y la parte somática del engrama está en reestimulación. Por lo general se encuentra que estos casos con somáticos crónicos son casos que a lo largo de su vida han estado sometidos a la interrupción de todas y cada una de sus dramatizaciones: en otras palabras, son casos a los que se ha negado el control del MEST ordenado de forma irracional por los engramas, así como el control del MEST ordenado de forma racional por theta.

La Escala Tonal de los somáticos podría comenzar, en la parte superior, con el Clear MEST en 4.0, a quien no le quedaría *ningún* somático que recorrer. Esta es la definición técnica del Clear MEST: que se han borrado todos y cada uno de los incidentes que contenían dolor físico, a lo largo de toda su vida, desde la concepción hasta tiempo presente: liberando así la theta, que el banco había retenido como entheta, al liberar al cuerpo del dolor o del dolor potencial. Esto no significa, por cierto, que el Clear no pueda recibir nuevo dolor y nuevos engramas. Sí significa

CAPÍTULO 12 — SOMÁTICO

que los nuevos incidentes de dolor tendrán mucho menos efecto en él del que tendrían si no fuera Clear. Y por lo general puede recorrer completamente estos incidentes por sí mismo, a menos que desde el principio haya sido un individuo con muy poco poder theta.

En las bandas de 3.5, 3.0 y 2.5, los somáticos son intensos y fácilmente accesibles para el auditor. Se puede recorrer casi cualquier engrama del caso, siempre y cuando se hayan borrado antes el básico de su cadena y otros engramas precedentes. Ligeramente por encima de 2.0, los engramas empiezan a estar suprimidos por la carga y el anatén del caso.

En un caso fuertemente ocluido que sin embargo se encuentre en la banda de 2.0, los somáticos podrían estar prácticamente ausentes. En un caso menos ocluido en la banda de 2.0, los somáticos pueden ser muy leves. En un caso que está en valencia y sin embargo se encuentra en la banda de 2.0 y se puede mover en la línea temporal, los somáticos están disponibles y se pueden recorrer.

Alrededor de 1.1 el caso muy ocluido no tendrá somáticos disponibles. Aquí, el auditor debe trabajar sólo para descargar candados y secundarias antes de poder encontrar somáticos en el caso. En el caso menos ocluido, no obstante, se encontrarán disponibles algunos somáticos ligeros. Y en el caso no ocluido que sin embargo está en 1.1, se encontrará que los somáticos son extremadamente ligeros, y una vez más, no se descargarán en forma adecuada hasta que se recorran los candados y las secundarias.

En el nivel 0.5, se encontrará que los somáticos en el caso ocluido, en el caso parcialmente ocluido o en el caso abierto de par en par son tan ligeros que prácticamente no existen, según la experiencia usual.

Debajo de este nivel, los somáticos no existen en absoluto.

El auditor debería reconocer muy a consciencia, entonces, los somáticos por lo que son: el dolor físico de lesiones del pasado. Además, debería reconocer que, en primer lugar, es el somático lo que hace posible que haya candados y secundarias. Y tiene que darse cuenta además de que los somáticos están enterrados bajo el anatén y la emoción desagradable, cuando estos están presentes. No debe creer, no obstante, que sólo porque los somáticos hagan posible la existencia de candados y secundarias, su misión primaria sea recorrer somáticos para sacarlos del caso.

Por supuesto que está tratando de hacer que los engramas de dolor físico salgan del caso. Pero cuando los somáticos no estén fácilmente accesibles, tendrá que ser muy cauteloso de empeñarse en encontrarlos, y debería dedicarse a los candados y a las secundarias en lugar de a los somáticos. Descubrirá que descargando candados y secundarias puede aliviar muy a menudo lo que se ha llamado enfermedades psicosomáticas.

Recorrer somáticos es la acción de poner el caso en buena forma permanente. Recorrer candados y secundarias es una forma mucho más rápida de elevar el tono del caso. Sin embargo, ese tono puede caer otra vez mientras siga habiendo engramas. En teoría, es posible subir un caso hasta 3.0 ó 3.5 sin recorrer nunca un somático. Pero esto no es posible en la experiencia normal y uno tiene que recorrer engramas de dolor físico cuando se presenten; excepto en aquellos casos en que hay tan poca theta libre disponible que, recorriendo un somático, la theta libre restante se puede enturbular y enredarse con el engrama, formando un nuevo candado en la auditación. Una acción así puede hacer que la persona que está al borde de la psicosis descienda a la banda psicótica. Esto se evita abordando candados y secundarias en los casos que están al borde, en lugar de somáticos.

El auditor no debería tratar de encontrar somáticos específicos en el caso con la esperanza de aliviar enfermedades crónicas. La mejor manera en que puede abordar un somático crónico específico es recorriendo los candados y las secundarias relacionadas con ese somático.

Con sólo recorrer al preclear a través de diversas partes de su vida, subiendo y bajando en la línea temporal, el auditor puede aliviar el caso de suficiente anatén y emoción desagradable para permitir que ocurran somáticos. Esto se conocía anteriormente como "engrasar la línea temporal". Sin embargo, uno no debería recorrer al preclear y hacerlo entrar en un somático, a menos que intente reducirlo o descubrir el básico de la cadena y reducirlo. Una vez que se entra en contacto con los somáticos, se tienen que reducir. Si no se reducen con facilidad al relatarlos unas cuantas veces, se debería encontrar un engrama, una cadena de candados o una secundaria anteriores que impidan que el somático se reduzca.

Capítulo 12 — Somático

Es el somático lo que predispone el caso a la enfermedad. Un antiguo dolor físico en una zona del cuerpo debilita esa zona, en la medida en que exista en ella una lesión recordada. Los fluidos del cuerpo se acercan a esa zona con precaución. Cuando se reestimula esa antigua lesión, el acercamiento de los fluidos del cuerpo se inhibe aún más. Y así a esa zona se le niega, cada vez más, la nutrición, el apoyo, la reparación y la protección que el flujo general de los fluidos del cuerpo está diseñado para producir. Entonces las bacterias pueden entrar en la zona y permanecer ahí, y el resultado puede ser una enfermedad, de acuerdo con la teoría y de acuerdo con lo que se ha observado al usar Dianética en muchas personas. Si el somático que hay en la zona es fuerte, la presencia de bacterias puede reestimularlo más, y así, la enfermedad se perpetúa y se convierte en una infección crónica. En el caso de un sencillo dolor (que los médicos llaman "dolores extraños y peculiares") o de una artritis reumática, puede ser simplemente que el somático en sí esté reestimulado y a menudo la reducción del somático va acompañada de la pérdida repentina de la enfermedad psicosomática. Con esto no se pretende afirmar que eliminar el somático cure una enfermedad psicosomática. Dicha afirmación está específicamente prohibida por la ley, en lo que a las artes curativas del pasado se refiere. Sin embargo, la experiencia clínica, con leyes o sin ellas, ha demostrado que esta es una teoría funcional en la práctica. Cualquier ley que tratara de obligar a las personas a permanecer enfermas cuando podrían estar bien, sería una ley maligna. Es más, las leyes del Hombre nunca han sido capaces de hacer mucho para suprimir las leyes de Dios.

LIBRO UNO, CAPÍTULO TRECE

Columna K
Conversación: al Hablar
Conversación: al Escuchar

Probablemente el índice más preciso para el auditor de la posición del preclear en la Escala Tonal sea la conversación. Aquí tenemos una manifestación generalizada de la comunicación de percépticos.

Los engramas pueden inducir, mediante órdenes específicas, a hablar demasiado, a hablar demasiado poco, a escuchar demasiado a otras personas o a escuchar demasiado poco. Por toda la tabla, existe este riesgo de que el individuo esté actuando de acuerdo a órdenes compulsivas u obsesivas con relación a una o más de las columnas. La posición media en las columnas es lo más importante. Un engrama maníaco que le dice a la persona que hable continuamente, o un engrama supresivo que le exige no hacer nada más que escuchar, producirán un comportamiento así. Pero, a menos que una persona hable de forma abierta y escuche de manera receptiva, no se puede considerar que esté muy alta en la Escala Tonal.

En la columna de Conversación hay casillas dobles: un grupo se refiere a *hablar*, el otro a *escuchar*. Puede que a algunas personas no se les haya ocurrido que la comunicación es tanto de salida como de entrada. Observar la forma en que una persona escucha y habla hará posible formarse una opinión respecto a si la persona está actuando o no según una orden engrámica, ya sea respecto a escuchar o respecto a hablar, pues generalmente lo uno o lo otro (hablar o escuchar) será una indicación precisa de su posición en la Escala Tonal. Una persona que no está actuando según órdenes engrámicas que impidan o impongan el hablar o el escuchar, hablará y escuchará más o menos por igual. Siendo el funcionamiento de la mente lo que es, a medida que una persona cae más y más por la Escala Tonal, su potencial de afinidad, su potencial de realidad y su potencial de comunicación también caen. Por lo tanto, por medios totalmente mecánicos, obtenemos una reducción de visión, de sónico, de recuerdo somático, de todos los demás percépticos y de hablar y escuchar.

El nivel más alto de la escala contiene la facultad de comunicarse por completo y no retener nada, también la capacidad de comunicarse con una completa selectividad racional, también la capacidad de ser creativo y constructivo en la conversación. En este elevado nivel de la escala, el individuo es capaz de escuchar todo lo que se dice y evaluarlo de manera racional. Puede escuchar comunicaciones entheta sin enturbularse seriamente. Puede recibir ideas sin hacer comentarios críticos o despectivos. Y mientras recibe las ideas de otra persona puede ayudar en gran medida a esa persona a pensar y a hablar.

En el nivel de 3.5 el individuo es capaz de comunicar a otros creencias e ideas profundamente sentidas, y se puede comunicar con otros de forma selectiva, es decir, puede cortar líneas de comunicación entheta y retraerse o dar conversación de acuerdo a las circunstancias racionales o agradables del momento. En este nivel el individuo puede escuchar sin criticar y puede ayudar y apoyar a otros en la conversación, pero tiende a enturbularse un poco si recibe conversación entheta.

Entre 3.5 y 3.0 la capacidad de la persona para hablar con otros disminuye hasta llegar a una expresión vacilante de un número limitado de creencias e ideas y raya en lo conservador. Puede tener una reacción muy conservadora hacia la gente que tiene ideas altamente creativas y constructivas. Critica las irracionalidades flagrantes. En otras palabras, entre 3.5 y 3.0 estamos en una banda en que el daño causado por la vida ha creado una actitud defensiva en el individuo.

Capítulo 13 · Conversación: al Hablar Conversación: al Escuchar

En 3.0 la conversación del individuo se vuelve más informal y reservada. Aquí está el nivel de la charla trivial sobre las buenas carreteras y el buen tiempo. En este nivel el individuo se resiste a las ideas que son demasiado masivas. Aquí se expresa un miedo analítico de no sentirse del todo tranquilo.

En 2.5 tenemos el nivel de indiferencia a la conversación con otros, la actitud de "no discutamos acerca de eso", un rechazo de la comunicación, una indiferencia respecto a si la comunicación de uno se está recibiendo o si es siquiera comprensible.

Entre 2.5 y 2.0 tenemos un nivel donde se rechaza la comunicación de otras personas, y en el que uno no habla.

En 2.0 llegamos al nivel de conversación antagonista. El individuo tiende a criticar con insistencia o a hacer comentarios despectivos para invalidar a otras personas. En este nivel, al individuo sólo se le puede animar mediante críticas insistentes, sarcasmos maliciosos, invalidaciones y otras comunicaciones antagonistas.

En el nivel de tono de 1.5 tenemos al individuo que corta la conversación de otras personas, un rechazo total a escuchar y esfuerzos por destruir la conversación que le llega. La conversación de un individuo en este nivel es abiertamente destructiva y se da sin pensar en absoluto en las posibles represalias que puedan resultar de esta destructividad. En este nivel, la conversación difícilmente podría llamarse *con*versación, ya que es un movimiento hacia delante hacia la destrucción y un rechazo a aceptar nada que pudiera impedir esa destrucción.

Por debajo de este nivel, antes de que lleguemos a 1.1, el individuo se hunde en un silencio obstinado, está resentido, se niega a hablar. No escuchará ningún tipo de comunicación procedente de otras personas, excepto aquello que lo apoye en su actitud.

En 1.1 tenemos el mentir para evitar la comunicación real. Esto adopta la forma de acuerdo fingido, adulación, apaciguamiento verbal o sencillamente una imagen falsa de los sentimientos e ideas de la persona, una falsa apariencia, una personalidad artificial. Este es el nivel de hostilidad encubierta, el nivel más peligroso y perverso de la Escala Tonal. Aquí se encuentra la persona que sonríe mientras te inserta un puñal entre las vértebras. La persona que te dice que te ha defendido cuando, en realidad, prácticamente ha destruido tu reputación. Aquí está el adulador hipócrita que, sin embargo, espera sólo un momento de descuido para destruir. La conversación en este nivel está llena de pequeñas críticas mordaces que inmediatamente después se justifican como supuestos cumplidos. Hablar con una persona así es algo tan exasperante como boxear con una sombra: uno se da cuenta de que algo anda mal, pero la cautela del 1.1 no admitirá que haya nada malo en él aun cuando, permanentemente, esté haciendo todo lo posible para trastornar y causar estragos. Este es el nivel del pervertido, del hipócrita, del chaquetero. Este es el nivel del subversivo. De una persona así nunca se debería esperar un ataque frontal directo. El ataque vendrá cuando uno está ausente, cuando está de espaldas o cuando está dormido. La vida y la cordura de cualquier persona que tenga la desgracia de estar casada con un 1.1 están, literalmente, en peligro, puesto que esa persona es incapaz de sentir un afecto real. Una persona así está tan introvertida que cualquier afecto que demuestre es una farsa febril. Una persona así seguirá con oportunismo cualquier camino que le lleve a su propia seguridad, y dejará en la estacada a quienquiera que haya fingido llamar amigo. El 1.1 es la persona más peligrosamente demente en la sociedad, y es probable que sea la que causa el mayor daño. Debido a la naturaleza encubierta de esta demencia, el que algún organismo declare demente a esta persona es por completo intrascendente. En este nivel no existe el concepto de honor, de decencia o de ética. Sólo existe un desesperado pensar en sí mismo y en dañar a los demás, que tiende a la muerte. La sociedad puede manejar al hombre enojado, sabe qué esperar de él. La sociedad puede manejar al caso que está en apatía, su demencia es obvia. Pero el 1.1 es un cobarde encubierto que sin embargo tiene suficiente energía pérfida para devolver el golpe, pero no tiene el suficiente valor para avisar. A esas personas se les debería sacar de la sociedad tan rápido como sea posible e internarlas a todas en un hospital psiquiátrico, pues aquí está el nivel del contagio de la inmoralidad y la destrucción de la ética, aquí está el alimento que las organizaciones de policía secreta usan para sus sucias maniobras. Una de las medidas de seguridad más

Capítulo 13   Conversación: al Hablar
Conversación: al Escuchar

eficaces que una nación amenazada por la guerra podría tomar, sería reunir y colocar en un acantonamiento, lejos de la sociedad, a cualquier individuo 1.1 que pudiera estar relacionado con el gobierno, el ejército o la industria esencial; pues estas son personas que, sin importar el historial de lealtad de su familia, son traidores en potencia, al ser la traición precisamente el *modus operandi* de su demencia. En este nivel están los canallas de la sociedad, los criminales sexuales, los subversivos políticos, la gente cuyas actividades, en apariencia racionales, no son más que los taimados retorcimientos de su odio secreto.

Se puede reconocer con exactitud a una persona 1.1 por su conversación, debido a que sólo trata de enturbular a los que la rodean, de trastornarlos con su conversación, de destruirlos sin que ellos jamás se den cuenta de su propósito. Sólo escucha los datos que le servirán para sus enturbulaciones. Aquí está el chismoso, aquí está la esposa infiel, aquí está el tramposo en el juego de cartas, aquí está el estrato más indeseable de cualquier orden social.

Ningún orden social que desee sobrevivir se atreve a pasar por alto su estrato de personas 1.1. Ningún orden social que no saque a esta gente de entre ellos sobrevivirá.

El 1.1 está tan bajo en la Escala Tonal y sin embargo es tan activo mentalmente, por regla general, que es muy difícil darle procesamiento. El curso de terapia más largo y difícil puede que deje al auditor desconcertado debido a una mente que está tan llena de circuitos que no se puede percibir ningún deseo verdadero de mejorar en el preclear. Al auditor le puede parecer que sólo la oferta de una ventaja obvia en tiempo presente, como que lo sacaran de la cárcel, tentaría a este preclear a cooperar sinceramente. Al auditor le puede parecer que este caso sencillamente no tiene salvación. Pero si el auditor puede arreglárselas para eliminar o desestimular algunos circuitos del caso, tal vez sea capaz de progresar. Se necesita un dianeticista muy inteligente para lograr algo con un 1.1 crónico y computacional.

La persona que está en 0.5 habla de manera compungida y sin esperanza refiriéndose a todo lo malo que está ocurriendo y que ocurrirá, y para lo cual no hay remedio. Esta persona sólo escucha este tipo de conversación. No se le puede alentar ni animar, sino que se sumirá de inmediato en su apatía. Aquí está la desesperanza.

En 0.1 tenemos una incapacidad para hablar y tenemos a un individuo completamente insensible a la conversación.

Es interesante notar que el auditor, con esta columna, puede realizar con el preclear lo que llamamos una "psicometría de dos minutos". El secreto está simplemente en empezar a hablarle al preclear en el nivel de tono más alto posible, de manera creativa y constructiva, y luego, bajar de forma gradual el tono de la conversación hasta el punto en que obtenga respuesta del preclear. Donde mejor responde un individuo es en la banda de su propio tono y a un individuo sólo se le puede hacer subir como medio punto en la Escala Tonal mediante la conversación. Al hacer este tipo de psicometría, no se debería continuar demasiado con ninguna banda de conversación en particular (no más de una o dos frases) pues esto tendrá la tendencia a subir ligeramente el tono del preclear y a estropear así la precisión de la prueba.

La psicometría de dos minutos, entonces, se realiza diciendo primero algo creativo y constructivo y viendo si el preclear responde de la misma forma; después se sigue con una conversación informal, quizá sobre deportes, y viendo si el preclear responde a eso. Si no se obtiene respuesta, el auditor empieza a hablar de forma antagonista sobre temas que el preclear conoce (pero no, por supuesto, acerca del preclear) para ver si logra una respuesta en este punto. Después el auditor puede decir una o dos frases de enojo en contra de cierta condición. Luego el auditor se puede permitir un poco de chismorreo que desacredite y ver si hay alguna respuesta a eso. Si esto no da resultado, entonces el auditor saca a relucir algunas declaraciones de desesperanza y desdicha. En alguna parte de esta escala el preclear estará de acuerdo con el tipo de conversación que se le ofrece, es decir, responderá a ella de la misma forma. Entonces se puede llevar a cabo una conversación, en la banda en que se descubrió al preclear, y el auditor obtendrá con rapidez suficiente información para hacer una primera estimación adecuada de la posición del preclear en la tabla.

Capítulo 13   Conversación: al Hablar
Conversación: al Escuchar

Esta psicometría de dos minutos por medio de conversación también se puede aplicar a grupos. El orador que desee controlar a su público no debe hablar más de medio punto por arriba o por debajo del tono de su público. Si desea elevar el tono del público, debería hablar más o menos medio punto por arriba del nivel general de tono que tiene el grupo. Un orador experto, usando esta psicometría de dos minutos y observando con cuidado las respuestas de su público, puede descubrir en dos minutos el tono del público, después de lo cual todo lo que tiene que hacer es adoptar un tono ligeramente superior al de ellos. En Italia y Alemania, donde todo un pueblo estaba en el nivel de 1.0, o un poco más abajo, dos oradores de la muerte, Mussolini y Hitler, fueron recibidos por grandes multitudes con enardecido entusiasmo. Podía haber aparecido un santo poderoso que le hablara a esta gente en los términos más creativos y constructivos, y no habría obtenido de ellos respuesta alguna. Este fenómeno ha llevado a los historiadores a creer erróneamente que los individuos eran creados por el momento y que el momento no era creado por el individuo. Algún instinto impulsó a estos líderes extintos de Europa a buscar y encontrar el punto en la Escala Tonal en que pudieran capturar con la mayor rapidez la atención de su público. Resulta que cualquiera que esté en la banda de 1.5 producirá el desastre, sin importar la intención que manifieste. Un orador de la muerte puede subir a todo un pueblo hasta enojo y mantenerlo ahí lo suficiente como para destruirlo, como hicieron Mussolini y Hitler durante la segunda fase de la Segunda Guerra Mundial.

Columna L
Cómo Maneja la Persona la Comunicación Escrita o Hablada Cuando Actúa como Punto de Retransmisión

AL IGUAL QUE EN LA CONVERSACIÓN, es un hecho mecánico que una persona que está en cierta posición en la Escala Tonal tiende, a menos que esté bajo la influencia de engramas que específicamente exijan una acción diferente, a seguir una pauta definida al manejar mensajes cuando actúa como punto de retransmisión.

Esto se menciona aquí parcialmente porque es importante para las organizaciones, pero ante todo porque es un buen punto de diagnóstico para el auditor. ¿Qué hace la persona con las cartas que se le entregan? ¿Las contesta o las guarda? Cuando le das un mensaje para que se lo dé a otro, ¿recibe esa otra persona el mensaje que querías que recibiera? ¿O se ve tergiversado o alterado de alguna manera? ¿O no se le entrega en absoluto?

El manejo de los mensajes es similar a la capacidad del individuo para ponerse en contacto con su propio banco de memoria estándar, es decir, manejará las diversas comunicaciones de una persona a otra en el mundo exterior exactamente como sus propios circuitos manejan la información entre su banco de memoria estándar y él mismo. En el nivel más elevado de la Escala Tonal, tenemos comunicación plena. Y en el nivel más bajo, no tenemos ninguna comunicación en absoluto.

En 4.0 el individuo pasa las comunicaciones con libertad, contribuye a ellas, normalmente, y más bien tiende a cortar las comunicaciones entheta; es decir, a las líneas que sabe que son perversas o difamatorias, no es probable que las ayude.

En 3.5 el individuo pasa comunicaciones, pero le molestan las líneas entheta y responde a ellas atacándolas. Con "línea", por supuesto, se quiere decir *línea de comunicación,* que es cualquier secuencia a través de la que un mensaje de cualquier tipo pueda pasar.

En 3.0 empezamos a tener una interrupción de la línea de comunicación en la que nuestro individuo está actuando como punto de retransmisión, pues es probable que a un individuo en este nivel le parezcan ligeramente sospechosas la construcción y la creación características de un 4.0, y es probable que modere el tono del mensaje considerablemente. Aquí tenemos el conservadurismo y donde con más rapidez se retransmiten las comunicaciones conservadoras es en este nivel. Aquí, el individuo no se presta con facilidad ni a una línea entheta ni a una intensa línea theta.

En 2.5 el individuo devalúa las emergencias. No es probable que crea ni en un mensaje muy constructivo ni en uno destructivo. Maneja mal las comunicaciones que están por arriba o por debajo de su nivel, pero pasa comunicaciones que están en el ámbito de aburrimiento.

Un individuo en 2.0 se ocupa principalmente de comunicaciones hostiles o amenazadoras. Sólo deja pasar una cantidad muy pequeña de comunicaciones constructivas, tiende a apartar las comunicaciones theta y tiende a pasar comunicaciones entheta, es decir que participará en la difamación, pero no participará en ninguna iniciativa elevada a menos que resulte conveniente a sus propios fines antagonistas. Aquí tenemos un punto de retransmisión muy deficiente pero que, cuando se presione, funcionará.

En 1.5 entramos en un nivel de puntos de retransmisión que es peligroso en cualquier organización, nación o familia, puesto que aquí, en cierta forma, se detienen o tergiversan todas las comunicaciones positivas, constructivas y theta. La suspicacia y otros elementos entheta se agregan a la comunicación antes de enviarla. Este nivel favorece

CAPÍTULO 14   Cómo Maneja la Persona la Comunicación Escrita o Hablada Cuando Actúa como Punto de Retransmisión

y transmite con la mayor facilidad las comunicaciones de enojo que causarán destrucción. Dar una comunicación a una persona así para que se la dé a otra, con toda certeza producirá resultados diferentes a los que uno intentaba producir, cuando esa comunicación se haya retransmitido.

Alrededor de 1.3 todas las comunicaciones theta se cortan, y las comunicaciones maliciosas se retransmiten con la mayor facilidad. Las comunicaciones que se transmiten se distorsionan y se tergiversan.

Alrededor de 0.9 tenemos a un individuo que tiende a cortar las líneas de comunicación y que, con un pretexto u otro, no retransmitirá comunicaciones. En este nivel tenemos al individuo que se especializa en comunicaciones secretas y que tiende a clasificar como "secretas", o "confidenciales", las cuestiones más triviales.

En 0.5 el individuo presta muy poca atención a las comunicaciones. No puede ver la necesidad de pasarle nada a nadie. Es "inútil" de todas formas y por lo tanto "de nada sirve hacer nada al respecto".

En 0.1, por supuesto, el individuo no es consciente de ningún tipo de comunicaciones y, por lo tanto, no las retransmite.

Este tema se trata de forma mucho más exhaustiva en el campo de Dianética de Grupo, ya que tiene una aplicación de enorme importancia para la dirección de empresas, gobiernos, ejércitos y otras organizaciones. Se podría decir sin temor a equivocarse que el 95 por ciento de los problemas de los ejecutivos tiene que ver con líneas de comunicación. Este índice en la Escala Tonal le dará una idea de qué esperar de ciertos subordinados suyos. Si algún ejecutivo está rodeado de individuos que no están dispuestos a pasar comunicaciones o que las tergiversan, puede estar muy seguro de que habrá dificultades en la organización, ocasionadas por este solo punto.

El auditor puede determinar la posición de su preclear en la Escala Tonal si observa e investiga cómo maneja su preclear la comunicación escrita y hablada cuando actúa como punto de retransmisión. La mejor manera de hacerlo es darle al preclear un mensaje para que lo retransmita a otra persona, con el fin de ver qué le ocurre a ese mensaje: sin que el preclear piense, por supuesto, que esto es un test, sino un intento verdadero de retransmitir una comunicación.

Columna M
REALIDAD (ACUERDO)

Como se ha dicho en capítulos anteriores de este libro, la cualidad que se conoce como *realidad* existe, que sepamos, principalmente porque estamos *de acuerdo* en que existe.

Todo el universo físico, según los principios de la física nuclear, se puede reducir casi a cero si pensamos en términos de una autenticidad que se puede percibir, medir o experimentar. La materia y la energía existen en el espacio y en el tiempo, pero la materia está compuesta de energía y la energía parece, en el mejor de los casos, ser un movimiento más que una sustancia. Para que tenga lugar el movimiento, uno ve que se necesitan espacio y tiempo, pero ese espacio y tiempo son en sí entidades tan extrañas, de acuerdo a Einstein y otros, que también se pueden reducir y expandir y no son entidades definidas con precisión. Mucho se podría decir sobre este tema, todo más o menos de carácter confuso e impreciso. Durante muchos siglos, los filósofos han discutido sobre la realidad de la realidad. Y cada uno de ellos ha llegado a admitir por fin que el Hombre está de acuerdo en que percibe algo con sus diversos sentidos, y que el Hombre ha llegado al acuerdo de llamar a esto realidad.

Para nuestros fines, el mínimo común denominador de la realidad se podría llamar, entonces, *acuerdo*. Si tú y yo estamos de acuerdo en que estamos mirando un automóvil, entonces ese automóvil tiene realidad para nosotros. Si se nos acerca otra persona y dice que no es un automóvil, sino un barril de aceitunas, es probable que tú y yo supongamos que está loca. La opinión de la mayoría es lo que manda en lo que respecta a la realidad. A quienes no están de acuerdo con la mayoría, generalmente se les declara dementes o se les exilia. Y así tenemos una especie de selección natural continua que nos proporciona un orden social que ha llegado a acuerdos sobre determinadas realidades concretas. A cualquiera que trate de alterar esas realidades de cualquier manera se le ataca a menos que su razón tenga tal intensidad y fuerza que introduzca en la mente de los hombres una nueva realidad con la que esos hombres puedan estar de acuerdo.

Hay de hecho dos clases de realidad. Está la realidad que se puede percibir, medir y experimentar en el universo físico. Esta *realidad* MEST está construida genéticamente de manera tan concienzuda dentro de un ser humano, y es tan inflexiblemente uniforme en su comportamiento que el Hombre la encuentra inútil y trabaja entonces, como en la ciencia de la física, para descubrir ciertas pautas regulares naturales en el comportamiento del universo físico. Cuando se descubre que nuevos datos acerca del universo físico soportan favorablemente una comparación con lo que la generación actual está acostumbrada a percibir, medir o experimentar, se alcanza un nivel más alto de acuerdo.

Un segundo tipo de realidad es la *realidad postulada*, la cual es generada por la imaginación creativa o destructiva. Esta realidad linda con el aún inexplorado campo de la estética. Hay hombres, por lo general en los campos de las artes y la filosofía, que postulan nuevas realidades para el orden social. Los órdenes sociales progresan o decaen en proporción al número de nuevas realidades que se postulan para ellos. Estos postulados los hacen, por lo general, individualmente hombres con imaginación. Los órdenes sociales son por lo general muy conservadores y tratan de aferrarse con fuerza a viejas realidades. El motivo de esto es sencillo: ante la falta de amplias redes de comunicación mediante las cuales se puedan ofrecer

CAPÍTULO 15 REALIDAD (ACUERDO)

nuevas realidades de forma generalizada, se necesita bastante tiempo para que se llegue a conocer la nueva realidad. De hecho, una nueva realidad postulada por algún individuo resulta conocida en proporción directa a la velocidad y magnitud de la idea. Sin duda existe una fórmula para la velocidad y el avance de las ideas. Por ejemplo: un hombre llamado Ibsen, escribiendo unas cuantas obras de teatro, alteró radicalmente y por sí solo todo el aspecto cultural de Escandinavia en unos cuantos años. Las ideas y no las batallas marcan el progreso de la Humanidad. Los individuos y no las masas forman la cultura de la especie. En una escala menor, los actores y otros artistas trabajan continuamente para darle una nueva forma al mañana. Hollywood hace una película que aviva la imaginación del público y mañana tenemos chicas maquilladas como estrellas, caminando por las calles de las pequeñas poblaciones de Estados Unidos. Un decorador de interiores de Hollywood adorna un escenario que atrae la atención del público americano, y mañana ese escenario se ve en los apartamentos de Miami Beach y otros lugares de recreo. Una cultura es rica y capaz de sobrevivir en la medida en que tenga artistas imaginativos, hombres de ciencia experimentados, un elevado nivel ético, un gobierno funcional, tierras y recursos naturales, más o menos por ese orden de importancia.

Se podrían postular dos realidades más. La primera es la del *Ser Supremo*. Ninguna cultura en la historia del mundo, excepto las que son totalmente depravadas y moribundas, ha dejado de afirmar la existencia de un Ser Supremo. Es una observación empírica que los hombres sin una fe fuerte y duradera en un Ser Supremo son menos capaces, menos éticos y menos valiosos para sí mismos y para la sociedad. Un gobierno que desea corromper a su pueblo hasta el punto en que acepte los actos más pérfidos y viles, lo primero que elimina es el concepto de Dios. Y después de eso, destruye a la familia con el Amor Libre, a los intelectuales con idioteces impuestas por la policía, y así reduce a toda la población a un estado algo inferior al de los perros. Un hombre sin una fe perdurable, según la mera observación, es más objeto que hombre. La ciencia moderna, al producir armas para la aniquilación de hombres, mujeres y niños al por mayor, ha encallado con fuerza en el escollo del ateísmo.

La ciencia moderna ha llegado hasta el punto de sostener que el Hombre proviene tan sólo del barro y la arcilla, le ha negado siquiera un asomo de alma y así no sólo no ha resuelto ninguno de los problemas de las humanidades, sino que se ha hecho cómplice de un gobierno ateo, totalitario que sólo pretende anegar y esclavizar a todos los hombres y extinguir todo vestigio de decencia en el pecho de cada ser humano. Estos dos caminos que han conducido al alejamiento de la afirmación de la existencia de un Ser Supremo (ciencia moderna y totalitarismo) están ambos llevando al Hombre a un estado de ser similar al de las máquinas, en donde el ideal ha pasado a ser un montón de músculo, grasiento y sudoroso, o un mecánico mugriento que atiende un chirriante monstruo de acero. Hay un alejamiento de las artes, las humanidades y la decencia, hasta que estas son como estrellas diminutas que brillan al otro lado de un gran vacío negro. El abandono de la admisión del Ser Supremo como una realidad, intrínseca de la vida del Hombre, hace de la prostitución la conducta ideal de la mujer, de la perfidia y la traición el nivel ético más elevado alcanzable por el hombre, y de la destrucción total por medio de la traición, las bombas y las armas de fuego la meta más elevada que una cultura puede alcanzar. Por lo tanto, no hay mucho que discutir sobre la realidad de un Ser Supremo, puesto que uno ve, en la falta de aceptación de esa realidad, un sendero asqueroso y repugnante que desciende hacia las profundidades más perversas.

El *universo theta* es una realidad postulada de la que hay muchas pruebas. Si se dibujara un diagrama de esto, sería un triángulo con el Ser Supremo en un vértice, el universo MEST en otro y el universo theta en el tercero. En la investigación aparecen demasiadas pruebas como para permitirnos pasar por alto esta realidad. De hecho, la presuposición de esta realidad está resolviendo algunos de los principales problemas de las humanidades y llena muchas lagunas que existían antes en la teoría del engrama. Durante mucho tiempo se ha considerado beneficioso en las psicoterapias que una persona fuera capaz de afrontar la realidad. Sin embargo, ninguna definió lo que era la realidad y así al individuo le resultó más bien difícil.

CAPÍTULO 15 REALIDAD (ACUERDO)

Habría dos realidades en las que el individuo tendría un interés más íntimo: la realidad interna de su propia existencia y de su pasado y la realidad externa de su entorno de tiempo presente. A esto se podría añadir, por supuesto, su realidad futura.

La Escala Tonal de la realidad sobre extroversión-introversión indicaría, con sólo echar un vistazo, que alrededor del Tono 4.0, el mundo interior sería lo bastante cómodo para que el pensamiento y la percepción del individuo se dirigieran principalmente hacia el mundo exterior y su computación tuviera que ver con el tiempo presente y el futuro. Y según uno descendiera por la Escala Tonal, podría ver la mezcla gradual de la theta libre con el enMEST, teniendo cada vez menos interés por el mundo exterior y el futuro y cada vez más interés por el mundo interior y el pasado, hasta que la mayoría de la theta se enturbulará y sobreviniera la muerte. Habría, pues, una escala de extroversión-introversión que marcaría con mucha exactitud la posición de la persona en la Escala Tonal. La posición de la persona estaría determinada, naturalmente, por la cantidad de theta libre de que estuviera dotada y el porcentaje de esa theta que se hubiera vuelto entheta.

Aún se podría postular otra escala de realidad que se basara en los percépticos theta, pero eso rebasa el ámbito de esta obra.

La actitud general del individuo con respecto a la realidad, como se muestra en la Escala Tonal, sería la siguiente:

En 4.0 el individuo tendría una inclinación creativa y constructiva hacia la realidad. Sería más probable que adaptara la realidad a sí mismo y que postulara nuevas realidades futuras a que se adaptara él a las realidades existentes. Buscaría diferentes puntos de vista y cambios en la realidad para ampliar su propia realidad. Tendría una flexibilidad y comprensión completas al relacionar y evaluar realidades diferentes.

En 3.5 el individuo tendría la capacidad de comprender, relacionar y evaluar realidades a pesar de la diferencia de puntos de vista; tendría flexibilidad moderada respecto a realidades que se le expusieran, sin una búsqueda ávida de nuevas realidades. Un poco más abajo en la Escala Tonal, el individuo se dedicaría a intentar conciliar su propia realidad con realidades conflictivas y tendría una flexibilidad limitada.

En 3.0 el individuo poseería una consciencia de la posible validez de una realidad diferente, sin relacionarla con su propia realidad.

En 2.5 vendría seguidamente una indiferencia hacia las realidades conflictivas, una actitud de "tal vez, ¿qué más da?". Por debajo de esto habría una negativa a comparar dos realidades, rechazando las realidades conflictivas.

En 2.0 se encontraría la duda verbal, la defensa de la propia realidad e intentos por minar la realidad de otros. Aquí se encuentra el nivel de la crítica, la cual se intensifica desde aquí hacia abajo hasta 1.0 y luego desaparece.

En 1.5 el individuo está principalmente interesado en la destrucción de las realidades opuestas, en demolerlas o cambiarlas, desbaratando las realidades de otras personas. Se atacaría la realidad del entorno con miras a la destrucción. El único cambio que se efectuaría sería un cambio destructivo.

Por debajo de esto estaría la duda de la realidad opuesta, una incredulidad no verbal, un rechazo a aceptar la incredulidad de otros, un rechazo a aceptar realidades conflictivas sin tratar de contraatacar.

En 1.1 en la Escala Tonal vendría seguidamente la duda de la propia realidad, inseguridad e intentos por obtener certeza. En la esfera de las realidades MEST, habría aplacamiento de los dioses o los elementos.

En 0.5 habría vergüenza, ansiedad, fuerte duda de la propia realidad, con la consecuente incapacidad de actuar en el marco de esta realidad. Si la persona ha de actuar en lo más mínimo, se le debe decir qué hacer. Tiene miedo de actuar por sí misma, pues no tiene forma de determinar las consecuencias.

Por debajo de esto hay una retirada total de la realidad conflictiva y una negativa a reconocer la existencia de cualquier realidad que no sea la propia, a la que se está rígidamente encadenado.

En el Tono 0.0 la única realidad es la muerte.

Columna N
Condición de la Línea Temporal y de las Valencias

Todo el mundo tiene una línea temporal. Para algunos preclears es posible que esto no resulte evidente de inmediato.

La línea temporal consiste en todos los momentos consecutivos de "ahora", desde el primer momento de vida del organismo hasta el tiempo presente. En realidad, la línea temporal es un haz múltiple de percépticos, y podría decirse que existe una línea temporal para cada percéptico, con todas las líneas discurriendo simultáneamente. La línea temporal también podría considerarse como un sistema para archivar grabaciones hechas del entorno y del organismo, archivadas de acuerdo al momento de su recepción. Todas las percepciones del entorno y del organismo durante toda la vida hasta el ahora, o tiempo presente, están grabadas superficial o profundamente en la línea temporal.

Antes de Dianética no se sabía en general que la línea temporal existía para una persona despierta y consciente, y que el individuo podía moverse sobre ella. En el campo del hipnotismo, se sabía algo sobre este fenómeno, pero se había estudiado con indiferencia, y se consideraba que sólo estaba al alcance de la persona hipnotizada. Experimentos realizados por expertos en hipnotismo han demostrado que la persona, despierta, se mueve por su línea temporal con mayor facilidad que una persona en estado de hipnosis.

Hay verdadera percepción del movimiento en la línea temporal, si el individuo se está moviendo. El tiempo presente es un momento que siempre se está prolongando. Y una persona que esté libre en su línea temporal, por lo general está en tiempo presente, moviéndose hacia adelante a través de los momentos consecutivos del tiempo.

Un interés principal del auditor es mantener el caso de su preclear en una condición tan buena que el preclear pueda continuar moviéndose por la línea temporal y establecer contacto con candados, secundarias y engramas para relatarlos, en el lugar donde ocurren, un número suficiente de veces para reducirlos o borrarlos. Es posible que el auditor, al no lograr guiar adecuadamente a su preclear a través de los candados, secundarias y engramas, haga que el preclear se atore en la línea temporal en algún momento del pasado. Cuando esto sucede, el preclear no puede moverse por la línea temporal, y el auditor debería tener como primer interés devolverle la movilidad al preclear.

Al preclear le pueden suceder varias cosas con relación a la línea temporal. La que más le trastorna de ellas es cuando un *agrupador* (una frase como "Reúne todo lo que tengas", "Todo pasa al mismo tiempo", "Todo está en mi contra", "Todo se reduce a esto", y otras frases de acción que tenderían a agrupar todos los incidentes en un lugar) crea la ilusión de que la línea temporal está plegada sobre sí misma y que todos los incidentes están en el mismo punto en el tiempo. Para que esto pueda ocurrir, un caso debe tener mucha carga y las frases de acción en el caso deben tener una efectividad considerable en el preclear. El auditor puede detectar con bastante facilidad cuando esto ocurre y ante la primera dificultad con la línea temporal, el auditor debería sospechar de un agrupador.

Todavía no se ha resuelto por completo la pregunta de hasta dónde se remonta en el tiempo la línea temporal. El auditor, al carecer de tal resolución, debería tener en cuenta el hecho de que existen muchas pruebas procedentes de experimentos de que la línea temporal continúa hacia el pasado, a momentos anteriores a la vida del organismo actual. Existe la posibilidad de que la línea temporal sea una parte de lo que llamamos el cuerpo theta, más que del organismo en sí. Podría haber una

Capítulo 16   Condición de la Línea Temporal y de las Valencias

línea temporal genética, que se remontaría a lo largo de las generaciones que precedieron al organismo, pero los experimentos no han dado pruebas que confirmen esta posibilidad de manera uniforme como sí lo han hecho para la existencia del cuerpo theta. Por lo tanto el auditor debería estar preparado para descubrir algunos incidentes asombrosamente tempranos. Y cuando los descubra, si lo hace, debería ocuparse muy bien de recorrerlos y borrarlos o reducirlos. O, si no se reducen, de encontrar un incidente anterior que pueda borrarse o reducirse para aliviarlos. Al auditor no le corresponde en modo alguno cuestionar los datos del preclear y al auditor sí le corresponde reducir todos y cada uno de los engramas que recupere en el caso.

Además del agrupador, puede haber otros problemas con la línea temporal. El más común de estos es que el preclear esté atorado en un incidente del pasado. Un *retenedor* (una frase como "quédate aquí") existente en un engrama lo ha detenido en alguna edad anterior y no está en tiempo presente, sino que está encerrado en un periodo anterior de su vida, el cual también contiene dolor e inconsciencia o fuertes cargas de pesar o miedo.

Por lo general, hacer Scanning de Candados o recorrer engramas anteriores remedia esta condición. Se comprobará muy fácilmente mediante el uso de la *respuesta relámpago* si existe esta condición. Como se explicará en otra parte, el auditor utiliza al *archivista* del preclear. El archivista usa mecanismos de respuesta automática, que no son mecanismos "pensativos", sino respuestas instantáneas: lo primero que aparece como un relámpago en la mente del preclear cuando el auditor chasquea los dedos. El auditor pide una fecha al preclear y chasquea los dedos. Puede que el preclear no dé la fecha del tiempo presente. Si no lo hace, está dando la fecha del momento en que se encuentra atorado en la línea temporal. Con sólo preguntar la edad a varias personas que estén cerca de ti, obtendrás bastantes datos sobre este mecanismo. Diles a estas personas que te digan el primer número que pase por su mente cuando chasquees los dedos y luego pregúntales: *"¿Cuántos años tienes?"* (chasquido). En varios casos obtendrás edades mucho menores que las de tiempo presente. Pedirles que recuerden lo que sucedió en ese

LA CIENCIA DE LA SUPERVIVENCIA  LIBRO I

periodo los traerá muy a menudo al tiempo presente, donde es posible que no hayan estado desde hace años. Un auditor podría andar por cualquier hospital para enfermos mentales y tan sólo decir a un paciente tras otro: *"Ven a tiempo presente"*, y descubriría que un cierto porcentaje muy pequeño de las personas "dementes" vendrían a tiempo presente y empezarían a estar cuerdas. Esto se ha hecho varias veces con algunos resultados sorprendentes. Esto se menciona para darle al auditor cierta idea de la importancia de tener al preclear en tiempo presente y la importancia de estar en tiempo presente.

También se pueden hacer verificaciones de respuesta relámpago por medio del siguiente mecanismo. Se le pide al preclear que dé la primera respuesta que le venga a la cabeza, afirmativa o negativa, para cada una de las siguientes preguntas: entonces el auditor dice: *"¿Hospital?"*, a lo que el preclear contesta "Sí" o "No". El auditor dice entonces: *"¿Enfermera?"*, y el preclear da un "Sí" o un "No". Cuando el preclear es incapaz de recordar nada que haya sucedido a la edad que da como respuesta relámpago en lugar de su edad de tiempo presente, esta verificación de "sí" o "no" servirá para indicarle al auditor la naturaleza y el carácter del incidente en el que el preclear está retenido. La memoria del preclear puede entonces dirigirse más hábilmente para descubrir si fue un accidente, una lesión o una enfermedad lo que le inquietaba, y quién fue el que le dio el retenedor que lo mantiene en el incidente. A veces, con sólo recordar el incidente se liberará al preclear de forma que pueda venir a tiempo presente. A veces, en un caso que ha carecido de sónico, existe un sónico en el momento exacto donde el preclear está retenido y la frase sónica es el retenedor mediante el que el preclear está retenido.

Con sólo dirigir la atención del preclear a un momento de placer y recorrerlo muchas veces, una y otra vez, en especial uno donde el preclear triunfó como él mismo, a menudo sacará de golpe al preclear de un engrama en que está retenido y le permitirá venir a tiempo presente. Es un procedimiento habitual el terminar todas las sesiones haciendo que el preclear recorra algunos momentos de placer para traerlo fácil y completamente a tiempo presente.

CAPÍTULO 16 CONDICIÓN DE LA LÍNEA TEMPORAL Y DE LAS VALENCIAS

Otro mecanismo que le da problemas al auditor para traer al preclear a tiempo presente o moverlo por la línea temporal es la *llamada*. Frases como "Ven aquí", "Vuelve" (y otras frases de acción que en tiempo presente harían que el preclear volviera a otra posición en el *espacio*), cuando están en engramas actúan para tirar del preclear hacia abajo desde *tiempo* presente adentro de los engramas. Sucede a menudo que el auditor trata de traer al preclear a tiempo presente, y cada vez que el preclear se acerca a tiempo presente, se le tira de vuelta por la línea temporal hasta una edad anterior. Esto lo causa una llamada.

Otro mecanismo que mantiene al preclear atrás en un punto temprano de la línea temporal es el *rebotador hacia abajo*. Este tipo de frase es el que le dice a la persona: "Baja" o "Regresa" y mantiene al preclear por debajo del verdadero incidente en el que está retenido.

Otra dificultad en la línea temporal es el *rebotador*. El rebotador siempre hace rebotar al preclear hacia arriba. El preclear puede estar en un engrama y sin embargo se le hace rebotar hasta tiempo presente. Esto crea una situación en la que el preclear parece estar en tiempo presente, pero en realidad está bajo considerable tensión, al estar retenido en un engrama*.

Otra dificultad con la línea temporal es el *desorientador*. Este sería una frase que, cuando el auditor envía al preclear en una dirección, hace que el preclear vaya en otra dirección. Una frase como "Lo haces todo al revés" causa esta situación. Cuando el auditor le dice al preclear: "Ven a tiempo presente", si una frase así está activa, puede que el preclear vuelva al *básico-básico* (el primer engrama en el caso). Cualquier caso en el que las frases están así de activas es un caso muy cargado y será necesario que el auditor elimine muchos candados y secundarias antes de que pueda recorrer engramas.

---

* No es posible que un individuo esté "atorado en tiempo presente". Siempre está atorado en un engrama. Algunas personas que tienen muchas dificultades para moverse en la línea temporal *parecen* estar "atoradas en tiempo presente", pero no lo están. El Scanning de Candados, o el recorrido de una secundaria, o la localización del engrama real en que está atorado el preclear servirán para hacer que el preclear se mueva por la línea temporal.

Otra dificultad que afecta a la línea temporal, pero que no es exactamente una dificultad propia de ella, es el asunto de la *valencia*. Una valencia es una identidad falsa o verdadera. El preclear tiene su propia valencia. Luego están a su disposición las valencias de todas las personas que aparecen en sus engramas. Un *cambiador de valencia* es una frase que hace que el individuo cambie a otra identidad. La frase "Deberías estar en su pellejo" y la frase "Eres igual que tu madre" son cambiadores de valencia que cambian al preclear de su propia identidad a la identidad completa de otra persona. Hay, pues, muchas valencias a disposición del preclear. La valencia es una identidad completa. Si el preclear está en la valencia de su abuelo, se puede esperar que el preclear tenga todos los problemas que tuvo su abuelo y la mayoría de sus peculiaridades y características. Estas características no tienen por qué estar contenidas en los engramas en sí. Sólo son parte esencial de la valencia. El preclear puede estar en varias valencias a la vez, en una valencia sintética o en ninguna valencia en absoluto. O puede estar en su propia valencia. Si el preclear no está en su propia valencia, deberían hacerse todos los esfuerzos posibles durante el procesamiento para hacer que encuentre su propia valencia. Es muy frecuente que recorrer momentos de placer traiga al preclear a su propia valencia.

Estar fuera de valencia es una causa primaria, evidentemente, de cierres de sónico, visión y somático. El auditor puede estar recorriendo un engrama en que el preclear tiene sónico, visión y somáticos que de pronto desaparecen. Lo primero que debería sospechar es que hay un cambiador de valencia. Pide una respuesta relámpago de sí-o-no acerca de si está presente un cambiador de valencia. Y si la respuesta es sí, pide el fraseo del cambiador de valencia. Y cuando obtiene las palabras, hace que el preclear las repita, y el preclear volverá a su propia valencia, y la visión y el sónico volverán a activarse. La mayoría de los casos que están ocluidos están fuera de valencia.

La valencia es un mecanismo de supervivencia, uno de los medios que usa la mente para escapar de una existencia demasiado dolorosa. Por lo tanto, para poner al preclear en su propia valencia, se debe aligerar gran parte de la carga de la línea temporal. Se puede hacer scanning a los

Capítulo 16   Condición de la Línea Temporal y de las Valencias

candados cuando el individuo está fuera de valencia. En la mayoría de las secundarias, donde hay presentes terror y apatía, se encontrará que el preclear está fuera de valencia. Es necesario recorrer un incidente así varias veces antes de que el preclear pueda entrar en su propia valencia y lograr así una descarga apropiada del pesar, el miedo o la apatía.

En la Escala Tonal, vemos que estamos tratando otra vez con dos tipos diferentes de caso. El primero es el caso que está abierto de par en par, dentro de valencia con sónico y visión, aunque con mucha carga. Por ser demasiado débil en su estructura para tapar la carga, este caso permanece en su propia valencia aunque esa valencia sea demasiado dolorosa para soportarla. El otro tipo de caso es donde la mente tiene la capacidad de salirse de valencia y ocluir así momentos dolorosos del pasado. Por lo general, la mente escoge valencias ganadoras. Sin embargo, los cambiadores de valencia pueden obligar al individuo a entrar en la valencia que detesta. La repetición continua por el padre o la madre del preclear de que éste es "igual que su abuelo" pero "no debe ser como el abuelo" porque "el abuelo es detestable" producirá una situación conflictiva en la que los cambiadores de valencia obligan al preclear a ocupar un personaje que él siente que es aborrecido. Este es el mecanismo primario que hace que un individuo se "deteste a sí mismo". En realidad, no se detesta a sí mismo en absoluto. Detesta la valencia en la que se le ha obligado a vivir.

La tabla se explica por sí misma con respecto al caso ocluido. No hace falta decir que en un caso abierto de par en par la persona está en valencia, de arriba abajo, sin importar dónde se encuentre en la Escala Tonal. De esto no debería dictaminarse que sea ni deseable ni indeseable ser un caso abierto de par en par. Es hasta cierto punto fácil trabajar con esos casos. Cuando el caso ocluido se encuentra por fin en su propia valencia con sónico y visión y sin la mayoría de sus engramas, está en una condición excelente con un potencial mental muy alto.

La condición de la línea temporal está regulada, normalmente, por los factores de carga, los cambiadores de valencia y las frases de acción. En vista de que las frases de acción no están activas a menos que haya una pesada carga en el caso, en realidad todo se reduce al hecho de que es la carga la que regula la condición de la línea temporal y de la valencia del preclear. Con *carga,* por supuesto, se quiere decir enojo, miedo, pesar o apatía (emoción desagradable) contenidos en el caso. Esta forma de entheta (existe otra entheta en forma de secundarias de comunicación y realidad, así como secundarias de emoción desagradable) acumula tanta carga en la línea temporal que las frases de acción se vuelven muy activas. Es la carga la que hace que actúen las frases de acción. La carga de un caso debe ser muy pesada antes de que las frases de acción de los engramas (las frases de acción contenidas en los engramas mismos) puedan estar activas. La carga debe ser mucho más pesada para que las frases de acción estén activas en los engramas secundarios (que son los que contienen emoción desagradable así como rupturas e imposición de comunicación y de realidad). La carga del caso debe ser extrema, de verdad, para que las frases de acción en los candados estén activas.

Puede verse, por tanto, que la condición de la línea temporal y las valencias es principalmente una cuestión de carga. En el caso abierto de par en par, una línea temporal tremendamente cargada mete al individuo en un nivel psicótico. La incapacidad de la mente para ocluir y enquistar la carga nos da el extraño panorama de un individuo que puede moverse por la línea temporal, que puede recorrer engramas y que tiene sónico y visión, pero que está psicótico. Es hasta cierto punto fácil trabajar con estas personas. Pero el objetivo principal debería ser eliminar la carga, independientemente de la tentación de recorrer engramas, pues esas personas se quedarán atrapadas en la línea temporal si el auditor comete el error de recorrer engramas porque sean fáciles de alcanzar.

Columna O
Manifestación de Engramas y Candados

La conducta humana en ausencia de engramas se puede considerar que es *buena* desde el punto de vista del individuo y su grupo, según la modifiquen la educación y el entorno de ese individuo. El individuo sin engramas procura sobrevivir en todas las dinámicas, de acuerdo a la amplitud de su comprensión.

Esto no significa que un primitivo al que se le hayan quitado todos sus engramas no continúe comiendo misioneros si fuera un caníbal por educación. Pero sí significa que sería lo más racional posible respecto a comer misioneros. Es más, sería más fácil reeducarlo respecto a comer misioneros si fuera Clear. Ser Clear no significa ser un individuo re-educado o re-ambientado o re-genetizado. Pero sí significa que toda la theta libre posible del caso puede aprovecharse para hacer frente a los problemas del entorno y del futuro y que todos los datos que hay en el banco de memoria analítica están disponibles para solucionar esos problemas. Los engramas y sus secundarias y candados inyectan conclusiones inalterables en la mente, de tal forma que la computación se convierte en algo muy similar a tratar de sumar 2 y 2 cuando una mano invisible está siempre añadiendo otro 2 a la columna, sin que lo sepa la computadora.

Un engrama hace imposible que una persona sume 2 y 2 para obtener 4. Es más, hace que el individuo haga cosas extrañas e irracionales, es decir, hace que actúe según pautas de conducta contra-supervivencia y causa que haga cosas, a pesar de que "debería saber que eso no se hace".

El engrama, con sus secundarias y candados, altera el comportamiento mediante la inhibición de la acción, del pensamiento o de la imaginación, o haciendo que el individuo dramatice. Mientras un individuo pueda dramatizar un engrama activamente, no obstante, el engrama no llega a estar especialmente cargado. Cuando el engrama ordena una actividad tan contra-supervivencia que el entorno la censura o causa dolor adicional al individuo, ese engrama empieza a cargarse. Si un engrama le ordena al individuo que cada mañana dé tres vueltas a la manzana caminando, para su salud, el engrama puede ser efectivo pero no ser problemático mientras al individuo se le permita ese paseo. Sin embargo, haz que se meta en un entorno como el ejército donde no le permiten hacer este "paseo saludable" cada mañana, sino que en vez de eso debe pasar revista. Se interrumpe la dramatización y, como consecuencia, la mente analítica del individuo considera que el potencial de acción del individuo se ha reducido y el individuo siente reducida su libertad de acción. Cuando un engrama de un ladrón le ordena que robe, es posible que se sienta alegre y contento mientras pueda continuar robando. Entonces puede aparecer la ley y el orden y encarcelarlo por robar. Esto interrumpe la dramatización y reduce su libertad de acción y su bienestar.

Un engrama tiene dos aspectos: entheta y enMEST. Mientras se pueda dramatizar el pensamiento, el enMEST permanece tranquilo. Pero cuando se interrumpe la dramatización, el enMEST o dolor físico se activa en un esfuerzo por obligar al individuo a hacer lo que ordena el engrama. Los engramas controlan a los individuos de esta forma invisible. En los organismos inferiores al Hombre, hay un valor de supervivencia en este tipo de acción reactiva. En el entorno de un organismo inferior, la recepción de dolor se produce normalmente porque el organismo no está siguiendo un curso de supervivencia. Por lo tanto, si el organismo trata de hacer lo mismo otra vez, el dolor amenaza con activarse y el organismo

CAPÍTULO 17 — MANIFESTACIÓN DE ENGRAMAS Y CANDADOS

se ve obligado a seguir otro curso de acción que, presumiblemente, representa una mejor supervivencia.

Se podría escribir mucho acerca del comportamiento humano y acerca del engrama como la causa del comportamiento aberrado, pero este es un libro sobre auditación. Lo que el auditor desea saber es cómo auditar a su preclear y cómo encontrar a su preclear en esta tabla de forma que sepa qué tipo de entheta abordar en el caso, si recorrer engramas, secundarias o candados, y cómo recorrerlos.

Un engrama es un momento de dolor físico e inconsciencia.

Una secundaria es un momento de emoción desagradable donde hay una amenaza de pérdida o una pérdida.

Un candado es un momento analítico en el que hay una semejanza con los percépticos del engrama, reestimulando así el engrama o poniéndolo en acción, al malinterpretar la mente reactiva los percépticos de tiempo presente como si estuviera ahora presente la misma condición que en una ocasión anterior produjo el dolor físico.

Las secundarias sólo contienen emoción desagradable y rupturas e imposiciones de comunicación y de realidad. Los candados contienen principalmente percépticos, nada de dolor físico y muy poca emoción desagradable. Todos estos son tipos de entheta. Las secundarias y los candados aumentan la carga de los engramas. No es posible recorrer engramas en un caso que esté sumamente cargado con secundarias y candados.

Observando a su preclear, el auditor debería poder determinar con bastante rapidez lo que el preclear hace con los candados. Al examinar el caso, puede encontrar que el preclear actúa de forma muy aberrada respecto al tema de la religión y sin embargo lo único que puede encontrar como causa es una regañada por un sacerdote cuando el preclear era niño. La mente humana es un mecanismo muy resistente, y esto no es causa suficiente para la aberración en una persona cuerda. Si la conducta se remedia simplemente recorriendo este candado, el auditor puede ver que este preclear dramatizará candados, es decir, que actuará como si los candados fueran engramas. Esto indica un caso sumamente cargado.

El auditor puede descubrir que el preclear dramatiza secundarias, es decir, que el preclear es un "caso ataúd" (el cual yace en la posición de un muerto con los brazos cruzados). Este es un engrama de pesar que tiene que ver con la muerte de algún ser querido y con el preclear en la valencia del ser querido. El auditor verá muchos ejemplos del caso ataúd. Esto significa que el preclear dramatizará secundarias y que la línea temporal está muy fuertemente cargada, pero menos fuertemente cargada que la del preclear que dramatice candados.

Finalmente, tenemos al preclear que sólo dramatiza engramas. Está bastante arriba en la escala, es más o menos normal.

La columna de la tabla referente a la manifestación de los engramas y candados se explica por sí misma si se comprenden estos principios básicos.

Hay tres tipos de candados:

1. Dramatizaciones interrumpidas.
2. Reestimulaciones.
3. Candados de ARC.

Es un principio de theta que desea llevar a término cualquier ciclo-de-acción una vez empezado. Cuando un ciclo así se interrumpe, como al interrumpirse una dramatización, se introduce turbulencia en la theta y se produce entheta.

El candado de reestimulación meramente le lleva a la persona percepciones que se parecen a las de un engrama. Si el individuo está cansado o fatigado, estas percepciones (vistas, sonidos, olores o lo que sea) reestimularán el engrama que tenga percépticos similares y el incidente se convierte en un candado sobre el engrama y lo carga en cierta leve medida.

El tercer tipo de candado ocurre cuando el entorno le impone al individuo afinidad, comunicación o realidad cuando él no lo desea, cuando no es racionalmente necesario, o cuando otros en el entorno le inhiben o niegan al individuo una o más de estas cosas.

CAPÍTULO 17 — MANIFESTACIÓN DE ENGRAMAS Y CANDADOS

Algunos de estos candados de ARC que ocurren en la vida de una persona son tan intensos y causan que entre tanta carga en el engrama que se les considera engramas secundarios. Tenemos entonces, así como las secundarias de emoción desagradable, las secundarias de ARC impuesto o negado.

LIBRO UNO, CAPÍTULO DIECIOCHO

Columna P
Comportamiento Sexual
Actitud hacia los Niños

Esta es la columna dedicada a la Segunda Dinámica. A esta dinámica, normalmente, se le denominaría *sexo*. En Dianética, se considera que el sexo se divide en dos partes: el acto sexual; y el producto del sexo, los niños.

Se puede considerar a cualquier dinámica como una línea de theta que fluye. El poder de theta a lo largo de cualquier dinámica varía de un individuo a otro. Cabe considerar que los engramas se cruzan en el camino de las dinámicas de tal modo que causan dispersión. Cuando se quitan los engramas, la dispersión (que sería la conversión de theta en entheta y la inhibición del flujo de theta libre) desaparece y el flujo natural de theta libre puede empezar otra vez.

Donde más marcadamente se ve esta dispersión y el efecto de la entheta es en la Segunda Dinámica. Esto está tan claro que algunas psicoterapias en el pasado ponían todo el énfasis de la aberración en la Segunda Dinámica. Naturalmente, estas psicoterapias no eran muy funcionales, ya que dejaban de lado a las otras siete dinámicas y fueron, de hecho, criticadas severamente por sus contemporáneos por no ser lo suficientemente exhaustivas. El sexo, no obstante, es un indicador excelente de la posición del preclear en la Escala Tonal. Es la excelencia de este indicador lo que probablemente atrajera tanta atención hacia la Segunda Dinámica.

La Ciencia de la Supervivencia  Libro I

En esta cultura actual, la aberración sexual es muy elevada. Cualquier cosa que se oculte y se regule en extremo en una cultura se volverá aberrada. Existe una confusión considerable en las culturas americana y europea acerca del sexo, ya que hubo tanta perversión, promiscuidad y maltrato infantil, que se llegó a la errónea conclusión de que la solución para esto radicaba en una mayor reglamentación, mientras que, en realidad, fue la reglamentación la que causó el trastorno de la dinámica.

Se verá al observar el comportamiento de los seres humanos y en esta tabla de la Escala Tonal que la promiscuidad, la perversión, el sadismo y las prácticas irregulares caen muy abajo en la escala. El Amor Libre también entra en esta bajísima banda, porque el Hombre es relativamente monógamo y porque es contra-supervivencia el carecer de un sistema bien organizado para la concepción y crianza de los niños por parte de las familias. Cabe esperarse que una sociedad que se encuentre en esta zona de 1.1 en la Escala Tonal abuse del sexo, que sea promiscua, haga mal uso de los niños y los maltrate, y que actúe, en resumen, de forma muy similar a cómo actúan las culturas actuales. Es de vital importancia, si uno desea detener la inmoralidad, el Amor Libre y los abusos a los niños, desaberrar esta dinámica para el grupo entero de la sociedad, por no hablar de los individuos.

En el punto MEST más alto de la Escala Tonal, 4.0, uno encuentra la monogamia, la fidelidad, un alto nivel de placer y una reacción muy moral hacia el sexo, pero también encuentra que el impulso sexual actúa para crear algo más que niños y aparece así una sublimación del sexo en pensamiento creativo.

En 3.5 en la Escala Tonal tenemos un gran interés en el sexo opuesto y fidelidad, pero no tenemos una sublimación tan grande.

En 3.0 en la Escala Tonal tenemos cierta disminución del interés sexual, pero tenemos interés en la procreación y en los niños.

En 2.5 tenemos cierto desinterés en la procreación, sin otra razón que una incapacidad general para interesarse mucho en cualquier cosa. El acto sexual se puede llevar a cabo adecuadamente dada la capacidad física para ello.

Capítulo 18   Comportamiento Sexual Actitud hacia los Niños

En la banda de 2.0 empezamos a encontrar desagrado por el sexo, repugnancia hacia el sexo, muy especialmente cuando se practica de forma irregular.

En la banda de 1.5 de la Escala Tonal el sexo se presenta en forma de violación: encontramos que el acto sexual se realiza como castigo.

En la banda de 1.1 en la Escala Tonal entramos en la zona de inversión más depravada de la Segunda Dinámica. Aquí tenemos promiscuidad, perversión, sadismo y prácticas irregulares. Aquí no existe ningún disfrute del acto sexual, realmente, sino una ansiedad febril hacia el mismo. El acto sexual no puede disfrutarse verdaderamente, tanto si se realiza de forma regular como irregular. Aquí se encuentra la ramera, el pervertido, la esposa infiel, el Amor Libre, el matrimonio fácil y el divorcio rápido así como el desastre sexual en general. La gente en este nivel en la Segunda Dinámica es sumamente peligrosa en la sociedad, puesto que la aberración es contagiosa. Una sociedad que alcanza este nivel está en vías de desaparecer de la historia; como desaparecieron los griegos, como desaparecieron los romanos, y como están desapareciendo las culturas europea y americana actuales. He aquí una llameante señal de peligro a la que hay que prestar atención si un pueblo va a seguir adelante.

En 0.5 tenemos impotencia y ansiedad acerca del sexo, con esfuerzos tan sólo esporádicos por procrear. En la Segunda Dinámica se presentan resurgimientos ocasionales desde 0.5 hacia arriba en la escala, con rápidas recaídas.

Es interesante observar aquí la aplicación del principio de la espiral descendente a la Segunda Dinámica. En cualquiera de las dinámicas y en cualquiera de las columnas de esta tabla, cuando el individuo cae por debajo del nivel 2.0, la espiral descendente le hace bajar con rapidez a través de los niveles 1.5, 1.1, 0.5, hasta la muerte. Esto es especialmente evidente en la Segunda Dinámica. El individuo 1.1, que hoy lleva una febril actividad pseudosexual, en un futuro muy próximo (por lo general, mucho antes de lo que sospecha) se encontrará en el nivel de impotencia y ansiedad de 0.5.

Los órganos sexuales, en el nivel 0.5, se vuelven hasta cierto punto inútiles. De hecho, esta Escala Tonal de la Segunda Dinámica puede aplicarse con precisión a la actividad endocrina del individuo y a la forma y la condición del cuerpo físico. La mujer que en su adolescencia estuvo en el nivel 1.1 de la escala, no tendrá una estructura pélvica ni un sistema endocrino lo bastante bien desarrollados como para permitirle dar a luz con facilidad. Los partos difíciles son un resultado normal de una permanencia demasiado prolongada en una banda baja de la Escala Tonal durante el periodo formativo del cuerpo. Los partos fáciles sólo se pueden esperar de mujeres que estén hasta cierto punto altas en la Escala Tonal.

Es digno de resaltar que en el área desde 1.1 hasta 0.5 de la Escala Tonal se encuentra que los músculos, en particular los músculos sexuales, carecen de tono. La ninfómana y el sátiro tienen la musculatura flácida en extremo y en el nivel 0.5, el tono es casi inexistente.

Por supuesto, en la zona de muerte fingida, no existe esfuerzo alguno por procrear.

A lo largo de la banda de −1, donde el organismo como organismo está muerto, pero las células aún sobreviven, resulta interesante que a veces haya eyaculación y actividad sexual justo después de la muerte del individuo (lo que da cierta indicación del vigor y la fuerza de esta dinámica).

La vida se define, en citología, como una interminable corriente de protoplasma desde el principio de la vida misma hasta ahora. A través de los tiempos, como corriente genética continua, este protoplasma es modificado por la selección natural y el condicionamiento del entorno así como por lo que parece ser una evidente planificación, de generación en generación. Como la vida depende tanto de esta línea vital, es muy fácil dar excesivo énfasis al acto sexual, eso que mantiene esta línea vital en una corriente continua.

La segunda parte de esta dinámica se ocupa de los niños, el resultado del sexo. Existe un gradiente de reacción hacia los niños, desde la parte más alta a la más baja de la Escala Tonal, que el auditor puede usar para situar a su preclear de forma adecuada en la tabla.

Capítulo 18   Comportamiento Sexual
Actitud hacia los Niños

En 4.0 hay un intenso interés por los niños, que se extiende tanto al bienestar mental y físico de los niños como a la sociedad en la que vivirán estos niños. Aquí se encuentran los esfuerzos para contribuir a la cultura de forma que los niños tengan mejores posibilidades de sobrevivir.

En 3.5, tenemos amor a los niños, cuidado de ellos y comprensión de ellos.

En 3.0, tenemos interés por los niños.

En 2.5 tenemos tolerancia hacia los niños, pero no demasiado interés en sus asuntos.

En 2.0 tenemos críticas constantes a los niños y nerviosismo acerca de ellos.

En 1.5 entramos en la banda de trato brutal a los niños, castigo corporal severo, imposición dolorosa al niño de una pauta de conducta, interrupción de sus dramatizaciones, disgustos por el ruido o desorden que causa.

En 1.1 en la Escala Tonal puede haber dos reacciones hacia los niños. Puede haber un deseo real e inmediato hacia los niños como una manifestación de sexo, pero también podemos tener la utilización de los niños con fines sádicos. Y podemos encontrar ambas cosas en el mismo individuo. Tenemos desatención general de los niños a largo plazo, con un interés ocasional y esporádico en ellos. Tenemos muy poca consideración por el futuro del niño o de la cultura en que va a crecer.

En 0.5 tenemos principalmente ansiedad respecto a los niños, miedo a que se lesionen, miedo a esto y miedo a lo de más allá respecto a los niños y desesperanza acerca de su futuro.

En 1.1 una madre intentará abortar a su hijo. Y cualquier mujer que aborte a un hijo, con la única excepción de que el niño sea una amenaza para su vida (más que para su reputación), está en la zona 1.1 o más abajo. Puede esperarse que sea indigna de confianza, inconstante y promiscua y al niño se le considera prueba de esta promiscuidad.

En 0.5 tenemos el aborto con el razonamiento engañoso de que el mundo o el futuro son demasiado horribles como para traer un niño al mismo. Con el padre o la madre en el nivel 0.5, se suprimirán toda la alegría y la felicidad naturales del niño y tenemos la atmósfera más malsana para la infancia que pueda postularse.

En 0.1 ni siquiera existe consciencia de los niños.

Es notable, al ojear de arriba abajo esta columna, que el interés por los niños no sólo incluye el interés en engendrarlos, sino también en su bienestar, su felicidad, su estado mental, su educación y su futuro en general. Podemos tener a una persona que en el nivel 1.1 parece muy ansiosa por engendrar un hijo. Es muy posible que esta persona esté siguiendo una orden engrámica de tener niños. Una vez que el niño ha nacido, puede que tengamos, en esta zona de 1.1, un interés en éste como juguete o curiosidad. Pero a esto, le sigue una desatención y una desconsideración generales hacia el niño, y una carencia absoluta de cualquier sentimiento acerca del futuro del niño o esfuerzo alguno por construirle uno. Tenemos acciones familiares descuidadas, como la promiscuidad, que harán trizas la seguridad familiar de la que depende el futuro de este niño. A lo largo de esta banda, se considera al hijo como un objeto, una posesión.

Medio tono por encima de esto, en la banda de enojo, el hijo es un blanco para las dramatizaciones que el individuo no se atreve a ejecutar contra los adultos del entorno: un último esfuerzo desesperado para estar al mando de algo. Aquí tenemos la dominación del hijo con una deformación constante de su carácter.

Todo el futuro de la especie depende de la actitud de esta hacia los niños. Y una especie que se especializa en las mujeres para "trabajos de baja categoría", o que cree que la competencia de los sexos en las esferas de los negocios, de la acción y la política es una tarea más digna de estima que la creación de la generación del mañana, es una especie que se está muriendo. Tenemos, en la mujer que es una rival ambiciosa del hombre en las actividades propias de él, a una mujer que está descuidando la misión más importante que pudiera tener. Una sociedad que menosprecia esta misión y en la que a la mujer se le enseña *todo* excepto la administración de una familia, el cuidado de los hombres y la creación de la generación futura, es una sociedad que se encuentra en vías de extinción. El historiador puede identificar el punto en el

CAPÍTULO 18 — COMPORTAMIENTO SEXUAL
ACTITUD HACIA LOS NIÑOS

que una sociedad empieza su decadencia más marcada en el instante en que las mujeres empiezan a participar, en igualdad con los hombres, en los asuntos de la política y los negocios; pues esto significa que los hombres están en decadencia y las mujeres ya no son mujeres. Esto no es un sermón sobre el papel o la posición de la mujer. Es la exposición de un hecho desnudo y básico. Cuando los niños dejan de ser importantes para una sociedad, esa sociedad ha renunciado a su futuro.

Más allá incluso de la paternidad, el alumbramiento y la crianza de los niños, un ser humano no parece estar completo sin una relación con un miembro del sexo opuesto. Esta relación es el recipiente en el que se cultiva la fuerza vital de ambos individuos, mediante la cual crean el futuro de la especie en cuerpo y pensamiento. Para que el hombre se eleve a mayores alturas, entonces la mujer debe elevarse con él o incluso antes que él. Pero tiene que elevarse *como* mujer y no como hombre, que es hacia donde se le dirige actualmente de forma equivocada. Es la burla horrenda de hombres frustrados y faltos de virilidad el transformar a las mujeres en la parodia de hombres en que se han convertido ellos mismos.

Los hombres son criaturas difíciles y problemáticas, pero valiosas. El cuidado y el manejo creativo de los hombres es una tarea ingeniosa y bella. Aquellos que fraudulentamente privarían a las mujeres de su legítimo lugar convirtiéndolas en hombres, deberían darse cuenta, por fin, de que con esta acción no sólo están destruyendo a las mujeres, sino también a los hombres y a los niños. Este es un precio demasiado alto por ser "moderno" o por el enojo o rencor mezquinos de alguien hacia al sexo femenino.

Se les debe dar nueva y plena vida a las artes y las destrezas de la mujer, a la creación e inspiración de la que ella es capaz y que, aquí y allá, en lugares aislados en nuestra cultura, aún logra llevar a cabo a pesar de la ruina y la decadencia del mundo del hombre que se extiende alrededor de ella. Estas artes y destrezas y creación e inspiración constituyen su belleza, así como ella es la belleza de la Humanidad.

Columna Q
Dominio del Entorno

Se puede postular que la misión de theta es la conquista de MEST. El organismo controla tanto MEST como theta tenga con la que controlar ese MEST.

Se podría concebir el dominio del entorno, para un hombre o para un grupo, como una serie de círculos concéntricos. El círculo mayor demostraría la confianza que el individuo o el grupo considera que tiene en su capacidad para producir un efecto sobre el universo físico. El siguiente e inmediato círculo interior sería la confianza del individuo o el grupo en su capacidad para producir un efecto en la totalidad de la Tierra y la vida. El siguiente círculo interior sería la confianza del individuo o del grupo en su capacidad para afectar a una parte de la vida, a una nación o a un grupo menor. El círculo siguiente sería la confianza del individuo o el grupo en su capacidad para afectar a alguna otra especie y a los hombres de su entorno. El siguiente círculo interior sería la confianza que el individuo o el grupo tienen en su capacidad para afectar a unas cuantas personas o a una pequeña parte de su entorno. El siguiente círculo tendría que ver con la confianza del individuo y del grupo en que podrían afectar al individuo y al grupo. El siguiente círculo interior sería la incapacidad del individuo o del grupo para afectarse a sí mismo.

No puede decirse cuál sería el área normal de dominio. Pero lo cierto es que cuando el área de dominio llega al punto en que el individuo apenas puede afectar al individuo, y que el grupo apenas puede afectar al grupo, llegamos al punto en que el único MEST (y para sus fines, como una cuestión de punto de vista, el individuo y el grupo consideran a menudo a la vida y a las formas de vida como MEST, sometidos a su control) que theta puede cambiar es el MEST del individuo o del grupo. Aquí se presentan las enfermedades psicosomáticas, con la theta actuando dentro del organismo sólo para destruirlo. Un grupo, en esta etapa, se destrozará a sí mismo. Es en un área ligeramente más amplia que este círculo en la que entramos en la zona 2.0 de la tabla. Se podría decir que las áreas más amplias son aquellas en las que theta podría actuar con suficiente libertad para ser constructiva y creativa dentro de esas esferas de influencia. Y muy cerca del centro de las esferas sería donde existe la entheta. Se podría desarrollar un sistema mucho más complejo, que posiblemente nos diría mucho sobre la theta y el MEST, a partir de esta escala de gradiente y probablemente se debería desarrollar.

El auditor está interesado principalmente en localizar a su preclear en la tabla. Para hacerlo, debería determinar lo que piensa el preclear que puede controlar en términos de vida, MEST, gente y grupos, *y* lo que piensa el preclear que haría con ellos si pudiera controlarlos. Si el preclear tiene planes constructivos y creativos en mente para la esfera que describe, uno puede ver que él está por encima de la banda de 2.0 y que uno está trabajando con la cantidad de theta de la que está dotado el individuo. Puesto que no todos los hombres creen que puedan controlar todo el universo, no se debería sospechar forzosamente que fueran psicóticos si abrigaran esta idea a pesar de que una manifestación de la psicosis sea tener presuntuosas ideas de grandeza debido a engramas maníacos. Han existido hombres que podían controlar esferas enormes y ser creativos y constructivos dentro de esas esferas. Pero estos no eran hombres de armas, eran hombres de ideas.

Si el preclear postulara para sí una esfera bastante amplia, y luego la destinara a un fin destructivo, uno puede estar seguro de que está tratando con un preclear por debajo del nivel 2.0.

CAPÍTULO 19 — DOMINIO DEL ENTORNO

El auditor debería tener presente el axioma de que toda creación lleva consigo una pequeña cantidad de destrucción. Al igual que no se puede construir un bloque de apartamentos sin destruir antes el destartalado edificio de viviendas que se encuentra ahí, al igual que no se puede publicar un periódico sin destruir bosques para conseguir papel de prensa, es la *proporción* entre creación y destrucción lo que cuenta.

En vista de los postulados que se expresan en este capítulo, la columna de la tabla se explica por sí misma. Habría que hacer, sin embargo, algún comentario sobre las ramificaciones políticas que contiene esta columna. Se verá que la zona democrática, en la que uno se ocupa de la democracia jeffersoniana, se encuentra en las bandas de 3.0 y superiores. Esto postula una creencia en la bondad del hombre y la sensatez de los hombres reunidos en consejo. Postula la creencia de que los hombres deberían ser libres para decidir cosas por sí mismos. Proscribe la tiranía como algo indeseable y relega al gobierno al servicio del grupo, en vez del grupo al servicio del gobierno.

Hay que bajar bastante por la Escala Tonal para encontrar el punto político siguiente en el que detenerse y aquí se encuentra el fascismo, existente entre 2.0 y 1.5. El fascismo es un control absoluto de un entorno, con propósitos destructivos, utilizando para conseguir ese control medios directos y de mano dura. Existen puntos intermedios entre la democracia y el fascismo, como la monarquía. Estos carecen de gran interés en el mundo actual y no están dentro del alcance de esta obra, sino que pertenecen a la Dianética de Grupo (de la que otro volumen se ocupará por completo).

En el mundo actual, la siguiente parada bajando por la Escala Tonal, políticamente, es el subversivo, que pertenece a la zona entre 1.1 y 1.3. La mayor parte de la subversión teórica finge estar muy arriba en la Escala Tonal y de este modo ha atraído al individuo que tiene tendencias liberales. Pero existe una gran distancia entre el liberalismo teórico y el destructivo, y el liberal irreflexivo confunde la teoría con la práctica. Se encuentra a sí mismo relacionándose con personas 1.1, puesto que una inspección de cualquier rama de la política que arrase el mundo a causa de la apatía general de la sociedad muestra que encaja exactamente en esta posición en la escala: las líneas de comunicación se cortan; las afinidades se usan y se corrompen con descaro; la realidad se tergiversa; el nivel de conspiración, según se ve en la propaganda de odio, es comparable al chismorreo de la peor especie; y el trato a los seres humanos carece de cualquier consideración por el respeto que debería tenerse a un individuo. La psicometría sitúa de manera uniforme a los subversivos en esta banda de 1.1. No respetan ni la inteligencia ni la cordura de nadie. Tienen a la promiscuidad por una gran virtud. No creen en la familia en absoluto. Tenerlos como amigos es tan seguro como tener a una víbora por amiga, aunque es probable que esto sea injusto con la honesta víbora.

La subversión recibe su principal apoyo de individuos como los que están próximos a 1.1. Y la razón por la cual se gana a tantos agentes voluntarios en los países que desea invadir, radica en el deseo del 1.1 de tener una "buena causa" y una "buena razón" para mofarse abiertamente y ponerse "por encima" de los códigos morales en vigor y las leyes del país en que actúa. Mediante su retorcida filosofía, consigue una magnífica excusa para creerse por encima de cosas como la ley y la decencia. Y es muy posible que este atractivo por sí solo sea el que atrae a tantos reclutas hacia la política despiadada*.

---

*En esta columna de la tabla de la Escala Tonal, se hace una breve alusión a determinadas filosofías y actitudes políticas del mundo actual. Si bien este tema será abordado de manera extensa en Dianética de Grupo, la tabla presente estaría incompleta si no mostrara que estos sistemas políticos tienen sus propias posiciones de tono y que puede verse cómo sus métodos generales de actuación se ajustan a los métodos y las actividades de los individuos que se encuentran en esos niveles. En 3.5 tenemos al liberal. El liberal razona bien, acepta amplias responsabilidades y se guía por elevados principios éticos. Está entusiasmado con hacerse con cualquier idea nueva que mejore a la sociedad y no es sugestionable (llevado por ahí por cualquier propaganda), sino que llega a conclusiones de extrema racionalidad. Tiene en alta estima la libertad del individuo, la propiedad y el derecho de la persona sumamente productiva a que le permitan contribuir a la sociedad sin obstáculos, de un modo espontáneo y eficaz. En 3.0 tenemos a la persona que es democrática, pero algo más conservadora en sus actitudes y más dada a las normas sociales, al tener mayor necesidad de ellas. El término "democrático" es un tanto impreciso. Pero en este nivel indica al individuo o al sistema que permite la libertad individual y tiene a la propiedad y la capacidad productiva en una moderada estima, pero sin ser especialmente inventivo o entusiasta con respecto a refinar, mejorar y enriquecer el orden social en todas las dinámicas. El siguiente nivel político con que estamos familiarizados es el nivel 1.5 del fascismo. Las actividades de Hitler y Mussolini y los órdenes sociales que produjeron son, desde luego, los ejemplos que vienen a la mente. La franca declaración de la intención de conquistar, matar y controlar por los métodos más obvios y enérgicos es la marca del fascismo. La justificación se limita a mentiras con el mayor descaro y desvergüenza. La invalidación de otras personas y otros órdenes sociales es directa, con enojo y carente de cualquier sutil pretexto de racionalidad o moderación. El siguiente nivel político es el nivel 1.1 del comunismo. La literatura del comunismo, especialmente en las obras de Lenin, marca el tono de actividad secreta, flexible y engañosa que puede observarse en los métodos del comunismo por todo el mundo. En sus bastiones, como la Unión Soviética, en momentos y lugares donde no está amenazado, el comunismo subirá a veces, durante breves periodos, al nivel de 1.5. Pero en su actividad normal comparte todas las características del nivel 1.1 tal y como se esbozan en este libro. La disposición a dedicar una cantidad de tiempo ilimitada a llevar a cabo en secreto una acción destructiva, que el fascista llevaría a cabo de inmediato por la fuerza, está implícita en el comunismo. El comunismo posee una paciencia inagotable para demoler, mediante una propaganda sutil, una sociedad o una idea (a la que nunca se enfrenta de forma abierta en todo ese tiempo) y una renuencia a usar jamás métodos manifiestos que revelarían el interés o la actividad. El comunismo, como el individuo 1.1, finge en un principio que presta apoyo y ayuda en gran medida. Y mantiene este fingimiento frente a todas las pruebas en su contra, dejando caer con suavidad tranquilizadoras justificaciones y garantías del más sincero y más hondamente sentido interés por el bien de todos. El lector que examine estas diversas manifestaciones políticas a la luz de la tabla de la Escala Tonal descubrirá, sin duda, que las acciones a veces misteriosas de las diferentes facciones políticas se vuelven predecibles y comprensibles.

LIBRO UNO, CAPÍTULO VEINTE

Columna R
VALOR REAL PARA LA SOCIEDAD COMPARADO CON EL VALOR APARENTE

EN DIANÉTICA CONTAMOS CON algunos medios para determinar el valor de un ser humano. En el pasado, el valor de los individuos o los grupos se juzgaba por la cantidad de MEST que poseían. Si un hombre tenía dinero, se decía que su valor era tal cantidad de dinero. Si un grupo tenía control de propiedades, se decía que su valor era tal cantidad de control sobre propiedades. No obstante, esta es una definición de contra-supervivencia. Mientras que cualquier individuo debería tener derecho, incondicionalmente, a todo lo que pueda ganar en una sociedad, ya que esto es una medida rudimentaria de su valor para la sociedad (y uno nunca debería cometer el error de pensar de otro modo), mediante las herencias y los extraños efectos a los que se presta el dinero, esto puede convertirse en un criterio terriblemente distorsionado. Cuando se distorsiona, los hombres acaudalados empiezan a ser condenados por una sociedad y se les busca como chivos expiatorios de todos sus males, mientras que un buen número de ellos son los mismísimos ejes sobre los que gira la sociedad. Los subversivos apelan a la indigencia y a la pobreza que es la suerte, por desgracia, de la mayoría de los pueblos (en estos días de cultura poco desarrollada) prometiendo asesinar a todos los propietarios adinerados una vez que se tome una tierra. Todo el culto anticapitalista es algo menos que un postulado filosófico sensato y algo más que un burdo llamamiento a aquellos que carecen de propiedad y que no tienen ninguna esperanza de hacerse con alguna. Como esta filosofía carece de concepto alguno de valía individual de ninguna clase y más bien tiende a actuar sobre la máxima de que "cinco imbéciles hacen un genio", puede permitirse pasar por alto cualquier medio de evaluar a cualquier ser humano y prefiere no hacerlo; ya que su práctica al entrar en un país es acorralar y asesinar a todos los hombres de valía de ese país y dejarlo empobrecido como pueblo.

En el Manual* se escribió una ecuación que causó algo de perplejidad entre la gente. Era en el sentido de que el valor potencial era igual a la inteligencia, multiplicada por las dinámicas del individuo elevadas a cierta potencia. Esto podría volverse a expresar de otra forma, con el significado de que el valor potencial de cualquier hombre era igual a cierto factor numérico que denotara su inteligencia estructural y su aptitud, multiplicado por su theta libre elevada a cierta potencia. Esto se escribió en el Manual en un esfuerzo para animar a algún psicólogo a descubrir cuál podría ser la potencia de la dinámica y sacar como conclusión algún medio para establecer el valor potencial mediante la psicometría. El valor real, entonces, del individuo sería su valor potencial modificado por la dirección que tomara ese valor potencial en relación con la supervivencia de su grupo o de sí mismo. Uno podría tener a un individuo con muy alto valor potencial quien, sin embargo, debido a la educación y los engramas, fuera un claro riesgo para sí mismo y para su grupo.

En esta columna de la tabla, cualquier persona (sin importar su valor potencial) por debajo de la línea 2.0, como resultado de su evaluación en las otras columnas, tiene un valor negativo para la sociedad. Cualquier persona que esté por encima de esta línea va desde el valor cero hacia arriba en una dirección positiva.

Toda esta escala se postula a partir del hecho de que el cerebro y la fuerza muscular de un individuo sirven a las otras dinámicas. Se ha

---

Dianética: La Ciencia Moderna de la Salud Mental.

Capítulo 20   Valor Real para la Sociedad Comparado con el Valor Aparente

hecho la observación de que son unos pocos hombres desesperados los que cargan sobre sus hombros con los órdenes sociales. Si el orden social fuera llevado adelante hacia niveles de cultura más altos por estos pocos hombres desesperados, se podría considerar que están y, desde luego, al examinarlos se descubriría que lo están, muy por encima del nivel 2.0. Cuando la desesperación se expresa en términos de muerte y destrucción, el individuo se encuentra por debajo de este nivel 2.0 y, con independencia de cuáles sean sus acciones, llevará a la sociedad más abajo en la Escala Tonal.

El principal interés del auditor en esta columna reside, una vez más, en estimar la posición del preclear en la misma. Y esta columna hace posible estimar la posición examinando tanto el valor real como el valor potencial del preclear en su entorno. Si el preclear normalmente causa daño (convierte en enMEST) aquellas cosas que trata de controlar o que le pertenecen, puede decirse que se encuentra por debajo de la línea 2.0. Y si tiene bastante éxito en su uso del MEST, se encuentra por encima de esa línea.

Esta columna, por lo demás, se explica por sí misma.

Como miembro de su propio orden social, el auditor debería tener en cuenta, al decidir a qué gente de la que le rodea tomará como preclears, el valor real de esa gente para su familia, grupo y sociedad. Hará bien en emplear sus esfuerzos en aquellos que se muestren más prometedores en términos de su actividad actual, estando aberrados, aun cuando puede que no sean los casos más fáciles para trabajar. Aunque todos los hombres nacen con igualdad de derechos ante la ley, un examen de los individuos en la sociedad demuestra con rapidez que no todos los hombres nacen con igualdad de valor potencial para sus semejantes.

Columna S
NIVEL ÉTICO

TODO EL TEMA DE LA ética es un tema que, con las sociedades en su baja posición actual en la Escala Tonal, casi se ha perdido.

La ética realmente consiste, según podemos definirla ahora en Dianética, en racionalidad hacia el más alto nivel de supervivencia para el individuo, la especie futura, el grupo y la Humanidad y las demás dinámicas tomadas colectivamente. La ética es razón. El nivel más alto de ética serían conceptos de supervivencia a largo plazo con destrucción mínima a lo largo de las dinámicas. Un examen razonable de este tema demuestra inmediatamente que la conducta deshonesta puede servir, a corto plazo, como ventaja para un individuo o grupo, pero que una pauta continua de conducta deshonesta llevará al individuo o al grupo hacia abajo en la Escala Tonal. Por tanto, la conducta deshonesta es contra-supervivencia. Cualquier cosa que sea irrazonable en la conducta de las interrelaciones entre los hombres se podría considerar no ética, pues las cosas que son irrazonables acarrean la destrucción de los individuos y los grupos, e inhiben el futuro de la especie. El mantener la palabra de uno cuando se ha dado solemnemente es un acto de supervivencia, ya que entonces confían en uno, pero sólo mientras uno mantenga la palabra dada.

Para el débil, para el cobarde, para el reprochablemente irracional, la deshonestidad, los tratos clandestinos, el daño a los demás y la frustración de sus esperanzas les parece que son la única forma de conducirse en la vida. La conducta no ética es en realidad la conducta de la destrucción y el miedo. Las mentiras se dicen porque uno tiene miedo de las consecuencias si dijera la verdad. Por lo tanto, el mentiroso es inevitablemente un cobarde, el cobarde es inevitablemente un mentiroso. La mujer sexualmente promiscua, el hombre que traiciona la confianza de su amigo y el depravado codicioso están actuando todos de una forma tan contra-supervivencia que normalmente a esto le siguen la degradación y la muerte. Un "amor" llevado clandestinamente y basado en mentiras que harán daño a otros indica una cobardía lo bastante baja para dar náuseas a cualquier hombre decente. De esta forma, se tiene el lado ético o no ético del sexo.

En el diccionario moderno encontramos que la ética se define como "principios morales" y los principios morales se definen como "ética". Estos dos términos no son intercambiables. Los *principios morales* deberían definirse como un código de buena conducta, formulado de acuerdo a la experiencia de la especie, para servir como criterio uniforme para la conducta de los individuos y los grupos. Una codificación así tiene su papel. Los principios morales son en realidad leyes. El origen de un punto en un código moral surge cuando se descubre, a través de la experiencia, que un acto es más contra-supervivencia que pro-supervivencia. La prohibición de este acto se introduce en las costumbres de la gente y finalmente se convierte en ley. Este es el proceso natural de creación de todas las leyes. Los principios morales son hasta cierto punto factores arbitrarios, debido a que continúan más allá de su época. Esto no quiere decir ni mucho menos que las leyes sean malas, puesto que la uniformidad y la reglamentación son vitales para la conducta de todos los grupos, sino sólo que las leyes se vuelven obsoletas de vez en cuando y entonces necesitan revisarse. Muchas cosas que en el pasado eran morales, lo eran sólo porque eran higiénicas. Y de hecho, como se ha dicho, todos los principios morales se derivan del descubrimiento por el grupo de que cierto acto contiene más dolor que placer.

CAPÍTULO 21 — NIVEL ÉTICO

A falta de poderes de razonamiento más amplios, los códigos morales, mientras proporcionen una mejor supervivencia para su grupo, son una parte vital y necesaria de cualquier cultura. Los principios morales, no obstante, se convierten en una carga onerosa y se protesta contra ellos cuando se pasan de moda. Y una revuelta contra los principios morales normalmente tiene como blanco el hecho de que el código ya no es tan susceptible de aplicación como lo era antes, aunque las revueltas contra los códigos morales en realidad ocurren porque los individuos del grupo o el grupo en sí se han hundido en la Escala Tonal hasta un punto en que desean practicar el libertinaje contra estos códigos morales, no porque los códigos en sí sean irracionales.

Si un código moral fuera completamente razonable, se le podría considerar al mismo tiempo totalmente ético. Pero sólo en este nivel más alto se podrían considerar iguales a ambos. Theta, en su actividad contra MEST, es la razón en sí misma. Y lo máximo en razón es lo máximo en supervivencia.

En vista de lo anterior, la columna de la tabla se explica por sí misma. Pero se debería hacer el comentario adicional de que en el nivel de 2.0 y por debajo, se presenta una arbitrariedad destructiva (llamada, a falta de un término mejor, "autoritarismo") y de que todas las leyes hechas en este nivel y más abajo en la escala tendrán resultados contra-supervivencia.

Los criminales están en la zona desde el nivel 2.0 de la escala hacia abajo, por lo general, pero la mayoría de los criminales se encuentran en la zona desde más o menos el nivel 1.3 hacia abajo. No hay nada muy fascinante en el criminal, en quien rompe su promesa, en el traidor a su amigo o a su grupo. Esas personas son simplemente psicóticas.

Esto no significa que los individuos que en potencia estén en las zonas de tonos desde 2.0 hacia abajo sean criminales activos, de forma crónica, ni que activamente carezcan de ética de un modo crónico. Pero sí significa que durante periodos de enturbulación, carecen de ética y de moral y se abstienen de ser así sólo en proporción a la cantidad de theta libre que aún tengan disponible. Sin embargo normalmente se enturbulan con facilidad y a menudo. Y aunque durante días y semanas enteras puedan parecer racionales, hasta donde hoy se considera normal, son un serio riesgo para cualquier empresario, cónyuge, familia o grupo.

Aquí tenemos, una vez más, la condición del estado psicótico agudo en contraposición al estado psicótico crónico. En el estado psicótico agudo, la persona se vuelve demente de forma temporal durante periodos cortos. En el estado crónico, permanece demente. Si una persona puede enturbularse con facilidad hasta descender a un nivel inferior a 2.0 y carece de suficiente theta libre para abstenerse de la acción aberrada, no se le debería dar mayor libertad en la sociedad que al psicótico crónico, ya que está tan completamente psicótica en su estado agudo de enturbulación como cualquier individuo que está constantemente demente. La sociedad, al reconocer que el máximo peligro por parte de un individuo se encuentra en la zona que va de enojo a 1.1, ha tratado de salvaguardarse suprimiendo a estas personas permanentemente hasta un nivel de apatía. Sin embargo, este mecanismo de control es tan impracticable como extendido está, ya que los individuos que están en la zona de apatía pueden rebotar de forma esporádica hacia la zona activa y por lo tanto todavía son sumamente peligrosos. Las únicas respuestas parecerían ser la cuarentena permanente de tales personas con respecto a la sociedad para impedir el contagio de sus demencias y la enturbulación general que provocan en cualquier orden, forzándolo así a descender por la escala, o procesar a esas personas hasta que hayan alcanzado un nivel en la Escala Tonal que las haga valiosas.

En cualquier caso, cualquier persona en 2.0 o por debajo en la Escala Tonal debería carecer, en cualquier sociedad inteligente, de cualquier derecho civil de cualquier clase. Porque abusando de esos derechos, provocan que se generen leyes severas y enérgicas que son opresivas para quienes no necesitan ninguna de tales restricciones. Y en particular nadie por debajo de 2.0, de forma crónica o aguda, debería emplearse como testigo o jurado en los tribunales de justicia, ya que su postura respecto a la ética es tal como para anular la validez de cualquier testimonio que puedan intentar dar o cualquier veredicto que puedan emitir.

Esto no es una propuesta de que se debería mantener a tales personas privadas de sus derechos civiles más tiempo del necesario para subirlas por la Escala Tonal hasta un punto en que su ética las convierta en compañía adecuada para sus semejantes. Este, no obstante, sería un paso

CAPÍTULO 21 — NIVEL ÉTICO

necesario para cualquier sociedad que intente elevarse en la Escala Tonal como orden social. Un principio legal ya tiene en cuenta este paso, pues legalmente la cordura se define como la capacidad de distinguir entre el bien y el mal. El estado racional y, por tanto, el estado ético de las personas que, de forma crónica o aguda, están por debajo del punto de 2.0 es tal que les resulta imposible distinguir el bien del mal. Así, al presentar una simple definición no sólo del bien y del mal sino de la ética, el principio existente puede llevarse a efecto si es que a alguien le importara, por casualidad, hacia dónde está derivando nuestro orden social. Es mucho más sencillo realizar psicometría en 150 millones de personas que sepultar una cultura por la que nosotros y nuestros padres hemos luchado desde 1776.

Columna T
EL MANEJO
DE LA VERDAD

EL METAFÍSICO ESTABA interesado en la Verdad Absoluta y consideraba que esta trascendía los límites de la experiencia humana. Los órdenes sociales de su época no deben de haber sido mucho mejores que los nuestros.

La verdad es en realidad una magnitud relativa. Se podría decir que consiste en los datos más razonables existentes sobre un conjunto cualquiera de hechos. La verdad, como manifestación de la conducta humana, sería mantener o expresar unos hechos como uno los conoce y negarse a expresar o mantener afirmaciones contrarias a lo que uno sabe.

Las imaginaciones creativas y constructivas sobre el futuro no son falsedades, sino nuevas realidades postuladas. Son pocas las madres que no confunden del todo las falsedades con los postulados imaginativos, y de este modo suprimen los necesarios instintos imaginativos del niño y, de hecho, le producen una confusión acerca de la verdad en sí.

También se puede confundir la verdad con la falta de tacto. Un 2.0 dará numerosas declaraciones a la vista verdaderas pero destructivas. Muchas personas en 1.1 "se enorgullecen" abiertamente de su honestidad y de ese modo se permiten hacer declaraciones destructivas "por el bien de" algún otro, que en realidad son mentiras. Existe una ética sobre el manejo de la verdad. Aunque puede que sea cierto que algo es destructivo o que una persona es mala, si no sirve de nada hacer esa afirmación, decir esta "verdad" es en realidad establecer una línea de entheta. El concepto más elevado de la verdad, pues, tiene cierta estética en sí debido a que es creativo y constructivo.

Según la experiencia humana común, todos sabemos algo acerca de la verdad y que no podemos separar las verdades de las mentiras como si fueran blanco y negro. La verdad se ocupa de la expresión y la aceptación de hechos. Algunas personas son partidarias de los hechos veraces, algunas son partidarias de hechos que no son tan veraces, algunas prefieren tergiversar los hechos, algunas prefieren ocultar los hechos, y algunas prefieren mentir acerca de los hechos. Algunas son partidarias de hechos elevados y poderosos y algunas sólo son partidarias de hechos apáticos. Al examinar todo este tema, uno descubre entonces que la Escala Tonal en sí, bajando desde 4.0 a 0.0, postula la selección de varios tipos de hechos. Y que los hechos más razonables son los más constructivos y que según uno baja más por la Escala Tonal, los hechos seleccionados son menos y menos racionales y más y más contra-supervivencia. Se podría decir que la vida se creó para vivirla, no para salir muerto de ella, y que los hechos que estimulan un alto nivel vital serían, para el Hombre, los hechos más veraces. Y que aquellos que estimulan su muerte serían los más falsos. Aquellas cosas que son más verdaderas para el Hombre son, pues, las cosas que favorecen su supervivencia con más fuerza en cuanto a theta, la vida y MEST.

Esta columna de la Escala Tonal también se podría considerar como la columna de preferencia de hechos.

En 4.0 tendríamos una preferencia por hechos creativos y constructivos.

Alrededor de 3.0 tendríamos una preferencia por hechos conservadores y menos optimistas.

En 2.5 tendríamos una despreocupación ante los hechos.

En 2.0 tendríamos una preferencia por hechos que estuvieran muy tergiversados respecto a la verdad, para apoyar antagonismos.

CAPÍTULO 22 El Manejo de la Verdad

En 1.5 tendríamos una preferencia por hechos destructivos, tergiversando todos los hechos verdaderos que sean constructivos, de forma que se vuelvan destructivos.

En 1.1 tendríamos una preferencia por hechos arteramente tergiversados que escondieran un deseo de destruir.

En 0.5 tendríamos un fracaso para seleccionar hechos, para evaluarlos de algún modo u otro, pero una preferencia por hechos sin esperanza. Por debajo de este nivel, no habría reacción alguna.

El auditor puede hacer una psicometría a su preclear y localizarlo en la Escala Tonal con sólo descubrir el tipo de hechos que más le gustan al preclear o descubriendo lo que el preclear hace con los hechos.

El individuo acepta o expresa la verdad o la falsedad de acuerdo a su posición en la Escala Tonal. Si conoces por otras columnas la posición probable del preclear en la Escala Tonal, independientemente de lo convincente que sea o incluso de su capacidad para "demostrar" lo que está diciendo mediante "pruebas" bastante engañosas, puedes evaluar de forma correcta y apropiada los hechos que él te dé o los que reciba. Lo que resulta bastante horrible en esto es que no admite ninguna variación importante. Un hombre en 1.5 maneja hechos destructivos y los tergiversa para hacerlos más eficazmente destructivos. No se puede dar crédito a sus datos y, de hecho, cualesquiera datos provenientes de individuos en el nivel 2.0 o más abajo, sólo tienen valor de desecho.

En 4.0 el individuo tiene un elevado concepto de la verdad y prefiere verdades constructivas y creativas. Busca verdades nuevas.

En 3.5 el individuo es veraz, pero prefiere no manejar hechos entheta.

En 3.0 empezamos a tener un inicio de conservadurismo, una cautela respecto a recibir o expresar verdades y un miope programa de mentiras sociales para "evitar herir los sentimientos de la gente". Dicho sea de paso, uno debería guardarse de poner a cargo de algo a gente que "teme herir los sentimientos de otra gente", pues esto no es una virtud, sino una forma de cobardía y de propiciación e indica temor a la gente. A la gente no se le hace daño con tanta facilidad como creen esas personas.

En 2.5 tenemos falta de sinceridad y despreocupación ante los hechos. Los periódicos americanos modernos dan un ejemplo de este nivel de la Escala Tonal (o, tal vez, las diversas revistas que se podrían nombrar).

En 2.0 tenemos la primera tergiversación deliberada de los hechos al servicio de unos fines. Y aquí los hechos se tergiversarán al servicio de antagonismos que la persona alberga.

En 1.5 alcanzamos la máxima inversión de los hechos. A cualquier hecho blanco se le transformará en un hecho negro. Aquí tenemos el mentir descarado y destructivo. ¿Alguna vez has oído a un hombre enojado decir la verdad?

En 1.1 la verdad recibe su más soberana paliza. Pues aquí, la verdad se confunde, se trastorna, se usa y tergiversa, y se oculta por temor a que alguien pueda tomar represalias, hasta que uno comprende que los datos provenientes de este nivel en la Escala Tonal sólo tienen dos propósitos: infligir el máximo daño al prójimo y garantizar la máxima seguridad para uno mismo. Aquí tenemos mentiras usadas para encubrir mentiras en medio de las más frenéticas afirmaciones de honestidad, y una ruidosa campaña publicitaria sobre la ética del orador. Tras la fachada de honor, honestidad, ética y "mi palabra solemne", uno probablemente descubrirá una retorcida cloaca de mentiras perversas y maliciosas, calculadas para causar el máximo daño posible. En los primeros estudios sobre la Escala Tonal, que dieron como resultado esta tabla, no se comprendieron por completo los extremos a que llegaría el 1.1 al hacer propaganda de su carácter virtuoso mientras llevaba a cabo sus trucos para apuñalarte por la espalda. Como esas personas decían tan a menudo que eran honestas y éticas, se aceptó por un tiempo que una persona podía estar en un nivel bajo en la Escala Tonal en otras columnas y aun así ser capaz de decir la verdad. La experiencia demostró que, sin importar la publicidad que haga de su honestidad, el 1.1 es completamente incapaz de decir la verdad, sino que miente por alguna horrible compulsión mecánica. Ni una sola de las personas con quienes se hizo esta salvedad demostró merecerla. Por el contrario, se descubrió que cada una estaba tan profundamente enredada en argucias, mientras parecía tan honesta todo el tiempo, que por primera vez se comprendieron con claridad

CAPÍTULO 22   El Manejo de la Verdad

las profundidades a las que la aberración puede suprimir al Hombre. Hablando sin rodeos, cualquiera pone su vida y su reputación en juego cuando cree a un 1.1, por muchas pruebas que aporte. En esta zona tenemos actores extraordinariamente consumados que pueden llorar, suplicar y censurar con desdén y desprecio, afirmando su honestidad y su sinceridad y demostrándolas con una convicción tan lograda que incluso el observador más crítico puede ser incapaz de detectar la más mínima falsedad. Y sin embargo, en el 1.1, una inspección exhaustiva y a fondo de las motivaciones y las metas revela un nido de víboras de mentiras y falta de sinceridad, de falsos fingimientos e irrealidades. Tales personas pueden estallar en llanto y manifestar otras emociones a voluntad, y usar el lenguaje más honorable para apoyar los fines más despreciables.

En 0.5 encontramos niveles de falsedad no menos peligrosos, pero sin duda más obvios. Así como el miedo impulsa al 1.1, el pesar impulsa al 0.5. Y aunque el pesar en sí puede ser perfectamente honesto, los hechos y evaluaciones que recopila para sí desde luego no lo son. Puesto que aquí tenemos a un individuo que implora ayuda, suplica, ruega misericordia, todos los hechos se exageran; se descubre de pronto que los muertos de repente carecen por completo de faltas; el amante que abandonó a su amada es un villano malévolo. Se puede brindar compasión al 0.5, pero nunca creerle. Es peligroso tener cerca a personas que por lo común están en esta banda de la Escala Tonal, y que sin embargo son algo capaces de razonar para llevar adelante algo de la rutina de la vida, pues exigen enormes cantidades de afecto y ante el más mínimo rechazo, real o imaginario, caen en picado en dirección a la muerte; quizás sólo para demostrar lo mucho que necesitan ayuda, pero no obstante de forma fatal. Y tales caídas en picado hacia la muerte afectan de manera inevitable a otros que están a su alrededor, pues este individuo carece de cualquier tipo de responsabilidad por otros seres humanos, y está tan completamente introvertido que, por patético que pueda parecer, sólo absorbe y no responde nunca. Es una esponja insaciable de compasión y un suicida crónico en potencia. La tendencia hacia la muerte se comunicará en sí a todos los aspectos de la vida que rodean a este individuo. Convertirá en enMEST cualquier MEST, preferirá alojamientos sórdidos e inmundos, conducirá automóviles antiguos y destartalados, y únicamente vestirá con las ropas más harapientas. Todas estas cosas son súplicas de piedad. Cuando se le audita, su caso, como el 1.1, por lo general hace dub-in. El auditor debe tener especial cuidado con el 0.5 de no recorrer demasiado dub-in, no brindar demasiada compasión, no brindar demasiado poca compasión y no cometer un error en la auditación que deprima el tono del preclear, puesto que el 0.5 está sólo a un paso de intentar matarse ya sea por enfermedad o por autodestrucción violenta y real. El 0.5 está cerca del final del camino y, mediante contagio, enturbula la theta libre de quienes lo rodean de forma mucho más marcada incluso de lo que lo hacen el 1.1 o el 1.5.

La validez de los engramas recorridos y el concepto que tiene el preclear de las verdades son directamente proporcionales. Al auditor se le puede guiar de ese modo. Pero el auditor nunca debería criticar los hechos que expone el preclear. Sólo debe intentar, con destreza, llevarlo a recorrer el nivel más alto de hechos que el preclear pueda alcanzar. Los casos que están muy abajo en la Escala Tonal no logran su mejor avance recorriendo datos, sino recorriendo carga hasta quitarla mediante boil-offs, bostezos, haciendo cuatro falso y otros aligeramientos mecánicos. Los datos que el individuo recorre cuando está por debajo de 2.0 pueden ser interesantes, pero muy a menudo son falsos. Y son cada vez menos ciertos cuanto más abajo caiga el individuo por la escala.

El punto más bajo de esta escala para un organismo vivo es, desde luego, la muerte fingida. Y aquí se encuentra una falsedad como ninguna, ya que es obvio que el organismo está vivo y está diciendo que está muerto. Sin embargo, aquí la falsedad se modifica por el hecho de que el organismo requiere sólo el más ligero empujón para estar muerto en realidad.

Columna U
NIVEL DE VALENTÍA

SE PODRÍA CONSIDERAR que la valentía es la fuerza theta necesaria para superar los obstáculos al sobrevivir.

Tenemos como definición de *felicidad,* el proceso de superar obstáculos no incognoscibles hacia una meta conocida o la contemplación momentánea de la tarea terminada. Se puede ver que esta es una definición de felicidad y, de hecho, esta definición funciona. Pero se requiere valentía si el individuo ha de ser feliz. Y así funciona en la Escala Tonal. Cuanta más theta libre tenga un individuo en comparación con la theta que tiene enturbulada, más feliz puede ser y más valentía demostrará en sus acciones de avance en la vida y frente a las adversidades.

El nivel de valentía de un individuo es en realidad un índice directo de la proporción de theta libre a theta enturbulada, o de theta a entheta, de ese individuo. El nivel de valentía también es un indicador de la seguridad con que una persona se puede asociar con otra o con un grupo. Una persona con mucha valentía es un valioso asociado y miembro de un grupo; pero un cobarde es un gran riesgo como amigo.

Hay algún extraño mecanismo en ciertos hombres, una aberración de una época decadente, que les hace buscar y ayudar y proteger a las más lastimosas y débiles de las mujeres. A veces se encuentra lo inverso entre las mujeres, una mujer fuerte que busca y defiende a un hombre débil y lastimoso. En cualquier caso, está postulado el fracaso desde el comienzo de dicha asociación. No importa cuánto se le haga subir en la Escala Tonal al miembro débil gracias a esta asociación, a la persona que está en el nivel más alto se le hace bajar inevitablemente. De hecho, cuando dos personas ocupan posiciones diferentes en la Escala Tonal y a pesar de eso se relacionan, la persona que está en el nivel más alto en la escala será hasta cierto punto enturbulada en mayor o menor grado por la persona que está en el punto más bajo en la escala; la persona que está en el nivel más bajo se desenturbulará, en mayor o menor grado. Las personas, pues, que están bajas en la Escala Tonal buscan instintivamente a personas que están altas en la Escala Tonal. Y si las personas que están altas en la Escala Tonal se preocupan en algo por su propia supervivencia y eficiencia, tomarán las medidas adecuadas para entender el riesgo que están corriendo y para impedir decaer en su carácter o esencia fundamental por tal asociación.

El auditor, al procesar, va encontrando continuamente entheta en cualquier preclear. Por lo tanto, es necesario que el auditor, si está dando procesamiento constante, se mantenga recibiendo procesamiento de forma adecuada en otro lugar. De lo contrario, el auditor encontrará que baja por la Escala Tonal en una espiral descendente, hasta que ya no es capaz de manejar la entheta que encuentra en los casos.

El nivel de valentía tiene muchísimo que ver con la auditación. El auditor que tiene un nivel de valentía bajo es probable que permita que el preclear caiga en algo como un engrama de miedo o terror y, justificando la acción como compasión, deje ir al preclear sin haber recorrido el incidente. Esto, sin duda y con la mayor rapidez, enredará el caso. El auditor de bajo nivel de valentía que se encuentra por primera vez con un "gritón" y que no persevera ante la obvia y estridente agonía del preclear, hará que el preclear se ponga muy enfermo. En lo que respecta al nivel de valentía en la auditación, cualquier auditor debe tener el valor

CAPÍTULO 23 — NIVEL DE VALENTÍA

de aceptar cualquier cosa de un preclear y recorrer a un preclear a través de cualquier cosa sin acobardarse. La valentía tiene mucho que ver con la auditación. Un cobarde no tiene nada que hacer en la silla del auditor y si se le pone ahí, su preclear puede esperar que se le arruine su caso. En una columna posterior de la tabla, verás el nivel de tono que necesita tener el auditor para poder manejar a los preclears. El dato que más se relaciona con esto es el nivel de valentía.

Hay tres formas de manejar un problema: una es *atacarlo,* directa o indirectamente; otra es *huir* de él, directa o indirectamente; y otra es *ignorarlo*. El método que seleccione el individuo para manejar determinado problema depende de la razón. El ataque continuo, abierto y directo a un problema no es necesariamente una forma valiente de abordarlo, sino que puede que sólo sea una forma encolerizada y destructiva de abordarlo. Sin embargo, para abordar con persistencia un problema, se requiere valentía, ya que uno de los componentes de la valentía es la duración del esfuerzo.

En 4.0 tenemos el alto nivel de valentía de la theta libre en sí.

En 3.5 tenemos un despliegue de valentía ante riesgos razonables.

En 3.0 tenemos un despliegue conservador de valentía cuando el riesgo es pequeño.

En 2.5 no tenemos ni valentía ni cobardía, sino un definitivo hacer caso omiso del peligro.

En 2.0 tenemos arremetidas directas, abiertas e irracionales contra el peligro.

En 1.5 tenemos lo que por lo general se conoce como "intrepidez", que es diferente de la valentía. Aquí tenemos la precipitación dura y destructiva hacia el peligro. Esto a menudo da como resultado un daño a la propia persona y a la causa por la que lucha.

En 1.1 hemos alcanzado el miedo en la Escala Tonal. Y cuando el individuo se eleva por encima del miedo, tenemos muestras solapadas de acción. Sin embargo, ante un peligro súbito, encontramos cobardía.

En 0.5 tenemos cobardía total, ningún ataque a ningún problema, ninguna razón y sólo derrota.

Al pelear, la mejor táctica es dar un golpe tan repentino, inesperado y fuerte que el enemigo caiga de manera instantánea por la Escala Tonal hasta apatía. Japón, al recibir una bomba atómica, descendió al instante a apatía y se rindió. Los golpes o impactos fuertes, pero prolongados, endurecen la resistencia, como en el caso de los bombardeos de Londres o de Madrid. El impacto y el nivel de valentía están íntimamente relacionados.

Columna V
Capacidad para Manejar la Responsabilidad

No existe un índice más seguro de la proporción de theta–entheta y de la dotación de theta libre de un individuo que la capacidad para afrontar y ejercer la responsabilidad.

Con *responsabilidad* se quiere decir el área o esfera de influencia que el individuo puede afectar racionalmente en torno a otras personas, la vida, MEST y el entorno en general, tal como se representa en la columna Q, Dominio del Entorno. El énfasis debería estar en la *racionalidad,* puesto que los engramas son perfectamente capaces de poner a una persona en un estado maníaco que cause que la persona crea que puede manejar una esfera mucho mayor de lo que sus facultades permiten. Pero cuando esto sucede, el efecto del individuo sobre la esfera de influencia delata el hecho de que un engrama está en acción, porque la esfera de influencia se verá afectada destructivamente. A esto se le podría haber llamado, en una terminología más antigua, "complejo de superioridad".

Se puede ver entonces que la palabra responsabilidad tiene una definición más sutil. Si se va a usar, tiene que incluir el matiz de que una persona verdaderamente responsable trabaja en dirección a la supervivencia de su entorno, lo que incluiría acciones a lo largo de todas y cada una de las dinámicas: ella misma, sus hijos, su familia, su grupo, la Humanidad, la vida, MEST, theta y el Ser Supremo. Cuando se queda corta en impulsar y favorecer los propósitos de cualquiera de estas dinámicas, se queda corta en sus responsabilidades.

La actividad de la theta libre sería la complementación de sus partes componentes en otras y en el resto de las dinámicas, ya que cada individuo tiene, como componentes de su propia theta libre, todas estas dinámicas. Es necesario, pues, un nivel alto de afinidad en cualquier individuo, con lo que se quiere decir su asociación con las dinámicas tal como existen en otros. Cuando el individuo ha tenido muchas rupturas de afinidad con las otras dinámicas (y un engrama es una ruptura de afinidad entre el universo theta y el universo MEST), el concepto de sociedad se reduce y el individuo se ocupa cada vez más de responsabilidades que están más y más cercanas, hasta que apenas puede ser responsable de sí mismo. Esta reducción de la esfera de responsabilidad es análoga al descenso por la Escala Tonal. Cuando el individuo no puede ser responsable de sí mismo en ningún momento, es un psicótico crónico y se le interna en un hospital mental. Cuando no puede ser responsable de sí mismo excepto en ciertos momentos, es un psicótico agudo y en esta sociedad pasa por normal.

No es la magnitud de la esfera de responsabilidad del individuo lo que debería atraer la atención del auditor cuando intente evaluar al individuo en la Escala Tonal, sino la calidad de la responsabilidad a lo largo de cada una de las dinámicas.

El individuo que es completamente responsable tiene ciertas características definidas que son inconfundibles.

En la Primera Dinámica, cuida bien de su persona. Tiene un aspecto arreglado, de acuerdo a sus medios y actividades. Sus efectos personales están ordenados y en una condición razonablemente buena.

En la Segunda Dinámica, intenta dar apoyo y ayuda adecuada a su pareja y proporcionarle al futuro una nueva generación feliz y exitosa. Es leal a su familia y la cuida bien.

En la Tercera Dinámica, se ocupa ordenadamente de sus propios asuntos en relación con su grupo y con los miembros de su grupo,

CAPÍTULO 24 — CAPACIDAD PARA MANEJAR LA RESPONSABILIDAD

y trata de aumentar el potencial de supervivencia de sus amigos y de su grupo.

En la Cuarta Dinámica, se ocupa de la supervivencia del Hombre dentro de los límites de su educación.

En la Quinta Dinámica, demuestra afinidad por otras formas de vida. Se encontrará que se ocupa, si tiene oportunidad, de cultivar plantas o criar animales, y preferirá tener cosas vivas a su alrededor. No se inclinará hacia la destrucción injustificada de la vida, sino que usará la vida para su propio sustento. El individuo que no está dispuesto a matar para conseguir el alimento que necesita está, en realidad, en el nivel de propiciación de la Escala Tonal, pues es una disposición natural que las formas de vida superiores tienen que sustentarse mediante la capacidad de las formas inferiores para transformar la luz solar y las sustancias químicas en el alimento que requieren las formas superiores.

En la Sexta Dinámica, el individuo abarcará MEST en proporción a la cantidad de theta libre de que esté dotado. Su propiedad no tendrá títulos de propiedad confusos. Los objetos inanimados que lo rodean, que están destinados a servirle, estarán en buenas condiciones. Tendrá una idea precisa de cuánto MEST abarca en cuanto a materia, energía, espacio y tiempo.

Puede tener o no tener alguna consideración respecto a theta, lo cual dependerá de su propio avance.

Por lo general, se considerará que tiene reverencia y respeto por un Creador.

Al descender el individuo en la Escala Tonal, disminuye el orden en las diversas dinámicas. Una a una, su concepto de afinidad entre él y cada una de estas dinámicas disminuye, y también disminuye su responsabilidad en el campo de estas dinámicas.

En 4.0 tenemos un sentido inherente de responsabilidad en todas las dinámicas y un interés en las entidades de esas dinámicas.

En el Tono 3.5 el individuo es capaz de asumir y llevar a cabo responsabilidades en las diversas dinámicas, pero puede mostrar cierta miopía en la responsabilidad relacionada con una o más de ellas.

En el Tono 3.0 la capacidad para manejar responsabilidad en las diversas dinámicas ha disminuido de forma muy marcada, pero se demuestra responsabilidad, aunque sea de una manera descuidada. Por encima de este nivel el individuo ejecutará tan razonablemente como sea posible las órdenes que se le den. Pero en este nivel el individuo acepta y ejecuta órdenes sólo si se le imponen por medio de inconfundibles amenazas directas de castigo. Sin embargo, en este nivel una o más de las dinámicas pueden permanecer bastante libres y la responsabilidad puede ser plena en esta dinámica.

En el Tono 2.5 el individuo es muy descuidado y no es digno de confianza, aunque se podría encontrar que se cuida bien en lo que se refiere a su indumentaria. Se queda bastante corto en su concepto de lo que se requiere de él para poder mantener un alto nivel de supervivencia. Sin embargo, la manifestación de este nivel es sólo de descuido y no de sublevación, como sucede en los niveles inferiores.

En el Tono 2.0 encontramos que el individuo no ejerce la responsabilidad por sí mismo, sino que asume responsabilidad sólo cuando se pueden favorecer sus intereses propios o los del grupo. Vemos que el individuo ejerce responsabilidad de manera no razonable hacia la creatividad y la construcción, pero ejerce la responsabilidad basándose en la motivación mediante el castigo. El individuo ordena que se hagan las cosas en tonos amenazantes.

En 1.5 tenemos al individuo que asume responsabilidad mucho más a menudo y con mayor amplitud de la que le es posible manejar a fin de ocasionar destrucción en las dinámicas. Enfrentará una dinámica contra otra. Es posible que se exprese como si estuviera salvando algo o que dé razones muy protectoras para sus acciones. Pero haga lo que haga, el resultado final será destrucción. Este es un fenómeno que se ha comprendido muy poco en el pasado. Aquí se encuentra el "orador de la muerte" que va a impedir la destrucción de algo causando grandes estragos. Esta persona no escuchará un plan creativo y constructivo, a menos que pueda ver formas y medios de usarlo para destruir. Los belicistas y los dictadores están obviamente en esta zona, pero uno se encuentra personas 1.5 en todas las organizaciones empresariales.

CAPÍTULO 24 — CAPACIDAD PARA MANEJAR LA RESPONSABILIDAD

Cuando la cantidad de theta de que un individuo está dotado es alta, y cuando se enturbula una cantidad mayor de esa theta que le que queda sin enturbular, de acuerdo a la proporción de 0.0 a 4.0 (el punto medio en que un 50 por ciento de la theta está enturbulada y un 50 por ciento no está enturbulada sería 2.0), el pensamiento y la acción del individuo comienzan a participar de la naturaleza de la fuerza MEST. La persona utilizará fuerza MEST en acciones del tipo de machacar y estallidos de destrucción. Se opondrá a la razón con fuerza MEST. Este tipo de individuo acepta responsabilidad con el propósito de destruir, dando a conocer noticias desalentadoras y terribles. Aunque tenga buenas noticias que dar, no está dispuesto a darlas, sino que prefiere difundir noticias de alarma y muerte. Suya es la afirmación de que todo está a punto de ser destruido y que sólo la destrucción puede impedir que ocurra la destrucción. Por desgracia, demasiado a menudo es cierto que se debe hacer a un lado a quienes suprimen una acción creativa antes de que la construcción y la creación tengan lugar. Cualquier persona que esté muy alta en la Escala Tonal puede dirigir la destrucción hacia un supresor. Sin embargo, el individuo que está en 1.5 no incluye ninguna creación o construcción en su computación excepto como herramienta para forjar más poder para destruir. Lo que es bastante terrible, en esta banda en particular es que está por encima de la banda actual de las sociedades civilizadas de todo el mundo; y las sociedades no se dejarán dirigir por gobiernos que estén más de medio punto por encima del tono social general.

En 1.1 la actitud hacia la responsabilidad es el capricho. El individuo es irresponsable e incapaz. Las responsabilidades que acepta un 1.1 sólo son manifestaciones superficiales. El individuo puede parecer que está ejecutando un programa y puede que parezca útil, pero los resultados finales de todos estos programas y responsabilidades serán desastrosos, pues debajo de esta apariencia superficial existen tantas contracorrientes y maquinaciones que el resultado será el caos. Un 1.1 con un engrama de superioridad, que le exija asumir responsabilidad, puede hacer una excelente representación y ser muy convincente. Pero la representación que está haciendo y el convencimiento que trata de implantar en otros no son las cosas que se propone. Y una mirada por debajo de la superficie revelará un programa enteramente distinto, cuyo único fin es la destrucción maliciosa.

En 0.8, 0.5, no tiene sentido hablar de algo como la responsabilidad, a menos que se empiece a cambiar la dirección de la responsabilidad. De 2.0 hacia abajo, el individuo parece tener una "responsabilidad" hacia la muerte. Se podría decir que las personas que están de 2.0 hacia abajo consideran su deber causar la muerte, el fracaso, el desastre o morir. Y es una "responsabilidad" adicional enmascarar este "deber" con metas que parecen constructivas, o simplemente negar ese deber. Los "secuaces del Diablo" y "el Diablo y sus ángeles de las tinieblas" son descripciones de personas dedicadas a una actividad de 2.0 hacia abajo. El concepto del pecado, como práctica destructiva que contiene más dolor que placer, procede de observaciones de la actividad de personas bajas de tono. Qué tan *reales* llegan a ser estos conceptos para una persona que está enredada con otra que es responsable hacia la muerte y no hacia la vida. ¡La *muerte* es una tirana, si bien oculta, inflexible!

Columna W
PERSISTENCIA EN UN CURSO DADO

OTRO ÍNDICE QUE el auditor puede usar para localizar a su preclear en la tabla es la persistencia del preclear en cualquier curso de acción determinado hacia una meta.

Se ha propuesto que hay dos tipos de individuos en lo que respecta a la persistencia. El individuo que cuenta con una dotación suficiente de theta y suficiente capacidad estructural para mantener su theta libre y su theta enturbulada separadas hasta cierto punto, puede (pero no siempre) tener un buen nivel de persistencia, aun cuando los factores y condiciones de su entorno sean tales que a menudo le obliguen a golpes a desviarse de su curso de acción determinado. El otro tipo sería la persona a quien la vida empuja de un curso a otro y que persiste en cualquier curso dado únicamente mientras no se presente ningún factor nuevo. Esto es característico del psicótico potencial.

El individuo persistente continúa avanzando hacia su meta. Puede que vaya cada vez más lento y puede que muera en el camino, pero no se desvía. El psicótico potencial, por otro lado, no es muy probable que tenga una meta en un principio, sino que tiende a perseguir cualquier meta que se presente y en ese caso sólo mientras no se introduzca ningún factor del entorno que le haga desviarse de ese curso.

Se tiene que reconocer que tanto el mundo exterior del entorno, en su acción sobre el individuo, como el mundo interior de los engramas obsesivos más profundos están actuando sobre el mismo "yo". Y que si el individuo no se está desviando mucho de su curso hacia su meta aun cuando se enfrente a fuertes factores del entorno que tratan de moverlo en otras direcciones, tampoco está reaccionando con fuerza a sus engramas en proporción a las graves reacciones que podría manifestar si fuera menos persistente. A un individuo se le puede conocer por su persistencia. Pero este índice no está definido con claridad, ya que es evidente que existen dos tipos de personalidades en general o, incluso se podría decir, dos tipos de estructura mental.

El individuo persistente que normalmente continúa hacia su meta a pesar de los supresores y desviadores del entorno, si no recibe procesamiento durante el curso normal de su vida, debido a la espiral descendente, caerá hacia abajo de la Escala Tonal. Se enturbulará más de su theta libre, y el equilibrio sufrirá un desplazamiento gradual hasta que, muy probablemente, exista mucha más theta enturbulada que theta libre. La persistencia de este individuo puede continuar, pero los métodos que usa para alcanzar su meta corresponderán a los diversos puntos de la Escala Tonal conforme desciende. El individuo puede empezar con un impulso muy entusiasta y, a través de la experiencia, se puede volver menos directo y abierto respecto a sus esfuerzos creativos y constructivos, y puede adoptar conservadurismo y precaución. Puede entrar en un nivel en el que se aburra con la meta, y puede entretenerse en su camino hacia ella. Más abajo de esto se vuelve antagonista hacia los factores que no le permiten alcanzar su meta. Por debajo de esto, se enoja con los supresores y, se vuelve destructivo hacia ellos; y aunque en apariencia aún continúa hacia su meta, la mayor parte del tiempo lo dedica a combatir supresores. Al perder aquí y allá en sus batallas, su tono bajará y él se volverá cada vez más encubierto, incluso hasta el punto de fingir que ya no está persistiendo hacia su meta mientras que al mismo tiempo lo sigue haciendo. Sólo cuando llegue al nivel de apatía, se dará por vencido. Cuando a un hombre se le ha derrotado demasiado a menudo, cuando demasiados de sus sueños se han frustrado, se hunde

CAPÍTULO 25 — PERSISTENCIA EN UN CURSO DADO

en la banda de apatía y de ahí en adelante ya no lucha hacia su meta. Es muy cierto que muere con el último de sus sueños.

El individuo que tiene poca dotación de theta y que parece estructuralmente incapaz de concentración cuando está en un punto bajo de la Escala Tonal, aún puede aumentar su persistencia hasta el punto en que pueda alcanzar las metas menores de la vida con gran facilidad, una vez que ha llegado a Liberado o a Clear.

Es un hecho constatado que la actitud de un individuo hacia Dianética y la actitud de un individuo hacia la vida en general son paralelas. Cuanto más puede aproximarse el procesamiento de Dianética a los factores mecánicos de la mente, mejor es el procesamiento; este es otro paralelismo.

Cuando el auditor acepta a un preclear que está en el nivel de apatía que es demasiado frecuente en este orden social actual, puede esperar que el preclear dependa exclusivamente del auditor para cualquier persistencia en cuanto al procesamiento del caso. El auditor, por cierto, debe responsabilizarse de llevar a cabo el procesamiento. Según el preclear sube por la Escala Tonal y alcanza el 1.1, el auditor puede esperar que el preclear le propicie, ofreciéndole regalos o siendo muy adulador. Sin embargo, por lo general el preclear está actuando de acuerdo a mecanismos que le indican que no debe ir a ninguna parte ni mejorar. Y el auditor debe ser aun más persistente, ya que la única persistencia hacia la meta de mejorar o llegar a Clear aún provendrá del auditor a pesar de lo que esté diciendo el preclear. Las mujeres, por cierto, que alcanzan este nivel en la Escala Tonal pueden tratar de propiciar ofreciendo sexo y son muy fáciles de seducir. Un auditor sensato rehusará con firmeza tener relaciones sexuales con un preclear. El auditor que ceda a la tentación en este nivel se encuentra en una mala situación, porque su preclear está en un camino ascendente, y en poco tiempo superará este nivel de propiciación y alcanzará niveles más honorables en la Escala Tonal. Los auditores que, sabiendo esto, se permiten tales acciones, están ellos mismos en el nivel 1.1 y no deben auditar. Nadie más que un canalla despreciable trataría de aprovecharse de este fenómeno. Nadie más que un psicótico crónico o agudo encontraría disfrute en ello. La persona que hace esto, por cierto, generalmente interrumpe o desalienta todo procesamiento después de este punto, dándose cuenta de que a medida que suba el tono del preclear, algo de honestidad entrará en su razonamiento. Allá donde encuentres que hay una interrupción súbita de la auditación, que se excluye a una persona de la auditación o que alguien se niega a auditar, puedes estar seguro de que la persona responsable de esta interrupción de la auditación o del rechazo a permitirla o estimularla lo hace por un beneficio egoísta o está ocultando algo. Una persona así es una amenaza tal hacia sí misma y hacia quienes la rodean que la auditación es demasiado buena para ella. Se le debería pegar un tiro a primera vista.

Todo caso tiene que enojarse antes de ponerse bien. El auditor nunca debe desalentar a un caso cuando este empiece a echar fuego y destrucción por la boca hacia sus enemigos. Es muy común que el preclear pase por una fase en la que desee el asesinato o la muerte repentina de sus padres por lo que han hecho. El auditor que desalienta este enojo inhibe la capacidad de mejorar del caso. Esta fase pasará. Y durante ella el auditor debería ocuparse de evitar que el preclear cometa actos abiertamente hostiles contra sus enemigos por los que tendrá que disculparse unas semanas después, cuando la fase de enojo ya haya pasado. Una vez más la fase de enojo se debe alentar, no obstante. El hipnotizador que implanta sugestiones en el sentido de que se debe tratar a los semejantes con amabilidad, en realidad está haciendo que su cliente descienda hacia apatía.

Al subir por la escala, en 2.5 el preclear encuentra difícil concentrarse en la fuerza y furia de los engramas, y es propenso a ser poco firme en persistir en su caso. Es probable que esté demasiado ocupado en otros asuntos. Este es un periodo difícil en cualquier caso, pero hay tanto por ganar por encima de eso que, de alguna forma, al preclear se le debe elevar aún más en la Escala Tonal. Sólo hay una manera de hacer esto: no suprimiendo al preclear de vuelta al enojo, sino simplemente eliminando del caso suficientes candados y otras fruslerías para elevar al preclear a 3.0.

En 3.0 por primera vez el preclear empezará a demostrar auto-determinismo. El auto-determinismo nunca debería confundirse con una negativa a cooperar o con el deseo de seguir en direcciones

CAPÍTULO 25 — PERSISTENCIA EN UN CURSO DADO

contra-supervivencia. En 3.0 el preclear está dispuesto a avanzar de la forma más ordenada posible para limpiar su caso total y completamente.

En 3.5 el preclear tiene tal persistencia, por lo general, que empieza a deshacerse de engramas por cadenas.

En 4.0 la persistencia del individuo será la persistencia con la que está dotado por naturaleza. Toda la theta que posee estará libre.

Como advertencia: se puede decir que la auditación autoritaria, en lugar de la auditación hecha con afinidad, no producirá ningún ascenso notable en la Escala Tonal, aunque se puedan recorrer muchos incidentes, ya que la auditación machacona por sí misma mantiene al preclear tan profundamente enturbulado que la theta libre no se puede manifestar en sí misma. Al preclear siempre se le debe persuadir, con afinidad, comunicación y realidad, para que reciba procesamiento. Esta es la razón de que los auditores que están bajos en la Escala Tonal no logren buenos resultados. Su propia posición en la Escala Tonal exige que utilicen métodos enérgicos, métodos apáticos o métodos espurios.

Columna X
Literalidad con Que Se Reciben Afirmaciones o Comentarios

UNA CUALIDAD DE theta es que cuanto más enturbulada está, más fácil es introducir enturbulación en ella.

El nivel más alto de razonamiento es una *diferenciación* completa.

El nivel más bajo de razonamiento es una completa incapacidad para diferenciar, lo que quiere decir, *identificación*.

En los niveles más altos, el individuo puede comprender que la cosa no es su nombre y que los objetos son similares entre sí, pero nunca iguales entre sí. En los niveles reactivos, de 2.0 para abajo, el individuo identifica más y más hasta que al final todas las cosas son la misma cosa, y esto es una incapacidad total para racionalizar. Racionalizar es, en esencia, diferenciación. Reaccionar es, en esencia, identificación.

La literalidad con que la persona recibe las afirmaciones es un índice de la cantidad de enturbulación presente en el caso.

En 4.0 tenemos una diferenciación elevada, buena comprensión de todas las comunicaciones, según se vea modificado por la educación del Clear.

En 3.5 tenemos buen entendimiento de las afirmaciones que se hacen y buen sentido del humor: un sentido del humor que depende en gran medida de la capacidad del individuo para diferenciar y para ver y rechazar situaciones que no vengan al caso.

En 3.0 aún tenemos buena diferenciación del significado de las afirmaciones que se hacen. Pero aquí se tienen que explicar las órdenes con un poco más de detenimiento, pues se les va a aplicar menos razón.

En 2.5 el individuo acepta muy poco, ya sea literalmente o de otra manera. Es probable que el sentido del humor de este individuo tienda a ser muy literal y se relacione en gran medida con juegos de palabras en vez de con situaciones.

En 2.0 no hay sentido del humor que uno pueda llamar sentido del humor, sino que uno se ríe de la desgracia ajena, lo que es una demostración de antagonismo. Este individuo aceptará con literalidad comentarios que son antagonistas, pero rechazará los comentarios que estén más bajos en la Escala Tonal y será capaz de diferenciar respecto a esos comentarios. No le presta mucha atención a los comentarios que están más altos en la Escala Tonal y si los comentarios se los hacen personas que estén más altas en la Escala Tonal, tenderá a interpretarlos como antagonismo si es que literalmente se pueden interpretar así.

En 1.5 el individuo acepta literalmente los comentarios alarmantes. Y cuando se hacen comentarios en los niveles de tono más altos, los alterará según su propia comprensión para que sean alarmantes o destructivos. El sentido del humor (una vez más, si es que se le puede llamar así) de los individuos que están en 1.5 consiste en reírse de desdichas muy dolorosas.

En 1.1 tenemos una falta de aceptación de cualquier comentario. Es probable que el individuo parezca tener dificultades para oír. Corrige los comentarios que se le hacen. A veces se preocupa mucho de la corrección de las palabras en los comentarios. El sentido del humor en este nivel es forzado para contrarrestar la tendencia a aceptar comentarios de forma literal. Aquí existe una continua necesidad nerviosa de rechazar casi cualquier comentario por temor a que se capte literalmente y sea una orden, de ahí la ansiedad o temor ante una conversación de naturaleza seria. En este nivel se hacen esfuerzos más bien solapados para desbaratar afirmaciones o planes serios procedentes de niveles más altos de la Escala Tonal.

Capítulo 26 — Literalidad con que se Reciben Afirmaciones o Comentarios

En 0.5 tenemos al individuo que acepta literalmente cualquier comentario que corresponda a su tono e ignora los comentarios de cualquier otro tono. Las afirmaciones apáticas que se le hacen a este individuo tienen la fuerza de sugestiones hipnóticas.

Todo lo que se le dice a una persona en el nivel 0.1 se graba directamente en el estrato más profundo de la mente reactiva.

Columna Y
MÉTODO QUE USA EL SUJETO PARA MANEJAR A LOS DEMÁS

Los medios que utiliza el preclear para controlar o vivir con las personas que le rodean constituyen un índice fácil y preciso de la posición del preclear en la Escala Tonal. Esta es, muy desafortunadamente, una columna de precisión. No importa el disfraz que se utilice en los niveles inferiores de la Escala Tonal, la observación indica que los individuos que están en estos niveles usan de manera uniforme estos métodos, causando considerables daños y perjuicios a sus familias, amigos, allegados y a todo el orden social. Si alguna columna de esta tabla de la Escala Tonal se tuviera que enfatizar más que las otras, desde el punto de vista del comportamiento humano, se señalaría esta columna.

El auditor puede esperar que el preclear lo trate de acuerdo a la posición del preclear en la tabla.

Los métodos para manejar a los demás se podrían dividir en tres categorías generales. La categoría más alta sería una de *mejoramiento,* donde el individuo trata de elevar, con su ejemplo y buen razonamiento, el nivel de quienes lo rodean, hasta el punto en que participen en los proyectos derivados de vivir con él. Esta se extendería desde 4.0 hasta 3.0.

La segunda categoría sería la de *obligación mediante el castigo*. Aquí el individuo utiliza alarmas, amenazas y una promesa general de dolor, a menos que quienes lo rodean muestren obediencia. Esta zona se extiende desde 2.0 hasta alrededor de 1.3.

La tercera categoría es la de *anulación*, donde el individuo trata de minimizar a los individuos para ser más que ellos y así poder controlarlos. Esta categoría preferiría ver a un hombre enfermo que verlo sano, porque los hombres enfermos son menos peligrosos que los sanos, según la forma de "pensar" que ocurre en esta zona.

Otros tres nombres para estas áreas serían *mejoramiento, dominación* y *anulación*.

La parte desafortunada de la conducta de los niveles más bajos de la Escala Tonal hacia los demás es que su fin invariable es bajar el tono de la familia, de los allegados, de los amigos y de la sociedad del sujeto. Sin embargo, el sujeto que está por debajo del punto 2.0, por ninguna razón o educación podría utilizar ningún otro medio. Obligar al sujeto a usar otros medios sólo hace que baje por la Escala Tonal. Y al bajar, usa los medios de los niveles más bajos a los que llega.

Aquí tenemos la espiral descendente en acción sobre el entorno del sujeto y sobre sus allegados, amigos y orden social.

El orden social o la familia del individuo bajo de tono no se deberían preocupar por el peligro de que sea violento, sino por esta adopción insidiosa de métodos de dominación y anulación. Esto enturbula la theta de los individuos que están en el entorno del sujeto y los hace bajar por la Escala Tonal gradualmente, casi sin que se note, pero no obstante de manera inevitable.

De 2.0 hacia abajo, el individuo usa mucho la justificación. Tiene que explicar sus actos, ya que por lo general el orden social pone en tela de juicio la racionalidad de muchos de estos actos. Por ejemplo: un 3.5 en buen estado no puede ofrecer más que beneficio a un 1.5 cercano a él. El 3.5 todavía se encontrará siendo el blanco de un enojo no provocado por la conducta del 3.5, sino que simplemente emana de la posición 1.5 de la otra persona en la Escala Tonal. El 1.5 actuaría así hacia el 3.5 independientemente de cualquier cosa que el 3.5 pudiera hacer.

CAPÍTULO 27 — Metodo que Usa el Sujeto para Manejar a los Demás

El 3.5 que está cerca de un 1.1 puede encontrarse descendiendo por la Escala Tonal hacia enojo sin ninguna razón aparente. Los esfuerzos del 1.1 por anular están tan bien disimulados y tan cuidadosamente calculados para molestar que el 3.5 no tiene ningún blanco que corregir o con el que razonar. Y al fallarle la razón, el 3.5, sometido a una anulación constante que no puede localizar, acabará por enojarse. La respuesta del 1.1 a este enojo no será con una discusión ni con enojo, sino una continuación aparente del *statu quo* mientras que al mismo tiempo hace todo lo posible, permaneciendo aún disimulado y oculto, para reducir y anular al 3.5. Estos esfuerzos ocultos se volverán cada vez más fuertes hasta que tenga lugar la anulación o la destrucción. O el 1.1, amedrentándose ante el enojo, caerá en apatía y usará entonces a cualquier aliado disponible en cualquier parte, a quien pueda persuadir o embaucar para que apoye los esfuerzos del 1.1 por destruir al 3.5.

Es muy común que el hombre razonable pase por alto el hecho de que las personas desde 2.0 hacia abajo no tienen contacto con la razón y que no se puede razonar con ellas de la misma forma en que se razonaría con un 3.0. Sólo hay dos respuestas para manejar a las personas de 2.0 hacia abajo en la Escala Tonal, ninguna de las cuales tiene relación alguna con razonar con ellas o escuchar la justificación de sus actos. La primera es elevarlas en la Escala Tonal desenturbulando parte de su theta por medio de cualquiera de los tres procesos válidos. La otra es deshacerse de ellas con calma y sin tristeza. Las víboras son mejores compañeras de cama que las personas que están en las bandas inferiores de la Escala Tonal. Ni toda la belleza ni el atractivo ni el valor social artificial ni las propiedades, pueden compensar el perverso daño que tales personas ocasionan a hombres y mujeres cuerdos. La eliminación repentina y abrupta de todos los individuos que ocupan las bandas inferiores de la Escala Tonal sacándolos del orden social daría como resultado que se elevara casi instantáneamente el tono de la cultura e interrumpiría la espiral descendente en la que cualquier sociedad pueda haber entrado. No es necesario producir un mundo de Clears para poder tener un orden social razonable y valioso. Sólo es necesario eliminar a aquellos individuos que están de 2.0 hacia abajo, ya sea dándoles el procesamiento suficiente para hacer que su nivel de tono suba por encima de 2.0 (una tarea que, en realidad, no es muy grande, ya que la cantidad de procesamiento por caso podría ser de menos de cincuenta horas, aunque también podría ser de más de doscientas) o simplemente aislándolos de la sociedad poniéndolos en cuarentena. Un dictador venezolano decidió una vez acabar con la lepra. Se dio cuenta de que la mayor parte de los leprosos de su país también eran mendigos. Con el simple recurso de reunir y destruir a todos los mendigos de Venezuela, se puso fin a la lepra en ese país.

Los métodos que usan los individuos en los diversos niveles de la Escala Tonal para poder vivir con sus semejantes son los siguientes:

En 4.0 el individuo emplea entusiasmo, serenidad, confianza y su fuerza personal para inspirar a quienes le rodean para que alcancen un nivel constructivo de acción. De hecho, la presencia de un 4.0, o por encima, si la dotación de theta del individuo es alta, desenturbula una zona.

El 3.5 comienza a emplear comunicación y razonamiento para invitar a otros a participar, pero aún cree en elevar a las personas hasta un nivel en que trabajarán con él.

En 3.0 tenemos el nivel en que el conservadurismo empieza a entrar en el razonamiento y donde se empiezan a usar la persuasión y los dones sociales para invitar a otros a participar. La seguridad, la protección y unas condiciones de supervivencia algo mejores son los argumentos que se usan en este nivel de la Escala Tonal.

En 2.5 al individuo le resulta hasta cierto punto indiferente que otros participen en sus proyectos.

En 2.0 empezamos a entrar en la banda de dominación, que se extiende hacia abajo hasta alrededor de 1.2. Aquí se puede ver que la fuerza theta se puede distinguir de la fuerza MEST. La fuerza theta es razón. Y la fuerza MEST es sólo eso: fuerza. Aquí tenemos esfuerzos por machacar, golpear y dominar por medio de la fuerza física, amenazas, enojo y promesas de venganza. Aquí se ordena obediencia y se afirma que la falta de obediencia significa la muerte. Aquí las emergencias son más importantes que la planificación constructiva. Aquí tenemos todo tipo

CAPÍTULO 27 — Metodo que Usa el Sujeto para Manejar a los Demás

de cosas indeseables que, de hecho, parecen ser la principal ocupación de los hombres y de las naciones en la actualidad.

La anulación empieza en realidad con la dominación, pero se vuelve muy marcada alrededor de 1.3. Un 2.0 podría exigir a otro que demostrara tener suficientes "agallas" para llevar a cabo un proyecto. Pero de 1.3 hacia abajo, el *modus operandi* consiste en todos y cada uno de los esfuerzos por convencer a otro ser humano, "por su propio bien" o "por el bien de los demás", de que no tiene ni el poder ni la fuerza para ser peligroso. Haciendo que el individuo no sea peligroso, los 1.3, 1.2, 1.1 y hacia abajo tratan de dominarlo con la lastimosa fuerza que aún le queda a quien se encuentra de 1.3 hacia abajo. Quien se encuentra en 1.2 y más abajo se siente más cómodo entre personas enfermas, entre personas que están en apatía, ya que el 1.1 cree, erróneamente, que no son peligrosas, pues obviamente son débiles. Este razonamiento dista tanto de ser bueno que los resultados son catastróficos. Pero es poco el razonamiento que se lleva a cabo de 2.0 hacia abajo, si es que existe. En su lugar hay excusas y justificaciones. Aquí, en una cultura social, de 1.2 hacia abajo, tenemos el estado de beneficencia en su peor expresión: la creación de indigencia en la población para hacerla más fácil de controlar; la anulación de los individuos fuertes de la sociedad; la eliminación de todas las personas constructivas; y la preservación del ocioso, el caso perdido, el inútil y el débil. En realidad, este es un mecanismo social o individual para acelerar la muerte. La esposa que está en 1.1, y tiene un esposo fuerte y capaz, sigue viva sólo mientras él continúe inyectándole fuerza vital. En su posición en la Escala Tonal, su dirección es hacia la muerte. Cada acción que lleve a cabo, con independencia de su manifestación aparente, tenderá a anular cualquier fuente de vida a su alrededor. En esta zona de la Escala Tonal se usan todos los mecanismos concebibles para que parezcan válidas las anulaciones a los demás con el fin de hacer que estas persistan. Aquí encontramos críticas mordaces contra las personas que se niegan a aceptar críticas "por su propio bien". Aquí tenemos esfuerzos esmerados por "mejorar a la gente" mostrándole sus defectos. Aquí tenemos esfuerzos por "educar a la gente" a adaptarla a su entorno, es decir, para que dejen de ser vitales, y activas y se vayan a algún lugar a recostarse, donde no serán una amenaza. Aquí se introducen confusiones en cualquier situación, y se les dan las "razones" más adecuadas que sin embargo son sólo anulaciones.

Bajando de 2.0 a 1.2, los esfuerzos por cambiar o dominar a la gente se pueden reconocer como tales. De 1.2 hacia abajo, toda franqueza desaparece y se emplean los métodos más perversos, insidiosos y complejos para anular. El individuo que está en esta zona de la Escala Tonal muy a menudo cree por completo en su superioridad, lo cual es una justificación para usar los métodos que usa. La gente así comúnmente se aferra a personalidades fuertes que están bien arriba en la Escala Tonal, y luego continúan afirmando su superioridad (sin jamás dar ninguna muestra, por supuesto, que existe dicha superioridad) hasta que la persona que está en un nivel superior queda anulada. El individuo que se encuentra en esta zona busca la muerte, no sólo para sí mismo y para sus propios proyectos, sino también para todo su entorno. En este nivel, tenemos el asesinato, mediante desgaste lento de los individuos y de la cultura, y las acciones se disimulan con enrevesados "razonamientos". Aquí está el nido de víboras del comportamiento humano y de esta zona proviene el veneno que destruirá gradualmente a cualquier individuo o cultura. Hasta este momento no se habían considerado peligrosas a las personas de esta zona y se ha utilizado la palabra "psicótico" para denominar sólo a quienes están desvalidos o son abiertamente destructivos. Sin embargo, esta zona nunca llega a ser abiertamente destructiva, si acaso tiende al suicidio y rara vez al asesinato, salvo en el asesinato a largo plazo de la personalidad o los proyectos de otros. Aún así, esta zona de la Escala Tonal es mucho más peligrosa que ninguna otra.

Aquí tenemos la perversión de absolutamente todo de tal modo que las manifestaciones aparentes nunca corresponderán a los propósitos ocultos. En el sexo no se afronta el propósito y el uso del sexo como algo para el disfrute y la creación de los niños, sino que tenemos toda clase de ansiedades y prácticas irregulares que van encaminadas a cualquier cosa excepto la creación de niños. Y aun cuando podamos tener, en tal persona, una obsesión febril por la realización del acto sexual y un interés y placer declarados en este, en realidad no tenemos ningún disfrute

CAPÍTULO 27 — MÉTODO QUE USA EL SUJETO PARA MANEJAR A LOS DEMÁS

con él. Los esfuerzos sexuales no tienden hacia el disfrute, sino hacia la corrupción y el trastorno del sexo en sí para volverlo lo más repulsivo posible para los demás y así inhibir la procreación. Aquí está la mujer promiscua, el amante infiel, el pervertido y el sádico. Pese a una gran publicidad sobre el sexo, sólo hay un esfuerzo por destruirlo. En esta zona de la escala el individuo expresa, a veces, que el sexo es libre y se debe disfrutar, y existe un torrente continuo de acusaciones a los demás de que ellos creen que el sexo es algo horrible y que se debe reformar su actitud. Se ensucia y mancha el sexo bajo el pretexto de protegerlo. Aquí tenemos anuncios respecto a la actitud correcta hacia los niños y prácticas extrañas respecto a ellos.

Al manejar a la gente que las rodea, las personas que están de 1.2 hacia abajo se dedican a invertir los hechos. Se puede considerar como una regla práctica general, que funciona demasiado a menudo como para ignorarla, que cuando esta persona dice que está haciendo algo, en realidad está haciendo algo diferente. Lo que esta persona dice que es verdad en realidad es falso. Lo que esta persona dice que es falso en realidad es verdad. Teniendo en cuenta que gran parte de la conversación de una persona así carece de propósito, uno puede cuidarse de esta contradicción entre la manifestación y el propósito real.

En concordancia con evitar en cualquier afirmación superficial lo que en realidad está en progreso, aquí tenemos al hipnotizador. El hipnotizador normalmente va desde alrededor de 1.8, donde usa el hipnotismo como dominación directa, hasta cerca de 0.6, donde la apatía se ha fortalecido lo suficiente para evitar esfuerzos activos por dominar o anular a otros. El hipnotismo nunca ha elevado ni nunca elevará a un individuo en la Escala Tonal. Se podría implantar una sugestión hipnótica maníaca que hiciera que se "sintiera mejor" y que "estuviera mejor". Pero el acto del hipnotismo en realidad enturbia la theta libre y se puede demostrar con facilidad mediante psicometría que una implantación maníaca deja al individuo menos capaz de lo que era antes, con independencia de su contenido. El hipnotismo consiste en la introducción de la personalidad y los deseos del hipnotizador por debajo del nivel de elección del individuo. Es contra-supervivencia, excepto cuando se usa como anestesia temporal para una operación, y luego se aborda y se recorre completamente en el procesamiento justo después de que el individuo mejore. No abordarlo equivaldría a continuar para siempre con una anestesia total después de la operación. Las culturas civilizadas de hoy no son conscientes del extenso uso del hipnotismo. Es el instrumento favorito del pervertido y del que tiene trastornos sexuales. Un individuo en este nivel de la Escala Tonal bien puede tener permiso de su pareja para realizar el acto sexual, pero en realidad preferirá realizar el acto de manera encubierta como proporciona el hipnotismo. El hipnotismo se usa en algunas religiones viles, y comúnmente lo usan antiguas escuelas de curación mental, lo que debería dejar claro cuál es el nivel de estas sectas en la Escala Tonal. Cuando se emplea una "terapia" que está en este nivel de la Escala Tonal (de 1.3 a 0.6), sólo es para volver más dócil al individuo que está bajo tratamiento, menos "propenso a causar daño a otros" y para destrozar el auto-determinismo en el individuo. Esto es exactamente lo opuesto a lo que se necesita para lograr que la gente esté bien y sea cuerda. La evidencia empírica debería haber demostrado hace mucho que esos métodos no funcionan. Pero este nivel de la Escala Tonal no es muy dado a razonar. Aquí se encuentran la lobotomía prefrontal, la leucotomía transorbital, el electrochoque, el choque de insulina, las terapias de control y demás charlatanería inservible con que se ha victimizado a la civilización moderna. Cierto es que con esos métodos se puede hacer que un individuo sea menos peligroso para sus semejantes y más fácil de manejar, ya que se le convierte en más MEST y menos theta. Pero es igualmente cierto que este tratamiento reduce, a menudo de manera permanente, cualquier capacidad del paciente para servir a su sociedad.

Los métodos de procesamiento que elevan a una persona en la Escala Tonal son tan sencillos de aplicar que uno se sorprende (o quizás no) ante la continua insistencia en "terapias" destructivas en los hospitales psiquiátricos. Estos hospitales psiquiátricos a menudo usan sedantes y, sin embargo, un sedante es una de las peores cosas que se le puede dar a un individuo que se encuentra en un estado trastornado. Hace que esté más tranquilo y sea menos peligroso, pero no lo vuelve más capaz. Es más, un individuo sedado recibe los sonidos e imágenes de

CAPÍTULO 27 — MÉTODO QUE USA EL SUJETO PARA MANEJAR A LOS DEMÁS

su entorno como sugestiones positivas, y por lo tanto está recibiendo sin parar nuevos candados y más enturbulación, aunque pueda parecer momentáneamente que su condición es mejor.

NUNCA SE DEBE AUDITAR A UN PRECLEAR QUE ESTÉ SEDADO.

Este es un mandato firme, ya que los preclears que se auditan sedados o bajo la influencia del alcohol empeoran. Y a un psicótico al que se trata mientras está bajo una influencia así (como en la narcosíntesis) es muy probable que se le enturbule toda su theta libre y se le envíe así a un colapso "permanente". Al trabajar con alguien, el auditor debería tener gran cuidado de determinar si la persona está tomando drogas, pues los médicos a menudo dan sedantes a sus pacientes sin decirle al paciente que está tomando sedantes. Los sedantes han existido durante muchos miles de años. Tienen ciertos usos en dosis ligeras; pero esos usos son de muy corta duración. La aplicación continua de sedantes a un individuo (al hacerlo más sugestionable, hacer que le sea más fácil recibir candados) causa un gran daño a su mente. Sin embargo, esto se puede remediar a menos que haya llegado a un punto irreversible.

En el campo de la política, la zona de 2.0 a 1.4 es la zona del fascismo, donde continuamente se predica la dominación de otros, se hace continuo hincapié en la seguridad y la protección, y se usan la destrucción y las amenazas de castigo para obligar a los demás.

Bajando de 1.3 a 0.6 tenemos la zona general del subversivo, que promete libertad e igualdad al pueblo y lo que hace es aniquilar a sus mejores cerebros e instituciones culturales, con el fin de llegar a una dominación totalitaria. Como esta se encuentra en esta banda de tonos, el líder subversivo sólo puede usar como personal suyo a personas que estén en esta banda de tonos. Si esta banda de tonos se retirara de una sociedad, dicho líder no tendría nuevos seguidores. A esta gente la atraen enormemente las prácticas pérfidas y retorcidas de la subversión. Esta les da el "derecho" a practicar el Amor Libre y la promiscuidad en general y las sitúa (destruyendo a la Iglesia y otras instituciones o aseverando que no valen nada) por encima de cualquier necesidad de conformarse a un orden social existente. Por tanto, el nuevo seguidor se regocija al tener una nueva justificación para hacer a gran escala lo que ha estado haciendo a pequeña escala: anular, por medios ocultos e insidiosos, a toda la gente fuerte y ordenada del entorno. En cualquier orden social que tenga un tono hasta cierto punto bajo, la idea de tener derecho a hacer cosas ocultas y perversas por una "causa gloriosa" es tan atractiva para las personas de esta zona, que apoyan esta idiotez política automáticamente. Como la razón está ausente en esta zona de la Escala Tonal, nunca se les ocurre a estos nuevos seguidores que los más fervientes de ellos serán los primeros en caer ante un pelotón de fusilamiento, puesto que incluso un régimen totalitario, al intentar dirigir cualquier clase de estado, debe exigir una firme conformidad con sus propios "códigos", sin importar lo depravados que estos "códigos" puedan ser. Y al nuevo recluta en el territorio que estaba a punto de ser conquistado, se le seleccionó debido a su *in*conformismo. Por lo tanto, justo después de una completa conquista totalitaria de un país, se puede contemplar invariablemente una gran masacre de individuos. Uno puede seleccionar con facilidad a los individuos destinados a ser liquidados para la consolidación de la conquista. La selección no se hace según la posición que el individuo ocupa, sino por su individualismo, su fuerza y su razonabilidad, o por su continuo deseo revolucionario de no ajustarse a pautas fijas y estrictas. Un gran porcentaje de la gente sacrificada en cualquier nueva conquista consiste en los agentes e instrumentos que usó el conquistador para debilitar al país antes de que ocurriera la conquista. El temor morboso de cualquier régimen totalitario es la contrarrevolución, porque ellos, mejor que nadie, comprenden lo pérfida que puede ser una revolución. El 1.1 puede tomar a un 1.1 como compañero de cama y camarada político y puede tomar un grupo 1.1, pero este grupo tiene que continuar frente a un adversario fuerte y peligroso para permanecer consolidado. Esta es la condición de una célula subversiva. Estas personas continúan asociadas sólo mientras se enfrenten a un oponente digno y estén ocupadas en minarlo. Sin embargo, como un 1.1 actuará en el trato de la gente sólo como 1.1, la célula, una vez que se le quita la presión, se devora a sí misma.

Si el auditor procesa a alguien que se sabe que ha estado en asociación continua con un 1.1, puede construir con facilidad y rapidez el esquema

Capítulo 27 — Método que Usa el Sujeto para Manejar a los Demás

de aberración de este desafortunado preclear, ya que consistirá en la demostración superficial del 1.1 de que todo se estaba haciendo "por el bien del preclear" y por una continua e insidiosa campaña solapada para golpear al preclear en sus puntos más débiles.

La banda de apatía de la Escala Tonal es sólo menos peligrosa para el orden social que la de 1.1. La banda de apatía tiene un marcado sistema de manejar a la gente y el entorno. La apatía intenta tender hacia la muerte. Aquí se encuentra el suicida. Y el caso de apatía, en realidad, enturbulará por completo a quienes lo rodean en un esfuerzo por ocasionar la muerte en las demás dinámicas. En otro tiempo existió toda una filosofía política sobre la apatía, conocida como la Apatheia de Zenón, la cual se adoptó en los últimos estertores de agonía del Imperio Romano. El caso de apatía tratará de desanimar a cualquiera de hacer cualquier cosa. Las esperanzas y los sueños se destruyen con sólo argumentar que no hay esperanza de lograrlos y que son imposibles.

Ha estado de moda "sentir lástima" por los individuos que están en esta banda de la Escala Tonal. Esto es exactamente lo que exige esta banda de la Escala Tonal a sus asociados en el entorno. Aquí tenemos súplicas de misericordia y lástima, y todos y cada uno de los medios para lograr compasión. En realidad estos son mecanismos de enturbulación, más que verdaderas peticiones de ayuda. La entheta del nivel de apatía no desea que se le ayude, sino sólo desea enturbular más y morir, ocasionando al mismo tiempo toda la muerte posible en el entorno. Casi cualquier ser humano que se enfrenta a la pérdida de un amigo o de un ser amado se hunde por un momento en el nivel de pesar. Y así, es común ver en la sociedad un estado agudo de apatía, aunque de forma esporádica. Este estado se puede remediar con facilidad por medio del procesamiento cuando es una reestimulación momentánea del entorno. El caso de apatía crónica es un asunto diferente y es sumamente peligroso para el entorno. Está de moda sentir lástima por el caso de apatía y sin embargo, el caso de apatía nunca siente lástima por nadie. A pesar de todas las lágrimas y lamentos, el caso de apatía, en el fondo, es bastante malicioso, y por medio de las lágrimas intenta producir la máxima enturbulación posible. Si se considera que el 1.1 tiene manifestaciones de un tipo y

LA CIENCIA DE LA SUPERVIVENCIA  LIBRO I

motivos y acciones de un tipo completamente diferente, entonces el caso de apatía es totalmente a la inversa. El caso de apatía declarará que todas las amabilidades del pasado han sido las crueldades más sádicas y que todas las crueldades han sido amabilidades. Un caso de apatía no sólo distorsiona los hechos, los invierte. Invirtiendo todas las pruebas visibles y declarando que todo es exactamente opuesto a la realidad, se puede producir la enturbulación máxima. El caso de apatía, insistiendo en que todo lo blanco es negro, pone a prueba la razón de los demás a su alrededor hasta tal punto que ellos, perdidos en esta confusión, también se vuelven apáticos; pues parece que no hay un método posible de razonamiento.

La apatía es más que desesperanza. Es la muerte de una forma muy directa. El caso de apatía habla sobre la muerte, amenaza con su muerte personal y de hecho intentará suicidarse. En general, no existe suficiente valentía en este nivel para intentar de forma directa la muerte de otros, pero mediante la enturbulación el caso de apatía puede causarla, y lo hará si no se le comprende. Muy a menudo, el caso de apatía presenta un ejemplo de muerte mediante el suicidio fingido, en un vago esfuerzo para que otra persona lo imite, y así causar la muerte de otro. Sin embargo, no se puede ignorar al caso de apatía que amenaza con suicidarse, puesto que una enturbulación repentina puede tener como consecuencia real un intento de suicidio. En esta situación el caso de apatía reconoce que su dominio sobre el entorno se limita sólo a las pertenencias y el cuerpo del individuo. Tenemos diversos tipos de descuido de las pertenencias, que calladamente y sin dramatismo llevan a su destrucción. Aquí tenemos indiferencia hacia los sentimientos e intereses de otras personas. Aquí tenemos el descuido de la persona, que puede tender, dramáticamente o no, hacia la destrucción de la persona. El caso de apatía tiene tal inversión de la realidad que declarará que es hermoso lo que normalmente es feo y horrible, y que es feo y horrible lo que es hermoso. Cerca de 0.7, hay presente una insidia en la que el caso de apatía parece apoyar las cosas bellas y el arte, pero al apoyarlos de esa manera, los echa a perder para los demás en el entorno. Existe una horrible obscenidad en la admiración que tales personas le otorgan a lo bello de la vida.

CAPÍTULO 27　MÉTODO QUE USA EL SUJETO PARA MANEJAR A LOS DEMÁS

Por debajo de 0.7 no existe suficiente actividad para prestar apoyo activo a ningún propósito, excepto para lograr la muerte de sí mismo y de los demás. Los objetos de valor, los activos y los proyectos están en considerable peligro cerca de un caso de apatía, a pesar de que este no parezca ser muy activo. Es esta inactividad la que es engañosa. Una ligera subida de tono puede ocasionar que un caso de apatía destruya a su alrededor todo lo que por lo general se considera supervivencia. Los casos de apatía han destruido grandes obras de arte, organizaciones e individuos, por las razones más especiosas y espurias.

El caso de apatía es tan egocéntrico que es muy difícil que el auditor logre ninguna cooperación. De hecho, rechazará cualquier esfuerzo que el auditor haga para crear esperanza. No lo rechazará tan fuertemente como para repeler al auditor, sino que este se encontrará con nuevas razones para sentir lástima por el caso de apatía. La mayoría de estas razones son mentiras descaradas y el caso de apatía normalmente recorre avalanchas de dub-in, así como deja correr lágrimas espurias. Los auditores y, de hecho, la sociedad, al no entender los verdaderos motivos de la apatía, se encuentran en considerable peligro, pues en los niveles más altos de la Escala Tonal existe un mecanismo natural de ayudar y apoyar a los semejantes. En realidad, el caso de apatía está desvirtuando y destruyendo este mecanismo suscitando que se dirija hacia causas indignas. Esta es una acción de muerte, destinada a destruir el mecanismo de cooperación. El egocentrismo del caso de apatía es atroz para cualquier ser racional, una vez que lo examina. Gran parte de la conducta del caso de apatía es, lo sepa o no, fingimiento o teatro. En el nivel 0.6, uno incluso puede a veces pescar a un caso de apatía escrutando como un buitre, pero de forma encubierta, bajo el velo de las lágrimas, para asegurarse de que el espectáculo aún cuenta con la atención del público.

Una gran experiencia con la apatía le enseña al auditor que no hay nada muy noble respecto al pesar o la apatía. El verdadero pesar se debería recorrer en el caso hasta eliminarlo lo antes posible. Pero cuando esté auditando a un caso de apatía, el auditor se encontrará recorriendo una gran cantidad de incidentes falsos, que contienen, todos ellos, pesar. La búsqueda de compasión no conoce límites. Las exigencias de lástima resultarán en poco tiempo, incluso para el más paciente, duras más allá de lo intolerable. Aunque al principio uno puede sentir un impulso activo de ayudar a un caso de apatía, cuando uno ha penetrado en la profundidad de la falsedad de los datos, el resultado será un impulso hacia el desprecio y la ridiculización. Pues ninguna persona racional encuentra razonable un impulso hacia la muerte y el caso de apatía no tiene otro impulso. Las súplicas de misericordia y ayuda *parecen* requerir la ayuda de otros. En realidad, exigen la enturbulación y muerte de los demás. Ningún caso de apatía desea que se le ayude, sino que aprovechará todos y cada uno de los medios para impedir que se le ayude. Debido a la falta de valentía, el caso de apatía eludirá cualquier incidente que contenga impacto real, así como el caso de apatía eludirá cualquier factor del entorno que contenga ayuda o asistencia verdaderas y se dirigirá inevitablemente hacia factores del entorno que sean destructivos. El caso de apatía evita así cualquier buena auditación, y de hecho, buscará e impulsará la auditación muy mala.

Es cierto sentimentalismo sensiblero de nuestra sociedad actual, impulsado por generaciones de escritores que sólo buscaban el impacto más fuerte y por lo tanto la mayor venta de sus obras, lo que nos hace aguantar, tolerar y aceptar al apático. Quizá porque cada uno de nosotros siente que su importancia exige que alguien sienta lástima por él cuando está herido o muerto, aceptamos en los demás un continuo pesar. Mediante el procesamiento de Dianética, se puede acabar muy fácilmente con este pesar. Y sería más probable que cualquier persona que tenga mucha experiencia en el manejo de casos de apatía se sintiera sentimental respecto a las heridas supurantes o a las enfermedades venéreas a que sintiera una compasión larga y duradera por la apatía.

Una advertencia para los auditores: nunca apoyes los antojos e ideas de un caso de apatía y no le des compasión al caso de apatía, sino dale procesamiento ligero. No te creas los datos que se obtienen de un caso de apatía, sino trabaja mecánicamente con el caso, reuniendo tanta theta libre como sea posible para elevar el caso en la Escala Tonal al menos hasta hostilidad encubierta. Los casos de apatía lo enturbulan a uno con mucha facilidad, ya que es muy fácil sentir que el pesar por los seres perdidos es algo que se debería apoyar y auxiliar como mecanismo valioso. Un caso de apatía dirá o hará lo que sea para atraer compasión. Está presente una total inmoralidad. El caso de apatía cederá su cuerpo con tanta facilidad como cualquier otra cosa, como el precio por un poco de compasión. El "amor" que uno recibe de un caso de apatía es en realidad la profundidad más extrema de la propiciación. Y el "amoroso" caso apático lo entregará a uno al verdugo con tan poco remordimiento como el que sentiría al tomar un vaso de agua. La irracionalidad, la falta de códigos, de ética, de decencia, de verdad y de vida son las inviolables reglas del caso de apatía. Y como el caso de apatía puede dar justificaciones, lo bastante descabelladas y alarmantes como para justificar su condición, a menudo uno se ve tentado a aceptar esta propiciación como afinidad verdadera cuando, en realidad, es una invitación a que se le mate. Como esta propiciación se puede confundir con amor, a menudo uno se ve tentado, por compasión y un deseo de ayudar, a relacionarse íntimamente con un caso de apatía. Pero uno debería estar enterado de que unir su nombre con el de un caso de apatía en un certificado de matrimonio constituye una sentencia de muerte más segura que la de un tribunal de justicia. Su hogar, si acaso logra formar uno por medio de tenaces esfuerzos, será un caos. Perderá su posición y sus sueños se vendrán abajo. El respeto por sí mismo será sacrificado y se destruirán sus conceptos sobre los principios morales y la decencia. Estas afirmaciones se hacen sin reserva después de una larga y cuidadosa observación de la forma en que la apatía actúa en un individuo. La apatía sólo está medio punto por encima de la muerte y traerá la muerte a todo lo que haya en el entorno.

Un orden social que se encuentre en la zona de apatía seguirá cualquier camino irrazonable que lleve hacia la muerte. Seguirá a cualquier líder que diga que no vale la pena vivir la vida y que se debería ignorar a las cosas y a la gente hasta que dejen de vivir. Aquí no hay destrucción directa de entidades. Aquí hay destrucción insidiosa mediante el descuido, el abuso y la decadencia acelerada. Por ejemplo, el indio americano, cuando la derrota lo empujó hacia la banda de tono de apatía, adoptó un programa tras otro que se proclamaban como programas de salvación, pero que siempre fueron programas de muerte. Hubo el asunto de los

Bailarines Fantasma que aceptaron con avidez la falsedad de que sus camisas de algodón podían detener las balas. Hubo la oleada de muertes de perros por medio de la cual se aseguraba que los búfalos volverían si morían todos los perros.

El cuerpo en sí coopera en la banda de apatía, poniéndose enfermo con facilidad por la causa más ligera, involucrándose en accidentes de características engañosas y diversas y fallándole la función endocrina. Se puede esperar que el caso de apatía se ponga enfermo por bacterias, aun cuando no haya bacterias presentes.

Uno debería mostrarse muy reacio a utilizar auditación autoritaria, ningún medio violento ni hipnotismo con los casos que están de 2.0 hacia abajo, ya que es muy fácil conducir a esos casos al nivel de apatía. En apariencia, y sólo en apariencia, la apatía es más tratable y fácil de manejar, porque el caso de apatía está hasta cierto punto en un trance hipnótico permanente y escuchará y creerá todo lo que se le diga, sin importar lo ridículo que pueda ser. Este es un estado muy peligroso, y en ocasiones tendrá como resultado no sólo el suicidio de la persona, sino también la muerte de los allegados y las personas que estén en el entorno del caso de apatía. Esta es la razón de que se presenten tantos suicidios después de la práctica del hipnotismo y de técnicas de la vieja escuela. Estas, reafirmando el control sobre el individuo, lo deprimen en la Escala Tonal. El caso de apatía es capaz de mentir tanto, que el individuo puede incluso asegurar que está mejor y aparentar que está mejor, hasta que una mañana se le encuentra como caso de suicidio. El caso de apatía puede ser muy engañoso*.

---

* La muerte de James Forrestal, a quien el exceso de trabajo y los temores lo habían llevado a la apatía, es un caso que ilustra no sólo lo que sucede cuando se usan métodos autoritarios y encarcelamiento como "tratamiento", sino también el absoluto engaño de que es capaz el caso de apatía. Durante meses, Forrestal no había aparentado estar tan feliz y saludable como lo parecía una hora antes de tirarse desde la torre del Hospital Naval Bethesda, para caer dieciséis pisos y morir en el cemento y el vidrio que había abajo. Así falleció uno de los más brillantes directivos y paladines de la Armada de Estados Unidos. Y otros suicidas, grandes y no tan grandes, se amontonan como leña apilada ante los callejones traseros que bloquean el paso a Dianética.

Se debería advertir al auditor que no utilice ningún método autoritario en el procesamiento. En Dianética sólo nos interesa elevar a las personas en la Escala Tonal, y no nos interesan en absoluto las psicosis, las neurosis ni las enfermedades psicosomáticas. El auditor debería tener cuidado de no enturbular a quienes se encuentren por debajo de la línea de 2.0 más de lo que ya están, sino que debería usar un enfoque tan poco impositivo como sea posible para producir resultados. Pues si el auditor permite que su preclear caiga en apatía, tendrá en sus manos un caso mucho más largo y difícil que el 1.1 o que el 1.5 enojado y hecho una fiera. Recuerda, también, que en este orden social, a la gente desde 2.0 hacia abajo en la escala se le considera cuerda siempre y cuando pueda desarrollar cualquier acto aparentemente racional en el entorno.

En 0.1 ó 0.3 el individuo también tiene un método para manejar a quienes lo rodean. Este mecanismo se basa en el razonamiento de que si uno niega toda peligrosidad posible, la gente peligrosa que está a su alrededor se irá y lo dejará en paz. De hecho, los cazadores y los soldados emplean racionalmente este mecanismo como último recurso, y el mecanismo a veces funciona. Ciertos animales tienen esto inherentemente como una pauta habitual. Mediante el abandono de toda apariencia de vida, tienen la esperanza de detener el impulso del atacante de causar muerte.

Uno debería darse cuenta de que todos los individuos que están por debajo de 2.0 tienden a considerar que los amigos, la familia y los allegados son una amenaza contra la vida o son ayudantes de la muerte. El verdadero afecto es imposible, pero la propiciación y el afecto fingido son mecanismos con los cuales se provoca lástima o se niega la peligrosidad. Según su propio punto de vista, las personas que están de 2.0 hacia abajo viven en una atmósfera de muerte y asesinato potenciales. En 1.5 la misión es causar la muerte de las entidades "peligrosas" mediante actos directos de destrucción. El 1.1 considera que la familia, allegados y entorno son todavía más potencialmente mortales y así, al ver en ellos un gran peligro, utiliza métodos más encubiertos y perversos para enfrentarse a estas entidades "peligrosas" y desarmarlas, y presenta una cortina de humo de "ayudar" y "hacer el bien" a la familia, allegados y entorno. También, encuentra uno aquí, el mecanismo de defender al desvalido. El desvalido no es peligroso y puede ser un aliado que se puede usar contra el entorno muy mortal de uno. Cualquiera que defienda al desvalido se está proyectando en él y está defendiendo encubiertamente el derecho a vivir de los desvalidos, en la esperanza, de la que generalmente no se da cuenta, de que a él, como desvalido, se le permitirá seguir viviendo a pesar de sus actos en contra de los demás.

De acuerdo a esta proporción de peligrosidad del entorno, tal como la ve el individuo, el entorno está literalmente repleto, para el caso de apatía, de amenazas de muerte. Se considera que cada persona, cada objeto y cada acto contienen una intención de muerte. La palabra más amable, aunque el caso de apatía parezca aceptarla, se recibe arteramente, con la "plena comprensión" de que la muerte acecha a sólo una pequeña distancia detrás de la ayuda ofrecida. Esto anima al caso de apatía a actuar de manera asesina, y le parece a él que lo autoriza a no prestar atención a ningún código moral o sentimiento de decencia. El caso de apatía vive en un pozo negro de matanza inminente e interpreta cualquier cosa que se haga por él o ella como algo que se debe aceptar con cautela. Es muy común que el caso de apatía hable de que lo maten, ya sea suicidándose o de que otros lo asesinen. Su atención puede estar tan fija en su irrealidad que va y escoge a un solo asesino que ande por ahí a punto de matarlo. O su concentración puede estar tan dispersa que escoge a muchos hombres, organizaciones u objetos, como asesinos potenciales.

El caso de muerte fingida ha llegado a un punto en que considera que el entorno está tan lleno de amenazas que nada en el entorno tiene otro propósito que matarlo, y que la muerte es inminente. No tiene suficiente energía ni razón ni siquiera para pedir ayuda y, de hecho, considera que no existe persona u objeto a quien pedírsela. Así que intenta demostrar, a cualquier cosa que haya en el entorno, que ha triunfado y que él ya está muerto. Haciéndose pasar por muerto, imagina que puede sobrevivir por lo menos lo suficiente para morir de forma un poquito menos dolorosa de cómo considera que morirá si se mueve. Es común encontrar que

CAPÍTULO 27 — MÉTODO QUE USA EL SUJETO PARA MANEJAR A LOS DEMÁS

razas antiguas y decadentes tengan la práctica de causarse la muerte con la voluntad. Un individuo tan sólo va y se sienta al borde de su tumba hasta que muere y cae dentro. Se pueden encontrar personas así cualquier día, por ejemplo, en Coal Hill (la Colina del Carbón) cerca de Pekín.

El caso de muerte fingida ha abandonado incluso el intento de encontrar una sola amenaza, y considera que todo es una amenaza. Este estado tiene la peculiaridad de estar disperso. Es posible que el efecto más notable para avivar a este caso se pueda lograr concentrando la atención del individuo en una amenaza de muerte única y definida. De hecho, observar una fuente de muerte activa y verdadera, elevando el nivel de necesidad, eleva a cualquiera en la Escala Tonal por lo menos durante un breve periodo. Así, durante una guerra, las ciudades que están bajo bombardeo esporádico muestran un índice menor de psicosis que las ciudades que, al estar muy lejos del frente, sólo leen acerca de las muertes en los periódicos. Se ha identificado de tal manera a la artillería y a los bombarderos como la fuente de la muerte, y la fuente es tan dramática, que la atención se puede fijar en ella. La fuente es tan simple que requiere muy poco esfuerzo para entenderla. Además, esa destrucción trae consigo muchos muertos y lisiados sobre los que puede sobresalir el que antes era psicótico, y así deja de ocupar el último lugar en la fila que tenía como "blanco número uno" de todas las entidades peligrosas del entorno. Pues al tratar a los heridos y muertos, puede observar, sin tener que razonar mucho, que él es más peligroso para ellos de lo que ellos son para él. Otra razón para esta subida marcada y repentina de una ciudad bajo amenaza es la unión hacia una meta común de resistirse o vencer a una amenaza común. Las naciones que entran en guerra, unifican a sus pueblos así. Y esto revela de inmediato la posición en la Escala Tonal de las naciones que suponen que tienen que recurrir a la guerra. Pues ninguna nación racional y activa necesita dedicarse a la destrucción de MEST para asegurarse la cooperación de otra nación. Esto es una locura ocasionada por una posición de 2.0 o más baja en la Escala Tonal.

El texto que corresponde a esta columna es largo porque abarca, en realidad, las relaciones interpersonales. La regla general con respecto a las relaciones interpersonales, de la que se pueden deducir otros asuntos, es que la razón y la cooperación existen en cantidad creciente de 2.0 hacia arriba, y que la dirección del esfuerzo es la supervivencia. De 2.0 hacia abajo, la dominación y el control, manifiestos o encubiertos, se emplean para manejar a la gente, y la dirección del esfuerzo se dirige a sucumbir. Las personas que están por arriba de 2.0 en la Escala Tonal padecen por todas y cada una de las asociaciones con personas que están en 2.0 o más abajo en la Escala Tonal. Y la gente de 2.0 hacia abajo se beneficia, en lo que respecta a la supervivencia, de cualquier asociación con gente por encima de 2.0. Pero los propósitos están cruzados, puesto que los individuos de 2.0 hacia arriba no quieren que se les haga sucumbir, y combatirán cualquier esfuerzo en esa dirección. Y los individuos de 2.0 hacia abajo no desean que se les haga vivir o crear y por lo tanto se resisten a cualquier esfuerzo en esa dirección. Cuando la razón no pueda resolver con rapidez una discusión entre dos seres humanos, inspeccionar la posición que cada uno de ellos ocupa en la Escala Tonal probablemente demostrará que uno está discutiendo para sobrevivir y el otro está discutiendo para sucumbir. O que uno está discutiendo para crear y construir y el otro está discutiendo para destruir o desatender.

Puesto que la posición de una persona en la Escala Tonal puede ser aguda o momentánea debido a la enturbulación en el entorno o puede ser crónica debido a entheta enturbulada "permanentemente" (excepto por el procesamiento de Dianética), uno puede observar en las personas que están por debajo de 2.0, cuando están menos enturbuladas, esfuerzos por sobrevivir. Y en las personas que están por arriba de 2.0, uno puede observar esfuerzos ocasionales por sucumbir.

Vale la pena mencionar que el entorno del individuo puede tener su propia posición en la Escala Tonal. Su escuela, la oficina en que trabaja y su familia pueden ocupar, como grupo, cierta posición. Esta posición del entorno en la Escala Tonal se debe a la influencia de ciertas personas, a la naturaleza de la organización o al estado cultural existente y no se puede desatender al estimar tanto la personalidad del preclear como los métodos que usará para manejar a los demás.

En realidad, hay tres clases o condiciones de theta por debajo de la línea de 4.0. La primera es la *theta libre*. La siguiente es la *theta*

CAPÍTULO 27 — MÉTODO QUE USA EL SUJETO PARA MANEJAR A LOS DEMÁS

enturbulada temporalmente, la cual si se deja en paz por un breve periodo se desenturbulará. Y la tercera es la *entheta inmovilizada,* que se conserva en el caso por la naturaleza de los engramas, las secundarias y los candados. Los impactos del entorno, naturalmente, aumentan la carga de los engramas del caso y hacen que cualquier persona (a menos que se efectúe un gran cambio en el entorno, que produzca mejores factores de supervivencia) siga descendiendo por la Escala Tonal durante toda su vida. El impacto del entorno sobre el individuo altera por tanto la theta libre "permanentemente" (excepto por el procesamiento de Dianética) y la convierte en entheta inmovilizada. Pero esto es un proceso gradual, aunque puede ser acumulativo y mortal. De niño puede que tenga un gran número de engramas, pero el entorno no ha actuado sobre él con suficiente impacto para aumentar la carga de estos engramas con la entheta de secundarias y candados. Cuando es un anciano, la línea temporal es entheta casi por completo en el caso usual.

Hay otro tipo de enturbulación: el entorno enturbula la theta libre. Y aunque la mayor parte de la theta libre se puede enturbular temporalmente, sólo una pequeña porción de ella se inmoviliza dentro de los candados, las secundarias y los engramas. Por lo tanto, el entorno puede hacer que la persona suba y baje en la Escala Tonal, por la enturbulación temporal de la theta libre. Es esta manifestación superficial y pasajera de la emoción desagradable la que ha ocultado la naturaleza de la theta libre. El entorno, al impactar contra el individuo puede, por ejemplo, infligir factores 1.5 en él hasta tal punto que él se vuelve momentáneamente 1.5. Si la cantidad de theta libre que le queda es grande, él se desenturbulará con rapidez y recuperará su posición más alta en la Escala Tonal. La theta libre sólo puede enturbularse hacia abajo y el caso sólo puede enturbularse hacia abajo en la Escala Tonal. El 1.1 no sube a 1.5 a causa de la enturbulación, baja a apatía. El caso de apatía, cuando se enturbula su theta libre, baja con rapidez a muerte fingida, o incluso puede morir, siendo su margen de actividad tan minúsculo.

El entorno, pues, tiene un marcado efecto en el individuo hora tras hora y día tras día. Un individuo que vive en una familia que tiene un tono crónico de 1.1, puede ser, en potencia, un 3.0 y fuera de la familia puede manifestar las cualidades de un 3.0. Pero con la familia, su enturbulación es tan constante que poco a poco pierde theta libre que se convierte en entheta de candados, secundarias y engramas, y decaerá gradualmente por la Escala Tonal. Lo único que remediaría esto es que tenga (al mismo tiempo) otro entorno que esté más alto que él en la Escala Tonal, el cual tendería a desenturbular la theta libre que se enturbula estando cerca de la familia.

En consecuencia, es importante para el auditor manejar al preclear con el nivel de tono más alto posible. Y debería tratar de arreglar el entorno del preclear de manera que tenga el nivel de tono más alto posible. Un auditor que trata de trabajar con un preclear que está siendo maltratado por un entorno 1.5, encontrará que día tras día sólo trabaja con theta enturbulada temporalmente y progresará muy poco con su caso. Es necesario que saque a su caso del entorno 1.5 para que la theta libre se pueda desenturbular y, así, estar disponible para liberar a la entheta inmovilizada de los candados, secundarias y engramas, y así poder *aumentar* constantemente la theta libre del preclear y no sólo evitar que *disminuya* con la enturbulación diaria del entorno.

También es de interés para el auditor y para las personas en general que la educación tiene sus propias posiciones en la Escala Tonal. La educación que está diseñada para inhibir y refrenar, para crear conformidad en el individuo con el orden social, tiene el desafortunado efecto de causar que el individuo descienda en la Escala Tonal. Esta sería educación autoritaria, e iría de 2.0 hacia abajo. La educación que invita al razonamiento y lo estimula y trata de hacer que el individuo vaya más rápido hacia un nivel de existencia feliz y con éxito y que tiene suficiente fe en los individuos como para dar por hecho el buen uso de la educación, hace que el individuo suba por la Escala Tonal. Revisando la educación de cualquier individuo, uno puede descubrir bastantes pruebas que apoyan esto, ya que se encontrará que los temas en que el individuo es capaz son los que se enseñaron con métodos de 2.0 hacia arriba. Y los temas en que el individuo es ineficiente, en los que le falta exactitud o auto-determinismo y donde no logra razonar con ellos, se enseñaron con métodos que se encontraría que iban desde 2.0 hacia abajo en la Escala Tonal. A medida

CAPÍTULO 27 — Metodo que Usa el Sujeto para Manejar a los Demás

que una sociedad decae, recurre cada vez más a la enseñanza autoritaria y trata en mayor grado de inculcarle al individuo que debe adaptarse a su entorno y que no puede adaptar su entorno a él. El proceso educativo se convierte en un proceso de recibir masas pastosas de información de forma semihipnótica, y repetirlas como un loro en hojas de exámenes. La razón y el auto-determinismo no están más que prohibidos.

Cuando hablamos de personas que usan diversos métodos para manejar a otras personas, también tenemos que hablar de los métodos que se han usado para manejar a nuestro preclear. En Dianética, nos interesa lo que se le ha hecho a un individuo, no lo que el individuo ha hecho. Este no es un esfuerzo por eludir o alterar las normas morales, sino que es sólo la declaración de un hecho. El auditor que se interesa en los motivos del preclear y en las evaluaciones del razonamiento de su preclear, no sólo está perdiendo el tiempo, sino que está tratando de utilizar terapia autoritaria.

Lo que se le haya hecho a una persona en un nivel educativo es de gran interés para el auditor, pues la educación puede ser tan absolutamente supresiva que, por sí sola (habiendo engramas que aumenten la carga en el caso), puede desplazar considerablemente a un individuo hacia abajo de la Escala Tonal (como lo testimonian los muchos graduados insulsos, sin voluntad y perezosos de nuestras universidades). Es útil saber que la educación puede ser un factor tan importante en la aberración y supresión del ser humano ya que, con Scanning de Candados, puede localizar y desintensificar la educación entera, lo que dará como resultado que su preclear suba por la Escala Tonal, y sin tocar nada que se pudiera catalogar como candados, secundarias o engramas. Toda la educación de una persona puede ser un candado. No existen palabras lo bastante amargas o fuertes para calificar a los sistemas educativos autoritarios que, a pesar de la presencia en sus desfiles de graduados de artistas destruidos, mujeres apáticas y sin esperanza, ingenieros estúpidos y embotados, sin embargo no han hecho un gran esfuerzo por determinar y remediar la causa: sus propios métodos de educación autoritaria. Por fortuna, en diez o quince horas se puede recuperar la educación universitaria de un preclear que esté en un estado aceptable. Tirar a la basura este enorme y oneroso esfuerzo realizado por hombres de paja mentalmente estreñidos y aspirantes a pequeños césares en sus estrados de oradores, desde luego que sería un enorme beneficio para toda la sociedad. Pero a falta de esta medida tan deseable, el auditor puede al menos recuperar la theta libre que se ha inmovilizado en la educación del individuo. La universidad no es el único elemento destructivo del sistema educativo. Los sistemas de educación secundaria son igual de malos, pero tienen como alumnos a personas que aún están lo bastante arriba en la Escala Tonal como para poder resistir, ya que la juventud es elástica y resistente. Es muy frecuente que la educación primaria, especialmente en sus primeros años, sea autoritaria y, como forma la base de la educación formal, también debería recibir atención.

Como mejor se libera la entheta de los candados y las secundarias es desde el más reciente hacia atrás, de forma que en el scanning y el recorrido de candados deberíamos abordar el tiempo presente y luego momentos anteriores (y luego cada vez más y más tempranos) para poder llegar a los momentos más remotos posibles. De esta forma se logra un recuerdo completo de la niñez y los esfuerzos por alcanzar la infancia sin tratar el resto de la vida con scanning por lo general fracasan. Tratando sólo la niñez, basándose en el razonamiento erróneo de que fue un periodo muy aberrativo (lo cual es una aberración que implantaron los filósofos y escuelas de curación mental de aficionados de hace medio siglo), se envía al preclear contra la fuerza oclusiva de candados y secundarias recientes sin darle la oportunidad de reducirlos. Uno no debería esperar ser capaz de recorrer un caso abordando primero su parte más temprana, a menos que el caso esté en tal condición que pueda llegar al básico-básico y reducirlo estando activada la mayoría de los percépticos.

La educación, entonces, se debe recorrer desde lo último a lo primero con el fin de recuperarla. Ahora, uno no piensa normalmente que la formación que los padres dan sea educación y sin embargo, se puede clasificar como "educación" todo lo relacionado con adquirir experiencia. El uso común de la palabra denota instrucción formal, pero no es menos educación la que proporcionan al niño la madre, el padre, las niñeras y

CAPÍTULO 27 — Metodo que Usa el Sujeto para Manejar a los Demás

otras personas que están en el hogar. En el periodo inicial de la vida es donde se usan la mayoría de las represiones y las medidas autoritarias más fuertes, ya que el niño, por falta de datos, es menos capaz de razonar. Estas restricciones se agravan continuamente y gran parte de la theta libre se inmoviliza "permanentemente" en candados durante la temprana infancia. Esto se relaciona con la actividad educativa, y la mejor manera de limpiarlo es localizar la instrucción más reciente y hacer un Scanning de Candados completo, después localizar un periodo de instrucción anterior, como la universidad; luego, uno anterior a este, como el bachillerato; después, uno más temprano, como la escuela primaria, y al final, la formación dada por los padres ya que son del mismo tipo general de cadena de candados. De esta forma, se remediarán las restricciones generales impuestas a los niños y la irracionalidad general de la mayoría de los adultos hacia los niños.

Puedes descubrir cómo se trató al preclear cuando era niño investigando cómo trata él a los niños. Pero esto tiene un valor limitado, pues él normalmente está (si tuvo una mala niñez) en la valencia de un aliado y los métodos que utiliza pueden ser los del aliado más que los métodos generales de la familia. Pero en muchos casos el preclear sigue el consejo de "hacer a otros lo que se le ha hecho a él", y esto también es cierto en otras áreas, además de la infancia.

Los sistemas educativos que se han usado en tu preclear tenían sus propias posiciones en la Escala Tonal y tendían a inmovilizar al individuo en esas mismas posiciones de la Escala Tonal. Así, podríamos tener un niño cuya vida familiar lo convirtió en un 3.0 en potencia, pero que se educó en una escuela 1.1. La educación tendería a bajar al individuo en la Escala Tonal a 1.1. Los valores que se le han dado en relación con los distintos hechos y acciones de los demás, y los métodos que se le han enseñado para que los use al manejar a otras personas, son una educación que le impartió algún sistema educativo. Por lo tanto, si intentaras hacer Clear a un individuo y hacerlo subir por la Escala Tonal sin abordar a fondo su educación, tendrías a un individuo que, aun cuando hayan desaparecido la mayor parte de sus engramas y secundarias, está muy abajo en la Escala Tonal. Corregir esto requiere muy poquito trabajo y no se debería descuidar. De lo contrario, el individuo continuará tratando a la gente y actuando en su entorno de acuerdo al nivel de tono en que se le educó. Es muy dudoso que haya algún preclear en el mundo civilizado actual que haya sido educado por un sistema que esté por encima de 2.0 en la Escala Tonal.

En conformidad con este tema de la educación, sus aspectos en el procesamiento y la forma en que influye en la manera en que el preclear maneja a los demás, se debería buscar con cuidado en todos los casos al individuo más bajo de tono en el entorno del preclear en cualquier época de su vida, y encontrar cualquier individuo posterior que se asemejara al individuo anterior. Haz scanning totalmente del individuo posterior, luego encuentra al individuo anterior y haz scanning total de él y habrás hecho mucho para aumentar el tono del preclear. La asociación con personas que están bajas en la Escala Tonal siempre hace bajar y una asociación larga y continua crea muchos y serios candados.

Uno de los mejores índices que tendrás de cómo está progresando tu preclear son los cambios en su forma de manejar a quienes le rodean.

El auditor haría bien en examinar de manera muy crítica, su propio método general de manejar a la gente, y determinar por sí mismo dónde es probable, por tanto, que se encuentre su auditación en la Escala Tonal. Y mediante el proceso educativo de conocer las consecuencias y saber cómo obtener resultados, sencillamente elevar su nivel de necesidad hasta el punto en que logre una actitud más deseable si piensa que es necesaria. Si resulta que el auditor se encuentra a sí mismo en una zona de la Escala Tonal en que teme hacer daño a la gente, debería tener mucho cuidado de no demostrar ninguna falta de valentía al recorrer el caso.

El preclear debería examinar a su auditor para localizar su posición en la Escala Tonal. Y si encuentra que su auditor está en el rango de apatía o de hostilidad encubierta, será mejor que maneje él mismo al auditor, ya que de lo contrario está él mismo expuesto a "errores" inevitables en el manejo de su caso, rupturas de afinidad repentinas e inesperadas y una confusión general. La moraleja de esta columna es que los auditores no deberían auditar y los preclears no deberían permitir que se les audite a

CAPÍTULO 27 — MÉTODO QUE USA EL SUJETO PARA MANEJAR A LOS DEMÁS

menos que estén seguros de que habrá un manejo, tanto del caso como de la gente en general, por encima de 2.0.

Como medida de emergencia, donde no exista otra, dos personas pueden co-auditarse y subir paso a paso en la Escala Tonal. Pero a menos que se mantenga una paridad, una de ellas sufrirá y será imposible obtener un buen Liberado o un Clear: lo cual se piensa que es la dificultad que hasta ahora se ha experimentado en Dianética, en lo que se refiere a lograr Clears.

Columna Z
Valor de Mando de las Frases de Acción

El tema de las frases de acción ya se ha tratado en este libro. Las frases de acción son las que parecen ordenarle al preclear que se mueva en diferentes direcciones. Si el preclear estuviera de pie en una habitación obedeciendo órdenes y si tuviera la posibilidad de levantarse y agacharse, las frases de acción actuarían sobre él de la siguiente manera: si se le dijera que se levantara, se levantaría; si se le dijera que se agachara, se agacharía; si se le dijera que fuera en dos direcciones a la vez, se confundiría; si se le dijera que no se moviera, no se movería; si se le dijera que tirara de sí hacia dentro de sí, intentaría encogerse. Estas, básicamente, son frases de acción.

La acción del individuo en su línea temporal, retrocediendo a través de su pasado, a veces la dirigen frases de acción que aparecen en sus engramas. No necesita obedecer estas frases para ser procesado. De hecho, el auditor debería desanimarlo de obedecerlas. No es necesario demostrar la validez ni el valor de un engrama demostrando que uno puede reaccionar a una frase de acción.

Las frases de acción son:

Rebotadores, como "Levántate", "Sal de aquí".

Retenedores, como "Quédate aquí", "No te muevas".

Desorientadores, como "No sé si voy o vengo" o "Todo está al revés".

Rebotadores hacia abajo, como "Métete debajo" o "Regresa".

Agrupadores, como "Todo pasa a la vez", "¡Reúne todo lo que tengas!".

Llamadas, como "Vuelve", "Ven, por favor".

El *negador,* que dice que el engrama no existe, como "Aquí no hay nada", "No puedo ver nada".

También está el *cambiador de valencia,* que cambia al individuo de su propia identidad a la identidad de otro.

El *rebotador de valencia,* que prohíbe al individuo entrar en cierta valencia en particular.

El *negador de valencia,* que incluso puede negar que existe la valencia propia de la persona.

El *agrupador de valencias,* que convierte a todas las valencias en una.

Estos son todos los tipos de frases de acción.

Se podría hacer un diccionario de estas frases y tal vez tendría cierta utilidad. Pero con un poco de experiencia, el auditor aprenderá cuáles son estas frases. Es obligatorio que comprenda cuáles son estas frases, ya que cuando encuentre a su preclear haciendo cosas extrañas en la línea temporal, más le vale remediar la condición con rapidez pidiéndole al archivista el *tipo* de frase, pidiéndole luego la *frase,* y luego haciendo que el preclear la *repita* para reducir su efecto con el fin de que el preclear pueda continuar moviéndose en su línea temporal de manera adecuada.

CAPÍTULO 28   Valor de Mando de las Frases de Acción

En 4.0 no hay engramas. Las frases de tiempo presente no tienen valor reactivo.

En 3.5, si en un caso queda toda una cadena de incidentes, la computación de acción de la cadena puede ser efectiva. Las frases individuales a veces producen un ligero efecto en engramas muy severos.

En 3.0 las frases de acción en engramas severos son efectivas sobre el preclear.

En 2.5 las frases que están en engramas y en engramas secundarios causan que el preclear responda.

En 2.0 tanto los engramas, como las secundarias y las cadenas de candados contienen frases o computaciones que producen acción en el caso cuando el preclear recorre la línea temporal.

En 1.5 las frases de acción en engramas, secundarias y candados que corresponden al tono del preclear son muy efectivas, al igual que las frases de control. Por lo general, el individuo aún está dramatizando las frases de control de sus circuitos, tratando de controlar a los demás.

En 1.1 las frases de acción que están en engramas, secundarias y candados son muy efectivas, y los cambiadores de valencia son muy efectivos. Hasta este punto, los cambiadores de valencia no son muy efectivos. Pero en este punto, se vuelven sumamente efectivos, a menos que uno esté recorriendo un caso abierto de par en par (el cual normalmente, por cierto, tiene pocos cambiadores de valencia, si es que tiene alguno).

En 0.5 las frases de acción de tiempo presente (es decir, las frases de acción que se acaban de oír en el entorno) son ligeramente efectivas en el preclear. Por supuesto, todas las frases de acción de los engramas, secundarias y candados son efectivas.

En 0.1 los agrupadores son especialmente efectivos y se puede esperar que la línea temporal se encuentre en una condición de estar plegada sobre sí misma. De hecho, es posible que los agrupadores produzcan efectos en cualquier parte de la escala, al ser simplemente otro tipo de frase de acción. Sin embargo, de 1.5 hacia arriba, la línea temporal no se replegará sobre sí misma por un agrupador. De 1.5 hacia abajo, puede que sí lo haga.

El uso de esta columna es evidente. Después de recorrer un poco el auditor verá cómo se comporta el preclear con relación a las frases de acción y esto le ayudará a determinar la posición del preclear en la Escala Tonal.

LIBRO DOS

Procesamiento *de* Dianética

LIBRO DOS, CAPÍTULO UNO

Los Principios Básicos del Procesamiento

En la práctica en Dianética, el auditor está haciendo una cosa muy simple. Está recuperando theta que se ha confundido con MEST debido al dolor físico y al choque emocional. Mediante el procesamiento de Dianética, él está convirtiendo la entheta en theta.

Un axioma fundamental de Dianética es que:

LA VIDA ESTÁ FORMADA POR THETA QUE SE COMBINA CON MEST PARA PRODUCIR UN ORGANISMO VIVO. LA VIDA ES THETA MÁS MEST.

Otro axioma es que:

THETA CONQUISTA A MEST, ENTURBULÁNDOSE PRIMERO CON ÉL Y DESPUÉS RETIRÁNDOSE, EN POSESIÓN DE ALGUNAS DE LAS LEYES DE MEST, Y REGRESANDO SOBRE EL MEST PARA UNA CONQUISTA ORDENADA.

Otro axioma es que:

THETA, EN SU CONQUISTA DE MEST, HA SEGUIDO EL CICLO DE CONTACTO, CRECIMIENTO, DETERIORO Y MUERTE, REPETIDO UNA Y OTRA VEZ, USANDO THETA, CADA VEZ, LOS DATOS ADQUIRIDOS DURANTE EL CICLO PARA ADAPTAR MEJOR EL ORGANISMO PARA LA CONQUISTA ADICIONAL DE MEST.

Theta es pensamiento, una energía de su propio universo análoga a la energía del universo físico, pero que sólo ocasionalmente es paralela a las leyes electro-magneto-gravitacionales.

Los tres componentes primarios de theta son afinidad, realidad y comunicación.

Theta tiene el extraño poder de animar y dirigir a MEST y convertirlo en una unidad ordenada, móvil y que se autoperpetúa, conocida para nosotros como organismo vivo.

Theta y MEST, en una colisión desordenada, producen enturbulación tanto en la theta como en el MEST, que de hecho cambia o invierte la polaridad de la theta y del MEST. Esta polaridad invertida permite el rechazo de theta por enMEST y de MEST por entheta de manera que pueda resultar la muerte y se pueda dar comienzo a un nuevo organismo.

Theta, al actuar sobre MEST con afinidad, comunicación y realidad, adopta un aspecto conocido como razonamiento, o *comprensión*. Todas las matemáticas se pueden derivar de ARC actuando sobre MEST.

Theta puede tener considerable conocimiento residual propio. Pero el conocimiento en que está interesado un organismo es en la información relativa a las leyes de theta y MEST, según se aplican al organismo; y todos y cada uno de los organismos se desarrollan en la medida en que utilizan y comprenden estas leyes.

En el ciclo del organismo, desde la concepción hasta la muerte, theta y MEST se unen muchas veces en una colisión desordenada. Esto crea el fenómeno conocido como dolor físico. La percepción de amenazas a la supervivencia y el descenso de posición en la Escala Tonal "aumentan la carga" de estos momentos de dolor físico como mecanismo para compeler al organismo, al principio, hacia actividades de mayor supervivencia, y luego, al fracasar estas, hacia actividades de muerte para liberar la theta del MEST para empezar un nuevo ciclo. El punto crítico en que al organismo ya no se le empuja en dirección ascendente hacia la supervivencia, sino que empieza a descender hacia la muerte, es 2.0 en la Escala Tonal.

La muerte ha sido un mecanismo vital en la conquista de MEST por theta, ya que de ninguna otra forma podría la theta desenturbularse lo suficiente para poder utilizar la información recibida mediante la

Capítulo 1 — Los Principios Básicos del Procesamiento

enturbulación para crear y construir nuevos organismos o especies nuevas. Inevitablemente, a través de esta evolución, theta que (de acuerdo a la teoría) busca una conquista cada vez más amplia de MEST construiría un organismo por medio del que la fuerza de la razón podría manejar activamente grandes cantidades de MEST. El Hombre es un organismo así. Ningún organismo inferior puede organizar racionalmente una gran cantidad de MEST exterior al organismo; aunque muchos organismos inferiores tienen pautas genéticas de hábitos que sí les permiten el manejo y alteración de pequeñas cantidades de MEST.

Todo aprendizaje surge de enturbulaciones desordenadas en las que theta ha impactado demasiado repentina y bruscamente contra MEST. Todo razonamiento lo lleva a cabo la theta liberada que vuelve sobre el MEST para una conquista ordenada, utilizando las lecciones aprendidas en la conquista desordenada. Esto se aplica no sólo a la formación de organismos, sino también a todas las aventuras del Hombre (según la observación).

Es posible que Dianética (si se sigue demostrando que estas teorías son correctas, como así ha sido en el pasado) forme un puente evolutivo que minimice la muerte como mecanismo para el nuevo aprendizaje y conquista y maximice la conversión de entheta en theta, o de experiencia desordenada en razón, dentro del lapso de una vida. Si se demostrara que es así, la aceleración de la conquista de MEST por el Hombre debería ser muy acentuada. Y, de hecho, en este momento se puede observar que por falta de conocimiento de las humanidades en el pasado, sus órdenes sociales han estado durante algún tiempo en una espiral descendente aun cuando aumentara su conocimiento de las leyes físicas. El Hombre, de acuerdo con estas teorías, podría decirse que ha aprendido mucho sobre el universo físico sin aprender lo bastante acerca de theta.

Una interesante serie de experimentos hechos recientemente por la Fundación parece respaldar la teoría de que hay una mayor capacidad de razonar en theta que ha sido recuperada recientemente de una enturbulación con MEST. Se les hizo una psicometría a los individuos durante unos minutos para medir su inteligencia existente. Se les envió de vuelta por la línea temporal hasta un engrama (un auditor lo hizo) y el engrama se reestimuló a fondo. Inmediatamente después, sin haber reducido el engrama, a estos sujetos experimentales se les ordenó hacer una segunda psicometría. En estas condiciones de estrés, se realizó el segundo test, y se encontró que la puntuación del segundo test era en todos los casos más elevada que la lograda en el primer test. Se debe llevar a cabo considerable experimentación adicional y estos resultados distan mucho de ser concluyentes, pero parecerían indicar la validez de algunos de los postulados de theta–MEST. Se pueden encontrar, por supuesto, otras explicaciones para los resultados de estos experimentos. Sin embargo, los postulados theta–MEST han permitido derivar nuevos procesos de Dianética y han aumentado de forma marcada la facilidad del procesamiento y han reducido el tiempo requerido para conseguir un Liberado de Dianética. Además, los postulados theta–MEST arrojaron mucha luz sobre la Tercera Dinámica y con ellos me fue posible desarrollar una nueva tecnología de grupos que cuando se puso a prueba en proyectos piloto con grupos se encontró que tenía una funcionalidad invariable.

Para aprender cualquier cosa sobre MEST, theta se tiene que enturbular con él. Pero para utilizar los cambios ocasionados en ella por la enturbulación, la theta tiene que ser liberada de MEST para lograr una conquista razonable de MEST adicional. Se podría decir que la muerte ha sido una respuesta, pero no es satisfactoria para el organismo unitario. El procesamiento de Dianética ofrece una forma menos drástica de recuperar la theta. La Teoría Theta-MEST, según se aplica a la incrementada razonabilidad de theta una vez que esta se ha recuperado de la entheta, es inequívoca en las muchas pruebas psicométricas reunidas por la Fundación. Estas muestran rápidos aumentos en la inteligencia y una marcada mejoría de la personalidad en proporción a la cantidad de procesamiento realizado. Se podría decir que al reducir candados, secundarias y engramas, existe cada vez más theta libre en el individuo.

Al inspeccionar la línea temporal, al principio de un caso, uno normalmente se encuentra muchas zonas ocluidas sobre las que no se puede llevar a cabo ningún razonamiento. Se podría decir que estas zonas, como en los engramas en sí, contienen entheta. Cualquiera de los diversos procesos que pueden liberar esta entheta y convertirla en theta

Capítulo 1   Los Principios Básicos del Procesamiento

aumentará la razonabilidad del individuo, como lo atestiguan muchas series extensas de pruebas psicométricas llevadas a cabo antes y después del procesamiento de Dianética. Podría decirse, por lo tanto, que la restauración del recuerdo de las zonas hasta ahora ocluidas, en cuanto a la información que contienen estas áreas es valiosa como experiencia e información, aumenta la salud y la razón del individuo. Pero también se podría postular que la recuperación de la theta, que se podría decir que yace en estas zonas como entheta, aumenta la razón del individuo.

La Escala Tonal es, en realidad, una tabla de la proporción entre la theta libre y la entheta en el individuo. Por encima de la línea de 2.0, se podría decir que el individuo tiene más theta que entheta. Por debajo de 2.0, se podría decir que el individuo tiene más entheta que theta. Simplemente convirtiendo la entheta en theta, el auditor puede causar que el individuo se eleve en la Escala Tonal.

Se verá fácilmente que la condición ideal sería recuperar toda la theta y que no quedara entheta en existencia en el individuo. Al logro de este ideal se le llama, en Dianética, un estado de *Clear*. En este momento, esta sería la meta final del procesamiento. La frecuencia con la que se pueda lograr por completo, por auditores expertos o inexpertos, es cuestionable. Que se puede llegar cerca, y que los casos bajo procesamiento mejoran de forma marcada no es cuestionable, puesto que totalmente aparte de cualquier asombro acerca del estado de Clear, nadie que se haya relacionado con la Fundación o que haya practicado Dianética (con cualquier conocimiento por pequeño que sea) tiene la menor duda sobre la capacidad del procesamiento de Dianética para mejorar los casos en un cien por ciento más de lo que jamás fuera posible. Aunque no se puedan crear Clears con facilidad y rapidez, el procesamiento de Dianética dista mucho aún de ser invalidado. En realidad, se han producido y se están produciendo Clears, pero sus potencialidades totales permanecen relativamente inexploradas.

El Liberado de Dianética es más fácil de comprender que el Clear y se ha producido y estudiado en cantidades suficientes como para admitir muy pocas dudas sobre la conveniencia y estabilidad de este estado. Esta es una meta mucho más próxima y más fácilmente alcanzable.

El simple alivio del dolor, la preocupación y la infelicidad general, es habitual para el auditor de Dianética. Puede alcanzar estas metas en un lapso que va desde unas cuantas horas hasta unas cuantas semanas, con la mayoría de los preclears. Estas metas son mucho más fáciles de obtener y son muy comunes cerca de la Fundación, de tal forma que estas, que hace dos años se podrían haber considerado milagros, apenas levantan comentarios. De vez en cuando, algún auditor de la Fundación se sorprende lo suficiente para anunciar un resultado a sus compañeros auditores en una unidad de procesamiento, pero en general estos triunfos se dan por hechos*.

En este momento, se está elaborando un importante estudio sobre la producción de Clears. El factor más pertinente que ha salido a la luz es la necesidad evidente de que el auditor esté más elevado que el preclear en la Escala Tonal para poder producir buenos resultados. Justamente igual que tenemos la proporción entre theta y entheta que determina la cordura o demencia del individuo, del mismo modo tenemos que lo que determina la rapidez con que se puede desenturbular la entheta en el preclear es la proporción entre la theta libre en el auditor y la proporción entre theta libre y entheta en el preclear.

Un examen de esta teoría demostrará que existen tres procesos válidos. El primero y más simple de estos procesos consiste en *cambiar el entorno* del preclear. Es posible que su entorno anterior contenga muchos objetos y personas reestimulativas, de modo que su theta libre esté en continua enturbulación a causa de la reestimulación. Trasladar al preclear a un entorno no reestimulativo le permite "calmarse", es decir, permite que la entheta se calme en su mente reactiva y se transforme, en cierta pequeña cantidad, en theta libre. Parte del proceso de cambio de entorno sería, desde luego, mejorar la afinidad, la realidad y la comunicación en el

---

* El caso más reciente que se ha comentado en la Fundación ha sido el de una anciana que había estado postrada en cama durante dieciséis años y que estaba tan incapacitada por una ataxia locomotora que era incapaz de dar un solo paso. La procesó un estudiante durante cuatro semanas como actividad extracurricular y al cabo de este tiempo se había librado de sus síntomas y caminaba por sí sola. Sin embargo, el interés de este caso para el personal de la Fundación se debía principalmente al encanto y agradecimiento de la señora.

Capítulo 1 — Los Principios Básicos del Procesamiento

entorno del preclear. Esto, por sí solo, podría producir un ascenso en su tono. Enamorarse, al ser un aumento de afinidad, puede hacer de un hombre enfermo un hombre sano. Ser rechazado o dejar de amar, al ser una disminución de afinidad, puede poner enfermo a un hombre sano. Mejorar la comunicación de una persona, aunque sólo sea con un nuevo par de anteojos, también elevará su tono. Validar sus realidades, que estaban siendo cuestionadas, puede elevar su tono. Todas estas cosas se podrían considerar como cambios en el entorno.

Una parte especial del cambio de entorno serían los cambios en la salud debidos a nutrición o a mejores condiciones de vida. No se debe pasar por alto este proceso, ya que, según nuestra experiencia, hemos encontrado que algunos preclears que no estaban progresando bien tenían deficiencias en su nutrición. El preclear que vive a base de café y sándwiches no progresa tan bien durante el procesamiento como el que tiene una dieta adecuada y equilibrada con los suplementos vitamínicos apropiados. Un buen ejercicio físico puede, por sí solo, elevar de manera apreciable la posición del individuo en la Escala Tonal. Y podría planificarse con facilidad una terapia completa para ayudar a los psicóticos, siguiendo tan sólo el método del ejercicio por sí solo*.

El segundo proceso que es válido para producir resultados es la *educación*. La educación, si se define como el proceso de proporcionar

---

* Probablemente lo peor que le puede pasar a un psicótico es que lo pongan en la atmósfera que por lo general le proporciona el estado. Con sólo un ambiente cuerdo y sano, en el que hiciera el ejercicio adecuado y en el que hubiera individuos no reestimulativos a su alrededor, podría hacer mucho para mejorar su condición. El psicótico a veces mejorará si se le da dominio de más MEST y, de hecho, uno de los fundamentos para producir psicosis es negarle al individuo el dominio sobre MEST.

No se podría concebir mejor método para hacer psicóticos a la medida que el manicomio habitual. Y es probable que si se colocara a una persona normal en tal manicomio, en esa atmósfera se volvería psicótica. De hecho, es alarmantemente alta la incidencia de psicosis que se da entre los ayudantes y psiquiatras que atienden en tales manicomios: un indicio que hace tiempo debería haberse considerado significativo. A esto sólo lo supera la psicocirugía y el tratamiento de choque en lo que respecta al empeoramiento de los psicóticos en un estado psicótico. En lugar de darle a los psicóticos este tratamiento y sanatorios, sería mucho más humanitario matarlos inmediata y completamente; y no parcialmente, como lo hace la psicocirugía y el electrochoque.

datos nuevos al individuo y hacer que su mente ponga atención en esos datos y los use, por sí misma introduce razón en el caso. La educación generalmente proporciona nuevas áreas de concentración en el entorno del individuo y transforma gran parte de sus desconocimientos en conocimientos. La irracionalidad podría clasificarse en dos categorías: una zona de atención demasiado amplia y una zona de atención demasiado fija. En la primera, la mente deambula por grandes áreas, incapaz de seleccionar los datos pertinentes. En la segunda, en que la mente está fija, no puede deambular suficientemente lejos para encontrar los datos pertinentes. En ninguno de los dos casos puede la mente resolver el problema en el que está ocupada, debido a la falta de datos. La superstición es un esfuerzo, por falta de educación, por encontrar datos pertinentes en una zona demasiado amplia o por fijar la atención en datos irrelevantes. La experiencia personal en el entorno de uno le da lo que se podría llamar una educación personal. Un hombre se ha embrollado con MEST, se ha liberado, ha resuelto problemas, se ha embrollado otra vez, se ha retirado y ha resuelto problemas de nuevo, de modo que ha acumulado una reserva de datos personales sobre su tarea de vivir. Se podría decir que la educación es el proceso por el que al individuo se le dan los datos acumulados durante un largo periodo de cultura. Esta puede, con no menos validez que la experiencia personal, solucionar muchos de sus problemas. Y así, la theta libre, al verse frente a demasiados problemas, puede, sólo por esto, quedar desenturbulada. La buena educación puede así convertir en theta parte de la entheta de un individuo, con un consiguiente ascenso en la Escala Tonal. *Aquí se tiene que introducir, sin embargo, una condición muy clara.* La enseñanza autoritaria, por medio de la que se inculcan en el individuo los hechos y se suprime su auto-determinismo para utilizarlos, puede reducir la theta libre del individuo enredándola en un estado fijo en el banco de memoria. Theta es razón. La theta fijada es entheta. A muchas personas con educación universitaria, machacada por profesores autoritarios, se les ha reducido tanto por la Escala Tonal que se comportan en la vida más o menos como autómatas. Su auto-determinismo y, por lo tanto, su persistencia y capacidad para manejar responsabilidad se han reducido hasta tal punto que los inhabilitan para desempeñar su papel en la vida. Además, la concentración en procesos educativos pasada la mitad de la adolescencia, después de la cual una persona debería estar resolviendo los problemas de vivir, tiene un efecto inhibidor sobre la mente. A un artista, en concreto, se le obstaculiza con la educación autoritaria, pues su auto-determinismo tiene que ser el más elevado si es que su trabajo ha de tener algún valor. La educación autoritaria tiene sobre el individuo más o menos el mismo efecto que el hipnotismo, lo hunde en la Escala Tonal. Y, en realidad, en estos momentos la mayor parte de la educación se utiliza como órdenes hipnóticas, más que como invitaciones a la razón. Una educación que invita a la razón y a comparar los datos aprendidos con el mundo real puede elevar al individuo en la Escala Tonal.

El tercer proceso que se puede considerar válido para elevar al individuo en la Escala Tonal es el *procesamiento individual*, con lo que se quiere decir cualquier método que transforme su entheta en theta abordándolo como individuo.

Parece ser una de las características de theta que cuando la theta presente excede en un grado muy elevado a la entheta presente, la entheta tenderá a desenturbularse y convertirse en theta. En otras palabras, si consideráramos estos asuntos en términos de polaridad y energía, un campo positivo, si es lo suficientemente fuerte, inhibiría a un campo negativo cerca de él y después lo convertiría. Un imán muy grande, colocado cerca de un imán pequeño, cambiará los polos del imán pequeño. Cuando se coloca una cantidad muy grande de entheta cerca de una cantidad menor de theta, la theta se puede transformar rápidamente en entheta. Cuando theta y entheta existen juntas en cantidades más o menos iguales, o cuando la desproporción no es grande, existe una condición relativamente estable, donde la theta tiende a permanecer como theta y la entheta tiende a permanecer como entheta. Un ejemplo de esto en el grupo es el fenómeno de la histeria colectiva, donde uno o dos de sus miembros se enturbulan y, con mucha rapidez, el resto del grupo se enturbula.

Esta es la ley básica del contagio de la aberración:

LA ENTHETA ENTURBULARÁ LA THETA.

La emoción equivocada cambiará la emoción en emoción equivocada. La comunicación deficiente convertirá la buena comunicación en comunicación deficiente. La realidad deficiente convertirá la buena realidad en realidad deficiente. La afinidad deficiente convertirá la buena afinidad en afinidad deficiente. Los engramas de un caso enturbulan la theta convirtiéndola en la entheta de secundarias y candados.

Esto se ve ejemplificado entre la gente, cuando una persona que está hasta cierto punto demente entra en un grupo que está relativamente cuerdo. Los relativamente cuerdos pueden tratar de elevar el nivel de cordura de la persona hasta cierto punto demente y puede suceder que en este grupo la persona hasta cierto punto demente se vuelva más cuerda. Al mismo tiempo, sin embargo, la gente más o menos cuerda se vuelve menos cuerda, a menos que cuenten con algún medio o tecnología para impedir que ocurra este fenómeno.

En el caso del marido y la mujer, es fácil observar que el cónyuge que está más elevado en la escala caerá más abajo, durante la asociación matrimonial. Y por lo general, el cónyuge que está más bajo en la Escala Tonal subirá ligeramente como resultado de esa asociación. Como ejemplo adicional, el cónyuge que está más abajo en la Escala Tonal exigirá más afecto y dará menos que el cónyuge que está más elevado. El cónyuge que está en un nivel más bajo exigirá más comunicación y dará menos. Y asegurará tener más realidad, pero en realidad tendrá menos.

Se puede ver, por tanto, según se representa en la columna AQ de la tabla, que el auditor tiene que tener una proporción más elevada de theta en relación con su entheta que la que tiene el preclear. Debe existir una condición en que esté disponible mucha más theta que entheta. Un auditor cuya proporción theta–entheta está en torno a 2.5 podría, con destreza, manejar a individuos por debajo en la Escala Tonal, pero no más abajo de un punto. Un auditor 2.5 que intente manejar un caso de apatía, encontraría su propia condición (ya muy enturbulada) tan empeorada por el caso de apatía, que el caso de apatía, al tener muy poca theta libre,

Capítulo 1   Los Principios Básicos del Procesamiento

no mejoraría mucho. Un auditor 2.5 que intenta crear un Clear, empieza a trabajar cuesta arriba en cuanto el preclear llega a 2.5 y rápidamente la cuesta se vuelve demasiado empinada para ascenderla. El auditor ideal es el que tiene una dotación muy elevada de theta y que está en 4.0 en la Escala Tonal. Por lo tanto, al empezar con Dianética, en donde tenemos al auditor normal funcionando entre 2.5 y 3.0, encontramos que es muy simple elevar a los preclears a 2.0 ó 2.5, más difícil elevarlos a 3.0.

Cuando los auditores se dedican casi exclusivamente a procesar a la gente, tienden a descuidar su propio procesamiento. Y al estar constantemente en la proximidad de entheta y manejándola, empiezan a encontrar dificultades con un preclear en cuanto ese preclear alcanza 2.5. Le corresponde al auditor mantenerse él mismo procesándose continuamente y haciendo que su propio tono vaya subiendo por la escala. Cuando se tiene un equipo de co-auditación (una persona auditando a la otra) es mucho más que intercambio justo el que cada una le preste la debida atención al estado del caso de la otra persona. Pues en cuanto uno de ellos empiece a apropiarse de la mayor parte del procesamiento, el progreso de su propio caso será más lento.

Por lo tanto, el procesamiento de Dianética, según la Teoría Theta–MEST, sólo tiene una intención: la recuperación y conversión de la entheta en theta. Cualquier procesamiento que no logre esto de forma ordenada no es, por lo tanto, procesamiento válido de Dianética.

Theta es muchas cosas. Para una descripción de ella, en cuanto a su relación con el organismo MEST, sólo necesitas leer la banda 4.0 de la tabla de la Escala Tonal. Theta es razón, serenidad, estabilidad, felicidad, emoción alegre, persistencia y los demás factores que el Hombre, por lo general, considera deseables. Cualquier práctica que enturbule la theta, suprime el caso. El Código del Auditor es en realidad una lista de las cosas que uno debe o no debe hacer para preservar la cualidad theta de theta y para impedir que el auditor enturbule la theta.

Cuando el preclear tiene una pequeña cantidad de theta y una gran cantidad de entheta, el auditor debe tener especial cuidado de no enturbular la theta existente, pues es en la proximidad de tanta entheta donde se enturbula con rapidez. El auditor que maneje incorrectamente un caso así, con el uso de fuerza bruta, invalidaciones, hipnotismo, sadismo o ritos satánicos, puede enviar hacia atrás, por la línea temporal, la theta libre que aún existe, y bloquearla en una antigua secundaria o engrama y de este modo encontrarse en sus manos con un preclear temporalmente enturbulado por completo. Para evitar este peligro, uno debería localizar bien al preclear en la tabla y guiarlo en consecuencia. Esto le da una estimación de la cantidad de theta libre con la que cuenta para desenturbular la entheta existente en el caso. Puede suceder que exista tan poca theta en el caso que el auditor tenga que utilizar los métodos más ligeros y más agradables de los que sea capaz para hacer que haya suficiente theta disponible incluso para comenzar a retroceder por la línea temporal.

La columna de percentiles (la escala que va de 0 a 1,000) es un índice de la cantidad de theta disponible en el organismo para trabajar con el caso. En 4.0 está disponible el cien por ciento. En 2.0 las cantidades de theta y entheta "permanente" están más o menos equilibradas, pero la enturbulación del entorno deja al preclear con muy poca theta. Por debajo de este punto está la zona de muerte. Y aquí, al descender el tono, existe cada vez más peligro de que toda la theta restante se convierta repentinamente, y de golpe, en entheta, convirtiendo así al psicótico ocasional en un psicótico crónico, por lo menos hasta que el descanso, la buena alimentación y el ejercicio permitan que las porciones de entheta que no estén seriamente enturbuladas se conviertan otra vez en theta. Se necesita auditación muy deficiente para causar esto y el peligro es apenas un peligro en lo más mínimo si uno sigue la tabla.

El procesamiento menos persuasivo produce los mejores resultados. A medida que el procesamiento de Dianética evoluciona, se vuelve menos y menos impositivo, lo que le permite al preclear mayor y mayor libertad en sus acciones. Esto no debería llegar tan lejos como para permitirle al preclear hacer asociación libre o divagar sin fin y sin utilidad. Pero sí llega tan lejos como para nunca empujar al preclear con severidad cuando este se planta, a menos que esté en medio de un engrama secundario de pesar o terror y se esté negando a seguir adelante y pasar a través del mismo (donde si el auditor le permite abandonarlo, existe la posibilidad

Capítulo 1   Los Principios Básicos del Procesamiento

de que transcurra mucha auditación diestra antes de que el auditor haga que su preclear esté de vuelta en la secundaria).

El auditor podría comparar su trabajo con el de apartar piedras y bancos de arena de las ocultas profundidades de un río turbulento, convirtiéndolo en una corriente poderosa con un flujo tranquilo. El auditor no está cambiando la personalidad del preclear ni intentando mejorar al preclear por medio de evaluaciones y sugestiones. Sólo está facilitándole a la mente hacer lo que la personalidad básica quiere de forma natural que haga la mente. Se podría decir que esta es la finalidad y meta total del procesamiento.

El Código del Auditor

Lo primero que cualquier auditor debería saber y saber bien sobre el procesamiento es el Código del Auditor. Se le ha llamado el código de cómo ser civilizado. Saber bien qué actitud se debería tener hacia un preclear es mucho más importante que conocer las técnicas mecánicas. Esto no es por cortesía, sino por eficiencia. Ningún preclear responderá a un auditor que no se atenga al Código del Auditor.

Se debe recordar que la misión del auditor no es reducir engramas, ni recorrer completamente secundarias, ni erradicar enfermedades psicosomáticas, psicosis, ni neurosis, sino elevar al preclear en la Escala Tonal. Resulta que estas circunstancias incidentales de eliminar las neurosis, psicosis y enfermedades psicosomáticas, así como de aumentar la persistencia y la responsabilidad general del individuo, se producen a su debido tiempo, siempre y cuando el auditor mantenga el rumbo atentamente hacia su misión básica de elevar a su preclear en la Escala Tonal. Si no le da a esto su atención principal, no está liberando theta ni transformando entheta. Y si no hace esto, no puede lograr eficientemente las otras metas. El índice de lo bien que progresa con el caso del preclear es la Escala Tonal. La auditación mecánica, indolente y descuidada puede en realidad eliminar las enfermedades psicosomáticas y, sin embargo, no elevar al preclear en la Escala Tonal. Esto puede ser paradójico, pero lo que pasa es que la entheta del engrama que causa la enfermedad psicosomática se convierte en otro tipo de entheta que no es físicamente dolorosa para el preclear. No obstante, es entheta, y al preclear no se le eleva en la Escala Tonal. Por lo tanto, el auditor debe prestar una rigurosa atención a todos los medios que elevarán al preclear en la Escala Tonal y debería hacer caso omiso de las metas inmediatas y a corto plazo de la erradicación de "enfermedades", malos hábitos, neurosis, psicosis, obsesiones y compulsiones específicas. El auditor tiene que recordar que incluso una práctica tan degradada como el hipnotismo puede, mediante la implantación de sugestiones positivas, suprimir ciertos desórdenes físicos y mentales. A pesar de que estos estén suprimidos en un ámbito, pueden fácilmente manifestarse como algo completamente distinto. Una persona está más cuerda teniendo enfermedades psicosomáticas que teniendo aberraciones mentales. El hipnotismo puede erradicar enfermedades psicosomáticas en un pequeño porcentaje de casos, pero en su lugar producirá un tono más bajo en el individuo. El electrochoque y la psicocirugía pueden alterar la pauta de comportamiento del individuo y pueden suprimirlo, llevándolo a cierta condición dócil, pero el resultado es inevitablemente dañino para la capacidad, la eficiencia y la valía general del sujeto, con el detrimento adicional de que ocasionan al cerebro un daño del que el individuo nunca se recupera por completo.

Con sólo abordar el procesamiento desde el punto de vista de que uno está convirtiendo entheta en theta y liberando toda la theta disponible en el caso, uno logrará el más rápido de los progresos con el preclear. La experiencia en el campo ha demostrado que la auditación irascible, autoritaria puede continuar incluso hasta quinientas horas, que se pueden eliminar enfermedades psicosomáticas reales, y que se puede ver alguna pequeña mejoría en el tono general del preclear. Y sin embargo, ese

Capítulo 2   El Código del Auditor

descuido en poner énfasis en elevar el tono podría permitir que tal caso continuara durante otras mil horas sin producir un Clear, trasladando la entheta de una parte del banco a otra, interminablemente.

El auditor debería prestar atención al entorno de su preclear. Puede encontrar aquí que su preclear está en la proximidad de gente, situaciones y objetos tan reestimulativos que la theta libre del caso está continuamente en una condición turbulenta. En un caso así, el auditor tiene pleno derecho a recomendar un cambio de entorno mientras dure el procesamiento. Sólo con esto, ha ganado theta libre para su preclear, y mucha de la turbulencia que observa en su preclear se calmará. Se han observado casos en que el preclear estaba cerca de un cónyuge que causaba una tensión tan constante, tantas invalidaciones y que tenía tan poco interés o confianza en que el otro obtuviera cualquier posible ganancia, que el procesamiento sólo proporcionaba un escaso beneficio, y el auditor estaba desperdiciando diez horas de tiempo de auditación por cada hora que resultaba efectiva.

El auditor no debería cejar en educar a su preclear, siempre y cuando la educación no se base en órdenes, sino que se haga como una invitación al auto-determinismo del preclear para que se manifieste, una invitación al preclear para que razone las cosas basándose en su propia decisión. Esto es especialmente benéfico con los niños. De hecho, los niños están rodeados de tanto mangoneo y tantas restricciones que su auto-determinismo es a menudo demasiado escaso para hacerle frente a algo como sus situaciones personales. En un caso así, el papel del auditor es sin duda invitar al niño a pensar las cosas por sí mismo, redefiniendo de vez en cuando palabras o situaciones para el niño. En realidad, un auditor puede tomar a dos o tres preclears y formar un grupo educacional en el que una discusión mutua de sus problemas personales tenga como resultado una subida del tono de los preclears.

El tercer método de procesamiento (por supuesto el más perdurable) es la auditación mediante procesamiento de Dianética, en la que el auditor se concentra en liberar toda la theta disponible en el caso y convertir tanta entheta como sea posible en theta. El primer paso del auditor para lograr esto, si lo considera compatible con la situación del entorno, es promover la afinidad, la comunicación y la realidad con su preclear y establecer un grupo de dos: él y su preclear.

El auditor debe reconocer que, en cada caso, está tratando con una persona cuya conducta no es tan buena como llegará a ser. Por lo tanto, el auditor debe ejercer un gran autocontrol y constituir un ejemplo para su preclear. Para hacer esto, el auditor nunca debe, bajo ninguna circunstancia ni por ninguna razón, infringir ninguna parte del Código del Auditor con el preclear.

A primera vista, puede que no parezca que infringir el Código del Auditor sea un pecado muy grave. Pero un auditor se ha comprometido a ayudar a un semejante y su dedicación a ese propósito debe ser sincera hasta extremos sagrados. Un auditor, al hacer mal uso de su posición con lo que sabe sobre la mente humana, puede causar estragos en un preclear confiado. La negligencia por sí sola, si la respaldan buenas intenciones, pocas veces puede causar mucho daño. Pero la intención maligna, por medio de la cual un auditor espera conseguir grandes "ganancias" al utilizar el engaño y emplear mal la sagrada confianza que ha asumido, de ayudar a sus semejantes, puede lanzar a un preclear muy abajo por la Escala Tonal.

Si uno no siente que pueda mantener el Código del Auditor total y completamente, no debería auditar a nadie, bajo ninguna circunstancia. Ni debería permitir que lo persuadan para que audite a nadie. Y cualquier preclear debería tener mucho cuidado de no permitir que lo audite nadie que potencialmente infringiría el Código del Auditor. El preclear que se encuentre frente a una infracción del Código del Auditor, debería dar por terminado, instantánea y terminantemente, su procesamiento con ese auditor, y debería encontrar a otro que pueda mantener el Código. Un hombre que infrinja este Código una vez, lo infringirá muchas veces. Y el preclear nunca debería persistir en ese convenio con la excusa de que sólo puede conseguir un auditor. Cualquiera que infrinja este Código está por debajo de 2.5 en la tabla y no debería auditar, sino que él mismo debería estar recibiendo auditación.

Capítulo 2 El Código del Auditor

Un esfuerzo generoso y sincero por poner en práctica Dianética, después de un estudio a fondo de los principios que contiene este libro, si el estudiante se atiene a estos principios, producirá efectos marcados y benéficos en los seres humanos nunca antes alcanzados en la historia del Hombre. Para producir estos efectos, el auditor debe permitirse adoptar el Código del Auditor, y mantener estos principios tan sagrados como si fueran los votos del sacerdocio:

El auditor se conduce de manera que mantenga *afinidad, comunicación* y *acuerdo* óptimos con el preclear.

El auditor es *digno de confianza*. Comprende que el preclear ha confiado al auditor su esperanza de un nivel más elevado de cordura y felicidad y que esa confianza es sagrada y jamás se debe traicionar.

El auditor es *cortés*. Respeta al preclear como ser humano. Respeta el auto-determinismo del preclear. Respeta su propia posición como auditor. Expresa este respeto con una conducta cortés.

El auditor es *valiente*. Nunca retrocede ante su deber para con un caso. Nunca deja de usar el procedimiento óptimo, a pesar de cualquier conducta alarmante del preclear.

El auditor *nunca evalúa* el caso por el preclear. Se abstiene de ello, sabiendo que computar por el preclear es inhibir la computación del propio preclear. Sabe que refrescar la mente del preclear acerca de lo que sucedió antes supone causar que el preclear dependa en gran medida del auditor, y de ese modo minar el auto-determinismo del preclear.

El auditor *nunca invalida* ninguno de los datos ni la personalidad del preclear. Sabe que de hacerlo, enturbularía gravemente al preclear. Se abstiene del criticismo y de la invalidación, sin importar cuánto se alteren o perturben el propio sentido de la realidad del auditor con los incidentes o declaraciones del preclear.

El auditor usa solamente técnicas diseñadas para restablecer el *auto-determinismo* del preclear. Se abstiene de toda conducta autoritaria o dominante, prefiriendo siempre guiar a empujar. Se abstiene de usar hipnotismo o sedantes con el preclear, sin importar cuánto los pueda exigir el preclear debido a su aberración. Nunca abandona al preclear por pusilanimidad en relación con la capacidad de las técnicas para resolver el caso, sino que persiste y continúa restableciendo el auto-determinismo del preclear. El auditor se mantiene informado sobre cualquier destreza nueva que haya en la ciencia.

El auditor se *cuida a sí mismo* como auditor. Trabajando con otras personas, mantiene su propio procesamiento a intervalos regulares para poder mantener o elevar su propia posición en la Escala Tonal a pesar de la reestimulación propia en el proceso de auditar a otros. Sabe que dejar de atender su propio procesamiento, hasta que él mismo sea Liberado o Clear, en el más estricto sentido de estos términos, va a costarle a su preclear el beneficio del máximo rendimiento del auditor.

Este es el Código del Auditor. Se ha descubierto que los dos aspectos más importantes del Código son la preservación del sentido de la realidad del preclear y la fiabilidad del auditor. Una invalidación de los datos del preclear, sin importar lo escandalosamente que esos datos puedan agredir el propio sentido de la realidad del auditor, puede ser grave y llegará a provocar cerrar el sónico y la visión del preclear, todo en un momento. La mayoría de los preclears están ya bastante inseguros en presencia de su propio pasado. Muy comúnmente se invalidan a sí mismos, práctica de la que se les debería disuadir. Cuando el auditor invalida los datos del preclear, la conmoción para el preclear puede ser muy grande. En lo referente a la fiabilidad, el auditor nunca debe aprovecharse del preclear, ni para usar sus datos, ni para usar un estado temporal de apatía, propiciación o reestimulación, para poseer carnalmente al preclear u obtener ganancias materiales.

Capítulo 2   El Código del Auditor

Cualquier pareja de personas con una relación constante, que se conduzcan de acuerdo al Código del Auditor, pronto descubrirán no sólo que son Clear o casi Clear como grupo de dos, sino también que su conocimiento y alegría en lo que respecta a las relaciones humanas han aumentado inconmensurablemente.

LIBRO DOS, CAPÍTULO TRES

Los Factores Mecánicos de la Aberración

De acuerdo a la teoría básica de Dianética, *theta* (con lo que se quiere decir la fuerza vital, la energía vital, la energía divina, el *élan vital* o, con cualquier otro nombre, la energía peculiar de la vida que actúa sobre lo material en el universo físico y lo anima, moviliza y cambia) es susceptible de alteración en carácter o vibración, momento en que se convierte en theta enturbulada o *entheta*.

Una descripción de theta pura actuando en un control armonioso de MEST se puede encontrar en la banda de 4.0 de la tabla. Aquí descubrimos a theta como razonable, persistente, responsable, con una afinidad muy elevada en todas las esferas de atracción, capaz de una elevada comunicación, tanto "percépticamente" como con las ideas, y con un elevado sentido y apreciación de la realidad. Un individuo cuya theta no esté enturbulada en su entorno actual, cuya educación no esté enturbulada por datos deficientes y malos maestros en una cultura irrazonable, y de cuya vida se haya eliminado todo el dolor físico y mental, dados unos antecedentes genéticos promedio, sería un nivel de Clear muy elevado.

Las cosas que hacen que el individuo descienda del estado de Clear y que lo hacen bajar por la Escala Tonal, serían un entorno turbulento e infeliz, una educación deficiente e irrazonable en una cultura no demasiado racional, una mala dotación física y, lo que es más importante para el auditor, la theta aprisionada como entheta en momentos de dolor físico del pasado y theta adicional aprisionada como carga como consecuencias posteriores de ese dolor físico.

En lo que respecta a la forma directa de abordar el caso, el auditor podría concebir un caso como theta relativamente pura en *potencia*, según se viera modificada por el entorno, la educación y la dotación física, pero que esta theta, en momentos anteriores de dolor y aflicción, se ha convertido, al menos parte de ella, en entheta que está retenida en diversos momentos del pasado de la persona. Mediante métodos de procesamiento, el auditor libera la entheta, que automáticamente se convierte en theta y queda disponible para la actividad general del individuo en la vida, y de esta forma lo eleva automáticamente en la Escala Tonal.

Se podría decir que el dolor físico es para theta la reacción de alarma de que al organismo se le ha impactado con demasiada fuerza contra MEST. El dolor físico es una advertencia brusca y severa de contra-supervivencia. Sin un mecanismo de dolor físico, no se podría advertir a ningún organismo de los peligros físicos mediante la experimentación del dolor. Y así ningún organismo podría sobrevivir, pues ningún organismo tendría una percepción de la destrucción. Así, el dolor físico es en realidad un percéptico, justo como la vista y el sonido son percépticos. El dolor físico como mecanismo de percepción se encuentra justo detrás de todos los demás mecanismos de percepción, ya que demasiada luz puede causar dolor, demasiado sonido puede causar dolor, demasiado movimiento puede causar dolor, y demás. La theta del organismo percibe el MEST (es decir, el universo físico de materia, energía, espacio y tiempo) por medio de las diversas percepciones de vista, sonido, movimiento, sensación orgánica, y demás. En cuanto cualquiera de ellas se hace demasiado intensa, el control ordenado y armonioso de theta sobre MEST

CAPÍTULO 3 — LOS FACTORES MECÁNICOS DE LA ABERRACIÓN

sufre un choque de interrupción. La theta y el MEST unidos demasiado estrechamente en una turbulencia forman así entheta y enMEST.

Todo individuo tiene una *línea temporal*. Se trata simplemente de todas las percepciones de una vida, desde la concepción hasta el tiempo presente: la línea temporal del organismo. En cada momento del "ahora" (tiempo presente), el organismo registra, mediante percepción, alguna porción del universo físico. Estas percepciones se almacenan en lo que se llama *banco de memoria estándar,* si son analíticas y no son físicamente dolorosas, o en el *banco de memoria reactivo,* si contienen dolor físico. Por lo tanto, estas percepciones se almacenan en una continuidad interminable desde el primer momento de vida celular en adelante hasta el tiempo presente. La línea temporal es una serie consecutiva de "ahoras" a través del día y de la noche, de la semana, el mes y el año durante toda la vida.

Cada vez que las percepciones, debido a una turbulencia severa, se graban como dolor físico, se podría decir que el enMEST convierte y mantiene ahí, estática, la theta presente. Todas las grabaciones de dolor físico están ausentes de la línea temporal, en lo que se refiere a la memoria estándar, y en su lugar se archivan en el banco reactivo. Cada vez que esto sucede, menos theta parece estar disponible para la porción analizadora y consciente del ser de la persona y pasa a formar parte del "debe" de entheta del libro mayor. Mientras el individuo posea proporcionalmente más theta que entheta, se encuentra en un nivel más bien alto en la Escala Tonal, pero cuando la entheta aprisionada comienza a ser mayor que la theta, al individuo se le hace bajar por la Escala Tonal a un nivel de contra-supervivencia. La posición de la persona en la Escala Tonal no sólo determina su potencial de felicidad, sino también su longevidad. La inmortalidad se puede medir de muchas maneras. Cuanto más elevada esté una persona en la Escala Tonal, más tiende hacia la inmortalidad. Cuanto más baja esté una persona en la Escala Tonal, más tiende hacia la muerte. La cantidad de theta en el caso determina la cantidad de *potencial de supervivencia* del individuo. Y la cantidad de entheta en el caso determina la cantidad de *potencial de contra-supervivencia.*

Por medio del procesamiento, el auditor libera la entheta del caso, aumentando así el potencial de supervivencia del individuo. Los procesos que liberan entheta y la convierten en theta, pueden ser formidables en teoría, pero en la práctica son muy sencillos y se pueden hacer de memoria, ya que por naturaleza theta recupera fácilmente su estado libre y no enturbulado cuando se le proporciona ayuda sencilla.

El auditor debería comprender a fondo que (de acuerdo a la teoría, confirmada mediante observación en la práctica) no existe entheta a menos que tenga, como causa básica, el dolor físico.

No debería comprenderse menos que la entheta, al ponerse en contacto con pequeñas cantidades de theta, la convierte en entheta también. Además, al ponerse theta en contacto con cantidades menores de entheta, convierte la entheta en theta. Esta es una conversión en dos direcciones. Cuando la theta está cerca de la entheta, la convierte en theta. Cuando la entheta está cerca de la theta, la convierte en entheta. De aquí proviene el contagio de la aberración, un principio de importancia considerable en Dianética:

THETA CERCA DE ENTHETA SE ENTURBULA Y SE CONVIERTE EN ENTHETA.

Antes se pensaba que la demencia se heredaba. Es cierto que una dotación genética en términos de estructura, o una dotación de una cantidad demasiado pequeña de theta, pueden predisponer a una persona más que a otras a la demencia; pero sólo en las proximidades de entheta. Por supuesto, puede existir la demencia de cerebros con malformaciones, cuando están ausentes algunos de los mecanismos de percepción y computación. Pero este tipo de demencia sólo tiene como resultado la incapacidad para pensar, no el pensamiento aberrado. No es cierto, entonces, que la demencia sea hereditaria. La demencia aparentemente se produce sólo por contagio. Una cultura o entorno enturbulado puede mantener a un individuo en un estado continuo de turbulencia. Pero en la ausencia de engramas, ese individuo dejaría de estar enturbulado tan pronto como se apartara de la fuente de la turbulencia. La gente que está demente hace que quienes los rodean desciendan de forma marcada

CAPÍTULO 3 — LOS FACTORES MECÁNICOS DE LA ABERRACIÓN

en la Escala Tonal, y se podría decir que son responsables de toda la demencia que existe en la especie. Si uno se relaciona con individuos muy aberrados, él mismo se volverá, como consecuencia, muy aberrado; aunque sólo sea mientras esté cerca de los allegados que estén muy aberrados.

Hay una aparente línea familiar de aberración. Antes se pensaba que se transmitía genéticamente, pero es evidente que no es así. Se transporta por el conducto de pensamiento de la familia. Las confusiones de la vida doméstica se introducen en los momentos de lesión física del niño. Y el niño, como consecuencia, se vuelve propenso a las aberraciones familiares y las manifestará.

El principio del contagio de la aberración es de amplio alcance. Uno puede observar en cualquier grupo de personas que una o dos pueden estar mucho más aberradas que las demás. Uno puede hacer el simple experimento de quitar del grupo a una o dos personas aberradas y se verá entonces que se elevará el nivel de tono general del grupo ya que se ha retirado la fuente de turbulencia principal del grupo.

Examinando la vida de cualquier preclear, su historial de caso, y sin examinar ninguna de las propias aberraciones del preclear, el auditor puede hacer una buena estimación de las aberraciones del preclear, simplemente descubriendo qué clase de personas eran los padres. Es un hecho inexorable que estas aberraciones, de una forma u otra, se manifestarán en el preclear.

El auditor debería comprender plenamente el principio del contagio. Por fortuna, la conversión funciona en ambas direcciones. La cordura también es contagiosa. Así, al observar el Código del Auditor y proporcionar un entorno cuerdo para su preclear, el auditor puede volver a poner algo de la entheta del caso del preclear en el estado de theta sin ningún procesamiento. Esto es particularmente valioso en el tratamiento de los psicóticos.

Se podría decir que existen tres divisiones de entheta. Básicamente, la única manera en que la entheta aparece en cualquier forma de vida es por lesión física. Pero una vez que la lesión física está presente, la entheta que contiene contagia a la theta implicada en circunstancias que se asemejan o se aproximan a las de la lesión física. Cuando esto sucede, tenemos otro tipo de entheta: los candados que se forman por la reestimulación. Las conmociones de los momentos conscientes, los pesares y las penas, los miedos y los enojos, las rupturas de afinidad, comunicación y realidad que uno tiene en la vida, serían el tercer tipo de entheta; que sería entheta temporal, si no fuera por la presencia de la lesión física y de su entheta en el caso. Para dejar esto más claro, primero existe el engrama. Este es dolor físico, enMEST y entheta retenidos en un punto específico de la línea temporal. Esto podría no llegar nunca a ser grave a no ser por la reestimulación causada por el entorno. Cuando este engrama se reestimula, vuelve turbulenta gran parte de la theta libre que existe en el organismo. Parte de esta turbulencia permanece como entheta inmovilizada adicional, un poco de ella se desenturbula y se convierte en theta otra vez.

El engrama, un momento de dolor físico, forma la base de la entheta. Y habiéndola formado, poco a poco por contagio, roba theta libre del individuo y la convierte en entheta "permanentemente" en la forma de engramas secundarios y candados. En el momento de la reestimulación, quizá casi toda la theta del individuo se enturbula. Pero esta se desenturbula con mayor o menor rapidez, o se calma, y se vuelve a convertir en theta.

Uno podría, entonces, tener un cuadro de una línea temporal como una línea recta que va desde la concepción a tiempo presente. En algún punto, al principio de esta línea temporal, hay un momento de lesión física. Un poquito después en la línea temporal, el entorno se asemeja a ese momento. Esto sería un key-in. En realidad, el individuo tiene que estar más o menos enturbulado por el entorno general cuando tiene lugar el key-in, lo que significa que tendría que estar preocupado o cansado o quizás sólo molesto por algo.

Este key-in da ahora más poder y fuerza al engrama. La siguiente vez que el engrama se reestimula, se añade otro candado y se marcaría como un tercer punto en la línea temporal. Entonces digamos que tiene lugar cierta pérdida que se asemeja, de alguna forma o formas, a este engrama original. Si fuera algo como la muerte de un ser querido, tendría lugar una enorme cantidad de turbulencia. La turbulencia, por su propia

CAPÍTULO 3   Los Factores Mecánicos de la Aberración

magnitud, se asemeja a la naturaleza del dolor físico. Una cantidad muy grande de theta queda aprisionada por el dolor físico. A esto se le llamaría un engrama secundario. La diferencia entre un engrama secundario y un candado es el orden de magnitud de la theta aprisionada, es decir, de la entheta. Cada vez que ocurre una secundaria, toda la theta del individuo se puede enturbular temporalmente. Pero sólo una pequeña porción permanece inmovilizada como entheta y el resto de la theta enturbulada se vuelve a convertir en theta libre.

Así, uno puede ver que conforme la vida va progresando, más y más theta se queda fija como entheta en candados y engramas secundarios, y el organismo tiene cada vez menos theta disponible para poder razonar. A esto se le denomina la *espiral descendente*. Se le llama así porque cuanta más entheta haya en el caso, más theta se convertirá en entheta en cada nueva reestimulación. Es un "círculo vicioso" tridimensional que lleva al individuo hacia abajo por la Escala Tonal. En un niño se han formado muy pocos candados y secundarias y, por lo tanto, la theta del niño está libre y su tono es elevado. Sin embargo, aunque este niño no reciba más engramas durante varios años, los engramas que ya tiene pueden aumentar su carga gradualmente debido a candados y secundarias hasta que tenga menos theta libre que entheta, momento en el que estaría muy bajo en la Escala Tonal.

También puede suceder que un gran éxito en la vida, un matrimonio tremendamente feliz o la relación con individuos con un elevado nivel de theta, actúe sobre el banco reactivo para convertirlo, al menos en parte y sin procesamiento, de nuevo en theta libre. Por ejemplo, aquí tenemos la tranquilidad de la persona aberrada que renuncia al mundo turbulento y toma los votos religiosos. En este nuevo entorno, tiene menos situaciones que se asemejen a sus antiguos candados y engramas. Pero lo que es más importante, está cerca de mucha más theta y como consecuencia se desenturbulará y, por lo tanto, subirá en la Escala Tonal.

De manera similar, la persona que está ociosa, sin meta ni dirección, puede encontrar que su acumulación de secundarias y candados sea mucho mayor, ya que su theta (al estar ociosa) ya está algo enturbulada. Este individuo puede que llegue a estar muy ocupado tratando de alcanzar una meta concreta y valiosa y su theta, al desenturbularse así, le robará a sus candados y secundarias algo de la entheta que contienen.

Un individuo, que en un entorno puede haber estado viviendo en condiciones extremadamente insalubres, puede cambiar su modo de vivir para incluir ejercicio, sol y aire fresco. Y este cambio, al producir una mejor condición física, desenturbulará por sí mismo al individuo hasta cierto punto.

El procesamiento de Dianética hace simplemente esto: usa la theta del preclear, con la ayuda de la theta del auditor, para desenturbular la theta que contienen los candados, las secundarias y los engramas del preclear.

La meta del auditor es desenturbular entheta, no necesariamente recorrer engramas ni concentrarse en candados o secundarias; una cosa más que otra. En casos diversos, existen condiciones diversas que hacen necesario abordar primero a uno y después a otro de estos tres tipos de entheta. El auditor debería comprender perfectamente la anatomía del engrama, así como la de la secundaria y la del candado.

Un engrama se produce cuando el organismo del individuo sufre un fuerte impacto con MEST. Esto es dolor físico real. Puede ocurrir en cualquier parte del cuerpo y puede ser simplemente por la recepción demasiado intensa de luz o sonido, por erosión como en los raspones o en las quemaduras solares, por cortadas, contusiones, fracturas, trastornos orgánicos, sobredosis de sustancias venenosas, ataques de bacterias y virus, o cualquier causa usual o inusual de dolor físico. Cada momento de dolor físico contiene en sí una desconexión parcial o considerable de la función analítica de la mente. Mediante el dolor físico, se puede interrumpir la consciencia por un momento o durante días. Pero sin importar la duración, el dolor físico siempre produce una reducción de la consciencia. Puede que uno no se dé cuenta de esto completamente hasta que no se le haya borrado un instante en que se quemó el dedo o algo igual de intranscendente. Se enterará de que aunque creía saber todo lo que sucedió durante ese momento de dolor, sin embargo, algunos datos del incidente aún quedaron ocultos. Estos datos faltantes son el contenido de la mente reactiva.

CAPÍTULO 3 — LOS FACTORES MECÁNICOS DE LA ABERRACIÓN

El engrama contiene todas las percepciones presentes durante el periodo de su recepción. Esto no se comprendía antes de Dianética. Se pensaba que una persona inconsciente tan sólo estaba inconsciente y que no quedaban registradas las cosas que se le decían ni otras entidades perceptibles que impactaran sobre ella. Sin importar la profundidad de la inconsciencia en presencia del dolor físico, la mente reactiva registra total y completamente todas las percepciones posibles del entorno, incluyendo el dolor físico. Por ejemplo, durante una operación en que se usa anestesia, todo el dolor físico, las palabras del médico, el olor del éter, los pasos de la enfermera, la sensación de la mesa y las funciones de los órganos internos, entre otras cosas, se registran por completo en la mente reactiva del individuo como un engrama.

Si uno está familiarizado con el hipnotismo, puede comprender con facilidad el carácter compulsivo u obsesivo de los datos que están fuera de la vista de la mente consciente, pero que sin embargo le impone a la fuerza desde abajo el empuje del dolor físico. Los datos ocultos y el dolor oculto causan el pensamiento en identidades, de manera que se reduce el poder para diferenciar y, en consecuencia, para razonar. Un individuo obedece a los engramas literalmente. Cuando se reestimula un engrama, el individuo puede dramatizar el engrama o pasar por el ciclo-de-acción que exige el engrama, si este se puede dramatizar. Se dramatice o no, el engrama que contiene inconsciencia, reduce la consciencia analítica del individuo. Y una persona que tiene muchos engramas en reestimulación tiene normalmente menos de una cuarta parte de consciencia analítica y aún se le puede considerar normal.

La entheta del engrama hace posible que se formen candados. El engrama se reestimula en un individuo cuando está menos alerta analíticamente que de costumbre a causa del cansancio o cualquier otra condición no óptima. El engrama puede contener ciertos percépticos que se duplican en el entorno inmediato del individuo. Esta semejanza del entorno con el engrama produce una identificación del mundo exterior con el mundo interior de los engramas y así produce la reestimulación del engrama. Esta reestimulación se manifiesta en la enturbulación del individuo. El proceso de enturbulación fija en el engrama parte de la theta del individuo, convirtiéndola "permanentemente" en entheta. La primera vez que se reestimula un engrama (y un engrama puede permanecer latente durante cuarenta años sin que se reestimule) se llama key-in. Un key-in es sencillamente un tipo especial de candado.

El engrama secundario tiene lugar cuando la turbulencia del individuo es muy elevada. El entorno puede ocasionar enojo, miedo, pesar o apatía, y si esta situación tiene subyacente un engrama de dolor físico, y si se asemeja a él aunque sea vagamente en los percépticos, enormes cantidades de theta quedan aprisionadas como entheta en la secundaria. El engrama secundario es enormemente importante. Se recorre exactamente como un engrama de dolor físico. Si uno pudiera eliminar todos los engramas secundarios de un caso, sin tocar los engramas de dolor físico, tendría un Liberado. La secundaria almacena cantidades tan grandes de entheta que a menudo se obtienen resultados extraordinarios al recorrer un simple engrama secundario. Sin embargo, el auditor debería comprender perfectamente que no puede existir ningún engrama secundario a menos que haya subyacente un engrama de dolor físico. Al recorrer un engrama secundario, el auditor puede descubrir a menudo que con él también está recorriendo un engrama de dolor físico.

Las imposiciones y rupturas de afinidad, comunicación y realidad que tiene un caso no son tipos especializados de secundarias o candados, sino que simplemente son los componentes de las secundarias y los candados. Cualquier engrama de dolor físico es una ruptura de afinidad entre theta y MEST y es, de hecho, la ruptura de afinidad básica. La ruptura de afinidad causa una reducción de la comunicación, pues la theta ya no desea aproximarse a este tipo de MEST con la misma avidez de antes. Y como theta no tiene un acuerdo armonioso con MEST, se reduce la realidad. Aquí tenemos, en las rupturas de afinidad, comunicación y realidad, la causa básica de las dificultades en cualquier organismo. El propósito de theta es conquistar MEST de forma armoniosa. Y cuando MEST reacciona súbitamente y sin aviso contra el organismo theta, se frustra el impulso básico de esa theta. Así, se podría decir que esta es la base de toda aberración. Y según la observación y la experiencia, este postulado parece confirmarse de forma adecuada.

CAPÍTULO 3 LOS FACTORES MECÁNICOS DE LA ABERRACIÓN

La carga de entheta del engrama aumenta mediante el proceso de adquisición de candados y secundarias por parte del individuo. Un engrama que tiene demasiada carga no sólo no se puede recorrer, sino que por lo común ni siquiera se puede contactar con él hasta que no se reduzcan las secundarias y los candados. Así, en la mayoría de los casos, lo primero que el auditor aborda son los candados, luego las secundarias y luego los engramas, tratando más candados y secundarias para que más engramas estén disponibles.

Todo el propósito del auditor es transformar la entheta en theta de la manera más rápida y eficiente posible. De dónde obtenga la entheta (ya sea de engramas, de secundarias o de candados) no es de primordial importancia. Theta es theta.

LIBRO DOS, CAPÍTULO CUATRO

Las Dinámicas de la Existencia

Tras Dianética hay una considerable tecnología relacionada con el conocimiento en sí y con filosofías generales sobre el pensamiento, sin las cuales Dianética no hubiera podido llegar a existir.

El postulado principal de Dianética es:

EL PRINCIPIO DINÁMICO DE LA EXISTENCIA ES: *¡SOBREVIVE!*

Theta (en la que su propósito es la conquista de MEST), la vida y los organismos no tienen como motivación ningún otro principio que *sobrevivir*. Lo opuesto a esta motivación es *sucumbir**.

---

* Dos axiomas básicos sobre el conocimiento son los siguientes:

AXIOMA UNO: UN DATO ES TAN IMPORTANTE COMO SE EVALÚE EN TÉRMINOS DE SOBREVIVIR O SUCUMBIR.

AXIOMA DOS: UN DATO SÓLO PUEDE EVALUARSE MEDIANTE DATOS DE MAGNITUD COMPARABLE.

La unidad básica, tanto del universo theta como del universo MEST, es dos, no uno. La unidad básica de uno, como postulado, es imposible, pues no tiene nada mediante lo que se le pueda evaluar. Por lo tanto, la unidad básica de dos es necesaria. Intentar postular cualquier cosa, basándose en uno como la unidad básica produce un considerable desorden en el pensamiento. El Ser Supremo, por ejemplo, tiene como segundo dato para su evaluación al Diablo. El Ser Supremo es sobrevivir. El Diablo es sucumbir. El postulado básico de Dianética contiene, como parte sobreentendida, el hecho de que sobrevivir se corresponde con sucumbir.

El fracaso en sobrevivir es sucumbir.

Theta, como energía, en la medida en que la observamos en organismos que son en parte MEST, sobrevive o sucumbe. Mest, de acuerdo a las leyes físicas más fundamentales y a la conservación de la energía, sobrevive o sucumbe. Se observará en ambos casos que, sucumbir es aparentemente la conversión de la energía en otra forma. Theta, al convertirse en entheta, pasa de sobrevivir a sucumbir. Pero la energía no se pierde y la muerte es uno de los mecanismos de liberación con el que theta se puede llegar a independizar temporalmente de MEST, para así combinarse de nuevo con MEST, formando otro organismo para continuar las generaciones. En el universo físico, la energía sobrevive. Pero las formas que adopta la energía a menudo sucumben y se transforman en otras formas de energía.

La tabla de la Escala Tonal se divide en 2.0. Por encima de este punto, la dirección de la acción dinámica del organismo es hacia la supervivencia. El organismo buscará niveles más altos de supervivencia, tratará de vivir lo más posible y lo mejor posible, siendo ambos componentes de la supervivencia; pues, en general, cuanto más pródiga sea la existencia, mejor será el potencial de supervivencia.

Por debajo de 2.0 la acción dinámica del organismo tiende hacia sucumbir. En apariencia, el individuo se puede dedicar a actividades de supervivencia pero hará algo para dar lugar a un fin contra-supervivencia sin importar la actividad a la que se dedique el individuo. Por debajo de 2.0 el individuo tenderá hacia la muerte de sí mismo, del sexo, del futuro, de los grupos o de la Humanidad. Es destructivo hacia la vida. Crea enMEST a partir de cualquier MEST que pueda tener a mano o en el que pueda influir. Repele theta y atrae entheta.

Esta es la banda del inmoral, el promiscuo, el criminal, el fascista, el impío, el suicida y otros indeseables. Sea cual sea la acción que lleve a cabo el individuo que está por debajo de 2.0 aguda o crónicamente, tenderá hacia la muerte de sí mismo o de cualquier cosa con la que esté asociado. Lo que él admita puede ser totalmente distinto y él mismo puede incluso creer que busca niveles más altos de supervivencia. Pero el producto final de sus acciones, ya sea que estas tengan que ver con un negocio, un matrimonio, una amistad, un grupo o una religión, será la muerte o alguna situación indeseable de contra-supervivencia que, desde luego, tiende ella misma hacia la muerte.

Generalmente no se comprende que el criminal no sólo es antisocial, sino que también es anti-él-mismo. Cualquiera que esté por debajo de 2.0 es un delincuente potencial o activo ya que continuamente se cometen delitos contra las acciones pro-supervivencia de otros. Se podría definir el delito como la reducción del nivel de supervivencia en cualquiera de las ocho dinámicas*.

Los antiguos adagios sobre las Fuerzas del Bien y las Fuerzas del Mal son asombrosamente apropiados cuando se estudia a los hombres desde el punto de vista de la Teoría Theta–MEST. Para comprender mejor esto, tal vez se deberían presentar los axiomas de Dianética respecto al bien y al mal.

Se puede considerar que el *bien* es cualquier acción constructiva de supervivencia. Resulta que ninguna construcción se puede llevar a cabo sin alguna pequeña destrucción, al igual que se debe derribar la destartalada casa de pisos para dejar espacio para el nuevo edificio de

---

* A la policía le desconcierta continuamente la irracionalidad del delincuente. Como en general los agentes de policía son personas racionales y ellos mismos tienden a la supervivencia, a veces no pueden comprender con facilidad que el delincuente suele tomar la ruta de la contra-supervivencia para sí mismo y para su grupo. No importa cuál sea el coeficiente de inteligencia del delincuente, dejará pistas obvias en el escenario. Huirá de los delitos a una velocidad calculada para atraer la atención de cualquier agente de tráfico. Cuando lo atrapan en un delito que tiene como sanción algo tan leve como treinta días de cárcel, el delincuente puede intentar usar armas contra la policía y así suicidarse a costa de la vida de algún agente valioso. Lo más desconcertante del trabajo policial es intentar deducir los motivos del delincuente empleando cualquier tipo de criterio racional. El único motivo que tiene el delincuente es la destrucción en cualquiera de las dinámicas, incluyendo la Primera. A veces sucede que si a un delincuente se le promete algo contra-superviviente a cambio de información, hará el trato con gusto, mientras que se rehúsa a dar información a cambio de su libertad y de continuar teniendo buena salud. Quienes ayudan a los delincuentes o tratan con ellos saben, para pesar suyo, que por lo común el delincuente paga con acciones destructivas a la mano que le ayuda. Las juntas de libertad condicional quedan particularmente consternadas por todas las veces que a sus concesiones de libertad, bajo ciertas condiciones, se les paga con una acción destructiva. La policía ya lleva algún tiempo buscando una definición apropiada para el verdadero delincuente. Se debe separar a los hombres de la sociedad sólo cuando constituyan una amenaza continua u ocasional para esa sociedad. Se puede encontrar una respuesta a este problema en la tabla adjunta.

apartamentos. El bien queda modificado adicionalmente por el punto de vista del individuo. Para que algo sea bueno, debe contribuir al individuo, a su familia, a sus hijos, a su grupo, a la Humanidad o a la vida. Para que algo sea bueno, debe contener construcción que exceda a la destrucción que contiene. Una nueva cura que salva cien vidas y mata a una es una cura aceptable. Lo que es bueno desde el punto de vista de una persona puede ser malo para otra. En el caso de A que consigue un nuevo empleo, esto es bueno para A, pero es posible que sea malo para B, a quien despidieron para que A pudiera tener el empleo. El bien es supervivencia. El bien es tener razón más de lo que uno está equivocado. El bien es tener más éxito que fracaso en el desarrollo de actividades constructivas. Las cosas buenas son las que complementan la supervivencia del individuo, su familia, sus hijos, su grupo, la Humanidad, la vida y el MEST. Los actos buenos son los que son más beneficiosos que destructivos en estas dinámicas, según los modifica el punto de vista del individuo, la raza futura, el grupo, la Humanidad, la vida o MEST.

El *mal* es lo opuesto al bien, y es cualquier cosa que sea más destructiva que constructiva en cualquiera de las diversas dinámicas. Algo que causa más destrucción que construcción es malo desde el punto de vista del individuo, el futuro, el grupo, la especie, la vida o el MEST que destruye. Cuando un acto es más destructivo que constructivo, es malo. Cuando un acto ayuda a sucumbir más de lo que ayuda a la supervivencia, es un acto malo en proporción a lo que destruye. Algo es malo si amenaza con más destrucción que construcción para el individuo, el futuro, el grupo, la Humanidad, la vida o MEST.

El bien es, rotundamente, supervivencia. El mal es contra-supervivencia. La construcción es buena cuando favorece la supervivencia. La destrucción es mala cuando inhibe la supervivencia. La construcción es mala cuando inhibe la supervivencia. La destrucción es buena cuando aumenta la supervivencia.

Un acto o conclusión es tan correcto como favorezca la supervivencia del individuo, el futuro, el grupo, la Humanidad o la vida que llega a la conclusión. Tener razón por completo sería sobrevivir hasta el infinito.

CAPÍTULO 4 — LAS DINÁMICAS DE LA EXISTENCIA

Un acto o conclusión es erróneo en la medida en que es contra-supervivencia para el individuo, la raza futura, el grupo, la especie o la vida responsable de realizar el acto o de llegar a la conclusión. Lo más equivocada que una persona puede estar es muerta.

El individuo o grupo que por lo general está más en lo correcto que en lo incorrecto (puesto que estos términos no son absolutos ni con mucho), debería sobrevivir. Un individuo que, por término medio, está más en lo incorrecto que en lo correcto, sucumbirá.

Todas las conclusiones se ven modificadas por el tiempo, pues una conclusión hecha de manera errónea durante una emergencia puede ocasionar la contra-supervivencia del individuo o del grupo.

Los individuos que están por encima de 2.0 en la Escala Tonal tienen cada vez más y más razón en sus acciones y conclusiones en comparación a lo equivocados que están, conforme ascienden por la Escala Tonal. Individuos que están por debajo de 2.0 están, por lo general, cada vez más equivocados que teniendo razón en todos los campos, a medida que descienden en la Escala Tonal.

Al aceptar estos postulados y axiomas, se puede observar entonces que se puede predecir, hasta cierto punto, lo que se puede esperar de los individuos que están por encima o por debajo de 2.0 en la Escala Tonal. Un individuo razonable intenta encontrar cierta razón en los actos de otros. Un individuo que tiende hacia la supervivencia, tiende a evaluar la conducta de otros en términos de esfuerzos para sobrevivir. Puede ver, en un individuo por debajo de 2.0, lo que cree que es sólo una inexactitud aberrada o un error ocasional. Pero una observación más detenida demostrará que el individuo que está por debajo de 2.0 está acumulando numerosos errores, aun cuando en ocasiones tenga razón, y tendiendo a provocar la contra-supervivencia de sí mismo, del futuro, del grupo y, por contagio, de la Humanidad de la cual le gustaría formar parte. Por debajo de 2.0 se encuentra la fatalidad. Esa fatalidad se puede manifestar en una escala de gradiente. Pueden ser sólo críticas insistentes o la tendencia al olvido o chismes ocasionales; pero es destructiva y es mala. En épocas pasadas, una voz severa podría haber dicho que quienes se encuentran por debajo de 2.0 son los siervos del mal y los "secuaces del Diablo".

Estos pocos axiomas deberían proporcionar al auditor cierta capacidad para predecir acciones y saber las razones por las que debería esperar ciertas acciones por parte de los preclears*.

---

* Hay muy pocas pruebas experimentales con respecto a muchos de los aspectos del cuerpo theta o, como también se le podría llamar, del alma individual. Es diferente a la línea celular o genética y parece que tiene su propia personalidad y sigue una línea continua a lo largo de varias generaciones, posiblemente avanzando de vez en cuando hasta un punto en que se separa de la especie y se une al universo theta, si se puede considerar que este exista como tal. Los datos acumulados también parecerían indicar que se transfiere algo de entheta a través de la línea de las generaciones, ya que existen engramas en el cuerpo theta, aunque en un grado mucho más leve; de manera específica, el engrama de la muerte, donde el cuerpo theta es muy evidente, tanto, que si el auditor descuida recorrer el engrama de la muerte en una vida pasada cuando el preclear lo menciona, atorará, sin excepción, al caso. Parece haber una posibilidad clara de que el cuerpo theta pueda empezar, a través de las generaciones, a acarrear un predominio de entheta, al permanecer de manera demasiado continua en el área inferior de la Escala Tonal. Se podría postular que el cuerpo theta podría convertirse en un cuerpo totalmente entheta y así abandonar las concatenaciones de la supervivencia, con qué destino, no lo podemos decir con seguridad.

Descripción General del Procesamiento

El procesamiento de Dianética es relativamente simple. En general, el auditor ayuda al preclear, provisto de una silla cómoda y un diván. Al principio el preclear normalmente se sienta erguido y contesta las preguntas del cuestionario. En realidad, este es el comienzo del procesamiento, aunque puede parecer que el auditor sólo busca información que pueda utilizar después. Durante el cuestionario, el interés del auditor en el preclear desarrolla afinidad entre ellos. La conversación acerca del caso aumenta la comunicación. Y la aceptación por parte del auditor de las primeras evaluaciones que el preclear hace de su propio caso desarrolla un sentido de realidad.

El auditor puede destruir estas condiciones deseables de ARC estando aburrido, desinteresado en su preclear, siendo autoritario, exigiendo que se consuma menos tiempo, criticando al preclear de cualquier forma, o en general infringiendo el Código del Auditor.

El auditor hace entonces una prueba del caso, averiguando si el preclear puede moverse o no por la línea temporal, averiguando si su memoria es buena y estimando cuál es el nivel de la Escala Tonal que es probable que ocupe su preclear.

ADVERTENCIA: BAJO NINGUNA CIRCUNSTANCIA DEBERÍA EL AUDITOR DECIRLE AL PRECLEAR EN QUÉ PUNTO DE LA TABLA CREE QUE SE ENCUENTRA EL PRECLEAR. NO SE LE DEBERÍA PERSUADIR DE NINGUNA MANERA A REVELAR EN QUÉ PUNTO PIENSA ÉL QUE SE ENCUENTRA EL PRECLEAR EN LA TABLA, PUES UN VALOR BAJO PARA EL PRECLEAR EN LA TABLA ES, EN REALIDAD, UNA INVALIDACIÓN DEL PROPIO PRECLEAR.

(El auditor no tiene que revelar esta información, ni siquiera por la forma en que da comienzo a su procesamiento, ya que se puede esperar que a cualquier caso se le haga Scanning de Candados y Línea Directa. Un caso puede estar realmente bastante alto en la Escala Tonal, pero tan ocluido que se deba emplear Scanning de Candados y Línea Directa).

El auditor continúa su investigación del caso pidiéndole al preclear que se recueste en el diván y cierre los ojos. En el pasado existía cierta confusión sobre la condición llamada *reverie*. La única diferencia entre estar en reverie y estar despierto es, en realidad, estar en tiempo presente o fuera de este. El reverie ni siquiera está emparentado con el hipnotismo. El auditor, al contrario que cualquier práctica anterior, no pone al preclear en estado de reverie o concentración a base de contar. En el momento en que le pide al preclear que cierre los ojos y el preclear obedece, el auditor puede considerar que el preclear está en reverie. Si el preclear no se mueve en la línea temporal, esto no está causado por no estar en reverie, sino por estar atorado en un engrama o por tener un caso fuertemente cargado.

El auditor pone a prueba los percépticos del preclear simplemente pidiéndole que retorne a una comida que haya tomado recientemente o a un momento placentero reciente, y haciéndole que relate este momento varias veces, no como un concepto del momento, sino como si estuviera justo en la escena haciendo otra vez las cosas que se hicieron antes. A esto se le llama *poner a prueba* o *afinar los percépticos*. Aquí el auditor trata de descubrir si el preclear en realidad puede o no volver a degustar un filete que ha comido, volver a ver la escena que ha visto exactamente como fue, volver a sentir el cuchillo y el tenedor en sus manos, volver a

CAPÍTULO 5   Descripción General del Procesamiento

oír la conversación a su alrededor, volver a sentir su peso en la silla y, en general, reexperimentar el incidente. Al recorrer varios momentos de placer de este tipo, sucede en ocasiones que algunos de los percépticos ocluidos se afinan y se activan. En cualquier caso, recorrer momentos de placer es muy bueno para elevar el tono del preclear.

Tras haber hecho una prueba de los percépticos, el auditor lleva al preclear (con sólo pedirle que vaya a un momento en el que se lesionó muy levemente) a un punto de la línea temporal donde tiene un somático. El auditor recorre el incidente. El somático, si lo siente en lo más mínimo, por lo general se reducirá. Este debería ser un momento reciente de dolor físico y debería ser uno muy leve, como una cortada en un dedo o un golpe en el dedo gordo del pie. Esto le da al preclear cierta idea de lo que se espera que haga.

El auditor debería prestar especial atención al hecho de que en realidad está educando a su preclear en el movimiento por la línea temporal. Puede que se tenga que persuadir al preclear varias veces antes de que comprenda la idea de estar de vuelta en un incidente y reexperimentarlo. Puede que trate de dar sólo el concepto del incidente en lugar de percibirlo como si estuviera ahí mismo yendo a través de él otra vez. Puede que trate de hacer asociación libre y, de esta forma, vagar por toda la línea temporal, obteniendo pedazos y porciones de información relativamente sin valor.

Después de hacer una estimación de los percépticos, el auditor debería continuar de acuerdo a la tabla en la que, a estas alturas, ya debería haber localizado por completo a su preclear. (El auditor habrá hecho preguntas de una variedad casi ilimitada. Con sólo utilizar los datos contenidos en las diversas columnas y niveles de la tabla, puede evitar un enfoque estereotipado y asegurarse de que aparezca la información que necesita. Los puntos más significativos del test que se realiza son el movimiento en la línea temporal y la capacidad del preclear para sentir somáticos). El auditor continúa el procesamiento de acuerdo a la tabla, verificando de vez en cuando al preclear para ver si hay algún ascenso en la Escala Tonal. Y si encuentra un aumento en el tono, puede usar métodos adicionales, como se indican en la tabla. El auditor debería ser especialmente cauteloso en cuanto a usar con el preclear métodos por encima del nivel de tono del preclear. Es mejor errar usando métodos por debajo del tono del preclear. Aquellos individuos que estén relativamente bajos en la Escala Tonal tienen tan poca theta libre disponible para el procesamiento que esta se debe preservar y aumentar con los métodos más delicados y ligeros posibles, durante algún tiempo, hasta que se eleve el tono del preclear.

Si el auditor descubriera que el preclear está en un punto alto en una columna, y bajo en otra, debería sacar el promedio y descubrir mediante este su posición aproximada en la Escala Tonal.

Si el auditor es incapaz de localizar de inmediato al preclear en la Escala Tonal, por lo general es seguro usar Scanning de Candados sin mucha investigación del caso. Incluso a un caso que está atorado en la línea temporal se le puede hacer Scanning de Candados. Si se le hace scanning al preclear por sus candados y él se traba en uno de estos candados, el auditor normalmente lo puede liberar recorriendo momentos de placer o haciendo scanning de momentos de placer, si no quiere recorrer el incidente en que el preclear está atorado. Aun cuando estén atorados en un engrama, a los preclears normalmente se les puede hacer Scanning de Candados.

El auditor no se debería dejar embaucar ni descaminar por el caso abierto de par en par. Este caso es algo muy peculiar, como se ha tratado en otro lugar. El sónico y la visión pueden estar plenamente activados de arriba abajo de la Escala Tonal. Pero tratar de recorrer engramas (como tales) en un caso abierto de par en par cuando el caso está en 0.5 ó 1.1, dará como resultado un camino largo y arduo de procesamiento en que el preclear permanecerá más o menos estático en la Escala Tonal sin importar cuántos engramas se recorran completamente en el caso. Cuando un caso así (o cualquier caso) esté bajo en la Escala Tonal, el recorrer engramas absorbe theta libre. Además, el preclear combatirá sistemáticamente contra recorrer engramas, porque cuando cualquier preclear está por debajo de 2.0, su tendencia es hacia la muerte, el suicidio o un declive mayor. Ningún plan ni esperanza para el futuro, ninguna persuasión, nada inducirá a este preclear a hacer ninguna cosa que sea

Capítulo 5 ▸ Descripción General del Procesamiento

muy ardua para ayudarse a sí mismo. Sin embargo, a un preclear que esté bajo en la Escala Tonal se le puede persuadir para que realice algunos de los métodos de procesamiento más suaves, ya que no suponen demasiado esfuerzo y en realidad no parecen amenazar su declive intencional (pues, que no quepa la menor duda, el preclear que se encuentra por debajo de 2.0 ocasionará, de una u otra forma, con una intención conocida o desconocida, fracasos y la muerte consiguiente para sí, para sus allegados y su grupo). Al caso abierto de par en par se le debe determinar en la Escala Tonal mediante otras columnas distintas a las de visión y sónico. Lo mejor es localizarlo por su sentido de la realidad, su comportamiento sexual, otras manifestaciones y la condición de los somáticos. El caso abierto de par en par que está bajo en la Escala Tonal se debe manejar con mucho cuidado, pues aquí tenemos, a diferencia del caso ocluido, una persistencia tan baja que al individuo lo arrastra el mandato de cualquier engrama, o cambia de rumbo a la menor presión del entorno. El caso abierto de par en par que está bajo en la Escala Tonal no tiene sentimiento de responsabilidad hacia sí mismo, el futuro ni el grupo, excepto los aberrados. La persistencia es tan leve que cualquier error de auditación puede causar que el caso se retire de cualquier procesamiento. He aquí un individuo que escala toperas como si se tratara de montañas. Este caso puede ser la mayor prueba para el auditor y producirá, por desgracia, los resultados finales menos satisfactorios. El caso abierto de par en par puede, desde luego, estar bajo en la Escala Tonal sólo temporalmente debido a alguna situación del entorno. De ser así, al auditor más le vale aplicarse a fondo, si puede, para aclarar esta situación antes de que empiece a auditar.

Este caso también es un gran riesgo para el auditor, cuando está bajo en la Escala Tonal, debido a los caprichos del comportamiento. Si se trata de una mujer, puede que se ofrezca abiertamente al auditor, haciendo caso omiso de su posición en la vida, de su marido, del futuro que pueda destruir al hacerlo, del destino de cualesquiera hijos que pueda tener o de cualquier otra consideración. Pobre del desafortunado varón que audite un caso así y se involucre en este cúmulo de destrucción, ya que de la misma forma en que ella traicionaría a otro, lo traicionará a él;

de la misma forma que será deshonesta con otro, será deshonesta con el auditor. La deshonestidad se extenderá no sólo a la deslealtad y a la traición (en donde es posible que se entregue libremente al auditor, y después vaya derecho a la policía para que lo detengan por seducirla; y en donde puede prometer la mayor discreción sobre cualquier aventura, y sin embargo esparcir por todas partes las pruebas de esa aventura), sino que también será deshonesta cuando se le recorra y, sin ninguna otra razón que la de confundir la situación, revelará las escenas más retorcidas y pervertidas de su propia vida. Habiendo crecido entre riquezas, se representará a sí misma como si hubiera sido indigente. Habiendo crecido indigente, se representará a sí misma como una princesa. En general, estará orgullosa de su capacidad para actuar, y habitualmente se retorcerá, se lamentará y llorará por algún incidente del que es muy consciente que es imaginario. No se puede depositar ningún tipo de confianza en un caso abierto de par en par cuando está por debajo de 2.0 en la Escala Tonal. Y si a eso vamos, no se puede depositar ninguna confianza en un caso ocluido que esté por debajo de 2.0 en la Escala Tonal. Pero el caso abierto de par en par es mucho más engañoso y mucho más propenso a grandes caprichos en comportamiento y delusión.

El caso abierto de par en par de un hombre no es menos difícil y arduo, pero (por extraño que parezca) según la observación parece ser mucho más persistente, tanto hacia la destrucción como en los esfuerzos hacia la supervivencia, que el caso de una mujer.

El auditor tendrá problemas con preclears que desean atención, pero no procesamiento. Estos preclears se pueden clasificar automáticamente como por debajo de 2.0. Esta es la más rápida localización en la tabla que se puede realizar. Tanto el preclear que no desea ningún tipo de procesamiento (a pesar de que comprende algunos de los principios implicados y sabe que no le harán daño) como el preclear que no desea procesamiento sino que estén pendientes de él, se dirigen hacia sucumbir y harán todo lo que puedan para tirar del auditor con ellos. Ya que un "fusilamiento y un entierro rápido" para gente así están mal vistos, al menos en estos tiempos, el auditor debería emplear su ingenio si va a continuar procesándolos. Debería usar métodos muy leves y un enfoque

CAPÍTULO 5   Descripción General del Procesamiento

cauteloso y es posible que pueda elevar al preclear suficientemente por encima de 2.0 como para causar una dirección continuada hacia la supervivencia.

El auditor debería tener en cuenta, cuando esté haciendo su cuestionario y cuando esté localizando a su preclear en la tabla, que las personas por debajo de 2.0 pueden no ser obvias de inmediato. Que acepten el procesamiento puede ser sólo un método para asegurarse de recibir atención. Sin embargo, el auditor, usando métodos suaves, habituales, puede producir la elevación necesaria en la Escala Tonal para hacer que el caso en sí se resuelva.

El auditor debería recordar que la pugna es entre su propia theta, su sensatez, su serenidad y su persistencia, y la entheta del preclear, los candados, las secundarias y los engramas del preclear. En cuanto el auditor permite que su propia entheta ataque al preclear, se produce turbulencia y sobrevendrá un descenso del preclear en la Escala Tonal. Por lo tanto, enojarse, ponerse crítico, estúpido, avaricioso, destructivo o malicioso con el preclear invierte el procesamiento. El preclear no es responsable de sus engramas. Al auditor le concierne lo que se le ha hecho *al* preclear, no lo que ha sido hecho por *el* preclear. El auditor no debería mostrar ninguna curiosidad morbosa por los actos del preclear. No debería inquirir sobre las acciones del preclear a menos que necesite encontrar, en las dramatizaciones del preclear, una clave de los engramas que causaron las dramatizaciones. Enojarse con el preclear porque el preclear no quiere recorrer un engrama bajará con seguridad al preclear en la Escala Tonal. El auditor, pobre hombre, debe conservar su paciencia incluso ante las recriminaciones del preclear. El auditor no debe justificarse *jamás* cuando el preclear piense que él ha cometido un error. Que el auditor explique que no fue un error es sólo enturbular más la situación.

Cuando al preclear se le hace retornar a un punto previo al tiempo presente a petición del auditor, el auditor no debería utilizar, bajo ninguna circunstancia, más palabras de las que sean absolutamente necesarias y (en este momento en particular) debería tener cuidado de observar el Código del Auditor, ya que el incidente puede contener anatén y el preclear puede ser receptivo a sugestiones hipnóticas. Esto también es cierto en un boil-off. El auditor no le debería hablar al preclear durante un boil-off, no debería tratar de forzar al preclear a recuperar el estado de alerta porque le dé la impresión de que este sólo trata de dormirse.

Las sesiones pueden tener cualquier duración y frecuencia durante la semana, según acuerden el auditor y el preclear. Por lo general, se considera que las sesiones deben ser de un mínimo de dos horas, ya que a veces se requiere de ese tiempo para establecer contacto con suficientes engramas y recorrerlos completamente, o para hacer suficiente Scanning de Candados como para que la sesión valga la pena. Se pueden realizar seis horas de procesamiento al día sin perder eficiencia. Y esto puede llevarse a cabo siete días a la semana sin perjuicio para el preclear. Se podría añadir que los médicos aconsejan que bajo un procesamiento tan fuerte, el preclear, quien de lo contrario puede tener pesadillas, debe tomar una ración equilibrada de vitaminas, ya que está claro que recorrer engramas reduce la cantidad de vitamina B_1 en el organismo*.

El progreso general del caso sería usar Línea Directa, después usar algo de Scanning de Candados, luego recorrer algunos engramas secundarios para mitigar parte del pesar o del miedo, y entonces empezar una borradura del caso estableciendo contacto con el primer momento de dolor o molestia en esta vida (que en general se encuentra en algún lugar cerca de la concepción). Si en el caso se ha convertido suficiente entheta en theta, este primer engrama se borrará. Si no se borra, entonces aún existe demasiada carga en secundarias y candados. Cuando el primer

---

* La experiencia en la Fundación demuestra que se deben tomar algunas precauciones adicionales con los preclears. El auditor debería asegurarse de que no se audite al preclear cuando este se encuentre cansado o enfermo, que no se le audite ya tarde en la noche cuando estaría habitualmente durmiendo, que tenga el descanso adecuado, y que no se le audite durante periodos en los que su entorno de tiempo presente le sea intensamente reestimulativo. Se encontró que los preclears con los que la Fundación ha tenido algún problema fueron auditados tarde por la noche, no habiendo comido lo necesario ni tomado suficiente vitamina B_1, cuando tenían circunstancias del entorno intensamente reestimulativas (que en cualquier caso podrían haberles hecho bajar en la Escala Tonal) y cuando estaban cansados físicamente. Todas estas personas tenían historiales psicóticos. Aunque la Fundación no ha tenido ni la décima parte del porcentaje, proporcionalmente, de los problemas similares que experimentan los profesionales de métodos no dianéticos, la Fundación ha establecido un programa cuidadoso para evitar esas condiciones y circunstancias.

Capítulo 5 — Descripción General del Procesamiento

engrama del caso (conocido como *básico-básico*) se haya borrado, se debería establecer contacto con el siguiente engrama en secuencia y se debería borrar, a su vez, y así sucesivamente avanzando por el banco hasta tiempo presente. En algún momento se encontrará que se ha presentado nuevo pesar y será necesario recorrer completamente algunos engramas secundarios más. Cuando se ha hecho esto, se envía al preclear otra vez al primer momento de dolor o de inconsciencia que entonces se pueda encontrar en el caso. Es probable que los engramas del área básica se hayan presentado. Estos se borran de forma consecutiva hacia tiempo presente hasta que surjan más problemas. Entonces se recorren más secundarias, se hace Scanning a más candados y se hace que el preclear retorne otra vez al área básica, donde se continúa la borradura. Tarde o temprano esta borradura continuará por todo el camino hasta tiempo presente. Entonces, después de recorrer unos cuantos engramas aislados que se hayan pasado por alto, el auditor tendrá en sus manos un Clear, siempre y cuando el auditor esté bastante alto en la Escala Tonal, en primer lugar, para fomentar la desenturbulación de este caso hasta el punto en que pudiera recorrer engramas.

El auditor puede encontrar un caso ocluido tan fuertemente cargado de engramas que el caso sólo puede hacer boil-off. Esto parecerá ser una forma de dormir y el auditor puede sentir que lo están engañando, quitándole su oportunidad de actuar. En tal caso, sin importar cuántas horas de procesamiento se consuman en este sueño aparente, el "sueño" no se debe interrumpir. Pero cuando el preclear salga de él, se debería repetir otra vez la frase que le hizo entrar en el boil-off, devolviéndolo así al "sueño". De esta manera se aligera el caso de enormes cantidades de anatén.

El auditor puede encontrarse confrontando a un preclear que sólo recorre frases y que nunca parece encontrar un incidente completo en ninguna parte. Se debería llevar a cabo bastante Scanning de Candados con este preclear. Pero también es beneficioso permitir al preclear recorrer estos fragmentos de frases aberrativas ya que, tarde o temprano, una de ellas causará que el preclear tenga boil-off o que, de repente, toque una carga de pesar.

Ningún tipo de caso debería desalentar al auditor. Con las técnicas que aquí se presentan de Scanning de Candados, recorrido de secundarias, recorrer engramas, boil-offs, Memoria Directa e incluso recorrer frases inconexas, cualquier caso al que se pueda persuadir para que trabaje en lo más mínimo se resolverá.

El auditor debería tener especial cuidado de no meter a su preclear en alguna secundaria muy cargada a menos que tenga la intención de que el preclear la recorra una y otra vez, una y otra vez, una y otra vez, hasta que la carga se reduzca, sin importar hasta qué punto el preclear no quiera continuar con ella, y sin importarle cualquier truco que el preclear utilice para salir de ella. A veces esto requiere mucho valor por parte del auditor, pues el terror y el intenso padecimiento del preclear o el extremo pesar pueden causar que el auditor, por compasión mal entendida, ceda ante un engrama secundario así.

El auditor debería tener cuidado de no meter a un caso con demasiada carga en algo más de lo que el caso pueda manejar. El procesamiento debería ser lo menos impositivo posible, el auditor debe decir sólo lo necesario para poner en marcha el caso. La mayoría de los auditores hablan demasiado.

El auditor nunca debería confundir su papel con la psicoterapia ni con la medicina. El médico es importante en la sociedad. Las bacterias son bacterias. Los moretones, las contusiones, los huesos rotos y la obstetricia estarán con nosotros durante mucho tiempo. El auditor, porque pueda acabar con facilidad con la mayoría de las manifestaciones que antes se llamaban enfermedades psicosomáticas, no debería desechar la realidad de muchos tipos de trastornos físicos. El auditor está tratando de elevar al individuo en la Escala Tonal. Por cierto, esto logra que el individuo haga a un lado la mayoría de los problemas físicos, complejos y obsesiones, pero no evita la necesidad ocasional de tratamiento médico para el preclear. Y sin duda no evita que se interne en el hospital mental a quien es claramente demente; no importa lo que Dianética pueda hacer por estas personas. El auditor, entonces, debería trabajar muy al unísono con los médicos, ayudándoles a comprender lo que está haciendo y ayudándoles a comprender Dianética y tratando de educar a los médicos

Capítulo 5 — Descripción General del Procesamiento

para que implanten menos engramas y más leves. El auditor debería ignorar los cientos de psicoterapias conflictivas e ignorar cualquiera de sus prácticas, ya que el auditor aprenderá, en el ámbito de la experiencia, que aconsejar a su preclear sobre lo que debería pensar acerca de sus engramas y otras manifestaciones aberrativas es sumamente perjudicial para la salud mental del preclear.

El auditor debería darse cuenta de que trabaja en una sociedad de un tono relativamente bajo y poco ilustrada. De manera continua le invalidarán Dianética, así como sucede con cualquier actividad constructiva o creativa. Si el auditor tan sólo sigue adelante tirando de los casos hacia arriba de la Escala Tonal, ganará su batalla. Tiene en sus manos herramientas más poderosas que las que existían antes. Debería usarlas.

El auditor no debería desesperarse por ningún caso. Puede hacer algo por cualquier caso que incluso remotamente le preste atención. Habrá momentos en el progreso de cualquier caso, cuando las circunstancias del entorno golpeen con fuerza al caso o cuando un engrama de fuerza excepcional vaya camino hacia la superficie, en que el caso entre aparentemente en un declive. El auditor no debería desesperanzarse por esto, pues sólo necesita revertir a los tipos de procesamiento que se señalan para los niveles inferiores de la Escala Tonal y, de esta forma, devolver a su preclear al nivel adecuado. El auditor debería darse cuenta de que cualquier caso progresa hacia arriba no de manera uniforme, sino con jalones y tirones, y que sólo es uniforme el avance promedio. Anteriormente, las terapias anticuadas a veces activaban un engrama maníaco. Al no saber la causa de la aberración humana, se conformaban con suponer que este júbilo repentino del paciente indicaba un avance. El auditor se dará cuenta de que estas subidas repentinas a nuevas alturas de bienestar sólo son sintomáticas de un engrama que contiene algunas frases muy halagadoras. A menudo, un auditor encontrará que su preclear afirma con gran euforia que ya es Clear, sólo para que el caso regrese a un estado de depresión a los dos o tres días. El auditor lo puede remediar fácilmente con Scanning de Candados y recorriendo completamente el engrama que lo causa.

El auditor contemplará, durante el progreso de cualquier caso, indudablemente cuando esté retornado en la línea temporal, algunas manifestaciones alarmantes. Al recorrer un engrama que contiene fiebre, la temperatura del preclear subirá. Al recorrer engramas de una etapa temprana de la vida, la estructura facial del preclear cambiará. Recorrer engramas que están muy cargados puede causar que el preclear grite hasta tal punto que los vecinos a una manzana de distancia llamen a la policía. Ninguna de estas manifestaciones debería preocupar al auditor. La única forma en que el auditor puede dañar al preclear es abstenerse de recorrer aquello con lo que se ha establecido contacto. Si el auditor se alarma porque el corazón del preclear late al doble de su velocidad normal o porque gime y llora, y entonces trata de traer al preclear a tiempo presente, el auditor se está buscando problemas. La manifestación de un engrama mientras el preclear esté retornado puede ser leve. Al traerlo a tiempo presente sin que se reduzca el engrama, la manifestación aumenta muchas veces. El somático en el punto de la línea temporal en que ocurrió puede no ser muy grande. En tiempo presente, el somático se intensifica muchísimo. Así, el camino más seguro es recorrer completamente todo aquello con lo que uno entre en contacto, incluso si uno tiene que "taparse los oídos", o cuando la observación que uno hace del preclear parece demostrar claramente que aquí hay una persona que se ha puesto enferma muy repentinamente. La reducción del engrama o incidente producirá un completo resurgimiento del preclear.

Por encima de todo lo demás, el auditor debería tener fe en sus herramientas. Cuando le dice al preclear que vuelva al momento en que tenía cinco años, no debería luego quedarse ahí sentado y preguntarse si el preclear ha retornado a ese momento. Sin duda alguna parte de la mente del preclear se ha ido a la edad de cinco años. El auditor trata con certezas. El auditor no se hace preguntas sobre las acciones de la *tira somática* ni del *archivista*. Toma lo que le dan. Recorre lo que sea necesario para resolver el caso. Tiene completa confianza en sus herramientas y en su propia capacidad. Con esta confianza plena, que es en sí misma una manifestación de theta, el auditor puede producir resultados notables y extraordinarios. Si el auditor pierde el tiempo titubeando con el caso,

CAPÍTULO 5 ✦ DESCRIPCIÓN GENERAL DEL PROCESAMIENTO

si se pregunta si Dianética funciona o no, si se pregunta qué está pasando, si se pregunta si no debería "leer el capítulo dieciséis otra vez", luego mira al preclear y piensa que quizás estos engramas prenatales sean ilusiones o delusiones (y empieza a hacer preguntas a las personas en torno al preclear, preguntándose si eso fue lo que le sucedió al preclear) y está en un gran estado de duda acerca de todo en general y del caso en particular, no producirá resultados. Lo que se desea son resultados. Bueno, individuos con el pensamiento del Clear, sanos y fuertes son muy necesarios en esta sociedad en estos momentos. Estos son tremendamente escasos.

LIBRO DOS, CAPÍTULO SEIS

Columna AB
Tiempo Presente

Uno de los intereses primarios del auditor es el tiempo presente. Con tiempo presente se quiere decir el "ahora" actual de la línea temporal. En realidad, toda la línea temporal es sólo un progreso consecutivo de tiempos presentes.

Cuando un preclear retorna a un incidente, retrocediendo por la línea temporal, está retornando a un tiempo presente que alguna vez existió. Debido a las frases de acción, como los agrupadores, rebotadores, negadores, desorientadores, y debido a la fuerte carga que puede haber en un caso, ocurre a veces que él está continuamente en algún tiempo presente del pasado. Además, cuando uno deja sin reducir un incidente, puede ser difícil hacer que un caso retorne al tiempo presente actual. Por estas razones, el auditor debe comprender claramente tanto el valor de estar en tiempo presente como los métodos para retornar a su preclear a tiempo presente al final de una sesión.

El valor del tiempo presente se ha ilustrado con el hecho de que si una persona entrara a un hospital psiquiátrico y les dijera a los pacientes, uno tras otro: *"Ven a tiempo presente"*, un pequeño porcentaje de los pacientes recuperaría la cordura justo ahí. El simple hecho de estar en tiempo presente es en sí un factor de cordura. En cierto hospital psiquiátrico, algunos médicos hicieron esta prueba con los pacientes. Y uno de ellos, una chica que había estado demente durante un periodo de tiempo considerable, que generalmente se negaba a hablar, y cuyo rostro era una máscara de acné, respondió a esta orden y, sin ninguna otra asistencia, retornó a tiempo presente y a la cordura. Esa noche, según el informe, asistió a una fiesta en el hospital psiquiátrico y dio una charla sobre lo contenta que estaba de estar ahí. Al cabo de tres días, el acné había desaparecido de su rostro. Y aunque su cordura, por supuesto, distaba mucho de constituir un riesgo aceptable, manifestó cordura y la continuó manifestando durante muchas semanas después. Es mucho más sencillo invitar a alguien a retornar a tiempo presente que cortar a tajos partes de su cerebro o hacerlo añicos con altos voltajes.

De acuerdo a la clasificación de Dianética, hay dos tipos de dementes. El primer tipo es el *psicótico que dramatiza*. El segundo es el *psicótico computacional*.

El psicótico que dramatiza pasa por el engrama en el que está atorado, una y otra vez, una y otra vez, una y otra vez. Este está en reestimulación aguda o crónica, y su mente reactiva hace que sus cuerdas vocales y su cuerpo pasen a través de la dramatización que exige el engrama. En general, está preso dentro de dos o tres engramas y va de uno a otro sin cesar. Un caso así, por supuesto, está muy cargado, y no sirve de mucho tratar de recorrer completamente los engramas. Es necesario quitar carga del caso y traer al caso a tiempo presente. Esto no es muy difícil si se puede captar la atención del psicótico.

El otro tipo de demencia es computacional. Aquí el engrama ha aislado en un compartimento cierta porción del analizador, como territorio capturado, y un circuito causa que esta porción del analizador sea la totalidad del ser. Se cierra el resto del analizador y el "yo" del individuo no está claramente a la vista. El paranoico está, por lo general, computacionalmente demente, es decir, no dramatiza como un fonógrafo, sino que realmente parece pensar cosas. El esquizofrénico es un individuo que tiene varias porciones del analizador separadas en segmentos por diferentes circuitos, que en realidad son valencias, y que pasa de una a otra de estas porciones del analizador, y sólo en ocasiones, si alguna vez, se vuelve él mismo.

Tanto el psicótico que dramatiza como el psicótico computacional tienen cerrada la mayor parte del analizador por anatén y por estar fuera de tiempo presente. Los percépticos de tiempo presente no se racionalizan, ya que están entrando en un área de engramas. Es probable que la clave del tratamiento de todos los psicóticos sea traerlos a tiempo presente y estabilizarlos ahí. Todos los psicóticos tienen casos fuertemente cargados y es necesario reducir esta carga de una u otra forma. Aunque esto puede parecer una simplificación excesiva del problema, bien podría ser, también, que el problema sea simple. Lo más difícil en el tratamiento del psicótico es establecer suficiente afinidad, realidad y comunicación entre el psicótico y el auditor para persuadir al psicótico de hacer algo para ayudarse a sí mismo. Esto puede hacerse imitando al psicótico, que es una forma de establecer afinidad, o poniendo al psicótico en cierto contacto con el mundo presente.

Esta corta disertación sobre el psicótico se da para ilustrar la importancia del tiempo presente. El auditor no debería pensar, sin embargo, que puede sacar con facilidad a su preclear de tiempo presente y hacer que se vuelva demente. El caso tendría que ser un psicótico en el límite, para empezar, y la auditación tendría que constituir una infracción tan flagrante de la tabla, que se podría presuponer que el auditor que lograra crear tal psicosis tendría que ser él mismo un imbécil o un psicótico en un principio.

Cualquier preclear está menos alerta cuando se encuentra fuera de tiempo presente que cuando está en tiempo presente. La gente pasa toda su vida muy fuera de tiempo presente y nunca lo sospecha. Si se les hiciera retornar a tiempo presente, serían mucho más capaces de afrontar sus problemas y serían bastante más felices, ya que evaluar el entorno actual en términos de, digamos, el entorno que existía a la edad de cinco años, no favorece una buena computación. Te asombraría el porcentaje de personas que están crónicamente fuera de tiempo presente, si lo pusieras a prueba. La prueba es simple y es, en efecto, el mecanismo estándar que usa el auditor para retornar a su preclear a tiempo presente.

Si usaras este mecanismo con varias de tus amistades, encontrarías que muchas se encuentran atoradas en algún punto de la línea temporal y no están en tiempo presente. Si tratas con personas que están por encima de 2.0, te debería resultar relativamente fácil hacer que volvieran a tiempo presente aquellos que encontrases fuera de él. La persona no necesita saber nada sobre Dianética y, de hecho, esta es una forma excelente de presentar el tema a un extraño.

Existen dos o tres formas para descubrir en qué punto se encuentra un individuo en la línea temporal. El primer método es la *edad relámpago*. Para entender esto, también se debería comprender algo sobre el archivista (tema que se tratará en un capítulo posterior). La primera respuesta relámpago, la primera impresión que una persona recibe como respuesta a una pregunta, se llama, en Dianética, *respuesta relámpago*. El auditor se ayuda para esto con un chasquido de dedos, justo después de hacer la pregunta.

La edad relámpago se obtiene, entonces, de la siguiente manera. El auditor le dice al preclear:

"Cuando chasquee mis dedos, se te ocurrirá una edad. Dame el primer número que te venga a la mente".

Entonces chasquea los dedos y el preclear le da el primer número que le viene a la mente. Este puede ser la edad real del preclear, pero en esta civilización actual por lo general no lo es. A veces es una respuesta de circuito. El preclear, al contestar esta pregunta de forma continua, ha establecido un circuito que contesta en lugar del archivista. Se puede detectar si esa persona tiene ese tipo de circuito con sólo preguntarle, si al principio de cada año, tiene o no dificultad para anotar la fecha del año nuevo. Si durante algunos días pone el año anterior en lugar del nuevo año, o si pone el mes pasado en lugar del nuevo mes, o si simplemente tiene problemas para saber qué fecha es, se puede considerar que está fuera de tiempo presente. Y si su respuesta relámpago es su edad actual, se puede considerar que está funcionando según un circuito (la respuesta usual, sin embargo, será honesta) y se puede desechar la respuesta de circuito y obtener otra respuesta por otro mecanismo. Al usar la respuesta

CAPÍTULO 6   TIEMPO PRESENTE

relámpago, se descubrirá en qué punto de la línea temporal tiene el preclear la mayor parte de sus unidades de atención.

El segundo mecanismo para descubrir si un individuo está en tiempo presente o fuera de él, es la *fecha relámpago*. El auditor le dice al preclear:

"Cuando chasquee mis dedos, la fecha se presentará. Dame la primera respuesta que te venga a la mente". (chasquido).

El preclear da entonces la primera fecha que le viene a la mente. En todas estas respuestas relámpago, un preclear nuevo por lo general dará la segunda o tercera respuesta que le llegue y, por lo tanto, el auditor tiene que preguntar si fue este el primer número. El preclear puede dar la fecha actual, pero al hacerle más preguntas puede que admita que apareció una fecha anterior y que la corrigió. Esta fecha anterior es donde está la mayor parte de las unidades de atención del preclear en la línea temporal.

Otro método para detectar si el individuo está en tiempo presente también se basa en la respuesta relámpago, pero esta vez se le pide un *relámpago del escenario*. El auditor dice:

"Cuando chasquee mis dedos, el escenario actual pasará rápidamente ante tus ojos". (chasquido).

Entonces puede que pase una visión como un relámpago por la mente del preclear, y muy a menudo no es la visión de tiempo presente, sino un periodo mucho más antiguo.

También ocurre de vez en cuando que un preclear que no está demasiado cargado por la entheta, estará atorado en un engrama exactamente en el punto del único sónico que obtendrá en la línea temporal y la única visión que obtendrá en la línea temporal. Con sólo decirle que cierre los ojos y escuche, el auditor puede que logre que presente un retenedor que lo está reteniendo fuera de tiempo presente. Esto no es general, pero sucede lo bastante a menudo para mencionarlo.

Hay otro método más para detectar si un preclear está o no fuera de tiempo presente. Es mediante la observación del auditor. El preclear que se aferra implacablemente a recuerdos de un cierto periodo del pasado está normalmente en parte en ese periodo, ya sea por una carga de pesar o algún otro tipo de entheta que lo retiene ahí. La anciana que se rodea de adornos de 1910 y lleva un vestido pasado de moda, por lo general se encontrará en la línea temporal en el momento de la muerte de su marido, de su hijo o de algún otro ser amado. El engrama secundario se recorre completamente (o se transforma suficiente entheta en alguna otra parte del caso) y el auditor puede hacer retornar a la persona a tiempo presente, momento en el que se dará cuenta, tal vez por primera vez, de que sus recuerdos y su vestido están un poco pasados de moda.

Hay una observación adicional del auditor que determina si el preclear está o no, fuera de tiempo presente. El auditor aprende con bastante rapidez a observar las características fisiológicas de su preclear y a juzgar con esto dónde está atorado el preclear en la línea temporal. En el periodo del nacimiento, el bebé está equipado para ganar un peso considerable y engordar y una persona que está atorada en el engrama del nacimiento por lo general pesa algo más de la cuenta y normalmente tiene algunas características fisiológicas que recuerdan las de un bebé. Este es sólo un ejemplo de un periodo de la línea temporal. El auditor encontrará preclears que parecen niños de doce años y que de hecho están atorados en la edad de doce años en alguna operación, como una operación de amígdalas, o en alguna carga de pesar. El auditor encontrará chicas que parecen tener cuatro o cinco años de edad, a pesar de ser adultas, y que conservan algunos ademanes y características fisiológicas de esa edad anterior.

Y luego están esas personas, que no son demasiado agradables a la vista, que están detenidas en el periodo prenatal. Arrastran alguna ligera señal del periodo de su vida en que están detenidas. Sus bocas y la condición de su piel parecen recordarnos la condición del cigoto, embrión o feto. Estas personas tienen tendencia a adoptar una posición encorvada, como en el periodo prenatal, tienen hombros redondeados y tienden a hacerse un ovillo cuando duermen. Esta condición se vuelve muy pronunciada en el demente, cuando una llamada de un engrama prenatal ha tomado todas las unidades de atención del individuo y lo ha colocado exacta y exclusivamente en alguna porción del periodo prenatal. No hay ninguna discusión respecto a la existencia de los prenatales. Se les conoce desde los últimos treinta años y se han demostrado

CAPÍTULO 6 — TIEMPO PRESENTE

apropiadamente mediante experimentos en la Universidad de Rutgers y son tan comunes en Dianética que uno considera que el profesional que los ponga en duda está bastante poco versado en sus propios textos. El auditor que no reconoce los prenatales nunca tendrá preclears en muy buenas condiciones. Y el auditor que no ve en su preclear potencial los síntomas de estar atorado en el área prenatal, puede tener dificultades con su caso.

Existe el postulado de las *unidades de atención*. Se podría considerar que una unidad de atención es una magnitud de consciencia de energía theta. Cualquier organismo es consciente en alguna medida. Un organismo racional o relativamente racional es consciente de ser consciente. Se podría decir que las unidades de atención existen en la mente en una cantidad que varía de persona a persona. Esto sería la dotación de theta del individuo. Una persona (asignando cantidades puramente arbitrarias) podría tener 1,000 unidades de atención y otra podría no tener más que 50. Si todas las unidades de atención de una persona pudieran estar libres en tiempo presente para recordar, disfrutar, percibir y dirigir las actividades del cuerpo y para computar, se podría decir que a esa persona se le ha llevado a Clear magníficamente. Las personas que están por debajo del nivel de Clear tienen cada vez menos unidades de atención en tiempo presente según descienden por la Escala Tonal. La escala de percentiles de la tabla también se podría interpretar como el número de unidades de atención que la persona tiene disponibles en tiempo presente. La persona normal probablemente tiene como un 25 por ciento de sus unidades de atención en tiempo presente. En vista del hecho de que estas unidades de atención son lo que usa la persona para disfrutar, pensar y trabajar, se puede ver que esto no es realmente lo óptimo. El resto de sus unidades de atención están atrapadas en alguna parte atrás en la línea temporal en un incidente u otro en forma de entheta.

Cuando un individuo está fuera de tiempo presente, se puede decir que tiene más unidades de atención que existen en algún momento pasado de la línea temporal que las que tiene existiendo en tiempo presente.

El auditor, al no reducir engramas ni secundarias, puede producir en su preclear una condición momentánea de estar fuera de tiempo presente. El preclear después de la sesión, si no está en tiempo presente, tendrá un aspecto más bien aturdido, no percibirá con mucha facilidad y, de hecho, será mucho más sugestionable que cuando está en tiempo presente. Es sintomático de estar fuera de tiempo presente el que las percepciones de tiempo presente no encuentren unidades de atención que se ocupen de una evaluación de las percepciones, y así producen una impresión mucho más profunda o irracionalizada en el individuo.

En cada sesión, el auditor, aun cuando sólo esté haciendo Línea Directa, saca a su preclear un poco fuera de tiempo presente. Es asunto del auditor volver a poner al preclear en tiempo presente. La mejor manera de hacerlo es recorrer momentos de placer como si fueran engramas. Estos momentos de placer reunirán las unidades de atención y las desenturbularán de manera que retornarán con facilidad a tiempo presente y el preclear se estabilizará en él.

Una regla general es que:

CUANTA MÁS ENTHETA HAY EN UN CASO, MÁS FUERA DE TIEMPO PRESENTE ESTÁ EL INDIVIDUO.

Es posible que la entheta misma esté en tiempo presente, pero esto sucede cuando el entorno en sí es enturbulativo, cuando el individuo está alterado o enojado por contagio del entorno. Por lo tanto, se puede ver que no todas las unidades de atención que están en tiempo presente son necesariamente theta. Pero la entheta de la línea temporal no está ella misma en tiempo presente. En ausencia de reestimulación del entorno, entonces, se puede ver que estas unidades de atención, que en un Clear deberían estar en tiempo presente, pero que no lo están en una persona que está más abajo en la Escala Tonal, en realidad son unidades de entheta envueltas en candados, secundarias y engramas.

Cuando el preclear no retorna a tiempo presente y no es fácil convencerlo con ninguna persuasión o ganándoselo para que lo haga, o bien el auditor ha inmovilizado demasiadas unidades de atención en algún momento pasado (una situación que se remediará por sí sola en

Capítulo 6 — Tiempo Presente

unas cuantas horas) o existe tanta carga en el caso, es decir, tanta entheta, que el tiempo presente es inalcanzable.

En los casos que están por debajo de 2.0 el auditor tiene que tener mucho cuidado respecto al número de unidades de atención que envía fuera de tiempo presente, cuánto reestimula este caso, ya que estos casos son tan marcadamente entheta que cualquier theta existente se enturbulará rápidamente, alejando así al preclear de tiempo presente y metiéndolo en dramatizaciones o computaciones engrámicas. Cuando se trabaja con un caso normal, no el psicótico, uno debe seguir siendo consciente de los métodos con que puede estabilizar al preclear en tiempo presente.

Esta regla se puede aplicar a todos los casos:

LA CONVERSIÓN DE CUALQUIER CANTIDAD DE ENTHETA EN THETA AUMENTARÁ LA CAPACIDAD DEL PRECLEAR PARA VENIR A TIEMPO PRESENTE Y ESTABILIZARSE AHÍ.

El auditor debería trabajar para convertir entheta en theta hasta que pueda traer al preclear a tiempo presente. Esto puede hacerlo con Memoria Directa, con Scanning de Candados, recorriendo momentos de placer o, incluso recorriendo un engrama en casos que están altos en la escala.

No hay motivo para tener pánico porque el individuo esté fuera de tiempo presente. La mayor parte de la sociedad está fuera de tiempo presente. Cualquier ejército o armada nacional, por ejemplo, está tan fuera de tiempo presente que siempre está listo para librar la penúltima guerra. Los códigos morales normalmente están dos o tres siglos fuera de tiempo presente. Los sistemas gubernamentales generalmente están un par de miles de años fuera de tiempo presente. Así que no es muy grave que un individuo esté a diez o quince años, a menos que el caso en conjunto sea extremadamente grave. Es común que el auditor encuentre a su preclear fuera de tiempo presente y que encuentre necesario dejarlo fuera de tiempo presente durante las primeras pocas sesiones, al ser incapaz de realizar suficiente procesamiento durante estas pocas sesiones para convertir suficiente entheta como para hacer que su preclear retorne a tiempo presente.

El primer y primordial interés del auditor en cualquier caso que encuentre fuera de tiempo presente, es hacer que ese caso retorne a tiempo presente. Debería trabajar con métodos suaves, sesión tras sesión, concentrándose en una sola cosa: hacer que el preclear vuelva a tiempo presente. No intenta empujar al preclear a tiempo presente ni le ordena ir a tiempo presente, ya que tanto empujarlo como ordenárselo sólo transformará theta en entheta temporal. Una vez que tenga a su preclear en tiempo presente y tenga a su preclear muy estable en el tiempo presente, el auditor puede empezar a preocuparse por incidentes específicos y por las dificultades más amplias del caso. Tratar de trabajar con alguien que no vendrá a tiempo presente, o que no puede permanecer en tiempo presente una vez que está ahí, no debería ser una cruz para el auditor. El auditor no debería recorrer engramas en un caso así, ya que como es obvio cualquier persona que no puede permanecer en tiempo presente no tiene suficiente theta libre para trabajar con engramas.

En los preclears, tienen lugar varias manifestaciones que se relacionan con el tiempo presente. La primera manifestación, por supuesto, es estar crónicamente fuera de tiempo presente. Por lo general, el preclear está detenido en alguna operación, accidente o aflicción en algún lugar de la línea temporal del pasado. O el preclear viene a tiempo presente y después se vuelve a salir de golpe, a causa de algún engrama reestimulado que de una forma u otra, por mandato literal, contiene una llamada, una frase que dice "Vuelve aquí" y que el preclear obedece retornando por la línea temporal, justo después de que el auditor ha logrado que esté en tiempo presente. Esto indica un caso bastante cargado y es la carga en sí lo que se debería abordar, es decir, simplemente convertir entheta en theta, en lugar del engrama específico que está haciendo la llamada. Luego está el caso que está completamente fuera de tiempo presente todo el tiempo. Este caso no está en contacto con el entorno de ninguna manera en absoluto y está, desde luego, psicótico. Luego está el caso que aparentemente está "atorado en tiempo presente". Nadie podría, en realidad, estar atorado en tiempo presente, sino que está atorado en algún lugar de la línea temporal, en un incidente que conlleva la ilusión de que es tiempo presente. Por ejemplo, la Navidad es una época en la que se dan presentes y, al traer al preclear de vuelta por la línea temporal, se puede quedar trabado en cualquier punto de ella que contenga la palabra "presente". El hábito de los médicos durante una operación de decir "Eso es todo por lo presente" creará la ilusión de poner al preclear en tiempo presente y hará que al preclear le sea difícil retornar.

Luego está el preclear que está en un rebotador crónico. Algún engrama en el caso contiene frases como "Levántate" o "Vete para allá arriba" y así al preclear se le hace rebotar hasta el extremo de su línea temporal e incluso hacia el futuro de su línea temporal. Obedecer tales frases indica un caso con mucha carga, y el auditor, una vez más, debería abordar la carga que hay en el caso en vez del engrama específico que está produciendo la manifestación.

Hay un método de respuesta relámpago para descubrir el incidente en el que está situado el preclear. El auditor hace una serie de preguntas que identificarán el incidente y recibe respuestas relámpago a base de sí o no. El auditor dice:

"Cuando chasquee mis dedos, contestarás sí o no a la siguiente pregunta: ¿Hospital?". (chasquido).

Y el preclear contesta "Sí" o "No".

Una serie así de preguntas y respuestas se puede recorrer de la siguiente forma:

"¿Accidente?". ("Sí").
"¿Hospital?". ("No").
"¿Madre?". ("Sí").
"¿Al aire libre?". ("No").
"¿Caída?". ("No").
"¿Cortada?". ("Sí").
"¿Cocina?". ("Sí").

Y de repente puede que el preclear recuerde el incidente, u obtenga una visión de la escena y recuerde u obtenga un recuerdo sónico de lo que le dijo su madre, que podría ser algo como: "Tú quédate ahí y sujétalo hasta que yo vuelva". Si el caso no estaba demasiado cargado, recordar esto podría permitirle venir a tiempo presente. De esta forma, usando los nombres de las personas que podrían haber estado cerca del preclear y las cosas que podrían haberle sucedido al preclear, el auditor puede sacar a la luz, a base de respuestas relámpago, suficientes datos sobre el incidente como para permitir que el preclear recuerde un engrama o una secundaria escondida u olvidada y, con el simple hecho de recordarla, vuelva a tiempo presente.

Hacer que el preclear recuerde, por medio de Memoria Directa, el incidente de la línea temporal en que está atorado, a veces es suficiente para hacer que retorne a tiempo presente. Sin embargo, cualquier preclear que esté fuera de tiempo presente y al que se le tenga que convencer para que entre en una memoria de dónde está atorado en la línea temporal, es generalmente un caso más bien muy cargado, y el auditor debería por lo general ocuparse de la conversión de entheta en theta, en lugar de la localización del incidente en sí. Un caso estuvo sometido a procesamiento, con un auditor más bien malo, durante muchos meses por una o dos horas a la semana. Este caso estaba atorado en una operación grave a la edad de treinta y un años. El auditor al final se volvió lo bastante listo para indagar si no habría una operación anterior y de repente el preclear localizó una operación casi idéntica, momento en que regresó a tiempo presente.

Al traer a las personas a tiempo presente, es necesario entender el principio de que cuanto más antiguo sea el engrama, más fácil será reducirlo. Los engramas posteriores de un caso contienen su propia fuerza más la fuerza de todos los engramas similares previos del caso. Los engramas existen en cadenas y puede haber desde uno a cuarenta o cien engramas en una cadena. Es muy corriente que el preclear esté atorado no en el primer engrama de la cadena, sino en algún engrama posterior. Así, la identificación del punto de la línea temporal en que está atorado normalmente es insuficiente para liberarlo. Se debe descubrir un momento anterior de naturaleza similar antes de que sea capaz de retornar a tiempo presente. El uso de Memoria Directa para descubrir tal momento anterior es una operación sencilla.

Capítulo 6   Tiempo Presente

Como se verá al examinar la Escala Tonal en el tema del tiempo presente, cuanto más cargado esté un caso, más probable es que el preclear esté fuera de tiempo presente o permanezca fuera de tiempo presente. Todo el asunto de hacer que el individuo retorne a tiempo presente es el asunto de convertir entheta en theta. Sería algo muy simple si todo lo que se tuviera que hacer fuera recorrer el engrama en que el preclear estaba atorado y de esta forma llevarlo a tiempo presente. Esto normalmente no sucede. Es muy común que el engrama en el que está atorado el preclear no se pueda reducir en el estado actual del caso. Por lo tanto, para llevar al preclear a tiempo presente es necesario recorrer momentos de placer, hacer scanning de candados ligeros, recorrer secundarias o sencillamente hacer que el tiempo presente sea tan sumamente atractivo que las unidades de atención del preclear retornen ahí.

Ni el auditor ni el preclear deberían descuidar el hecho de que el tiempo presente en sí puede ser deseable o indeseable. Al preclear que se enfrenta a un divorcio, o cuyo hijo acaba de morir, o que acaba de descubrir que su mujer es una ramera, el tiempo presente puede resultarle tan sumamente indeseable que las unidades de atención lo eviten, tal y como, por ser theta, evitarían cualquier otra área de entheta en la línea temporal.

Los engramas, secundarias y candados pesados quedan enterrados y ocultos a la memoria porque son entheta y (según la teoría) tienen un efecto repelente sobre theta. Será difícil acercarse al área de la edad de doce años en la que se le dijo al individuo que estaba volviéndose loco porque lo descubrieron masturbándose (junto con el resto de la especie humana). La entheta del regaño y del malestar causarán que la theta evite el área. Otros periodos contra-supervivencia de la vida, en los que uno tuvo poca fortuna, cuando descubrió que las universitarias no resultan buenas esposas, cuando una descubrió que su marido por las noches prefería quitarse los zapatos y leer el periódico en lugar de conquistar dragones para su bella dama (como tantas veces prometió hacer antes de la boda) y otros periodos de grandes tribulaciones son evitados muy normalmente conforme el preclear retrocede por la línea temporal. Muy buena prueba de esto es el número de incidentes nuevos que aparecen durante el Scanning de Candados. Al principio, solo parece haber uno o dos incidentes en una cadena de candados. Pero cuando al preclear se le ha hecho scanning muchas veces por la cadena, se descubre que hay varios centenares de incidentes en ella. Los incidentes entheta, entonces, desaparecen en lo que respecta a la theta de la mente consciente o analítica. Uno no debería pasar por alto el hecho de que el tiempo presente puede ser un área así, y por lo tanto puede que sea esquivado. El auditor debería hacer lo que pueda para remediar esta situación proporcionando una atmósfera cordial, o incluso un refugio para su preclear, y de esta forma hacer que el tiempo presente sea, al menos durante la sesión, agradable.

En resumen, pues, cuanta más entheta haya en el caso en proporción a la theta, menos probable es que el preclear se mueva en la línea temporal y esté en tiempo presente. Cuanta más entheta haya en tiempo presente, menos probable es que el preclear entre en él. Y esto incluye el hecho de que un auditor malhumorado y que tiende a ser autoritario hará que el tiempo presente sea desagradable para su preclear. Una misión primaria del auditor es llevar a su preclear a tiempo presente. El principio fundamental de llevar al preclear a tiempo presente se basa en mejorar la proporción theta-entheta del caso mediante Línea Directa, recorrer candados o hacerles scanning y, en los casos que están bastante arriba en la Escala Tonal, recorrer secundarias o engramas.

Como se muestra en la tabla, el Clear de Dianética está sumamente estable en tiempo presente y no se sale de él. Todos sus percépticos son nítidos. Esto no significa que el Clear no pueda dejar el tiempo presente. Con el "yo" en control de toda la mente analítica, en lugar de algún circuito o "conmutador telefónico" de circuitos, el Clear puede desplazarse por su línea temporal totalmente a voluntad. Pero casi nunca necesita hacerlo, ya que puede contar con sus mecanismos de memoria para que le proporcionen datos exactos sin recurrir a los mecanismos del retorno. Aquí está la diferencia entre *memoria* y *retorno*, donde mejor se manifiesta. Memoria sería, por ejemplo, enviar dos unidades de atención al banco estándar de memoria para traer información para el uso del analizador. Y retornar sería enviar hacia atrás por la línea temporal el

CAPÍTULO 6   TIEMPO PRESENTE

50 por ciento de la theta disponible para volver a experimentar en su totalidad el incidente. Normalmente el Clear no vuelve a experimentar en su totalidad los incidentes, simplemente porque no tiene que hacerlo, y normalmente encuentra agradable el tiempo presente. Las unidades theta en tiempo presente ofrecen resistencia a la entheta que entra desde el entorno. El razonamiento de la unidad theta y la evaluación combaten el impacto del entorno. Si hay gran cantidad de entheta en el caso y el entorno de tiempo presente es entheta, los percépticos de tiempo presente irán hacia la entheta y la reestimularán (ya sea que esté en forma de candados, secundarias o engramas) y así enturbularán todo el caso. Esto no le sucede al Clear. Pero eso no significa que el Clear no se pueda enturbular. Dado un Clear con una dotación muy baja de theta y un entorno entheta en extremo, como la matanza de mil cristianos, el Clear se enturbulará temporalmente. No tiene, sin embargo, grandes áreas de entheta inmovilizadas en su línea temporal, que pudieran aprisionar la theta que se ha enturbulado temporalmente, y así se desenturbulará por completo en cuanto ya no esté presente el entorno entheta. Un Clear está muy definitivamente en tiempo presente.

El 3.5, el Liberado de Dianética, está bastante estable en tiempo presente y está muy alerta a su entorno. Capta toda la belleza de cualquier paisaje que observe. No le molestan los ruidos ni los trastornos externos. Pero como todavía tiene entheta inmovilizada en su caso, es susceptible de una fuerte enturbulación si el entorno de tiempo presente es enturbulativo. No obstante, está estable en tiempo presente.

El 3.0 no tiene dificultades definidas para llegar a tiempo presente, para retornar a él ni para mantenerse ahí. Regresa de golpe a tiempo presente con mucha rapidez cuando se le procesa y está muy alerta al llegar ahí. Sin embargo, se puede enturbular hasta el punto de atorarse durante un tiempo en algún lugar de la línea temporal, y es posible que dramatice el punto en que está atorado, si la enturbulación lo impacta lo suficiente.

El 2.5, una vez que se le trae a tiempo presente, permanecerá ahí con facilidad hasta el siguiente procesamiento. Tiene quizás entre 30 y 40 por ciento de su theta en tiempo presente (por regla general) y un auditor tiene que ser muy poco cuidadoso para dejar atorado a este preclear en la línea temporal. Sin embargo, este preclear se puede quedar atorado en la línea temporal y el auditor tendrá que recorrer momentos de placer al final de la sesión y hacer algo de Línea Directa cuando haya tenido una sesión muy enturbulativa, para estabilizar a su preclear en tiempo presente.

El 2.0 requiere de considerable cuidado por parte del auditor para hacer que retorne a tiempo presente y estabilizarlo ahí. Se tienen que recorrer momentos de placer si se pueden encontrar, se tiene que hacer algo de Scanning de Candados, se pueden recorrer algunos momentos de placer futuro. Pero el 2.0 puede responder a una llamada y, una vez traído a tiempo presente, puede volver atrás de golpe por la línea temporal a un periodo anterior. Al tratar con los 2.5s y los 2.0s, el auditor siempre debería verificar al final de la sesión, al menos dos veces, para ver si el preclear está en tiempo presente. En la primera verificación puede que descubra que el preclear está en tiempo presente, pero diez minutos después puede que el preclear se haya desplomado otra vez por la línea temporal como respuesta a una llamada en algún periodo anterior de entheta. Aquí tenemos un caso en el que hay mucha más entheta que theta y el individuo tiene una gran tendencia a ir hacia la entheta del pasado o a la entheta de tiempo presente, en lugar de ir hacia theta. En teoría, preferiría subir a tiempo presente para pelear, más que por cualquier otra cosa. Sin embargo, no se recomienda esto como procedimiento de procesamiento y el auditor debe tener gran destreza para traer al preclear a tiempo presente.

El 1.5 está usualmente en alguna valencia dominante en algún lugar fuera de tiempo presente. Es muy difícil traerlo a tiempo presente y, una vez en tiempo presente, casi siempre volverá atrás desplomándose. Este es el caso crónicamente enojado y va con mayor facilidad hacia la entheta enojada que hacia cualquier theta en tiempo presente. El auditor encontrará que los esfuerzos por traer a este preclear a tiempo presente son muy difíciles, hasta que haya elevado el tono del preclear por encima del nivel 2.0.

En 1.1 el preclear permanece fuera de tiempo presente la mayor parte del tiempo. Cuando llega a tiempo presente, casi siempre vuelve atrás desplomándose inmediatamente. Una situación que sea en extremo atractiva (encubiertamente hostil, tortuosa o pervertida) en tiempo presente, traerá a este preclear a tiempo presente, pero pocas otras cosas lo lograrán. La influencia tranquilizadora y la persuasión de la personalidad de un auditor no solucionarán el tema por sí solas. El auditor que trabaje con un 1.1 no debería preocuparse si no puede llevar al preclear a tiempo presente al final de la sesión, pues el preclear normalmente está fuera de tiempo presente, de todas formas. Aun así, el auditor debería tener cuidado de no arrastrar hacia abajo nada de la theta del preclear hasta áreas de entheta, ya que queda muy poca que arrastrar. Se deberían usar métodos de procesamiento muy suaves.

Al 0.5 siempre se le puede pedir que venga a tiempo presente, y a veces lo hará, pero de inmediato volverá atrás otra vez a algún incidente de apatía. Este caso requiere considerable destreza por parte del auditor que está trabajando con alguien que está tan fuera de tiempo presente todo el tiempo que a él le resulta difícil captar la atención del preclear. Si el auditor adopta una actitud especialmente triste, a veces este preclear vendrá a tiempo presente.

En 0.1 los percépticos del preclear se pueden dirigir en el mejor de los casos hacia conceptos de tiempo presente. Se le puede pedir que observe una taza o un platillo o un objeto de colores brillantes o algo de música o una situación de emergencia. Pero aquí se necesita mucha suerte para lograr que el preclear simplemente perciba algo que existe en el entorno de tiempo presente.

El interés primario del auditor con cualquier caso es si el caso está o no está en tiempo presente.

LIBRO DOS, CAPÍTULO SIETE

Columna AC
MEMORIA DIRECTA

EN DIANÉTICA, la *Memoria Directa* es un proceso técnico específico. No se debería confundir con la "asociación libre".

A la Memoria Directa también se le llama *Línea Directa*. Se la llama así porque el auditor está dirigiendo la memoria del preclear y, al hacerlo, está "tendiendo una línea", muy parecida a una línea telefónica, entre el "yo" y el banco de memoria estándar, abriéndose paso a través de todas las oclusiones y circuitos.

Hay algo en la Memoria Directa que confirma mucho su validez. Una vez que una persona realmente recuerda algo, le parece real. Y este sentido de realidad fomenta enormemente el ARC del caso. La Memoria Directa tiene así cierta ventaja sobre el Scanning de Candados y recorrer engramas. El preclear, al usar Memoria Directa, asocia muy a fondo el suceso pasado en términos del entorno de tiempo presente. Cuando se hace retornar al preclear por la línea temporal, este a menudo evalúa el suceso pasado sólo en términos de su propio entorno. Y aunque el relato repetido del incidente puede producir la reducción de la entheta que hay en él, el factor de validación es mucho más bajo aún que en la Memoria Directa.

La Memoria Directa se desarrolló en Dianética sobre la base de que si uno conociera la causa mecánica fundamental de la demencia, uno debería poder lograr mejores resultados que con las diversas terapias más antiguas; pues se sabe que la "asociación libre" produce un cierto y ligero alivio de la tensión y la ansiedad. Se exploraron por tanto los mecanismos por los cuales sucedía esto. Se encontró que la realidad acrecentada de la Memoria Directa y el conocimiento de por qué los candados (el objetivo usual de la Memoria Directa) eran aberrativos se combinaban para convertirse en un tipo de procesamiento ordenado y rápido, con una validez del orden de varios cientos a uno respecto a terapias antiguas.

La Memoria Directa es, por sí sola, un excelente método de procesamiento. El médico o asesor ocupado que sólo tiene unos cuantos minutos que dedicarle a cada paciente, puede emplear Memoria Directa con gran beneficio. En la ciudad de Nueva York, un especialista en la enfermedad de Parkinson, aunque no comprendía mucho acerca del procesamiento de Dianética, usó Memoria Directa para lograr el alivio de la enfermedad de Parkinson, al menos temporalmente, en tres de cada cinco casos en que la empleó.

No se debería subestimar la importancia de la Memoria Directa. Los preclears que están bajos en la Escala Tonal a veces sólo pueden tolerar Memoria Directa.

En la Fundación, varias personas se han vuelto expertas en Memoria Directa, pues la Memoria Directa tiene sus propias destrezas peculiares.

Se puede usar Memoria Directa en cualquiera sin peligro alguno. Es un proceso que implica cierta dirección. El auditor no le permite a su preclear vagar, hacer asociaciones libres y, en general, desperdiciar tiempo y energía. El auditor sabe con exactitud lo que quiere y dirige la atención del preclear a ello. Así, un experto en Memoria Directa debe ser capaz de estimar más o menos qué anda mal con el caso. Después de haberlo estimado, puede hacer un muy buen trabajo en la resolución del caso con Memoria Directa.

Originalmente, la Memoria Directa requería considerable perspicacia por parte del auditor. Sin embargo, a finales de 1950, al reconocer la gran destreza necesaria en un buen auditor de Memoria Directa, postulé lo que se ha llamado toscamente el "sistema de organillo". El uso de este sistema exige un mínimo del auditor y extrae el máximo de aberración del preclear. Al menos hace que las cosas se lleven a cabo.

CAPÍTULO 7 — MEMORIA DIRECTA

Lo primero que se debería conocer sobre la Memoria Directa es el fenómeno de la mente humana de que un hecho que se pide hoy pero que no se recibe, puede recibirse mañana o al día siguiente. La mente, en hechos que se guardaron hace mucho, tiene un periodo de actualización de uno a tres días. Si se hiciera el lunes un examen de historia a una cantidad de hombres de cuarenta años, se podrían esperar muchas notas bajas. Pero si se hiciera otro examen al mismo grupo dos días más tarde, se encontraría que se tendrían notas más altas. Este experimento no se ha llevado a cabo ampliamente, pero sus fundamentos parecen estar confirmados por la práctica de la Memoria Directa. En pocas palabras, la mente se actualiza a sí misma. Y las repetidas ocasiones en que el auditor le pide al preclear ciertos hechos del banco de memoria estándar del preclear extraerán finalmente esos hechos. Si el auditor no obtiene la información que requiere del preclear el lunes, debería hacer las mismas preguntas el martes, miércoles, jueves y viernes, y encontrará que el preclear finalmente se acordará.

Como muchas personas de la sociedad buscan beneficiarse de la incapacidad de otros para recordar, la memoria es un factor cuantitativo generalmente muy reducido en la sociedad actual. La madre que ha intentado el aborto muchas veces con su hijo está muy preocupada por que el hijo no se acuerde de nada. La madre instintivamente sabe, aunque la cultura le ha enseñado que no es posible que el niño pueda acordarse de incidentes tan tempranos, que lo mejor será que suprima cualquier posible recuerdo. Así, las madres, por contagio, han alentado la mala memoria. Hay algo de triunfo en tener mejor memoria que el otro. Esto se basa en la formulación de que tener razón es sobrevivir y estar equivocado es no sobrevivir. Teniendo razón en cuanto a la memoria, uno demuestra el hecho de que tiene mayor potencial de supervivencia que el tipo que está equivocado en cuanto a la memoria. Las memorias entran en conflicto continuamente, y uno encontrará a personas irreflexivas que discuten sobre quién recuerda mejor y sobre qué hecho es el correcto. Esto es una ofuscación adicional en una sociedad que suprime la memoria.

Se han registrado casos, bien acreditados, de individuos que se han acordado de su periodo prenatal. Una niña de ocho años, que estaba bajo procesamiento con un auditor de libro, sorprendió a sus padres hace poco al recordar el tercer mes después de la concepción cuando "Mamá se apretó su barriguita y me hizo daño". De haber estado entre individuos que no tuvieran conocimientos de Dianética, esta memoria se habría suprimido de inmediato. Pero en vista del hecho de que concordaba con las memorias de los padres y en vista del hecho de que ambos padres habían experimentado el procesamiento de Dianética en beneficio propio, se permitió que la niña siguiera acordándose y se llevó a cabo Línea Directa en el banco prenatal con un provecho considerable; un provecho tan considerable que las notas de la niña en el colegio subieron un 50 por ciento como promedio general. Se han registrado muchos ejemplos de Memoria Directa que llega al nacimiento y el que un individuo se acuerde de su infancia es demasiado común para comentarlo. La sociedad, por supuesto, debido al contagio de aberración de las madres que han tenido relaciones sexuales extramaritales y han intentado abortar, pone muy en duda esta memoria tan antigua. Ha sido cuestionada hasta tal punto antes de Dianética (sin que nadie haya sido lo bastante científico como para examinar ninguna prueba sobre el tema, o siquiera para haber reunido alguna) que las terapias anticuadas etiquetaron todas las memorias anteriores a los tres años como "delusión" y así pudieron fomentar una gran clientela de individuos llevados a la aberración al ser invalidados.

La memoria de la infancia no depende del recuerdo de cómo hablar. Los ofuscados profesores y profesionales del pasado creían que la capacidad de hablar tenía algo que ver con la capacidad de recordar; pero no es así. Ha habido objeciones a los engramas prenatales basándose en que "nadie sería capaz de comprender el lenguaje antes de nacer", a pesar del hecho de que Sigmund Freud *enfatizó* los incidentes prenatales traumáticos. Las sílabas, aunque carezcan de significado, se graban en el engrama prenatal junto con todos los demás percépticos. Cuando hacen key-in en una persona que tiene más de dos años de edad y que ha aprendido a hablar, se evalúan en términos de los significados que la persona ha aprendido a darle a esas sílabas. Así, es posible remontarse tanto en el recuerdo como uno desee.

CAPÍTULO 7 — MEMORIA DIRECTA

Sigmund Freud (con quien tengo una gran deuda, a través del Comandante Thompson, uno de sus estudiantes y el amigo y mentor de mi juventud) postuló que los incidentes olvidados eran un factor considerable en la cordura humana. La liberación, mediante el recuerdo, de cualquier incidente que se haya olvidado, que esté oculto o fuera de la línea temporal, y que contenga considerable turbulencia, producirá un aumento de tono en el individuo.

Muchos individuos sometidos a procesamiento, de hecho, la mayoría de los individuos, no pueden "recordar" nada anterior a los ocho años de edad, y mucho menos nada de su más tierna infancia. Cuanta más entheta haya en un caso, menos theta está disponible para el analizador. Cuanta más entheta haya a lo largo de la línea temporal, más difícil es que la theta existente la desenturbule lo suficiente como para extraerle los datos. Cuanto más aberrado esté el individuo, más entheta hay en el caso. La entheta no necesariamente se encuentra en la niñez, sino que por lo general se puede esperar que los key-ins se encuentren en la niñez. Y el key-in a veces es difícil de recordar, pero cuando se recuerda producirá el cambio más marcado en el caso. Después de que se haya procesado a una persona durante un tiempo y haya considerable theta libre para que la use el analizador, es muy posible llegar con Memoria Directa a periodos muy tempranos.

También se puede llegar a periodos muy tempranos en la vida de una persona mediante el uso de la *Técnica Repetitiva*[*]. Esta no es técnica de

---

[*] Ha surgido algún malentendido en algunos individuos, respecto a la Técnica Repetitiva, respecto a lo que es y cómo se usaba. En el Manual *Dianética: La Ciencia Moderna de la Salud Mental*, hay una disertación sobre la Técnica Repetitiva. Pero definida con sencillez es esto: la repetición de una palabra o frase con el fin de producir *movimiento en la línea temporal hacia un área de entheta* que contiene esa palabra o frase. Repetir o "reproducir" una frase de un engrama con el fin de desintensificar la frase o reducir el engrama, *no* es Técnica Repetitiva. La Técnica Repetitiva causa, casi invariablemente, una enturbulación temporal como consecuencia inevitable de ponerse en contacto con un área de entheta de la línea temporal y por lo tanto obviamente no debería usarse a menos que el auditor sintiera que podía desenturbular el área así contactada. La Técnica Repetitiva es una técnica impositiva y ahora que se han desarrollado medios más delicados y más eficaces, tiene una utilidad limitada. Permitir que el preclear repita frases aisladas que él mismo ofrece puede ser beneficioso llevándolo a un boil-off o a una carga de pesar que esté lista para reducirse. Darle al preclear frases aleatorias y arbitrarias a repetir no producirá otra cosa que dificultades.

Memoria Directa, sino una arcaica técnica de Dianética independiente de la Memoria Directa. La Técnica Repetitiva tiene sus usos, pero cualquiera que utilice Técnica Repetitiva al azar en un caso, muy a menudo encontrará a su preclear atorado en un engrama con el que no se puede establecer contacto y que no puede recorrerse completamente. La Técnica Repetitiva causa dificultades. Pero con el uso de la Técnica Repetitiva, a excepción de los accidentes, se puede hacer que el preclear retorne a periodos de su más tierna infancia si el auditor tiene la suerte suficiente de no meter al preclear en un engrama. (Es casi seguro que el uso de la Técnica Repetitiva en retenedores, como "Quédate ahí", mandará la atención del preclear a los engramas, y esa atención no se liberará hasta que se haga scanning completamente de la auditación). No se debería confundir esto con Memoria Directa. Memoria Directa consiste en que el preclear permanece en tiempo presente con los ojos bien abiertos y se le pide recordar ciertas cosas que se le han dicho y hecho durante su vida. No se le pide que retorne a esos incidentes, sólo se le pide que reconozca su existencia. No se le ordena que acepte el hecho de que existieron esos incidentes y se debería prestar la menor ayuda posible a sus mecanismos de memoria.

El auditor puede tener a un preclear que tiene dificultad para recordar el día de ayer, por no hablar de la época en que tenía dos años de edad. El auditor puede estar seguro de que cuando haya trabajado con este caso durante suficiente tiempo para restablecer una cantidad considerable de theta, por conversión de la entheta, el preclear será capaz de recordar cosas que nunca antes había sido capaz de recordar, ya que uno de los primeros aspectos que mejora con el procesamiento de Dianética es la memoria. Cuando un auditor tiene un preclear que tiene dificultades para recordar, el auditor debería asegurarse de comenzar con cosas que se puedan recordar. Si el preclear dice directamente que no puede recordar cosas, le corresponde al auditor estimular y validar la memoria de este preclear.

Si el preclear dice: "No puedo recordar nombres", el auditor dice: *"Bueno, ¿cómo se llama tu socio?"*.

El preclear dice: "¡Ah, se llama Jones!". El auditor le ha demostrado al preclear que el preclear puede recordar al menos un nombre.

CAPÍTULO 7 — MEMORIA DIRECTA

Si el preclear está en tan mala condición que ni siquiera puede recordar esto a voluntad, el auditor dice:

"*¿Cómo me llamo yo?*".

Como el preclear acaba de oír el nombre del auditor, puede que sea capaz de recordarlo con facilidad.

Si no puede, el auditor dice:

"*¿Cómo te llamas tú?*".

El preclear se lo dice y el auditor dice:

"*¿Ves?, puedes recordar un nombre. Ahora veamos si puedes recordar otros*".

De esta manera se puede ayudar al preclear a recordar desde los incidentes o hechos más obvios hacia atrás hasta incidentes cada vez más vagos. Este es el progreso común de la Memoria Directa: empezar recordando lo obvio y al final ser capaz de recordar lo aberrativo.

Se puede desarrollar todo un método completo de procesamiento a partir de la Memoria Directa. Por lo general, el tiempo que se emplee en Memoria Directa será tiempo bien empleado. También se podría considerar la Memoria Directa como un par de zancos con los que al preclear, a quien se persuade para recordar incidentes cada vez más recientes en su vida, se le puede traer de vuelta a tiempo presente. Que la Memoria Directa libera theta, o que convierte entheta en theta, está más allá de toda duda. Sin embargo, es un proceso bastante largo (y aún así a un auditor sólo le harían falta quince horas de procesamiento de Dianética con Memoria Directa para lograr lo que requeriría de dos o tres años con técnicas que no son de Dianética). Así, la Memoria Directa sólo se debería usar como se indica en la tabla, o para traer de vuelta al individuo a tiempo presente, o por auditores que tengan tan poco tiempo que sólo tienen unos minutos para tratar de liberar al preclear de un somático o aberración concretos.

La regla fundamental de la Memoria Directa es esta:

CUALQUIER COSA QUE EL PRECLEAR CREA QUE ANDE MAL CON ÉL, SU FAMILIA, SU GRUPO, LA HUMANIDAD, LA VIDA O EL MEST, POR LO GENERAL SE LO DIJO AL PRECLEAR OTRA PERSONA EN UN PERIODO ANTERIOR DE LA VIDA DEL PRECLEAR.

Esto lo modifica el hecho, por supuesto, de que puede haber cosas que anden mal con estas diversas dinámicas y que sean observaciones perfectamente racionales. El auditor está buscando creencias irracionales acerca de estas cosas.

La segunda regla sobre la Memoria Directa es:

EL PRECLEAR, AL MENOS EN ESTE MOMENTO, ESTÁ RODEADO DE INDIVIDUOS MUY ABERRADOS, Y HA ESTADO RODEADO ASÍ DESDE LA CONCEPCIÓN.

Es sintomático en cualquier individuo aberrado que esté actuando basándose en sus engramas y que los esté dramatizando. Así que existe cierta coherencia de actuación. El método práctico es que si una persona aberrada dice algo una vez, lo dirá cientos o miles de veces. Una vez que hayas aislado el hecho de que cierto individuo del pasado del preclear, por ejemplo, se quejaba del estómago, habrás descubierto toda una cadena de esas quejas, y ocurrirá una conversión de entheta a theta en este tema.

Con Memoria Directa se pueden encontrar con facilidad los individuos dominantes o anuladores en la familia del preclear. De los individuos dominantes, aquellos que trataron de dominar y gobernar y controlar a los demás a su alrededor, el preclear habrá recibido las frases de circuito que son las frases de control en su banco. De las personas anuladoras habrá recibido las frases de anulación. El auditor, ubicando a estas personas y sus afirmaciones habituales, encuentra los circuitos del preclear.

Las cosas que se encuentran en los candados de un preclear por lo general se encuentran en sus engramas. Así que, si cuando el preclear tenía diez años uno encuentra a Mamá diciendo: "Los hombres no sirven para nada", uno puede esperar encontrarse a Mamá, poco después de la concepción del preclear, haciendo la misma afirmación en un engrama. Si se descubre el candado mediante Memoria Directa, puede entonces encontrar el engrama.

Surgen dificultades con la Memoria Directa en los casos en que el preclear no fue criado por sus propios padres. Un preclear cuyos padres murieron poco después de su nacimiento no tiene en su periodo posterior al habla las mismas frases que se encuentran en sus primeros engramas.

Capítulo 7 — Memoria Directa

Para existir, un candado tiene que tener un engrama subyacente. Pero en este caso el auditor confronta a una persona cuyos candados no corresponden con sus engramas, en lo que se refiere a las frases. A primera vista, esto parecería ser una condición afortunada para el preclear, ya que más adelante en la vida del preclear, los engramas nunca se repetirían, en cuanto al tono de voz o al contenido, lo que sí ocurre con el preclear habitual. Pero aquí se ha interrumpido otra cosa que es muy importante para la vida del preclear. Y es el cuidado de los padres. Puede que sea el comentario común, superficial y típico de universitarios de que los padres lo son sólo biológicamente. Resulta que esto no se ve corroborado por los hechos. Al parecer, para un niño nada sustituye la cercanía y el cuidado de sus propios padres. Los preclears que han sido criados por enfermeras y sirvientas no muestran la misma viveza que aquellos que han sido criados por sus propios padres. Los preclears que han sido criados por padres adoptivos, sin importar la calidad de esos padres adoptivos, no parecen estar tan bien como los preclears criados por sus verdaderos padres relativamente indiferentes y poco afectuosos. Aquí hay algo más que la producción biológica de nuevos organismos. Y la afinidad de los padres por el hijo (aun cuando la empañe el maltrato al hijo) es superior aparentemente al cuidado del niño por personas que no sean sus padres, aun cuando este cuidado sea casi óptimo. De esta manera, la ruptura de la relación entre padres e hijo después del nacimiento es una ruptura de afinidad, realidad y comunicación más sólida que la producida por la suma de los candados que ocurrirían, en el caso normal, debidos a las semejanzas que se dan entre los incidentes posteriores en la vida y los primeros engramas. Esto no es teoría, sino la observación de muchos casos, ya que no se ha encontrado hasta la fecha ningún caso criado por sirvientas, en lugar de por los padres, que estuviera tan alto en la Escala Tonal como los casos a quienes criaron padres indiferentes, por no mencionar aquellos que fueron criados por padres que los amaban profundamente. Contrariamente a lo que dicen los pseudocientíficos rusos, en el Hombre hay algo más que biología y entorno. Formar a fondo a las mujeres en economía política, simbología o el cuidado y limpieza de rifles, no favorece a una venidera generación cuerda.

La Memoria Directa, como técnica, tiene impacto sobre siete tipos de incidentes: la *imposición de afinidad, comunicación y realidad* por mandato; la *implantación de circuitos;* y la *inhibición de afinidad, comunicación y realidad* por mandato.

La afinidad, la comunicación y la realidad existen como existen bajo el auto-determinismo del individuo. Lo que anda mal con el preclear es lo que se le ha hecho al preclear, no lo que él mismo ha hecho. Básicamente, se supone que el Hombre debe sobrevivir como organismo*. Un individuo al que se ha sometido a afinidad, realidad y comunicación impuestas, tiene un auto-determinismo interrumpido. Con afinidad, realidad o comunicación impuestas se quiere decir la exigencia al individuo de que experimente o admita afinidad, realidad o comunicación cuando no las ha sentido.

Al hijo al que se le ha obligado a "amar" a un padre o tutor se le ha sometido, cuando no sentía ese amor, pero se le obligó a admitirlo, a una *afinidad impuesta*. Esto es aberrativo. La esposa a quien se ha sometido continuamente a las exigencias de un esposo más bajo de tono de que le diga que ella lo ama, cuando no es así, y que a pesar de eso, accede a esta exigencia, ha estado sujeta a afinidad impuesta. Es común que las personas que están más bajas de tono que el preclear le exijan su afinidad. Y cuando se da afinidad, pero no se siente, se forman candados que son muy enturbulativos, si hay engramas que subyacen a tal imposición.

¿Habrá algún niño a quien no se haya obligado a aceptar una realidad que no sentía? Se le ha dicho que era muy importante para él que fuera al colegio cuando él mismo no tenía suficientes razones para creerlo. En la limitada esfera de su experiencia, ve que es apetecible jugar, tomar el sol, comer, dormir, tener amigos y vivir en armonía en la intimidad de su familia. Pero, no ve que sea necesario que estudie. Casi toda la escuela primaria es una *realidad impuesta*. El adulto puede ver que es necesario que el niño tenga cierto dominio de la lectura, escritura y

---

* El asunto de la modificación del organismo por el cuerpo theta está muy lejos de haberse investigado plenamente. Esta reserva acerca de la posibilidad de los cuerpos entheta se debe incluir por honestidad científica en estas observaciones.

Capítulo 7   Memoria Directa

aritmética, pero el niño no ha llegado a un acuerdo respecto a esto. Se le ha impuesto un acuerdo, y así se forman candados aberrativos sobre cualesquiera engramas existentes. El colegio dista mucho de ser la única realidad impuesta. Siempre que se obliga a una persona a estar de acuerdo con la realidad de otro (mediante fuerza, amenaza o privación) sin que ella sienta esa realidad, existe una condición aberrativa. Cuando hay engramas que pueden reestimularse con esta situación, cierta cantidad de theta queda aprisionada como entheta. La más insidiosa de todas estas realidades impuestas es aquella en que el individuo sabe la verdad o en que se le dice la verdad, y entonces se le hace "confesar" que es mentira lo que sabe que es verdad. La persona ha dicho que tal y tal es cierto y después accede a la exigencia de negar esta afirmación. Esto les sucede con mucha frecuencia a los niños y forma candados dañinos. Siempre que se obliga a un individuo a estar de acuerdo con algo con lo que no estaría de acuerdo si se le dejara a su propio juicio, se forma un candado, si existen engramas subyacentes.

La *comunicación impuesta* produce todo tipo de aberración y cambios fisiológicos en el individuo. Por supuesto, cualquier candado tiene que tener un engrama subyacente, pero es casi seguro que lo que el padre dice en el candado ya ha sido declarado en un engrama anterior en el caso. Por supuesto, la comunicación incluye todos los percépticos, así como la conversación y los mensajes. Y cuando se ha obligado a un individuo a mirar algo que su auto-determinismo le dice que no debería mirar, en cierta medida se ha deteriorado su vista. Cuando se le obliga a escuchar algo que por lo general no escucharía si se le dejara a su propio auto-determinismo, su oído se deteriora en esa medida. Cuando se le ha obligado a tocar algo que ordinariamente no tocaría, así su tacto se ve reducido. Cuando se le ha obligado a hablar cuando su auto-determinismo le dice que debe permanecer callado, se deteriora su comunicación al hablar. Cuando se le ha obligado a escribir cuando normalmente no escribiría si se le dejara a su propio albedrío, se deteriora así su capacidad para escribir o para comunicar mensajes. Estas son comunicaciones impuestas y, en la presencia de engramas se vuelven candados muy aberrativos.

Los *circuitos* ocupan una columna posterior. Pero cualquier circuito es sólo una frase de "tú" que controla o anula, la cual hace que el individuo compute de forma diferente a como lo haría normalmente y que aísla cierta porción del analizador para usarlo en contra del individuo. Un circuito, por ejemplo, puede ser crítico, de manera que se le ocurren pensamientos que lo critican a él mismo siempre que piensa o actúa. El circuito "tengo que protegerte de ti mismo" puede aislar una gran porción de la mente. En esta sociedad, el individuo está rodeado de gente que o bien dominaría o bien anularía, y así se forman muchos candados de tipo circuito cuando la gente (por medio de las frases de "tú") intenta dominar o anular al individuo. Los candados sólo pueden existir, por supuesto, cuando existen engramas. Así que por lo general los más aberrativos se reciben de los padres, tutores y otros individuos que han estado cerca durante la porción más temprana de la vida de la persona, cuando se recibieron la mayoría de los engramas. Los circuitos se pueden resolver de manera muy peculiar con Línea Directa. Cuando un auditor da con un circuito durante el recorrido de un engrama, muy de vez en cuando todo el engrama desaparece o se activa una visión extraña. Cuando el auditor toca un circuito en un engrama, puede esperar que el preclear se salga del control del auditor, y pase a ser controlado por algunas frases de algún individuo del pasado o incluso muerto, pues el circuito le quita el control al auditor. Los individuos que andan por ahí auditándose a sí mismos, y recorriendo engramas y frases *ad infinitum*, lo hacen debido a circuitos. Los individuos en cuyos bancos no se puede entrar en absoluto, se encuentran en esa condición debido a circuitos que obstaculizan al auditor. Con Memoria Directa, es posible descubrir a los individuos dominantes o anuladores de la familia y así recuperar los circuitos dominantes o anuladores en forma de candados. Una vez que se "vuelan" estos candados, los engramas que contienen esos circuitos se descargan hasta cierto punto. Además, le advierten por anticipado al auditor lo que podría encontrar en el banco de engramas del individuo. Cada caso es, hasta cierto punto, un "caso de control", es decir, un caso que tiene circuitos de uno u otro tipo. Una de las mejores formas de

CAPÍTULO 7 — MEMORIA DIRECTA

encontrar qué circuitos tiene el preclear es darle Línea Directa respecto a las declaraciones de la gente que lo rodeó en lo más temprano de su vida y en su niñez.

En el tema de los circuitos, es interesante señalar que a medida que se desciende por la Escala Tonal de la cima hasta el fondo, se encuentra que las personas que están en niveles más y más bajos están cada vez más rodeadas de individuos dominantes y anuladores. Así, cuanto más se descienda en la Escala Tonal, cada vez está más indicada la Línea Directa para localizar y volar candados de circuito.

La inhibición de la afinidad, la comunicación y la realidad no es menos grave que su imposición.

La *inhibición de la afinidad* ocurre cuando se niega o se rechaza una similitud deseable entre el preclear y otra persona o cuando se rechaza el amor y el afecto del preclear. En presencia de engramas subyacentes, estas anulaciones de la afinidad crean considerable turbulencia. La esposa a quien por lo general se le responde con "Tú no me quieres" cada vez que intenta expresar su afecto, está sufriendo una inhibición de la afinidad. El individuo a quien se le dice que no le cae bien a nadie en la oficina está sufriendo una inhibición de la afinidad. La persona rechazada por un grupo por algún defecto o por otra causa, experimenta una grave ruptura de afinidad. Cuando estas rupturas de afinidad están encima de engramas, lo cual es muy común, se vuelven muy aberrativas y aumentan considerablemente la carga de los engramas. Llegar a esos incidentes con Línea Directa puede aligerar el caso de considerable enturbulación. El individuo a quien no se permite sentir que se le quiere o que puede querer, la persona a quien se le niega todo punto en común con el universo, con la Humanidad, con su grupo o familia o incluso consigo misma está experimentando una inhibición de la afinidad.

La *inhibición de la realidad* requiere considerable atención. Abandonado a sus propios recursos y razonando con sus propios datos, el individuo decide lo que es realidad para él y con qué puede estar de acuerdo. Cuando se le informa de que no puede estar de acuerdo con las cosas con que cree que debería estar de acuerdo, experimenta una inhibición de la realidad. Cuando existen engramas subyacentes a esto, estos candados pueden ser muy graves y pueden inmovilizar considerable theta en un caso, como entheta. Se podría decir que esta es la influencia más grave en cuanto a bajar al individuo en la Escala Tonal: la inhibición de la realidad del individuo. Esto es *invalidación*, y la invalidación es la infracción más grave del Código del Auditor. Lo que una persona, mediante sus propias observaciones, ha llegado a creer que es real, se vuelve entonces parte de las conclusiones y observaciones que usa para guiar sus acciones futuras y para evaluarse a sí misma con relación a su entorno. Un repentino desafío o negación de la realidad de estas conclusiones tiene como resultado una conmoción severa para el individuo, cuando hay engramas subyacentes y, en cualquier caso, sacudirá su realidad. Se puede sacudir tan a fondo la realidad de un individuo que dudará de todo lo que hace o dice, ya que no está seguro de sus conclusiones. La realidad, junto con la afinidad y la comunicación, es un elemento fundamental en las computaciones que el individuo lleva a cabo respecto a los cursos que debería seguir en la búsqueda de su propia supervivencia.

Es muy común que los padres amenacen o hagan pedazos la realidad de los niños. El niño tiene muy pocos datos con los que puede evaluar su entorno actual y trazar su futuro. En comparación con sus conclusiones de que debería sobrevivir, de que necesita comida, ropa y alojamiento y que necesita afecto, la cultura aberrada en que nació es, a menudo, una realidad muy extraña para él. Los adultos han llegado a acuerdos sobre esta cultura, pero, en general este acuerdo no es el más sensato al que se podría llegar. Y a menudo el niño afronta realidades que le son, de acuerdo con los fundamentos que manejan los niños, completamente irreales. Así, está habiendo continuamente un desacuerdo con los niños. El bebé cree que debería tener su propio control del MEST, que se le debería permitir gatear por ahí a su voluntad, lo cual es su dominio del espacio; que debería poder tomarse su propio tiempo respecto a lo que hace, lo cual es su conquista del tiempo; y que debería poder emplear energía en cualquier dirección que desee, lo cual es su control

Capítulo 7 — Memoria Directa

de la energía; y que debería ser capaz de maltratar la materia y hacer lo que quiera con ella, ya sean pasteles de barro o valiosos jarrones sobre las mesas. El niño no tiene la evaluación de que a estos objetos se les consideran valiosos de otra manera en la sociedad, y de esta forma se le niega al niño continuamente su conquista de MEST. En ninguna parte es tan grave esta negación como en la negación de la realidad. Es evidente que nadie está de acuerdo con el niño. Y así, muy al comienzo de la vida, se empiezan a formar un gran número de candados sobre los engramas básicos del caso.

Pero el desacuerdo con la realidad de uno no se limita a la infancia. En el transcurso de la vida, el individuo que ha llegado a acuerdos consigo mismo sobre ciertas realidades recibe continuos desafíos a su realidad por quienes lo rodean, especialmente por aquellos que están más abajo que él en la Escala Tonal, que tratan de ganar importancia reduciendo la realidad de ese individuo y, por tanto, bajándolo en la Escala Tonal hasta un punto en el que se le pueda controlar con más facilidad. Así que las expresiones que tienden a invalidar las conclusiones de la persona acerca de la realidad respecto a su propia relación con la cultura y el entorno son muy aberrativas.

Las *inhibiciones de comunicación* son muy comunes. Lo más habitual es que se manifiesten en esta sociedad mediante gafas, audífonos, anestesia táctil, con tartamudos y personas que no están dispuestas a escribir cartas o transmitir mensajes. Las rupturas de comunicación por el lado de la inhibición proceden de la negación de la capacidad de una persona para ver, para sentir, para oír, para ser; la negación de los derechos de una persona a hablar o escuchar. En otras palabras, de negar el derecho de la persona a comunicarse. Cuando tienen engramas subyacentes, estas se manifiestan en relaciones inhibidas con sus semejantes y en una posición disminuida en la Escala Tonal.

El sistema de Línea Directa de organillo tiene en cuenta todos los datos anteriores y crea un método con el que el auditor puede sacar provecho de cada persona que rodea al preclear. Ya hemos hablado del triángulo de Dianética: afinidad, realidad y comunicación. El auditor trabaja basándose en el principio de que un dato deseado de la memoria del preclear puede no aparecer hoy. Pero que si se le pide otra vez en uno o dos días, puede aparecer. Y, si no lo hace entonces, puede estar disponible dos o tres días después de eso. El auditor elabora entonces una lista de todas las personas que rodeaban al preclear: padre, madre, tías, tíos, tutores, niñeras, abuelos, bisabuelos, maestros, hermanos, hermanas, patrones y subordinados, así como parejas. Existen dos triángulos y dos rayas para circuitos (líneas rectas) para cada una de esas personas. El preclear no necesita saber esto. El auditor puede, de manera muy simple, trazar un plan de preguntas que luego le permita (al pedir memorias de ciertos candados) abarcar el terreno una y otra vez y cada vez, con personas nuevas, repitiendo las preguntas que se hicieron respecto a las personas que se abarcaron en sesiones anteriores. En otras palabras, esta es una hoja para llevar la cuenta que el auditor podría usar para analizar el caso y, si es posible, volar candados de ARC impuesto, ARC inhibido y circuitos. Por ejemplo, el auditor traza un triángulo y una raya para el padre, y los etiqueta como "impuesto" y "dominante". Luego traza otro triángulo y otra raya y los etiqueta como "inhibido" y "anulador". Luego hace una gráfica similar para la madre y para cada persona que tenga una relación íntima con la vida de su preclear.

El sistema de preguntas del auditor, entonces, es para encontrar cuándo Papá impuso afinidad, cuándo Papá impuso realidad, cuándo Papá ordenó mayor comunicación, y cuándo Papá trató de dominar. El auditor pregunta en torno al triángulo y con la raya. Descubrirá que el preclear puede tener o no tener ciertas memorias inmediatas respecto a la conducta y las frases favoritas del padre. El auditor pasa luego al triángulo de inhibición y a la raya de anulación. Pregunta cuándo el padre inhibió o rehusó afinidad, cuándo inhibió o rehusó realidad o acuerdo, cuándo inhibió o rehusó comunicación, y si el padre trató de anular al preclear, y cuándo lo hizo. En la misma sesión, el auditor continúa con la madre y con otras personas, siguiendo el mismo plan.

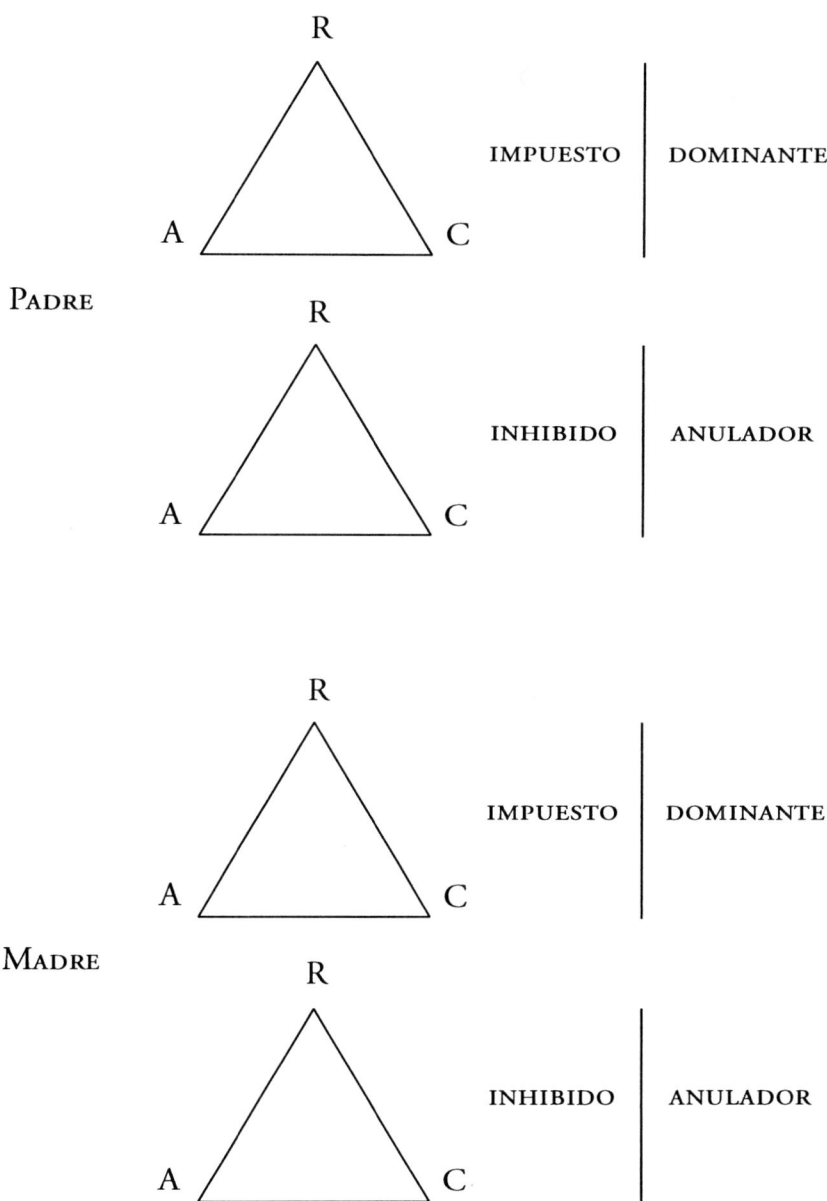

SISTEMA DE ORGANILLO

Dado que con este procedimiento se puede refrescar la memoria del preclear, el auditor no abandona al padre después de una sesión, sino que sigue con el padre durante tres o cuatro sesiones de Memoria Directa y hace un conjunto similar de preguntas en la siguiente sesión:

"¿Cuándo impuso padre afinidad (exigió que se le quisiera, exigió que se le mostrara afecto)?".
"¿Cuándo exigió padre acuerdo?".
"¿Cuándo exigió padre comunicación?".
"¿Cuándo intentó padre dominar?".
"¿Cuándo intentó cortar o inhibir padre la afinidad?".
"¿Cuándo intentó cortar o inhibir padre la realidad?".
"¿Cuándo intentó cortar o inhibir padre la comunicación?".
"¿Cuándo intentó padre anular?".

El auditor pasa entonces a la madre o a alguna otra persona.

Hacer Línea Directa de esta forma sistemática, hará que aparezca una gran cantidad de material. El sistema de organillo se creó para que el auditor no necesitara llevar grandes hojas de preguntas.

Este es el plan general de las preguntas. Las preguntas no necesitan ser las mismas cada vez, pero su significado general debería incluir este plan. De esa manera, se puede establecer contacto mediante Memoria Directa con las formas más aberrativas de entheta que hay en los candados y, sesión tras sesión, el material del preclear se vuelve más completo y su memoria mejora constantemente.

El problema de las valencias también se puede resolver en términos de Memoria Directa. Ocurre a menudo que el preclear sufre algún trastorno físico que se puede liberar con Memoria Directa de acuerdo a lo siguiente: si el preclear tuviera dermatitis en las manos, se podría descubrir que alguna persona del pasado del preclear tuvo dermatitis, alguna dolencia o una lesión en las manos. Esta persona puede localizarse y puede descubrirse que existe cierto mandato de candado que causa que el preclear sea como la persona que antes estaba enferma. Esto se encuentra a menudo en un preclear que ha perdido a un aliado. Este tipo de caso es ilustrativo: la abuela del preclear murió de cáncer en las manos; el preclear sufría de dermatitis en las manos; se descubrió que los parientes afirmaban a menudo: "como su abuela". El preclear se adhirió tanto a este parecido que intentó desarrollar cáncer en las manos, lo cual se manifestó como dermatitis.

Todo el problema de las valencias es un problema de aliados y antipatías. Muy a menudo el preclear puede estar en la valencia de alguien a quien normalmente se le odia. Lo obligan los mandatos de candado, gente diciéndole cosas como: "Eres igual que tu padre, cada día te pareces más a él y cuando crezcas no servirás para nada". Debido a esos mandatos, puede que el preclear no sea capaz de evitar odiarse a sí mismo, ya que se le obliga a entrar en la valencia de una persona a la que se odia y a la que él odiaba. A menudo, la Memoria Directa puede resolver este problema con sólo preguntarle al preclear a quién se suponía que se parecía más y cuál era la actitud general hacia esta persona.

En Memoria Directa, es vital llegar al contexto real en el incidente real de cada memoria. El primer intento del preclear en su banco de memoria será de una vaga sensación de que hubo un incidente así, y de que alguien dijo algo así. Eso no es suficiente. El auditor tiene que hacer que el preclear precise un incidente concreto y las palabras de ese incidente. Si esto no es posible en la primera sesión, será posible en alguna sesión posterior. Mientras esto no se logre, el candado no se volará. Un buen truco para hacer que el preclear recuerde un incidente concreto es preguntarle al preclear si tal incidente existe y entonces, cuando afirme vagamente que debió de existir, preguntarle dónde estaba sentado cuando oyó a alguien decir esto o dónde estaba de pie. Es posible que el preclear corrija rápidamente al auditor, diciendo que estaba acostado o caminando, y así habrá recuperado datos. Hay una cierta cantidad de reto que el auditor puede usar al utilizar Memoria Directa. Espolea al preclear a dar lo mejor de sí. Si esto no se lleva demasiado lejos, actúa como un factor muy estimulante para el preclear.

Es realmente extraordinario cuántos trastornos psicosomáticos y cuántas aberraciones puede resolver la Memoria Directa después de que el auditor haya agarrado un poco de práctica. Realmente puede sacar a su preclear de alguna valencia crónica, desembarazarlo de alguna aberración, traerlo a tiempo presente y, en general, elevarlo en la Escala Tonal, simplemente haciéndole las preguntas correctas.

El auditor no debería limitarse al sistema de organillo de Línea Directa. Este sólo se proporciona para descargar la máxima cantidad de entheta en la mínima cantidad de tiempo de auditor. El auditor puede usar considerablemente su imaginación con relación a lo que deben de haberle dicho o hecho a este preclear. El auditor puede empezar con provecho cualquier sesión preguntando:

"Bueno, ¿qué te preocupa hoy?".

Cuando el preclear se lo dice, el auditor quiere saber quién, en los antecedentes del preclear, podría haber pensado eso y a veces resulta que el preclear puede localizar de inmediato lo que se le ha dicho en el pasado que es comparable a la preocupación que ahora tiene. Y si los dos son causa y efecto, el preclear de inmediato se librará de la preocupación. Es realmente extraordinaria la rapidez con que esto se puede llevar a cabo.

En cuanto el preclear recupera un candado que contiene gran cantidad de entheta, normalmente se ríe o sonríe. El preclear que no reacciona de esta manera puede que no obstante esté descargando un poco de entheta del candado, pero cuando el preclear no se ríe, es posible que exista un candado anterior similar. Así, cuando se hace que el preclear recuerde algún incidente temprano y a pesar de ello no experimenta alivio alguno (aunque debería por la naturaleza del incidente y su carácter oculto), el auditor hace bien en tratar de descubrir algún incidente anterior al que se recordó que sea similar a este. El principio aquí es descubrir, si es posible, el key-in: la primera vez que se reestimuló el engrama subyacente.

También se usa Memoria Directa para descubrir cierto tipo de incidente al que entonces se le puede hacer Scanning de Candados. El preclear al que se dirige a un cierto tipo de orden de circuito en su caso puede no experimentar mucho alivio con Línea Directa. Pero ahora que el auditor sabe que existe este tipo de circuito, puede hacer que el preclear le haga Scanning de Candados al circuito, retornando a la primera vez en que pueda descubrirlo y haciendo scanning de todos los incidentes similares hasta tiempo presente. Así, Memoria Directa se combina con Scanning de Candados, que en realidad es una memoria de alta velocidad más que un retorno a través de los candados.

CAPÍTULO 7 — MEMORIA DIRECTA

Ningún auditor debería sentirse incómodo respecto a usar cualquier cantidad de Memoria Directa. Ocurrirá, sin embargo, que un auditor logrará alivio en el preclear con Memoria Directa, luego hará que el preclear retorne por la línea temporal a un incidente que entonces recorrerá, y después de hacerlo volver por la línea temporal, descubrirá que el alivio que se había logrado antes parece ahora haber desaparecido. Esto sucede porque se ha instalado un candado de tiempo presente al retornar. Con sólo hacer que el preclear recuerde su propio acto de recorrer el incidente, una vez que esté de vuelta en tiempo presente, se debería restablecer su aplomo y equilibrio.

Son muchos los beneficios de la Memoria Directa. La duración de esos beneficios no es una cuestión resuelta. Al hacer Memoria Directa de momentos de placer o de la primera vez que el preclear tuvo cierta enfermedad, se pueden aliviar dolores de cabeza, dolores de estómago, preocupaciones y ansiedades. Esto no significa que el efecto sea permanente, como ocurriría si se recorriera completamente el engrama básico. Pero la Memoria Directa es el "truco de salón" del auditor. En cualquier grupo de personas, siempre puede encontrar al menos a una a la que puede hacer mucho más feliz con solo unas pocas preguntas diestras. El auditor que usa Memoria Directa con este propósito también debería desarrollar la técnica del tirador diestro quien, cuando hace una buena diana, es lo bastante listo como para dejar de lado su rifle inmediatamente. Una vez que el auditor haya logrado un efecto espectacular con Memoria Directa, debería dejar tranquilo al caso por esa sesión a menos que, por supuesto, esté ocupado en lograr un ascenso continuo en la Escala Tonal con su preclear.

La Memoria Directa es una técnica que se debería estudiar y practicar con considerable consciencia del bien que puede hacer. Ningún auditor debería caer en la rutina de creer que sólo recordar el pasado pueda ser de gran ayuda para el preclear. Sin embargo, recordar candados específicos y causativos puede producir cambios y mejorías notables en un individuo. La Memoria Directa no es "asociación libre" y tampoco es palabrería al azar. Es una técnica de precisión y se debería estudiar y usar como tal.

Columna AD
Momentos de Placer

La definición de placer que se da en Dianética es que el organismo, tendiendo hacia la supervivencia, obtiene placer mediante acciones de supervivencia y la búsqueda de metas de supervivencia. En el organismo que está por debajo de 2.0, y que tiende hacia la muerte, se experimenta un placer reactivo al realizar actos que llevan a sucumbir en cualquiera de las dinámicas. En otras palabras, por encima de 2.0, el placer es supervivencia. Y por debajo de 2. 0, el placer se obtiene sólo sucumbiendo u ocasionando la muerte a otras entidades u ocasionando que la persona misma u otras entidades sean suprimidas en la Escala Tonal.

El verdadero placer conduce a la felicidad. El "placer" que tiende hacia la muerte es una falsificación reactiva, pero parece ser intensamente válido para aquellos que se encuentran en la banda de muerte de la Escala Tonal.

Se podría decir que la felicidad es la superación de obstáculos no incognoscibles hacia una meta conocida y deseable.

Esto postula que la mayor felicidad es la mayor aproximación posible a la inmortalidad. Un buen trabajo, capacidades que muestran destreza, cosechas abundantes, posesiones: estas son metas. Existen metas muy finitas para el hombre feliz en cada día de la semana, así como las grandes metas hacia las que dirige sus esfuerzos. Su felicidad no proviene del logro de las metas, sino de superar obstáculos en el camino hacia esas metas.

El placer y la inmortalidad son casi sinónimos para los individuos que están por encima de 2.0 en la Escala Tonal. Existe una escala de gradiente de tipos de placer disfrutados por aquellos que están por encima de 2.0.

Parece evidente que en 2.5, la persona en realidad disfruta estando aburrida, pero que se eleva repentinamente hacia niveles más altos cuando el interés se concentra en alguna meta que no supere la comprensión del 2.5.

El 3.0 obtiene placer tratando de alcanzar metas que se puedan observar con gran claridad. El 3.0 acepta su placer con cautela y dubitativamente, pero de todos modos lo disfruta. Sus placeres tienden a ser rutinarios y relativamente carentes de imaginación.

El 3.5 tiende hacia metas superiores de supervivencia y tiene confianza en alcanzar esas metas. Puede abarcar niveles de supervivencia más abundantes. Se puede dar cuenta de que la supervivencia como proceso de nivel-de-necesidades-mínimas es insegura e intolerable y que si todos los cómputos demuestran que necesitará dos fanegas de trigo al mes para comer, mejor será que disponga de veinte fanegas de trigo al mes. Su placer es extenso y ambicioso.

El 4.0 logra un júbilo considerable. Su concepto de supervivencia es tan abundante, y sin embargo tiene tanta confianza en su capacidad para alcanzar esos niveles de supervivencia, que puede abarcar un universo de metas y, dentro de los límites de sus destrezas y talentos, lograrlas.

Aquí tenemos una clara manifestación de las actitudes hacia las metas, las magnitudes de las metas, y la capacidad para obtener y disfrutar el placer. Ningún hombre es feliz sin una meta y ningún hombre puede ser feliz sin fe en su propia capacidad para alcanzar esa meta. La forma más alta de seguridad es la confianza en uno mismo, en el futuro, en el grupo y en la Humanidad. Sin esa confianza y sin el deseo de lograr que las diversas dinámicas sobrevivan, un individuo no tiene ninguna seguridad. La persona que mide su seguridad en términos de un buen trabajo está recortando deliberadamente sus miras respecto a la verdadera inseguridad de su posición. Según las enseñanzas populares, un hombre que trabaja para una organización que puede que dure mucho o que sea transitoria está seguro. Y sin embargo puede que trabaje hasta el periodo de su vida en que ya no pueda adaptarse, y encontrarse de pronto sin empleo por

CAPÍTULO 8   MOMENTOS DE PLACER

un simple cambio repentino de una junta directiva o por el antagonismo de un capataz. La seguridad consistiría en que este hombre fuera capaz de adaptarse a su entorno, estuviera preparado para cualquier cambio posible en los factores que influyen en su empleo, y tuviera confianza en su capacidad para afrontar y manejar cualquier cambio posible. La seguridad no es algo estático. La seguridad sólo se encontraría en la confianza de un hombre en alcanzar sus metas y, de hecho, en que tenga metas que alcanzar.

Existen metas automáticas inherentes al plan de la vida. La conquista de MEST, la supervivencia del cuerpo theta, la fe en la inmortalidad y el Ser Supremo, son todas ellas metas automáticas de alto nivel. Existen en potencia en cada uno, pero la cantidad de entheta inherente al cuerpo theta y acumulada en una generación puede ocasionar que el individuo o el grupo se quede muy corto de darse cuenta de su capacidad para alcanzar estas metas. Cuanta más entheta exista en el cuerpo theta y se acumule en la generación, menores o menos racionales serán las metas del individuo o del grupo.

Sin metas, esperanzas, ambiciones o sueños, es casi imposible lograr el placer. Muchos individuos no se dan cuenta de esto. Y aunque sean capaces de asignarse metas y de tratar de alcanzarlas, permiten que personas más bajas de tono a su alrededor no sólo debiliten su confianza en su propia capacidad para alcanzar la seguridad y la supervivencia, sino que también les nieguen el derecho a formular metas de una magnitud deseable y a esforzarse por alcanzarlas.

En los niveles más bajos de la Escala Tonal, encontramos individuos que intencionalmente enturbulan, trastornan, destruyen y, con gran ahínco, inhiben las metas, esperanzas y sueños de quienes las rodean. Aquí tenemos a las personas que están de 2.0 hacia abajo. Estas tienen metas que, en sí, no son menos definidas que las metas de supervivencia por encima de 2.0. Es algo lastimoso y terrible que las personas que están por encima de 2.0 inviertan gran cantidad de convencimiento y persuasión en cónyuges, allegados y compañeros de grupo que están por debajo de 2.0, tratando de lograr que se dirijan hacia metas de supervivencia. Las personas que se dedican a esta actividad son el blanco inmediato de quienes existen de 2.0 hacia abajo, ya que estos ven en las personas de nivel más alto un medio para fomentar sus propias metas; y la meta del 2.0 hacia abajo es la muerte.

Un examen de la anatomía de la muerte demuestra que la muerte puede ser algo pequeño o grande. La muerte, en realidad, es una escala de gradiente. Los pequeños percances y accidentes pueden tender hacia una acumulación cada vez mayor de percances y accidentes hasta llegar a la muerte de una ambición, a la muerte de un individuo, a la muerte de una causa o a la muerte de un grupo. Así es como sucede: "Al faltar un clavo, se perdió la herradura. Al faltar una herradura, se perdió el caballo. Al faltar un caballo, se perdió el jinete. Al faltar un jinete, se perdió la batalla. Y todo porque faltaba un clavo para una herradura". La muerte procede de las cosas pequeñas y avanza hacia las cosas grandes.

La muerte es algo sigiloso. Hoy un hombre comete un error flagrante en la contabilidad. Lo comete porque su esposa lo fastidió la noche anterior. Mañana, su superior encuentra el error y anota que este contador no siempre es preciso. Por sí solo, esto no es nada. Pero el mes siguiente cuando se tiene que despedir a un contador, se recuerda que uno de ellos cometió un error y, como las demás capacidades son más o menos iguales entre los contadores, se despide al que cometió el error. Sin empleo, el contador se encuentra aún más enturbulado en casa y dedica poco tiempo a encontrar un nuevo empleo. Acepta una ocupación por debajo de su habilidad en una oficina donde todo es frenético y comete más errores porque ahora está preocupado. Esto es un poquito de muerte.

Hay quienes hablan de "golpes de suerte" y quienes hablan de la "mano del destino" en las actividades que emprenden, pero un examen franco del campo de las actividades del Hombre mostrará que casi todo éxito llega con el más adecuado merecimiento. Hace poco me contó el director de un imponente instituto de psicología de una importante ciudad americana que cuando empezó a ejercer su profesión estaba convencido, hasta cierto punto, de que el capitalista, el gran directivo industrial, el director de la gran corporación, había llegado hasta donde estaba por indiferencia hacia los sentimientos de los demás y avaricia. Sin embargo, con el correr de los muchos años siguientes, ya fuera por sí mismo o mediante

CAPÍTULO 8   MOMENTOS DE PLACER

su staff, había realizado pruebas psicométricas industriales en muchas organizaciones, y al hacerlo había tenido la oportunidad de analizar a muchos de los capitalistas, directivos, directores y gigantes industriales de Estados Unidos. En cada caso había encontrado que "quienes estaban en la cima verdaderamente merecían estar allí". Había descubierto que las cualidades de estos individuos incluían una intensa apreciación por la vida, gran sensibilidad hacia sus semejantes, enorme persistencia, inteligencia en la planificación y ejecución. Había descubierto que el mundo lo llevan sobre los hombros unos cuantos hombres desesperados, pero muy grandes. Y había descubierto que la suerte no era casualidad.

Los individuos por encima de 2.0 en la Escala Tonal, son uniformemente afortunados. Hay algo más acerca de theta que lo que el ojo alcanza a ver. Aquí tienes a los hombres a quienes Dios sonríe.

Por debajo de 2.0 encontramos a los desafortunados. Uno podría darle con cierta seguridad unos cuantos dólares a una persona alta en la Escala Tonal y esperar que resultara ganadora en Las Vegas. Y uno podría esperar que si se le diera la misma cantidad a una persona baja en la Escala Tonal, saldría del juego como un gran perdedor. Por encima de 2.0 el individuo juega para ganar. Por debajo de 2.0 el individuo juega uniformemente para perder. Y el individuo por debajo de 2.0 no sólo juega para perder él mismo, juega para que pierdan todos los que están a su alrededor y el futuro.

Parte del mecanismo de la muerte es que los individuos que están por debajo de 2.0 hablen como si jugaran para ganar, hablen de la necesidad desesperada de salvar y ganar, hablen de emergencias con las que se espera que uno gane. Todo esto es parte de la trampa. Otorgándoles todas las oportunidades, facilidades y circunstancias con las que pudieran ganar, las personas por debajo de 2.0 inyectarán en cada plan el germen de la muerte y, actuando de forma tan sumamente razonable, permitirán que ese germen crezca hasta lograr la muerte del individuo, de sus allegados, del futuro o de su organización. Un Hitler rebuzna su enojo al mundo e instiga a toda Alemania a actuar con el argumento de la "gloria" y no obstante, por errores no muy misteriosos, lleva las esperanzas de Alemania a la muerte. Convierte a Europa en un cementerio, masacra a treinta millones de seres humanos, ocasiona su propio suicidio y la extinción de las esperanzas de su nación alemana. Sin embargo, muchas veces en el transcurso de las actividades 1.5 de Hitler, él pudo haber convertido a Alemania en la gloria del mundo. De hecho, antes de empezar a fabricar sólo municiones, había revivido la ciencia alemana hasta un punto en que se le respetaba por encima de la ciencia de cualquier otra nación. Y con el simple y directo atractivo de que Alemania se había vuelto vital para la supervivencia de otras naciones, Alemania pudo haberse elevado y vuelto gloriosa. Pero en ningún momento en que Alemania pudo haberse elevado tomó Hitler la dirección hacia la supervivencia. En lugar de esto, escogió la dirección hacia la muerte.

Este drama no siempre se representa en el escenario de las naciones. Sucede en muchos hogares. Es algo patético y terrible encontrar a un hombre emparejado con un individuo que está por debajo de 2.0. Hace todo lo que puede para triunfar y no obstante, a cada paso de su carrera se encuentra obstaculizado por algún incumplimiento extraño o alguna nueva enturbulación. Y gradualmente, poco a poco, sus energías disminuyen hasta ser lanzado, él mismo, hacia la muerte y a una nueva generación. Una mujer que es capaz de alcanzar un alto nivel de supervivencia, al emparejarse con un hombre que está debajo de 2.0 se verá arruinada a causa de pequeños "malentendidos", perversiones extrañas y discusiones en momentos inoportunos hasta que al final sus ambiciones de lograr una familia y un futuro (o hasta de una carrera para sí misma) yacen en el polvo donde tantos sueños acaban. El hombre que, estando bastante por encima de 2.0, acepta un socio por debajo de 2.0, encontrará que se construye a su alrededor una extraña concatenación de hechos que originarán la destrucción de ese negocio a pesar de las esperanzas con que se fundó, y a pesar de su propia capacidad para llevarlo a cabo. Sería muchísimo mejor que un individuo que se va a vincular en un matrimonio, un negocio o alguna acción de grupo, se inyectara el veneno más mortífero o la bacteria más virulenta antes que asociarse con cualquiera que esté por debajo de 2.0 en la Escala Tonal. Si esto parece fuerte, observa a tu alrededor a los hombres marchitos, los sueños marchitos, las historias que nunca se escribieron, las canciones que nunca se cantaron porque alguien,

CAPÍTULO 8 MOMENTOS DE PLACER

al dejarse llevar por la papilla sensiblera de la compasión u "obligación", se asoció con un individuo que estaba por debajo de 2.0 en la Escala Tonal. Esto es la muerte; una muerte tan segura como colocar el cuello debajo de la hoja de una guillotina y accionar la palanca.

De 2.0 hacia abajo, el individuo obtiene un placer reactivo, pero muy definido, alcanzando la "meta" de la muerte para sí misma, para el futuro y para los individuos que lo rodean. Aquí está la entheta tratando de separar a theta de MEST para causar la muerte y lograr una nueva generación. En las proximidades de tales personas, la muerte puede ser silenciosa y estar a la espera, pero también lista para influir y desvirtuar cada acción en dirección a sucumbir.

En 2.0 el individuo encuentra un "placer" reactivo en fomentar antagonismos, censurar, regañar y criticar. Si se le deja en libertad, no se hundirá más en la Escala Tonal, pero seguirá "desahogando sus hostilidades". Está dramatizando engramas. Pero si se interrumpieran estas dramatizaciones, descendería por la Escala Tonal. Es un hecho real que cualquier placer que obtiene lo obtiene mediante estas dramatizaciones. Se le puede elevar en la Escala Tonal con procesamiento, educación o un cambio de entorno. Pero si se le deja donde está, con toda seguridad arrastrará a otros hacia abajo de la escala, pues, él es un punto de turbulencia como lo son todas las personas por debajo de 2.0.

En 1.5 el individuo encuentra "placer" reactivo sólo dando rienda suelta al enojo. No tiene un concepto real del placer, pero obtiene una sensación de peligrosidad y, por lo tanto, de "placer" en la dramatización de sus engramas de dominación o enojo. Si se le permite continuar enojado permanecerá, hasta cierto grado, estático en la Escala Tonal. Pero si se obstaculizan estas dramatizaciones o se lucha contra ellas, descenderá en la Escala Tonal, ya que no se le permite experimentar el "placer" que puede "obtener" estando enojado. No se debería esperar que existan causas razonables para que esta persona dé rienda suelta al enojo. Esta persona creará sus propias causas, de manera que pueda estar enojada. Su meta es lograr la destrucción de objetos o personas. Obtiene una dicha considerable cuando logra esa destrucción. Las personas que están en el nivel 1.5 sólo temporalmente (lo que quiere decir que están siendo 1.5 agudos) conocen bien la satisfacción que se obtiene al destrozar algo. El 1.5 crónico no puede elevarse más allá del destrozo de cosas. En ocasiones en el pasado, se ha opinado que el individuo que tiraba cosas, que se encolerizaba y que se expresaba en términos desesperadamente destructivos, estaba en la mayor profundidad posible de la demencia. Esto dista mucho de ser cierto. Esta es la franja muy alta de la demencia. Se debería cuidar uno de los que se encuentran más abajo en la Escala Tonal y que originan destrucción sólo a través de medios encubiertos, ya que no hay advertencia de lo que harán. Cualquier preclear cuya mente reactiva (y todas las mentes reactivas están por debajo de 2.0 en la Escala Tonal) está ascendiendo hacia Liberado pasará, reactivamente, a través de la zona de enojo y estará furioso con las personas que le han hecho algo, e incluso puede estar furioso con el mundo en general. Este es un síntoma de su mejoría y no un síntoma de que se esté volviendo loco. Las personas que están por debajo de la zona de enojo no son más fáciles de manejar. Por debajo de la zona de enojo, las personas son mucho más peligrosas, ya que tomarán medidas mucho más amplias para originar la muerte. No originan destrucción a plena luz del día, como lo hace el individuo enojado, sino en los callejones oscuros y las cloacas de la humanidad. A la persona que está crónicamente enojada se le puede procesar con Dianética con bastante facilidad y llevarla a los tonos más altos, ya que aún conserva su vitalidad. Sólo es necesario que descubra las cosas acerca de las cuales realmente está enojada, para que centre y enfoque su atención, y aún tiene mucha theta con la que transformar la entheta. Pero (y nunca lo descuides) el placer de esta persona radica en estar enojada y, al recorrer momentos de placer, será mejor que se descubran momentos en los que el individuo pudo estar enojado con algo sin reservas.

El 1.1 tiende hacia la muerte aún más marcadamente que el individuo que está abiertamente enojado. El 1.1 cometerá pequeños descuidos y errores, y originará trastornos y confusión cerca de él con bastante aplomo. Estas son sus alegrías. Si el 1.1 ha de sentir algún "placer", será en un acto que, de forma tortuosa y oculta, sea destructivo para sí mismo, para el futuro, para su grupo o para la Humanidad, para la vida misma,

CAPÍTULO 8   MOMENTOS DE PLACER

para theta, o incluso, aunque eso es imposible, para el Ser Supremo. Se debería entender que un individuo puede tener una mente reactiva en 1.1, y aun así estar bastante alerta analíticamente y descender a 1.1 sólo cuando está enturbulado. Esto sería un 1.1 agudo, pero una persona así todavía es peligrosa. Con el rostro más afable posible, el 1.1 puede negar todos y cada uno de los actos destructivos o de muerte en que haya participado él o ella. El 1.1 oculta todos los actos destructivos y con mucha frecuencia da a esas actividades una apariencia constructiva. El 1.1 encuentra "placer" en el sexo sólo si se lleva a cabo con mucha gente y de formas extrañas y peculiares. Esto no contradice el hecho de que un hombre, como cualquier macho, pueda tratar de poseer y fecundar a tantas hembras como sea posible, lo que no es una característica de 1.1. El 1.1 no disfruta del sexo, a menos que sea febril y enturbulativo. Aquí se encuentra el sátiro, la ninfómana. El 1.1 lesionará o mutilará animales o a hombres por "placer". Y al recorrer momentos de "placer" en el 1.1, el auditor encontrará que dichos momentos existen en torno al daño hecho a los sueños de alguien o al cuerpo de algún ser desvalido. Aquí el "placer" no se obtiene a la clara luz del día, sino de manera clandestina y, con frecuencia, horrenda. El 1.5 siente "placer" produciendo la incapacidad de un enemigo poderoso. El 1.1 siente "placer" rompiendo la espalda a su enemigo, mientras este yace herido e indefenso. El 1.1 puede parecer suplicante, puede hacer gran teatro sobre su debilidad. Pero cuando se reduce la intensidad de la luz, las acciones de este individuo se dirigen con mucha energía hacia la muerte, ya sea la muerte de una reputación, la muerte de una causa aunque en apariencia se le apoye, o la propia muerte sin importar cuán lejos del suicidio parezca creer que están sus acciones. En la banda de 1.1, por cierto, se encuentra al individuo más ostensiblemente insistente respecto a que otros tengan ética y moral.

El 0.5, al encontrarse tanto más cerca de sucumbir y morir, trata de causar la muerte de su familia, de sus allegados y de sí mismo, mediante una enturbulación directa y continua en términos de muerte. La verdad, por supuesto, no tiene importancia alguna en ningún nivel por debajo de 2.0. El mentiroso más flagrante es el nivel de apatía de 0.5. El individuo en 0.5 obtiene un "placer" reactivo mintiendo desaforada pero dolorosamente sobre lo desesperanzada y horrible que es la vida y lo que le han hecho a él. Recorrerle a una persona que está en 0.5 lo que cualquier individuo en un nivel aceptable de la Escala Tonal consideraría como un momento de placer es, por supuesto, prácticamente imposible. Pero el 0.5 puede obtener "placer" reactivo siendo tan completamente 0.5 como le sea posible.

A veces se puede persuadir al 0.1 para que recorra un momento de "placer" en el tema de lo muerto que está y lo mucho que carece de peligrosidad. Si el auditor logra ponerse en contacto con él en grado alguno, será en este nivel donde se puedan encontrar los momentos de "placer".

Por lo tanto, es una regla general que los momentos de placer se recorren en el nivel en que el individuo se encuentra en la Escala Tonal. No esperes que el 2.5 recorra momentos de gran regocijo, ya que la entheta de su caso no le permite alcanzar ese nivel. No esperes que el 1.1 recorra un momento en que estaba sumamente enojado, ya que su posición en la Escala Tonal hace que el enojo manifiesto sea algo muy peligroso que no se puede permitir, y el temor implícito en su posición puede impedir que lo manifieste. Sin embargo, si puedes hacer que recuerde un momento en que era extraordinaria y admirablemente moral y ético cuando todos los que lo rodeaban estaban siendo deshonestos y falsos, puede que encuentres que experimenta una gran cantidad de "placer" con esta situación ficticia.

La regla general es que: por encima de 2.0, el auditor descubre actos constructivos y creativos de triunfo y magnitud cada vez mayores al elevarse el preclear en la Escala Tonal. Y por debajo de 2.0 encuentra esfuerzos cada vez mayores hacia la muerte en los momentos de placer escogidos por su preclear. De cualquier forma, lo importante para el placer es vencer obstáculos yendo en dirección hacia la meta. Por debajo de 2.0, naturalmente, el individuo está venciendo "obstáculos" que le dicen que sobreviva mientras viaja hacia su "meta" de la muerte. Para los individuos que están por debajo de 2.0, la muerte es la única "meta" válida y asequible, ya sea para uno mismo, el futuro, el grupo o la Humanidad. Cualquier cosa que interrumpa este camino hacia la "meta" de contra-supervivencia será combatida por la gente por debajo de 2.0. Tal avidez, de extinción es

CAPÍTULO 8   MOMENTOS DE PLACER

únicamente encomiable por el esmero con que luchan estos individuos por morir. Como aquí tratamos con ocho dinámicas, no se debería creer que el individuo que está por debajo de 2.0 trabaja sólo hacia su propia muerte.

En 2.0 trabaja más bien moderadamente hacia la muerte de una periferia muy amplia, pero no desea mucho la muerte para sí mismo.

En 1.5 trabaja hacia la muerte de otros seres o formas de vida, u otras dinámicas. Desde luego, causará su propia muerte, pero no le presta atención a esto. No podemos reducir las demás dinámicas sin reducir la Primera Dinámica de uno mismo y ocasionar nuestra propia muerte.

En 1.1 obtenemos sólo en ocasiones una percepción consciente de que el individuo tiende él mismo hacia su propio suicidio. Se busca la muerte por medios tortuosos para una periferia menor. Mientras que el 1.5 buscará la muerte de muchos, el 1.1 buscará por medios encubiertos la muerte de unos cuantos.

El 0.5 busca la muerte en proporción inversa a la cantidad de atención que puede proporcionar a su entorno, y normalmente esa atención está aislada en la Primera Dinámica y puede incluir sólo a unos cuantos allegados íntimos en el entorno. Así, el 0.5 es el suicida; pero antes del suicidio, casi se puede contar con que intentará la muerte por lo menos de su allegado más cercano, ya sea por asesinato o por enturbulación por vía de la compasión. En ocasiones, el 0.5 incluirá el asesinato de niños como parte del suicidio personal. En realidad, la persona con la que intima un 0.5 se encuentra en el peligro más grave en que se pueda encontrar un individuo.

Recorrer en general momentos de placer puede lograr muchísimo en un caso. Está el caso de una anciana a quien no se le hizo otro tipo de procesamiento durante muchas semanas. Al empezar este periodo, según informaciones recibidas, estaba postrada en cama. Un auditor, con ganas de experimentar, dedicó dos horas al día a recorrerle momentos de placer: pequeños triunfos, encuentros gozosos, momentos de buena salud y bienestar, momentos de orgullo por logros o por seres queridos. Al final de este periodo, la anciana ya no estaba postrada en cama y mostraba un ascenso considerable en la Escala Tonal. No se recorrió un solo candado, secundaria ni engrama en el caso. Esto debería darle al auditor cierta idea del valor del placer como objetivo para el procesamiento.

También está el caso de la persona que no podía recorrer pesar hasta que se hizo un scanning extenso de momentos de placer en su caso. Este contacto con el hecho de que en verdad existía placer en su vida, le permitió soportar, debido a la theta libre que recuperó al atraerse su atención a los momentos de placer, el contacto con los momentos de emoción desagradable necesarios para liberar su caso.

Los momentos de placer parecen decir, ante todo, que es posible la supervivencia. Pero por debajo de 2.0, los momentos de "placer" proporcionan el ánimo de que la muerte es posible. En ambos casos se eleva el tono, lo quiera el preclear o no.

Recorrer momentos de placer se lleva a cabo exactamente como se recorrería un engrama o un engrama secundario. Uno pide al preclear que retorne al momento en que de hecho se estaba experimentando placer y que se ponga en contacto con todos los percépticos del incidente, viendo, escuchando y sintiendo la experiencia lo más completamente que le sea posible, una y otra vez. El preclear puede recorrer el incidente muchas veces antes de cansarse de él, ya que cada vez que lo recorre debería descubrir nuevos instantes y percépticos que antes habían estado ocultos. Recorrer placer de esta forma parece aumentar notablemente la cantidad de theta libre en el caso.

En los niveles más bajos de la Escala Tonal, el placer auténtico en la vida de una persona (los momentos de supervivencia, especialmente los de triunfo) no es fácilmente asequible. Sin embargo, es posible que el auditor, haciendo que el preclear recorra momentos posibles de placer, primero como concepto y después, a medida que se establece un mejor contacto, como incidentes auténticos, pueda demostrarle al preclear que el placer ha existido y que está disponible.

En vista del hecho de que obtener placer es una de las metas primarias de la vida, recorrer momentos de placer puede hacer muchísimo por un caso. Ha habido casos en los que se ha activado el sónico y la visión simplemente mediante el recorrido de momentos de placer.

Capítulo 8 🙵 Momentos de Placer

El caso se estabiliza con mayor facilidad mediante el recorrido de momentos de placer. Se deberían recorrer varios momentos de placer si el caso es difícil de estabilizar en tiempo presente. Después de recorrer tales momentos, el preclear a menudo regresa con facilidad a tiempo presente, tras haber recuperado unidades de atención de secundarias y engramas que se reestimularon de algún modo en el procesamiento.

Se puede refrescar la memoria misma con sólo recorrer la línea temporal. Como experimento, uno puede escoger alguna fecha específica en la vida del preclear. Esta fecha puede que esté ocluida por completo, pero el auditor insiste en que el preclear retorne a esta fecha. El preclear puede estar totalmente a oscuras sobre lo que sucedió, digamos, el 3 de enero de 1943. El auditor tiene ventaja sobre el preclear, ya que sabe, por el hecho de haberle dicho al preclear que fuera a cierta fecha, que entonces el preclear ha ido ahí, lo sepa o no el preclear. Después, el auditor le pide que detalle los sucesos de, digamos, las 9:30 de la mañana de esa fecha. El preclear puede que sea capaz, nebulosamente, de señalar ciertos incidentes en el año 1943. Si el auditor es muy paciente y persistente en su enfoque, causará gradualmente que el "yo" del preclear obtenga los detalles específicos de la fecha y del momento y podrá entonces recorrer este momento con sus propios percépticos verdaderos. Esta es una técnica no menos válida que recorrer momentos de placer. La mente ha grabado todo, y el auditor sabe que cuando envía al preclear a cierto momento, el preclear está ahí aun cuando el "yo" del preclear pueda tener bloqueados los percépticos del incidente por la entheta del caso. Con paciencia y persistencia el auditor siempre puede obtener los datos que requiera.

Los momentos de triunfo son, por supuesto, momentos de placer. Pero uno a menudo encuentra preclears, especialmente los que están por debajo de 3.0 en la Escala Tonal, que recorren momentos de placer sin experimentar ningún placer en ellos. El auditor puede encontrar al preclear ganando una copa de plata en un concurso hípico, y puede que el auditor haga que el preclear retorne al incidente y lo recorra una y otra vez, sólo para descubrir que el preclear sintió que no merecía ganar la copa. Esta es la diferencia entre el concepto de realidad que tiene el preclear y el concepto de realidad que tiene el auditor. Por toda lógica, el preclear debió haber sentido placer al ganar esta copa de plata en el concurso hípico. Pero según el tono del preclear, no se obtuvo placer alguno del incidente, ya que quizás originó demasiada atención y notoriedad o produjo un gran conflicto con alguna computación engrámica específica del preclear sobre ganar o sobre perjudicar a los demás concursantes por haber ganado. Esto no debería desalentar al auditor. Sólo debería indicarle que está intentando recorrer momentos de placer demasiado altos en la Escala Tonal para su preclear. En un caso así, el auditor debería bajar en la Escala Tonal y encontrar una ocasión, quizás, en la que el preclear fue capaz de destruir la reputación de algún amigo querido mediante algún chismorreo falso y recorrer esto como momento de placer. De esta manera, logrará un ascenso en el tono, a pesar de que el preclear sienta que es imposible.

 El auditor no debería descuidar el hecho de que los momentos de placer se pueden crear y de que un momento de placer de tiempo presente es en sí un punto en la línea temporal y tenderá a desenturbular al preclear. Esto no significa que el auditor debería consentir el "placer" que buscarían algunos individuos bajos en la Escala Tonal, placer que podría consistir en la destrucción de la reputación, del futuro o de la salud de alguna joven o de algún niño. Pero sí significa que el auditor debería alentar al preclear a que se suministre placer a sí mismo como ayuda para el procesamiento.

 El auditor, si está aconsejando placer, no debería caer en el viejo error de creer que el placer es ociosidad y derroche. El mayor placer, por ejemplo, que un compositor puede lograr está en componer. Un genio en administración logra su mayor placer venciendo obstáculos administrativos. El mejor placer para un individuo está en el logro de la felicidad, la superación de obstáculos no incognoscibles hacia una meta conocida. Haciendo preguntas diestramente, el auditor puede que ponga al descubierto para el preclear el hecho de que tiene metas hacia las que puede avanzar. Es un truco por debajo de 2.0 agarrar a un individuo creativo y constructivo y desviarlo de la ruta de su mayor placer, que tal vez sea tratar de alcanzar metas muy difíciles. El auditor no le diría a un alpinista que se fuera a la playa a descansar, sino que debería alentar en él la creencia de que puede conquistar una montaña mucho más alta

CAPÍTULO 8 — MOMENTOS DE PLACER

de la que jamás haya conquistado, porque si su alpinista está sufriendo, es porque un individuo cercano a él que está por debajo de 2.0 le ha hecho creer, con grandes y detalladas razones desalentadoras, que ya no puede escalar más montañas.

El placer, ya sea por la vida o por la muerte, es el logro o la superación de obstáculos hacia ese logro. Al recorrer momentos de placer, o al aconsejar al preclear a crear y construir momentos de placer en tiempo presente para elevar su nivel en la Escala Tonal, el auditor no debería pasar por alto el hecho de que la felicidad es la superación de obstáculos no incognoscibles hacia una meta conocida. Encontrará que la mayoría de sus preclears no tienen metas. El auditor, haciendo preguntas y sin interferir en el auto-determinismo de sus preclears, puede ayudarlos a descubrir y esclarecer sus metas. O puede ayudar en la identificación de los obstáculos que le impiden llegar a cualquier meta que el preclear ya reconoce. O el auditor puede simplemente alentar al preclear para que continúe superando los obstáculos conocidos hacia sus metas conocidas.

El auditor descubrirá preclears que no están especialmente bajos en la Escala Tonal que, sin embargo, no han tenido suficientes oportunidades para experimentar placer, y que por lo tanto tienen tras de sí una vida insulsa. Está justificado el que un auditor le aconseje al preclear salir a crear y vivir completamente un momento de placer para que el auditor lo pueda recorrer, después, para el mejoramiento del caso. Desde luego, vivirlo es más importante que recorrerlo. La consideración fundamental es si existen o no existen momentos de placer.

Es interesante señalar que cualquier sociedad decae en proporción exacta al desprecio que siente por el placer, y avanza en proporción al respeto que siente por el placer.

Por encima de 2.0, el placer contiene más construcción que destrucción, más bien que mal. Por debajo de 2.0, el "placer" contiene más destrucción que construcción, más mal que bien. La inmoralidad se origina cuando algo contiene más dolor que placer. Han existido sociedades que encontraron su placer en observar o infligir más mal que bien. Un ejemplo de esto es el circo romano, que marcó un punto en la decadencia del Imperio Romano que pronosticó una muerte prematura para esa gran organización política.

El verdadero placer significa actos que contienen más bien que mal.

Antes de condenar el placer, se debería entender el tipo de placer del que habla la persona. Pero resulta que a través de los siglos se ha sentido tal aversión hacia lo que el Imperio Romano llamaba "placer" en los primeros días del cristianismo, que el placer mismo fue inhibido. Hay individuos y grupos que consideran que disfrutar de la vida es un crimen. Esto sitúa a estos individuos y grupos inmediata y automáticamente en la Escala Tonal: están por debajo de 2.0, y se dirigen a sucumbir. Sin embargo, el auditor tendrá que arreglárselas con gente que ha sido instruida para inhibir el placer y que, por su educación, es incapaz de experimentarlo. El auditor debería tener preparadas sus definiciones de placer y la comprensión de lo que es realmente el placer. De quienes le dicen que el placer es malo, debería obtener una definición de lo que piensan ellos que se puede disfrutar. Ese es el tipo de incidente que se puede recorrer en el caso como momento de placer. Para aquellos que le dicen que el placer es bueno y luego empiezan a dar detalles de promiscuidad y sadismo, el auditor debería tener al menos una comprensión intelectual.

Debido a las distintas situaciones que existen en la vida de cualquier persona, a veces se entremezclan el placer como supervivencia y el placer como muerte. A veces sucede que algún individuo ha perdido, mediante las argucias, la traición o la deslealtad de otros, a su mujer, su negocio o su reputación. Y su idea del placer es la extinción dolorosa de aquellos que lo han perjudicado. Esto no denota de inmediato una posición baja en la Escala Tonal, pues el auditor puede encontrar que tal individuo hurga en la muerte sólo por una circunstancia. Si las demás circunstancias del individuo se encuentran en un nivel alto en la escala, el auditor debería reconocer una indicación inmediata de dónde debería trabajar para poder liberar gran cantidad de theta, que está atrapada en tramas de venganza y sueños de castigo doloroso para el enemigo. Un individuo así, sin embargo, normalmente puede recorrer placer en otras esferas de la vida. Incluso un individuo de tono bajo puede, a veces, encontrar alguna esfera de actividad, aunque esté muy aislada, que sea constructiva y así el auditor sabe dónde buscar placer real en el caso y puede usar este incidente o tipo de incidente en particular para liberar theta.

CAPÍTULO 8 — MOMENTOS DE PLACER

Todo el tema de los momentos de placer está íntimamente relacionado con la supervivencia, cuando se trata de verdadero placer. Sin embargo, el auditor no debería descuidar el hecho de que para el 0.5, "placer" es contemplar el suicidio más horrible posible, o la muerte más patética del "ser amado" más cercano.

El auditor no debería ser crítico del tipo de placer que su preclear seleccione, sino que debe trabajar continuamente para seleccionar el placer más alto posible en la Escala Tonal que esté disponible para su preclear. En otras palabras, para el 1.1 deberá tratar de encontrar placeres 1.5, 2.0 ó 2.5 en lugar de persistir en la línea de 1.1. El auditor está intentando elevar al preclear en la Escala Tonal. Y en el proceso de hacerlo, encontrará que puede obtener niveles de placer cada vez más altos, no sólo en tiempo presente, sino también en el pasado. La cantidad de placer de la variedad auténtica que el preclear puede experimentar o recorrer es sintomática no sólo de su posición crónica en la escala, sino también de su ascenso progresivo hacia niveles más deseables.

PROCESAMIENTO POSITIVO

Una variante técnica que es valiosa para el auditor es el *Procesamiento Positivo*. Consiste en abordar la theta del caso y sacarla a la vista. El auditor puede llegar a estar tan absorto en abordar directamente la entheta que puede pasar por alto el hecho de que puede ser que haya theta enterrada bajo la entheta. Buscando y sacando a la vista la theta, se puede mejorar considerablemente el tono del preclear.

Por debajo de muchas áreas de entheta en la línea temporal, puede que existan lo que podríamos llamar "depósitos de theta". La theta del auditor y del preclear dirigidas a tales depósitos de theta desenturbularán la entheta que pudiera recubrir esos momentos.

Se podría decir que los momentos de placer son depósitos de theta. Tales depósitos ayudan en la conversión de entheta en theta. Recorrer momentos de placer, pues, ayuda considerablemente a elevar el tono. Uno puede usar esto de muchas formas, y todas estas formas se podrían agrupar bajo Procesamiento Positivo. Es probable que existan innumerables variantes del Procesamiento Positivo. Recorrer un momento de placer tal como si fuera un engrama, hasta que se recuperen todos los percépticos, es sólo un ejemplo de Procesamiento Positivo. El scanning de cadenas de momentos de placer es otra variante. Recorrer momentos de placer futuros establece un vínculo con la imaginación, pero no es sino otra variante del Procesamiento Positivo.

En el Procesamiento Positivo se pueden utilizar, con excelente provecho, la afinidad, la realidad y la comunicación. Aquí, el auditor no está buscando candados de ARC en los que se impuso o se inhibió el ARC. Está buscando momentos en que existieron. Con Memoria Directa, el auditor hace que el preclear recuerde momentos en que *realmente* sintió que estaba recibiendo o dando afinidad o comunicación, o realmente experimentando realidad. El preclear que está bastante abajo en la escala puede que necesite buscar durante algún tiempo antes de poder recordar una ocasión en que realmente sintió afinidad por algo o por alguna persona, o en que realmente sintió que estaba recibiendo afinidad. De manera similar, el preclear puede tener dificultades para encontrar un momento de verdadera comunicación. Puede ser que esté entre el público o hablando con un amigo o hasta hablando simplemente con un perro. Es más, el auditor debería recordar que la comunicación se extiende a la percepción y que realmente ver algo o recordar que algo se escuchó o sintió puede poner al descubierto un depósito de theta. Hacer que el preclear recuerde algo que sabía que era verdaderamente real, o incluso recordar a alguien estando totalmente de acuerdo con él, es otro ejemplo de Procesamiento Positivo.

Memoria Directa en experiencias positivas de ARC es muy valiosa en casos bajos de tono. Además, es valiosa en cualquier caso como medio para terminar una sesión.

A veces el auditor encontrará que cuando audita Procesamiento Positivo obtendrá bostezos del preclear. Esto es especialmente cierto en el scanning de momentos de placer. Estos bostezos indican que el preclear tiene supresores de placer, que algo hace que se sienta culpable por experimentar placer. Según algunos estándares que no son pro-supervivencia, el placer se considera algo depravado y se encontrará que los engramas del preclear contienen advertencias contra el placer.

CAPÍTULO 8 — MOMENTOS DE PLACER

En ocasiones, el auditor encontrará a un preclear que rompe en llanto con el Procesamiento Positivo. En este caso, es evidente (aunque se podrían proponer varias opiniones) que la supresión de placer es tal que la entheta que lo recubre es del mismo valor que la que se encuentra en un engrama secundario. Las lágrimas de alivio indican el progreso hacia arriba del preclear desde apatía a través del pesar en ciertos incidentes. Pues cualquier incidente, independientemente del tono del preclear, tiene su propia posición en la Escala Tonal y, conforme se reduce, sube en la escala por etapas.

En un tiempo existió toda una filosofía dedicada al placer: el hedonismo. La supervivencia es placer, pero la satisfacción ociosa de los sentidos sin plan o avance hacia una meta es en sí, como en el caso de la cigarra de Esopo, destructiva a la larga. Fue esta gratificación ociosa y sin propósito de los sentidos contra la que arremetió el moralista, y con considerable justificación. Pero se debería haber usado una terminología mejor. El placer es algo de lo que no pueden prescindir ni el Hombre ni la civilización. Su omisión produce como resultado el sucumbir. Dado que se puede determinar que la felicidad es la superación de obstáculos no incognoscibles hacia una meta conocida, o la contemplación de las metas, uno puede ver que el placer *ocioso* tendría que ser gratificación sensual estática o destructiva. El placer rara vez es ocioso en ese sentido, pero sí es perezoso y relajante tan a menudo como es dinámico y constructivo. El Hombre no puede vivir sin él. Y el auditor, usando el Procesamiento Positivo, encontrará que es un aliado útil.

Columna AE
Incidentes Imaginarios

Una de las aberraciones sociales de América es que imaginar cosas es mala conducta. Se ha hecho que "imaginarse cosas" sea equivalente a "demencia". Decir que alguien se está "imaginando cosas" es una declaración despectiva común. Es una crítica anuladora decir que alguien experimenta delusión. El niño está particularmente sujeto a un bombardeo de críticas por ser imaginativo.

Condenar la imaginación significa tener miedo del alejamiento de la realidad. Pero si se condena la imaginación tan completamente, entonces quienes la condenan deben de tener algún temor básico de que ellos mismos no pueden aferrarse a una realidad.

No hay nada de malo en la imaginación. Hay mucho de malo en el tipo de aberración que hace imposible, o al menos difícil, que el individuo diferencie entre lo imaginario y lo real. Mientras el individuo sepa que está imaginando cuando está imaginando, y sepa que está tratando con hechos cuando está tratando con hechos, la imaginación tiene gran validez.

Existen tres tipos de imaginación. Una es la imaginación *creativa* mediante la cual, en el campo de la estética, los deseos e impulsos de las diferentes dinámicas se entretejen para formar nuevos escenarios e ideas.

El segundo tipo es el tipo más o menos *práctico* de imaginación que se produce como resultado de una computación. Sin este segundo tipo de imaginación, un individuo no podría pronosticar el futuro ni podría postular una meta deseable en el futuro. Este tipo de imaginación es tan vital para la computación que se podrá observar que el individuo que carece de ella es definitivamente deficiente en el aspecto analítico.

El tercer tipo de imaginación es *delusoria* o *alucinatoria*. Si la cultura deseara hacerse más cuerda, dejaría de aplicar la palabra "imaginario" a cosas que son delusorias o alucinatorias. La delusión connota un tipo de imaginación que el individuo no sabe que es imaginario. Sin embargo, en los engramas, es normal encontrarse con frases como: "Son todo imaginaciones tuyas", "Todo está en tu cabeza", "Sólo te estás imaginando cosas" y otras frases de mando que causan un cortocircuito en la capacidad del preclear para diferenciar entre lo que ahora deberíamos llamar lo imaginario y lo alucinatorio. La imaginación se queda enganchada al banco de los hechos y el "yo" recibe como "hechos" datos que son, en realidad, producto de la imaginación.

Se podría decir que existen cuatro fuentes claras de aberración. La primera está ocasionada por las *frases en engramas* que dictan de manera específica ciertas obsesiones, compulsiones, represiones, delusiones, neurosis y psicosis. Sin embargo, esas frases tienen un valor de mando sobre el analizador, que no sabe que estas existen por debajo de él en la mente reactiva, sólo en la medida en que el caso esté cargado con entheta. Cuanto más desconectado esté el analizador por la aberración acumulativa, las frases de mando y las frases de acción se obedecen cada vez más. Las frases de acción son cada vez más eficaces a medida que el individuo desciende por la Escala Tonal.

Por lo tanto, hay un segundo tipo de fuentes de aberración que es simplemente la *cantidad de carga* que hay en el caso. A esto se le podría llamar *aberración mecánica*. No procede de órdenes específicas, sino que procede de ineficiencia mental debido a la entheta acumulativa. Conforme el preclear desciende por la Escala Tonal, se presentan ciertas manifestaciones definidas debido a la entheta acumulativa. Toda la tabla en torno a la cual se escribió este libro es resultado del estudio del efecto

CAPÍTULO 9 — INCIDENTES IMAGINARIOS

de acumular entheta sobre individuos aberrados. La entheta, por sí sola, puede cargar un caso hasta el punto en que el caso se comporte de ciertas formas concretas, sin importar cuál sea el contenido de mando de los engramas.

La tercera clase de aberración es por el *entorno*, y es el resultado de personas aberradas y situaciones en el entorno de tiempo presente del individuo. Normalmente esto es temporal, pero la entheta acumulativa del entorno tiene un efecto crónico en el caso.

El cuarto tipo de aberración es *educativa*, y es la entheta acumulativa de la cultura en que se crió al preclear, las irracionalidades y datos incorrectos que ha recibido como resultado de su educación por parte de los padres, en las escuelas y por la experiencia.

Se debería incluir en la lista un quinto tipo de aberración, e incluso un sexto y un séptimo tipo, pero en este momento son menos importantes para el auditor. El quinto tipo sería la *aberración acumulativa del cuerpo theta* a través de sus muchas generaciones, que el auditor puede o no tener que abordar para el clearing del caso. El sexto tipo sería la *pauta de comportamiento* heredada en la línea genética, de la que se sabe muy poco, pero se puede estimar que cualquier organismo tiene cierta pauta de comportamiento de la que una pequeña parte se podría considerar inadecuada para el entorno y por lo tanto (si se ampliara la definición) podría considerarse aberración. El séptimo tipo sería la aberración debida a porciones faltantes o deformes de la *estructura humana*, ya sea a causa de la herencia genética, de un accidente o de psicocirugía.

Así vemos que la imaginación es valiosa y vital, tanto para crear las realidades del mañana en la sociedad (la inestimable contribución del artista, del escritor y del compositor) como en las computaciones prácticas de la vida diaria, y que su valor no se debería descartar en el ser humano racional.

Luego vemos que la imaginación por orden engrámica, que confunde lo real con lo irreal sin una evaluación apropiada, puede introducir falsedad en el pensamiento y el desempeño del individuo.

Además, tenemos la imaginación, debida a que la carga que hay en un caso, empieza a sustituir a la realidad a medida que el caso desciende por la Escala Tonal. La imaginación se convierte así en una sustitución de la realidad, a causa de cortocircuitos mecánicos cada vez mayores, a medida que la posición del individuo disminuye en la escala. En el pasado se pensaba que las personas imaginaban cosas deliberadamente para "escapar" de la realidad. Estas terapias nunca se tomaron la molestia de evaluar la realidad, pero sí fueron muy locuaces en su exigencia de que la gente la afrontara. "Escape" y "delusión" fueron epítetos que se usaron para forzar al paciente a una sumisión obediente. (La práctica de decirle al paciente que sus incidentes son imaginarios hace que el individuo descienda con rapidez en la Escala Tonal, ya que destruye el sentido de realidad del paciente, y es una práctica calculada con toda la intención de incapacitar más al paciente). La verdad del asunto parece ser que a medida que un individuo cae por la Escala Tonal, la carga acumulativa en el caso hace que la existencia en su forma real sea cada vez más intolerable. La theta que le queda, quizás por una polaridad invertida, no puede percibir dentro de la entheta de la mente reactiva y el analizador, que en su mayor parte está paralizado. No es que la persona no esté dispuesta a afrontar la realidad, es que es incapaz de afrontar la realidad. Dicho de otra forma, al individuo se le desvía de las cosas que se le han hecho en la vida, hacia postulados imaginarios que le pueden servir en lugar de los hechos. Es bien cierto que el individuo que no puede sentir que es una amenaza para los enemigos en su entorno, al menos en cierta medida, está demente o se vuelve demente. Así, a medida que el individuo desciende por la Escala Tonal, se convierte, por medio de la imaginación, primero, en una amenaza para cosas reales y después, por medio de la imaginación, en una amenaza para cosas imaginarias y finalmente, en ninguna amenaza en absoluto para nada, punto en que ha alcanzado la muerte fingida. Así, el individuo se aleja cada vez más de la realidad, sabiendo al principio que se está alejando de la realidad y luego siendo inconsciente de que se está alejando de la realidad, punto en el que se le podría considerar demente en cierta medida.

Una posible explicación del hecho de producirse cortocircuitos de la imaginación mediante los factores mecánicos de la carga acumulativa en un caso, puede ser de interés para el auditor. No existe una buena

CAPÍTULO 9 — INCIDENTES IMAGINARIOS

descripción y, de hecho, ningún postulado ni teoría precisos que expliquen la capacidad de la mente humana para recordar tanto como lo hace. El intento más reciente lo realizó una persona que había tenido escarceos con la estructura física, pero que no sabía de matemáticas. Originó una "teoría sobre moléculas de proteína perforadas", y afirmó que los paquetes de memoria se almacenaban en moléculas de proteína perforadas. Su teoría se mantiene como válida sólo el tiempo necesario para calcular matemáticamente que si un individuo grabara día tras día sólo las percepciones principales de su entorno y las almacenara, según esta teoría de orificios en moléculas en las cuales se almacenan las memorias, sólo tendría suficiente capacidad de almacenamiento (en los 10^{21} dígitos binarios de células que contiene el cerebro) como para servir para tres meses de memoria. Por lo tanto esta teoría de moléculas de proteína perforadas no es válida*.

Una analogía funcional en el tema de la estructura (y debería seguir siendo sólo una analogía, ya que lo único que hace es ayudarle a una persona a comprender lo que está pasando) nos indica que puede que estemos tratando, en cuanto a la memoria y la computadora humana, con un problema semejante al de las cargas eléctricas del universo físico rodeadas de aislamiento. Ciertas cosas destruyen este aislamiento, de manera que los elementos de la memoria empiezan a hacerse cortocircuito entre sí. Esto explicaría la identificación de un hecho con otro, que

---

* Tuve el privilegio de realizar uno de los primeros cursos impartidos en una universidad americana sobre fenómenos atómicos y moleculares. Sin embargo, mi propósito no era el mismo que el de algunos de los otros estudiantes del curso, quienes continuaron para poner la fisión atómica en práctica y nos dieron la bomba atómica. Yo intentaba encontrar la fuerza vital, como energía. Los estudios y experimentos de aquella época (1931) me condujeron a la conclusión de que la energía del universo físico no explicaba la memoria humana, porque no había una longitud de onda lo suficientemente pequeña, ni una posible unidad básica de estructura humana lo suficientemente pequeña como para explicar el enorme almacenamiento de memoria del que la mente es capaz. Si bien ulteriores estudios durante las siguientes dos décadas dieron lugar a estos conceptos de Dianética y a algunas ideas y axiomas acerca de la energía del pensamiento, hasta hoy apenas se ha penetrado en este campo, y debería recibir la atención que merece. La escueta incursión que sí se ha hecho en este campo ya nos ha dado una comprensión del Hombre, de la aberración y de la conducta humana mejor de la que jamás hayamos tenido antes. Pero la superficie se ha arañado tan levemente que deberían derivarse grandes beneficios de una penetración concienzuda y continua en este nuevo universo.

sucede cada vez más al descender por la Escala Tonal. En la parte inferior de la Escala Tonal, se identifican unas cosas con otras que en realidad son muy diferentes; pero en los niveles superiores de la Escala Tonal, donde la mente está en buenas condiciones de funcionamiento y donde no hay gran carga en el caso, la computadora puede detectar diferencias diminutas entre un elemento de memoria y otro. En la parte superior de la escala la mente es capaz, por ejemplo, de diferenciar entre dos cigarrillos que, aunque parezcan idénticos y sean de idéntica marca, son diferentes, aunque sólo sea en la medida en que ocupen diferentes unidades de espacio. En el fondo de la Escala Tonal, estos dos cigarrillos no sólo parecerían ser el mismo cigarrillo, sino que estos dos cigarrillos también serían tabaco, lo que también sería humo de tabaco, lo que también sería tabaco de mascar, lo cual significaría que mascar sería igual a una casa en llamas. En la cima de la Escala Tonal, en los niveles más elevados de racionalidad, uno tiene una diferenciación nítida y de elevado nivel entre los hechos. Y, en el fondo de la Escala Tonal, los hechos y elementos más claramente distintos se relacionan como iguales.

Se podría decir que la ecuación de la mente reactiva sería "A igual A igual A igual A", sin importar lo que A representara. En un engrama, todas las cosas y observaciones son iguales entre sí son iguales al dolor son iguales a los percépticos y el oído es igual a la visión y la visión es igual al táctil; y ocurre una identificación total. El analizador, cuando está totalmente en funcionamiento, piensa mediante diferencias diminutas. La capacidad para pensar se relaciona con la capacidad para diferenciar. El no-thinkingness se relaciona con una incapacidad para diferenciar y con una compulsión por identificar cosas distintas entre sí, como si fueran no sólo cosas parecidas, sino la misma cosa.

En una persona demente, la administración de sedantes parece producir una reaparición momentánea de la cordura. Sólo como analogía, entonces, se podría decir que la entheta destruye el "aislante estructural" que separa un elemento o unidad de memoria de otro, y causa así la identificación. Y se podría decir que la presencia de cualquier euforia reconstruiría o reestablecería este aislante hasta cierto punto, y haría posible el pensamiento racional. El auditor que audita a un preclear que

CAPÍTULO 9 — INCIDENTES IMAGINARIOS

está sedado descubrirá que mientras el preclear está sedado parece estar respondiendo al tratamiento. Pero en cuanto desaparecen los efectos de los sedantes, toda la auditación y la mayor parte de la entheta que se pensó que se había convertido en theta, ahora se han convertido, mediante cortocircuito, en aberración totalmente nueva. Es probable que lo más peligroso que se le puede hacer a una persona demente o a cualquier mente aberrada sea administrarle sedantes fuertes e intentar tratarla. O mientras está sedada, ponerla en una atmósfera que sea reestimulativa. Lisa y llanamente, sedar a los dementes es criminal, ya que permite que percépticos nuevos se enreden con una mente ya confusa bajo circunstancias de percepción que, si el paciente no estuviera sedado, no podrían tener lugar.

Debería entenderse a fondo que esta analogía del aislante entre las unidades de memoria que hay en la mente es muy definitivamente una analogía y sólo se utiliza para ilustrar esto a fin de que el auditor pueda conocer mejor lo que está confrontando. La entheta definitivamente parece derribar cualquier barrera divisoria y aislante de la mente, y formar un arco voltaico de un lado a otro de ella.

Como analogía adicional, se podría postular que a medida que la mente se va estropeando en su capacidad de diferenciar, y empieza a identificar cada vez más, las diversas unidades del analizador empiezan, ellas mismas, a relacionarse demasiado estrechamente y empiezan a reemplazarse unas a otras, de tal forma que aquella porción de la mente que se utiliza para la imaginación deja de diferenciarse de aquella porción de la mente que está haciendo computaciones basadas en hechos.

Esto también sería una analogía que tuvo lugar con respecto a las valencias, mediante la cual el "yo", que es el individuo verdadero, queda arrasado en favor de otras secciones muy cargadas del analizador. Y aquí la analogía se viene abajo, ya que las paredes de valencia que hay entre las diferentes personalidades que puede ser el individuo, se definen de manera cada vez más marcada a medida que el individuo desciende por la Escala Tonal, de modo que al final el caso muy cargado pasa de una valencia a otra de forma tan marcada que casi se puede escuchar el "clic" cuando atraviesa la pared de valencia. Desde luego, se podría ampliar esta analogía diciendo que la theta que se ha convertido en entheta al final empieza a formar su aislamiento propio, pero esto no parece muy probable. Sin embargo, lo cierto es que es sintomático del demente la identificación de incidentes que no son en modo alguno siquiera similares.

El auditor debería entender, entonces, mientras confronta a su preclear que puede tener ante sí a un individuo incapaz de hacer frente a ningún hecho en su caso. Esto puede limitarse a una incapacidad de hacer frente a hechos en ciertas esferas de su vida, como es no hacer frente a hechos que se relacionen con su mujer. Puede que tenga una Segunda Dinámica tan sumamente cargada que no puede hacer frente a ningún hecho relacionado con su existencia marital o sus hijos, sino que optará por "hechos" imaginarios que, si bien son falsos, son, sin embargo, muy seguros. Como se ha dicho antes en este libro, bajo ninguna circunstancia debe el auditor tratar de pegar, golpear, dar una paliza ni darle electrochoque a su pobre preclear para que admita que todo es imaginación. El auditor debería estar perfectamente dispuesto a aceptar que en ciertas esferas de la vida del preclear, los hechos verdaderos del caso son tan categóricamente entheta que la theta que existe en la mente del preclear es incapaz, debido a la polaridad, de encontrar los hechos reales del caso. Casi cualquier ser humano, en alguna esfera de actividad, tratará con incidentes imaginarios, hasta el nivel de 3.0. Este, al afrontar la idea de la escuela, detallará incidentes imaginarios simplemente porque sus propias experiencias escolares contuvieron tanta entheta que la theta se desvía de ella y recurre a la imaginación para que le proporcione "hechos". Otro individuo tratará con material real en todo su campo de actividad, excepto en lo que se refiere a la religión. Puede que tenga tanta entheta en el tema de la religión que se desvíe aquí de la realidad y hable en términos de ateísmo o de fanatismo rabioso, o puede que vaya en dirección contraria y se vuelva completamente alucinatorio; pero en este caso, se está desviando de su universo MEST hasta el punto en que está construyendo una esfera imaginaria de actividad. (El individuo que simplemente recurre al universo theta y percibe ahí ciertas cosas utópicas, no necesariamente está aberrado en absoluto, sino que puede que simplemente tenga un elevado nivel de percépticos theta.

CAPÍTULO 9   INCIDENTES IMAGINARIOS

La aberración que se menciona arriba es del tipo del fanático sádico, que tan problemático para la Iglesia ha sido, es y siempre lo será). O la esfera imaginaria, que el "yo" cree que es totalmente real, puede que sea la existencia de minas de oro perdidas. Aquí existe tanta entheta en relación con medios de vida prácticos y funcionales, que la persona tiene que utilizar medios imaginarios, sin darse cuenta de la impracticabilidad de esos medios imaginarios. O bien, la esfera de la delusión puede que sea educacional, por medio de la cual se le ha hecho creer a uno que, como ha estudiado durante doce años y se le ha dado un permiso, uno es capaz de ayudar a su prójimo. Esto no sería el producto de una delusión individual, sino de una delusión social, basada en la entheta acumulativa de no saber absolutamente nada sobre el comportamiento humano (que no fuera superstición y autoritarismo) y en el problema real y urgente de que algo se tenía que hacer con el demente, aunque sólo fuera ponerlo en manos de sádicos y carniceros.

En algún punto de cada caso, vas a encontrar al preclear recorriendo incidentes imaginarios en lugar de incidentes reales. Como auditor, no deberías preocuparte a menos que la mayoría de los incidentes que el caso recorre sean imaginarios y no reales. Ya que, entonces, el caso estaría recorriendo delusiones, en lugar de hechos, por estar en una posición muy baja en la Escala Tonal. Aquí tienes un problema. No te atrevas a decirle a este preclear que está recorriendo delusiones. Esto sería una violación del Código del Auditor. Pero, de alguna manera tienes que persuadirlo de abordar el tiempo presente o algunos candados durante el tiempo necesario para liberar algo de theta a fin de que tenga una capacidad theta para afrontar la realidad. En un caso así, de hecho podrías cometer un error y recorrer engramas de dolor físico, pero sólo enturbularías más el caso aprisionando, en la entheta existente, la theta libre existente en el caso, y sin duda enviarías al caso hacia abajo en la Escala Tonal, en lugar de elevarlo. Cuando se llega a preferir el incidente imaginario al incidente real de manera general, puedes tener bastante certeza de que estás tratando con un preclear bajo de tono.

Ahora, hay tres maneras de manejar esta delusión. La primera es dar electrochoques, realizar lobotomías prefrontales o sedar al preclear hasta la apatía absoluta, volviéndolo completamente inútil para la sociedad y destrozándolo por completo. Esto no se recomienda.

La segunda forma es liberar mediante scanning u obtener en tiempo presente suficiente theta libre como para elevar al individuo en la Escala Tonal hasta un punto en que recorra incidentes reales en lugar de incidentes imaginarios. Esto es sumamente válido.

La tercera forma es persuadir al preclear de que recorra incidentes que son declaradamente imaginarios y esta es la clave de ésta particular técnica de procesamiento. Al invitar abiertamente al preclear a recorrer incidentes imaginarios, el auditor está derribando la barrera de fingimiento que el preclear levantará sin saber. Es muy productivo recorrer incidentes que son declaradamente imaginarios. A veces el preclear los recorrerá, muy asombrosamente, con somáticos, pero no se le está pidiendo que afronte ninguna realidad respecto a ellos, y el auditor no está insistiendo en que exista alguna realidad respecto a ellos. Sin embargo, en un porcentaje asombrosamente elevado de ocasiones estará recorriendo incidentes reales. En la medida en que no tenga que admitir que estos incidentes son reales, puede hacer algo respecto a ellos. Se podría decir que de esta forma el auditor está validando el mecanismo de la imaginación de la mente y lo está fortaleciendo y ya está empezando a hacer que los sectores generales y extensos de la mente funcionen de manera apropiada al diferenciar unos de otros con el preclear. Desde luego, siempre existe el peligro de que el uso de la palabra "imagina" por parte del auditor reestimule al preclear, pues este preclear podría tener engramas que le dijeran que no sabía la diferencia entre lo verdadero y lo falso y que, de cualquier modo, todo era imaginación. Pero se debería correr este riesgo.

Debería comprenderse que ninguna cantidad de incidentes imaginarios puede sustituir al recorrido de incidentes reales. El primer valor que tiene esta técnica (invitar al preclear a recorrer incidentes declaradamente imaginarios de su pasado) es reforzar la confianza del preclear en el auditor. El preclear empieza a sentir que no se le censurará por permitirse fantasías. En esta cultura grande, extensa y sin duda "racional", se ha hecho trizas a casi todos los preclears cuando eran niños, por permitirse fantasías. El niño carece de datos y compensa esta

Capítulo 9 Incidentes Imaginarios

carencia con una imaginación vigorosa y desbordante. El niño ve muy fácilmente con su imaginación hadas y animales extraños caminando por ahí. Si la vida le parece aburrida y le parece difícil impactar a los mayores para que se interesen por él, puede relatar estas cosas como si fueran ciertas. Por supuesto, el adulto terco, "práctico" e indudablemente "racional" sin duda lo censura, y así acumula una serie de candados sobre cualquier engrama que pueda tener. Si se le deja solo y con sus fantasías e imaginaciones, el niño al final descubrirá, por supuesto, lo que es la realidad (esa cosa desagradable que hay en nuestro mundo del siglo XX) y lo que es la fantasía. Pero el adulto tiende a presionar al niño para que sea comprimido por esta "realidad" antes de tiempo. De hecho, ni tú ni yo tenemos mucha noción de lo que es la realidad. Pero sí hemos llegado a acuerdos en cuanto a ciertos hechos y, habiéndolo acordado, queremos seguir como amigos, así que mantenemos este acuerdo. A medida que envejece una cultura, cada vez es más difícil alterar estos acuerdos y se mantienen no porque sean verdaderos, sino porque son simples y fáciles y porque no se requiere ninguna energía para mantenerlos. Al niño, nuevo y reciente en el mundo, le gustaría ver un poco de emoción en su realidad. Y el adulto, agotado y demacrado por un combate contra un entorno que ofrece poco desde el punto de vista de seguridad y mucho desde el punto de vista de amenaza, se resiste a estas burbujas y sueños brillantes. Por lo tanto, es casi seguro que cualquier preclear que tengas en el diván haya experimentado una confusión entre lo que él deseaba pensar que era la realidad y lo que se le dijo que tendría que aceptar como realidad. De esta forma, hubo una invalidación de su realidad, aun cuando su realidad era, de hecho, imaginación. Cuando el preclear en el diván descubre que tiene un auditor que no sólo está dispuesto a escuchar lo imaginario, sino que lo alienta, el nivel de afinidad se eleva y de hecho también se elevará la propia capacidad del preclear para diferenciar en términos de realidad.

Cuando se recorren incidentes imaginarios, el auditor, después de haber recorrido el incidente, jamás debe insistir entonces en que el incidente fue real. Esto sería una ruptura de confianza. Él y el preclear han hecho un pacto de que lo que se está recorriendo es imaginación pura y el auditor no debe romper este pacto.

Recorrer incidentes imaginarios puede consistir en recorrer momentos imaginarios de placer, lo que produce una mejora en términos de theta, o puede consistir en recorrer momentos imaginarios de pesar o dolor físico, lo que pone a disposición del auditor más datos sobre el caso y puede, de hecho, aumentar la theta en el caso.

Aquí tenemos un hecho sumamente interesante para el auditor: puede suceder en el caso de un niño aberrado que de vez en cuando haya fingido una lesión o enfermedad para poder recibir compasión o interés de sus padres, tutores o mentores. El auditor haría bien en descubrir los momentos de la vida del preclear en que simuló *a sabiendas* una lesión o enfermedad para recibir, *a sabiendas,* compasión o interés de quienes estaban en su entorno. En primer lugar, cuando un individuo hace esto, está en un estado bastante malo. Ya que esto es una forma de muerte fingida. El entorno en que el preclear haría esto debe de haber sido un entorno muy reestimulativo que mantuvo al preclear bajo en la Escala Tonal. (Habría que darse cuenta de que en el curso de una vida, de un entorno a otro, el individuo varía notablemente en la Escala Tonal). Estos fingimientos *a sabiendas* son de interés para el auditor porque invariablemente son reales en cuanto a su trasfondo. Puede que en el momento el preclear haya supuesto, en estricta confianza, que estaba mintiendo. Pero en realidad estaba ofreciendo un engrama de compasión a quienes lo rodeaban y el auditor puede descubrir así un engrama muy aberrativo en el caso. Decidir si el caso está o no en condiciones de recorrer este engrama depende del criterio del auditor, pero al menos sabe que existe. El preclear que continuamente fingía una lesión en el pie, por ejemplo, puede haber supuesto que estaba mintiendo y puede haber supuesto que nunca tuvo una lesión en el pie. Pero en realidad, en algún lugar anterior, oculta a su mente analítica, existe una lesión en el pie por la que el preclear recibió mucha compasión.

Es relativamente difícil localizar incidentes de compasión. El preclear se aferrará durante mucho más tiempo a un incidente en el que recibió compasión que a uno en el que sólo recibió antagonismo. Por lo tanto,

Capítulo 9 — Incidentes Imaginarios

localizar a los aliados del preclear se vuelve difícil para el auditor, pero el mecanismo de descubrir las enfermedades "imaginarias" que el preclear ofreció al mundo que le rodeaba pone al descubierto a los aliados. (Existe otro método para descubrir aliados que es de interés. Uno encuentra una personalidad antagonista en la vida del preclear y hace que el preclear recorra incidente tras incidente en que esta personalidad antagonista lo atacaba, hasta encontrar un punto en el que al preclear lo defendió alguien. La persona que defiende es un aliado o un pseudoaliado* del preclear. Y los incidentes con esta persona se deberían seguir hacia atrás y hacia delante hasta despejarlos del caso, como uno de los elementos más aberrativos del caso).

El incidente imaginario sirve para cuatro cosas. Primera y principal, proporciona al auditor datos sobre su preclear, ya que el incidente imaginario que el preclear relatará tiene cierta base de realidad.

El siguiente punto es que relatar un incidente imaginario eleva la afinidad entre el preclear y el auditor pues el preclear empieza a descubrir que el auditor tiene que ser un tanto compatible con él, ya que el auditor aceptará la evaluación del preclear de la existencia, y parece así estar de acuerdo con el preclear y ser similar a él.

El siguiente valor apreciable del incidente imaginario es que aumenta la comunicación entre el preclear y el auditor. Aquí al menos tenemos al preclear hablando de algo y al auditor escuchándolo y al preclear descubriendo que el auditor está dispuesto a escuchar sin interrupción ni crítica cuando relate algo que puede que sea bastante descabellado y sensacional.

El cuarto valor apreciable del incidente imaginario es que descubre que el auditor no insiste en que sean hechos altamente comprobables y así descubrirá al preclear más dispuesto a entregar hechos.

---

* Para una explicación sobre los aliados y pseudoaliados, véase el Manual *(Dianética: La Ciencia Moderna de la Salud Mental)*. Se puede dar aquí una breve definición de estos términos. *Aliado:* persona grabada en uno o más de los engramas de dolor físico del preclear que, a causa de esta grabación, el preclear piensa que lo ha defendido o que ha fomentado su supervivencia. *Pseudoaliado:* persona sobre la que el preclear tiene una computación similar, no basada directamente en una grabación de un engrama, sino en una similitud con un aliado.

Se podría decir que el incidente imaginario es un terreno de pruebas. El auditor le pide al preclear que recorra un incidente imaginario. Al preclear le parece bien, ya que han acordado que el incidente será imaginario, así que no se puede censurar al preclear por decir lo que le apetezca.

Ocurrirá al recorrer incidentes imaginarios que se activarán somáticos. O bien, ocurrirá que el preclear está sufriendo ciertos somáticos y que, sin embargo, está demasiado bajo en la Escala Tonal con respecto a este tema en particular como para admitir la causa real de estos somáticos. Recorriendo palabras y frases imaginarias, imaginando lo que dice Papá, imaginando lo que dice Mamá, imaginando el año en que esto sucedió o imaginando las circunstancias que se relacionan con esto, puede suceder que desaparezca el somático. En realidad, se ha recorrido un engrama o un candado pesado, y el caso se beneficia por ello.

El auditor no le pone reparos al preclear acerca de los hechos en ningún caso. Cuando el auditor tiene que usar incidentes imaginarios para obtener del preclear cualquier tipo de información, trata con un preclear que ha sido invalidado exhaustivamente por las personas que estuvieron cerca de él la mayor parte de su vida. El incidente imaginario es un mecanismo que en verdad repara las invalidaciones del pasado. El preclear no admitirá que un incidente es real porque las personas que lo rodean han cuestionado con demasiada frecuencia su capacidad para relatar la realidad o para suministrar hechos. El auditor sortea estas invalidaciones pasadas negándose él mismo a invalidar, invitando a que se proporcione un incidente basado sólo en la imaginación. Al preclear se le dan ánimos. El auditor recibirá datos. Y puede que se libere theta libre en el caso.

El Preclear y el Auditor como Grupo

En alguna parte de esta obra se tiene que señalar (y puede señalarse aquí, ya que recorrer incidentes imaginarios es muy productivo en cuanto a resultados) que el preclear y el auditor forman, de hecho, un *grupo*. No es necesario conocer el elevado nivel de tecnología que representa

CAPÍTULO 9 — INCIDENTES IMAGINARIOS

Dianética de Grupo para comprender que dos seres humanos forman un grupo. Dos es la unidad básica, no sólo de theta, sino de los seres humanos en términos de grupo. El grupo puede contar con millones en su extensión más grande, pero en su tamaño básico es de por lo menos dos.

En ocasiones, el preclear descubrirá en el auditor a una personalidad antagonista. Esto sucede cuando el auditor le recuerda al preclear a alguna personalidad anterior en la vida del preclear que le hizo algo contra-supervivencia al preclear. El auditor que se permite continuar en este papel imaginario de antagonista del pasado, verá que su tarea aumenta en gran medida.

Es de gran valor para el auditor limpiar el grupo que constituyen él y el preclear antes de empezar ninguna auditación seria.

En el grupo óptimo, tiene que haber un elevado nivel de afinidad, realidad y comunicación. Entre el auditor y el preclear, el ARC debe ser elevado.

Existen diversas formas de limpiar grupos. El auditor no debería estar tan ansioso de aprobar al preclear como de que el preclear apruebe a su auditor. Sin embargo, se eliminará mucha tensión del caso y del procesamiento si esto ocurre en ambas direcciones. Un auditor, para limpiar el grupo (él mismo y el preclear), habitualmente le pide al preclear que le diga lo que al preclear no le gusta de él. Al principio el preclear, por propiciación o costumbres sociales, no admitirá que haya nada en relación con el auditor que no le guste. Pero al poner presión en el caso, este auditor descubrirá muy pronto a los individuos hostiles del pasado del preclear a los que el auditor le recuerda al preclear. El primer acto del auditor es, entonces, con Memoria Directa, limpiar estas malas asociaciones.

El establecimiento de afinidad, comunicación y realidad entre el preclear y el auditor es una cuestión vital si el procesamiento ha de seguir un curso que se acerque al óptimo.

Cuando se está formando un equipo de co-auditación (y el éxito de Dianética se construye sobre equipos de co-auditación), es necesario limpiarse mutuamente, aligerándose cada uno con el otro y, con Memoria

Directa, se limpian las asociaciones indeseables de la relación. Es notable que sea casi inevitable que existan malas asociaciones entre cualquier par de seres humanos, a causa de personalidades que existieron en el pasado. Los individuos en el nivel normal de esta cultura social asocian personalidades ocultas del pasado con las personalidades presentes que encuentran. Línea Directa puede limpiar esta situación con facilidad. El auditor que se mencionó antes estaba teniendo dificultades con una preclear hasta que descubrió que la forma en que él carraspeaba le recordaba a ella al primero de sus maridos, de los tres que había tenido. El asunto aquí es que el auditor no renunció a su hábito de carraspear sólo porque la preclear se opusiera a él. El auditor se puso a trabajar de inmediato y logró, haciéndola recordar, que concibiera una diferencia entre él y su primer marido. En cuanto lo hizo, el hábito que el auditor tenía de carraspear ya no tuvo importancia alguna y pudo continuar carraspeando. El auditor no debería cambiar sus hábitos ni pautas de entrenamiento para adaptarse a cada preclear, sino que debería utilizar el efecto que tengan en el preclear para localizar personalidades hostiles del pasado. Esto, en sí, libera theta en el caso.

El uso de incidentes imaginarios ayuda a formar una relación más desenvuelta entre el auditor y el preclear, al establecer para el preclear que el auditor está dispuesto a aceptar cualquier cosa que tenga que decirle el preclear. Pero hace más que esto. Le da al auditor una evaluación valiosa de la posición del preclear en la Escala Tonal, ya que puede juzgarla con bastante facilidad por el tipo de incidente que al preclear le gusta imaginar (véase Momentos de Placer) y le dice al auditor qué será lo que está en la mayor reestimulación en el entorno de tiempo presente.

El auditor que despreciara la imaginación o que condenara como delusión cualquier cosa que diga el preclear, sin importar la incapacidad del auditor para compararlo con su propio concepto de realidad, producirá inevitablemente la destrucción del grupo auditor-preclear y no podrán trabajar juntos.

En Dianética, se ha descubierto que el grupo menos compatible es el de marido-mujer (lo cual ilustra de manera atinada el matrimonio

CAPÍTULO 9 — INCIDENTES IMAGINARIOS

americano, la formación del varón para que acepte el matrimonio como parte de su entorno y la falta de formación de la mujer sobre cómo ser una esposa). Unos cuantos equipos de marido-mujer tienen éxito. Pero la mayoría no, y los maridos y las esposas deberían buscar co-auditores fuera del hogar, o el matrimonio puede venirse abajo.

LIBRO DOS, CAPÍTULO DIEZ

Columna AF
Candados

En otra parte tenemos la anatomía de la entheta. Se podría decir que la entheta tiene cuatro formas. Es probable que existan más. Con entheta, desde luego, queremos decir theta enturbulada. La primera forma es aquella que es la causa básica de la entheta: el engrama. Aquí, theta, en su esfuerzo por conquistar MEST, ha sufrido un choque demasiado fuerte con MEST. En un organismo, esto ocasiona dolor físico.

Después de que theta se ha enturbulado con MEST, puede (ya sea por el mecanismo de la muerte o por el procesamiento de Dianética) retirarse del MEST y se lleva consigo una comprensión de las leyes de MEST que puede utilizar entonces para una conquista aún mayor del MEST en un nivel más ordenado y armónico. Todas las cosas comienzan con un impacto y una enturbulación fuertes, si es que theta ha de aprender algo sobre MEST. Por ejemplo, la Fundación, en su primer año de existencia, se estrelló con fuerza contra MEST. Y si bien esto le encantó a aquellos que deseaban preservar el *statu quo,* o a aquellos que no tenían interés alguno en poner fin a la aberración, aun así se aprendió mucho de modo que pudiera aparecer Dianética de Grupo y tuvieran lugar mejoras como resultado de los nuevos datos sobre la Tercera Dinámica; lo que a su vez, tuvo como resultado mejoras en la Primera Dinámica y en las técnicas de procesamiento individual.

El engrama es un momento de dolor físico e inconsciencia que se graba en la mente reactiva con todas las percepciones que hay durante el periodo de inconsciencia. Pueden hacerle key-in experiencias de un nivel consciente, puede dramatizarse y manifestarse ya sea como aberración mental o como aberraciones físicas (a las que se llamaba, en el pasado, enfermedades psicosomáticas).

El engrama consta de enMEST, que es el MEST del organismo enturbulado o desordenado por el impacto, y de entheta que está mezclada con el enMEST.

La entheta puede existir como enturbulación temporal en la fuerza vital o razón del individuo cuando esta se enfrenta a circunstancias irracionales o contra-supervivencia en su entorno. A esto se le podría llamar theta "temporalmente" enturbulada. Sin embargo, en cualquier situación de tiempo presente que sea reestimulativa, una cierta cantidad de entheta se convierte de manera fija en entheta y se almacena en la mente reactiva. Y de ahí en adelante, a excepción de aquellas circunstancias extraordinarias donde se encuentren enormes cantidades de theta libre en el entorno del individuo, o salvo por el procesamiento de Dianética, esta entheta fijada permanece fija.

La entheta fijada "de forma permanente" se queda en la mente reactiva en forma de engramas secundarios o en forma de candados.

El engrama secundario se describirá cuando le llegue el turno, pero es una experiencia de nivel de tono bajo de pérdida o temor a la pérdida, de enojo por una amenaza de pérdida, o de apatía por una pérdida consumada.

El candado tiene tres variantes. Una de ellas es cuando se le ha impedido al individuo llevar a cabo las órdenes del engrama que es reestimulado por percépticos del entorno en tiempo presente (dramatización interrumpida). Otra es simplemente cuando los percépticos del engrama se asemejan a los del entorno de tiempo presente (reestimulación). La tercera la causan las inhibiciones e imposiciones de ARC.

Para que se forme un candado, es necesario que la porción analítica de la mente de la persona se halle hasta cierto punto disminuida en su actividad o estado de alerta. Sólo se pueden recibir candados cuando un individuo está cansado, trastornado por contratiempos, o cuando

Capítulo 10 Candados

está en una situación que, en términos generales, no sea óptima. Estas experiencias levemente semejantes a los engramas en el entorno analítico de tiempo presente se tienen por aberrativas en sí mismas. En realidad, no lo son. El candado es sólo la manifestación superficial de la causa total del entorno de la aberración. Subyacente a cualquier candado tiene que haber un engrama. También se forma un candado cuando el individuo está tratando de llevar a cabo las órdenes del engrama, por irracionales que sean, y la "razón" contraria de la sociedad o de algún individuo le impide la dramatización.

Los candados son enquistamientos en un nivel analítico de entheta.

Es probable que el caso promedio tenga varios miles de engramas. A menudo se pregunta a los individuos sobre el tema de con qué frecuencia han estado inconscientes. Unos cuantos responderán que nunca han estado inconscientes en toda su vida. En cuanto se les envía de vuelta por la línea temporal, empiezan a descubrir periodo tras periodo en los que han sido lesionados o en que se les operó. Y en verdad, todo individuo ha nacido, y el nacimiento por encima de todas las demás experiencias es lo suficientemente arduo como para provocar inconsciencia. Dado que la mente reactiva registra en un nivel celular, y también en un nivel del cuerpo theta, aunque evidentemente en menor grado, no hay dudas de que el primer momento en que se puede recibir un engrama es a más tardar la concepción. Normalmente los engramas no empiezan a recibir candados hasta mucho después del nacimiento y lo normal es que sea bastante después de que empiece el periodo del habla, aunque los bebés reaccionarán a sonidos no comprendidos en el entorno que también estén incluidos en sus engramas.

Un candado es, pues, un incidente relativamente leve que denota una reestimulación de algún engrama en el caso. En cualquier caso existen decenas de miles de candados. Si se continuara abordando candados y sólo candados en un caso, el procesamiento sería casi interminable. Por fortuna, esto es innecesario. Sólo se deben abordar los candados en un caso hasta que el preclear haya recorrido completamente engramas. Los candados resultantes de cualquier engrama (o cadena de engramas) que el preclear haya recorrido completamente se pueden eliminar a gran velocidad mediante scanning.

Los candados son interesantes para el auditor sobre todo en los casos bajos de tono. En muchos casos, el auditor descubrirá que los candados se tienen que recorrer como engramas. Encontrará un periodo donde a una preclear, siendo niña, se le obligó a comer espinacas, y esto parecerá ser un incidente muy aberrativo. El preclear, si está muy bajo en la Escala Tonal, puede que esté respondiendo a las frases de acción u órdenes en el candado. Sin embargo este incidente no contiene dolor físico de ninguna clase y, aun así, una vez enviado al incidente, el preclear es incapaz de dejarlo hasta que se recorre con frases de acción y todo. Esto denotaría un preclear muy bajo de tono. El auditor no debería pensar que la razón por la que su preclear está aberrada es porque se le hizo comer espinacas cuando tenía ocho años de edad. El auditor debería comprender que subyaciendo a este incidente hay un engrama o muchos engramas donde la preclear es dominada. Pero si el auditor descubre que el candado en sí es aberrativo, debería comprender que este no es el momento para recorrer engramas, ya que a la preclear hay que aligerarla de muchos candados y engramas menores antes de que esté en forma para recorrer engramas. Aquí tenemos un caso fuertemente cargado.

Como puede leerse en la columna de la tabla de la Escala Tonal, a un Clear se le han descargado todos los candados. El auditor ambicioso pasa esto por alto a veces. Un Clear es, por definición, alguien al que toda la entheta de su vida actual se ha convertido en theta. Esto significa que sus engramas se tienen que haber borrado, que sus secundarias se tienen que haber descargado y que se tienen que haber eliminado por completo sus candados mediante scanning.

El 3.5 volará candados casi con la misma rapidez con que se reducen los engramas subyacentes a las cadenas de candados.

El 3.0 no necesita que se aborden los candados como incidentes aislados. Pero para poder despejar totalmente el caso, es necesario el Scanning de Candados, como se verá en la siguiente columna.

En el 2.5 se pueden tratar con provecho los candados como incidentes individuales. Se encontrará que los momentos en que el 2.5 fue criticado

CAPÍTULO 10 CANDADOS

por portarse mal en la escuela o por ser malo con su hermana liberarán algo de entheta. Sin embargo, el auditor está perdiendo el tiempo en cierta medida al tratar, en este nivel de la Escala Tonal, incidentes sin dolor físico y sin emoción equivocada como sucesos aislados.

Alrededor de 2.0 los candados empiezan a volverse importantes. El auditor puede meterse en un momento en la vida pasada del preclear cuando el preclear estaba alerta de manera consciente y le sucedió algo que produjo entheta y aun así descubrir que el incidente no se reduce. Esta no-reducción de incidentes relativamente sencillos, según va desde 2.0 hacia abajo en la Escala Tonal, indica un caso considerablemente cargado. Una mínima molestia física en un incidente, si los agentes reestimulativos del entorno son elevados, puede producir momentos en los que el preclear estaba alerta y despierto y que entonces se niegan a reducirse cuando los aborda el auditor.

El 1.5 es especialmente susceptible al tipo de candado que interrumpe la dramatización. Digamos que el 1.5 está enojado contra algo y alguien lo critica por estar enojado o le impide llevar a cabo el ciclo completo de su enojo. El resultado es un candado que será extremadamente efectivo para hacer descender a esta persona en la Escala Tonal. Naturalmente, cualquier 1.5 recibe un número casi incontable de incidentes de este tipo, porque por lo general la sociedad desaprueba que las personas se enojen y preferiría tenerlas en apatía. En un 1.5, un auditor puede recorrer con provecho estas dramatizaciones interrumpidas como incidentes aislados, justo como si fueran engramas.

En 1.1 empezamos a encontrar que los candados son extremadamente efectivos, en especial cuando se refieren a rupturas de afinidad, rupturas de comunicación y rupturas de realidad o a imposiciones de ARC. El 1.1 vive con miedo la mayor parte del tiempo: miedo de algo, aunque sólo sea como una ansiedad nebulosa. La observación de un "amigo" del 1.1, que lleva al 1.1 a creer que no volverá a ver otra vez a su amigo, puede producir un candado, aun cuando el 1.1 cene con su amigo esa misma noche. En este punto la entheta empieza a acumularse con mucha rapidez. El auditor puede recorrer esos incidentes como si fueran engramas, con algo de provecho para el caso.

En 0.5 empezamos a descubrir que los candados se deben manejar con cautela. Puesto que en un 0.5 los candados pueden ser lo suficientemente fuertes como para causar que el preclear se atore en la línea temporal excepto, por supuesto, en el caso abierto de par en par, que recorre por la línea temporal aun estando completamente demente. En el caso en apatía, la pérdida de un guante o la mera recepción de una carta, aun cuando sean buenas noticias, puede causar un candado que el auditor tiene que recorrer como engrama. Un candado pesado en el que realmente sucediera algo sería demasiado fuerte con entheta como para que lo atacara el preclear. Y el auditor debería evitar incidentes que produjeran aberración en el nivel 1.5, o incluso en el nivel 1.1. Al 0.5 puede aberrarlo un estornudo.

El 0.1, si es que el auditor puede establecer contacto con este individuo, está tan bajo en cuanto a theta que los incidentes que serían momentos de placer para cualquier otra persona son los enquistamientos más fuertes y pesados que se pueden atacar. El único momento pasado que se puede atacar en un 0.1 es un suceso de la variedad más suave, como dar una vuelta en coche o cenar. Se debe evitar cualquier incidente de tensión mental. Y, desde luego, cualquier incidente de tensión física se descarta total y absolutamente, como se ha hecho desde 1.1 hacia abajo en la Escala Tonal.

LIBRO DOS, CAPÍTULO ONCE

Columna AG
SCANNING DE CANDADOS

El advenimiento del Scanning de Candados fue el mayor avance por sí solo en cuanto a técnicas de aplicación de Dianética en los seis últimos meses de 1950.

El Scanning de Candados se desarrolló en un esfuerzo por convertir la máxima cantidad de entheta en theta en el menor tiempo posible. Es una técnica extraordinaria. Se descubrió que los individuos que estaban profundamente atorados en la línea temporal y con gran exceso de carga podían enviar unas cuantas unidades de atención a periodos anteriores y posteriores al punto en que estaban atorados, y que, de esta forma, de hecho podían salirse de un punto crónicamente fijo en la línea temporal, y así venir a tiempo presente.

Es difícil sobreestimar el valor del Scanning de Candados. Al caso muy ocluido se le puede hacer Scanning de Candados. Se puede eliminar del caso la auditación, mala o buena, con Scanning de Candados. Las invalidaciones de Dianética, que reducen la capacidad del preclear para ser procesado, se pueden eliminar del caso. Se puede desintensificar una enorme cantidad de candados de ARC. Es una técnica con la que se puede elevar al preclear con rapidez en la Escala Tonal. El Scanning de Candados puede producir suficiente cambio en un caso como para elevarlo dos puntos en la escala, en una sola sesión.

Mediante el Scanning de Candados se puede corregir e impulsar hacia arriba en la Escala Tonal a un caso que haya sido auditado de forma inexperta. Es posible que algunos casos en que se hayan recorrido muchos engramas aún no se hayan elevado en la Escala Tonal porque la entheta del procesamiento enturbuló el tiempo presente y creó nuevos candados. El Scanning de Candados remedia esto. Algunos casos que han recibido auditación de libro permanecen relativamente estáticos en la Escala Tonal, pero con recibir entre dos y cuatro horas de Scanning de Candados se recuperan con rapidez y alcanzan un nuevo nivel de actividad.

La técnica del Scanning de Candados es muy simple. Todos los incidentes aberrativos están organizados por tipos y están en series de naturaleza similar. Se podría considerar que todas las rupturas de afinidad en un caso causadas por cierta persona son una cadena. Se podría considerar que todas las rupturas de afinidad causadas por cualquiera en cualquier entorno en cualquier momento son una cadena consecutiva muy amplia en la vida del preclear. Se podría considerar que todas las imposiciones de afinidad causadas al preclear por una sola persona son una cadena breve. Y se puede considerar que todas las imposiciones de afinidad causadas por todas las personas son una cadena amplia. La comunicación, el hablar, el escuchar, el ver, el no ver y todos los otros percépticos, impuestos e inhibidos, constituyen sus propias cadenas. Las imposiciones e inhibiciones de realidad constituyen sus propias cadenas de acuerdos y desacuerdos. El auditor puede preparar realmente una tabla donde se pueden mostrar todas las posibles cadenas de candados, en cuanto a afinidad, realidad, comunicación y dramatizaciones interrumpidas.

Los engramas también existen en cadenas, como se verá después. El engrama o la cadena de engramas proporcionan el básico sobre el que se pueden acumular candados. Se pueden derivar cientos y cientos de incidentes de un engrama o cadena de engramas. Recorrer cada uno de esos incidentes como él mismo requeriría demasiado tiempo por parte del auditor. Pero el auditor puede persuadir con facilidad al preclear para que haga scanning, lenta o rápidamente, a tipos similares de incidentes, desde el más temprano hasta el más reciente, ya sea con respecto a una

Capítulo 11 — Scanning de Candados

persona, con respecto a todas las personas o con respecto a un periodo de tiempo.

Las órdenes necesarias para permitirle al preclear hacer Scanning de Candados son muy simples. Se pueden hacer mucho más complejas, ya que se le pueden exigir al preclear diferentes velocidades al hacer el scanning. Sin embargo, se ha descubierto que el preclear por lo general hará el scanning a su propia velocidad. El auditor pregunta al archivista si hay en el caso algún tipo de incidente al que se pueda hacer scanning. El archivista, al chasquear el auditor los dedos, contesta "Sí" o "No". El auditor pide el nombre del tipo de incidente. El archivista proporciona el nombre del tipo de incidente. El auditor le dice entonces al preclear que vaya al momento más temprano disponible en esta cadena de candados y, una vez más, hace una pregunta al archivista sobre si se puede o no hacer scanning de esta cadena sin pasar por ningún engrama. Si se le asegura que sí se puede, y sólo con la seguridad de que sí se puede, el auditor le pide al preclear que haga scanning desde este momento más temprano hasta tiempo presente, pasando a través de todos los incidentes del tipo mencionado. El auditor hace de esto un ejercicio habitual, y nunca varía su procedimiento. Envía al preclear de vuelta a su punto de partida, el candado más temprano disponible de este tipo. Se asegura de que el preclear esté ahí, preguntándole:

"¿Estás ahí?".

Cuando el preclear asiente, el auditor dice entonces:

"Por toda esta cadena de incidentes, y evitando todo el dolor físico, comienza a hacer scanning". (chasquido).

La orden final diciéndole al preclear que comience a hacer scanning es como el disparo de salida. Con lentitud o rapidez, el preclear pasa a través de estos diversos incidentes similares. Estos incidentes pueden consistir en todas las ocasiones en que alguien lo paró o interrumpió cuando quería hablar. O pueden consistir en las ocasiones en que cierta persona, como la madre o la esposa del preclear, exigió afecto. Pero sea cual sea el tipo de incidente, el auditor debe adoptar un procedimiento fijo y no variarlo. El auditor siempre debería decirle al preclear cuándo empezar a hacer scanning. No se debería alentar al preclear a que fuera al momento más temprano que pudiera descubrir y luego empezara a avanzar sin ninguna señal adicional. El preclear debería informar al auditor cuándo ha alcanzado el momento más temprano disponible, si es capaz de saberlo. Y el auditor debería instruir al preclear para que informe de cuándo llega a tiempo presente, de manera que no se desperdicie ningún tiempo.

El scanning se puede realizar de forma tanto verbal como no verbal. El preclear puede darle al auditor, cada vez que toca un incidente nuevo, la frase más aberrativa de ese incidente. Esto sería scanning verbal. O bien, el preclear puede simplemente pasar a través de los incidentes y reconocer cada uno a medida que lo pasa, o bien puede pasar corriendo por ellos con tal rapidez que sólo son una masa indistinta, sin decirle al auditor lo que está contactando.

Se descubrirá que, por lo general, el preclear encuentra que los candados más recientes en su caso son a los que primero se puede hacer scanning. A medida que empieza a eliminar de su caso cadenas de candados mediante scanning, empezará a encontrar cadenas de candados y porciones de cadenas cada vez más antiguas a las que puede hacer scanning. Se le debería alentar a que descubra momentos cada vez más tempranos en su vida.

Cada vez que un preclear empieza a hacer scanning de una cadena de candados, se puede esperar que en la segunda o tercera vez que la repasa encuentre incidentes anteriores del mismo tipo, que antes había pasado por alto. Esto es síntoma de que cada vez hay más theta disponible para el caso, de manera que se pueden alcanzar momentos cada vez más tempranos. Sin embargo, el auditor no debería intimidar al preclear. Si el preclear no puede descubrir un incidente anterior después de que el auditor haya solicitado uno, el auditor no debería insistir.

A cualquier cadena se le hace scanning muchas veces. Se descubrirá que al principio sólo se encuentran uno o dos incidentes en la cadena. Con más scanning salen cinco o diez incidentes en la cadena. Entonces, los incidentes viejos empiezan a dejar de aparecer por carecer ahora de importancia, y empiezan a aparecer incidentes nuevos, que hasta ahora no se habían recordado. Por lo general, la cadena es corta durante el

CAPÍTULO 11 — SCANNING DE CANDADOS

primer scanning, después parece alargarse y al final el preclear o bien muestra interés por su entorno externo o por otra cadena, o la cadena se vuelve tan corta que sólo le lleva un momento hacer scanning a través de muchos años de su vida.

El mecanismo del scanning es este: uno contacta con un incidente y lo reconoce como un concepto de un incidente. Quizás uno tenga una frase en el primer incidente. El auditor puede pedir o no al preclear que repita esa frase, según lo desee el auditor. El preclear avanza luego desde este incidente hasta el siguiente de tipo similar que pueda reconocer. La mente es sumamente selectiva en cuanto a los tipos de incidentes a los que puede hacer scanning. Parece que existe un sistema de archivo en la mente que archiva según el tipo de tema. Esto es lo que se usa en el Scanning de Candados.

Si uno desea ser preciso en el Scanning de Candados:

Hay una *velocidad verbal,* a la que hace scanning el preclear, deteniéndose, al subir por la cadena, en cada nuevo candado sólo lo necesario para expresar la frase más aberrativa que contiene.

Está el *scanning no verbal,* en el que el preclear reconoce las frases según pasa por ellas, incidente a incidente, del más temprano al más reciente, pero no le dice al auditor qué frases está contactando.

Está la *velocidad acelerada,* que es simplemente una mirada rápida al incidente antes de pasar el preclear al siguiente y donde no le dice al auditor cuáles son los incidentes por separado.

Y luego está la *velocidad máxima.* La velocidad máxima puede ser tan rápida que los incidentes son sólo una masa indistinta. El preclear no reconoce analíticamente nada de lo que sucede, más allá de las diferencias de posición, destellos de rostros y destellos de palabras.

El Scanning de Candados libera theta de innumerables incidentes y contribuye enormemente a elevar el tono del preclear. No se debería confundir con el *Scanning de Cadenas de engramas.* Hacer Scanning de Cadenas a través de momentos de dolor físico no es deseable en casos por debajo de 3.5 en la Escala Tonal, ya que los engramas, por su dolor físico, arrebatarán más theta libre que la que se va a liberar, volviéndola a convertir en enturbulación.

En teoría, se puede hacer Scanning de Candados en un caso hasta un punto en el que no se manifieste prácticamente ninguna aberración. Pero esto sólo es teórico, ya que sólo se está transformando uno de los cuatro tipos de entheta. Los cuatro tipos, por supuesto, son: entheta recibida debido al entorno de tiempo presente; entheta enquistada en forma de candados; entheta que existe como carga en los engramas; y entheta que existe como los engramas en sí.

El tipo de entheta que existe como carga en los candados (y en las secundarias) se libera de lo más reciente a lo más temprano. Los engramas se recorren del más temprano al más reciente. Así, uno empieza haciendo el Scanning de Candados en un punto muy reciente del caso. Uno puede encontrar que sea necesario hacer scanning de un matrimonio o a una relación de negocios que existe cerca de tiempo presente, antes de poder continuar con cualquier otra cosa en el caso.

Al auditor no le importa mucho si el preclear está o no en valencia (dentro de sí mismo) cuando hace scanning a través de estas cadenas de candados. El Scanning de Candados es una técnica amplia, un tanto libre. El preclear puede estar fuera de valencia, puede hacer scanning de incidentes imaginarios, puede hacer scanning de conceptos, puede hacer scanning hasta de sus propias conclusiones sobre la vida. Puede hacer scanning de cualquier cosa de la que se pueda liberar entheta.

Para deshacerse de la entheta causada por la educación recibida, no hay nada comparable al Scanning de Candados. Uno también puede hacer este truco con Scanning de Candados: puede refrescar una educación. Se le puede hacer a un individuo un examen, digamos, de historia, del octavo año escolar. Después se le puede hacer Scanning de Candados al verdadero estudio de historia en el octavo año escolar, y luego hacerle otro examen. Por lo general, se encontrará que obtendrá una nota más alta después de que se le haya hecho Scanning de Candados a través de ese periodo educativo. Y sin embargo, es posible que el Scanning de Candados no requiriera más de quince o veinte minutos. De esta forma, el Scanning de Candados es un excelente truco para quienes están a punto de recibir un examen sobre temas académicos.

CAPÍTULO 11 — SCANNING DE CANDADOS

Las personas se pueden hacer Scanning de Candados a sí mismas con gran facilidad a menos que estén demasiado bajas en la Escala Tonal. Simplemente empiezan con el incidente más temprano que puedan recordar, de cierto tipo que pueda estarles molestando, y avanzan a través de todos los incidentes similares hasta tiempo presente. Hacen esto una y otra vez, hasta que lleguen a interesarse por su entorno de tiempo presente.

El momento de parar el Scanning de Candados de cualquier cadena de candados en particular es cuando el preclear está *extrovertido* (es decir, interesado en su entorno de tiempo presente) o cuando la cadena sólo requiere un instante o dos para hacer el scanning. Puede suceder que se haga a un preclear scanning de una cadena de candados más allá del punto en que debió haberse detenido el scanning de esta cadena en particular de candados. El auditor se encontrará entonces con un preclear que está recorriendo otro conjunto de candados. No hay nada de malo especialmente en esto, pero el auditor ha perdido el control del caso por un momento. El auditor debería, entonces, estar alerta a cuánto tarda el preclear en hacer scanning de cada cadena, y a cómo se siente el preclear cada vez que termina de hacer scanning de la cadena, y debería hacer preguntas respecto a estos puntos.

El Scanning de Candados es un tipo de técnica que casi no reestimula al auditor en absoluto. El preclear, a menos que recorra a velocidad verbal, no está expresando frases reestimulativas. Y puede pasar del incidente más temprano al más reciente y pasar a través de la variedad más sorprendente de incidentes, sin que el auditor se dé cuenta de lo que está pasando. Por lo tanto, el auditor no llega a reestimularse. Sin embargo, puede suceder que un auditor, al recorrer cadenas de candados en un preclear, sí llegue a aburrirse un poco. No importa cuánto deseara aligerar su tedio, de ninguna manera debería interrumpir al preclear hasta que este haya terminado de hacer scanning de la cadena. Cada vez, el auditor debería permitirle al preclear pasar rápidamente hasta tiempo presente. Como en cualquier otro caso, el auditor siempre debería verificar al preclear para ver si está en tiempo presente al final de cada scanning, a menos que el preclear esté haciendo scanning de un periodo de tiempo que no incluya el tiempo presente.

Se puede hacer Scanning de Candados en términos de tiempo, digamos que desde el quinto al décimo año de la vida del preclear, o desde el vigésimo al vigésimo quinto año o desde el trigésimo al cuadragésimo primer año. O puede hacer scanning entre fechas concretas. O se puede hacer scanning en una persona acerca de un tema. O se puede hacer scanning de un tipo de actividad. O se puede hacer scanning de la educación o de la primera formación. O se puede hacer scanning del entorno inmediato del preclear.

El hacer Scanning de Candados de la auditación es un procedimiento muy valioso. El auditor, en cada sesión, si el preclear puede hacer scanning en grado alguno, debería hacer scanning de toda la auditación. Es decir, enviar al preclear de vuelta al momento en que se inició la sesión y ponerlo a hacer scanning hacia delante hasta tiempo presente. No importa demasiado, entonces, cuántos engramas haya reestimulado el preclear ni lo que haya sucedido durante la sesión. Con el scanning, el preclear puede desestimular los incidentes que surjan. El dejar un engrama sin reducir era mucho más grave en el pasado que en la actualidad. El Scanning de Candados hace posible recorrer la sesión en la que se reestimuló el engrama. Por supuesto, la reestimulación de un engrama sin reducirlo es simplemente la creación de un nuevo candado. El Scanning de Candados reduce este nuevo candado.

El auditor nunca debería ser crítico de lo descuidadamente que pudiera estar haciendo el scanning el preclear. El Scanning de Candados es lo suficientemente amplio para incluir tales propensiones.

Al examinar la Escala Tonal se descubre en primer lugar, que cuando se recorren completamente todos los engramas de cualquier persona que esté en 3.5, se le tiene que hacer Scanning de Candados a través de todas las actividades de su vida para que se le pueda denominar Clear. Esto libera todos los candados. Desde luego, en este nivel de la Escala Tonal es muy fácil liberar los candados, ya que tienen pocos engramas subyacentes. La persona que está cercana a Clear no tiene ningún engrama subyacente. Pero aún pueden existir candados en un caso en el que se hayan eliminado los engramas. Aunque estos candados pueden resolverse durante los muchos meses siguientes (después de

CAPÍTULO 11 SCANNING DE CANDADOS

recorrer el último engrama), es mucho más fácil sentarse a hacer un scanning sistemático de todas las personas y circunstancias de la vida pasada del preclear.

Al 3.0 se le puede hacer Scanning de Candados con gran provecho, y hará scanning a través de los candados sin trabarse en ninguno de ellos. De esta manera, se pueden exponer a la vista nuevas series de engramas. El único motivo de que no se puedan recorrer los engramas es que existan demasiados candados encima de ellos. Y el Scanning de Candados es el mejor método para deshacerse de esta entheta, con el fin de hacer que esté disponible el engrama en sí.

Al 2.5 se le debe hacer Scanning de Candados para lograr que los engramas se muestren con claridad. Después de hacer el Scanning de Candados, se puede esperar que un engrama quede a la vista con todos los percépticos necesarios. El Scanning de Candados prepara al 2.5 hasta el punto en que los engramas se puedan recorrer limpiamente. Para descubrir nuevos engramas en el 2.5, se debería hacer scanning de nuevas cadenas de candados.

Al 2.0 se le puede hacer Scanning de Candados, pero el auditor debería trabajar con cadenas de candados proporcionadas por el archivista. Se debería reducir cada cadena con la que el auditor establece contacto en el 2.0 tal y como se reducirían los engramas con que uno se pusiera en contacto. No se debería dejar reestimulada ninguna cadena en este nivel, sino que se debe recorrer completamente. Si la sesión es demasiado corta para esto, es probable que hacer scanning de la sesión cause que la reestimulación pierda intensidad.

De 2.0 hacia abajo, el Scanning de Candados empieza a presentar un pequeño inconveniente, aunque no una funcionalidad reducida. Después de hacer scanning de cierta cadena de candados unas cuantas veces, el preclear es dado a trabarse en uno de los candados o en alguna secundaria menor. Es necesario recorrer entonces, como engrama en sí mismo, cualquier incidente en que el preclear se encuentre trabado, aunque puede que no contenga ningún dolor físico.

Puede que el 1.5, como resultado común del Scanning de Candados, se trabe en un candado. El auditor empieza a hacer Scanning de Candados y, después de poco tiempo, encuentra que el 1.5 no se está moviendo en la línea temporal. Siempre debería advertir al 1.5 de que le informe cuando se pare en la línea temporal o cuando parezca dejar de moverse por ella. De lo contrario, es probable que el 1.5 forcejee con torpeza y se pregunte por qué no está avanzando hacia tiempo presente (sin decir nada al respecto) y así se desperdician muchos minutos de auditación hasta que el auditor reconozca que algo anda mal y haga algo al respecto. Si el 1.5 se traba en un candado y el auditor no puede reducir este candado recorriéndolo como si fuera un engrama, entonces basta pedirle al 1.5 que empiece a hacer scanning de otro conjunto de candados (obtenidos, del archivista, naturalmente). Haciendo scanning del nuevo conjunto, abandona el engrama o candado en que estaba atorado. Esta es la virtud peculiar del Scanning de Candados. Si no se puede reducir el engrama, la secundaria o el candado en que el preclear pueda trabarse, sólo es necesario hacer que el preclear haga scanning de una nueva cadena de candados para liberarlo en la línea temporal. Este es un mecanismo que se debe enfatizar, pues es muy importante. Cada vez que un preclear se trabe en un candado y el auditor encuentre que no se reduce de inmediato cuando lo recorre igual que si fuera un engrama, lo único que necesita hacer el auditor es consultar al archivista para descubrir otra cadena de candados a la que el preclear pueda hacer scanning, o descubrir un incidente anterior del mismo tipo que aquel en el que el preclear se ha quedado encerrado. Hacer scanning del nuevo conjunto de incidentes, o ponerse en contacto con el incidente anterior por medio de Memoria Directa, causará que el preclear quede libre en la línea temporal.

Por debajo de 1.5 se introduce un nuevo mecanismo en el Scanning de Candados. En realidad, este es un mecanismo de combinación. En 1.1 o, si a eso vamos, desde 2.0 hacia abajo, el Scanning de Candados se puede combinar con Memoria Directa. Con Memoria Directa se puede hacer contacto con cierto tipo de incidente que se encuentra que es aberrativo para el preclear. Cuando se establece contacto con este tipo de incidente, no es necesario que el auditor lo deje ahí, sino que puede dirigir al preclear para que regrese a ese incidente que se descubrió y haga scanning a través de todos los incidentes similares.

CAPÍTULO 11 SCANNING DE CANDADOS

En muy poco tiempo saldrán a la luz incidentes anteriores del mismo tipo y, de esta manera, se puede quitar del caso una enorme cantidad de estos incidentes. En realidad, al Scanning de Candados se le puede llamar una "Línea Directa de alta velocidad", más que ninguna otra cosa. La Memoria Directa, combinada con Scanning de Candados, puede aislar ciertas órdenes de circuito, órdenes de dominio u órdenes de "Contrólate" que permanecerían ocultas bajo procedimientos normales de Scanning de Candados.

Puede esperarse que el 1.1 se trabe en algún candado después de que el auditor le ha hecho comenzar con el scanning. El auditor hace entonces Scanning de Candados en el 1.1 con la expectativa plena de que en poco tiempo encontrará al 1.1 sin moverse en la línea temporal. De hecho, ese 1.1, a menos que sea un caso abierto de par en par, estará atorado en la línea temporal de manera normal o crónica, como también lo estará un 1.5. El Scanning de Candados expone a la vista, sin embargo, candados más pesados. La entheta se convierte en theta hasta que aparezca el candado más pesado. Naturalmente, el candado más pesado no era menos efectivo estando oculto. El Scanning de Candados lo saca a la vista. El auditor recorre entonces este nuevo incidente en que está atorado el preclear para liberarlo o, si no puede liberarlo, encuentra otra cadena a la que pueda hacer scanning para liberarlo. El auditor puede complicar en exceso el scanning de una nueva cadena para liberar al preclear de un punto en la línea temporal en el que está atorado. En realidad, sólo es necesario dirigir la atención del preclear a un nuevo tema o pedir a su archivista un nuevo tema. El preclear se podría involucrar tanto en el candado en que se atora que no se le ocurriría que puede hacer scanning de cualquier otro tema en ese momento. Depende del auditor darse cuenta de esto y dirigir la atención del preclear a otro tipo de incidente. Al hacer scanning del nuevo tipo de incidente, puede que el preclear se libere del incidente en que estaba atorado, pero se trabe en un nuevo candado. El auditor intenta reducir este candado como si fuera un engrama y, si esto falla, pasa a un tercer tipo de cadena.

Al 0.5 no se le puede hacer Scanning de Candados con provecho, ya que inevitablemente el 0.5 se trabará demasiado a fondo. Pero si el auditor sí comete el error de hacerle Scanning de Candados al 0.5, tiene que recordar que para liberar al 0.5 sólo es necesario hacer scanning de un nuevo tipo de candado (o usar Memoria Directa).

Nunca se le debería hacer scanning de ningún candado al 0.1.

Una de las maneras de liberar a un individuo a quien se le está haciendo Scanning de Candados para sacarlo de un engrama o de un candado en el que se ha quedado trabado repentinamente es utilizar con él Memoria Directa. La Memoria Directa actúa como zancos con los que se le puede traer otra vez a tiempo presente.

Es muy fácil combinar el Scanning de Candados con el recorrido de candados individuales y con Memoria Directa. A un individuo que está atorado en algún lugar de la línea temporal se le puede aplicar Memoria Directa o darle nuevas cadenas de candados a las que hacerles scanning.

No se debería pasar por alto el scanning de momentos de placer como técnica válida para elevar el tono de un preclear. Cuando un preclear está especialmente bajo al empezar una sesión, o al terminarla si el auditor ha cometido algún error, es necesario elevar su tono. Con mucha frecuencia, el scanning de momentos de placer permitirá que aparezca suficiente theta libre, ya sea para hacer que estén disponibles nuevos incidentes, o para terminar con éxito la sesión.

Se debería advertir otra vez que cuando se hace Scanning de Candados, se debería trabajar con el archivista tan estrechamente como sea posible, consultando al archivista sobre qué cadena de candados debería ser la siguiente a la que hacer scanning en el caso, y luego siguiendo tan de cerca como sea posible las instrucciones del archivista. Cuando no hay instrucciones del archivista, el auditor debería utilizar su propio criterio o hablar del tema con el preclear.

En el proceso de hacer Scanning de Candados, ocurrirá muy a menudo que el preclear entre en boil-off. Hay que recordar que el boil-off es muy benéfico y no se debería interrumpir por ninguna causa en absoluto. Cuando el preclear sale del boil-off, el auditor debería preguntarle cuál es la frase que le causó el boil-off, y debería pedirle al preclear que repita esta frase otra vez. Es habitual que el preclear, al repetir esta frase en voz alta o para sí mismo varias veces, vuelva a entrar en boil-off. Los boil-offs

CAPÍTULO 11 SCANNING DE CANDADOS

se deberían consumir por completo. Son una condición de somnolencia que a veces no se puede distinguir del sueño, y no se debería molestar al preclear mientras se encuentra en uno. La eliminación del boil-off de un caso es la eliminación del anatén acumulado y es sumamente benéfico. Algunos casos no pueden hacer otra cosa que boil-off.

El individuo se puede hacer Scanning de Candados a sí mismo si tiene presente el hecho de que cuando se trabe en un candado en algún punto fuera de tiempo presente, tiene que darse un codazo a sí mismo para hacer scanning de otro tipo de candado, en lugar de intentar atravesar confusamente el punto en que está atorado.

También sucederá que el preclear encontrará cargas de pesar como resultado de hacer Scanning de Candados. Puede ser que le entre pesar con una única frase. Puede que no sepa de qué incidente proviene esta frase. Si está relativamente bajo en la Escala Tonal, tal vez no tenga ni idea en lo más mínimo de por qué llora. Pero la liberación del pesar es beneficiosa, en cualquier caso. Puede ocurrir que la única forma en que el auditor pueda eliminar el pesar de un caso sea haciendo scanning de ciertas cadenas de candados y después sacando el pesar de una sola frase.

A un individuo que tiene un somático reestimulado crónicamente, que le ocasiona problemas nasales o dolor de cabeza, se le puede sacar de eso con scanning, sin que llegue a saber para nada cuál era la fuente, en términos engrámicos, del dolor de cabeza u otra mala condición. En este caso, es beneficioso principalmente hacer scanning de momentos de placer. Esto casi siempre elevará el tono del preclear.

Se puede repetir que es muy difícil sobreestimar todo el valor que le demos al Scanning de Candados. El auditor lo hará profusamente en cualquier caso. Cualquier caso (a excepción del 0.5 y del 0.1) se beneficiará del Scanning de Candados. El auditor puede que cometa el grave error de creer que como el engrama es la causa básica de la aberración es, por lo tanto, lo único o lo principal con lo que debería ponerse en contacto. Debería desengañarse de esta idea. Con la técnica de alta velocidad del Scanning de Candados se puede elevar un caso hasta el punto en que recorrer engramas permita al caso avanzar hacia Clear. Si el auditor no quita esta carga del caso, podría recorrer engramas durante mil años y no llevar al preclear hasta Clear. El auditor debería usar Memoria Directa y Scanning de Candados y el recorrido de secundarias hasta que el caso tenga suficiente theta como para recorrer engramas.

Es posible recorrer engramas reales en un preclear bajo de tono, sesión tras sesión, sin elevar su tono. Esto se debe a que el recorrido de engramas en casos así instala candados de auditación. La theta que se libera de un engrama se vuelve a enturbular de inmediato y el tono del preclear permanece igual o cae por la enturbulación de más y más theta libre en numerosos candados de auditación. A un caso así se le debería hacer Scanning de Candados.

El auditor debería desarrollar su técnica de Scanning de Candados y ser muy paciente en su uso. A veces tendrá que permanecer sentado durante veinte o treinta minutos mientras el preclear hace scanning de una cadena. El auditor debería conformarse con estar ahí sentado y dejar que el preclear haga el scanning hasta que sea obvio para él que el preclear no se está moviendo en la línea temporal o que tiene alguna dificultad. Debería tener una comprensión total junto con el preclear respecto a lo que están haciendo. El preclear debería comprender que el auditor, al trabajar con el archivista del preclear, es quien selecciona las cadenas de candados a las que hacer scanning. El preclear debería comprender que es el auditor quien le hace comenzar a hacer scanning y que el auditor sigue estando en control del caso.

Con Scanning de Candados, el auditor conseguirá volver a convertir la máxima cantidad de entheta del caso en theta libre, donde debe estar.

Columna AH
Engramas Secundarios

Es probable que la mayor parte de la entheta que se acumula en un individuo quede fija en engramas secundarios.

Un *engrama secundario* se puede definir como un periodo de angustia producido por una gran pérdida o por una amenaza de pérdida para el individuo. El engrama secundario depende, para su intensidad y fuerza, de los engramas de dolor físico subyacentes a él. Sin un engrama de dolor físico, es aparentemente imposible que se forme un engrama secundario.

El tipo de entheta que queda aprisionada en un engrama secundario es evidentemente una fuerte inversión de la polaridad de theta. La emoción se convierte en emoción desagradable. Los componentes de theta, afinidad, realidad y comunicación, mediante la pérdida o la amenaza de pérdida para el individuo se transforman y de ahí en adelante repelen a los componentes de afinidad, realidad y comunicación que todavía permanecen en un estado de theta.

El engrama es un momento de dolor físico, como una operación con anestesia, un accidente, una enfermedad o cualquier condición que produzca inconsciencia. Sin embargo, un engrama puede producirse y permanecer inactivo. Ningún engrama está activo hasta que no *sufre un key-in*, es decir, hasta un momento en que el entorno que rodea al individuo despierto es en sí similar al engrama latente. En ese momento el engrama se vuelve activo. Sufre un key-in y de ahí en adelante se puede dramatizar. Afectará, en virtud de sus órdenes, a los procesos de pensamiento del individuo, creando obsesiones, compulsiones, neurosis y psicosis por debajo de su nivel consciente. O el componente de dolor físico puede crear enfermedades psicosomáticas (que, en Dianética, se llaman con mayor exactitud los *somáticos crónicos* de engramas).

Pueden existir grandes cantidades de engramas de dolor físico en un caso sin que se les haya hecho key-in y sin que estén activos. El key-in puede que sea sólo un candado. El key-in y los candados adicionales empiezan a darle cada vez más entheta al engrama y este se vuelve cada vez más poderoso en su efecto sobre el individuo. Tiene que estar, en pocas palabras, "cargado" para afectar al individuo.

La carga más fuerte y brusca que puede recibir un engrama es un engrama secundario. El dolor físico que hay en el *engrama de dolor físico* hace posible que se aprisionen grandes cantidades de theta cuando a esa theta la enturbula una conmoción de tiempo presente, como es la pérdida o amenaza de pérdida de factores de supervivencia en la vida de la persona. Si el engrama de dolor físico no estuviera ahí para aprisionar la theta que está temporalmente enturbulada, la theta aparentemente se desenturbularía sin más y el individuo volvería a un estado totalmente racional. Estando presente el engrama físico (que contiene alguna semejanza con la pérdida o amenaza de pérdida), cuando ocurre una conmoción grave por pérdida o por amenaza de pérdida, la turbulencia del individuo está aparentemente aprisionada en gran medida, y entra una fuerte carga en el engrama de dolor físico y permanece ahí hasta que el procesamiento de Dianética la elimina o hasta que la theta y el MEST del individuo son separados por la muerte*.

Una vez que un engrama de dolor físico se ha cargado con engramas secundarios, se vuelve inaccesible para el analizador hasta tal punto que el individuo que intenta abordar este engrama o serie de engramas no puede (con la theta libre que tiene disponible) penetrar en el núcleo del dolor

---

* Se ha descubierto que el cuerpo theta contiene cantidades de entheta como engramas secundarios pero las cargas no son tan fuertes como las de la vida actual, según lo observado.

CAPÍTULO 12 ENGRAMAS SECUNDARIOS

físico. Pueden ocurrir impresiones alucinatorias del engrama. Se puede recorrer el engrama casi como una secuencia de sueño. Los somáticos son ligeros o no existen. El contenido se altera extraordinariamente. La posición del engrama en la línea temporal puede estar seriamente ocluida. En resumen, la existencia de engramas secundarios por encima de engramas primarios hace imposible que un individuo recorra el dolor físico de su caso hasta que se vaya. Unos cuantos engramas secundarios menores en un caso puede que sólo bloqueen la agudeza de los percépticos, pero el caso usual contiene muchos engramas secundarios fuertes. El caso seriamente ocluido está ocluido debido a la existencia de engramas secundarios.

La línea de demarcación entre theta y entheta es 2.0 en la Escala Tonal. El entorno de tiempo presente del individuo varía en la Escala Tonal, justamente igual que el individuo de un periodo a otro de su vida puede variar, aunque, en ausencia de procesamiento el curso del individuo es un deterioro gradual. Uno podría tomar cualquier entorno y juzgar su posición en la Escala Tonal. En otras palabras, se puede localizar al individuo en la Escala Tonal por su posición crónica o por una posición momentánea; se puede localizar a un grupo en la Escala Tonal por su estado crónico o temporal; y el entorno de tiempo presente se puede localizar en la Escala Tonal.

Hoy en día, el entorno de uno podría ser feliz. Este entorno ayudaría al tono de la persona, tirando de ella ligeramente hacia arriba en la Escala Tonal. O cuando el entorno está muy feliz, tiene el resultado ocasional de convertir momentáneamente las actividades y la conducta del individuo en las actividades y la conducta de un Clear, aun cuando por lo general esté bastante aberrado. Pero mientras que un Clear tendría resistencia y elasticidad y respondería sólo parcialmente a un entorno de tiempo presente, una persona profundamente aberrada es casi una esclava del entorno. Y cuanto más abajo esté el individuo en la Escala Tonal, más gravemente le afectan los entornos bajos de tono. Así, el 1.1 podría actuar como un 2.0 en un entorno muy feliz y seguro. Pero en un entorno incluso ligeramente enturbulado, el 1.1 podría actuar momentáneamente como un 0.8.

Las buenas noticias, los éxitos repentinos, la visión de futuro o el logro de nuevos componentes de supervivencia contribuyen todos a un entorno agradable y feliz. Este sería un entorno por encima de 2.0 en la Escala Tonal, elevándose el tono del entorno en proporción directa a la potencialidad del entorno para la supervivencia de los que se encuentran en él. Cuando una idea, un dato, una circunstancia, una persona o el entorno en general es propicio para la supervivencia de la persona en cuestión, se puede decir que está en un nivel de la Escala Tonal por encima de 2.0.

Las circunstancias del entorno que se encuentran por debajo de 2.0 en la Escala Tonal son circunstancias entheta y son enturbulativas para el individuo. Las ideas, noticias, asociaciones, personas o el entorno en general, en la banda desde enojo hasta muerte fingida, reestimulan la entheta existente en el individuo y enturbulan más la theta libre del individuo, y producen así un descenso del individuo en la Escala Tonal. Estos son factores contra-supervivencia, factores que tienden hacia la muerte del individuo o del grupo, aun cuando la tendencia pueda no ser en términos de muerte real.

Al ver esto y al comprender los engramas secundarios, también se debería reconocer que cuando uno ve la Escala Tonal, está viendo tanto el *tono acústico* como el *volumen*. En música, una nota puede estar en cualquier lugar de la escala musical, y a pesar de eso no ser fuerte. Esta sería una nota con un cierto tono acústico pero con poco volumen. Una nota puede tener un cierto tono acústico con muchísimo volumen. Adicionalmente, la nota, mediante armónicos y matices armónicos, puede tener calidad.

Es muy similar en la Escala Tonal de reacción y comportamiento humanos. La posición en la Escala Tonal de una circunstancia momentánea o de un estado crónico nos indica sólo el "tono acústico" del tono del individuo, del grupo o del entorno. El volumen es el segundo factor que debe estudiarse al considerar la Escala Tonal. Un individuo puede estar aburrido, pero no, como se suele decir, "como una ostra". Sólo está un poco aburrido. En otra ocasión puede estar muy aburrido. En los tonos inferiores, puede estar atemorizado, pero sólo un poco.

Capítulo 12 — Engramas Secundarios

O puede estar tan atemorizado que el miedo es terror. La cantidad o volumen de la enturbulación podría leerse en una tercera dimensión, que se extiende hacia fuera desde la superficie de la tabla hacia la persona que la está examinando. Podría haber un poco de pesar o mucho pesar, pero la posición en la Escala Tonal sería la misma.

Está también el asunto de la calidad de la enturbulación. La calidad del miedo o del enojo, o la calidad de la felicidad es importante, pero esto sería un factor diferente a los de tono acústico o volumen en la Escala Tonal.

La cantidad de theta libre de que está dotado el individuo es de enorme importancia. La cantidad de theta libre tiene muchísimo que ver con la persistencia o la fuerza de razonamiento del individuo a lo largo de cualquier curso. Esto sería el volumen de una persona. La cualidad de una persona estaría más relacionada con la estructura. Para que sea más claro, una persona puede tener un enorme volumen de dotación de theta y sin embargo no tener la estructura necesaria como para ser inteligente. O podría tener un índice de cualidad muy elevado y sin embargo no tener la dotación suficiente de theta como para ejecutar los planes que pueda concebir. Todos hemos conocido al individuo que sacaba notas altas en todos los cursos y que sin embargo jamás pudo hacer nada con su educación. Y hemos conocido al individuo que nunca sacó buenas notas y que, de hecho, nunca parecía siquiera comprender las asignaturas elementales y que no obstante, por el poder de su personalidad, siguió progresando hasta tener una elevada posición en la vida. Un estudio de este asunto proporciona una evaluación útil del potencial y comportamiento humanos. Lo que es más importante aún, permite alguna comprensión de lo que le sucede al individuo en el proceso de aberrarse. La aberración, considerada como tono acústico o timbre es, en teoría, independiente de su cualidad (su estructura, probablemente) y de su volumen (dotación de theta). Los factores de cualidad y volumen explicarían, en parte, las diferencias personales que se pueden encontrar en personas aberradas que están en niveles similares de la Escala Tonal. (No se debería abusar de la analogía con la música, por supuesto, ya que en la música un tono acústico bajo puede ser muy placentero, pero un tono bajo en la aberración no lo es).

Los engramas de dolor físico son una gran ruptura de ARC entre theta y MEST. Según nuestra teoría de Dianética, theta y MEST tienen una cierta afinidad innata recíproca. Pero cuando la colisión o el impacto de la una contra el otro es demasiado grande o demasiado repentina, ocurre una inversión de polaridad y esta afinidad se torna en una manifestación de nivel más bajo. Theta y MEST que se unen en 4.0 estarían en completa armonía mutua. Habría como resultado un organismo funcional, en que las sustancias químicas y los compuestos en el espacio y el tiempo funcionando con energía MEST estarían motivados y animados por las ideas y experiencias de la energía theta, y se postularía un elevado nivel de supervivencia. Con una pequeña cantidad de dolor físico, sin embargo, tiene lugar un ligero descenso en la Escala Tonal, ya que theta y MEST han perdido algo de su afinidad mutua, no están en tan buena comunicación recíproca y así no pueden alcanzar un acuerdo o realidad tan armoniosos en cuanto a sus propósitos. Una de las misiones de MEST es sobrevivir o sucumbir. Una de las misiones de theta es sobrevivir o sucumbir. Los propósitos tienen paralelismos entre theta y MEST. Cuando theta y MEST están unidos en un nivel de armonía, se podría decir que el ARC de theta forma un acorde casi perfecto y resonante con MEST. Cuando se produce dolor físico se produce una ligera disonancia. Esta disonancia es insuficiente para causar una separación de theta y MEST hasta que se alcanza el 2.0 en la Escala Tonal. Después de esto, la disonancia es tan grande que theta es antagonista hacia MEST, pero todavía funciona. En 1.5 existe una activa y violenta discordancia para separar la theta del MEST. Más abajo, la disonancia se hace más amplia. Para cuando se alcanza el 0.5, se ha descendido hasta una disonancia casi nula, la cual hace que theta sea casi inactiva en relación con MEST. En 0.1 este carácter nulo se ha hecho tan amplio que los dos no existen juntos en absoluto. Y en 0.0 se llega a la muerte para el organismo.

Está la vida general del organismo, que se podría decir que es el cuerpo theta. Luego está la vida somática, o la vida de las células. La vida de las células persiste por debajo de la muerte del organismo. Pero como

Capítulo 12 Engramas Secundarios

el organismo básico, la vida y el MEST se han rechazado mutuamente, la vida somática (a menos que reciba ayuda de otros organismos, como en los experimentos de Alexis Carrel) gradualmente muere a los pocos minutos siguientes o al cabo de un año, produciendo así la muerte total del organismo y dejando en su lugar los compuestos MEST que han sido organizados por la theta y que son, en sí, una especie de evolución de MEST.

Es en 2.0 (y la Escala Tonal es un tanto arbitraria, a pesar de que se basa en la observación y es funcional) donde se ha iniciado la pérdida de la vida. La separación de la theta del MEST es necesaria, en ausencia de procesamiento, para el individuo o grupo que está crónicamente enturbulado de 2.0 hacia abajo. La enturbulación momentánea debido a circunstancias del entorno ocasiona la misma intención. Esta intención, cuando se manifiesta en el nivel de enojo, no se puede observar de inmediato. Pero el enojo es destrucción y muerte. Desde ahí hacia abajo, la pérdida se vuelve cada vez más probable.

Hay un claro paralelismo en la Escala Tonal entre la posición del individuo, la condición de theta y la forma en que theta maneja MEST.

En 4.0 theta maneja MEST con gran idoneidad.

En 3.5 theta tiene un poco menos de certeza al manejar MEST.

En 3.0 theta, habiendo aprendido que puede perder MEST, se vuelve conservadora en su manejo de MEST.

En 2.5 theta maneja MEST de forma más o menos indolente, ya que no está muy convencida de poder continuar haciéndolo.

En 2.0 theta es incapaz de manejar MEST de forma suficientemente adecuada, y por lo tanto empieza a rechazar MEST y a tratar de expulsarse a sí misma del MEST.

En 1.5 theta está decidida a rechazar MEST y a expulsarse de él, pero su determinación aún está dirigida a todo el MEST que la rodea, y no tanto al organismo en que está contenida. En este nivel está intentando expulsar al organismo del entorno destruyendo el entorno.

En 1.1 se ha entrado en el estrato del miedo. La theta que hay en el organismo ha de tener mucho cuidado con cómo destruye el área que la rodea para el organismo, pero la expulsión de sí misma del organismo y el rechazo del entorno es, no obstante, indudable. Aquí, el organismo todavía está funcionando, pero está bajo amenaza de pérdida.

En 0.5 el organismo ha aceptado el hecho de que theta y MEST se separarán y de que el entorno no contiene factores de supervivencia, sino sólo factores contra-supervivencia.

En 0.1 la muerte ha sido aceptada por el organismo como una condición de un entorno de muerte.

Un estudio de esto demuestra un tercer factor evidente en la Teoría Theta–MEST: es posible que el propio organismo tenga una intención de supervivencia, aun cuando la theta y el MEST que componen el organismo hayan determinado separarse. Se puede postular mucha teoría respecto a esto. Lo que es interesante para nosotros en el procesamiento es que por debajo de 2.0 la intención de theta es hacia la separación de MEST, ya sea la separación del organismo de MEST mediante la destrucción del entorno o la destrucción del organismo en sí. Theta tiene muchas alternativas respecto a la forma en que se puede lograr esto.

Un organismo a menudo obtiene la supervivencia por medio de otro organismo. Así como el muérdago vive de la vida de un roble, un individuo puede existir gracias a un aliado poderoso. Cualquier niño tiene, en sus padres, aliados que ayudan a su supervivencia. Si estos padres ayudan materialmente a la supervivencia del niño y sin embargo le niegan su auto-determinismo, el niño empieza a vivir casi como si él fuera los padres. La theta del niño queda envuelta, podría decirse, con la theta de los padres.

Se podría decir que la theta de un individuo, cuando se le suprime el control de su propio organismo, puede mezclarse con la theta de otros organismos. Esta es una observación que no se ha explorado, pero lo siguiente sí es seguro: la theta de cualquier individuo puede identificarse hasta tal punto con la theta de los individuos que la rodean, que la muerte o incluso la enfermedad de uno o más de estos individuos puede ocasionar el mismo descenso en la Escala Tonal del individuo dependiente. Esto se podría explicar a partir de la reestimulación en el entorno, pero parece tener un significado más profundo que ese. Con frecuencia, el auditor verá al preclear tan sumamente vinculado a otro

Capítulo 12 — Engramas Secundarios

individuo que está muerto, que su preclear, al entrar en una sesión, puede que cruce las manos sobre el pecho como si fuera un cadáver. La investigación de esta situación demuestra que este preclear ha perdido a un aliado poderoso, como su madre, su abuela, padre, abuelo o tutor, y que el preclear está parado en la línea temporal en el momento de la muerte de este aliado. La theta de este preclear se ha vinculado tan profundamente a la theta de otra persona que cuando esta otra persona murió, el propio preclear, a efectos prácticos, murió (pero continuó viviendo como organismo, aunque totalmente interrumpido como identidad).

Esta confusión de identidades entre una persona y otra es gravemente aberrativa. Con la técnica de Memoria Directa, un auditor puede empezar a separar identidades de su preclear, descubriendo en el preclear hábitos y pautas de pensamiento y acción y encontrando quién tenía estas pautas de pensamiento y acción en el pasado. El preclear puede que identifique a la persona a quien pertenecían en realidad estos hábitos y acciones y así, en esa medida, recupere su propia identidad personal. La identidad personal es muy importante. Es algo paralelo al auto-determinismo. Cuando la identidad del individuo ha estado absorta en gran medida en la personalidad de otra persona (lo cual es otra forma de expresar "la mezcla de theta"), sobreviene una pérdida de personalidad con una consecuente reducción de la dinámica analítica y de la capacidad para razonar. Es muy importante que el auditor cause esta separación.

El engrama secundario puede consistir en cualquier emoción desagradable desde 2.0 hacia abajo en la escala. Primero está el antagonismo debido a una amenaza de pérdida de componentes de supervivencia para el individuo. Luego está el enojo hacia las fuentes que amenazan con una pérdida. Luego está el miedo de que ocurra esa pérdida, ya sea la pérdida de la propia vida o la pérdida de los aliados de uno. Luego está el nivel de la pérdida como hecho consumado, ya sea de posición, de personas o de cosas. Este es el nivel de pesar. Después está el nivel en que la pérdida no sólo se ha consumado, sino que el individuo piensa, debido a esta pérdida, que él mismo y todo lo que le rodea está perdido. Esto es apatía. Finalmente, la pérdida se acepta tan completamente que se renuncia al entorno y a todo lo que hay en él, y se renuncia a la vida misma dándola por perdida. Esta es la muerte fingida, sólo una décima por encima de la muerte real.

Aquí tenemos la espiral descendente. Todos los candados se encuentran en realidad por debajo de 2.0 en la Escala Tonal si ellos mismos son aberrativos. Estas son las amenazas menores a la supervivencia, la introducción de componentes menores en la vida de un individuo que amenazan su existencia. Hay muchos de estos. Son de poco volumen, como por ejemplo incidentes momentáneos de miedo y pérdidas de pequeñas posesiones. Las pérdidas de otras personas pueden formar candados cuando hay engramas anteriores en el caso que contienen el dolor físico que hace posible el aprisionamiento de la entheta.

El engrama secundario es un asunto de gran volumen. En el engrama secundario uno siente antagonismos, en 2.0, a causa de la amenaza de pérdidas de gran magnitud.

En 1.5 uno tiene el enojo por la amenaza de una gran pérdida.

En 1.1 uno tiene el miedo de que ocurra una pérdida de gran magnitud.

En 0.5 uno tiene el pesar porque ha ocurrido una gran pérdida y una apatía resultante de la aparente incapacidad para recuperar lo que se ha perdido.

En 0.1 tenemos tal magnitud de pérdidas que la vida es insoportable y al individuo le parece que todo el entorno se ha derrumbado y en sí ha muerto.

El engrama secundario puede consistir, pues, en un gran antagonismo, un gran enojo, un gran miedo que equivale a terror, un gran pesar, una gran apatía, o un gran concepto de nada más que muerte. Tenemos aquí una escala de gradiente de grandes amenazas de pérdida, pérdidas y resultados de pérdidas.

Un niño tiene muchos momentos pasajeros o efímeros de miedo o de pesar debido a la falta de datos. Muy poca de esta enturbulación tiene consecuencias duraderas (lo cual significa que no se queda aprisionada) porque el niño tiene pocos engramas en reestimulación por lo general. Sin embargo, en el procesamiento de niños uno puede recorrer hasta eliminarlos muchos incidentes de miedo y pesar, ya que existe cierto lapso

CAPÍTULO 12   ENGRAMAS SECUNDARIOS

residual en la enturbulación. Las secundarias de gran importancia en un adulto son normalmente bastante pocas, pero consisten en impactos tan violentos recibidos del entorno en términos de amenazas de pérdida o pérdida que, al estar los engramas ya reestimulados, se enturbulan y enquistan grandes cantidades de theta en forma de engramas secundarios.

El recorrido de una secundaria y su consumo completo en el caso es de enorme importancia. Hay quienes, sabiendo que todo engrama secundario existe sólo a causa del engrama de dolor físico subyacente a él, y teniendo ellos mismos miedo del pesar, tratan esperanzadamente de auditar a los individuos evitando los engramas secundarios y tratando de recorrer en su lugar los engramas de dolor físico. Los engramas de dolor físico, dicho sin rodeos, no se consumirán a menos que primero se recorra el pesar.

El engrama secundario se reduce mediante la descarga fisiológica de lágrimas o quizás de otros fluidos corporales. Parece que el pesar sólo se reduce a base de lágrimas. El miedo o el terror, dicho de manera poco elegante, parece que sólo se pueden reducir mediante la orina, el sudor, y otras excreciones corporales. El enojo parece poderse reducir mediante cierta excreción física. La apatía se puede reducir simplemente recorriendo el sentimiento de apatía y esto se logra mediante ciertos síntomas fisiológicos[*].

---

[*] Es digno de señalar que se podría haber añadido otra columna a esta tabla, que ya contiene tantas columnas. Sería la columna del olor corporal. Por lo general, el cuerpo tiene un olor dulce por encima de 2.0, pero de 2.0 hacia abajo empieza a exudar, crónicamente, ciertos efluvios desagradables. En general, las personas de 2.0 hacia abajo tienen mal aliento. Puede que sus pies tengan un olor considerable. Las glándulas sudoríparas están muy activas. El sudor tiene un olor peculiar. Los órganos sexuales emiten un olor repulsivo. Y varias funciones corporales de descarga no se controlan bien. La persona puede necesitar orinar o defecar bajo ligeras tensiones, o puede llorar con facilidad sin causa aparente. No se agregó esta columna a la tabla porque no se ha explorado a fondo, sino que sólo se conoce de forma general. Sin embargo, cualquier olor físico procedente de una persona, ya sea poco repulsivo o mucho, indica una posición en la Escala Tonal por debajo de 2.0. Es divertido señalar que en el Oriente es común que se seleccionen las esposas por la dulzura de su transpiración. Este es aparentemente un test muy fiable de la posición en la Escala Tonal. Las personas que tienen mal aliento mientras se les procesa lo pierden cuando están por encima de 2.0 en la Escala Tonal. Las personas a quienes mediante la supresión se les hizo descender, siquiera temporalmente, por debajo de 2.0, por lo común tienen mal aliento.

Un engrama secundario se recorre exactamente como se recorrería un engrama. Uno empieza con el momento más antiguo del engrama que pueda descubrir y avanza, recogiendo todos los percépticos, hasta el final del engrama. Después regresa al principio y lo reexperimenta de nuevo. El auditor continúa haciendo que el preclear reexperimente el incidente hasta que el preclear, en lo que respecta a este engrama secundario, esté en una posición elevada en la Escala Tonal. Si el engrama secundario es de enojo, el preclear subirá con facilidad a través de aburrimiento, y muy a menudo llegará hasta un cuatro falso. Si se trata de miedo, el preclear subirá por enojo, aburrimiento y, de nuevo, hasta un cuatro falso. Si el engrama secundario comienza con pesar, avanzará muy a menudo a través de pesar, hacia arriba a través de miedo, hacia arriba a través de aburrimiento y hasta un cuatro falso. Si la secundaria es una secundaria de apatía, avanzará primero a través de apatía (que es muy difícil de atravesar), luego a través de pesar, luego a través de miedo, luego a través de enojo, luego a través de aburrimiento hasta llegar a un cuatro falso. Un engrama de muerte fingida es una apatía mucho más profunda y mucho más difícil de recorrer. Se debe acumular una gran cantidad de theta procedente de otras porciones del caso antes de que se pueda recorrer un engrama de muerte fingida.

El auditor nunca debería cometer el error de pensar que el concepto es el engrama. Se debería esmerar para persuadir al preclear para que entre en cada percéptico conforme se recorre un engrama secundario (o de cualquier otro tipo). Sin embargo, es posible que al empezar a recorrer una secundaria, sólo esté disponible el más vago concepto de ella, o sólo alguna pequeña frase. El auditor, haciendo que el preclear repita esto muchas veces, puede que llegue a obtener más cosas del engrama y, de esta forma, trabajar en él hasta que se encuentre ahí en su totalidad y se pueda reexperimentar, momento en que el preclear subirá en la Escala Tonal.

Eliminar cualquier emoción desagradable de un caso es beneficioso para el caso. Tal vez sólo sea posible resolver parcialmente un engrama secundario, pero el auditor nunca debería cometer el error de permitir que el preclear abandone un engrama secundario antes de que se consuma

CAPÍTULO 12 — ENGRAMAS SECUNDARIOS

toda posible emoción desagradable. Cada secundaria se debería elevar tanto como sea posible en la Escala Tonal. Es más, el auditor no debería cometer el error de abandonar el engrama en el punto de antagonismo. En ocasiones, el preclear, al relatar por completo esta experiencia, con todos los percépticos posibles, llegará al punto en que se ponga poco serio respecto a la situación. Esta poca seriedad casi siempre se representa en frases que aún permanecen en la secundaria o en el engrama. Puede que el auditor encuentre un poco de resistencia en el preclear en el nivel de antagonismo, pero hará bien en continuar recorriendo el engrama. Entonces subirá a aburrimiento. Hay que persuadir al preclear para que pase a través del engrama de nuevo. Por lo general dirá que está aburrido de él. Eso no es suficientemente bueno. Es necesario que lo relate aún más para que suba al nivel de tono deseable.

Se debe recordar, ya que no se mencionará de nuevo, que la emoción desagradable es parte de todo engrama de dolor físico. La emoción desagradable subirá en la escala a partir de un engrama, así como subirá en la escala a partir de una secundaria.

No descuides la importancia del engrama secundario en el caso. Por ejemplo, una mujer a la que hace poco dejó viuda un hombre muy próspero se había enfermado físicamente una semana después del entierro, vestía de luto, parecía unos diez años mayor y no podía hacer frente a ninguna parte de la existencia. Un auditor trabajó con ella durante nueve horas y agotó por completo la muerte de su marido. Al final de este periodo, ella parecía más joven de lo que había parecido en años, podía vestirse libremente y podía afrontar la vida con considerable aplomo. El cambio fue tan extraordinario después de estas nueve horas de procesamiento que no se le habría podido reconocer como la misma mujer que entró en la sesión bajo la presión de esta secundaria.

Un test Multifásico de Minnesota que se les hizo a algunos individuos antes y después de recorrer tan sólo engramas secundarios mostró que estos individuos, antes de que las secundarias se recorrieran y se descargaran, se encontraban por encima de la línea de aberración grave y que después de que se recorrieran y se descargaran las secundarias, estaban muy dentro de los límites normales. No hay nada más espectacular en la elevación de un caso en la Escala Tonal que lo que ocurre después de descargar uno o más engramas secundarios. Esto es especialmente cierto de los engramas de pesar, pero otros también producen efectos beneficiosos. Parece ser que la razón de esto es que el engrama de dolor físico hace posible que se formen engramas secundarios y candados, pero son las secundarias las que aprisionan la mayor parte de la theta que hay en el caso y la mantienen, como entheta, en una condición enquistada.

El auditor debería prestar atención muy especial a su propia actitud cuando está tratando de recorrer un engrama secundario en un preclear. El orden social actual siente una considerable ansiedad hacia el llanto o la exhibición de miedo, y una inhibición general a mostrar emoción desagradable y emoción. Cuando estas inhibiciones se encuentran en forma de circuitos, como se explicará después, es difícil lograr que se consuma el engrama secundario. Sin embargo, si el auditor está demostrando un elevado nivel de ARC, si parece compasivo, se hará mucho más fácil su trabajo. El preclear no puede recorrer engramas secundarios en presencia de un auditor hacia el que sienta antagonismos. El auditor, por lo tanto, debe ser compatible con el preclear, y se le debe haber limpiado con el preclear (como grupo de dos) si es que espera recorrer algún engrama secundario en este preclear.

El archivista y la tira somática, como se explicará en el recorrido de engramas, no son especialmente fiables en presencia de engramas secundarios. Aquí tenemos enormes cantidades de entheta y, por lo tanto, las entidades theta como la tira somática y el archivista tienen dificultad para aproximarse a tales áreas. Sin embargo, la recuperación y conversión de una cantidad considerable de entheta a partir de candados elevará el caso en la Escala Tonal hasta un punto en que la mente analítica tendrá suficiente theta libre como para atacar las secundarias.

La razón primordial de que un individuo esté gravemente aberrado es, por supuesto, los engramas secundarios. Si el individuo está muy abajo en la Escala Tonal, uno puede presuponer por norma que tiene un gran número de engramas secundarios fuertes, ya sea que el individuo pueda o no recorrer estas secundarias, ya que aquí tenemos los depósitos principales de entheta en un caso.

CAPÍTULO 12   ENGRAMAS SECUNDARIOS

Ciertos auditores, por su compasión y su capacidad para generar un elevado ARC con el preclear, se hacen expertos en recorrer engramas secundarios. Cualquier persona a la que los demás cuentan sus problemas será capaz de recorrer engramas secundarios. El proceso de recorrer un engrama secundario no difiere de recorrer un engrama de dolor físico. Esto es muy importante. El engrama *secundario* se llama secundario porque para existir depende de un engrama de dolor físico anterior, siendo ocasionado en sí por un momento consciente de pérdida. Se le llama *engrama* para concentrar la atención del auditor en el hecho de que se tiene que recorrer como un engrama y que se le tienen que consumir todos los percépticos posibles. A veces ocurrirá que después de hacerle Scanning de Candados a un preclear por cierta cadena de candados, el auditor encontrará de pronto que el preclear está en un engrama secundario. Tal vez le venga alguna frase a la mente y el individuo llore o muestre miedo. El auditor debería hacer que esta frase se repita una y otra vez. Quizás ni el auditor ni el preclear sepan el origen de esta frase, pero hacer que se consuma puede por sí mismo (en un caso muy ocluido) causar un ascenso considerable, aunque momentáneo, en la Escala Tonal. Puede ocurrir que después del Scanning de Candados, toda una secundaria esté lista para recorrerse. El auditor debería recorrerla entonces.

No se debería exagerar la importancia de que existan circuitos en un caso (es decir la existencia de supresores de engramas secundarios o de cualquier otra entheta). Tanto el Scanning de Candados como la Memoria Directa pueden localizar los candados del circuito, o el circuito se puede ignorar hasta cierto punto. El circuito es la coartada favorita del auditor. Casi todas las personas que están bajas en la Escala Tonal han sido suprimidas por las dominaciones o nulificaciones de personas o del entorno. Se debe recordar que el circuito proviene del engrama y que su carga aumenta por la entheta. La entheta se puede convertir hasta cierto punto en theta, anulando así el circuito sin poner al descubierto el engrama en el que está contenido este circuito en particular.

Los engramas secundarios, o al menos las frases procedentes de ellos, se pueden descargar de cualquier caso sin importar lo ocluido que esté.

Es sólo cuestión de recuperar suficiente theta libre como para que el individuo tenga theta libre en cantidad suficiente para hacer posible que se puedan consumir secundarias. Se debería recordar que aun cuando un caso está sobrecargado con entheta, los métodos suaves y cautelosos pueden proporcionarle al preclear suficiente theta como para que se pueda atacar la entheta. Un engrama secundario, al ser un depósito muy pesado de entheta, repelerá a theta.

De vez en cuando, el auditor descubrirá a un preclear que recorrerá secundarias imaginarias, con un efecto enorme en términos de terror, pesar o apatía. En este caso, el auditor está tratando con circuitos (los cuales se abordarán más tarde) que proporcionarán manifestaciones físicas, pero que no consumirán engramas. Un individuo puede tener una porción del analizador separada por la carga y bajo las órdenes de una afirmación en el engrama que manifiesta que debe representar pesar. Como resultado, el individuo inventará incidentes de pesar. Una orden engrámica, como: "Siempre tienes miedo y te imaginas cosas de las que tener miedo", o cualquiera de una multitud de frases similares puede causar que el individuo invente y recorra incidentes de miedo. La realidad de esos incidentes es muy baja, pero el individuo los recorrerá y manifestará miedo. Por desgracia, estos incidentes no producen ningún alivio de la aberración en el caso. Esta es una manifestación de dub-in. Se distingue muy fácilmente de los incidentes reales, ya que el preclear casi nunca puede repetir el mismo incidente de la misma forma una segunda vez y ya que el preclear está ansioso de convencer al auditor de que el incidente es muy real, aunque el auditor no ha hecho ninguna sugerencia de que podría no ser real. El auditor usa como criterio la probabilidad del incidente, pero no se preocupa en particular por un incidente. Un circuito tiene el hábito de fabricar el mismo tipo de incidente una y otra vez, una y otra vez, una y otra vez, pero situándolo en diferentes puntos de la línea temporal. El preclear, si está muy bajo en la Escala Tonal, puede él mismo estar inconsciente de la realidad de este incidente. Pero el auditor, al saber que el preclear está bajo en la Escala Tonal, sospecha de la posibilidad de dub-in cuando el preclear recorre cinco o diez incidentes en que su madre lo ata a una vía de ferrocarril y es rescatado en el último

CAPÍTULO 12 ENGRAMAS SECUNDARIOS

momento por su tía. Aquí tenemos delusión desenfrenada. El preclear manifestará considerable alivio después de recorrer el incidente. Pero aquí está actuando un circuito y, sin importar cuántas veces se recorra el incidente, la condición del preclear no mejorará. El auditor, al dar crédito a este incidente y al continuar recorriéndolo, en realidad está validando el incidente y fortaleciendo el circuito. Tales incidentes son, por lo general, extraños y sensacionales. Sin embargo, es muy frecuente que el auditor tenga realmente en sus manos incidentes que sí son verdaderos, y que son extraños y sensacionales, ya que las cosas que se les hace a los seres humanos en este siglo XX no siempre son inofensivas y habituales.

La prueba de cualquier secundaria es si hace o no hace subir al individuo por la Escala Tonal. Cuando el auditor descubre que está recorriendo cargas de miedo o de apatía debidas a algún circuito, debería ser consciente de inmediato de que está tratando de abordar una forma de entheta demasiado fuerte. No debería estar recorriendo secundarias, sino que debería estar recorriendo candados. Un preclear que recorra tal dub-in de emoción desagradable está muy, muy bajo en la Escala Tonal. Una valoración de este preclear en la tabla le habría señalado al auditor, en primer lugar, que el preclear estaba bajo en la escala. El auditor debería estar, pues, alerta al dub-in. La mejor forma de manejar el dub-in de emoción desagradable no es recorriendo treinta incidentes consecutivos en que al preclear lo mete su padre en la lavadora, o lo iza su hermano mayor en el mástil de la bandera, sino abordando los candados que hay en el caso, cuanto más cerca de tiempo presente, mejor. En muy poco tiempo el auditor descubrirá que el entorno de este preclear es normalmente muy reestimulativo, y que existen individuos en el entorno de este preclear que habitualmente le introducen fuertes candados. Además, al hacer Scanning de Candados, el auditor descubrirá que este preclear por lo general se atorará en los candados después de que se haya hecho scanning de la cadena y que los candados mismos tienen que recorrerse como incidentes. A este tipo de preclear no se le debería someter al mal manejo de hacerle recorrer engramas secundarios fuertes. Desde luego, en un caso abierto de par en par, en el que existen pocas oclusiones, se podrían recorrer secundarias reales bastante temprano en el caso, con un enorme rebote hacia arriba de la Escala Tonal. Es en el caso ocluido donde el auditor debería esperar encontrar circuitos que producen emoción desagradable a voluntad.

El auditor que está manejando a un preclear por encima de 1.5 no debería preocuparse mucho por el dub-in de emoción desagradable.

En el tema de los engramas secundarios, el auditor, sin importar sus sentimientos personales respecto al miedo, el pesar o la apatía, debería tener siempre presente el alivio que puede obtener el preclear y el ascenso que es posible en la Escala Tonal recorriendo engramas secundarios. Es una verdad teórica que un caso se volvería un Liberado si el auditor pudiera eliminar del caso tan sólo los engramas secundarios en su totalidad. Esto es imposible en la práctica, ya que después de que se ha recorrido una secundaria, el auditor se encuentra muy comúnmente recorriendo un engrama de dolor físico que subyace bajo ella. El auditor no debería sorprenderse al recorrer un engrama secundario si encuentra que, después de que se hayan consumido algunas lágrimas, se activa dolor físico como consecuencia. Los Clears se producen eliminando del caso todos los engramas de dolor físico, las secundarias y los candados. Pero es muy común que no se puede establecer contacto con los engramas hasta que no se haya hecho scanning de todos los candados y se hayan eliminado las secundarias del caso.

Es diestro el auditor que puede obtener de cualquier morador de nuestra cultura "endurecido y carente de emociones" las lágrimas o el miedo necesarios para resolver su caso. Pero el scanning de cadenas de candados o el recorrido de engramas de dolor físico disponibles en un caso colocará en manos del auditor, lo quiera o no, la descarga de engramas secundarios. Hasta tal punto puede el auditor convertir la entheta de los candados en theta que los engramas secundarios se empezarán a descargar casi automáticamente. Cuando esto sucede, el auditor tiene que tener cuidado de minimizar su propia conversación o comentarios, minimizar su auditación, sencillamente persuadiendo compasivamente al preclear para que recorra el incidente otra vez y luego otra vez y luego otra vez hasta que éste se consuma. El auditor, atacando los engramas secundarios como si fueran animales de caza

CAPÍTULO 12 — ENGRAMAS SECUNDARIOS

por los que el estado paga una recompensa, como los chacales o los cuervos, y utilizando un enfoque demasiado jubiloso o entusiasta hacia las secundarias del preclear, puede de hecho interrumpir la descarga de emoción desagradable.

Se han realizado algunos experimentos sobre el uso de música triste u otros percépticos lastimeros en el entorno del preclear para estimular la descarga de engramas secundarios. Se puede realizar mucho trabajo sobre esto. Sin embargo, el trabajo que sí se ha realizado demuestra que los individuos que están crónicamente muy bajos en la Escala Tonal responden a percépticos tristes y melancólicos simplemente recorriendo incidentes de dub-in, lo cual no los beneficia en nada, y que los individuos que están por encima de este nivel normalmente pueden descargar secundarias cuando se ha recuperado la cantidad apropiada de theta para el caso. Esto no descarta el posible uso de percépticos estéticos para animar la aparición de secundarias.

Al hacer el cuestionario de un preclear, se debería tener cuidado de determinar todas las grandes pérdidas y las grandes amenazas de pérdida que le han ocurrido al preclear durante su vida. En cada una de las pérdidas o amenazas de pérdida, ya sea de posición o posesiones, o de personas por alejamiento o muerte, se encontrará un enquistamiento de entheta. Cuando al niño lo han educado niñeras cerca de unos padres más o menos antagonistas, uno puede esperar encontrar un engrama secundario cada vez que se despidió a una niñera. En el "caso ataúd" (que yace con los brazos cruzados, que nunca adopta la posición fetal al recorrer engramas prenatales, sino que siempre yace como si lo fueran a enterrar), uno encontrará con seguridad la muerte de un aliado importante atrás en algún punto de la línea temporal, donde la entheta que rodea a un incidente así es lo bastante fuerte para paralizar al individuo en este punto de su vida. Normalmente no se podrá entrar en contacto con el engrama secundario responsable del caso ataúd en un punto temprano del caso. El auditor sólo debería continuar, alerta al hecho de que tarde o temprano se va a encontrar con una carga muy fuerte en la muerte de un aliado. En un caso así, la cantidad de entheta en relación con la theta existente en el caso es muy fuerte. El Scanning de Candados, la Memoria Directa, el recorrido de candados e incluso la mera percepción del tiempo presente puede que sean el único procesamiento que se pueda administrar al caso en sus primeras etapas. Tarde o temprano se descargarán algunas secundarias. Nunca se debería recorrer un engrama de dolor físico en un caso así. Los incidentes imaginarios son peculiarmente útiles para procesar un caso de este tipo, según las limitaciones establecidas en la tabla.

La mejor destreza que puede desarrollar un auditor es el recorrido de secundarias. Descargarlas produce el ascenso más efectivo en la Escala Tonal.

LIBRO DOS, CAPÍTULO TRECE

Columna AI
ENGRAMAS

LA CAUSA BÁSICA de toda aberración humana es aparentemente el engrama. Puede que existan otras causas más fundamentales que el engrama, pero sin duda hasta la fecha no se han descubierto. La psicoterapia descubrió acerca de los candados, pero no sabía que eran candados y no sabía a qué debía su poder el candado. Pero los psicoterapeutas sí sabían que cuando un individuo era capaz de recordar ciertos incidentes mentalmente dolorosos de su vida, mejoraba en un cierto grado diminuto.

Sigmund Freud descubrió el tipo más leve de entheta, y aunque no profundizó más en sus investigaciones, se abrió una puerta al campo del comportamiento humano. Se descubrió la secundaria, pero no se le identificó de ninguna manera. Por la sola observación de un sinfín de casos, se encontró que de vez en cuando el paciente mejoraba cuando se le podía hacer llorar. El terapeuta no sabía por qué lloraba el paciente, y tampoco lo sabía el paciente, pero a este llanto se le asignó el extraño nombre de "liberación de emoción", y en torno a él se desarrolló una gran cantidad de tecnología improcedente. Se desarrollaron el psicodrama y otras técnicas, con el fin de hacer que el individuo "liberara la emoción".

Esta fue la segunda pequeña incursión en el campo del pensamiento humano. Si los resultados no fueron todo lo que podría desearse, fue porque pasaron por alto el importante hecho de Dianética de que las secundarias se reestimulaban con más frecuencia de lo que se les aliviaba. Las secundarias tienen que recorrerse como engramas, con el preclear retornado en la línea temporal.

El salto que se dio entre la psicoterapia y Dianética no cobró fuerza dentro de la psicoterapia, sino en un estudio independiente acerca de la epistemología y el pensamiento como energía. Sin embargo, las enseñanzas básicas de Sigmund Freud (tal como me las transmitió en los años veinte el Comandante Thompson, del Cuerpo Médico de la Armada de los Estados Unidos, que había estudiado con Sigmund Freud) aumentaron considerablemente mi deseo de volver a examinar el pensamiento en el comportamiento humano.

Se predijo la existencia del engrama por computación derivada a partir de otras observaciones del pensamiento. La investigación mostró que esta existencia era real. Cualquiera puede descubrir un engrama con gran facilidad una vez que sabe que existe. Toma a un individuo, dile que cierre los ojos y que *vuelva* a la última ocasión en que recibió alguna lesión menor (no pidas una lesión de gran magnitud), y pídele que vuelva a experimentar el momento de la lesión. Haz que vuelva a relatar y experimentar este momento de lesión menor varias veces. Si no puede hacerlo, está bastante abajo en la Escala Tonal y sus somáticos están cerrados. La mayoría de las personas normales pueden volver a experimentar estos momentos de lesión. Al hacer que el individuo haga esto, la persona que está haciendo el experimento encontrará que la lesión se siente de nuevo, y que lo que se vio, los sonidos, olores y demás percépticos, del momento en que se recibió la lesión, vuelven a ocurrirle al sujeto del experimento. El investigador despierto descubrirá otro fenómeno. Se encontrará que el individuo, al retornar y relatar por primera vez este momento de lesión menor, concebirá que duró menos que lo que en realidad duró. Al relatarlo, descubrirá que, durante el instante del impacto de la lesión, aparecen nuevos percépticos: cosas que no notó en el momento en que se lesionó. Este es un momento en que la

CAPÍTULO 13 ENGRAMAS

mente analítica, aun cuando la lesión fuera ligera, se desconectó. Y es un momento de "inconsciencia" en que la mente reactiva estaba grabando todos los percépticos que estaban disponibles en el entorno. A medida que se recuperan estos percépticos ocultos, la fuerza del perceptico adicional de la lesión física (que, en Dianética, se llama *somático*) disminuirá. Y a menos que el sujeto experimental esté sumamente aberrado, al final ya no podrá sentirlo, pero todos los demás percépticos que se registraron durante ese momento de dolor físico e inconsciencia se restituirán a la mente analítica como datos de memoria estándar.

De hecho, esta es una *ayuda* de Dianética. El auditor puede tomar a un individuo que se ha lesionado y recorrer la lesión como engrama, aun cuando contenga una considerable inconsciencia. El último engrama del caso ha tenido relativamente poca oportunidad de acumular carga mediante candados y secundarias y por lo tanto está disponible para la auditación, sin importar los engramas preexistentes en el caso. El auditor puede entrar en una sala de maternidad y encargarse del caso de alguna joven madre que por un alumbramiento difícil ha contraído una psicosis posparto y puede auditar completamente todo el nacimiento (a menos que esta joven madre estuviera sumamente baja en la Escala Tonal en un principio, de manera que no pueda volver a experimentar somáticos): la descarga del alumbramiento en sí, perceptico tras perceptico, incluyendo la inconsciencia inducida por la anestesia, todo lo que el cirujano le dijo a la enfermera y sus comentarios en general (y esperemos que los cirujanos de América del mañana aprendan a mantener la boca cerrada). En la interpretación que hace la mente analítica de los comentarios hechos durante este alumbramiento, se descubrirá la fuente de la psicosis posparto. Cualquier lesión tardía o reciente se puede recorrer de esta manera. El individuo que está recibiendo esta auditación, según la observación realizada, se recuperará con mayor rapidez de la enfermedad o accidente, la curación será más limpia, la incidencia de infección será menor y la gravedad de la lesión y el choque que contiene disminuirán en gran parte por la reducción del momento de la lesión en sí. Existe la esperanza de que tarde o temprano se plante algún auditor en la entrada de emergencias de algún hospital tan sólo para auditar a todas las víctimas de accidentes que lleguen y que se comparen las estadísticas de índices de infección y mortalidad de los pacientes de este hospital con las de otros hospitales. Las pruebas indican que el índice de mortalidad será mucho menor en aquellos cuya última lesión se haya auditado completamente, que la tasa de infección será menor y que el tiempo de recuperación del paciente será mucho más breve gracias a esta ayuda de Dianética.

Realizar este experimento a pequeña escala, independientemente de cuál sea la ayuda de Dianética, debería demostrar al que lo experimenta que el dolor físico inhibe de inmediato la consciencia y que en presencia de dolor físico todos los percépticos del entorno (vista, olfato, oído, táctil, etc.) se graban en otra parte que no es la mente analítica, pero que el recorrido del incidente elimina del caso el embotamiento mental causado por la inconsciencia misma, que se eliminan todos los efectos aberrativos de los comentarios que se hicieron durante el incidente, y que el dolor físico ya no está almacenado, por ser un factor cuantitativo sumamente perecedero.

Esta es la anatomía de un engrama: contiene dolor físico. Contiene una desconexión, mayor o menor, de la mente analítica (mente consciente). Contiene todos los percépticos del entorno en el que se recibió el dolor físico. Contiene la condición fisiológica del cuerpo, incluyendo el equilibrio endocrino en ese momento. Incluye la edad del individuo. Incluye la emoción desagradable o la emoción contenida en el incidente, tal como la manifestaron las personas que rodeaban a la persona lesionada. Contiene inconsciencia en forma de anatén (atenuación analítica). Contiene la interrupción de las computaciones que la persona estaba llevando a cabo en ese momento, que es la interrupción del ciclo creativo de theta y es ligeramente aberrativa. Y contiene, además, todos los candados y secundarias que, por contagio durante la reestimulación del engrama, hizo que recibiera la persona mientras estaba alerta analíticamente o consciente en ocasiones posteriores. Estas son las cosas que contiene un engrama. Y estas son las cosas que se consumen de un engrama que se borra por completo.

Cuando hay una semejanza con el engrama en el entorno durante un momento en que el individuo (por cansancio, enfermedad o estrés

CAPÍTULO 13   ENGRAMAS

de otros tipos) está menos alerta analíticamente, pueden ocurrir varias manifestaciones debido al contenido del engrama que se mencionó antes. El individuo que está bajo la tensión de un engrama reestimulado tratará de dramatizar el engrama. Es decir, dirá las cosas contenidas en el engrama y hará las cosas dictadas por el engrama, o llevará a cabo las computaciones analíticas exigidas por el engrama y en general intentará seguir los dictados de este momento de dolor físico. Si su entorno hace que le sea imposible llevar a cabo esta dramatización tal y como ha sido dictada por el engrama cargado, entonces se le somete a una carga adicional por no ser capaz de hacer lo que la entheta del engrama le ordena que haga. Un individuo a quien se le han interrumpido sus dramatizaciones una y otra vez desciende gradualmente por la Escala Tonal.

Los engramas se basan en la circunstancia contra-supervivencia de theta y MEST chocando entre sí de forma demasiado brusca, con la consiguiente inversión de polaridad. Todos los engramas, incluso los que son altamente elogiosos de la capacidad del individuo (como las sugestiones hipnóticas, que son una forma leve de engrama y dependen de engramas de dolor físico tempranos) son contra-supervivencia. El engrama que ayude a un individuo en el tema de vivir no existe. El engrama sólo usa alguna capacidad natural del individuo y puede ser que la refuerce de forma febril, pero ineficaz. Este sería un engrama maníaco. Los engramas dictan cursos de acción inalterables, sin considerar para nada la razón. Dicha circunstancia es, en mayor o menor medida en todos los casos, contra-supervivencia, pues la supervivencia del individuo depende de su capacidad para adaptar su acción al entorno o para adaptar el entorno a él mismo según las circunstancias. El engrama es tan inalterable como un disco fonográfico. Manda a una persona hacer ciertas cosas en presencia de ciertas percepciones. En un organismo que no piensa, como son las formas de vida inferiores, el engrama sí proporciona cierto método de pensar y actuar. Pero en el Hombre, que depende de la razón como su arma principal, el engrama es en extremo contra-supervivencia.

La acumulación de engramas y sus secundarias y candados lleva al individuo a la larga hasta el extremo de la muerte. Aunque su theta puede estar (mediante la enturbulación continua con MEST) muy informada en el periodo de la muerte con respecto a MEST y quizás sea capaz (según algunas observaciones) de lograr en la siguiente generación un curso de supervivencia mucho mejor, en la generación actual la entheta nunca se libera excepto mediante el procesamiento dianético. Sin embargo el auditor continuamente encontrará preclears bajos en la Escala Tonal quienes, por su educación o por el contenido de los engramas en sí, intentarán aferrarse a los engramas con la creencia de que son una ayuda en el asunto del vivir. El auditor debería hacer caso omiso por completo de esta situación. En muy poco tiempo verá con mucha claridad, por su propia experiencia, que el alivio de los engramas aumenta enormemente la capacidad del preclear para afrontar la vida y avanzar en el asunto del vivir. Hay casos que contienen engramas, como los intentos de aborto, y tratan de retener el engrama porque este dice: "¡Si lo pierdo, moriré!". Muchos engramas contienen frases que parecen hacer que el engrama sea valioso. El engrama nunca es valioso. Aquí está la contra-supervivencia en el lote más básico conocido.

El engrama es la fuente básica de la aberración humana. Normalmente hay cientos de engramas, o incluso dos o tres mil en la vida de cualquier individuo. Todos y cada uno de estos pueden tener sus propios candados. Puede que todo el lenguaje del individuo esté contenido básicamente en sus engramas. Las frases compulsivas y obsesivas, las frases de circuito que establecen en el analizador secciones que computan, las enfermedades psicosomáticas (que ahora se conocen como *somáticos crónicos*) y las formas aberrativas de pensamiento, por no hablar del estado físico mermado y las incapacidades, tal como se representan en la tabla de la Escala Tonal, provienen básicamente de los engramas.

Sin embargo, el auditor debería comprender que aunque la fuente básica de la aberración humana es el engrama (según las pruebas acumuladas), no debería considerar por ello que lo único que debería abordar en un caso sea un engrama. En los casos bajos de tono se deben abordar los candados y las secundarias mucho antes de tocar los engramas.

CAPÍTULO 13 ENGRAMAS

El momento de dolor físico e inconsciencia es básico, pero en los casos muy aberrados no es el punto principal que abordar.

Sin embargo, los casos que están bastante altos en la Escala Tonal tienen engramas disponibles para ser recorridos. Y cuando se recorren estos engramas, sobrevienen mejorías notables en los hábitos, bienestar, comportamiento y salud física del individuo.

Antes de que el auditor recorra engramas de un caso hasta sacarlos, existen determinadas cosas concretas que debería saber. No necesita ser ni con mucho tan diestro para recorrer candados como necesita serlo para recorrer engramas. Un auditor con muy poca experiencia puede hacer Scanning de Candados con éxito, o incluso puede recorrer secundarias menores. Pero el auditor definitivamente debería conocer sus herramientas y tener confianza en ellas antes de atacar los engramas. En primer lugar, es posible entrar en un caso que está engañosamente abierto pero que en realidad está muy cargado y tratar de recorrer engramas cuando el preclear es completamente incapaz de percibir suficientes percépticos del engrama como para lograr una reducción. Así, el auditor deja un engrama en reestimulación y no ayuda mucho al preclear sino que, por el contrario, puede volver a convertir parte de la theta del preclear en entheta al ocasionar que el engrama tenga un candado nuevo debido a la auditación. Aunque toda auditación se puede limpiar mediante scanning y se puede recuperar esta theta, esto no mejora al caso.

Es más, a veces los engramas, en manos de un auditor inexperto se evalúan de forma incorrecta, es decir, el auditor puede atacar uno que está muy reciente en la vida o muy reciente en una cadena de engramas y trabajar en ello y preocuparse, para que luego sólo entre en remisión. Dos o tres días después, este engrama reaparecerá. Esto se debe a que en realidad no se ha reducido ni borrado realmente, pues el auditor no sabía lo suficiente como para retroceder en el caso a fin de encontrar el engrama básico de la cadena. Por lo tanto, se deben tomar ciertas precauciones al recorrer engramas, pero se pueden recorrer con éxito si se toman estas precauciones.

La Ciencia de la Supervivencia  Libro II

Para recorrer engramas, el auditor tiene que ser consciente de los instrumentos de su profesión y tener confianza en ellos. Estos son la *tira somática,* el *archivista,* la *línea temporal* y los *percépticos*. El archivista es un mecanismo sumamente útil no sólo para recorrer engramas, sino también para el Scanning de Candados, descubrir candados y obtener información de los bancos de memoria estándar que, de lo contrario, estarían ocluidos. El archivista es un mecanismo de respuesta que es instantáneo. Uno podría postular que el archivista es un grupo de unidades de atención con acceso rápido y fácil a la mente reactiva y al banco de memoria estándar y que, en el funcionamiento mental común, envía datos, como memoria, al "yo". Sin embargo, la carga de un caso, la cantidad de entheta puede ser tan fuerte que el archivista sea incapaz de lograr pasar a la fuerza los datos que desea el "yo". Y así el "yo", trabajando él solo con el archivista, a veces encuentra difícil recibir respuestas a sus preguntas.

Con sus exigencias e indicaciones, el auditor añade lo que se podría considerar como el poder adicional necesario para hacer que lleguen las respuestas del archivista al "yo". Este proceso es sumamente simple. Por lo general, el auditor formula preguntas que se pueden contestar en términos de "Sí" o "No", o de números o fechas. Después, con un chasquido seco de los dedos del auditor, llega al preclear un pensamiento repentino, un sí o un no, y el preclear le dice al auditor qué respuesta ha recibido.

Por ejemplo, el auditor puede desear conocer el lugar en que el preclear está atorado en la línea temporal, o si está o no en tiempo presente. El auditor dice:

"Dime el primer número que aparezca en tu mente como un relámpago. ¿Cuántos años tienes?". (chasquido).

Una edad aparece como un relámpago y el preclear se la dice al auditor. Puede ser que el preclear haya desarrollado un circuito que proporcione su edad cronológica en respuesta a la pregunta: *"¿Cuántos años tienes?".* Una forma para que el auditor lo corrobore, entonces, es formular la pregunta:

"¿Cuál es tu edad?". (chasquido).

CAPÍTULO 13 — ENGRAMAS

Puede ser que obtenga o no la misma respuesta anterior, ya que el circuito puede no estar educado para la segunda pregunta.

Otro método para establecer el punto en que se encuentra el preclear en la línea temporal es solicitar el año, el mes y la fecha. Además de la localización del preclear en la línea temporal o de descubrir el punto en la vida del preclear en que ocurrió cierto incidente, el mecanismo de respuesta relámpago le indicará al auditor, al final de la sesión, si el preclear está o no está en tiempo presente. Al preclear siempre se le debería traer a tiempo presente, si es posible, ya sea simplemente diciéndole *"Ven a tiempo presente"* o haciéndole scanning de momentos de placer hasta llegar a tiempo presente.

El auditor trabaja *con* el archivista. El auditor no le ordena al archivista que vaya de un lado para otro. El auditor consulta al archivista. El archivista le dirá al auditor el nombre de la cadena de candados a la que se debe hacer scanning. El archivista, al que se interroga con el método de respuestas relámpago, le dirá al auditor si se puede o no se puede hacer scanning de una cadena. El archivista, interrogado mediante respuestas relámpago, identificará los tipos de incidentes que están interrumpiendo el caso. En resumen, el archivista es un consultor que contesta con datos específicos cualquier pregunta que se haga mediante el mecanismo de respuesta relámpago. Es interesante que interrogando al archivista se pueda descubrir material que el analizador del preclear desconoce por completo.

La *tira somática* se llama así porque parece ser un mecanismo indicador físico que tiene que ver con el tiempo. El auditor da órdenes a la tira somática. Existe esta diferencia entre el archivista y la tira somática: el auditor *trabaja* con el archivista pero da *órdenes* a la tira somática. Al darle la orden, la tira somática irá a cualquier punto de la vida del preclear a menos que la entheta del caso sea tan fuerte que la tira somática esté inmovilizada en un lugar. A esto se le podría llamar, también, la concentración de atención del "yo". La tira somática va al punto de retorno, pero no es lo mismo que retornar completamente, ya que el "yo" del preclear puede permanecer en tiempo presente y la tira somática enviarse a periodos más tempranos de su vida. Este es un mecanismo muy útil. Se puede enviar a la tira somática atrás, al principio de un engrama, e irá ahí. La tira somática avanzará a través de un engrama en términos de minutos que cuenta en voz alta el auditor, de manera que el auditor puede decir que la tira somática irá al principio del engrama, luego a un punto cinco minutos después de que el engrama empezara, y así sucesivamente. De tal modo, observando el comportamiento del preclear (que puede no darse cuenta de lo que sucede, excepto observando el cambio de sus propios síntomas físicos), el auditor puede enviar al preclear a través de una operación, minuto a minuto o en incrementos mayores, y el auditor puede decir con certeza el tiempo exacto que requirió esa operación.

Se puede enviar la tira somática a determinada fecha, hora y minuto de la vida del preclear e irá ahí. El "yo" del preclear no necesariamente sigue a la tira somática. A menos que un caso esté muy cargado de entheta, la orden del auditor puede enviar a la tira somática, por ejemplo, al momento en que hacían eructar al preclear, siendo bebé. Y con gran sorpresa para él, el preclear podría eructar en ese momento. El auditor puede enviar la tira somática a un momento en que el preclear tenía quemaduras por el sol, y se activará el somático de la quemadura solar. En pocas palabras, el auditor puede enviar a la tira somática por todas partes de la línea temporal (tanto a momentos de placer como a momentos desagradables), aun estando el preclear relativamente renuente a cooperar. Esto, indudablemente, no es poder de sugestión, ya que el preclear está completamente despierto y alerta. Es más, el auditor, al dar órdenes a la tira somática, puede descubrir datos, como el tiempo que duró una operación, que evidentemente sean totalmente desconocidos para el preclear; aunque este uso de la tira somática no es ni usual ni general, sino que es más bien un truco.

Lo principal que debería hacer el auditor al utilizar la tira somática es reconocer que esta obedecerá las órdenes del auditor. El auditor no envía la tira somática al principio del engrama para después preguntarse si la tira somática fue ahí o no, y hacer preguntas sobre si lo hizo o no y sobre cómo se siente el preclear. El auditor, con considerable confianza, debería suponer que la tira somática ha ido exactamente adonde le dijo.

CAPÍTULO 13 — ENGRAMAS

Si el preclear es incapaz de detectar ninguna diferencia, esto no es culpa de la tira somática, sino que lo ocasiona la cantidad de entheta en el caso. La tira somática se mueve por la línea temporal por órdenes del auditor sin importar la cantidad de entheta del caso, a menos que la propia tira somática esté atorada por completo en algún engrama.

La tira somática y el archivista son dos de los muchos mecanismos y entidades descubiertos por Dianética. Hay muchos otros fenómenos en la mente que en este momento no usa el auditor pero que sin embargo existen. Es posible que haya cosas tales como los percépticos theta, que respondan a la consulta del auditor. Se sabe muy poco sobre ellos, y se cree que es dañino para el caso emplearlos mal o invalidarlos después de emplearlos, así que la experimentación con ellos se debería llevar a cabo con mucho cuidado. Se podría escribir un libro que abarcara las entidades y fenómenos adicionales de la mente humana. Pero, hasta que se les pueda asociar de forma íntima con el procesamiento de tal manera que ayuden al auditor, no es pertinente hablar de ellos en un libro de procesamiento. Falta mucho para determinar por completo hasta qué punto estos percépticos y entidades adicionales influyen en el comportamiento humano.

La línea temporal, como se describió en otra parte, consta simplemente de los momentos consecutivos de "ahora" que van en una vida desde la concepción (o unos cuantos días antes de la concepción en la secuencia esperma y óvulo) hasta tiempo presente. La línea temporal es en realidad un "cable" o haz de percépticos, pues los veintiséis conductos de percépticos, *todos* ellos, registran cuando existe algo para que lo perciban, y están sincronizados en un caso que no tenga un peso demasiado grande de entheta. El auditor puede enviar al individuo hacia atrás desde tiempo presente con sólo decirle que cierre los ojos y vaya a cierto momento del pasado. Se le puede enviar a un momento muy preciso de la línea temporal, pues cada instante de la vida pasada del preclear está grabado en esta línea temporal. Algunas de estas grabaciones, por supuesto, se realizan en la mente reactiva cuando hay presentes inconsciencia y dolor físico. Es interesante que se pueda enviar a un preclear al 3 de enero de 1936, una oscura fecha escogida totalmente al azar, a las 8:15 de la mañana.

Y aunque el preclear puede no darse cuenta de que está ahí, el pedirle que establezca contacto incluso con datos vagos al respecto hará que pronto esté localizado en ese instante que, si se recorre varias veces exactamente como si fuera un engrama, empezará a revelarse con considerable detalle en la mayoría de los casos. Por ejemplo, si a las 8:15 de la mañana del tres de enero el preclear entró en su oficina y empezó a abrir la correspondencia, es posible que al principio no sepa siquiera si tenía una oficina en esa fecha. Pero después de que haya recorrido el incidente varias veces, será capaz de leerte en voz alta los nombres y direcciones de los sobres a medida que los abre y clasifica su correspondencia matutina. Como el sentido del tiempo y la capacidad para retornar están totalmente descartados por las aberraciones sociales en esta cultura, estas destrezas han permanecido ocultas. Cuando el sentido de la realidad del preclear es muy bajo, cuando él mismo está muy bajo en la Escala Tonal, puede que el preclear no tenga ninguna confianza en absoluto en ningún dato que mencione sobre su pasado. Sabiendo que la tira somática, el archivista y la capacidad del "yo" para retornar son exactos, el auditor tiene la responsabilidad de alentar al preclear para que dé crédito a sus propios sentidos.

Por lo tanto, vemos que hay tres cosas en acción en el procedimiento de volver desde tiempo presente a un incidente anterior. Primero, tenemos el archivista. Después, tenemos la tira somática. Y en tercer lugar, tenemos al "yo" o un gran porcentaje de las unidades de atención de la mente. Y el auditor utiliza las tres juntas para llevar al preclear por su línea temporal y descubrir y reducir o borrar momentos pasados de dolor físico e inconsciencia, o áreas enquistadas de entheta.

El auditor consulta al archivista en relación con:

"El incidente necesario para resolver este caso"

o

"La cadena de candados que se necesita recorrer en este momento"

o

"Sí o no, ¿deberíamos recorrer engramas en este momento?"

o

CAPÍTULO 13 ENGRAMAS

"¿Está disponible una carga de pesar en este momento?".

Y después de realizar esta consulta, pregunta:

"¿Podemos hacerle scanning a esta cadena de candados en este momento?"
o
"¿Es posible recorrer este engrama?".

Uno podría decir que el auditor y el archivista son consultores respecto al caso del preclear en cuanto al mejor método de elevar al preclear en la Escala Tonal. Es muy grande el interés y participación del archivista en esto. La capacidad del archivista para contestar preguntas se extiende a veces a hacer sugerencias sobre cómo recorrer el caso, cuando las solicita el auditor. Ahora, es extraño que el archivista siempre sepa el tipo de entheta que se puede recorrer en el caso. El archivista también sabe el siguiente engrama que se puede reducir o borrar. Lo único que tiene que hacer el auditor es pedirle al archivista que presente el engrama necesario para resolver el caso, y el archivista lo hará, sin importar dónde se encuentre ese engrama en la línea temporal.

Los engramas siguen la ley general de que se tienen que reducir o borrar partiendo del más temprano al más reciente, lo que quiere decir que el engrama más temprano de la cadena debe ser el primero con el que se establezca contacto. Los engramas del área básica son sorprendentemente tempranos. El auditor tendrá que acostumbrarse a la idea de que el dolor físico y los percépticos se graban, aunque no se comprendan, mucho antes de que exista nada parecido a la mente analítica en el organismo. El archivista es ligeramente impreciso en lo que se refiere a cuánto tiene que retroceder para buscar el engrama para resolver el caso y, a menos que el auditor insista ocasionalmente en que el archivista presente engramas muy, muy, muy tempranos, el archivista puede que no busque más allá de la edad de dos, tres o cinco años (vida actual, en Dianética). Con esta única limitación, se debe considerar primaria la elección del archivista respecto al engrama que se debería recorrer, con preferencia sobre la idea del auditor o del preclear acerca de qué engrama es necesario abordar y reducir en este momento.

El auditor no puede saber esto demasiado a fondo:

LA SELECCIÓN DE ENGRAMAS DEL ARCHIVISTA TIENE PRIORIDAD SOBRE LOS DESEOS DEL PRECLEAR O SOBRE LA VOLUNTAD DEL AUDITOR Y QUE EL ARCHIVISTA PRESENTARÁ EL ENGRAMA QUE ES NECESARIO RECORRER A CONTINUACIÓN PARA RESOLVER EL CASO.

Aunque los engramas por lo general se recorren desde el más temprano al más reciente, a veces sucede que un engrama relativamente reciente en la vida está ligado tan débilmente al resto del banco que puede recorrerse y borrarse casi como si fuera una entidad independiente. Aunque el auditor siempre debería abordar el nacimiento con precaución, puede que el archivista lo presente. Y si el archivista lo hace, entonces el nacimiento debería recorrerse.

El auditor debería tener mucho cuidado de no forzar al preclear a entrar en ningún engrama que no haya sido presentado por el archivista. Recorrer al principio del caso engramas recientes sólo enturbulará el caso, por regla general, ya que estos engramas no se reducirán hasta que se hayan reducido momentos anteriores de dolor físico, o hasta que se quite del caso una gran cantidad de entheta por otros medios.

Una vez que el archivista haya presentado un engrama (y el auditor simplemente presupone que el archivista ha cumplido con su petición de que lo haga), el auditor ordena entonces a la tira somática ir al principio del engrama. La tira somática hace esto de inmediato y no necesita mayor persuasión y, de hecho, el no dar esto por hecho tiene tendencia a invalidar a la tira somática, a volver incierta su respuesta y a confundir al preclear respecto a lo que está sucediendo.

Estando la tira somática al principio del engrama que ha presentado el archivista, puede ser que no haya aún consciencia de somáticos ni de cambio en lo que respecta al "yo" del preclear. Es necesario ahora que el auditor logre poner al "yo" en contacto con el escenario que han preparado el archivista y la tira somática. El auditor lo hace con una petición adicional de respuesta relámpago. Aunque no siempre ocurre que los engramas contengan conversación, es bastante seguro presuponer que cualquier engrama dado contiene conversación. Para poner al "yo" en contacto con el engrama y para activar por completo el somático a fin de que el engrama se pueda recorrer, el auditor pide ahora la primera frase del engrama y chasquea los dedos. Al preclear se le ocurre una frase que, en el primer momento en que ocurre, puede parecer totalmente improcedente. El preclear repite esta frase dos o tres veces y el "yo" estará en contacto con el principio del engrama. El preclear se da cuenta del somático y de otros percépticos y, frase por frase, recorre el engrama, volviendo a experimentarlo, sintiendo la versión generalmente modificada del dolor que contuvo alguna vez el instante, relatando toda la conversación que percibe que tuvo lugar durante el incidente, eliminando el boil-off que sofocó al incidente o eliminando por medio de bostezos el resto del anatén del incidente o experimentando la emoción desagradable del incidente y, en pocas palabras, reduciendo o borrando el engrama.

El auditor debe ser consciente de la existencia de las frases de acción en los engramas, y de su importancia. Estas frases son, en realidad, órdenes en los engramas que toman el mando como una especie de "auditor interior". Y antes de que el auditor lo sepa, estas frases están enviando la tira somática a otro lugar, de un lado a otro de la línea temporal, o confundiendo al archivista respecto a las siguientes frases. Si el auditor observa cualquier peculiaridad en el recorrido de este engrama (que el somático se activó una vez, pero no se activa de nuevo; que el sónico estaba casi activado, pero que ahora no existe) y no obstante sabe que el engrama aún no se ha reducido, sospecha que hay una frase de acción, y le pregunta al archivista si está o no está actuando un rebotador, negador, agrupador, cambiador de valencia o retenedor. Esto lo hace diciendo:

"*¿Está presente una frase de acción?*". (chasquido).

Si hay una respuesta afirmativa, el auditor pregunta entonces:

"*¿De qué tipo?*". (chasquido).

El archivista dice entonces (a través del "yo") que es un rebotador, un retenedor, un agrupador, un desorientador, un negador o lo que sea.

Entonces el auditor dice:

"*¡La frase aparecerá como un relámpago ahora!*". (chasquido).

La frase aparece como un relámpago, el preclear la repite y se vuelve a meter en el engrama del que había rebotado, si era un rebotador. En realidad, un caso que tiene respuestas positivas a las frases de acción está en muy malas condiciones y probablemente no se le deberían recorrer engramas en absoluto. Los casos que están más arriba en la Escala Tonal no responden de ninguna manera a las frases de acción, lo que significa que el archivista y la tira somática tienen suficiente theta respaldándolos como para anular incluso órdenes fuertes y enérgicas de hacer cualquier cosa que no sea trabajar con el auditor para reducir o borrar el engrama. El valor de respuesta a las frases de acción es, de hecho, un indicador del lugar en que se encuentra el preclear en la Escala Tonal. Una respuesta muy evidente a las frases de acción indica que se debería recorrer algún otro tipo de entheta del caso que no sean engramas, antes de reducir engramas. Si el auditor encuentra que su preclear rebota de mala manera cada vez que se presenta la frase "lárgate" en un engrama, debería reducir (si es posible) el engrama en que está trabajando y después dirigir su atención hacia otros tipos de entheta, como cadenas de candados y secundarias, en lugar de continuar recorriendo engramas.

El auditor debería comprender que un engrama no siempre empieza con una frase y que la frase que obtiene primero puede no ser el principio del engrama. Debería entender además que la entheta más fuerte del engrama, si el engrama fue ocasionado por un golpe, tiene lugar al principio del engrama. Así, puede que el archivista presente este principio, y puede que la tira somática intente llegar al mismísimo principio, pero donde más fuerte es la entheta es justo al principio. Por lo tanto, el auditor siempre debería verificar si existe una frase o un somático anterior en el engrama, antes de trabajar muy duro para reducir el engrama completo, ya que es la parte más temprana del engrama la que suprime al resto del engrama. Una vez que se saca la entheta del principio mismo de un engrama del tipo de un golpe, puede ser que lo demás se reduzca tan fácilmente como un candado. Obtén siempre la parte más temprana.

Capítulo 13 — Engramas

Hay otro tipo de engrama en el que la inconsciencia se empieza a arraigar con lentitud y quizá el dolor físico no se desarrolle sino hasta después de que la inconsciencia haya empezado a arraigar. Esto sucedería en el caso de una pérdida de sangre o durante una operación con anestesia, donde la anestesia se administra antes de que empiece el dolor físico de la operación en sí.

Luego está la combinación de estos tipos de engramas, donde un golpe o conmoción comienza el engrama, la inconsciencia empieza arraigar y se hace más profunda, y luego se presentan más golpes y conmoción durante el transcurso de la inconsciencia, volviendo a hacerla más profunda. Las frases más leves de la inconsciencia serán las primeras en salir de un engrama. La parte más profunda de la inconsciencia, o el punto más profundo del dolor físico, saldrá al final. Por lo tanto, puede ser que un auditor recorra de principio a fin un engrama varias veces y considere que casi lo ha reducido, sólo para descubrir que han aparecido varias frases nuevas en el engrama. Esto sucede porque algunas porciones del engrama contienen inconsciencia más profunda y dolor más severo que otras y estas salen al final.

El engrama puede hacer tres cosas: puede *borrarse,* puede *reducirse* o puede *remitir*.

La *borradura* de un engrama ocurre cuando es uno de los primeros engramas que existen en la línea temporal o cuando el engrama es relativamente independiente del resto de la mente reactiva. Aparecen las frases y otros percépticos, el engrama se relata desde el primer momento de dolor físico e inconsciencia hasta el último y después de relatarlo unas cuantas veces, el engrama se desvanece en medio de bostezos. El auditor puede resultar embrollado a veces, al tener al preclear saliendo rebotado de un engrama, de forma que cree que el engrama se ha borrado o se ha reducido. Pero en este caso, no aparecen bostezos. Los bostezos siempre marcan el final de una borradura, ya que esta es la última parte del anatén (el subproducto fisiológico de la inconsciencia) que ha inmovilizado al resto del engrama. El caso entero, es decir, todo el contenido de la mente reactiva, al final se borrará. Una borradura que se haga a fondo, simplemente relatando todos los percépticos del engrama una y otra vez, tras haber hecho que el preclear retorne a ese instante de la línea temporal, no vuelve a aparecer otra vez. Una borradura es definitiva y total. El engrama se ha ido. El dolor físico no volverá a ocurrir. Las frases ya no son aberrativas en ningún modo, y con mucha frecuencia desaparecen de manera tan completa que el preclear ni siquiera puede recordar lo que contenía el engrama.

En vista del hecho que el engrama es la fuente básica de la aberración humana, estas frases que se imponen como órdenes ocultas sobre la mente analítica son las que más producen aberración si la carga del engrama aumenta debido a entheta posterior en el caso. Si el analizador no puede obedecer o dramatizar estas órdenes, entonces el engrama intenta imponer la obediencia activando el dolor físico que contiene. Aquella porción del cuerpo que se lesionó cuando se recibió este engrama volverá a doler, o manifestará algo de molestia. A esto se le ha llamado enfermedad psicosomática. En realidad, es el somático de algún momento pasado de dolor físico que se activa de nuevo debido a la sobrecarga del engrama por entheta posterior y la incapacidad de la persona para dramatizar el contenido verbal del engrama. Todas estas cosas han desaparecido: el anatén que desconecta el mecanismo analítico y el poder de la mente, la fuerza aberrativa de las órdenes del engrama que el analizador acepta de manera literal y el dolor físico del engrama que puede convertirse en un somático crónico desaparecen y no regresan cuando se borra el engrama.

Para borrarse, un engrama tiene que estar cerca del principio de su propia cadena de engramas, no pueden existir demasiadas secundarias ni otros tipos de entheta que aumenten la carga de este engrama, y tienen que haber estado presentes la mayor parte de los percépticos cuando se recorrió el engrama. El auditor que no es observador, que sabe poco sobre su tema, puede pensar a veces que ha borrado engramas, sólo para descubrir unos cuantos días después que el engrama, en parte, ha regresado. Para que esto suceda, el engrama tiene que haber sido bastante reciente en una cadena, o tiene que haber existido mucha entheta sobre

CAPÍTULO 13 ENGRAMAS

él. Se tiene que descubrir el engrama anterior o se tiene que retirar entheta del caso de alguna otra forma*.

Una *reducción* se hace exactamente como una borradura, pero el engrama no se borrará por completo, permaneciendo, después de relatarlo unas cuantas veces, en una condición más o menos estática de bajo poder aberrativo y sin que le quede dolor físico. Al principio del caso, el auditor obtiene más reducciones que borraduras. Cuando empieza una borradura del caso, el auditor se siente muy confiado. Pues una borradura lleva al preclear por la línea temporal hasta tiempo presente y aunque se le puede dar otra pasada con el fin de descubrir engramas que se hayan pasado por alto, el auditor sabe que está llevando al preclear hasta Clear. En lo que respecta a una reducción, se recupera entheta del incidente, se hace que el preclear esté mucho más cómodo, pero el engrama permanece ahí en un estado tranquilo. Normalmente, las borraduras y las reducciones sólo requieren que se relate, o se vuelva a experimentar, el engrama de siete a diez veces. Se puede reconocer la reducción porque el somático del engrama, con cada vez que se relata, se reduce un poco más y continúa reduciéndose hasta que el somático ha desaparecido. Un engrama reducido no se vuelve a desarrollar, sino que permanece en este estado tranquilo y permite que el auditor continúe con otros engramas.

---

* Un auditor que estuvo en Dianética muy en sus inicios, pero que la dejó por su incapacidad y falta de valor para manejar casos psicóticos, tenía tanto pesar en su propio caso que tenía miedo de recorrer pesar en cualquier preclear. Por lo tanto, era incapaz de lograr ninguna borradura en ningún caso por debajo de 2.0 en la Escala Tonal, ya que simplemente era incapaz de tolerar la visión de un preclear llorando, y paraba con rapidez y brusquedad a cualquier preclear que intentara descargar un engrama secundario. En lugar de hacer frente a su propia incapacidad y librar a los casos de sus engramas secundarios, este individuo llegó al extremo extraordinario de tratar laboriosamente de cambiar los principios básicos de Dianética hasta que estuvieran de acuerdo con sus propios engramas. Se cita este caso algo patético para demostrarle al auditor que no debe permitir que sus propias limitaciones reduzcan su destreza en auditación, sino que debe elevar su nivel de necesidad y valor personal hasta un punto en que pueda hacer recorrer a un preclear a través de lo que sea. Antes que intentar alterar los axiomas y prácticas de Dianética que han producido resultados, la persona que desee auditar debe empezar por usar estos axiomas y prácticas como se describen en este volumen.

La *remisión* es lo tercero que le ocurrirá a un engrama que se está procesando. La remisión no es deseable. Una remisión ocurre sólo en engramas que no son lo suficientemente tempranos en la cadena de engramas como para reducirse, o que están demasiado cargados. El archivista nunca presentará un engrama que sólo se pueda hacer que remita. Una remisión ocurre cuando el auditor, al "saber más" que el archivista, obliga al preclear a retroceder por la línea temporal, usa la Técnica Repetitiva en alguna frase que el auditor seleccionó como aberrativa y, en general, maneja mal el caso. Una remisión la evidencia el que el somático no se reduce más allá de cierto punto. El engrama descenderá a cierto nivel de intensidad, pero no importa si se relata treinta, cincuenta o cien veces, aún permanecerá un somático. A diferencia de una reducción, durante una remisión el somático del engrama primero se reduce ligeramente y después continúa constante. En la reducción, el somático se reduce poco a poco cada vez que se relata. En una remisión, el somático permanece estable. Si ocurre una remisión, simplemente significa que en el caso existe un engrama anterior que es similar al que se está volviendo a experimentar, o que existe una tremenda cantidad de entheta en secundarias y candados sobre el engrama que se está haciendo remitir. Las remisiones sólo ocurren cuando el auditor no ha eliminado suficiente entheta del caso, en forma de candados y secundarias, como para permitir que se recorran engramas. Se trata de una situación en la que se aborda prematuramente los engramas o está causada por auditar contraviniendo los datos del archivista.

Uno normalmente supondría, por ejemplo, que la concepción sería el engrama más temprano del caso. Ocurre a veces que el auditor hace contacto con la concepción y encuentra que no se reduce. Es obvio que la concepción es muy temprana. Puede haber algunos engramas antes de la concepción, ya sea del lado del espermatozoide o del lado del óvulo. Pero a menos que uno comprenda que puede existir gran cantidad de carga que suprime a cualquier engrama, uno puede relatar, por ejemplo, un engrama de concepción y que sólo entre en remisión. No debería sorprenderle al auditor, si él exige que se recorra la concepción antes de

CAPÍTULO 13 — ENGRAMAS

que esta esté lista para recorrerse, que ocurra una remisión. Quizá no exista ningún engrama en la vida actual antes de la concepción, pero suficiente entheta en las secundarias y los candados que están encima de la concepción causará que su carga sea muy resistiva.

Hay un truco para llegar hasta la concepción en un caso. Este truco se debería usar con precaución, debido a la entheta que pudiera haber aumentado la carga de este engrama temprano. El auditor le pide al preclear que recorra un momento de placer sexual. Y luego, cuando su preclear, que no tiene que relatar este momento en voz alta, parezca haberse dispuesto en ese momento, el auditor le pide al preclear que vaya de inmediato a la concepción. Normalmente, el preclear lo hará, y así se puede encontrar y recorrer la concepción. Pero como se ha indicado, puede tener demasiada carga para reducirse o borrarse. Este truco se puede aplicar a cualquier engrama en el área básica. El auditor puede pedirle al preclear que recorra un momento en que estaba enojado. Y cuando el preclear parece haberse dispuesto para relatar su propia dramatización de estar enojado cercana a tiempo presente, el auditor simplemente le dice que vaya al engrama más temprano en el banco que contenga enojo. El preclear normalmente irá ahí. Esto también se aplica al miedo y al pesar, pero es mucho mejor descargar bien el caso y tener al archivista en buenas condiciones de funcionamiento antes de usar un truco así.

La concepción es definitivamente un engrama en la mayoría de los casos. De vez en cuando se encontrará que la concepción sólo contiene un momento de inconsciencia en la línea del espermatozoide y otro en la línea del óvulo y que aparte de eso no es aberrativa. Pero la concepción usual contiene un considerable número de percépticos y dolor físico. Se debería tener mucho cuidado de no tratar de establecer contacto con la concepción y recorrerla prematuramente en un caso. Un individuo que está más o menos bajo en la Escala Tonal (por debajo de 2.5) por lo general tendrá suficiente carga en la concepción como para que no se pueda reducir. Recorrer la concepción en un individuo por debajo de 2.5 intensifica sus manifestaciones aberrativas. De hecho, a una persona que está en el límite de ser psicótica se le puede llevar hasta una crisis psicótica si un auditor la mete de golpe de forma autoritaria en la concepción e insiste en que la recorra, basándose en la teoría de que la concepción, al ser un engrama temprano, se debería borrar.

Es posible que el énfasis equivocado que las terapias pasadas de moda ponen en la Segunda Dinámica ocurra porque los engramas básicos del caso son sexuales. Esto produciría una conclusión incorrecta de aquellos que no comprendían los factores mecánicos de la aberración. Puesto que Dianética en este momento no ha explorado mucho la estructura, no se hace aquí el más mínimo esfuerzo por justificar la existencia de engramas de espermatozoide previos a la concepción, engramas de óvulo previos a la concepción, engramas de la concepción ni de engramas del nacimiento. En realidad, estos se han encontrado una y otra vez en algunas modalidades avanzadas de psicoterapia, y se abandonaron sólo porque no concordaban con la realidad del profesional. Experimentos recientes en la Universidad de Rutgers confirman la capacidad del embrión para reaccionar a sonidos y a otros estímulos. Libros escritos ya en 1912 y 1914 mencionan estas grabaciones tempranas, clasificándolas como "experiencias celulares" (lo que en la actualidad no sabemos, en Dianética, si es una clasificación correcta). El trabajo de los biólogos en el campo de la embriología confirma adecuadamente las capacidades de reacción del embrión a los estímulos.

En Dianética, los engramas de los periodos más tempranos se han cotejado con la realidad y se ha encontrado que tuvieron lugar. Más de un padre, al observar el procesamiento de su hijo pequeño o adolescente, se ha sobresaltado al escuchar en los engramas los nombres de sirvientas a las que se despidió mucho antes de que el niño naciera, o circunstancias que rodeaban al matrimonio que no hablaban especialmente bien de la devoción de los padres hacia una completa y estricta moralidad, y otras cuestiones que, de lo contrario, el preclear no conocería. Algunas madres, que quizá no fueron tan cuidadosas con su fidelidad como lo esperaban sus esposos, pueden incluso sacrificar la salud del hijo (a quien, de lo contrario, se le podría procesar hacia una mejor condición

CAPÍTULO 13 — ENGRAMAS

mental y física) en lugar de permitir que sus esposos conozcan estas infidelidades, que por desgracia están grabadas palabra por palabra en los engramas del hijo. Saber que estas grabaciones existen y que son válidas y reales disuadirá a un individuo por debajo de 2.0 de permitir que se procese a sus hijos. El auditor siempre debería ser precavido respecto a una madre que está tratando activamente de invalidar a Dianética ante su esposo o sus hijos. Se han acumulado casos y más casos en los que tuvo lugar este proceso de invalidación sin otra razón que ocultar información que el padre o la madre no deseaba que se conociera. La otra única razón por la que tiene lugar una invalidación de Dianética, después de que un individuo la ve funcionar y la comprende, es que la condición aberrada del cónyuge o empleado le permite al que lo invalida continuar controlando a ese individuo. Esto es muy deshonroso, pero se encontrará muchas más veces de lo que le gustaría al auditor, y será un gran problema para él. Aquellos que se oponen al procesamiento tienen algo que ocultar o suponen que de alguna manera se benefician de continuar con el control autoritario del preclear en cuestión.

Como está recorriendo momentos en que el preclear estaba enfermo, angustiado, lesionado o alterado de alguna otra manera, el auditor puede contar con que se topará con casi cualquier estado de salud, neurosis o psicosis, en una u otra de las etapas del progreso del preclear hacia Clear. Estos estados serán muy transitorios, ya que ocurren sólo cuando se hace retornar al preclear a un engrama y durante el periodo, generalmente unos cuantos minutos o una hora, que se requiere para recorrer ese engrama. A menos que uno comprenda que volver a experimentar engramas es volver a experimentar la sustancia misma de que está hecha la demencia, se puede alarmar por esto. Lo único realmente peligroso acerca de recorrer engramas es simplemente alarmarse. El preclear a quien se envía de vuelta al área básica adoptará una posición fetal. La chica a quien se envía de vuelta al nacimiento puede entrar en la valencia de Mamá y gritar con suficiente fuerza, una y otra vez, como para molestar a los vecinos a una manzana de distancia. El individuo a quien se hace retornar al periodo en que tuvo paperas tal vez mostrará una cara muy hinchada. El muchacho a quien se envía de vuelta a una grave quemadura solar puede manifestar enrojecimiento y considerable molestia hasta que se reduzca el engrama. La temperatura del preclear se elevará notablemente cuando se le envíe de vuelta por la línea temporal a un momento en que tenía mucha fiebre. La reducción del engrama reduce la fiebre y reduce los efectos aberrativos que el preclear sintió durante muchos años después de esa enfermedad.

Un médico, al observar por primera vez el procesamiento de Dianética, advierte que el preclear se recuesta alegremente en el sofá, escucha al auditor pronunciar ciertas frases, después ve que el preclear se ruboriza y se pone colorado o bien aparentemente enfermo durante un corto tiempo. Al médico que observa esto lo pone en guardia su impulso por curar mediante sus propios métodos, hasta el punto de que en ocasiones solicitará que se pare la sesión porque este preclear puede que tenga fiebre o parezca tener calambres serios o esté incómodo en general. El preclear será el primero en tratar de tranquilizar al médico, ya que el somático que el preclear está experimentando es sumamente pasajero. Y el preclear, al encontrar por qué ha tenido migrañas, por ejemplo, y eliminar la razón de por qué las ha tenido la mayor parte de su vida, no le molestarán estas manifestaciones, sino que de hecho más bien las recibirá con gusto ya que se reducirán en poco tiempo. Si se trae al preclear a tiempo presente antes de que se reduzca un engrama así, el somático y otras manifestaciones, que eran leves en el lugar de la línea temporal en que ocurrieron por primera vez, por lo general se intensificarán. Y si lo trae a tiempo presente un auditor mal informado o cobarde antes de que se reduzca o se borre el engrama, el preclear puede experimentar algunos efectos posteriores que son mucho menos placenteros que recorrer el engrama.

Hay un lema que rige esto:

LA ÚNICA MANERA DE SALIR DE UN ENGRAMA ES PASANDO A TRAVÉS DE ÉL MUCHAS VECES.

Si el archivista presentó un engrama, se reducirá o borrará o el básico de su cadena se reducirá o se borrará. Por lo tanto, le corresponde al

Capítulo 13 · Engramas

auditor tener confianza en sus herramientas y aplicar su destreza al caso, como se detalla en este capítulo. No hay nada muy peligroso en recorrer engramas, excepto en dejar de reducirlos o dejar sin reducir el engrama más temprano de la cadena; o en invalidárselos al preclear, tachándolos de delusión o algo parecido. Cualquier cosa que en unos minutos puede hacer que a un ser humano que está saludable y feliz le suba la temperatura tres grados, se haga un ovillo o se ponga totalmente colorado, no es algo causado por una delusión. Incluso podrías hipnotizar a un preclear (¡pero que nunca te encuentre yo haciéndolo!) y decirle que iba a manifestar estas mismas cosas exactas y no las manifestará. Por lo tanto, no ocurren por poder de sugestión y no hay ninguna delusión implicada. Si haces volver a un preclear por la línea temporal hasta un engrama, reduce el engrama. O si este empieza a remitir, exige el engrama más temprano de esa cadena y redúcelo. Si este engrama anterior empieza a remitir, encuentra un engrama aún más temprano. Tarde o temprano deberías llegar a la base de la cadena, aun cuando torpemente hayas empujado con fuerza al preclear adentro de una parte del banco que no presentara el archivista.

No te dediques al procesamiento de engramas con poco entusiasmo. Puedes ser descuidado en cuanto a recorrer candados y no causar víctimas. Incluso puedes ser algo descuidado al recorrer secundarias sin producir una condición grave en el preclear. Pero no recorras la fuente básica, el engrama, a menos que tengas la intención de reducirlo o de reducir el básico de su cadena relatándolo, percéptico tras percéptico, hasta que ya no moleste al preclear. Cualquier cosa nueva atrae a su alrededor a los experimentadores, pero uno no debería experimentar con el recorrido de un engrama. Uno debería continuar de forma mecánica hasta que el engrama esté reducido. En realidad es muy fácil procesar un engrama si realmente tienes la intención de procesarlo y si no sólo estás tratando de descubrir si existen o no los engramas.

Un caballero tenía curiosidad sobre los engramas y sin tener ningún estudio sobre cómo procesarlos, y mucho menos un curso de la Fundación, le dijo a su mujer que cerrara los ojos y volviera al periodo en que tuvo sarampión. Sin pensárselo, pues este tipo de cosas simplemente no sucedían antes de 1950, la esposa cerró los ojos y muy poco después sintió la calidez del sarampión. Estaba muy sorprendida. También lo estaba su marido. Pero se sorprendieron aún más al día siguiente, cuando le salió un sarpullido. Su marido de inmediato la llevó al médico, quien dijo: "Juraría que tiene sarampión, excepto que no tiene síntomas respiratorios ni tiene fiebre". Dos días después, desapareció la erupción por sí sola, ya que los engramas que se reestimulan de esta forma normalmente se asentarán. Lo que debió haber hecho este marido en primer lugar era preguntarle al archivista si había un engrama listo para recorrerse, luego pedirle la identificación del engrama, y después recorrerlo de forma mecánica hasta que se redujera.

No hay nada que valide a Dianética ante el preclear como que se le envíe adentro de una masa de somáticos que ni siquiera sospechaba haber experimentado jamás. La persona que está tan cargada de entheta que no puede experimentar somáticos es la que cuestiona más seriamente la validez de Dianética. Pero incluso estos individuos, al ver el efecto de Dianética en personas que están más altas en la Escala Tonal y que pueden experimentar somáticos, al final admitirán su validez. La persona que sí obtiene somáticos es a la que más impacta el hecho de que esta novedad, Dianética, puede hacer algo que nunca antes se había hecho. Es decir, cambiar radicalmente y a voluntad el ser físico de un individuo. Ni siquiera en los días cuando proliferaba la brujería podía uno entonar una salmodia y obtener resultados inmediatos. En Dianética, palabras que son simplemente las palabras de un ser humano normal dirigidas a otro pueden hacer que el otro individuo se haga un ovillo y se active una fiebre o que se active una quemadura solar o que se le nuble la vista, y crear muchas otras manifestaciones en el caso que está bastante alto en la Escala Tonal. Esto es tan notorio y la validez de Dianética, aunque sólo sea en lo que concierne a las manifestaciones, es tan fuerte que en una ocasión vino a la Fundación un profesor de física de la Universidad de Columbia sólo para comentar sobre la "exactitud diabólica de las predicciones de Hubbard sobre el comportamiento humano".

CAPÍTULO 13 ENGRAMAS

Las tres reglas para procesar engramas son:

NO TE SORPRENDAS POR NADA.

PREGUNTA SIEMPRE AL ARCHIVISTA.

REDUCE SIEMPRE CADA ENGRAMA CON EL QUE ESTABLEZCAS CONTACTO, O EL BÁSICO DE LA CADENA.

Síguelas y no podrás meter a tu preclear en problemas muy graves.

Además, ahora existe el Scanning de Candados, técnica que se desarrolló en el otoño de 1950, que elimina la auditación que se ha realizado hasta ahora. En teoría, esto le permite al auditor cometer casi cualquier error garrafal que desee. Después de que haya cometido algún error (haya puesto seriamente en reestimulación algún engrama, haya hecho que su preclear se hiciera un ovillo, no haya encontrado una salida a la situación), el auditor, en teoría, puede limpiar la auditación mediante Scanning de Candados y aliviar la reestimulación que ha ocasionado. La expresión "en teoría" se utiliza aquí deliberadamente ya que, en los casos que están por debajo de 2.0 en la Escala Tonal el auditor podría meter a un preclear en un engrama de forma tan completa que no existiera theta libre con la cual limpiar esta auditación mediante scanning. Este sería un caso muy extremo y se aplicaría sólo cuando el preclear bajo tratamiento, estuviera al borde de la psicosis o fuera un psicótico real, en lugar de una persona con una gran cantidad de theta libre que estuviera, a pesar de ello, por debajo de 2.0 en la Escala Tonal. Termina siempre cualquier sesión limpiando la auditación con scanning, como quiera que sea, pero no te animes a cometer errores sólo porque puedas remediarlos con Scanning de Candados.

Para limpiar la auditación mediante Scanning de Candados, uno simplemente dice:

"¿Podemos limpiar ahora la auditación mediante scanning?". (chasquido).

Si el archivista del preclear dice "No", el auditor debería descubrir si se tiene que hacer scanning de alguna otra cadena antes de poder limpiar la auditación mediante scanning. Y de ser así, procede a que se le haga scanning. Por lo general, el archivista dirá "Sí", y el auditor dirige entonces al preclear al primer momento de la sesión y a hacer scanning a través de la sesión hasta tiempo presente. Esto lo hace haciendo que el preclear le diga cuando esté al principio de la sesión y no permitiéndole empezar a hacer el scanning hasta que el auditor le haya dicho:

"*Empieza el scanning*". (chasquido).

El preclear hace scanning a través de la sesión a la velocidad que desee, estableciendo contacto con los sucesos consecutivos de la auditación, momento a momento, dirigiendo su atención principalmente a los estímulos exteriores de la sesión de auditación, más que a los engramas por los que se le ha recorrido. Esto extrovierte al preclear.

El Scanning de Candados de la sesión se debería continuar una y otra vez, pero siempre y cuando el auditor le pregunte al archivista después de cada pasada:

"*¿Deberíamos hacer scanning de la auditación de nuevo?*". (chasquido).

Por lo general, el archivista contestará "Sí" a esta pregunta dos o tres veces, y finalmente contestará "¡No!".

Entonces, el auditor debería preguntarle al archivista:

"*¿Podemos terminar la sesión?*". (chasquido).

Por lo general, el archivista contestará "Sí". Si el archivista contesta "¡No!", es posible que se haya puesto accidentalmente en reestimulación alguna cadena anterior, a la que se tendrá que hacer Scanning de Candados antes de poder terminar la sesión, a fin de que el preclear se sienta cómodo después de la sesión, pero esto es poco común. Este ritual, cuando se sigue, deshace cualquier error en la sesión a menos que, como se mencionó antes, el auditor esté tratando con alguien que esté en el límite de la psicosis o que sea realmente psicótico, en cuyo caso debería haber identificado al preclear como tal en la tabla de la Escala Tonal en primer lugar y debería haberlo auditado como lo indica la tabla. En individuos así, *nunca* se deben recorrer engramas, hasta que hayan subido por la Escala Tonal mediante el establecimiento de afinidad, comunicación y realidad con el auditor, el establecimiento de

CAPÍTULO 13 — ENGRAMAS

contacto con el entorno, Memoria Directa, leve Scanning de Candados y el recorrido ocasional de una secundaria.

El auditor debería recordar que las frases en los engramas siempre son literales. Una frase en un engrama significa exactamente lo que dice, igual que la hubiera interpretado Simón Simplón el día en que puso tanto cuidado en pisar cada pastel. Por ejemplo, la frase "Yo me lavo las manos" contenida en un engrama no significa para el preclear, en sus primeros contactos, que tenga que "desentenderse de la responsabilidad en un asunto". Sólo significa que el preclear tiene que lavarse las manos. La mente analítica no interpreta a primera vista el engrama que contiene la frase "vuelve a la carga" como "insiste en un empeño o tema"; y no es un rebotador, sino sólo una frase aberrativa que podría causar que el preclear vuelva a repetir la frase varias veces. El auditor, especialmente cuando está recorriendo engramas, debería hacer un estudio considerable de la literalidad del lenguaje. Este es el principal problema en lo que concierne a un engrama: que tiene valor de mando que se interpreta de forma literal. "Veo lo que quieres decir" ocasionará que el preclear obtenga un cuadro en lugar de comprender. Esto es cierto tanto de las frases aberrativas ordinarias como de las frases de acción.

La diferencia entre una frase de acción y una frase aberrativa es que la frase de acción causa que el preclear vaya a algún lugar, o se quede en algún lugar, o que no establezca contacto con algo en términos de espacio y tiempo. La frase aberrativa meramente dicta la conducta y no es ni con mucho tan grave para el auditor como la frase de acción. La frase aberrativa ha sido inhibidora de las aptitudes del preclear, pero la frase de acción es inhibidora de la capacidad del auditor para mantener al preclear en este engrama y recorrerlo. Cuando las frases de acción son muy activas en los engramas (causando que el preclear rebote o vuelva a un engrama, que vaya a una parte posterior del engrama, que se confunda o que encuentre que la línea temporal se ha contraído alrededor del engrama, como sucedería en el caso de cualquier agrupador en un caso muy cargado), el auditor no debería estar recorriendo engramas para empezar, y lo está haciendo sólo porque no ha evaluado adecuadamente a su preclear en la Escala Tonal y porque no siguió las instrucciones que hay en ella respecto al caso.

En teoría, se puede despojar a un caso de candados y secundarias sin tocar ningún engrama. Sin embargo, existen cosas como los circuitos, como se explicará después, y a veces será necesario recorrer engramas en un caso muy cargado para atacar a un circuito. Pero este sería un procedimiento extraordinario y sólo lo debería llevar a cabo un auditor diestro, como los entrenados en la Fundación.

El engrama está suprimido y fuera de la vista del analizador. Esta es una característica primaria. En el momento de la conmoción del dolor físico, o al empezar la inconsciencia, el analizador se sale del circuito y deja de regular las funciones corporales, de grabar o de pensar en mayor o menor medida. Durante un engrama, el analizador puede estar parcialmente activado o casi apagado o apagado del todo. En cualquier caso, las percepciones se graban en la mente reactiva. A la mente reactiva se le conocía en otro tiempo como "la mente inconsciente", pero esta terminología es sumamente engañosa ya que la mente reactiva es la mente que siempre está consciente y la "mente consciente" es la mente que se cierra o queda inconsciente. El contenido total de la mente reactiva es, entonces, entheta retenida por engramas de dolor físico que forman la base que causa que la theta que se enturbula posteriormente quede aprisionada "permanentemente" en la mente reactiva. En el curso de una vida, debido a los engramas de dolor físico, la mayor parte de la theta libre de una persona desaparece de la vista consciente y ya no está disponible para computación, sino que reacciona contra el analizador y el "yo" para alterar el pensamiento e introducir en este datos y valores ocultos y arbitrarios. El dolor físico que está en la mente reactiva actúa contra el cuerpo físico del preclear y cuando el analizador no obedece las órdenes del engrama, este dolor se activa y aberra al cuerpo físico.

La tarea del auditor, se repite aquí, es consumir de la mente reactiva la entheta acumulada, utilizando cualquier medio indicado o posible y convertir esa entheta en theta mediante el simple recurso de traer la entheta a la memoria o separarla del dolor físico que la aprisiona. La tarea del auditor no es simplemente recorrer engramas de un caso hasta eliminarlos.

Capítulo 13 — Engramas

Un auditor puede cometer este error con mucha facilidad por su ambición de crear un Clear. Un Clear, desde el punto de vista técnico, es sólo un individuo a quien se le han borrado todos los engramas de dolor físico, todas las secundarias y todos los candados aberrativos. *El Clear puede recibir nuevos engramas,* pero estos tienen que ser de naturaleza muy grave para ser muy aberrativos ya que son los primeros engramas de un caso los que producen la mayor aberración y efecto en el individuo. Sin embargo, no confundas el hecho de que los engramas fuertes intencionales, metidos a la fuerza en un Clear mediante un violento dolor físico, si ese Clear tuviera una dotación baja de theta libre, pueden producir una crisis psicótica. Pero no esperes que los engramas, una vez que se borran y que se consume la entheta de la mente reactiva, vuelvan de alguna forma extraña. No lo harán, una vez que se hayan abordado de forma apropiada y se hayan transformado. Se necesita nuevo dolor físico para producir más engramas en un Clear. Sin embargo, un Clear sí se enturbulará a causa del entorno, pero sólo se enturbulará temporalmente y no sufrirá efectos posteriores de la enturbulación pues no hay nada que aprisione la entheta.

Eliminar de un caso los candados y secundarias, y quizás algunos engramas en el proceso de lograr esto, produce un Liberado de Dianética.

Por lo tanto, el auditor puede comprender el punto en que se debe concentrar en el caso. El progreso de cualquier preclear se mide por el ascenso del preclear en la Escala Tonal, no por el número de engramas que se reducen o borran en el preclear. En un caso bajo de tono, la auditación autoritaria puede reducir engramas y borrarlos, hora tras hora, durante montones y montones y montones de horas, pero puede dejar al caso en tal turbulencia que el ascenso en la Escala Tonal sea relativamente escaso. El dolor físico origina la "permanencia" del aprisionamiento, pero el auditor encontrará, en las secundarias y en los candados, la reserva mayor de entheta que puede convertir en theta.

Un engrama que tiene sobre sí muchos candados y secundarias, está completamente enterrado, fuera de la vista, y no está disponible para la auditación. Un engrama que casi no tiene secundarias ni candados contiene todos sus percépticos, lo que significa que el preclear al relatarlo, habiendo retornado a ese punto de la línea temporal, puede ver, oír, sentir y experimentar movimiento, humedad y temperatura, casi como cuando lo vivió en el momento en que ocurrió. Después de que el engrama ha tenido un key-in completo y acumula secundarias y candados, la agudeza de los percépticos empieza a desaparecer de él, en lo que respecta al preclear que ha retornado, en proporción directa a la cantidad de entheta que haya aumentado la carga de este engrama. Un engrama muy fuertemente cargado, por tanto, no es visto, ni oído, ni sentido por el preclear. Un engrama extremadamente cargado ni siquiera existe, en lo que respecta al preclear, pero su presencia la indica el hecho de que ocurren fuertes secundarias y candados relacionados con cierta situación. Después de que estos hayan sido recorridos y su entheta se haya convertido en theta por medio de las técnicas de procesamiento estándar que se exponen aquí, el engrama en sí emergerá, y sólo entonces podrá el engrama o su cadena (ya que los engramas existen en cadenas) estar disponible para que lo aborde el auditor. Pero se debería comprender que una vez que este engrama está disponible de esta manera, la mayor parte de la entheta que contenía ya se ha convertido en theta libre mediante el Scanning de Candados o al consumirse las secundarias. Y por lo tanto el engrama es relativamente inofensivo, excepto que acumulará nuevas secundarias y nuevos candados. Además, todavía retiene el dolor físico y sus órdenes aún son aberrativas y por lo tanto se tiene que recorrer. Pero el auditor debería esperar más cambio en el caso por recorrer candados y secundarias que por recorrer engramas de dolor físico, aun cuando los engramas sean la fuente básica de la aberración humana. El engrama resulta inmovilizado y queda oculto de la vista, por supuesto, por la entheta. La entheta tiene muchas formas. Se podría decir que existe en el caso en virtud del enMEST, lo cual significa que por la entheta que se libera en el caso, se presentará una reacción fisiológica mediante la cual el lado físico del organismo sufre alguna alteración química o despide algún producto químico. Aparentemente, la oxigenación tiene mucho que ver con la liberación de entheta. Las lágrimas y la orina, el sudor, los olores corporales y los productos glandulares salen de un caso, como acompañamiento enMEST de la entheta liberada, así como también energía física. El auditor no debería esperar estas manifestaciones de enMEST sólo en los engramas.

CAPÍTULO 13 ENGRAMAS

Donde más notorias son es en la descarga de secundarias y candados. (Este tema se tratará más a fondo en otra columna).

La accesibilidad del caso se mide mediante la Escala Tonal y es muy importante para el auditor. Un caso puede estar en apariencia muy bajo en la Escala Tonal y aun así ser accesible, es decir, que el preclear desea mejorar. Esto denota la existencia de una considerable dotación de theta libre en primer lugar, y de suficiente theta libre (sin importar su bajo porcentaje en proporción a la cantidad de entheta que hay en el caso) para que el preclear desee volver en dirección a la supervivencia. Por supuesto, la entheta en este caso está descendiendo en dirección a sucumbir. Se podría considerar a este caso como un caso accesible aun cuando se encuentre por debajo de 2.0 en la Escala Tonal. Al procesarlo, el auditor debería respetar especialmente la ambición de supervivencia de la theta libre que queda, y debería ser considerado con el caso, eliminando entheta y convirtiéndola en theta libre de la forma más ligera posible. A un caso así nunca se le debería hacer recorrer engramas, ya que el engrama reestimulado formará un nuevo candado y absorberá parte de la theta libre existente. Por encima de 2.0, los casos son normalmente accesibles. Pero en ocasiones, debido a la educación o a los estigmas del entorno con respecto a mejorar, o a causa de un tipo peculiar de orden engrámica que prohíbe el contacto, estos casos serán inaccesibles.

La accesibilidad, entonces, se podría considerar, en general, como el deseo del individuo de lograr nuevos y más altos niveles de supervivencia y el mejoramiento de la mente y del cuerpo. La accesibilidad es aproximadamente proporcional a la cantidad de theta libre que existe en un caso, pero esta proporción puede verse interrumpida por inhibiciones, educativas o engrámicas.

El caso abierto de par en par es peculiarmente engañoso para el auditor. Este caso es una veleta en el entorno, y en presencia de personas de nivel alto y en un entorno de nivel alto, puede parecer bastante normal. Pero si hay un entorno promedio, este caso estará muy por debajo de lo normal. Y si existe una pequeña cantidad de enturbulación, este caso empezará a obedecer órdenes engrámicas sin importar en qué dirección lo conduzcan. Sin embargo, este caso parece tener disponibles todos los percépticos. Un caso así, en torno al 1.1, hasta recorrerá engramas, pero es probable que el somático sea leve aun cuando los demás percépticos parezcan ser más nítidos. Este es el caso que carece (probablemente por estructura) de un mecanismo para ocluir la carga. Este caso, por debajo de 2.0, normalmente es inaccesible a menos que reciba ayuda de engramas maníacos o de un sentimiento general en el entorno de que recibir procesamiento es lo que se debe hacer, ya que este caso es a menudo muy impresionable y sigue fácilmente la moda del entorno. El auditor inexperto puede encontrar un caso así, puede descubrir que existen sónico, visión y táctil, y entonces decidir, sin empezar a mirar su tabla de la Escala Tonal, que el caso puede recorrer engramas. De una u otra forma, convence al caso de que empiece el procesamiento y lo lanza línea temporal abajo a momentos de dolor físico e inconsciencia. Muy a menudo encontrará que este caso es resistivo o que se distrae con facilidad en el procesamiento. Pero puede que persista y descubra, sólo después de llevar a cabo considerable procesamiento, que el caso no se está elevando muy marcadamente en la Escala Tonal.

Si el auditor es lo suficientemente miope como para empezar a recorrer engramas en un caso así, otras manifestaciones le indicarán que está obrando mal. Usualmente, al caso abierto de par en par le faltarán notablemente algunos de los percépticos. Uno de ellos es la posición física. Este caso no se hace un ovillo ni tampoco cambia de posición, ni siquiera cuando se estén recorriendo engramas en apariencia arduos con el sónico completo y algunos otros percépticos en el área básica. En ocasiones ocurre lo contrario. Puede ser que este caso siempre se haga un ovillo y tenga sónico y visión, pero carecerá de muchos de los demás percépticos. La constante de este caso abierto de par en par que está abajo en la Escala Tonal es que tiene sónico y visión, que por lo común los somáticos son ligeros, que el caso no progresa con rapidez hacia arriba de la Escala Tonal a pesar de que es evidente que los engramas se están reduciendo y, lo que es más importante, el caso raramente manifiesta alivio alguno mientras se están borrando o reduciendo los engramas. Es decir, que los incidentes nunca suben hasta la risa, sino que el caso recorrerá con mucha sobriedad. Esto último indica que el analizador no está comparando la conducta en el entorno usual con lo que han ordenado los engramas. De vez en cuando, se encontrará un caso abierto de par en par y bajo de tono que se ríe mucho y muy ruidosamente de todo aquello con lo que se establece contacto. El auditor no se debería alarmar por esto, ni debe censurarlo, sino que debería darse cuenta del hecho de que le está quitando una gran cantidad de lo que se conoce como *carga de línea* a un caso fuertemente cargado.

Se pueden reducir y borrar engramas en estos casos abiertos de par en par y bajos de tono, pero el sentido de realidad respecto a los incidentes con frecuencia es bajo y, como se ha mencionado, el ascenso en la Escala Tonal no es muy evidente. Hay algunos de estos casos abiertos de par en par que parecen tener convertidos todos sus somáticos reales en distorsiones físicas y sin sentir dolor harán diversas contorsiones. Aparentemente reducirán engramas haciendo esto.

No se deberían recorrer engramas en ningún caso abierto de par en par que esté bajo en la Escala Tonal, hasta que no se haya convertido una gran cantidad de entheta en theta libre mediante la descarga de engramas secundarios y el scanning de candados. Porque es probable que este caso se haga cada vez menos accesible para el auditor, proteste en contra de que se le procese y se queje de la falta de alivio. Este caso no se está oponiendo. Es un hecho real que el caso no está experimentando alivio, aunque el auditor, al reconocer los engramas cuando los ve y al verlos borrarse, tenga otra idea sobre cómo se debería estar comportando este caso.

Un caso abierto de par en par y bajo de tono, por tanto, debería manejarse como un caso ocluido y bajo de tono, es decir, el auditor debería abordar las secundarias y los candados como lo indica la tabla.

La accesibilidad es un problema considerable para el auditor. Siempre debe trabajar en dirección a aumentarla. Por supuesto, por *accesibilidad* queremos decir la disposición del preclear a aceptar la auditación, y la capacidad del auditor y del preclear para trabajar como equipo a fin de elevar la posición del preclear en la Escala Tonal.

Un caso es tan accesible como dispuesto esté a cooperar y a que se le audite. Algunos casos son completamente inaccesibles y esta inaccesibilidad no se limita a los casos de manicomio o a los que deberían estar en él. De hecho, sólo llegan a los manicomios los casos que parecen ser obviamente una amenaza para sus propias vidas, para las vidas de otros o para la propiedad; aunque los que son una amenaza para la propiedad por lo general terminan en una penitenciaría, si bien normalmente no son menos psicóticos. El caso bajo de tono que no sea obviamente un suicida, sino que parezca ser capaz de hacer frente al entorno de cierta forma habitual, pasa desapercibido para el sobrecargado estado que, ahora mismo, intenta hacer frente al problema de 19 millones de personas obviamente dementes.

La renuencia a mejorar la capacidad para pensar o actuar se vence con bastante facilidad en personas que están por encima de 2.5, sólo con que el auditor demuestre la funcionalidad y los efectos de Dianética. Este es un problema que el auditor resuelve por medio de la educación. Nadie que esté por encima de 2.5, y que vea alguna evidencia de la validez de Dianética en términos de psicometría, o que mediante un poco de Scanning de Candados o Memoria Directa recupere cierto material que pensó que había olvidado hace mucho tiempo y que le ha estado molestando, rechazará el procesamiento a menos que esté involucrada una cuestión financiera que no pueda resolver. Pero esto se resuelve con la formación de equipos de co-auditación. Este no es sólo un comentario optimista, lo respalda una experiencia considerable. Por supuesto, los individuos que están por encima de 2.5, aún pueden poseer una dotación muy baja de theta, o estructuralmente pueden tener una inteligencia hasta cierto punto deficiente. Pero incluso estas personas, si el auditor es cuidadoso con ellas, logran cierta comprensión del tema. Algunas de ellas son co-auditores incompetentes y, en consecuencia, tienen que recibir ayuda de otros, a los que no ayudarán a su vez.

De 2.5 hacia abajo, la inaccesibilidad es un problema. Pero aun aquí, los individuos que tienen una dotación alta de theta o que están en este nivel sólo de forma temporal, cooperarán. Hay dos tipos de casos que desconcertarán al auditor. El primero es el que pasa por normal en la sociedad debido a cierta capacidad habitual para arreglárselas con el entorno, quien sin embargo está bajo en la Escala Tonal, es muy

CAPÍTULO 13 — ENGRAMAS

irritante para las personas que lo rodean y que, no obstante, tiene una resistencia confirmada contra cualquier ayuda o asistencia. Por lo general, a este tipo de caso no se le reconoce como demente, debido a la enorme cantidad de dementes que lo son de forma dramática. Sin embargo, este caso inaccesible, de la misma manera en que las bacterias pululan en la sociedad, daña y enturbula a sus cónyuges, hijos y amigos llevándolos abajo por la espiral descendente. Tales personas son tan "razonables" en cuanto a por qué hacen lo que hacen, comúnmente tienen unos hábitos enturbulativos tan arraigados y han sido tan difíciles de clasificar para todo el mundo que (como los leprosos que anteriormente pedían limosna en las calles de París, al no comprenderse su amenaza a la salud pública) siguen siendo una plaga para la sociedad, con la justificación de sus engramas y su destrucción de los sueños, mentes y salud de esta generación y de la siguiente. Este es el verdadero problema para el auditor. El marido de una mujer así puede ser un hombre compelido desesperadamente por el descuido que encuentra en su hogar, por la burla de que son objeto sus sueños, por el hostigamiento o anulación o la dominación de sus hijos, tan absolutamente compelidos como él. Puede ser que se acerque al auditor o se ponga a estudiar Dianética en un esfuerzo por remediar su situación. Dianética puede remediar esa situación. Pero él no podrá procesar a su esposa, ya que esos equipos de marido y mujer no funcionan. Y si intenta persuadirla para que ella la procese a él, está poniendo en las manos de ella otra arma para su propia destrucción. En manos de otro auditor, ella será caprichosa u hosca o estará enojada. Y aun si el auditor tiene éxito con este caso, hasta el punto de recuperar y transformar algo de entheta, él y el esposo pueden descubrir que esta mujer posee justo la cantidad adicional de auto-determinismo necesaria para huir con otro hombre. La esposa que tiene este mismo tipo de situación con su esposo podría pasarla aún peor. Dianética es un remedio que se puede aplicar y que puede lograr resultados, pero es muy normal que el auditor se desconcierte cuando encuentra estos casos "racionales" inaccesibles. Debería poner a un lado su desconcierto y tratar estos casos tal como trataría al psicótico obvio más inaccesible. Como tales personas pueden mantener un flujo de "razón" fluyendo por los conductos aceptados o normales, el auditor no necesita engañarse considerándolos genuinamente racionales. Este es un caso en que la afinidad, realidad y comunicación se deben construir, en que los percépticos del preclear se deben dirigir a objetivos de tiempo presente, y en que la entheta se debe abordar de la manera más ligera. El hecho de que estos casos no lleven un gran letrero que diga "¡DEMENTE!", y el hecho de que la muerte que reparten a quienes los rodean no es repentina, rápida y espectacular, sino lenta y sigilosa (e igualmente fatal), no son razones para auditarlos como si fueran casi Clears. Los métodos de procesamiento para estas personas deberían ser los que indica la tabla de la Escala Tonal. Si una evaluación de ellos muestra que están en 0.5 ó 1.1, entonces se deben usar los métodos apropiados sin importar lo "racional" que sea el preclear.

Se debería mencionar que los individuos pueden estar bajos en la Escala Tonal y aun así tener una dotación suficiente de theta como para desear procesamiento, y recibirlo y aprovecharlo. Estos son casos accesibles, pero por supuesto se deberían usar métodos leves en ellos y no se les debería permitir recorrer engramas, como tampoco se le permite a la persona inaccesible que está en este nivel.

El siguiente tipo de caso que ocasionará problemas al auditor es el psicótico que obviamente es inaccesible. De acuerdo a la definición de Dianética, un psicótico es la persona cuya theta se ha convertido por completo en entheta y que o bien está totalmente encerrado en un engrama o cadena de engramas y lo único que hace es dramatizarlos, o bien está bajo el mando de un circuito de control y realiza alguna computación limitada, aunque irracional. El psicótico varía en sus manifestaciones, pero la razón de que sea psicótico no varía. Hay psicóticos que todo el tiempo son completamente entheta, psicóticos que sólo lo son de forma aguda bajo ciertas circunstancias y psicóticos que se enturbulan por completo durante ciertos periodos del día, de la semana o del mes. (Este último tipo, que se reestimula de forma cíclica, por lo general actúa de acuerdo a un factor de tiempo contenido en el engrama. Puede ser que el incidente ocurriera el día veinticinco del mes y continuara hasta el día treinta, así que esta persona se vuelve psicótica

Capítulo 13 Engramas

del veinticinco al treinta de cada mes. O puede ser que el incidente ocurriera a las diez de la noche y el psicótico sólo está demente a las diez cada noche. El auditor procesa al psicótico cíclico sólo durante periodos en que esté disponible una pequeña cantidad de theta libre).

No debe recorrerse ningún engrama en individuos que estén por debajo de 2.0 en la Escala Tonal, ya sean accesibles o inaccesibles, salvo en aquellos casos poco comunes en que el archivista insiste en presentar un engrama. Y entonces sólo se deben recorrer con la máxima precaución. Y no se deben recorrer, incluso entonces, si el auditor se considera inexperto.

Con el psicótico inaccesible, cuya "racionalidad" es tan evasiva y aberrada que sea evidente hasta para un observador casual, así como con el psicótico que está atrapado en algún engrama, el auditor debería dirigir todo su esfuerzo a establecer contacto, incluso imitando al psicótico o descubriendo algún pequeño interés que el psicótico pueda tener en su entorno y dirigiendo su atención. Los percépticos se pueden estimular y recuperar mediante algo tan suave como un contacto adicional con algún objeto en el entorno. A esto, después de que haya producido cierta recuperación de afinidad, comunicación y realidad, le puede seguir Memoria Directa.

Todo esto se incluye aquí porque los auditores, al conocer la causa básica de la aberración, tienen la ambición de tratar la causa. Sin embargo, la causa básica de la aberración humana es algo más profundo que un engrama de dolor físico. De acuerdo a la teoría de Dianética, es una enturbulación y aprisionamiento de theta. Libera la theta. Cuando se tenga que recorrer a los engramas, ellos se presentarán.

La fraseología del auditor al recorrer engramas es muy simple. Es fácil complicar en exceso la simplicidad del procesamiento. Ha escrito gente exigiendo saber cómo se logra el reverie, diciendo que después de veinte intentos aún no han podido lograr el reverie en su preclear. Es evidente que han confundido al reverie con el hipnotismo, y que lo consideran poco usual sólo porque tiene un nombre. El reverie se induce simplemente pidiéndole al preclear que cierre los ojos. Se saca al preclear del reverie simplemente diciéndole que abra los ojos.

La fraseología para recorrer un engrama es la siguiente:

"El archivista presentará el engrama necesario para resolver el caso. La tira somática irá al principio del engrama. Cuando cuente del uno al cinco y chasquee mis dedos, la primera frase del engrama aparecerá como un relámpago. Uno, dos, tres, cuatro, cinco". (chasquido).

Se presenta la primera frase del engrama. El auditor hace que el preclear la repita hasta que se activa un somático. Entonces el auditor le dice al preclear que vaya a la siguiente frase del engrama y la repita, y así sucesivamente, frase por frase, hasta que se recorra el engrama. Después, que vuelva al principio.

Por encima de 2.5, las frases de acción del caso puede ser que no tengan demasiada fuerza y el preclear, sin mucha ayuda del auditor después de utilizar la fraseología anterior de repetir la primera frase, podrá recorrer el engrama de forma consecutiva, repitiendo cada frase sólo una vez. Si de repente el preclear empieza a salir del engrama y avanza por la línea temporal y entra en candados, o si de repente empieza a hablarle al auditor sobre candados, el preclear ha rebotado y ya no está en el engrama, sino que se ha topado con una frase que ha causado que se salga del engrama. Si el preclear de repente retrocede a un engrama inferior, ha chocado con un rebotador hacia abajo.

En cada caso, el auditor, trabajando con el archivista, debería conseguir los datos necesarios, preguntando si hay una frase de acción, obteniendo la frase de acción y haciendo que el preclear repita esa frase hasta que esté de vuelta en el engrama que debería estar recorriendo. Sin embargo, cuando las frases de acción están así de activas, el auditor no tiene por qué recorrer muchos engramas en el caso, sin importar su prisa por llevar a este preclear a Clear. Lo hará con más rapidez abordando secundarias y candados. El valor de mando que tienen las frases de los engramas sobre el preclear se demuestra por lo bien que los rebotadores hagan que el preclear rebote afuera de los engramas, por lo bien que los desorientadores lo desorienten, por lo bien que los negadores nieguen que haya un contenido adicional en el engrama. Este es un hecho muy importante. Cuando el auditor haya descubierto lo activas que son las frases de acción, sabrá mejor si debería o no recorrer más engramas en el caso. Cuando se aligera la entheta que hay en los candados y secundarias, el valor de mando de las frases de acción y de todas las frases en los engramas se reducirá marcadamente. Una frase de un engrama depende, para su fuerza, de secundarias y candados. A casi cualquier preclear le puedes recorrer completamente un engrama que acaba de ocurrir y que, por lo tanto, no contiene candados, pero incluso esto tiene sus excepciones. El hecho que no tiene excepciones es que *una frase en un engrama pierde su potencia cuando la entheta que está en secundarias y candados se le quita de encima al engrama mediante Scanning de Candados, recorriendo secundarias o mediante Memoria Directa*. Deshazte de la carga y la capacidad del engrama para aberrar al preclear será leve.

Esto no contradice el hecho de que después de que hayas recorrido unas cuantas secundarias, hecho Scanning de Candados, o un poco de Memoria Directa en un preclear, y de haber recuperado algo de theta libre, aun cuando el preclear permanezca bastante bajo en la Escala Tonal, puede ser que salga a la luz un engrama que el auditor tendrá que recorrer.

El engrama es básico, evidentemente, ya que es la colisión básica entre theta y MEST. Es importante porque es una trampa para enturbulaciones futuras. Cualquier caso puede poseer de cientos a miles de engramas de dolor físico. Es un auditor torpe, inexperto y sin destreza el que recorra engramas en un caso sin asignarle su posición apropiada en la Escala Tonal, y sin regirse por ello.

Cómo Aligerar los Engramas

Hace poco, desarrollé una técnica llamada *Aligerar* que parece tener grandes posibilidades. No he tenido suficiente oportunidad para probar a fondo sus potencialidades ni para situarla de manera adecuada en la Escala Tonal. La presento aquí para tu información y agradecería mucho recibir noticias sobre cualquier resultado que logres con ella.

Por lo general, se puede recorrer el último engrama en un caso, siempre y cuando no haya adquirido demasiados candados. Además, cualquier engrama parece depender para su inaccesibilidad de los candados que tenga acumulados.

A veces, el auditor encuentra necesario recorrer un engrama aunque no pueda obtener todos los percépticos que contiene ese engrama. Sería valioso que pudiera obtener todos los percépticos y reducirlos o borrarlos. Aligerar sería una técnica diseñada para ayudar al auditor a recorrer completamente todos los percépticos.

En esta técnica, el engrama se recorre hasta que se reduce todo aquello dentro de él con lo que se pueda establecer contacto. Luego el auditor hace Scanning de Candados al preclear desde el momento del engrama hasta tiempo presente a través de todos los candados de ese engrama. El auditor hace Scanning de Candados una o más veces, trabajando con el archivista. Luego el auditor, usando de nuevo el Procedimiento Estándar para engramas, recorre ese engrama una o dos veces más, o hasta que se haya reducido cualquier material adicional. Después vuelve a hacer que el preclear haga scanning de todos los candados de ese engrama. Luego recorre el engrama una vez más.

La carga que hay en los candados es lo que sella el engrama. Al descargar los candados mediante la técnica de Scanning de Candados, deberían aparecer cada vez más percépticos en el engrama.

Aligerar sería, pues, la técnica de poner completamente a la vista todo lo que contiene un engrama, haciendo scanning de sus candados. Recorrer los engramas y hacer scanning de sus candados, alternativamente, debería producir una liberación máxima de entheta.

El carácter práctico de esta técnica es indiscutible. El alcance de su utilidad no se ha explorado a fondo.

Está totalmente confirmado que un engrama de dolor físico subyace a toda emoción desagradable, y que cuando se recorre la emoción desagradable de una secundaria es común que se exponga a la vista un engrama de dolor físico. De hecho, el preclear puede zambullirse en el engrama de dolor físico y empezar a recorrerlo mientras el auditor aún está intentando obtener una descarga de la secundaria. También resulta que cuando un auditor está intentando recorrer un engrama, su preclear puede toparse de repente con la emoción desagradable de una secundaria (que entonces debería recorrerse).

CAPÍTULO 13   ENGRAMAS

También es común que suceda que cuando el auditor está intentando recorrer un engrama, el preclear se eleve a toda velocidad hasta los candados de ese engrama. Este es el resultado, por lo general, de un rebotador en el engrama. Pero rebotador o no rebotador, los candados están ahí y son importantes. Por lo tanto, cuando se reduce un engrama se pueden recorrer los candados, después de lo cual puede que se encuentren más percépticos.

LIBRO DOS, CAPÍTULO CATORCE

Columna AJ
Cadenas de Engramas

LOS ENGRAMAS EXISTEN EN CADENAS. Las frases existen en cadenas. Los somáticos existen en cadenas. Los percépticos existen en cadenas. La mente archiva en base a tiempo y tema. Es un sistema de archivo elaborado que, a pesar de ser simple en concepto, asombraría a cualquiera que intentara duplicarlo por medios puramente mecánicos.

Por ejemplo, todas las lesiones del pulgar derecho se encuentran en la mente reactiva en una cadena de lesiones del pulgar derecho. La frase "te amo" se encuentra en una cadena en la mente reactiva dondequiera que aparezca y en otra cadena en la mente analítica. Y en momentos de reestimulación, ambas pueden convertirse en una sola cadena. Un golpe violento en el pulgar derecho al que acompañaron las palabras "te amo", sería un cruce de la cadena de somáticos del pulgar derecho y la cadena de la frase "te amo". Así, los somáticos y las palabras se pueden entrecruzar unos con otros a lo largo del banco. Existe, entonces, una línea temporal para cada tema para el que se puedan crear índices. Este sistema de archivo es un entrecruzado altamente complejo, que es posible computar matemáticamente, pero casi imposible de delinear, por lo variado que puede ser.

Cuando uno habla de una cadena de *incidentes,* por lo general se refiere a una cadena de *candados,* una cadena de *engramas* o una cadena de *secundarias* que tienen algún contenido similar. Estos incidentes en cadenas pueden contener al mismo personal dramático, como todas las secundarias que contienen a la madre y al padre o todos los engramas que contienen a la abuela; o pueden ser todos los candados que dependen, para poder existir, de cierto engrama o cadena de engramas desconocidos pero que el archivista puede identificar como una cadena de candados; o pueden ser cualquier incidente o percéptico que esté en la línea temporal y que se interrelacione con otros incidentes o percépticos.

Un engrama específico es una serie consecutiva de percépticos, que puede incluir, o no, frases consecutivas, y que tiene que ver con una lesión en un periodo de la línea temporal. Como se puede esperar que un aberrado diga lo mismo en cualquier momento en que algo en su entorno se asemeje a cierto conjunto de circunstancias, se puede esperar que los engramas de cualquier persona que estuvo muchas veces inconsciente cerca de ese aberrado contengan esta misma dramatización una y otra vez.

Cualquiera de estas cosas causa una cadena. Se podría considerar que el engrama único se encuentra a lo largo de la línea temporal en un lugar, pero una cadena de engramas es una serie que se extiende a lo largo de la línea temporal. O se podría considerar a una cadena como una serie de reapariciones de cierta frase, quizás cada vez con un somático diferente, que se extendiera por la línea temporal.

Es posible hacer que la línea temporal se colapse. En un caso muy fuertemente cargado, un agrupador (frase que lo atrae todo hacia sí, como la frase "Todo pasa al mismo tiempo" o "Todos están en mi contra", con seguridad la frase engrámica central del paranoico) puede, cuando se reestimula demasiado profundamente, prensar la línea temporal. Esto en ocasiones ocurre simplemente en el asunto del vivir. Un individuo tiene un engrama reestimulado que contiene un agrupador y el caso está tan fuertemente cargado que toda la línea temporal se colapsa. El auditor entrará en un caso así y lo encontrará todo mezclado y revuelto, no existe línea temporal, el preclear está aturdido, bajo en la Escala Tonal, por lo general con alguna deformación fisiológica y sin duda

CAPÍTULO 14 — CADENAS DE ENGRAMAS

en una condición mental sumamente aberrada. Sería muy agradable que al preclear se le pudiera simplemente recorrer completamente este único agrupador, pero todos los elementos del caso (entheta) actúan para sofocar a este agrupador. Por lo tanto, métodos de procesamiento más ligeros que recorrer el engrama en sí tienen que utilizarse.

El agrupador es el peligro principal en cualquier scanning de engramas de dolor físico. Se puede tocar un agrupador en un caso muy cargado, que hará que la línea temporal se colapse. Si esto sucediera, el auditor, actuando con rapidez, podría obtener una respuesta relámpago sobre cuál era el agrupador y hacer que se repita tan pronto como sea necesario para evitar que se le venga encima. Pero si la línea temporal colapsara en un agrupador, significaría que las frases de acción en este caso estarían sumamente activas, y que al auditor no le compete en lo más mínimo hacer scanning de engramas.

El scanning de engramas se desarrolló y se usó originalmente para todos los casos. Y aunque en algunos casos produjo alivio (si bien no la borradura de engramas), en otros produjo un marcado deterioro. Aquí tenemos una técnica de uso limitado que sólo se puede utilizar cuando el auditor ha estimado con exactitud la cantidad de carga que hay en el caso.

Como se verá en la tabla de la Escala Tonal, nunca se puede hacer scanning de engramas con seguridad por debajo del nivel de 3.5. Se puede hacer Scanning a un individuo desde 3.5 hasta Clear, pero sólo se le puede hacer scanning cuando los rebotadores no rebotan, los desorientadores no desorientan, cuando la mayoría de los percépticos son muy claros y cuando la mayor parte de las secundarias han desaparecido del caso.

El scanning de engramas ofrece, entonces, una forma rápida de terminar un caso que ya ha sido elevado a 3.5 con otras destrezas de auditación. Por debajo del nivel de 3.5, uno no se debería aventurar al Scanning de Cadenas de engramas pues, tarde o temprano, el auditor dará con un agrupador o alguna otra frase de acción, y enturbulará enormemente el caso. Esta es una técnica peligrosa y se debería usar sólo cuando el auditor estuviera absolutamente seguro de que estaba trabajando con un 3.5.

A veces se puede hacer scanning de engramas secundarios. Pero, una vez más, sólo si el individuo se encuentra en 3.5 en la Escala Tonal, ya que todo el pesar del caso se puede enturbular como en una maraña.

El Scanning de Candados se puede realizar de 1.1 hacia arriba en la Escala Tonal y las advertencias relativas al scanning de engramas no se aplican al Scanning de Candados. Sin embargo, en el proceso de hacer Scanning de Candados, en ocasiones se encontrará que el preclear cae en un engrama. Esto se debe a que la entheta, al ser liberada, pone a la vista un engrama insospechado. En un caso que está demasiado bajo en la Escala Tonal para que se recorra un engrama con comodidad, se puede hacer que el preclear entre en boil-off y después hacerle scanning de alguna otra cadena hasta que salga de este engrama. Pero, por lo general, se debería evitar el dolor físico.

En el Scanning de Candados se debería consultar al archivista de la siguiente manera:

"¿Se puede hacer scanning de esta cadena sin establecer contacto con dolor físico?". (chasquido).

Si la respuesta es "Sí", entonces se hace scanning de la cadena. Pero si la respuesta es "No", entonces se pide otra cadena. En pocas palabras, no se debería hacer scanning a través del dolor físico en ningún caso que esté por debajo de 3.5 en la Escala Tonal.

Hay muchas ramificaciones de esta técnica de Scanning de Cadenas. A primera vista, el Scanning de Cadenas parece ser una manera excelente de eliminar con rapidez del caso todos los engramas y tener un Clear. Pero esto no es lo que sucede. Incluso en el nivel de 3.5, el Scanning de Cadenas deja muchos somáticos en el caso que después se tienen que limpiar. Se podría decir que la parte superior de los engramas se desprende durante el Scanning de engramas por Cadenas. Los engramas a los que se les hace scanning por debajo de 3.5 en la Escala Tonal se reducen, pero poco, y por debajo de 2.5 aprisionan más theta de la que se libera, de acuerdo a lo que se ha observado.

Uno hace scanning de cadenas de engramas, cuando está seguro de que su preclear es un 3.5, consultando al archivista respecto a si se puede o no hacer scanning de una cadena de engramas. Cuando el archivista da una respuesta afirmativa, el auditor le dice al preclear que vaya al primer engrama de la cadena. Cuando está seguro de que el preclear está ahí, el auditor le indica que empiece a hacer scanning, y el preclear hace scanning a través de todos los engramas de ese tipo hasta llegar a tiempo presente. El preclear puede hacer scanning a una velocidad lo bastante lenta como para permitirle expresar verbalmente las frases más aberrativas con que se cruce, o puede hacer scanning a una velocidad lo bastante lenta como para reconocer las frases, pero no para expresarlas verbalmente, o puede hacer scanning a una velocidad media, obteniendo los conceptos de los incidentes por los que está pasando en la línea temporal; o puede hacer scanning a una velocidad máxima, sabiendo que está pasando a través de incidentes sólo por la rapidísima aparición y desaparición de somáticos.

El Scanning de Candados puede remediar el daño que ha causado el Scanning de Cadenas. En otras palabras, si el auditor comete un error y hace Scanning de Cadenas, digamos, con un preclear que está en el nivel de 2.5, sólo para descubrir que las frases de acción son lo bastante fuertes como para causar que el preclear se atasque en la línea temporal, el auditor podrá entonces eliminar por medio de Scanning de Candados los últimos minutos de la auditación y eliminarlos completamente, de modo que se pueda remediar el daño hasta ese punto. Sin embargo, no siempre se debería contar con que esto sea posible.

Columna AK
Circuitos

El circuito es causado por un tipo especial de orden engrámica que, al estar suficientemente cargada por candados y secundarias, evidentemente compartimenta la mente analítica, separando alguna sección de manera que de ahí en adelante (de forma limitada) actúa como una entidad separada o como otra personalidad. Las frases en segunda persona del singular como "Tengo que pensar en todo por ti", "Te voy a decir lo que tienes que hacer y tienes que hacerlo", que se dicen al individuo o cerca de él cuando está inconsciente y con dolor físico, ocasionan este fenómeno, de acuerdo a la teoría y a la observación. En la práctica, estos circuitos se resuelven cuando el caso se aligera de la carga o cuando el engrama que contiene el circuito se borra o se reduce.

Distinto de los circuitos es la compartimentación de valencia que tiene lugar en la mente. Como se ha dicho en otra parte, la supervivencia del individuo puede llegar a relacionarse de forma tan intrincada con la de otro ser humano, especialmente durante la inconsciencia o enfermedad del individuo, que las dramatizaciones, hábitos personales e incluso los factores de la apariencia personal de la persona imitada parecen quedar establecidos como un segmento de la mente analítica. Puede que el individuo tenga varias valencias a causa de este tipo de asociación.

Es muy común que un niño tenga la valencia de su padre, la de su madre y las de otras personas a su alrededor.

La valencia es una exageración de ese fundamento de la educación que es la mímica. Un ser humano aprende sus primeras lecciones y de ahí en adelante la mayor parte de sus lecciones básicas sobre hábitos, maneras de actuar y destrezas, por medio de la mímica. Cualquier cosa que pueda estar aberrada en la mente tiene un uso específico para la supervivencia cuando se desaberra. Un niño aprende a hablar imitando sonidos. Aprende a caminar imitando los pasos de sus mayores. Durante momentos de dolor físico, inconsciencia y enfermedad, esta capacidad entra en la mente reactiva, que de ahí en adelante, obliga o puede obligar a la mente analítica a formar un modelo de sí misma (sin auto-determinismo alguno en el pensamiento o la actuación) a la manera de otro ser humano. La valencia es una representación de un individuo completo. Cuando un caso llega a estar bastante cargado, una persona puede entrar (o, de hecho, entra) en una valencia, y de ahí en adelante exhibe las maneras de actuar, hábitos y pautas de pensamiento de esa valencia. Una persona tiene su propia valencia y en potencia, las valencias de las personas que la rodean. Un caso que está muy fuertemente cargado entra en las valencias tan completamente que la persona cambia de personalidad y apariencia nítida y claramente cuando cambia de una valencia a otra. La definición original de esquizofrénico, o "personalidad de tijeras", se basó en la observación de este cambio de identidad. Un caso tiene que estar sumamente cargado en realidad (y desde luego, muy por debajo de 2.0) para que estas paredes de valencia lleguen a ser tan definidas que se conviertan en verdaderos compartimentos en la mente y tengan bancos de memoria tan diferenciados que, cuando el individuo se cambia de una valencia a otra, sea posible que no tenga ningún recuerdo de lo que hizo cuando estaba en otra valencia, o que ni siquiera sepa que alguna vez estuvo en otra valencia. Un individuo puede tener dos, seis, diez o cualquier cantidad de valencias, en potencia. Un psicótico puede ser (en un grado intensificado) dos o más personas, y cambiar de una a otra sin reconocer para nada que la otra ha existido.

CAPÍTULO 15 CIRCUITOS

Casi todo el mundo tiene algún problema de valencias, en cuanto a que se enfrenta a diferentes personas, siente que él mismo es una personalidad diferente. Un hombre se puede sentir como un león cuando juega al golf con sus amigos y como un ratón cuando habla con su esposa. Es posible que, con sus amigos, esté en su propia valencia (la condición más feliz) o en la valencia de algún individuo jovial que ha conocido. Pero al confrontar a su esposa, con quien se casó porque ella le recordaba, sin que él lo supiera, a su madre, se ve forzado a entrar en la valencia de su padre y puede ser que su padre haya sido un hombre muy intimidado.

Estos compartimentos de valencia de la mente actúan, en un individuo que está por encima de 2.0, bajo la atención muy estrecha del "yo". Se podría decir que en realidad el "yo" de las personas que están por encima de 2.0 tiene el control de cada valencia. Pero a medida que aumenta la carga en el caso, el "yo" es cada vez menos capaz de controlar estas valencias. Y por debajo de 2.0, la carga es muy comúnmente de tal magnitud que los compartimentos de valencia de la mente desarrollan su propio "yo", o centro con consciencia de consciencia. Aquí, se relega al "yo" real del individuo a las pocas unidades de atención que quedan que componen la personalidad básica.

El autocontrol es algo real que ejerce el "yo". Mientras el "yo" tenga suficientes unidades de atención para controlar o dominar al analizador, existe auto-determinismo; y existe en la medida en que el "yo" sea capaz de ejercer este dominio o control.

En el tema de las valencias, la inmersión del "yo" en estos compartimentos de valencia ocasiona una condición, a medida que el individuo desciende por la Escala Tonal, en la que cuando se encuentra en la valencia del padre, se controla a sí mismo como lo habría hecho el padre y cuando se encuentra en la valencia de la madre, se controla a sí mismo como lo habría hecho la madre.

Se podría decir que las valencias tienen rebotadores, agrupadores, negadores y retenedores, tal como los tiene un engrama. Esto significa que la expresión conocida como *cambiador de valencia* puede obligar a la persona a estar en una valencia en particular (retenedor) o puede obligar a la persona a estar en cualquiera de las valencias o en todas ellas (agrupador) o la puede obligar a estar excluida de una valencia (rebotador) de manera que no pueda imitar a algún ser humano, como a papá, quien quizás tuvo cualidades muy buenas que bien valía la pena imitar. Los cambiadores de valencia típicos son frases como "Eres igual que tu padre", "Tendré que fingir que soy otra persona", "Eres igual que tu madre y cada día te pareces más a ella y te odio por eso" (lo cual haría que una persona fuera como su madre, la odiara y, por lo tanto, se odiara a sí misma). También existe la valencia sintética, que es una persona artificial. O la orden de valencia que hace que una persona sea como cada actor que ve en el escenario. Es común que existan valencias para los animales domésticos y no es raro que una niña pequeña se encuentre en la valencia de su perro o de su gato y se exprese con ademanes producto de la imitación. Cuando esto sucede en un grado marcado, esta niña tiene un cambiador de valencia que la cambia a la valencia de la mascota, como: "¡Eres igual que Bonzo!". Siempre que la madre se enoja, la niña se vuelve "igual que Bonzo".

El lugar más obvio para observar valencias es durante el recorrido de un engrama. Un engrama tiene un potencial de valencia por cada individuo que rodea a la persona inconsciente. Por ejemplo, si están presentes un médico, una enfermera y uno de los padres en una operación de amígdalas, y si hablan durante la operación (¡algo que nunca debería hacerse!), se establece entonces una valencia potencial para el médico, para la enfermera y para ese progenitor. Desde luego, un engrama así requiere una carga muy fuerte antes de que estas valencias puedan apoderarse de una sección del analizador. Al recorrer un engrama muy cargado, muy comúnmente se encontrará que el preclear entra en las valencias de las personas que lo rodean en el incidente. No obtendrá sus propios somáticos, sino que obtendrá somáticos que son ordenados por frases del incidente. Si está en un prenatal y está recorriendo en la valencia de Mamá, sentirá la molestia estomacal de su mamá en lugar de la presión que sentía él mismo en ese momento. Está, pues, fuera de valencia. Después de que se descarga esa valencia en particular o se localiza el cambiador de valencia, el preclear puede recorrer entonces

CAPÍTULO 15 — CIRCUITOS

en su propia valencia y sólo de esta forma experimenta gran alivio. El auditor no debería estar recorriendo engramas continuamente en un caso que tiene tanta carga que obtiene somáticos de órdenes, y que se sale de valencia con facilidad.

El circuito es diferente de la valencia. El mecanismo de la valencia produce personas enteras para que el preclear las sea, e incluirá hábitos y ademanes que no se mencionan en los engramas, sino que son resultado de la compulsión del preclear por copiar a ciertas personas. El circuito es un mecanismo que en sí se convierte en una identidad, con su propio "yo", que toma un trozo del analizador, lo separa con una pared hecha de carga y a partir de ahí da órdenes al preclear. En la antigüedad, a estos se les llamaba "demonios". Sócrates, por ejemplo, tenía un demonio que le dictaba órdenes, aunque es posible que el demonio socrático no fuera resultado de un engrama, sino de un percéptico theta.

Por lo general, las personas tienen diversos tipos de circuitos y no son conscientes del hecho de que en efecto los tienen. La "corriente de consciencia" de un individuo (sus divagaciones verbales acerca de sus problemas) es, en realidad, un circuito en funcionamiento que "le dice cómo pensar" o "le dice cómo actuar". El pensamiento es tan rápido y complicado que la persona nunca tendría la oportunidad de verbalizarlo. Cuando se verbaliza el pensamiento, por lo general es por orden de un circuito. Un preclear puede tener un circuito que lo critica, un circuito que parece darle órdenes, otro circuito que se burla de él o que lo ridiculiza cuando comete algún error, y otro más que le da cuadros imaginarios.

El preclear que tiene circuitos activos tiene un caso relativamente muy cargado y se debería aligerar la carga del caso antes de que el auditor intentara localizar estos circuitos en los engramas. Puede ocurrir cuando un circuito resulta de alguna dramatización de uno de los padres, como: "¡Tú quédate ahí y escúchame!" que la Línea Directa pueda localizar un incidente en la vida del preclear cuando él estaba despierto y el padre o la madre le estaba diciendo esto a alguien. Con sólo localizar la dramatización en sí e identificarla mediante Línea Directa puede que se anule este circuito. De manera similar, cuando el preclear actúa comúnmente como su padre y está enfermo con los mismos somáticos crónicos que tuviera su padre (o unos que sean semejantes), a veces ocurre que la identificación del cambiador de valencia básico por medio de Memoria Directa causará que el preclear cambie a su propia valencia. También puede suceder que mediante Memoria Directa se pueda localizar una ocasión en que papá se quejaba del estómago con el resultado de que el preclear, que ha estado teniendo problemas estomacales, de repente deje de tener esos problemas.

Por lo general, sin embargo, se tiene que aligerar mucha carga de entheta de los casos antes de que los circuitos y las valencias dejen de funcionar, momento en que el "yo" del preclear recupera su auto-determinismo y control del organismo que había sido disputado hasta entonces por los "yos" artificiales residentes en los engramas.

Se podría decir que todos los circuitos son *circuitos de control,* puesto que están intentando hacerle algo al preclear en disputa con el propio "yo" del preclear. Estos circuitos de control son controles artificiales y no se deberían confundir en grado alguno con el autocontrol deseable del individuo. Ningún circuito de control es capaz realmente de controlar al individuo en dirección hacia la supervivencia. Las advertencias a un ser humano para que se controle, si está despierto, quizás estimulen al "yo" a sostener el derecho del "yo" a manejar el cuerpo. Pero con la misma facilidad puede que reestimulen un circuito y pongan al individuo bajo el control de alguna orden de un engrama.

Existe un tipo específico de circuito de control que es muy extraordinario por causarle problemas al auditor. Cuando un engrama contiene una frase muy contundente, como "Contrólate", el auditor al recorrer ese engrama (aunque tenga mucha carga) puede encontrar de repente que el preclear recorre en "automático", y va aquí y allá en la línea temporal sin órdenes adicionales. En este punto, un circuito de auditación ha tomado repentinamente el mando. Es necesario que el auditor descubra la identidad de esta frase y que después haga que se repita. A veces, el archivista es incapaz de proporcionar un circuito de control; y cuando el archivista de repente deja de funcionar, aunque

CAPÍTULO 15 CIRCUITOS

haya estado funcionando bien antes, el auditor debería sospechar que ha aparecido una frase de circuito de control.

Con el cambiador de valencia se encuentran problemas similares. Pero aquí el sónico y el somático pueden apagarse estando el preclear aún en el engrama. El cambiador de valencia afirma su control sólo hasta el punto de cambiar al preclear a otra identidad más que cambiar su posición en la línea temporal. Esto no es cierto en un circuito de control. El circuito de control puede conducirse como una entidad interior que arrebata al preclear de manos del auditor.

Cuando los preclears son muy difíciles de manejar, "toman las riendas" y tratan de recorrer sus propios casos a pesar de todo lo que el auditor pueda hacer (siempre que el auditor haya estado haciendo un trabajo relativamente bueno, ya que el "yo" en ocasiones le arrebatará el caso de las manos si el auditor está haciendo un trabajo muy malo), están recorriendo a base de circuitos de control: órdenes grabadas que hacen que el preclear se comporte mal en la auditación. El caso que hace esto es un caso con mucha carga y no se le deberían estar recorriendo engramas*.

Los circuitos de control no sólo dominan y dan órdenes al preclear, sino que también lo anulan. El preclear puede tener un circuito de tipo derrotista que le hace creer que es incapaz de hacer lo que se le pide, y que disminuye su tono diciéndole continuamente que fracasará. Dicho circuito se podría expresar como: "Estoy aquí para decirte que nunca llegarás a nada. No eres nada. No eres nadie. Nunca tendrás éxito. Nunca serás un éxito. Y ya era hora de que alguien te dijera la verdad". Este circuito, que contiene carga pesada, dirige continuamente al preclear

---

* La auto-auditación no da buenos resultados por muchas razones. Un preclear que se audita a sí mismo a través de la entheta inevitablemente se meterá en problemas. Se hará bajar en la Escala Tonal sin importar cuántos engramas o boil-off contacte. Mientras se audita a sí mismo, está dramatizando valencias de engramas que le han hecho daño, y de este modo sólo sigue haciéndose daño a sí mismo por medio de los engramas. El "auto" procesamiento únicamente es posible en un sistema como *Autoanálisis*. Este lo permite, pues es el autor el que está auditando al preclear por medio del libro. Este sistema *detiene* la auto-auditación y hace *progresar* la posición del preclear en la Escala Tonal. *Autoanálisis* está disponible en las direcciones que aparecen al final de este libro. Contiene el sistema de auto-procesamiento y una exposición simplificada de Dianética.

hacia los niveles más bajos de la Escala Tonal desalentándolo. Pero para que sea operativo en grado alguno, este circuito tendría que tener mucha carga y probablemente ser reestimulado por alguna otra persona del entorno que está haciendo eco diariamente de esta misma actitud hacia el preclear.

Hay cosas como los circuitos de perturbación sónica y los circuitos de perturbación de visión. Los circuitos sónicos son muy fáciles de reconocer, ya que hablan en voz alta dentro de la cabeza del preclear, o le proporcionan impresiones sónicas tenues. A veces, este circuito sónico puede tratar de fabricar engramas para el preclear. Pero hay una característica de los circuitos que siempre le permite al auditor diferenciar. Por lo general, los circuitos son estúpidos. También son maleducados. El auditor no debería prestarles atención una vez que los detecta, porque prestarles atención es validarlos en cierto grado. Cuando descubra un circuito de este tipo, no debería tratar de insistir en él. Debería sacar suficiente carga del caso como para que el circuito sea inoperante. Estos circuitos de fabricación de sónico y de visión tienen un repertorio muy limitado, y el auditor no debería desconcertarse cuando se encuentra con ellos. Ni debería pensar entonces que lo que el preclear está recorriendo es siempre un resultado de este tipo de circuitos. Para tener estos circuitos, el caso tiene que estar muy por debajo de 2.0 en la Escala Tonal y, en este nivel el "yo" rara vez interpreta los datos de forma correcta en cualquier caso. Al auditor no le interesan los datos de esta zona. Por tanto, los circuitos de sónico y de visión no deberían preocuparle, ya que no impedirán que se saque carga de un caso. El auditor no está intentando recorrer engramas.

También está el tipo de circuito de oclusión: el circuito que deja caer cortinas sobre cierta información, o que puede impedir el contacto del "yo" con el banco estándar o con el banco reactivo. Este circuito podría expresarse así: "Por tu propio bien, tengo que protegerte de ti mismo". Esto puede expresarse con mucha compasión en algún engrama y, en lo sucesivo, puede expresarlo suficientes veces la misma persona en el entorno del preclear, como para causarle una oclusión completamente cargada. Este individuo, como "se está protegiendo de sí mismo", no

Capítulo 15   Circuitos

puede entrar en ninguna porción de su mente para nada que se asemeje a un funcionamiento óptimo. Pero, una vez más, para que cualquiera de estos circuitos de oclusión sea efectivo, se requiere gran cantidad de carga. El Scanning de Candados y la Memoria Directa lograrán aliviar bastante estos circuitos, pero el circuito de oclusión puede persistir, expresado de mil maneras diferentes, hasta tal punto que toda la entheta quede más o menos ocluida.

Los circuitos son especialmente maliciosos al inhibir la liberación de la emoción. Aquí el auditor tiene un verdadero problema en el caso fuertemente cargado, que sin embargo está recorriendo a base de circuitos que le dicen que no llore, que no sienta nada, que lo olvide y demás. Puede que el auditor encuentre seriamente obstaculizada su entrada inicial al caso. El circuito hace imposible que el preclear descargue un engrama secundario. Pero, mediante Memoria Directa y Scanning de Candados, por lo general el auditor puede hacer que el preclear se eleve hasta tener la capacidad de recorrer engramas secundarios aun sin descargar estos circuitos de inhibición.

Existen circuitos que imponen o inhiben la afinidad, la realidad y la comunicación. "Tú nunca quieres a nadie" inhibe la afinidad. "Tienes que quererme" impone afinidad. "Nada es real para ti" y "Tienes que creer todo lo que oyes" inhiben e imponen la realidad. "Tienes que escucharme" o "Nunca oyes lo que digo" imponen o inhiben la comunicación.

Los cambios de valencia también causan problemas al auditor cuando intenta aligerar de secundarias un caso. Un preclear puede estar en la valencia del padre, que no era un hombre emotivo, y por lo tanto ser incapaz de derramar lágrimas. Una persona puede estar en la valencia de la madre, que lloraba todo el tiempo, y puede estar en esa valencia tan completamente que parece estar recorriendo secundarias pero, en realidad, está obedeciendo órdenes o respondiendo a un impulso imitativo de llorar. El caso no se aligera de ninguna secundaria de esta forma. El simple hecho de estar fuera de valencia lo pone fuera de contacto, no sólo con su propio dolor, sino también con su propia carga emocional. El dolor y la carga emocional son muy fuertes en el caso, pero el preclear, cambiado a otra valencia, está sintiendo somáticos de órdenes o los dolores de la otra persona y está derramando las lágrimas y sintiendo los temores de esa otra persona. Un individuo puede continuar con esto durante algún tiempo sin mucha mejoría en el caso. Se debería comprender que sólo por debajo de 2.2 puede un caso tener una carga lo suficientemente fuerte como para sacar al preclear de su propia valencia, hasta el punto en que pueda no sentir su propio dolor y emoción, al menos en una parte de la línea temporal. Cuando un preclear está fuera de valencia de esta forma, la Memoria Directa, el Scanning de Candados (en el que el auditor nunca se preocupa de si el preclear está o no está en valencia) y el recorrido de candados se alternan hasta eliminar suficiente carga del caso, como para que el caso entre con naturalidad en su propia valencia y recorra con naturalidad su propio dolor físico.

Por fortuna, un caso, no importa lo fuera de valencia que esté y no importa lo fuertes que sean los circuitos, libera su propio anatén en forma de bostezos o de boil-offs, aun cuando puede que no libere su propio miedo o lágrimas. A veces, la valencia tiene una línea temporal relativamente imperfecta, pero sin embargo existente. Y uno puede enviar a un preclear que está en la valencia del padre por la línea temporal del padre, que existirá dondequiera que el padre estuviera en contacto con el preclear. Se puede hacer Scanning de Candados realmente a esta línea temporal, pero este es un mecanismo del que el auditor no necesita preocuparse demasiado.

El auditor debería comprender los mecanismos de las valencias y los circuitos para comprender qué puede estar retrasando su caso, y para comprender y evaluar el comportamiento humano. Pero un estudio de este capítulo debería inculcar en el auditor que una valencia o un circuito tienen que estar fuertemente cargados para ser muy operativos y, por lo tanto, la resolución de los casos que están crónicamente fuera de valencia (como el caso ataúd), o de los casos que están fuertemente controlados por circuitos, depende de la resolución de la carga. Se puede sacar la carga de un caso en forma de candados e incluso de secundarias por medio de Memoria Directa y Scanning de Candados, así como por medio de un alto nivel de afinidad, realidad y comunicación como

Capítulo 15 — Circuitos

resultado de la asociación con el auditor o de la existencia en tiempo presente de fuertes factores de supervivencia, de placer, o incluso de educación (como puede observarse en las discusiones de grupo, en las que muy a menudo el tono de una persona se eleva).

En los comienzos de Dianética se necesitaba de una tremenda cantidad de conocimiento y destreza para manejar circuitos y valencias. La razón de esto era que se estaban recorriendo engramas antes de haber eliminado suficiente carga del caso como para que se pudieran recorrer. Ahora que se puede comunicar al auditor una mejor comprensión sobre lo que está haciendo, ahora que el auditor puede comprender mejor lo que se quiere decir con "carga" y cómo deshacerse de ella, esta enorme tecnología no es tan necesaria para el auditor. Sin embargo, sí debería comprenderla, ya que habrá casos que se resolverían con mucha mayor rapidez si el auditor comprendiera que lo único que estaba haciendo el preclear era derramar las lágrimas de Mamá u obedecer a un circuito.

Una de las manifestaciones más directas de los circuitos y de la carga en un caso es lo que se llama "visión prenatal". En realidad sí existe una visión prenatal, pero es negra. La negrura del prenatal, cuando el individuo está atorado en un engrama prenatal, en realidad oscurecerá su visión. Como está atorado en un engrama, su sónico será difícil de distinguir. Pero aquí, en este tema de la visión, se debería comprender que si bien es probable que las células y el cuerpo theta registren la luz, no existe ningún mecanismo conocido, excepto la imaginación, para producir las imágenes que aparecen en la "visión prenatal".

La "visión prenatal" puede consistir en escenas a todo color fuera de Mamá. O puede consistir simplemente en ver imágenes repentinas que van y vienen.

Un circuito de control producirá "visión prenatal". La "visión prenatal" es falsa y no tiene relación alguna con la realidad, y sólo significa que el caso está muy cargado. Con mucha frecuencia ocurre que la "visión prenatal" se activará durante un momento mientras el preclear está recorriendo un engrama en el periodo prenatal. El auditor debería pedir de inmediato una frase de control al presentarse esta manifestación momentánea de visión. Encontrará alguna frase como: "Veo lo que quieres decir" o simplemente: "Contrólate", que de alguna forma, hace que la imaginación cruce al banco de hechos.

La "percepción extrasensorial prenatal" es otra manifestación de carga y circuitos. Puede ser que exista un circuito que dice: "Sé en lo que estás pensando" y, cuando se le hace retornar a un punto cercano, el preclear parece obtener los pensamientos de Mamá y Papá por percepción extrasensorial. En realidad, estos "pensamientos" son compuestos de frases que se encuentran en el banco reactivo y en los bancos estándar del preclear. Muy bien puede ser que exista la percepción extrasensorial, pero la "percepción extrasensorial prenatal" es falsa.

Hay otro tipo de visión adicional que obtiene el preclear y que el auditor debería conocer. Y no es diferente del espejismo que aparece en el caluroso desierto. Un fuerte boil-off o fuertes áreas de anatén pueden causar que el preclear se desconecte inadvertidamente de la realidad y vea escenas e incluso escuche voces. Por lo general, estas escenas y voces son bastante inconexas. Nunca se debería interrumpir al preclear cuando hace esto. Este es un síntoma seguro de boil-off. Esta fase pasará en poco tiempo (por lo general) y se activarán otros percépticos del engrama. Siempre se tiene que permitir al preclear pasar a través de ese boil-off sin interrupción, sin darle empujoncitos ni sacudirlo ni hablarle, porque las cosas que suceden mientras está en esta condición quedan grabadas, ya que está cerca de estar inconsciente.

Los sueños parecen surgir de este tipo de circunstancia. Por lo general, el sueño es un engrama que se refleja a través de la niebla del anatén y sube hasta el "yo" por algún desvío, y en el camino se distorsiona de manera considerable. El sueño tiene muchísimo sentido cuando uno tiene el engrama. Hasta puede ayudar a encontrar un engrama del que de otra forma no se habría sospechado. Pero, por lo general, este tipo de conjetura es innecesaria, pues un caso que sueña mucho o bien tiene un nivel bajo de vitamina B_1 o bien tiene mucha carga.

LIBRO DOS, CAPÍTULO DIECISÉIS

Columna AL
Condición del Archivista

Como se ha mencionado en otra parte, aparentemente hay varias entidades o mecanismos de respuesta en la mente humana. El principal entre estos para el auditor, aunque no sea el de más alto rango, es el archivista.

Es evidente al examinarlo que las manifestaciones de la aberración en general (las valencias, los circuitos, las capacidades de la mente y sus distorsiones) dependen del hecho de que la estructura de la mente analítica contiene, básicamente, los mecanismos que están sujetos a ser aberrados por engramas. La mente reactiva no tiene los mecanismos de funcionamiento necesarios para poner en ejecución los engramas más allá de su contenido de entheta y dolor físico. Una persona que sufre de un engrama maníaco que le dice que él es el mejor revisor de tranvías del mundo, bien podría actuar como un gran revisor de tranvías. Se podría decir que es la mente analítica la que contiene la única potencialidad para ser revisor de tranvías. Esta potencialidad no la aumenta el engrama, sino que sólo la impone, excluyendo otras capacidades del individuo. El alivio del engrama aumenta aún más la posibilidad de que el individuo sea un gran revisor de tranvías, ya que el engrama contiene los factores de dolor físico e inconsciencia que reducen la capacidad analítica y hacen así que una persona sea menos capaz de actuar.

El circuito de control puede existir como manifestación de una orden engrámica únicamente porque la mente analítica posee, de forma innata, el mecanismo de los circuitos de control. El "yo", como parte de sus procedimientos de pensamiento usuales, instala y derriba a voluntad estos circuitos de control. Cualquier pauta nueva de aprendizaje crea toda una serie de circuitos y estos a su vez computan de forma independiente del "yo". Por ejemplo, para conducir un automóvil el "yo" no sólo le presta poca o ninguna atención a muchos de los actos de rutina del cuerpo, sino que proporciona, por medio del aprendizaje, circuitos para manejarlos. Además el "yo", estando completamente al mando del analizador, subdivide y hace o deshace compartimentos del analizador para que se encarguen de diferentes procesos de razonamiento. El vendedor, por ejemplo, crea un circuito para vender su producto. El "yo" del vendedor puede que esté poniendo muy poca atención a lo que está diciendo o haciendo el circuito de ventas mientras pronuncia el rutinario discurso de ventas. Pensar es tan complejo que los circuitos son muy necesarios para encargarse de cosas diversas relativas al pensamiento. Por lo general, la cocinera tiene muchos circuitos que le dicen qué hacer con diversos platos, mientras su "yo" continúa haciendo planes relacionados con políticas de nivel más elevado, o entreteniéndose con la radio.

En el capítulo anterior se ha tratado de la razón de las valencias.

Los engramas o la carga pueden exagerar o inhibir la imaginación y, de hecho, pueden interferir en ella volviéndola circuitos de computación. Pero antes de que un engrama y la entheta puedan aberrarla, la imaginación tiene que existir como función analítica (si bien algunas veces independientemente autocontrolada y aparentemente automática) y como una porción innata de la mente analítica.

Aparentemente, la principal función del archivista es tomar datos de los percépticos, conclusiones e imaginaciones antiguas y otros datos de los bancos de memoria estándar, y reenviarlos a las computadoras de nivel inferior o al "yo". Es probable que existan muchas unidades de atención atrás, a lo largo de los bancos estándar, llevando a cabo esta

Capítulo 16 — Condición del Archivista

función, ya que es obvio que existen muchas subcomputadoras en operación en cualquier mente en buen funcionamiento.

La mente analítica que está en muy buenas condiciones de funcionamiento (lo que significa que no está mal informada por los datos arbitrarios que hay en los engramas ni suprimida por la entheta que hay en la mente reactiva) obtiene la mayor parte de sus respuestas a base de respuestas relámpago. La "corriente de pensamiento" del escritor de ficción, o la divagación inútil del individuo que tiene un circuito que le dice que debe "considerar las cosas con mucho cuidado" y que expresa para sí con palabras conclusiones interminables, son generalmente resultado de engramas y entheta. El archivista o sus sirvientes siguen proporcionando al "yo" información que es válida y exacta. La transacción se hace, normalmente, en milésimas de segundo.

Al quedarse la mente analítica cada vez más desconectada por la entheta y los engramas, se inmovilizan o sofocan cada vez más unidades de atención. Al empeorar progresivamente esta condición, el archivista tiene más dificultades cada vez para pasar datos al "yo", pues está empezando a tener que enviarlos a través de circuitos, a través de paredes de valencia y por rutas insólitas. Bajo tales condiciones, las milésimas de segundo se alargan no sólo a segundos o a minutos, sino a periodos hasta de tres días. En una persona medianamente aberrada, el archivista tiene que recibir la orden y mandar de vuelta la respuesta a través de tanta entheta y a lo largo de tantas rutas tortuosas, que la persona "tiene que pensar" para recordar algo y puede, sin duda, recibir repentinamente, hoy a las diez de la mañana, los datos que solicitó ayer, sin que tengan ninguna relación con lo que la persona esté haciendo en ese momento.

Conforme el caso resulta aún más suprimido por la entheta, y el analizador aún más separado en compartimentos por la misma causa, el archivista se vuelve apenas un eco tenue, se considera que la memoria es "muy mala" y el individuo llega a sus conclusiones con mucha lentitud.

Cuando el individuo ha caído por debajo de 2.0, no solamente deja de existir el archivista como tal, para el individuo, sino que los datos comienzan a ser pasados de un lado a otro por archivistas entheta sustitutos. El verdadero archivista aún está ahí, pero está tan suprimido que se han usurpado sus funciones. Así, la recepción de datos y las conclusiones de un individuo que está por debajo de 2.0 en la Escala Tonal pueden ser asombrosas, por no decir algo peor. No sólo se reduce su analizador a un punto en que computa instintivamente en dirección a sucumbir (aunque esa dirección pueda estar camuflada), sino que los datos según los que se hace la computación se seleccionan mal y se distorsionan por parte de selectores y almacenadores engrámicos de entheta. Hasta se podría llegar al extremo de decir que el individuo que está por debajo de 2.0, pescó la mayoría de sus datos de su banco de engramas, y no de su banco de memoria estándar.

Es extraordinario que incluso en un individuo muy aberrado, que esté en un trance amnésico o muy sedado (y no intentes estas cosas en el procesamiento, ya que resultarían en una enturbulación y aberración mucho mayores del preclear) pueda descubrirse la personalidad básica calmada y serena, y el archivista, que estaba muy enterrado pero que ahora se revela, se puede hallar todavía en buenas condiciones de funcionamiento. Pero quedan tan pocas unidades de atención en la personalidad básica, aunque contenga los fundamentos de lo que sería esta persona si llegara a Clear, que esto debería considerarse sólo como un comentario y no como algo útil en el procesamiento. Se menciona sólo para hacer que el auditor entienda la importancia del hecho de que el archivista no muere ni desaparece, ni siquiera en el psicótico, aun cuando el auditor pueda sentir que es así cuando trabaja con personas seriamente aberradas.

El archivista normalmente da respuestas que contienen datos específicos más que respuestas que requieran de computación. Por ejemplo, (por encima de 1.5) se le puede hacer al archivista, con bastante confianza, cualquier pregunta que se pueda responder con "Sí" o "No", y recibir la respuesta. Además, el archivista proporcionará datos sobre el tiempo en cuanto al día de la semana, fechas del mes, meses o años, para localizar al preclear o un incidente en la línea temporal. Además, el archivista presentará los nombres de objetos, de personas o de cadenas, cuando se lo soliciten. O el archivista, si la conclusión existe en algún

CAPÍTULO 16 CONDICIÓN DEL ARCHIVISTA

otro lugar de la mente, reenviará al auditor la conclusión expresada en palabras respecto a lo que debería hacerse con el caso.

El uso ordinario del archivista es muy simple. El auditor sólo pregunta: *"Sí o no, ¿estás atorado en el nacimiento?"*. (chasquido).

La respuesta será "Sí" o "No". Primero se debería decir en qué términos quiere el auditor la respuesta. Así, el auditor dice "Sí o No" *antes* de hacer la pregunta. También diría "fecha" antes de mencionar el suceso. Y en cada ocasión, chasquearía los dedos después de la pregunta. Los errores comunes, cometidos por descuido, consisten en invertir este procedimiento, de manera que el archivista recibe el "Sí o No" después de la pregunta. En una persona medianamente aberrada, es posible que el archivista simplemente responda "Sí o No" como un eco. Otro error, aunque ridículo, es chasquear los dedos antes de hacer la pregunta completa. El chasquido es el impulso sonoro que empuja las respuestas a través de los circuitos. Chasquear los dedos antes de que la pregunta esté completa es no tener datos que empujar a través de los circuitos.

Se debe manejar al archivista con total respeto al Código del Auditor. De hecho ocurre que el archivista en un caso con carga relativamente fuerte puede funcionar a la perfección para un auditor que tiene un alto ARC con el preclear, pero puede no funcionar en absoluto con un auditor que tiene un ARC ligeramente más bajo con el preclear. Desde luego, esto se aplica sólo a los casos que están por debajo de 2.0.

El impulso del chasquido parece ser necesario en la mayoría de los casos. Hay casos que se oponen seriamente a que el auditor chasquee los dedos. Estos casos se reestimulan con el sonido del chasquido y un poco de Línea Directa normalmente encuentra la fuente de la objeción. Sin embargo, el auditor no debería mover la mano en dirección al preclear cuando chasquea los dedos ya que esto es muy reestimulativo para cualquier preclear que haya sido abofeteado. El movimiento de la mano hacia un individuo, si es repentino, siempre se evalúa como un gesto hostil. De la misma manera que el auditor debería abstenerse de poner los pies en el sofá, la cama o sus rodapiés, y debería abstenerse de tocar al preclear (salvo cuando el preclear, en un estado de angustia, desee tomar su mano), también debería ser muy cortés en relación con el archivista.

Nunca, bajo ninguna circunstancia, se debería invalidar al archivista. No se le deberían hacer preguntas de una forma y después de otra, como si el auditor dudara de la primera respuesta. La excepción a esto es el caso bajo de tono que tiene un circuito incorporado que responde las preguntas sobre la edad. Es evidente que el archivista puede apreciar esto. Pero una actitud muy interrogadora del auditor bien podría silenciar al archivista.

Se puede decir mucho acerca de ambos lados de la realidad. Al archivista lo puede validar una recepción exageradamente interesada y satisfecha de sus datos por parte del auditor o lo pueden invalidar unas cejas levantadas o el encogimiento de hombros en el auditor. Es muy común que el preclear que está en las bandas intermedias desconfíe de su archivista y él mismo se invalidará bastante. Pero cuando el preclear descubre que el auditor está aceptando estas respuestas, el preclear cesa esta práctica.

Simplemente como observación general en el campo del trabajo con el archivista y el preclear, un auditor puede apresurar demasiado un caso que está en las zonas intermedias o inferiores de la Escala Tonal y empezar a auditar con tal energía que el preclear se enturbule y a veces se hunda considerablemente en cuanto al tono. De forma similar, el archivista y el preclear se molestan e inquietan en presencia de un auditor apático o desinteresado, uno que dormitará cuando se está haciendo scanning de una larga cadena de candados o que sólo le hará preguntas al archivista cuando el propio preclear lo exija. Tanto un interés demasiado intenso, pues, como uno demasiado pequeño afectan no sólo al archivista sino al funcionamiento general del caso. El auditor debe aprender a adaptarse y a adaptar su estado de ánimo no sólo al tipo de incidente que esté recorriendo el preclear y a la personalidad del preclear, sino también a la posición del preclear en la Escala Tonal. Cuanto más bajo esté el preclear en la Escala Tonal, más considerado, paciente y comprensivo tiene que ser el auditor. Aunque esté bajo en la Escala Tonal, el preclear puede que tenga un archivista que funcione ocasionalmente. Y se puede persuadir a esta ocasionalidad para que se transforme, por validación del archivista, en una respuesta estable. Pero si el auditor es menos

CAPÍTULO 16 — CONDICIÓN DEL ARCHIVISTA

considerado y eficiente de lo que debería ser, entonces la funcionalidad ocasional del archivista cesará.

Nada desconecta a un archivista o a un preclear con más rapidez que la ineptitud. Se pueden perdonar algunos errores, pero la torpeza y la inseguridad continuos pueden ocasionar que un archivista se rinda, y puede producir una reacción similar en el preclear.

Tiene cierta gracia que en la Fundación hubo una deificación del archivista y de otras entidades que habían sido descubiertas en la mente. El resultado global fue que los auditores empezaron a hablar con estas entidades en lugar de hablar con el preclear. Esto tendía a invalidar al preclear como individuo. El preclear tiene derecho a sus opiniones y es el centro de atención. El archivista y las otras entidades son simplemente, suponemos, porciones de la función analítica de la mente. En una época, el auditor trataba al archivista de "Sr. Archivista" y se le daba las gracias al archivista por cada respuesta relámpago. Es evidente que el archivista no necesita especialmente este tipo de cortesía. Pero de vez en cuando, el auditor se encontrará trabajando con un mecanismo de respuesta en la mente que insiste mucho en la cortesía y el protocolo. En este caso, el auditor no está trabajando con el archivista, ya que el archivista es un mecanismo robusto que tiene poco que decir y una forma breve de decirlo. Pero esto no significa que no debería aceptarse otra entidad.

De vez en cuando, el auditor se preguntará si está hablando con el archivista o con un circuito demonio. Su preclear tendría que estar bastante bajo en la Escala Tonal para que fuera posible esta confusión. De hecho, los circuitos demonio responderán, pero no lo hacen con la rapidez relámpago y la simplicidad del archivista. De vez en cuando, uno se topará con un verdadero circuito demonio de audio que es muy insultante hacia el auditor, ya que los circuitos demonio son tanto estúpidos como descorteses. En el momento en que el auditor se encuentra tratando con un circuito de este tipo, hará bien en no prestarle más atención y no aceptar más respuestas suyas, ya que prestar más atención a esta forma de entheta sirve para validarla ante el preclear, o incluso para fortalecer a la forma misma. Aunque estos circuitos demonio son divertidos, el auditor debería limitar la atención que les presta, ya que todo lo que se aplique en esta dirección es un esfuerzo perdido. El auditor sólo debería saber que algo así puede suceder, para que no se sorprenda si, como ocurre en raras ocasiones, un circuito demonio se cruza en su camino.

La nitidez y exactitud de un archivista se deteriora a medida que el caso desciende por la Escala Tonal. En general, cuanta más entheta hay en un caso, menos fiable es el archivista. Normalmente esto no se vuelve grave hasta que el caso no baja a 2.0. Después de eso, la condición del archivista no sólo se vuelve deficiente, sino que las manifestaciones del archivista alrededor de 1.1 y 0.5 son tales que el auditor no puede darles crédito alguno.

De vez en cuando se encontrará a un preclear que da respuestas "de archivista", según el preclear. El auditor ya debería reconocer en qué punto está su preclear en la Escala Tonal antes de empezar el procesamiento. Pero aun así, de vez en cuando, al auditor lo puede sorprender un "archivista" que da respuestas muy extraordinarias. Los preclears han informado de "archivistas" que daban sus respuestas de sí-y-no como señales de tráfico visibles. En la respuesta relámpago, el brazo señalador se elevaría con un sí o un no, a veces con luz roja o verde y todo. O el preclear puede informar de que un "archivista" se presenta como un par de manos que reparten cartas en las que está escrito "Sí" y "No". O, como sucedió en un caso, el "archivista" puede ser un tren de juguete que pasa con buena marcha, se para y levanta un camión de volteo con un "Sí" o un "No" pintado en el fondo. Estos "archivistas" no son archivistas en absoluto, sino mecanismos de circuitos que normalmente se encuentran en casos muy cargados que tienen gran cantidad de circuitos de control.

Hay algo respecto a estos circuitos de control que activa la visión. Es posible que se deba a que la imaginación funciona de una manera relativamente autocontrolada, y a que un circuito de control puede poner en acción la imaginación. Como quiera que esto sea, la existencia de estos aparatos mecánicos y otras manifestaciones, cuando el auditor desea una respuesta del archivista verdadero, son sintomáticos de casos que están bajos en la Escala Tonal. No se debería confiar en las respuestas de estos mecanismos.

Capítulo 16 — Condición del Archivista

Hay casos con mucha entheta en que el archivista siempre responde "Sí-No" o "No-Sí". Aquí, una vez más, demasiada carga inhibe el uso del archivista por el auditor.

A menos que el auditor pueda obtener una respuesta clara y auténtica del archivista, aunque sea ocasional, no debería tratar de trabajar con él. La división más segura y automática que puede tener el auditor respecto a los tipos de procesamiento que va a usar es esta: ¿Tiene el preclear un archivista funcional? Si lo tiene, entonces la Memoria Directa, el Scanning de Candados y las secundarias son funcionales por lo general.

Si el archivista no responde o responde de una forma que no es fiable o con algún mecanismo extraño, el auditor debería, como regla general, limitar su procesamiento a Memoria Directa, Scanning de Candados muy ligero, y tal vez a secundarias de miedo, pero debe evitar el pesar o la apatía.

Si la respuesta del archivista es fuerte y exacta, es probable que se puedan recorrer engramas en el caso.

Estos comentarios proporcionarán al auditor un diagnóstico rápido y provisional si por alguna razón deseara trabajar con un caso durante corto tiempo como para una demostración o ayuda, y no tiene todavía a mano una tabla o el tiempo para localizar a su preclear en ella. Si el auditor va a aceptar un caso por cualquier periodo de procesamiento mayor a una sesión corta, siempre debería localizar al preclear en la tabla con tanta exactitud como sea posible.

LIBRO DOS, CAPÍTULO DIECISIETE

Columna AM
Nivel Hipnótico

Es PERTINENTE A LA diagnosis saber si el preclear es o no altamente sugestionable o si se le puede hipnotizar.

El hipnotismo es dirigirse a la mente reactiva. Dicho sin rodeos, reduce el auto-determinismo interponiendo las órdenes de otra persona por debajo del nivel analítico de la mente de un individuo. Enturbula un caso, aberra material y considerablemente a los seres humanos haciendo key-in de engramas que de otra forma seguirían inactivos y es el tipo de mecanismo de control con el que se deleita un individuo, una secta o una ideología autoritarias. Las personas que se dedican al hipnotismo sólo muy de vez en cuando se interesan en la experimentación sobre la mente humana para aprender más acerca de ella. El hipnotismo en la sociedad debería limitarse al hipnotismo experimental genuino, estrictamente en el laboratorio y nunca en el salón (y haciéndolo con pleno conocimiento de que se está reduciendo la eficiencia del ser humano en quien se está experimentando y de que puede causarle daño permanente), y al uso del hipnotismo por un cirujano (aunque sin combinarlo con otro anestésico).

Someterse a ser hipnotizado es análogo a ser violado, con la excepción de que, en general, el individuo se puede recuperar de ser violado.

Para cualquier ser humano de pensamiento claro que crea en el valor de las personas como seres humanos, hay algo horriblemente obsceno en lo que concierne al hipnotismo. Interponer controles ocultos por debajo del nivel de consciencia no puede ser beneficioso, sino que sólo puede pervertir la mente. No importa si el hipnotizador le dice al sujeto que va a ser mejor en su trabajo o que estará más sano. Sea cual sea el beneficio aparente que se pretenda lograr, el individuo que permita que se le hipnotice es, francamente, un tonto.

El hipnotismo, en su uso común, es sólo una dramatización de algún individuo que desea tener un control encubierto de sus semejantes.

Se ha demostrado, por medio de una investigación sobre el hipnotismo y sobre sus usos en la sociedad, que este está mucho más difundido de lo que jamás se había sospechado, porque antes del procesamiento de Dianética el Hombre no conocía método alguno para poder deshacer el daño del hipnotismo. Los hipnotizadores pensaban que el sólo recordar estas sugestiones las aliviaría, y que el poder de la sugestión desaparecía con el tiempo. Resulta que ambas ideas son falsas. La sugestión hipnótica tiene que recorrerse como un depósito muy fuerte de entheta, casi tan fuerte como un engrama secundario. Y es absolutamente permanente hasta que se alivie de él con procesamiento de Dianética, y está sujeta a la reestimulación exactamente igual que cualquier engrama o secundaria.

Por supuesto, el cirujano o el dentista que permite que exista cualquier conversación o percépticos innecesarios en el entorno del paciente anestesiado está practicando un tipo de hipnotismo mucho más grave, duradero y brutal que el hipnotismo ordinario, aun cuando este último no incluya dolor físico ni drogas hipnóticas. Al hacerles una demostración del procesamiento de Dianética a algunos cirujanos que "sabían" que sus pacientes estaban inconscientes y que "sabían" que no se estaba llevando a cabo ninguna grabación, estos se quedan atónitos cuando estos mismos pacientes, estando en auditación, reproducen las mismas palabras que el cirujano recuerda bien haber usado y describen con gran detalle operaciones sobre las cuales, faltándoles formación técnica, no podrían tener conocimiento alguno. El médico y el dentista olvidan que

CAPÍTULO 17   NIVEL HIPNÓTICO

los anestésicos empezaron a usarse de forma generalizada sólo a finales del siglo XIX, que definitivamente son una novedad en el campo de la medicina y que no se sabe (ni *se* sabía) mucho acerca de los anestésicos. Con este enfoque, debería ser menos asombroso el que no supieran lo que le sucedía a un paciente bajo el efecto de la anestesia, ya que el Hombre tampoco ha tenido mucha información sobre la anestesia en sí.

El obstetra, cuya paciente después de dar a luz, sufrió una psicosis posparto, se encoge al descubrir que fueron las palabras que él dijo cuando la chica estaba "obviamente inconsciente", las que almacenaron en la mente de ella la orden que causa que aborrezca al niño e intente matarlo diez días después del parto. Es difícil lograr que un ser humano acepte una responsabilidad de esta magnitud, por lo aterrador de lo que se puede hacer en el quirófano. En la actualidad, la conversación común en los quirófanos de Estados Unidos son chistes obscenos y comentarios personales burdos y despectivos sobre el paciente. No se debería censurar a la cirugía por esto, ya que el procesamiento de Dianética y el conocimiento de las consecuencias del ruido, de la conversación e incluso de la música cerca del paciente anestesiado no se dieron a conocer hasta el año pasado (1950). Cada vez más hospitales en Estados Unidos, conscientes ahora del daño que se puede hacer, están formando a sus cirujanos para que guarden silencio cerca de los pacientes anestesiados y proponiendo graves sanciones por cualquier conversación en los quirófanos. Así que la medicina por lo menos lo está intentando. Sin embargo, el individuo que conoce Dianética no debería sentir timidez ni retroceder ante la invalidación del médico cuando un amigo o un ser querido va a estar en la mesa de operaciones. Pues uno puede permitirse soportar unas cuantas contrariedades, invalidaciones o reproches de algún médico anticuado, si esto significa que el amigo o ser amado se va a aliviar mucho más rápidamente y no va a exhibir un incremento muy grande en el nivel de aberración ni un descenso muy grande en la Escala Tonal por la operación o por la extracción dental. Vivirás todavía para ver la época, dentro de no muchos años, en que se acusará penalmente a cualquiera que hable cerca de una persona inconsciente.

El consumo regular de sedantes, como el fenobarbital, causa que el individuo deambule en un leve trance hipnótico. Puede que la droga en sí no sea muy dañina para el sistema nervioso, pero este leve trance hace posible que el individuo tenga un key-in a causa de absolutamente todo lo que le rodea, a pesar de que el individuo no parece notarlo al estar bajo el efecto de sedantes. Administrar sedantes al neurótico o al psicótico es una práctica muy peligrosa. Si se tuviera que hacer algo por estas personas mediante las drogas, se pueden lograr mejores efectos, de acuerdo con las observaciones médicas, con la administración de estimulantes como la Bencedrina. Por una u otra razón (quizás porque, en una sociedad baja de tono los individuos que están completamente bajo control provocan menos miedo), se considera menos dañino el tratamiento con sedantes. De alguna forma se considera que los estimulantes dan demasiada energía y los médicos parecen estar mucho más inclinados a recetar sedantes que estimulantes. La investigación de la literatura y la consulta de observaciones médicas exactas demuestran que el individuo bajo los efectos de estimulantes suaves manifiesta una aberración menos activa. Desde luego, por debajo de cierto punto en la Escala Tonal se administran sedantes con la esperanza de que el paciente ocasione así muchos menos problemas al médico, a la enfermera o a las demás personas que lo rodean, y no con ninguna esperanza o creencia de que ayuden al paciente en modo alguno. En realidad, unas cuantas horas de Scanning de Candados en cualquier caso harán más por su "nerviosismo" que un barril de fenobarbital.

Existe otra forma de hipnotismo que está entre la operación quirúrgica y el hipnotismo directo sin dolor físico. Esta forma de hipnotismo ha sido un secreto que ciertas organizaciones militares y de inteligencia han guardado con mucho cuidado. Es un arma de guerra maligna y podría ser mucho más útil en la conquista de una sociedad que la bomba atómica. Esto no es una exageración. El uso de esta forma de hipnotismo en el trabajo de espionaje está tan extendido hoy en día, que hace mucho que la gente debería haberse alarmado al respecto. Hizo falta el procesamiento de Dianética para poner al descubierto la técnica de "dolor-drogas-hipnosis". De otra forma, la técnica de "dolor-drogas-hipnosis" estaba oculta, insospechada y desconocida.

La técnica de dolor-drogas-hipnosis es simplemente una extensión de la narcosíntesis, la hipnosis con drogas que se usó en Estados Unidos sólo durante la Segunda Guerra Mundial y a partir de entonces.

El hipnotismo tiene la virtud, al menos al principio, de requerir el consentimiento del sujeto hipnótico antes de que el hipnotismo se realice. Además, el hipnotismo tiene la virtud adicional sobre la hipnosis con drogas y sobre la técnica de dolor-drogas-hipnosis, de que un individuo en un trance hipnótico rara vez realizará un acto inmoral, aunque el hipnotizador le ordene hacerlo, a menos que ese individuo normalmente realizara tales actos.

El hipnotismo con drogas no necesita llevarse a cabo con el consentimiento del individuo. Un individuo que está drogado puede recibir órdenes hipnóticas por parte del médico o el hipnotizador y las obedecerá, y continuará obedeciendo estas órdenes después de despertar del sueño inducido por las drogas. La hipnosis con drogas se puede inducir utilizando el método de poner, en la bebida de un individuo, unas gotas de un sedante fuerte, como el hidrato de cloral, amordazarla de repente con un pañuelo de seda por la espalda e inyectarle morfina en el brazo, o hallando al individuo cuando está ebrio, poco después de que se le ha operado o durante una operación, o cuando se le están administrando electrochoques o sedantes en un manicomio. De ahí en adelante, el operador trabaja de manera similar al hipnotismo ordinario. La hipnosis con drogas se puede administrar utilizando un fraseo tal que hará que el paciente no sólo olvide lo que se le ha dicho y aun así lo lleve a cabo, sino que también olvide que alguna vez se le haya administrado hipnosis con drogas si se incluye esa orden. Y hasta se le pueden proporcionar datos para explicar el tiempo durante el que fue sometido a narcosíntesis. Así, el hipnotismo con drogas se puede realizar sin el consentimiento del sujeto, y es común que lo hagan así incluso médicos en el curso normal de su ejercicio. No existe nada nuevo ni extraño en la hipnosis con drogas. En ocasiones no funciona como el operador se lo propone, y por lo general no va contra el tono moral normal del individuo, excepto en que, por supuesto, inevitablemente hace que descienda en la Escala Tonal, produciendo así una tendencia hacia unos principios morales disminuidos en general. Se ha descubierto que cuando a un individuo que está bajo el efecto de las drogas se le golpea y se le dan órdenes, él obedecerá casi invariablemente estas órdenes, sin importar hasta qué punto desdeñen su tono moral, su posición o sus mejores intereses en la vida.

Hasta la llegada de Dianética, no se sospechaba el uso tan difundido de esta práctica, simplemente porque no había medios para poder detectar, siquiera, la existencia de la técnica de dolor-drogas-hipnosis. A un individuo se le podría someter a la técnica de dolor-drogas-hipnosis el martes por la noche y despertar la mañana del miércoles sin noción alguna del hecho de que le habían dado un puñetazo al bajar de su automóvil, le habían puesto una inyección, lo habían golpeado con gran dolor (pero no hasta el punto de dejarle marcas) y lo habían dejado silenciosamente en su propia cama. Este individuo no sabe que le ha ocurrido algo inusual ni lo sospechará, ni siquiera cuando se le confronte con el hecho de que su conducta está muy cambiada en ciertos aspectos con respecto a su conducta anterior. Si el operador criminal lo quisiera, este individuo realmente obedecería la orden hasta el punto de iniciar una amistad con alguna persona indicada por el hipnotizador y de ahí en adelante llevar sus asuntos de acuerdo a lo sugerido por este "amigo".

La Fundación llevó a cabo algunas pruebas relacionadas con la efectividad de la técnica de dolor-drogas-hipnosis, y encontró que es tan terriblemente destructiva de la personalidad y tan infalible en su acción, excepto en los casos de individuos con una dotación de theta mucho mayor que la del hombre normal, que se emprendió una investigación más amplia para descubrir cuántas personas exactamente se podrían encontrar en su proximidad a las que hubieran aplicado la técnica de dolor-drogas-hipnosis. La técnica de dolor-drogas-hipnosis es tan eficaz

CAPÍTULO 17 — NIVEL HIPNÓTICO

para destruir que la Fundación ha cesado en su experimentación en este campo, habiendo aprendido ya lo suficiente, y negándose a poner en peligro la cordura de los individuos. Los psicoterapeutas con quienes la Fundación ha tratado han estado ávidos de instalar un engrama en un paciente, para que la Fundación lo recuperara y ver cuántos de los percépticos son recuperables. La Fundación no aceptará más experimentos de este tipo, e informa a quienes experimentan que lo hacen asumiendo ellos mismos un grave riesgo, bajo su propia responsabilidad. Se puede comprobar la validez de los engramas de manera mucho más natural y válida sin el uso de drogas.

Un conocimiento de los engramas y del hecho de que las personas se pueden aberrar hasta volverse dementes o criminales por la existencia de los engramas, debería ser validación suficiente del hecho de que la técnica de dolor-drogas-hipnosis se puede llevar a cabo sin el conocimiento del individuo y de que le puede ordenar hacer cosas que no sólo vayan contra su propia supervivencia, sino que sean altamente inmorales o destructivas.

El nivel hipnótico del individuo es directamente proporcional a la proporción de entheta que hay en el caso. El hipnotismo se especializa en entheta, no en la razón. La implantación se lleva a cabo directamente en la mente reactiva. Cuanta más entheta o carga contenga la mente reactiva, más fácilmente se puede hacer que los implantes funcionen y más fácilmente se puede hipnotizar a la persona.

Cada hipnosis enturbula hasta un punto ligeramente mayor, y aprisiona y enquista más theta convirtiéndola en entheta en la mente del sujeto hipnótico. El uso continuo y repetido del hipnotismo, continuando simplemente la conversión de cada vez más theta libre en entheta, causa que el individuo descienda en la Escala Tonal. El efecto maníaco de una orden hipnótica maníaca tiene una duración limitada, pero el descenso de tono que produce es permanente (de no ser por el procesamiento de Dianética).

El hipnotismo además actúa como un key-in de muchos engramas y como reestimulación de candados y secundarias y, así, aumenta la aberración del sujeto hipnótico al asemejarse a las palabras que están en los engramas y las secundarias en un momento en que la consciencia analítica es baja o está ausente.

El auditor debería darse cuenta, entonces, de lo que el hipnotismo produce en un caso:

1. Para no utilizar el hipnotismo.
2. Para extraer del caso todas las órdenes hipnóticas como una de sus primeras tareas.

La fraseología del hipnotismo va más o menos así:

"Te estás relajando. Te estás hundiendo, hundiendo, hundiendo (lo que envía al sujeto hacia abajo al pasado por la línea temporal, aunque el hipnotizador no lo sepa). Tienes cada vez más y más sueño. Lo único que puedes oír ahora es el sonido de mi voz que te dice que te duermas (lo que instala un circuito). Quieres creer todo lo que te estoy diciendo (lo que reduce la capacidad del sujeto para evaluar los datos). Todo lo que te diga causará una impresión profunda y duradera en ti. Cuando despiertes, descubrirás que te sientes muy ligero y etéreo. Desearás ser amable con la gente. Cada vez que te diga en el futuro la palabra 'Abracadabra', entrarás en un trance hipnótico, sin importar dónde estés ni lo que estés haciendo. Quieres hacer exactamente lo que te diga que hagas. Yo soy tu amigo. Soy el mejor amigo que tienes. Cuando despiertes y yo toque mi corbata, te quitarás el zapato izquierdo. Cuando me meta las manos en los bolsillos, te pondrás de nuevo el zapato izquierdo y explicarás tus acciones (el sujeto lo explicaría, de cualquier forma; esta es una sugestión posthipnótica, y cuando el sujeto despierte realizará este acto a la señal del operador). Ahora olvidarás todo lo que te he dicho durante esta sesión. No quieres recordarlo. Cuanto más te esfuerces por recordar, más te olvidarás. A medida que cuente del uno al siete, tu memoria de este incidente será cada vez menor y al final se desvanecerá. Uno, empiezas a olvidar. Dos, estás olvidando un poco más. Tres, estás olvidando más. Cuatro, estás olvidando aún más. Cinco, se está volviendo muy tenue.

CAPÍTULO 17 — NIVEL HIPNÓTICO

Seis, sólo es un sueño muy, muy tenue. Siete, ahora sacude la cabeza y todos los hechos se desprenderán".

Esta es una fraseología más o menos típica. Varía un poco, y a menudo las frases se repiten muchas veces. El auditor que sabe que la fraseología del hipnotismo es más o menos así puede, al echar mano de ello, hacer que el preclear repita estas frases o frases semejantes, u obtener las frases del archivista, que es la manera más fiable de hacerlo. Y de esa manera, al destruir el mecanismo olvidador que está al final o al destruir una afirmación idiota (pero no infrecuente) como "sacude la cabeza y todos los hechos se desprenderán", el auditor podría devolver al preclear considerable memoria, no sólo del incidente, sino de su vida en general*.

Cuando se añaden drogas al hipnotismo, la cantidad de entheta aumenta considerablemente, pero el efecto de las drogas saldrá en el procesamiento en forma de boil-off (lo que se explica en el capítulo Entheta Relativa en el Caso).

Cuando un auditor se da cuenta de que su preclear es excepcionalmente sugestionable, debería tener mucho cuidado con lo que le dice al preclear. Puede ser que se dé cuenta de que un preclear, tras cerrar los ojos, empieza a agitar los párpados. Esto es síntoma del nivel más leve de trance hipnótico. El auditor no puede evitar procesar el caso, pero debería tener mucho cuidado de usar un lenguaje muy diferente al de las sugestiones hipnóticas, y asegurarse, al final de la sesión de procesamiento, de hacer scanning de la auditación.

---

* El auditor puede cometer el error de pensar que por el hecho de que a su preclear le hipnotizara su primo Freddie a la edad de once años, y que no lo hiciera un hipnotizador profesional de salón ni un hipnotizador "clínico", no tiene que preocuparse por la hipnosis. Sin embargo, la experiencia demuestra que los hipnotizadores aficionados asustados que se sienten culpables tienden a usar aún más mecanismos olvidadores y de ruptura de la realidad que el confiado hipnotizador profesional o criminal. Y se puede esperar que estos incidentes sean una maraña de "no lo podrás recordar", "olvídalo", "no creas que haya sucedido jamás", "no puedes contárselo a nadie, no te creerían si lo hicieras", etc., etc., etc. En un caso que ya estuviera ocluido, esta clase de cosas fácilmente puede dejar en blanco cinco o diez años de la vida del preclear casi por sí mismo. La Memoria Directa y el Scanning de Candados realizados sobre estos periodos tendrán el efecto de poner al preclear en contacto con la hipnosis, que es posible que el auditor pueda recorrer entonces.

Hay muy poco que el auditor pueda hacer con un caso que entra en trance hipnótico cada vez que se le da la orden de cerrar los ojos. Retornar al pasado por la línea temporal aumenta ligeramente la propensión de cualquier persona a la sugestión. No hay nada de malo en esto, excepto durante boil-offs. Durante un boil-off, las observaciones que se le hacen al preclear pueden olvidarse y perderse, convirtiéndose así en sugestiones hipnóticas. Se debería hacer, entonces, scanning de todas las sesiones, poniendo especial atención en cualquier periodo en que el preclear estuviera haciendo boil-off.

El auditor puede encontrar a un preclear que insista en que se le drogue o hipnotice para ser auditado, como dramatización de alguna orden del pasado. Si este preclear insiste en que se le hipnotice, el auditor puede estar seguro de que en este caso existe hipnotismo ya sea que el preclear lo recuerde o no. El hipnotismo está generalizado en nuestra sociedad y pedir hipnotismo es una dramatización del hipnotismo. Además, el porcentaje de personas que recuerdan haber sido hipnotizados, o cuántas veces, es muy pequeño.

El hipnotismo ha sido un juego de salón, el instrumento del pervertido, la afirmación de mando del autoritario, y está más generalizado de lo que uno sospecharía de buenas a primeras, como descubrirá el auditor después de que haya procesado unos cuantos casos. No le debería sorprender lo que encuentre en un incidente hipnótico, ya que los hechos pueden diferir por completo de lo que le dijo el hipnotizador al sujeto que había sucedido. Un lema que se puede utilizar es "Nunca creas a un hipnotizador".

En el procesamiento de Dianética, solíamos usar lo que se llamaba un *cancelador*. Al principio de la sesión, se le decía al preclear que todo lo que se le dijera durante la sesión se cancelaría cuando se pronunciara la palabra "cancelado" al final de la sesión. Este cancelador ya no se emplea, no porque no fuera útil, sino porque el Scanning de Candados proporciona los medios para hacer scanning de toda la auditación. Este es un mecanismo mucho más efectivo y positivo que el cancelador. Al sacar la auditación antigua de los casos haciendo scanning, el auditor encontrará de vez en cuando que el preclear no puede recuperar lo que dijo el auditor. La razón de esto es que el cancelador ha actuado como mecanismo olvidador y ha bloqueado al auditor. Con sólo usar la Técnica Repetitiva (es decir, repetir las palabras estándar del cancelador unas cuantas veces) se pondrá al preclear en contacto con el primer cancelador del caso, y los canceladores subsecuentes no tendrán entonces gran efecto aberrativo.

Debería mencionarse acerca del hipnotismo que una sesión hipnótica antigua es la más válida, incluso si la cancela una sesión hipnótica posterior. La simple orden en una hipnosis posterior de que la hipnosis anterior no existe, no hará nada para volver menos efectiva la hipnosis anterior, pero sí hará que el sujeto la olvide de manera más concienzuda, y se seguirán aceptando las órdenes del incidente anterior por encima de las órdenes del incidente posterior. Así es como funcionan todos los engramas. Sin embargo, al aligerar las sesiones hipnóticas de un caso, a veces uno tiene que empezar con la sesión más reciente e ir hacia atrás debido a la cantidad de entheta aprisionada en las últimas sesiones, que, por ser las últimas de una larga línea, se encontrará que son muy aberrativas para el caso.

LIBRO DOS, CAPÍTULO DIECIOCHO

Columna AN
Nivel de Alerta Mental

Se podría postular que en realidad existen varios niveles de función mental. Con el fin de establecer una analogía y con el propósito de comunicar la tecnología del procesamiento, usamos sólo la *mente reactiva* y la *mente analítica*.

La *mente analítica* sería esa parte del ser que percibe cuando el individuo está despierto o en un sueño normal (ya que el sueño no es inconsciencia y cualquier cosa que el individuo haya percibido mientras estaba dormido puede ser recuperado por el auditor con relativa facilidad) y que se graba en los bancos de memoria estándar. Los bancos de memoria estándar, entonces, serían las grabaciones de todo lo que ha percibido el individuo durante la vida hasta tiempo presente, a excepción del dolor físico (que no se graba en la mente analítica sino que se graba en la mente reactiva). La mente analítica tendría, además, grabaciones de sus conclusiones en el momento en que percibió ciertas cosas en el entorno. En la mente analítica, las conclusiones se forman a partir de la observación, de las experiencias y de la educación, adaptadas al entorno de tiempo presente y al futuro. Las conclusiones y los percépticos se archivan por tiempo y tema. El mecanismo computador de la mente analítica funciona, evidentemente, basándose en el principio de comparación de datos y evaluación en términos de *diferencias*.

La brillantez de la mente analítica consiste:

Primero, en su capacidad para grabar percepciones del entorno.

Luego, en su capacidad para recordarlas, ya sea para revisar la memoria o para originar nuevas computaciones.

Tercero, en su capacidad para comparar y evaluar datos con el fin de lograr la supervivencia óptima en cualquier dinámica o en todas ellas.

Cuarto, en su capacidad para rearchivar las conclusiones así alcanzadas.

Quinto, en su capacidad para resumir y comparar aquellas conclusiones según se requiera en computaciones posteriores.

La mente analítica también contendría la imaginación, que o bien crea realidades nuevas de la nada o bien las hace como remiendos a partir de viejos fragmentos y partes de experiencia. La función de la imaginación es postular metas, prever obstáculos para llegar a ellas y dar forma definitiva a los entornos del presente y del futuro. La mente analítica también graba, junto con las conclusiones, todo lo que imagina, y compara y vuelve a imaginar estas cosas como ayuda para la supervivencia óptima.

Sin estar influenciada por datos arbitrarios, la mente analítica es capaz teóricamente de realizar computaciones perfectas en todo momento. Los datos según los que computa pueden ser erróneos, pero el computador en sí es *correcto*.

Una máquina sumadora obtiene respuestas correctas, siempre y cuando se use, a menos que algo ande mal con el operador o con la máquina en sí. Como la mente analítica es su propio operador, al buscar errores se deben examinar, entonces, las fuentes de datos. Los bancos de memoria estándar contienen datos erróneos sólo en cuanto a una base educacional. Consideremos una máquina sumadora que sumara un 5 extra en cada columna sin que lo supiera el operador. Cada vez que el operador sumara 5 y 5, obtendría 15. Cuando sumara 20 y 10 obtendría 35. En el caso de una máquina multiplicadora, si la máquina multiplicara por un 5 adicional cada vez que se requiriera un resultado, al multiplicar el operador 2 por 10 obtendría 100. Si multiplicara 1 por 5, obtendría 25. En cada caso, el error de la máquina está en la adición de un valor arbitrario oculto. Si uno estuviera restando y la máquina restara siempre 5 más de lo que solicitara el operador, al restar 5 de 10, el operador obtendría 0. Al restar 10 de 20, el operador obtendría 5. En el caso de la división, si una máquina dividiera por 1 más de lo que deseara el operador, al dividir el operador 30 entre 5, obtendría un cociente de 5. Al dividir 12 entre 3, obtendría un cociente de 3. Aquí, errores inadvertidos y ocultos que se encuentran por debajo del nivel mecánico observable de la máquina y fuera del conocimiento del operador producirían, al inyectar números ocultos a las sumas, multiplicaciones, restas y divisiones, respuestas incorrectas.

La mente analítica está sometida continuamente, en un individuo aberrado, a estos datos arbitrarios. El individuo desconoce la existencia de estos datos, pues estos llegan a la mente reactiva en un momento en el que la mente analítica está inconsciente. La mente analítica no percibió ni grabó el hecho de que los datos entraron y no es, por tanto, consciente de que existen los datos. Por lo tanto, se puede someter a la mente analítica a factores arbitrarios ocultos que la obsesionan, la obligan o la inhiben de llegar a conclusiones correctas.

El propósito de la mente analítica es estar en lo *correcto* y nunca estar equivocada. Una persona que por lo general tiene razón más de lo que se equivoca, sobrevive. Una persona que se equivoca más de lo que tiene razón, sucumbe. No es hasta que se desconecta la mente analítica casi por completo (como en 2.0 y más abajo) que se toma la dirección hacia sucumbir, ya que la mente analítica no está presente con suficiente fuerza como para tomar la dirección hacia la supervivencia ante datos arbitrarios que le impone la mente reactiva.

La mente reactiva es el compuesto de la entheta que hay en el caso. La mente analítica sería la suma de la theta que razona. El contenido total de la mente reactiva consiste en candados, secundarias y engramas. Estos contienen frases que son capaces de considerable computación e imaginación desquiciante. Impuestos por la porción de dolor físico del engrama, estos datos arbitrarios tienen poder de mando sobre la mente analítica. La mente analítica, al resistirse a este poder de mando, obligará al dolor a volverse contra el cuerpo, produciendo somáticos crónicos comparables al reumatismo, males cardíacos, jaquecas, mal funcionamiento del sistema endocrino y otros somáticos crónicos característicos indeseables.

En teoría, la mente analítica tiene como parte de su capacidad, cuando trabaja con libertad, el control sobre cualquier parte del organismo. Esto es cierto al menos cuando la mente analítica funciona a través de la mente somática. La *mente somática* sería la mente que se encarga de los mecanismos automáticos del cuerpo, de regular los pequeños detalles que mantienen al organismo en marcha. Aquí tienes un vasto sistema de válvulas y mediciones. Sin embargo, la mente reactiva puede trabajar contra la mente analítica y la mente somática para imponer e inhibir todas estas funciones reguladoras y desajustarlas, originando diversas condiciones físicas no óptimas.

Como se ha señalado, se pueden postular otros niveles mentales. Se podrían considerar hasta ocho o diez niveles mentales. El nivel de la mente somática sería el que tuviera que ver con las células del cuerpo. Estas parecen funcionar en una unión theta–MEST que proporciona a cada célula una vida propia como organismo. Durante muchos años la ciencia consideraba que la vida de todo el organismo sólo era el compuesto de la vida de las células. Esto es sumamente inviable. Y el descubrimiento del campo puntual de energía del cuerpo, por investigadores científicos recientes, proporcionó la evidencia más precisa sobre la existencia de una vida global en el organismo. Un cuerpo compuesto simplemente de células, cada una con vida propia, no tendría un campo puntual. Sin embargo, el organismo global sí tiene un campo puntual. Aquí hay un aura medible que evidentemente existe adicionalmente a la vida celular del cuerpo y, de acuerdo al trabajo realizado en Dianética, que es independiente de ella. En otras palabras, es evidente que existe un cuerpo theta superpuesto al organismo que es capaz de su propia supervivencia independiente. La partida de este cuerpo theta marca

Capítulo 18 — Nivel de Alerta Mental

el punto de la muerte del organismo. Sin embargo, el organismo aún contiene vida. El organismo celular sobrevive, en lo que respecta a las células menos independientes, de ocho a diez minutos o, en el caso de las células más independientes, hasta un año. En otras palabras, existe una separación del cuerpo orgánico y del cuerpo theta, según estos postulados y observaciones, y después sobreviene la muerte de la vida celular del cuerpo del organismo.

Se podría considerar, entonces, el nivel somático como una forma inferior de mente. Porque estas células tienen ciertas acciones de respuesta y pautas de hábitos propios, y su red de organización global está por debajo del nivel del pensamiento racional.

La siguiente sería la *mente reactiva,* ese tipo de mente que predomina en la mayor parte de las formas de vida inferiores. La mente reactiva aprende por medio del dolor físico, piensa en *identidades* y reacciona por órdenes autoritarias absolutas. Lleva al organismo hasta alcanzar 2.0 en la Escala Tonal. De 2.0 hacia abajo en la Escala Tonal, casi todo pensamiento es estímulo-respuesta: el tipo de pensamiento que a algunos personajes autoritarios les habría gustado hacernos creer que era el único pensamiento del que era capaz el Hombre.

La mente analítica toma cada vez más el mando del organismo a medida que se sube en la Escala Tonal. Por supuesto, en todos los seres humanos persiste cierta actividad analítica, incluso en los que están por debajo de 2.0. Pero de 2.0 hacia abajo, esta actividad analítica por lo general se usa para justificar las acciones reactivas del organismo. De 2.0 hacia arriba, la mente analítica tiene un control cada vez mayor de su propio organismo y computa cada vez más y más a lo largo de niveles óptimos de pensamiento, es decir, que se vuelve cada vez más razonable. Para cuando se alcanza 4.0, la theta libre de la que está dotada una persona es capaz de circular con libertad a través de la estructura de pensamiento que posee la persona (y por estructura de pensamiento no se quiere decir, necesariamente, la estructura física).

Parecen existir muchos más niveles de mente por encima del nivel analítico. Existe, por ejemplo, evidencia clara de que hay un nivel de *mente estética,* que probablemente esté justo por encima del nivel de la mente analítica. La mente estética sería aquella mente que trata, mediante la interacción de las dinámicas, con el nebuloso campo del arte y la creación. Es algo extraño que la desconexión de la mente analítica y la aberración de la mente reactiva puedan aún permitir que permanezca en buen estado de funcionamiento la mente estética. No influye mucho en la mente estética la posición en la Escala Tonal. Pero como evidentemente tiene que emplear las mentes analítica, reactiva y somática en la creación del arte y de las formas artísticas, la cantidad de aberración del individuo inhibe en gran medida la capacidad de ejecución de la mente estética.

Una persona con una gran cantidad de theta como dotación inicial puede ser, en potencia, un gran músico debido a su mente estética. Es evidente que la mente estética intenta interpretar música a través de los medios existentes que son las mentes analítica y reactiva. Y tanto el poder analítico del individuo como las aberraciones del individuo, debido a su gran dotación de theta, se manifestarán. Cuanta más theta tenga un individuo (ya sea en términos de theta libre o de entheta) más enérgica será su demostración de *todos* los factores, tanto analíticos como reactivos. Ya que los individuos que tienen una gran dotación de theta tratan de controlar enormes cantidades de MEST y a otros organismos, son combatidos con fuerza por organismos que ejercen su propio auto-determinismo. Así, una persona con una gran dotación de theta recoge una cantidad mayor de candados y secundarias, y más pesados, que las personas con una dotación más pequeña. Esto no se debe a que haya más theta que enturbular, sino a que existen más contraataques contra el individuo. De acuerdo a la teoría, la mente estética usa *toda* la theta al tratar de producir formas de arte.

En otro tiempo se creyó que era absolutamente necesario que un artista fuera neurótico. Al carecer de la capacidad para hacer algo respecto a la neurosis, las antiguas escuelas de curación mental glorificaron lo que no podían evitar o curar, al igual que la zorra de Esopo que no tenía cola e intentó persuadir a los otros zorros para que se cortaran la suya. Libritos absurdos sobre el tema de "lo afortunados que eran los dementes" ofrecían la justificación para este derrotismo e impotencia.

CAPÍTULO 18 — NIVEL DE ALERTA MENTAL

Tanto la estética como el postulado de que existe la mente estética son temas muy nebulosos, en lo que respecta a nuestra comprensión actual de ellos. Pero esto sí se sabe: que cualquier artista creativo, al descender por la Escala Tonal, se vuelve cada vez menos capaz de ejecutar impulsos creativos y, al final, se vuelve incapaz de establecer contacto con sus impulsos creativos. Con el procesamiento de Dianética, tomamos a un artista que en la actualidad tiene éxito pero que está muy aberrado y lo elevamos en la Escala Tonal. Podemos observar que tanto su capacidad para ejecutar lo que concibe como la claridad con que lo concibe aumentan muy notablemente. Sus ideas estéticas no se vuelven más conservadoras o monótonas, sino que pueden volverse más amplias y más complejas. Se vuelve más él mismo y más capaz de hacer lo que puede hacer en el campo de la estética. La única modificación a esto es que a medida que se eleva en la Escala Tonal, adopta una esfera de acción más amplia y mayor vigor en su trabajo. La forma artística con que trabaja y su método para manejarla podrían haber demostrado considerable aberración, según lo podría juzgar un observador casual. Sus cuadros podrían haber sido extraños y escalofriantes o su música conmovedoramente morbosa. A medida que se eleva en la Escala Tonal, es evidente que su forma artística se altera poco, a excepción de aumentar su fuerza de ejecución y su destreza en la comunicación. La morbosidad de su música, si no dependía de lo triste que estuviera personalmente respecto a la vida, no desaparece. Pero a medida que se eleva en la Escala Tonal, ya no está fijo en una posición en que *tiene que* pintar cuadros extraños y escalofriantes, ni escribir música morbosa. Su versatilidad aumenta. El escritor que puede escribir sólo un libro de una clase con un sólo tono no es, francamente, gran cosa como escritor.

Casi cualquier artista se muere de la risa con las tentativas torpes e incoherencias de las diversas escuelas divididas de la curación mental cuando se enfrentan a la estética. Algunos hasta llegan a suponer que pueden juzgar el estado mental de un escritor revisando sus escritos. Esto es algo parecido a que un caracol dé su opinión acerca del Partenón arrastrándose por sus relieves. Como ejemplo ilustrativo, cualquier compositor o escritor capaz puede escribir en muchas formas estéticas y puede imitar, con su obra, cualquier nivel de la Escala Tonal. Ningún artista que intente interpretar la vida es digno de llamarse artista a menos que pueda ver, prácticamente de un vistazo, tanto la apatía como el regocijo. Un buen poeta puede escribir alegremente un poema tan horripilante que haga que tiemblen hombres fuertes, o puede escribir versos tan alegres que hagan reír al lacrimoso. Cualquier compositor capaz puede escribir música o bien tan encubierta que haga que el sádico se estremezca de deleite, o bien tan abierta que haga regocijarse las almas más grandes. El artista trabaja con la vida y con los universos. Puede manejar cualquier nivel de comunicación. Puede crear cualquier realidad. Puede mejorar o inhibir cualquier afinidad. La estética tiene mucho que ver con la Escala Tonal y con la interacción de las diversas dinámicas y los impulsos por estas dinámicas en pautas armoniosas lo suficientemente aleatorias y artísticas como para lograr lo que el artista se propone lograr.

El artista tiene un papel enorme en el mejoramiento de la realidad de hoy y en la creación de la realidad del mañana. Actúa en una categoría que está por delante de la ciencia en lo que se refiere a las necesidades y exigencias del Hombre. La elevación de una cultura se puede medir directamente por el número de las personas en ella que trabajan en el campo de la estética. Una sociedad que inhibe, suprime o controla en cualquier forma a sus artistas es una sociedad que no sólo está baja en la Escala Tonal, sino que muy ciertamente está condenada. Un estado totalitario, al seguir su línea usual de pervertir la verdad, habla sin parar y vociferando con estridencia sobre cómo subsidia al artista, pero subsidia sólo a aquellos artistas que estén dispuestos a trabajar para el Estado exactamente como lo dicte el Estado. Controla al artista y prescribe lo que hará, lo que escribirá y lo que pensará. Esto está en contraposición directa con la función del artista en una sociedad. Como el artista trabaja con realidades futuras, siempre busca mejoras o cambios en la realidad existente. Esto hace que el artista sea, inevitable e invariablemente, un rebelde contra el *statu quo*. El artista, día a día, postulando las nuevas realidades del futuro, logra una revolución pacífica.

Capítulo 18 — Nivel de Alerta Mental

Resulta, sin embargo, que las democracias y otras formas de gobierno tienden a pasar por alto el papel del artista en la sociedad. En Estados Unidos, por ejemplo, el artista puede escribir un gran libro, realizar una gran película o componer una gran sinfonía y lograr, de una sola vez, la mayor parte de las ganancias de toda su vida. Toda su dedicación desde la niñez pudo haberse concentrado en la creación de esta gran obra única. Y sin embargo la democracia, al hacer que dejen de producir sus individuos más poderosamente creativos cobrándoles impuestos con avidez, le arrebata al artista dichos frutos de la victoria e impone una enorme sanción por la creación de cualquier obra de arte. Una de las medidas concretas más grandes que se podría tomar para promover y dar vitalidad a una cultura como la de América sería liberar por completo al artista de impuestos y opresiones similares. Y atraer así, hacia las artes a los más ambiciosos y capaces, e invitarlos a ir, sin obstáculos, en pos de la creación de toda la belleza y la gloria de la que depende cualquier cultura si ha de tener riqueza material. El artista inyecta la theta en la cultura. Y sin esa theta, la cultura se vuelve reactiva.

Esta disertación sobre la función del artista se expone en este momento en parte porque debería mencionarse, y en parte porque el auditor debería comprender que el impulso por crear y construir trasciende los campos puramente racionales y reactivos de la razón. Es más, a veces el auditor puede tener que defender a Dianética contra la extraña neurosis de que cuando un artista se vuelve menos neurótico, se vuelve menos capaz. A algunos artistas, por desgracia, se les ha educado en esta creencia y, por lo tanto, debido a esta mismísima educación intentan actuar en su vida privada y pública de forma intensamente aberrada a fin de demostrar que son artistas. La educación en este sentido es tal que el auditor puede descubrir comúnmente a alguna joven, en el campo de las artes, que vive como una prostituta para convencerse a sí misma y convencer a sus amigos de que es verdaderamente artística. En los primeros días de Roma el arte era bastante bueno. El cristiano se sublevó contra el desprecio romano por la vida humana y por los esclavos. Cuando el cristiano se sublevó, hizo la computación reactiva de que se sublevaba contra "los romanos". Condenó como malo todo lo que era romano. Y durante mil quinientos años tomar un baño era malo, porque los romanos habían tomado baños. Por desgracia, a pesar de que la iglesia católica se recuperó pronto y empezó a apreciar al artista, esto no sucedió con algunas de las primeras religiones que llegaron a América. Aún estaban en plena rebelión contra todo lo que era romano. Se sublevaron contra el placer, contra la belleza, contra el aseo personal y contra muchas otras cosas deseables que son, en sí, la gloria del Hombre. El artista se sublevó entonces contra esta irrazonabilidad manifiesta y siguió un curso tan completamente reactivo como el que había sido el curso del puritanismo y el calvinismo. Era común identificar el ser artista con ser de moral relajada, perverso, ocioso y borracho. Y el artista, para que se le reconociera, trató de estar a la altura de este papel. Este sentimiento persiste en la actualidad y las personas bajas de tono con frecuencia abrazan las artes sólo como excusa para ser promiscuas, poco convencionales y de moral relajada.

Uno encuentra, en torno al caballete del pintor, a mujeres que son "artísticas", pero que no están, en lo que respecta a su conducta real, tratando de crear algo sino de escapar de su propio nombre merecido. Uno encuentra a algún joven, que habría podido ser un buen arquitecto, educado en la escuela de: "Sólo Los Leprosos Morales Pueden Llevar A Cabo Un Arte De Gran Nivel". Estas observaciones se presentan a la atención del auditor por una sola razón: es probable que los individuos de mayor valor potencial que procesará serán artistas. Hará bien en abordar a fondo toda la "educación" y el "entorno artístico" de los artistas y de los aspirantes a artistas, ya sean escritores, compositores, poetas o pintores, porque en este campo encontrará que la línea temporal está salpicada de entheta.

Si el auditor desea rehabilitar una mente estética, tiene que abordar toda la entheta que se ha acumulado alrededor del tema de la estética. No existe un campo más autoritario, ya que ninguno de los principios de la estética se ha formulado con exactitud. Y es un axioma de Dianética que:

CUANTO MENOS EXACTAMENTE SE CONOZCA UN CAMPO DE LAS HUMANIDADES, MÁS AUTORITARIO SERÁ ESE CAMPO.

CAPÍTULO 18   NIVEL DE ALERTA MENTAL

Cualquier campo que tenga críticos en abundancia, en el que puedan existir mil escuelas distintas con opiniones divergentes y en el que la opinión se escuche con la boca abierta en vez de con la razón mediante la cual cualquier hombre pudiera llegar a una conclusión, es un campo autoritario. Por desgracia, en la estética abundan estos críticos y estas opiniones.

Así se enturbula todo el campo de las artes y como consecuencia se reduce grandemente el talento artístico de una cultura. La rehabilitación de esa capacidad artística de una cultura es una misión tremendamente válida y recompensará a esa cultura mil veces por cualquier esfuerzo que se realice en ese sentido. Una cultura es sólo tan grande como sus sueños, y sus sueños son soñados por los artistas. Cuando el nivel de existencia del artista se vuelve impuro, también se vuelve impuro el arte mismo, para deterioro de la sociedad.

Es una sociedad agonizante, en efecto, la que pueda ser penetrada por el totalitarismo. La mente estética colectiva de esa sociedad debe de ser casi totalmente incapaz de actuar. Ninguna sociedad que elevara y apoyara al arte, en la que el escritor, el músico, el poeta o el arquitecto tuvieran alguna estabilidad o posición, toleraría la teoría de que el destino más alto del Hombre era ser una "bestia de carga". Pues si bien unos pocos hombres capaces y desesperados llevan sobre sus hombros toda la industria, el comercio y los proyectos materiales de una nación, es el artista el que porta y enriquece el honor y la gloria de esa sociedad.

Es posible que existan muchos niveles de mente por encima de la mente estética. Sería presuntuoso clasificarlos si uno no comprendiera, sino que sólo hubiera observado, la posibilidad de su existencia. La clasificación o asignación de nombres a cosas que uno no comprende es un procedimiento autoritario que sólo conduce a la confusión. Por ejemplo, la enfermedad mental se debería clasificar con una designación que condujera a su alivio. Si sólo se clasifica, se introduce complejidad sin promover la comprensión. Es muy común en los campos autoritarios proponer para las cosas un gran número de nombres descriptivos basados en observaciones parciales o ambiguas, o en observadores ignorantes e inexpertos. Esto origina gran cantidad de "tecnología" y da cierta "dignidad" (pomposidad, en realidad) a una "autoridad" en un campo autoritario. Uno no consideraría en ningún sentido a un profesor de literatura inglesa como creador de literatura sólo porque el profesor conozca los nombres de los escritores y de todas sus obras y la multitud de opiniones que los críticos han expresado acerca de ellos. Esta catalogación fácilmente se podría hacer pasar por "apreciación".

En una sociedad baja de tono que admite el autoritarismo sin mucha censura y que se inclina ante la estupidez supina de los manifiestos de algún crítico o profesional que lo único que sabe sobre su tema es un vocabulario enormemente complejo, se puede esperar que la definición de "persona culta" sea alguien que puede recitar y comunicar la opinión estándar sobre numerosas obras artísticas y -logías de las humanidades. Esto hace que sea muy simple para un individuo obtener "cultura". Sólo tiene que memorizar, sin pensar, los nombres de las grandes óperas, los grandes libros, los grandes cuadros y los proyectos humanitarios del pasado. En una sociedad baja de tono, las universidades desempeñan esta función de forma capaz, si bien nauseabunda. En una sociedad muy baja de tono, es común que la mayoría de las personas que, haciendo uso de la razón, desean ser de valía para sus congéneres, abandonen las instituciones del "saber" después de un año o dos. En otras palabras, en una sociedad baja de tono, se le niega la educación (por ser una educación basada en clasificaciones) a la mayoría de los individuos que realmente ayudarían a esa sociedad.

Por lo tanto, no se hará intento alguno por clasificar ningún nivel de alerta mental por encima del nivel de la mente estética, aparte de expresar que estos niveles mentales parecen acercarse cada vez más a un estado omnisciente. En alguna parte, posiblemente en el quinto nivel, se encuentra la mente funcional del hombre espiritual o religioso que ha sobrepasado el límite de las consideraciones de MEST o de los organismos y que se ha vuelto hacia una comprensión del universo theta y del Ser Supremo, así como hacia una cooperación con ellos.

En este momento no es posible estimar qué enormes confines deja abiertos las pruebas científicas que continúan acumulándose en Dianética, ni lo que harán estos confines y el conocimiento que contienen para

CAPÍTULO 18 — NIVEL DE ALERTA MENTAL

alterar o realzar la cultura del Hombre. Por ejemplo, incluso en este momento en Dianética, se puede demostrar, pues la ciencia exige pruebas (en términos de percibir, medir y experimentar), la inmortalidad o casi inmortalidad del individuo. Por extraño que parezca, o tal vez no sea tan extraño, casi no es necesario interpretar de nuevo las escrituras, excepto que la audacia y el alcance de las consideraciones del pasado sobre el alma humana, Dios y el Diablo y el Cielo y el Infierno se hacen estables y se hace posible establecer contacto con ellas. La importancia y el valor de la muerte del organismo se reducen enormemente si las investigaciones y conclusiones de Dianética siguen siendo un corolario de las grandes religiones del Hombre, o si concuerdan con ellas. Las religiones, en lucha reñida y ardua contra las opresiones de ideologías ateas, pueden ganar nueva fuerza y significado. El nivel de comportamiento del individuo, ya sea bueno o malo, parecería tener una nueva significación. Para aquella gente que vence a los supresores de su bondad, ética y honor, parece estar indicado un impulso ascendente hacia la inmortalidad espiritual. Aquellos que sucumben ante las Fuerzas del Mal y que sólo son capaces de llevar vidas malignas y destructivas parecerían, si estas conclusiones se confirmaran en una investigación adicional de carácter científico, haber entrado no sólo en una espiral descendente en una generación, sino en un declive hacia un final definitivo de dolor o contra-supervivencia como identidades personales. Algunas de estas posibilidades (o probabilidades) parcialmente observadas y exploradas, parecerían proporcionar un significado nuevo a los ciclos de las sociedades y grupos, y a su supervivencia o muerte.

A medida que uno examina estos niveles superiores de la mente, cuando uno examina la evidencia del cuerpo theta y cuando uno mismo experimenta, como resultado incidental del procesamiento, la evidencia de su propia continuación hacia los ayeres y una evidente garantía de sus mañanas después de su muerte en la generación actual, la orientación de uno con respecto a metas y propósitos puede sufrir una considerable alteración. El biólogo al alzarse contra las iglesias, que pueden o no haber suprimido considerablemente la investigación científica en el pasado, no sólo ha tratado de inventarse para el Hombre un origen en el barro y en mares de amoniaco, y una fuente para él independiente de Dios, sino sólo proveniente de cosas materiales. Este ir más allá de las propias posibilidades de manera reactiva no nos proporcionó método alguno para mitigar las desdichas del Hombre, ni siquiera en los limitados campos de somáticos crónicos y aberración mental, y nos dio, en cambio, tremendas armas de destrucción sin proporcionar también cordura alguna con la que usarlas. Bajo la guía del científico cegado por lo material (cuya meta máxima era que el Hombre se adaptara como animal de carga a un entorno físico, cuyo fin para el individuo eran dos metros de terreno y un ataúd a veces a prueba de gusanos, y cuya meta para el grupo era una sociedad de hormigas en la que la mínima unidad de vida digna de mención era de diez mil individuos), hemos sido conducidos por oscuros y malignos caminos secundarios de destrucción, no sólo de los sueños, las esperanzas y la ética de los hombres, sino también del planeta MEST. La ciencia materialista actuando bajo la premisa de que el Hombre vino únicamente del barro, de que la mente es un mecanismo extrañamente erróneo de estímulo-respuesta, que el alma humana es una delusión y que Dios fue un mito de algún aberrado de Mesopotamia, nos ha obsequiado al final con la amenaza inmediata y real de la extinción del Hombre como especie. En vista del hecho de que esta ciencia materialista sólo condujo, entonces, en dirección a la muerte, hasta el más despistado debería darse cuenta de que algo debería de andar extremadamente mal en las enseñanzas de los lysenkos, los darwins y mis doctos condiscípulos, los científicos atómicos que le han dado al Hombre por fin una bomba atómica con la que cavar su tumba. Sin embargo, era natural que el Hombre, como organismo fuertemente enturbulado con MEST, perfeccionara algo como la comprensión de las leyes de MEST antes de mirar a su alrededor para ver si podía existir algo más. El científico materialista ha fomentado enormemente el control del Hombre sobre MEST, aun cuando (con sus doctrinas) haya inhibido en gran medida la comprensión del Hombre de lo que en Dianética llamamos theta. Francis Bacon, Newton y los demás desarrollaron formas de pensar sobre el pensamiento y formas de razonar sobre la razón que han sido de considerable valor para Dianética y sin las cuales, sin duda, Dianética no se habría podido formular. Pero Bacon y Newton no propugnaron la causa materialista. Sus discípulos desarrollaron la doctrina de que el Hombre provino del barro y de que el destino del Hombre era el barro.

Si Dianética no llega demasiado tarde al escenario, su investigación de niveles mentales más elevados, incluso en este punto inicial y falto de desarrollo, puede ser de ayuda para un resurgimiento en el Hombre de algo de su creencia en un Ser Divino y en sí mismo como entidad parcialmente divina. Los principios básicos de Dianética exigen que para demostrar un hecho, hay que percibirlo, medirlo o experimentarlo. Cuando la ciencia lanzó esto al campo del pensamiento, se redujo la disposición favorable del Hombre a aceptar un hecho sólo por la fe. Aunque esta nueva doctrina, sin la cual (según sostienen quienes la propugnan) nada podía ser válido, las tomó desprevenidas, las religiones siguieron tratando de mantener en alta estima lo que en realidad era una parte vitalmente necesaria de la existencia social del Hombre. Pero generación tras generación de hombres jóvenes y (por qué, sin duda no lo podemos decir) mujeres jóvenes salieron de las cadenas de montaje llamadas "cursos educativos", saturadas de la doctrina de que deben creer sólo lo que puedan experimentar y molidas a consciencia en las ruedas de los molinos del materialista. Estas generaciones, en realidad, sin importar su capacidad para "citar a Bach o interpretar Hamlet al piano", para mirar a través de microscopios, para servir como ejecutivos en las oficinas de los buques de vapor, de cambiar, dominar y, en términos generales, alterar MEST, fueron, sin embargo, generaciones perdidas socialmente que no tenían ningún concepto de su propio valor como individuos y que no tuvieron un orden social funcional digno de mencionarse; si el valor de un orden social ha de medirse en términos de felicidad. Estas generaciones fueron devastadas por el divorcio, las inhibiciones, la carencia de propósitos, la sofisticación, la insinceridad y la desesperanza generalizada. Representativas de sus sentimientos en el campo de la humanidad eran las escuelas de pensamiento que les enseñaban que la meta más alta de un hombre era "adaptarse a su entorno" (sin darse cuenta en ningún momento de que el único progreso del Hombre dependía de la capacidad del Hombre para *adaptar el entorno a sí mismo como especie*), que enseñaban que la herencia genética era la única responsable de la neurosis y la demencia, y que el problema de la mente humana estaba cubierto sólo de mugre y porquería de arriba abajo. Esto es algo triste y patético. Ningún imperio estudiado hasta la fecha ha llegado jamás a ser tan depravado y ateo en su senilidad como el promedio general de las sociedades del Hombre en el mundo actual. No es sorprendente que una ideología que sostiene que el hombre se puede moldear, generación tras generación, hasta convertirlo en repuestos mecánicos sin sentido, que no existe destino alguno para el individuo más allá de su lugar como engranaje sin emociones sujeto rígidamente a una rueda social monótona e irremediablemente chirriante, exija de sus secuaces la destrucción y erradicación de cualquier sociedad del productor, del individualista, del pensador o de cualquier hombre noble.

El progreso ascendente hacia la supervivencia en niveles más altos es, también, un progreso hacia Dios. El auditor notará esto en caso tras caso. Probablemente le llame la atención al principio el hecho de que los ateos que él procesa pronto dejan de ser ateos en sus inclinaciones y logran al menos tolerar la idea de que la religión puede existir y tener una función válida en un orden social. Al hacer scanning de parte de la educación del individuo, simplemente como un paso para convertir entheta siguiendo una línea muy prometedora, al auditor le puede interesar notar que el preclear empieza a especular sobre la posibilidad de una existencia espiritual. A pesar de que puede que no abrace ninguna doctrina, el preclear, cuando está bastante alto en la Escala Tonal, toma consciencia aparentemente instintiva de cierto nivel superior de existencia. Generalmente abandona su postura materialista al ascender en la Escala Tonal, pues resulta que esta postura es compatible con los individuos de 2.0 hacia abajo.

Se podría postular que de 2.0 hacia abajo existe más MEST que theta en un individuo. Pues los individuos en estos niveles prefieren utilizar, más que la razón, la fuerza MEST (kilográmetros de energía) para lograr sus deseos. Los individuos en este nivel normalmente no mejoran el MEST, sino que convierten las estructuras existentes en enMEST. Cuando

CAPÍTULO 18 — NIVEL DE ALERTA MENTAL

los individuos se enturbulan por debajo del nivel de 2.0 tienden por regla general a considerar toda la vida, todos los organismos, como MEST y, en su manejo de la vida y de los organismos, los reducirán hacia MEST. Por extraño que parezca, esto se compara con las ideas que se tenían en el pasado sobre los secuaces del diablo. Las Fuerzas del Mal reducían la vida al materialismo y la muerte.

Por encima de 2.0, la tendencia del individuo es a realizar la existencia de la vida y de los organismos, y ayudarlos a ejercer un control armonioso sobre MEST. Esto es extrañamente similar a lo que en el pasado se ha considerado como acciones buenas y piadosas.

No se debería considerar extraño que el organismo pueda elevarse a niveles mucho más elevados por encima de 2.0 de lo que puede descender por debajo de 2.0. De acuerdo a observaciones provisionales, el nivel 4.0 dista tanto de ser el punto más alto evidentemente alcanzable por cualquier medio, que no podemos evitar sentir que el Hombre en este punto de su evolución de la existencia apenas ha sobrepasado ligeramente a sus parientes los animales, en comparación con la distancia que el Hombre aún tiene que recorrer para alcanzar algo que se acerque a un nivel máximo. Observar que un orden social completo, como el de América, puede oscilar alrededor de 2.5 y que el individuo normal quizás esté por debajo de 3.0, es comparar el estado actual del Hombre con el del patito feo que crecerá para convertirse en un cisne. Pero la comparación no es completa. En el crecimiento de un patito feo hay algo así como una inevitabilidad. Tiene que *vivir* para convertirse en cisne. Ante las demencias del mundo actual, las probabilidades de que el Hombre alcance a Dios no son tan buenas.

LIBRO DOS, CAPÍTULO DIECINUEVE

Columna AO
Entheta Relativa en el Caso

Como se señala en la gráfica adjunta, un organismo, según el postulado y observación de Dianética, está compuesto de theta y MEST, y de su forma alterada, entheta y enMEST.

Con *theta* se quiere decir, por supuesto, energía de pensamiento, existente posiblemente como materia de pensamiento en espacio de pensamiento. Con MEST se quiere decir el universo físico de materia, energía, espacio y tiempo, como los conocemos en las ciencias físicas. Se postula que estas dos energías se combinan y que, mediante el control armonioso de MEST por parte de theta, se forma un organismo vivo. Se podría decir, entonces, que theta más MEST componen la vida.

(siguiente página)

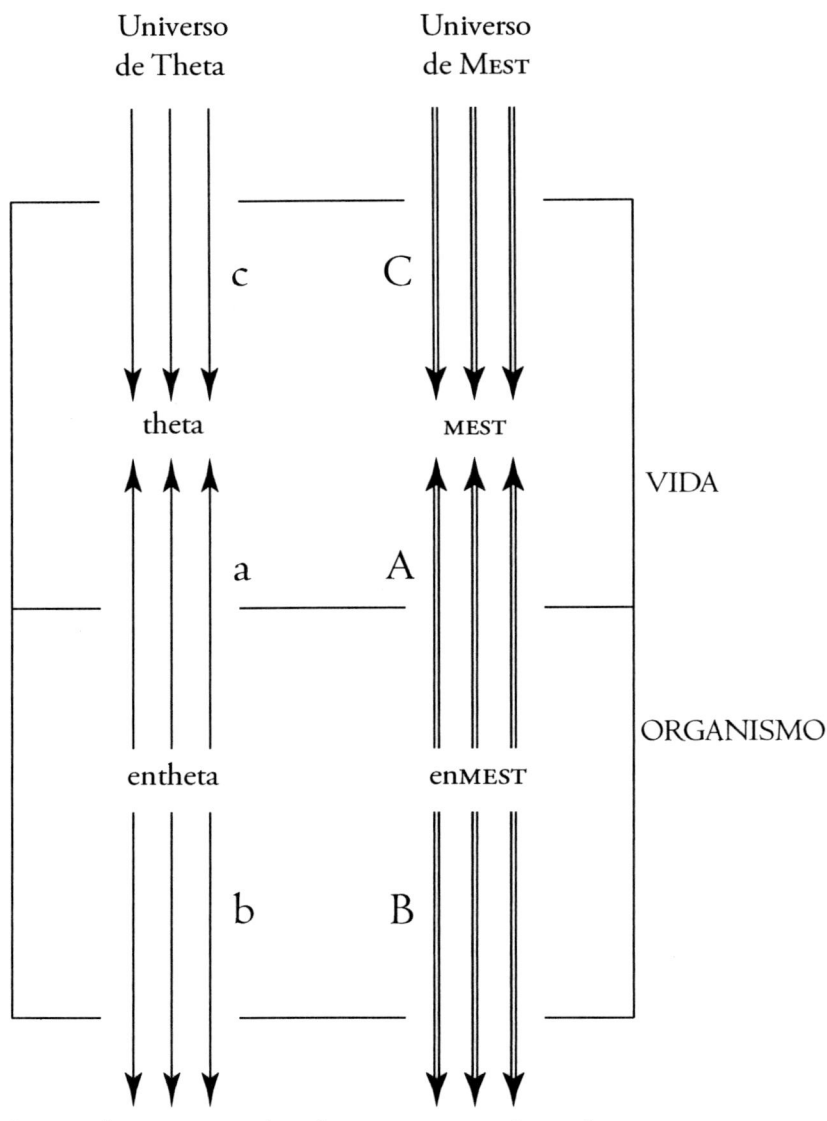

Durante el procesamiento, la entheta se convierte en theta y el enMEST se convierte en MEST. Se postula que esto sucede de la siguiente manera: el enMEST se vuelve MEST, parte del cual (A) se retiene para ser usado por el organismo, y parte del cual (B) abandona el organismo para ser sustituido después (C) por MEST nuevo. La entheta se convierte en theta (a). También se puede postular que la entheta abandona el organismo (b) y es sustituida por theta nueva (c).

CAPÍTULO 19 ~ Entheta Relativa en el Caso

La formación de organismos y su desarrollo se produce evidentemente a través de cuatro líneas evolutivas. Primero está la evolución del *cuerpo theta*, del que poco se sabe, aparte del hecho de que parece existir (al menos para los organismos humanos) y avanzar en el tiempo, desarrollándose de generación en generación, con independencia de la línea genética.

La segunda evolución es aparentemente la evolución de los *organismos* en sí, que continúan a lo largo de una línea protoplásmica de generación en generación, con cada generación alterándose un poco debido al entorno, mediante una selección natural que elimina a los menos aptos o a los menos adaptables y mediante lo que parece ser una construcción planificada que se basa en computación para el futuro.

La tercera evolución es la evolución en el MEST. Es posible que esta no se vea con facilidad, pero las generaciones de formas de vida que van avanzando cambian, ordenan, desordenan y vuelven más complejo al MEST. La intrincada complejidad de los productos derivados de las bacterias y la formación o destrucción de montañas o de máquinas no es menos evolución que aquella que ocurre por la línea del organismo.

Hay una cuarta evolución que apenas ha sido considerada. Esta es la escala de gradiente en *tiempo presente* de la creciente complejidad de las formas de vida conforme se sustentan a sí mismas, en el "ahora", en el MEST. El básico en esta escala de complejidad es, desde luego, aquellas diminutas formas de vida que viven sólo de la luz solar y de materias químicas inorgánicas, y que convierten las rocas y la arena en tierra fértil o, en el mar, que proporcionan alimento para las formas vegetales de un nivel inmediatamente superior. La tierra fértil sustenta entonces a una forma vegetal de un nivel ligeramente superior. Este a su vez hace que el suelo sea mejor o más abundante o, en el mar, hace que haya mejor alimento o que sea más abundante. Y una evolución de complejidad se observa entonces en niveles cada vez más elevados del reino vegetal, luego en los seres animales y peces más simples y, finalmente, en formas tan complejas como el Hombre. Esta última evolución está sucediendo continuamente en tiempo presente y es una escalera de apoyo, dado que el Hombre y otros animales móviles dependen de que seres vivos de niveles más y más bajos realicen el trabajo cada vez más básico de proporcionar

MEST y sus alimentos para la construcción. Esta evolución en tiempo presente existe continuamente y, aquí entre nosotros en este momento, las formas de nivel más bajo están convirtiendo activamente la luz solar y los minerales para el sustento de las formas de nivel superior. Cuanto mayor sea la cantidad de MEST externo a sí mismo que maneje la forma, más complejos son sus requisitos en términos de MEST preprocesado. Este procesamiento de MEST, entonces, para el consumo de formas de nivel cada vez más elevado es necesario como elemento esencial de la vida. Se podría decir, entonces, que theta existe a todo lo largo del desfile de MEST en el tiempo como una banda de "ahora", de la misma forma en que el universo MEST probablemente esté en el tiempo presente continuo del universo theta.

Parece ser una regla de theta y MEST que formen una unión sólo en un momento de fuerte colisión entre ellos. Aunque theta tiene una atracción natural por MEST y MEST tiene una atracción natural por theta (si es que MEST tiene alguna intención), esto no significa que la primera unión para llegar a cualquier avance sea armoniosa. El primer momento de impacto es una colisión en la que una porción considerable de la theta se enreda con el MEST, dejando algo de theta libre y algo de MEST útil. El resto cambia de longitud de onda o de polaridad y se convierte en lo que llamamos theta enturbulada y MEST enturbulado (lo que, en Dianética, abreviamos como *entheta* y *enMEST*).

Aunque se puede llevar a cabo cierta organización en esta primera unión, parece que la entheta y el enMEST tienen que separarse para que la theta extraiga, con ello, un conocimiento de las leyes físicas de MEST. Luego se hace una segunda colisión y se produce un avance mayor, ya que theta tiene un mayor conocimiento de MEST y puede realizar una conquista más armoniosa. Las repeticiones continuas de esto proporcionan a theta cada vez más información. Y una capacidad cada vez mayor para manejar MEST produce seres y organizaciones más complejas. Esto es tan cierto para el grupo como lo es para el individuo y todas las actividades de grupo que a la larga habrán de tener como resultado el aprendizaje empiezan con considerable turbulencia. Al terminar la turbulencia, se hacen posibles avances mayores entonces, gracias a una comprensión mucho mayor del

CAPÍTULO 19   ENTHETA RELATIVA EN EL CASO

universo físico por theta. Un ejemplo de esto serían los avances científicos que se obtienen en las guerras, que en la paz posterior sirven a los hombres de manera constructiva. Hay un factor limitador en esto, sin embargo, en el hecho de que no se debe enturbular toda la theta, lo que haría que la evolución del organismo fuera hacia abajo.

"Muerte" es un nombre asignado a lo que parece ser el mecanismo mediante el cual theta se recupera a sí misma y a la mayor parte de su volumen saliendo del MEST, a fin de poder lograr una conquista más armoniosa de MEST en la siguiente generación. Las especies avanzan en la medida en que la theta y el MEST aún puedan separarse, dejando theta libre. Pero al final, la theta aparentemente empieza a entrar en la línea genética en una espiral descendente, la especie se deteriora y muere.

La Escala Tonal no representa la idea de que todo lo que está por encima de 2.0 sea theta en forma pura y que todo lo que esté por debajo de 2.0 sea entheta en forma pura. Ni que, en el organismo, todo lo que esté por encima de 2.0 sea MEST bien organizado por theta y que rigurosamente todo lo que esté por debajo de 2.0 sea enMEST, o materia desorganizada. En maneras de pensar más antiguas que sólo permitían la lógica de dos valores (lo que quiere decir "blanco y negro" o "correcto e incorrecto" sin valores intermedios), se habría reducido considerablemente la Escala Tonal y su utilidad. En Dianética hay una nueva forma de pensar sobre las cosas que subyace a gran parte de su tecnología. En lugar de una lógica de dos valores o de tres valores, tenemos una *lógica de valores infinitos*. Aquí tenemos una escala de gradiente que no permite absoluto alguno en ninguno de sus extremos. En otras palabras, no hay un correcto absoluto ni un incorrecto absoluto, como tampoco hay una quietud absoluta ni un movimiento absoluto. Por supuesto, uno de los principios de Dianética es que los absolutos son inobtenibles, y que sólo es posible acercarse a ellos. Por lo tanto, tenemos *escalas de gradiente*. El acercamiento a la muerte es gradual en términos de fracasos, estar equivocados, enfermedades acumuladas y accidentes. Una posición dominante con respecto a la vida es una acumulación de pequeños triunfos que conducen a niveles cada vez más elevados de supervivencia, y éxitos en el crecimiento y perfeccionamiento del organismo, y en la educación y en el logro de metas.

En realidad, 2.0 en la Escala Tonal es el sitio en que tanto el ARC de theta como el orden del organismo en términos de MEST, cada uno por su parte y entremezclados, se han vuelto lo suficientemente disonantes como para que exista una ligera incomodidad. El enMEST no es muy enMEST y la entheta no es muy entheta. Pero a medida que se desciende por la escala, esta disonancia se hace más fuerte y más amplia hasta que al final es tan amplia que es algo casi nulo, lo que significa que existe muy poca interactividad entre entheta y enMEST y que los componentes de enMEST están quedando tan deficientemente organizados que ni siquiera están en conflicto entre sí y de forma que los elementos del ARC de la theta están prácticamente fuera de contacto consigo mismos. El punto nulo total para la vida del organismo es 0.0, donde theta y MEST, en lo que respecta al organismo, tienen tan poco en común entre sí que se separan. Esta separación del cuerpo theta del cuerpo MEST hace surgir, mediante la expulsión, el MEST del viejo cuerpo para su posterior uso en nuevos organismos, y deja libre, para la futura conquista de organismos (de acuerdo a la teoría actual), al cuerpo theta.

Si el auditor encuentra esto demasiado "sumamente técnico", por lo menos debería comprender que para elevar a un organismo en la Escala Tonal, tiene que separar las enturbulaciones de theta y MEST que existen como entheta y enMEST en el organismo. Cada momento de colisión fuerte entre la porción theta y la porción MEST del cuerpo, o entre el organismo y otros organismos o el MEST, ha formado un punto de tal intensidad de entheta y de enMEST que, en lo sucesivo, este punto enturbulará la theta y el MEST con los que entre en contacto.

Este es el engrama, un momento de dolor físico con su inconsciencia resultante y los percépticos aprisionados en él. La entheta y el enMEST de 0.1 a 2.0 están procurando separarse y, al procurarlo, enturbulan la theta y el MEST existentes. Cualquier instante o área de dolor físico está, entonces, tratando en sí mismo de morir a fin de que la entheta y el enMEST aprisionados puedan quedar lo bastante libres para que una nueva conquista forme entheta menos enturbulada.

CAPÍTULO 19   Entheta Relativa en el Caso

En el procesamiento de Dianética, se ha introducido algo nuevo (en tanto que se puede realizar a fondo) en las evoluciones de los organismos, del cuerpo theta y de MEST. El procesamiento separa la entheta y el enMEST sin ocasionar la muerte del organismo. Estos puntos de contagio, si no se procesan, al final dan como resultado la muerte del organismo.

De la misma forma en que, aparentemente, el cuerpo MEST del organismo se reabastece mediante otro MEST, lo procesa y emite MEST, es posible que de igual manera se reabastezca el cuerpo theta y de igual manera, evidentemente, emita theta. Aparte del hecho de la existencia y las descripciones básicas de theta, que le son útiles al auditor, se sabe muy poco sobre theta en este momento (aunque el reconocimiento de su existencia probable ha ampliado enormemente la esfera de conocimiento en el área de las humanidades y el descubrimiento del cuerpo theta en términos que se pueden percibir, medir y experimentar, de acuerdo con la práctica científica válida, supone un avance considerable si las pruebas que se van acumulando lo siguen confirmando).

La entheta, ya sea por alguna ruta secundaria o directamente, se convierte en theta del organismo o hace posible que se atraiga más theta al organismo, simplemente dirigiéndose la theta en sí a las inmediaciones de la entheta y el enMEST, de acuerdo a la teoría actual. La mera proximidad de una cantidad considerable de theta, aparentemente, a un área de entheta ocasiona que la entheta cambie de longitud de onda, de velocidad de vibración o de polaridad, y que o bien se convierta en theta o bien se descargue y deje un área en la que pueda penetrar theta nueva. De la misma manera en que una cantidad suficiente de agua que fluya suavemente supera a la turbulencia de un área desordenada de flujo, la theta introducida en un área de entheta convierte o suaviza la entheta. Resulta que el efecto de conversión de la theta sobre la entheta puede ocurrir cuando la theta que se va a aplicar a la entheta (o que se va a concentrar sobre ella) existe en otro organismo o en un grupo de organismos. Hay algo en la theta que coexiste en todas partes. Y tal vez existan varias formas y tipos de ella, todos más o menos con los mismos componentes básicos, así como hay una gran diferencia de cualidades entre las ideas, que parecen ser la materia de theta.

De 2.0 hacia arriba en la Escala Tonal, la theta es cada vez menos disonante o cada vez más compatible en sus tres componentes de afinidad, realidad y comunicación. Pero esto no significa que 4.0 sea la perfección de theta. De un organismo a otro, la theta que contienen los organismos parece tener al menos algunos de sus factores más refinados. Y por encima de 4.0 theta parece adoptar otras cualidades. Hasta dónde suben exactamente estas cualidades, si el ámbito entre 2.0 y 4.0 es altamente personalizado o no, dónde se encuentra la banda de la verdadera theta libre, o si existe un poder creciente por encima de estos niveles, son todas ellas preguntas sujetas en este momento a considerable especulación. Sólo existen datos suficientes para hacer que sea bastante seguro que, con la teoría de theta estamos tratando con algo mucho más cercano a la ley natural de lo que jamás haya aceptado ampliamente el Hombre antes en sus intentos por comprender la vida, el comportamiento humano y las humanidades en general. Por lo tanto, puede que según uno asciende en la Escala Tonal, descubra avances progresivos en theta.

El MEST es mucho más fácil de comprender, por ser una idea antigua que ha sido tratada concienzudamente por varias generaciones, por lo menos, de personas inclinadas al universo físico. Y sin embargo, aquí de nuevo, con Dianética, había mucho más que aprender, en especial en lo relacionado con MEST como parte componente del organismo.

Sin importar con qué superficialidad desee el auditor estudiar o considerar los datos anteriores sobre la Teoría Theta-MEST, estos datos siguientes sobre MEST y enMEST son vitales para el procesamiento y el auditor que no conozca estos datos no será capaz de lograr muy buenos resultados en un caso. Muchos de estos datos son nuevos y no se habían dado a conocer antes. Pero han resuelto, mediante su teoría y la aplicación de las técnicas, casos que hasta la fecha se habían considerado extremadamente difíciles, como el caso fuertemente ocluido que no sólo "no podía salir de tiempo presente", sino que ni siquiera parecía beneficiarse mucho con el procesamiento. Cualquier auditor que tenga dificultades con su preclear haría bien en leer de nuevo esta sección.

Durante el procesamiento, se puede observar que el individuo tiene lo que puede considerarse un aumento de theta a la misma velocidad

CAPÍTULO 19   Entheta Relativa en el Caso

con que se recupera y se convierte la entheta. Puede que haya otras manifestaciones de la liberación de entheta que aún no se hayan observado. Si existen y se observan, es posible que tal vez aumente la tecnología del procesamiento.

La porción enMEST de la conversión o el consumo de la carga en un caso es considerablemente más obvia para el observador, posiblemente porque en este momento nuestro conocimiento del universo material es muchísimo mayor, y porque estamos entrenados para observar el comportamiento de los organismos.

Ya hemos tratado con descripciones los candados, las secundarias y los engramas. Lo que vamos a tratar aquí es el proceso mecánico de eliminar áreas de turbulencia y, según la teoría, de convertir entheta en theta y enMEST en MEST.

Los depósitos más grandes de entheta y enMEST existen en las secundarias, no en los engramas de dolor físico. Un engrama de dolor físico actúa como una especie de trampa. Es el enturbulador básico. Por contagio, en momentos de pérdida o de amenaza de pérdida puede contener diversas emociones desagradables. La secundaria principalmente aumenta la carga del engrama hasta un punto en que pueda imponer con fuerza su lado entheta en contra de los procesos analíticos o con fuerza su lado enMEST en contra de la parte física del organismo, creando los somáticos crónicos a los que Dianética atribuye las enfermedades psicosomáticas. Las cadenas de candados contienen gran cantidad de entheta, pero no tanta como la que puede aprisionarse en las secundarias. Aquí, gradualmente, día a día, poco a poco, se atrapa la theta y se convierte en entheta. Y el MEST que está en su nivel en la línea temporal se convierte en enMEST, en una ligera medida. No se debería ignorar ningún depósito de entheta o de enMEST. Toda la tarea del procesamiento se circunscribe a esta conversión.

El contacto con el tiempo presente, si es que alguna parte de ese tiempo puede ser demostrablemente presente para el preclear, tiene cierta tendencia a desenturbular algo de entheta. La Memoria Directa, haciendo que la theta de la mente analítica actúe sobre el pasado (especialmente en áreas que estén ocluidas, ya que todas esas oclusiones son áreas de entheta), produce algo de theta. Recorrer un candado de principio a fin, una y otra vez como si se tratara de un engrama, puede producir más theta, sobre todo en un caso bajo de tono. El Scanning de Candados es una técnica especialmente eficaz para convertir la entheta. Las secundarias, durante momentos de enturbulación grave en tiempo presente, pueden aumentar mucho la carga de los engramas a los que se ha hecho key-in, y son depósitos pesados y extensos. Los engramas en sí mismos contienen la entheta y el enMEST básicos y son capaces de enturbular y retener consigo una cantidad considerable de entheta. Pero es interesante comentar que se podría hacer que el engrama descienda a un nivel de contenido de entheta que se asemeje al que tenía en un principio sin recorrer el engrama. Esto se entiende con facilidad en cuanto uno intenta recorrer completamente una lesión cercana a tiempo presente. La carga de esta lesión cercana a tiempo presente no se ha aumentado. Por lo general se puede recorrer el último momento de dolor físico e inconsciencia en un caso. Después de un tiempo que puede extenderse desde unos cuantos días a incluso años, este engrama tiene un key-in, momento en que empieza a conectarse con la mente reactiva y a registrarse ordenadamente creando un índice con ella en proporción directa a la cantidad de reestimulación que recibe, es decir, en proporción directa a la cantidad de veces en que hay una semejanza en un entorno enturbulado con las palabras y otros percépticos contenidos en este engrama.

La destreza y la capacidad del auditor se dirigen, entonces, a quitar entheta convirtiéndola. Y cualquier cosa que logre esto es procesamiento válido.

Existen ciertos componentes concretos en el enMEST que se manifiestan durante su liberación. Siempre que la entheta se convierte en theta, lo hace acompañada de una manifestación fisiológica. Es muy fácil para el auditor intentar conseguir y obtener esta manifestación fisiológica, pues el enMEST tiene ciertos componentes concretos. En otras palabras, cuando la entheta se está convirtiendo en theta, el organismo manifiesta ciertos indicios. Estos se pueden dividir en las cuatro clasificaciones generales de *gases, líquidos, sólidos* y *energía física*. Uno debería comprender que

CAPÍTULO 19   ENTHETA RELATIVA EN EL CASO

la porción ENMEST de la carga es el supresor físico de la aberración y de los somáticos crónicos.

Una de las principales manifestaciones en el organismo cuando se libera entheta y se convierte en theta, como al recorrer candados, secundarias o engramas, o en ocasiones incluso haciendo Línea Directa, es el gas. Hay algo en la oxigenación que aún no se ha comprendido, pero que también podría acelerar el procesamiento. Al borrar un engrama, por ejemplo, la borradura va acompañada de bostezos. Esta es una manifestación gaseosa y de energía. Algo está saliendo del caso. Al recorrer candados, a veces el preclear bosteza. La flatulencia también acompaña a veces a la liberación de entheta.

El cuerpo libera líquidos de varias formas durante la liberación de ENMEST. La forma más obvia son las lágrimas. Cuando se reduce un engrama secundario en el nivel de pesar, se reduce con lágrimas. Cuando se presentan lágrimas, la secundaria se debería recorrer hasta que se consuma por completo, o el preclear debería repetir la frase (si eso es lo único que se puede recuperar) hasta que ya no ocasione lágrimas, porque la consumición de lágrimas parece ser la manifestación fundamental de la consumición de las secundarias más dañinas; que son las de pesar. Pero las lágrimas no son la única manifestación. Parece ser que el miedo se libera acompañado de sudor, a veces de un olor peculiar. Hay personas que están crónicamente en tal estado de miedo que cada percéptico de tiempo presente se descarga a través del sudor. La apatía muy a menudo se descarga como jadeos u orina, pero hay que trabajar más para determinar la descarga de la apatía en términos fisiológicos.

En el nivel de miedo se descargan sólidos como vómito y, ahí también, así como en los niveles inferiores, se descargan como excreciones.

En Dianética existe una manifestación peculiar que se conoce como *boil-off*. El boil-off ha cobrado proporciones tremendamente importantes en el procesamiento, porque el caso que está muy fuertemente cargado de entheta tiene su carga sujeta por tales cantidades de anatén que la inducción del boil-off parece ser la forma más eficaz de aligerar el caso. En un boil-off, el preclear entrará en un sueño aparente. Esto no es sueño, no importa cuánto parezca serlo, sino que en realidad es una liberación de inconsciencia sumamente concentrada y fuerte. La liberación de esto le permite al caso avanzar mucho más rápidamente, pues debajo de ella se encontrarán cantidades de incidentes específicos que, de lo contrario, estarían ocultos bajo esta pesada capa. Es posible que un preclear pueda tener boil-off durante veinticinco a cincuenta horas si tiene una carga extremadamente pesada de entheta. El boil-off tiene ciertas manifestaciones extrañas. El preclear, al recorrer un incidente, puede que de repente comience a divagar mentalmente y a ir apagándose, murmurando relatos de cuadros extraños y sucesos inconexos. Este es un efecto espejismo, a través del boil-off, y en ese momento cosas peculiarmente inconexas abarrotarán la atención del preclear. Pero todo esto lo hace en una condición muy somnolienta y aturdida, y poco después puede entrar en un boil-off aún más profundo.

En los inicios de Dianética, se creía que era necesario mantener al preclear más o menos alerta durante un boil-off. Esto fue un error. Al preclear nunca se le debería interrumpir en un boil-off, sino que se le debería permitir continuar en este estado hasta que el boil-off se consuma. Es más, en otro tiempo se creyó que se podía traer a tiempo presente al preclear durante el boil-off y que este continuaría de manera automática. Esto no parece ser así. Un boil-off se tiene que continuar en el punto de la línea temporal en el que empezó a ocurrir.

Un boil-off puede que sea aburrido para el auditor, ya que el preclear yace en un estado de aturdimiento y puede yacer así durante muchos minutos o incluso durante una o dos horas. Aun así, el auditor no debería interrumpir al preclear. La eficacia del boil-off se demuestra por el hecho de que, al terminar, el preclear está alerta y puede recorrer otras formas de entheta, pero cuando se interrumpe, el preclear estará en una condición insatisfactoria. Cuando no se permiten ni se inducen los boil-off, el caso no progresará con rapidez. Y en un caso ocluido puede progresar con notable lentitud. Quizá la importancia del boil-off se haya minimizado en el pasado porque el auditor no tenía suficiente paciencia para observar cómo un boil-off continuaba en toda su extensión, que puede ser muy larga.

CAPÍTULO 19   ENTHETA RELATIVA EN EL CASO

Un boil-off puede inducirse y desvanecerse, e inducirse de nuevo con una sola frase. El auditor debería contar con el archivista para que le proporcione la frase que inducirá un boil-off. Se ha comentado que el boil-off ocurre en frases de circuito y que en realidad es la consumición de cantidades enormes de anatén en forma muy concentrada, que provienen de la mente analítica, de áreas que antes fueron compartimentos de valencias o ubicación de circuitos demonio. Esto no se ha observado suficientemente en la actualidad como para confirmarlo, ya que se ha observado boil-off en frases que no eran frases de circuito. El auditor puede preguntarle al archivista del preclear si se puede o no obtener ahora un boil-off y entonces pedir la frase. El preclear repite esta frase unas pocas veces y de pronto entra en un boil-off. Puede salir de este boil-off en muy poco tiempo, momento en que el auditor le pide que repita la frase y el preclear regresa al boil-off. El preclear repite esta frase para sí mismo o para el auditor cada vez que el boil-off remite, hasta que ya no se presenta ningún boil-off al repetir esta frase. Entonces el auditor puede obtener del archivista del preclear otra frase en la que pueda ocurrir boil-off y demás, hasta que se haya consumido una cantidad considerable de este anatén aparentemente concentrado. El caso mostrará una mejoría muy marcada.

No se debería pasar por alto el dolor físico como uno de los factores que mantienen la entheta en su sitio. Puede ocurrir que el auditor tenga un caso que no puede recorrer engramas, pero que, en ocasiones, puede obtener dolor físico al repetir una sola frase. Si el preclear tiene un somático nuevo (no crónico), el auditor le puede pedir la frase que reducirá este somático, pero sólo después de que haya determinado definitivamente, a través del archivista, si el somático se reducirá o no. Como mejor se reducen estos somáticos normalmente es simplemente haciendo scanning de incidentes de placer, si están molestando al preclear al principio de la sesión o al final de ella.

Cuando se hace Scanning de Candados en el caso, se establece contacto con los percépticos. Los percépticos en sí parecen contener aprisionamiento de entheta. Por lo tanto, recorrer completamente todos los percépticos de un engrama libera una considerable cantidad de entheta.

Adicionalmente, está el movimiento corporal. El preclear puede dar vueltas mientras recorre miedo o puede golpear la cama con el puño mientras recorre enojo. Pero en cualquier caso, por medio del movimiento físico consume energía. Esto es aparentemente beneficioso, y se deberían repetir las frases y circunstancias que causan que el preclear lo haga. Sin embargo, el auditor no debería engañarse y empezar a perder el tiempo en lo que simplemente es una dramatización. El preclear tiene que estar bajo procesamiento y, por lo general, haber retornado a un incidente específico antes de que tenga efecto beneficioso ningún movimiento físico.

Es probable que existan muchas otras manifestaciones de entheta y de enMEST, y se debería dedicar observación futura a su determinación y a su uso en el procesamiento.

Se sabe que una buena ración de proteínas y ciertas vitaminas ayudan en la consumición y conversión del enMEST y que un tiempo presente bastante estable (incluyendo a un auditor con un elevado nivel de theta) ayudan en la consumición y conversión de entheta. Y se sabe que ciertas manifestaciones fisiológicas acompañan la conversión de enMEST y que, posiblemente, ciertas manifestaciones de theta acompañan la conversión de entheta. Pero no se ha determinado ni observado en qué medida ayudarían estas al procesamiento.

En un caso ocluido, es muy posible que un auditor se encuentre en esta rutina, y debería saber esto muy bien: al principio del caso, intenta un poco de Memoria Directa o quizás un poco de Scanning de Candados. Puede que descubra que cierta frase induce al preclear a llorar o que cierta frase le induce a tener miedo. El auditor debería hacer que se repita esa frase y que al incidente con el que está relacionada, lo más de cerca posible, se le preste algo más de atención. Cuando esto ocurre ya se ha iniciado la conversión. A continuación, el auditor puede encontrar, mientras hace Scanning de Candados, o cuando pide una frase específica que lo induzca, que el preclear esté cayendo en boil-off. El auditor, a medida que el boil-off remite, debería descubrir la frase con la que el preclear está teniendo boil-off, a fin de que se pueda continuar el boil-off hasta que se consuma. Se ha convertido más entheta y se ha logrado que estén disponibles más aspectos del incidente. Después, con más Scanning de Candados se pueden recuperar momentos de tensión física o coacción mental de tipo candado. A estos se les debería hacer, entonces, scanning hasta que se consuman por completo. En este momento puede suceder que aparezca un engrama secundario completo, y que cuando este se recorra, el caso rebote notablemente hacia arriba en la Escala Tonal. Pero al día siguiente o al segundo día puede descubrirse que otro boil-off está listo, o que debería hacerse scanning de otra serie de candados que contienen coacción. Por lo tanto, yendo del boil-off al Scanning de Candados y al recorrido de secundarias, con tantos percépticos como estén disponibles, el auditor puede encontrarse con un caso que se eleva con rapidez en la Escala Tonal.

En cualquier caso, el auditor debería descubrir que está ocurriendo esto y si no está ocurriendo, entonces el auditor está haciendo algo mal. Con Línea Directa, estabiliza su caso y puede que saque al caso de algún incidente que no se pueda recorrer. Aquí está convirtiendo entheta en theta. Entonces hay más theta disponible para atacar más entheta; y así puede que sea capaz de hacer Scanning de Candados, o de recorrer un engrama secundario o incluso un engrama en un caso de nivel elevado, o puede que sea capaz de lograr un boil-off. Pero cada vez el auditor debería estar logrando algún resultado. Y cada vez que adquiere más theta para el preclear, debería reinvertirla en un ataque adicional, y quizás más fuerte, contra la entheta y el enMEST. Si lo hace, el caso continuará hacia arriba en la Escala Tonal, no en un ascenso continuo a lo largo de un camino invariable, sino en un curso irregular en el que los altos siempre son un poco más altos y los bajos no son tan bajos. Recorrer engramas o entrar en el caso a golpes puede que simplemente tome la theta existente, la acerque a una cantidad demasiado grande de entheta y enturbule y aprisione más de ella, bajando así al preclear en la Escala Tonal en lugar de subirlo.

Con algunos preclears, el auditor puede ser bastante no impositivo, es decir, que le puede permitir al preclear recorrer frases y elegir el siguiente tipo de entheta que atacar. En cualquier caso, el auditor debería consultar al archivista tanto como sea posible.

Sin embargo, el auditor no debería permitir al preclear hacer Scanning de Cadenas de engramas ni que ande por ahí recorriéndose diversas frases automáticamente, pues esto da como resultado la enturbulación de la theta existente. La única ocasión en que se puede hacer Scanning de Cadenas de engramas es cuando el preclear ha ascendido a cerca de 3.5, constante e inequívocamente, y tiene tanta theta libre y tan poca entheta que el efecto de la theta sobre la entheta es abrumador, incluso hasta el punto de hacer que vuele el dolor físico.

Si el auditor lo desea, puede incluso poner a su preclear a hacer *Freewheeling,* con una ración de *Guk* entre sesiones. Encontrará que esto tiene la eficacia de eliminar de vez en cuando somáticos completos y de hacer que la tarea futura del procesamiento sea más fácil. En todo caso, Guk parece favorecer el caso. En el Freewheeling, donde se juntan la tira somática y al archivista para recorrer incidentes pero el "yo" se deja en tiempo presente, puede ser que el preclear se trabe en un retenedor o se tope con un rebotador, haciendo que se detenga el Freewheeling. Resulta, sin embargo, que repetir la frase de acción durante el Freewheeling no libera al preclear, sino que actúa como Técnica Repetitiva y lleva al "yo" por el banco a reunirse con la tira somática. Esto puede enturbular el caso considerablemente. Cuando el preclear se traba estando en Freewheeling, el auditor debería pedirle al archivista la frase y luego hacer que el preclear recuerde, con Memoria Directa, cuándo ha oído pronunciarse esa frase. Cuando el preclear recupera un incidente así, cualquier incidente que contenga esa frase, entonces el Freewheeling parece continuar. Aparentemente, el único peligro en el Freewheeling es el uso de la Técnica Repetitiva en relación con él. Sin embargo, nunca se debería creer a un archivista cuando el auditor pregunta: *"¿Eres Clear?",* y el archivista dice: "¡Sí!". Por una razón u otra, los "archivistas" son demasiado optimistas en este tema. El "Clear de archivista" y el uso de la Técnica Repetitiva desprestigiaron el Freewheeling. No obstante, a una persona que ha estado haciendo Freewheeling se le puede y se le debería hacer Scanning de Candados en ello hasta eliminarlo, tal como se haría con cualquier sesión, y en ocasiones el Freewheeling parece beneficiar a un caso.

CAPÍTULO 19   Entheta Relativa en el Caso

Para poner a un preclear en Freewheeling sólo es necesario decirle que cierre los ojos y que el auditor diga:

"El archivista proporcionará momentos de dolor físico o molestia y la tira somática los recorrerá completamente. Y este proceso continuará hasta que yo diga 'cancelado'" o *"hasta que le diga a la tira somática que venga a tiempo presente"*.

El auditor debería recordar que la frase de circuito es a la vez recalcitrante y resistente a la auditación. Uno de los principales problemas con el Scanning de Cadenas es que el individuo elimina mediante Scanning de Cadenas todo tipo de frases, pero sólo pone las frases de circuito en reestimulación. Así, los circuitos parecen estar activados y obtenemos una condición en el Scanning de Cadenas en que el individuo aparentemente ya no tiene más engramas y sin embargo, mediante un procesamiento minucioso, es posible descubrir en el caso numerosas frases de circuito con somáticos y todo. El Scanning de Candados también tiene esta dificultad en una ligera medida, pero esto se puede remediar encontrando todo tipo de frases de circuito por medio de Memoria Directa. A veces las frases de circuito ni siquiera aparecen como frases relámpago, aun cuando las frases de acción del caso tengan relativamente poco poder. Pero el auditor, mediante conjeturas y hablando con el preclear, puede descubrir a la larga tipos de frases que son frases de circuito y que en mayor o menor medida arrebatarían de manos del auditor y del "yo" del preclear el control de la auditación. La Memoria Directa recupera un momento específico en que se pronunció esta frase, y por lo general se puede hacer Scanning de Candados al preclear a través de todos los momentos similares, eliminando así parte de la carga del engrama básico que contiene la frase de circuito y debilitando o deshaciéndose del circuito demonio de control que pudiera haberle estado causando bastantes problemas al auditor.

Es probable que existan incontables maneras de convertir la entheta en theta y de aliviar los depósitos de enMEST en el organismo. Estas son simplemente las mejores maneras que se conocen hasta la fecha. Estas maneras están comprobadas y son fiables. El auditor puede descubrir, en la tabla de la Escala Tonal, los niveles en que puede recorrer diversos tipos de entheta. Esto es una protección y le evitará al auditor gran cantidad de problemas. Hay por ahí varias técnicas raras, como poner a una persona a hacer Scanning de Cadenas automáticamente, que con casi toda seguridad aumentan la enturbulación del caso. Hace algún tiempo puse a prueba una en que se enviaba al individuo a casa por la noche a recorrer completamente cadenas de secundarias mientras dormía. Esto fue bastante insatisfactorio, pero sí fue interesante observar que un individuo al que se le puso a recorrer una cadena de secundarias de pesar mientras dormía se despertó por la mañana y encontró su almohada empapada en lágrimas, y sin embargo no tenía conocimiento alguno de por qué había estado llorando. Esto se añade aquí para demostrar que no sólo existen muchas combinaciones de los mecanismos existentes conocidos de la mente, sino que probablemente existen un gran número de mecanismos aún desconocidos.

Es posible que explorar los percépticos theta sea un campo muy fructífero ya que, en teoría, podría ser posible que se introdujeran nuevos resurgimientos de theta en un caso con excelentes resultados. Tal vez sea esto lo que sucede cuando una persona trata de alcanzar un resurgimiento espiritual. Investigar esto merece bien la pena.

El auditor debería tener presente que los casos, mutuamente, tienen cantidades diferentes de dotación de theta libre. Encontrará casos que están bajos en la Escala Tonal y muy ocluidos, que sin embargo tienen un gran poder de razonamiento y de construcción, a pesar de sus tendencias hacia sucumbir. Encontrará que estos casos se elevan con bastante rapidez, pero como el individuo esta aquí y allá, por las columnas, en un nivel más elevado del que se le ha asignado, el auditor no debería abandonar por lo tanto los tipos de procesamiento asignados para el nivel general en que está localizado su preclear.

Asimismo, es una gran tentación para el auditor, cuando encuentra un caso que parece tener sónico y visión, y cierta percepción de dolor, zambullirse hacia lo más profundo del caso y empezar a recorrer engramas. Después de hacer esto durante un tiempo, puede encontrar que el caso no está ascendiendo muy bien en la Escala Tonal, y es posible que sólo entonces consulte la tabla para descubrir que ha estado trabajando con

CAPÍTULO 19 ENTHETA RELATIVA EN EL CASO

un 0.8, para su consternación. Estos casos bajos de tono se enturbulan con rapidez y, sin importar lo abiertos de par en par que estén, se les podría recorrer engramas durante cientos de horas sin ningún aumento notable aparente en el nivel de tono del caso. Esto se debe a que el auditor está invirtiendo theta libre con demasiado entusiasmo en el recorrido de engramas de dolor físico en los que aún no se ha consumido la entheta de sus secundarias y candados. La meta en cualquier caso es la liberación de theta, y el auditor se debería guiar por esto.

Columna AQ
Nivel de Tono Necesario en el Auditor para Manejar el Caso

Esta columna se incluye como una estimación de desempeño óptimo.

El auditor debería ser consciente del hecho de que los engramas del preclear, sus secundarias y candados responden sólo en presencia de toda la theta libre disponible. La theta del auditor, más la theta que le queda al preclear, forman un total que se dirige a la entheta que hay en la mente reactiva del preclear. Es un hecho extraño que la mera presencia de un auditor haga posible que el preclear recorra incidentes que no podría tocar si no hubiera presente ningún auditor, aunque ha habido preclears que por sí solos han logrado recorrer completamente candados y algunas secundarias. Pero la auto-auditación por lo general vuelve confuso un caso y la presencia de un auditor es muy deseable.

Los auditores que están por debajo de 2.0 en la Escala Tonal tienden a ir inconsciente y hasta conscientemente en la dirección a sucumbir. Tienen dentro de sí una mayor proporción de entheta que de theta. Los auditores que están por debajo de 2.0 en la Escala Tonal han logrado algo con los casos de vez en cuando, porque los factores mecánicos de Dianética se pueden aplicar, en parte, de forma mecánica. Pero el preclear que se pone en manos de un auditor que está por debajo de 2.0 se está exponiendo a un procesamiento infructuoso, pues inevitablemente sobrevendrán infracciones del Código del Auditor y, de forma no intencionada, el caso se manejará mal a pesar de la intención evidente del auditor.

Uno puede decir, entonces, que 2.5 es el nivel más bajo que el preclear debería aceptar en un auditor. Y aun esto tiene un ligero riesgo, pues el interés del auditor 2.5 en el preclear tiende a ser indolente, y no alentará ningún avance grande ni rápido en el caso.

El mínimo nivel del auditor para que se realice cualquier procesamiento realmente de éxito sería 3.0. En este nivel, el auditor estará interesado, será compasivo, será capaz de seguir el Código del Auditor sin tensión, comprenderá con rapidez cualquier problema con que se tope el preclear y, por lo general, en la presencia de educación, se puede esperar que desempeñe un papel bueno y responsable como auditor. Es más, un auditor en este nivel no empleará como material de conversación ningún dato deshonroso en un caso que descubra el auditor en la vida del preclear. Esto sin duda no es así con los auditores de tono bajo.

Cuando uno está manejando preclears de 1.5 hacia abajo, normalmente descubrirá que el preclear es sumamente reestimulativo para el auditor, tiende a enojarse o a volverse recalcitrante u ofensivo, tiene grandes dificultades para establecer contacto con parte de la entheta y está, en general, tan sumamente cargado que se requiere de gran paciencia y tolerancia en el auditor. Esto significa simplemente que al auditor no debe poder reestimularlo fácilmente el preclear. Los casos de 1.5 hacia abajo son, por término medio, sumamente reestimulativos. De este nivel hacia abajo, los casos que son psicóticos crónicamente o psicóticos en el momento del procesamiento, lo que significa: los casos que tienen enturbulada toda su theta libre, requieren de manera especial auditores que estén en un nivel de tono alto. Porque los auditores en niveles más bajos tienden a tener una opinión demasiado crítica del psicótico, y una actitud crítica o restrictiva hacia el psicótico le niega la recuperación. Es más, el psicótico exige del auditor un alto nivel de valentía, nivel que sin duda no se encuentra por debajo de 3.0 y que se garantiza (si existe una buena dotación de theta libre y una educación que no sea contraria a la

CAPÍTULO 20 NIVEL DE TONO NECESARIO EN EL AUDITOR PARA MANEJAR EL CASO

valentía) sólo en el nivel 3.5. Los psicóticos, o las personas que están en la banda de tonos por debajo de 2.0 pero que se enturbulan con facilidad, tienen unos antecedentes tan cargados en la mayoría de los casos, que puede que griten, expresen emoción desagradable o dramaticen en un grado aterrador. Un paranoico totalmente enturbulado bien podría intentar matar a un auditor durante la sesión de procesamiento, si el auditor de repente le recuerda al paranoico a un enemigo. Por debajo de 3.0, la reacción del que procesa hacia el psicótico puede que sea irracional hasta el punto de administrarle rápidamente sedantes, ponerle camisa de fuerza, darle electrochoques, ordenar una lobotomía prefrontal o llevar a cabo cualquiera de aquellas acciones que, en pocas palabras, expresan un miedo abyecto a otro ser humano en cuya racionalidad no se puede confiar. Un 1.5 que intente tratar psicóticos sólo puede pensar en términos de castigo y anulación del psicótico, y de ninguna manera puede producir, con su sola presencia y la calidad de su razonamiento, ningún alivio en el caso, sino que con su propio miedo enturbula más al psicótico. Además, vivir en un entorno lleno de psicóticos (como un hospital psiquiátrico con individuos dramatizando, gritando, siendo irracionales o sosamente estúpidos) es intensamente reestimulativo; tanto que gran parte de los enfermeros y médicos de los hospitales psiquiátricos mismos al final terminan en sus pabellones como pacientes.

En pocas palabras, se requiere de vida y energía en un individuo para poder crear vida y energía en otros. Y a la inversa, la persona que está en un nivel bajo en la Escala Tonal, para poder ascender por la escala o incluso para existir en su propio nivel, absorbe con fuerza la vida y energía de quienes la rodean. Es probable que las leyendas de los vampiros se originaran en la observación de que algunas personas parecen no tener vida propia, y sólo se manifiestan cerca de otros individuos y a expensas de ellos. Comúnmente, las personas bajas de tono anhelan casarse sin otra razón que la de poder obtener del cónyuge la energía y la vida necesarias para continuar su existencia o, quizá, porque aquí tengan theta libre que puedan atacar y deseen abatirla.

El auditor debería conocer muy bien el hecho de que abordar la entheta en un preclear es reestimulativo para el auditor. Cierta cantidad de la theta libre del auditor se va a enturbular cuando procese preclears. Como mínimo, se formarán nuevos candados en sus propias cadenas. Por lo tanto, la enturbulación no es totalmente temporal, sino que cierta cantidad de la enturbulación se volverá "permanente", lo que significa que debe ser eliminada mediante procesamiento. Los auditores que no están recibiendo procesamiento ellos mismos no tienen éxito. Un grupo de auditores que procesen a preclears pero que ellos mismos no reciban procesamiento se convertirá, en relativamente poco tiempo, en un verdadero foso de serpientes de entheta y, lo quiera o no lo quiera, descenderá en la Escala Tonal.

Lo mínimo que debería hacer un auditor por su propio bien, si está procesando a la gente, es hacerse scanning completamente de las sesiones de procesamiento que ha llevado a cabo en otras personas. Debería considerar que esto es tan necesario para él como comer y descansar apropiadamente. Porque su propio descenso por la Escala Tonal, como resultado de la auditación, le resultará tan inadvertida que no sabrá cuánto ha descendido hasta que de pronto se dé cuenta de que ya no sólo no le causa ningún placer auditar, sino que se encara a la siguiente sesión con considerable aversión. Cuando esto sucede, el auditor puede estar seguro de que por no advertir la necesidad de que se hiciera Scanning de Candados de estas sesiones, ahora necesita el procesamiento tanto como sus preclears. Debería tomar, entonces, todas las medidas posibles para elevarse en la escala y la medida indicada de manera más inmediata es hacer scanning completamente de las sesiones de procesamiento. A medida que el auditor desciende cada vez más por la Escala Tonal, tiende cada vez más hacia sucumbir, y llegará a un punto en que no cree que necesite procesamiento alguno. Cuando esto sucede, se ha puesto muy enturbulado.

Dianética proporciona medios eficaces para llevar a la gente a un nivel más elevado de razón, energía y felicidad, y a un mejor estado de bienestar físico. Si Dianética ha de tener amplio éxito (y lo tendrá, ya sea que tarde dos años o los próximos veinte), ese éxito depende del equipo de co-auditación, en que dos personas se auditan mutuamente turnándose. Se ha dado publicidad a la idea de que Dianética es simplemente una

CAPÍTULO 20 NIVEL DE TONO NECESARIO EN EL AUDITOR PARA MANEJAR EL CASO

terapia de bajo costo. Aparte del hecho de que Dianética no es una terapia, Dianética proporciona un medio para que dos personas cualesquiera que sean inteligentes y estén relativamente altas en la Escala Tonal se eleven ellas mismas por su propio esfuerzo a niveles mucho más deseables de existencia humana. Nunca antes había sucedido que la gente pudiera hacer esto. Un equipo de co-auditación debería formarse con cierto cuidado. Los dos individuos deberían estar en puntos cercanos de la Escala Tonal y deberían, sin duda, estar por encima de 2.0 en la Escala Tonal. Una desigualdad creará una situación en que una de estas personas está haciendo toda la auditación y una de ellas está recibiendo toda la auditación y no existe intercambio mutuo.

Por lo general, los equipos de marido y mujer no conforman buenos equipos de co-auditación. Si bien unos cuantos de estos equipos han tenido éxito, la mayor parte se desintegraron al poco tiempo por no ser funcionales y el marido y la esposa han tenido que buscar fuera del hogar a otras personas que los procesen. Por lo tanto, probablemente sea prudente conseguir, desde el principio, co-auditores fuera del hogar. Hay muchas razones para esto. En primer lugar, las relaciones maritales tienen cierta fragilidad e introducir el procesamiento de Dianética entre dos individuos produce otro tipo de afinidad. En un equipo de co-auditación formado por marido y mujer, una gran cantidad de infracciones del Código del Auditor puede, de hecho, romper el matrimonio. Mirando fuera del hogar, uno puede encontrar co-auditores si el equipo de co-auditación original demostrara no tener éxito. Además, en la mayoría de los matrimonios existen ciertas barreras de información entre los esposos. Y cuando la esposa no puede decirle al esposo todo lo que sabe y cuando el esposo no le puede decir a la esposa todo lo que sabe, se introduce suficiente freno a la comunicación como para inhibir el procesamiento. En el nivel actual de los principios morales de los adolescentes, por lo general hay muchas cosas en el pasado de cualquier cónyuge que este no desea comunicar a su pareja. Con un compañero de co-auditación externo al hogar, uno puede comunicarse con libertad. Y, por lo tanto, se puede establecer la afinidad que se requiere para la co-auditación, que rara vez puede establecerse entre maridos y mujeres.

También existe el equipo de tres en que se co-auditan tres personas. Esto tiene la ventaja de mantener la altura de cada auditor, pues en el triángulo nadie recibe procesamiento de la persona que él audita.

Cuando el preclear ha ascendido en la Escala Tonal a 3.0, lo puede procesar casi cualquiera que haya sido educado en Dianética y que no se encuentre por debajo de 2.0, porque puede soportar considerables infracciones del Código del Auditor o ineptitud. Pero debería ser consciente del hecho de que avanzará más rápido, cuanto más elevado sea el nivel de su auditor.

Cualquier equipo de co-auditación doble o triangular debería tener cuidado de mantener la paridad. No se debería permitir que ningún miembro del equipo quedara rezagado de manera que pudiera presentarse una disparidad en el nivel de tono. Esto es muy importante, pues al permitir que ocurra la disparidad, al auditor que está más elevado en la escala se le volverá a bajar por la Escala Tonal.

De acuerdo a la teoría, los mejores auditores serían los Clears. Pero es muy probable que las personas que han perdido sus propias aberraciones se interesen en la actividad que dicta su propósito básico. Si resulta que su propósito básico es hacer que sus semejantes sean más felices, saludables y razonables, entonces permanecerán en Dianética. Pero por lo general, van por todas partes.

Columna AR
Cómo Auditar el Caso

En este capítulo consideraremos casos con niveles de tono concretos. Se debería recordar que un individuo puede existir en cualquiera de estos niveles de tono y aun así ser considerado "racional" por la sociedad actual.

Hay dos cosas que el auditor debería respetar al empezar un caso. O bien evalúa el caso a fondo en la tabla y así conoce el tipo de caso que está abordando. O bien, a falta de la evaluación en la tabla, usa métodos de procesamiento muy ligeros como Memoria Directa o scanning de cadenas de candados menores. A menos que el auditor sea muy experimentado, no podrá determinar inmediatamente dónde está su preclear en la Escala Tonal a no ser que tenga la tabla ante él y haya hecho una prueba de los somáticos y las respuestas generales de su preclear.

Aprender a usar la tabla y ubicar al preclear en ella, le puede llevar al auditor algo de tiempo, porque la tabla es complicada, dado que contiene diversos elementos. Hay al menos cinco formas diferentes en que se puede decir que varía el tono. El auditor busca principalmente el tono reactivo crónico del preclear con el propósito de saber en qué nivel será seguro procesarlo. Algunos auditores con un elevado nivel de theta pueden emplear con éxito en el preclear métodos que están por encima de su nivel de tono reactivo crónico. Lo hacen elevando temporalmente al preclear en la Escala Tonal con un ARC muy elevado. Pero, por desgracia, esta es una capacidad inusual. Y el auditor que desee asegurarse de que no enturbulará al preclear debería tener mucho cuidado de no emplear métodos que estén por encima del nivel del preclear en la Escala Tonal. Cinco cosas que afectan a las manifestaciones de tono que el preclear está exhibiendo son:

1. La proporción de theta–entheta en el caso: la cantidad relativa de entheta "inmovilizada" en candados, secundarias y engramas.
2. El entorno de tiempo presente del preclear, su tono y volumen.
3. El tono del engrama en particular en el que resulta estar atorado el preclear, si está atorado.
4. El tono ordenado por una frase de orden engrámica en particular o por una serie de frases de orden engrámica que están en reestimulación, ya sea aguda o crónicamente.
5. Los antecedentes generales del entorno del preclear, el tono de su educación, familia, grupo, y demás.

Puede que sea una tarea algo difícil para el auditor separar estos distintos elementos en el tono que manifiesta el preclear para poder descubrir el aspecto en particular que es el más importante para el nivel de procesamiento que se va a usar en el preclear, es decir, la proporción theta–entheta en el caso.

Hacer Línea Directa en el entorno de tiempo presente del preclear, los sucesos de los últimos dos o tres días o incluso horas, le proporcionará al auditor cierta idea sobre el efecto que está teniendo el tiempo presente en el tono manifestado.

Hacer Línea Directa en los antecedentes generales del preclear, durante y después de hacer el cuestionario, le proporcionará al auditor una estimación algo menos clara del efecto de este elemento en el tono manifestado por el preclear, pues gran parte del material puede estar ocluido o escondido a propósito.

Un intento de recorrer un momento de placer y unas cuantas respuestas relámpago le dirán al auditor si este preclear está o no

CAPÍTULO 21   CÓMO AUDITAR EL CASO

malamente atorado en la línea temporal y, por lo tanto, si este es un factor importante en el tono manifestado.

Tal vez lo más difícil de localizar y de tomar en consideración sea el efecto de un engrama o cadena de engramas reestimulados aguda o crónicamente. Aquí es donde entra en escena el caso maníaco, y este es el mayor peligro que afrontará el auditor por clasificar al preclear demasiado alto en la escala: un caso abierto de par en par con un gran maníaco en reestimulación plena.

Como todas estas cosas complican el problema, el auditor encontrará que la prueba más fiable que puede realizar respecto a la proporción theta–entheta en el caso serán las columnas de comportamiento en la tabla de la Escala Tonal (después de que aprenda a usarlas) y a no dejarse engañar por la idea que pueda tener el preclear sobre cuál es su propio tono. Será necesario hacer preguntas con paciencia y sutileza, lo cual quizás dure muchas horas, antes de que el auditor pueda sentir justificadamente que en verdad ha descubierto el nivel de tono crónico del preclear en cada una de estas columnas. Por esta razón, se podría decir que todos los casos, casi sin excepción, se deberían empezar con muchas horas de Línea Directa. Preguntarle al preclear, por ejemplo, cuál es su actitud acerca de los niños le dará al auditor información sobre cuál cree el preclear que es su actitud o cuál desea que el auditor piense que es, o quizá, cuál es en realidad. Los gestos y tonos de voz del preclear al contestar la pregunta le revelarán mucho al auditor, y el interrogatorio en sí es beneficioso para el caso. Pero el auditor estará seguro de cuál es la actitud del preclear hacia los niños sólo cuando lo haya sometido a Línea Directa en varios incidentes en los que haya niños. Puede que haya casos en que las preguntas directas sobre estas cosas sólo sirvan para poner sobre aviso a las computaciones del preclear respecto al secreto, y en los que sería prudente que el auditor empleara la tabla a fondo y de manera exhaustiva, aunque no de forma obvia con preguntas directas. Es fácil que una pregunta directa como: "¿Te gustan los niños?", pueda parecerle al preclear un sondeo o una crítica, aunque sólo sea de manera inconsciente. Pedirle que relate un incidente con niños le puede proporcionar al auditor datos inestimables que no podría obtener con preguntas directas.

La tabla de la Escala Tonal es un instrumento delicado y algo complejo. El auditor que, por medio de la práctica y la atenta observación de los resultados aprenda a usarla bien, encontrará que tanto sus capacidades como su comprensión aumentarán de manera inconmensurable.

Un caso en 4.0: el Clear MEST de Dianética (es decir, el organismo Clear en la vida actual), hasta que no conozcamos más áreas que se puedan procesar, se puede considerar que no necesita más procesamiento.

El caso 3.5 es muy fácil de procesar, pero los casos casi nunca están en este nivel cuando se abordan por primera vez. Cuando un caso ha alcanzado este nivel mediante el procesamiento, es relativamente fácil elevarlo hasta el estado de Clear. Con este caso se puede hacer casi cualquier cosa en cuanto a recorrer entheta y es meramente una cuestión de lo rápido que se puede llevar a este individuo al estado de Clear, y no de si lo alcanzará o no, pues si ha llegado a 3.5 casi se puede auditar solo hasta llegar a Clear. Aquí se puede hacer scanning de engramas, un proceso que se realiza de manera similar al Scanning de Candados, excepto que se puede hacer scanning de los incidentes de dolor físico, de secundarias y de cadenas de palabras que estén rodeadas de dolor físico. Sin embargo, en el 3.5, al igual que en cualquier otro caso, se debería hacer scanning de las sesiones de auditación para eliminarlas del caso.

Al caso 3.0 no se le debería hacer scanning de engramas. El scanning es un mecanismo muy atractivo. Parece algo muy sencillo iniciar al individuo en el básico-básico y decirle que haga scanning de todos los engramas hacia arriba en la línea temporal hasta tiempo presente, hasta eliminarlos. Pero existe considerable entheta en el 3.0 y el mecanismo de scanning lo enturbulará y lo hará descender en la Escala Tonal. Aquí, los circuitos todavía están lo suficientemente activos como para que los active el Scanning de Cadenas, y el resultado será un "Clear falso", es decir, el auditor tendrá a un preclear cuyos circuitos se han cargado hasta el punto en que el auditor no puede encontrar un engrama y, por lo tanto, supone que tiene un Clear cuando no es así. Sin embargo, el 3.0 tiene casi todos sus engramas listos para recorrerse con Procedimiento

CAPÍTULO 21 — CÓMO AUDITAR EL CASO

Estándar. El auditor envía de vuelta al 3.0 al momento más temprano de dolor o malestar, toma la frase más antigua y recorre el engrama hasta el final. Por lo general no es necesario que el auditor haga que el preclear repita las frases, una y otra vez cada una, pero el auditor puede permitirle al preclear recorrer el engrama de principio a fin y después volverlo a recorrer nuevamente de principio a fin. Por supuesto, en una borradura el auditor ha localizado el primer momento de dolor o malestar y ha reducido una gran cantidad de las secundarias. Se ha recorrido completamente el engrama de dolor físico más temprano y sólo es necesario, entonces, proceder hacia arriba del banco por la escalera del tiempo, borrando cada engrama consecutivo al establecer contacto con él, desde el primer comienzo del dolor o la inconsciencia en el engrama hasta el último. En el 3.0, se encontrará que los engramas se borran con bastante rapidez. Una o dos pasadas producirán bostezos, y se podrá alcanzar entonces el siguiente engrama. Sin embargo, el auditor no debe pasar por alto que al progresar hacia arriba por el banco, de engrama en engrama, tomando cada vez el más temprano que se pueda encontrar, pueden salir a la luz engramas secundarios que se tienen que descargar. Un auditor puede realmente comenzar a ascender por el banco y terminar una borradura casi hasta tiempo presente, para luego encontrar una nueva cadena de engramas secundarios que se tengan que liberar a base de lágrimas u otras manifestaciones. Y después de esto, puede que el auditor descubra que exista un nuevo momento de dolor físico o malestar tan temprano como en la concepción. Tiene que volver, entonces, a este primer engrama. No es difícil para el auditor descubrir esto, si cada vez pide el momento más temprano de dolor o malestar que existe en el caso. El auditor se mantiene muy alerta al hecho de que la liberación de anatén, de emoción desagradable o de dolor físico saca a la luz nuevas áreas de anatén, emoción desagradable o dolor físico. Pidiéndole el primer momento de dolor o de malestar y manteniéndose alerta al hecho de que pueden aparecer nuevas secundarias, el auditor continúa con su borradura del contenido de la mente reactiva. Pero en 3.0 es necesario que el auditor mantenga el caso con un scanning completo, no sólo con respecto a la auditación, sino también a los incidentes cercanos a tiempo presente que puedan ser enturbulativos para el preclear. En 3.0 y más abajo, el auditor tiene que recordar en todo momento que está elevando el caso en la Escala Tonal, y que la simple borradura de engramas no es suficiente como para hacer que el caso progrese satisfactoriamente, sino que la borradura de los engramas por sí sola puede de hecho (si no se aborda ninguna otra forma de entheta) hacer que este caso vuelva a descender en la Escala Tonal, especialmente ante una situación reestimulativa de tiempo presente que enturbule considerablemente al preclear. El nivel 3.0 es definitivamente el área en que se empieza una borradura. En este nivel los engramas no se reducen, sino que se borran.

El caso de nivel 2.5 es un poco más preocupante para el auditor que el 3.0. Esto es así bajando por todo el banco, pues cuanto más se desciende en la Escala Tonal, más entheta encuentra uno en el caso, y mayor cuidado tiene que tener para mantener elevado el tono de tiempo presente del preclear y para mantener al preclear progresando hacia arriba de la Escala Tonal. El 2.5 hace Scanning de Candados con mucha facilidad. Sin embargo, a diferencia del 3.5, no puede hacer scanning de secundarias. No es recomendable pedirle a un 2.5 que haga scanning de momentos de fuerte emoción desagradable, pues el caso se reestimulará y las áreas turbulentas absorberán más theta de la que se libera de ellas mediante la auditación. Sin embargo, el 2.5 sí recorrerá engramas como algo habitual cuando se abordan como engramas individuales, no como cadenas de engramas como en el Scanning de Cadenas. Los momentos de gran pesar, pérdida, enojo o apatía se recorren completamente como incidentes, percéptico por percéptico, hasta que se reducen. En el 2.5 se recuperan nuevas secundarias y cadenas de engramas mediante Scanning de Candados. La única ocasión en que el 2.5 requiere de Memoria Directa como técnica de procesamiento es cuando el auditor desea descubrir más acerca de su caso o descubrir circuitos. En el 2.5, el auditor localiza los circuitos mediante Memoria Directa, encontrando quién, en el entorno del preclear, trató de dominarlo o de anularlo, y encontrando momentos durante la vida del preclear despierto en que estas personas hicieron

CAPÍTULO 21   CÓMO AUDITAR EL CASO

declaraciones de tipo circuito, como "Contrólate" o "Aguántate". En este nivel, el circuito es importante. Aquí se les debería prestar una atención considerable a los circuitos. Las frases se deberían localizar por medio de Memoria Directa y luego se deberían eliminar como frases mediante Scanning de Candados, a fin de descargar y desintensificar todas las frases circuito contenidas en los engramas. Porque aquí, y hacia abajo, un circuito puede asumir en mayor o menor grado el control que debería tener el auditor, de manera tal que el preclear insista en ocasiones en recorrer su propio caso. O un circuito puede bloquear grandes cantidades de entheta. El mayor problema que ocasiona el 2.5 al auditor es el hecho de que el 2.5 normalmente considera que está en un estado de salud estupendo y que está más bien aburrido con el procesamiento. Cuando el preclear ha alcanzado el nivel de 2.5 a partir de un nivel más bajo, sería muy común que renunciara a seguir con más procesamiento. Es en este punto donde el auditor tiene que aplicar su propia personalidad a la situación y convencer al preclear para que pase a través de esta zona de la Escala Tonal un tanto estancada.

El 2.0 que esté dispuesto a trabajar no representa ningún problema especial para el auditor. Aquí el auditor puede hacer Scanning de Candados, puede recorrer secundarias como momentos individuales de emoción desagradable. Pero aquí es muy posible que el auditor sobreestime al preclear y decida recorrer, como algo habitual, engramas de dolor físico. Aquí, el auditor puede recorrer engramas de dolor físico uno tras otro, pero al recorrer estos engramas creará nuevos candados en el caso, inmovilizando así más theta libre de la que ganará. Cualquier auditor es muy ambicioso con respecto a su preclear y es probable que empiece a recorrer engramas mucho antes de que el preclear pueda beneficiarse de su recorrido, o pueda siquiera realizarlo. Sin embargo (especialmente cuando el preclear haya recibido hipnosis con drogas o haya sido operado recientemente), puede presentarse algún engrama de dolor físico en este nivel e insistir en que se le recorra. El archivista normalmente funciona en 2.0 y al archivista se le debería consultar con extremo cuidado antes de abordar ningún engrama de dolor físico. Si se recorren engramas de dolor físico en el 2.0, el auditor debería tener mucho cuidado de hacer un scanning concienzudo de la sesión de auditación a fin de desintegrar los candados que se forman por la auditación en sí.

El 1.5 responde al Scanning de Candados, pero el auditor encontrará que en algunas ocasiones el 1.5 se atorará en candados individuales. Cuando esto sucede, es posible que se tenga que recorrer el candado como engrama, percéptico a percéptico, hasta que se reduzca. Después de esto, se puede continuar con el Scanning de Candados. Esto es beneficioso para el caso, pues el Scanning de Candados acerca al preclear a los candados más graves, con los que se puede luego hacer contacto y recorrerlos. Estos candados fuertes permanecen ocultos hasta que el scanning proporciona al preclear suficiente theta libre como para permitir que se aborden los candados fuertes que están entorpeciendo el progreso del caso. En un 1.5, se pueden localizar mejor las secundarias que se encuentran en el nivel de enojo. El auditor puede descubrir un momento en que el preclear estaba dramatizando enojo y pedirle que recorra este momento o que vuelva a un momento anterior cuando alguien estaba así de enojado con él. El preclear descubrirá un candado anterior en que él fue el receptor del enojo que después dramatizó y, por lo general, recorrerá este candado temprano. El auditor debería tener mucho cuidado con cualquier dolor físico que recorra en el 1.5. Este es un nivel en el que cualquier dolor físico es una trampa muy voraz. En el 1.5, el engrama tiene tanta autoridad que cuando la theta libre se le acerca, esa theta se enturbula. Por lo tanto, el auditor debería evitar recorrer engramas en 1.5. Aquí se vuelve muy importante un truco de Memoria Directa. El auditor debería intentar encontrar un incidente, del tipo de una ruptura de ARC o de imposición, del que pueda estar seguro el preclear que sea total y completamente real. De hecho, de este punto hacia abajo, la realidad del preclear se puede y se debería confirmar en cada oportunidad por medio del contacto mediante Memoria Directa con candados que el propio preclear (sin ayuda alguna del auditor) esté completamente seguro de que en realidad sucedieron. Esto impulsa al preclear hacia arriba en la Escala Tonal con más rapidez que ningún otro método de procesamiento que se pueda usar de 1.5 hacia abajo. Aquí, el auditor debería tener especial cuidado de continuar dejando limpia la auditación haciéndole scanning, y debería usar todos y cada uno de los medios para mantener tan libre como sea posible la theta libre que encuentre en el caso. En este nivel, la mala auditación y las infracciones del Código del Auditor pueden costarle al preclear, en una sesión, más theta de la que puede ganar en varias sesiones. Es común que el preclear en 1.5 se enoje con el auditor. Aún está en un nivel en que busca dominar, y su método de dominación es expresar enojo. Esto no significa que el 1.5 sólo esté enojado, o que no vaya a trabajar con suavidad para el auditor. Por lo general, sólo la mala auditación ocasionará enojo. Existen casos 1.5 que están abiertos de par en par y que de forma engañosa parecen invitar el recorrido de engramas. Hay casos 1.5 que están totalmente ocluidos. En cualquiera de los casos, se aborda exactamente el mismo tipo de entheta y se usan los mismos métodos para manejarla.

Cuando uno baja al 1.1, se tiene que tener muchísimo cuidado por la tremenda cantidad de entheta que existe en el caso en proporción a la theta libre. Un 1.1 puede tener al principio suficiente dotación de theta como para desear que se le procese. Sin embargo, su deseo de que se le procese es muy provisional y él es intensamente crítico de su auditor. Tiene miedo, y con razón, pues le queda tan poca theta libre en comparación a la entheta de su caso que la mala auditación puede originar una condición muy empeorada. Sin embargo, puede ser que el 1.1 no esté interesado en el procesamiento y que considere que está en buenas condiciones, a pesar de tener un mal historial en cuanto a manejarse en la vida. Es muy común que tenga una enfermedad crónica por un somático u otro. Puede ser desconfiado respecto a la comida. Lo que le queda de theta libre está en tal combate con la entheta que continuamente se encuentra al límite. El auditor tiene que reconocer esto. El auditor tiene que reconocer también que un 1.1 puede ser insultante, puede ser hosco, puede estar totalmente renuente a que se le procese y puede ser exasperante en extremo. La paciencia de un auditor se consume con facilidad cuando trata con un 1.1. Pues el 1.1 puede estar recostado en el diván y recorrer a sabiendas incidentes completamente imaginarios, informando de somáticos y percépticos que no tiene. Puede confeccionar para el auditor toda una vida pasada. Es más, puede ofrecer, sin saberlo, datos que son erróneos. Por ejemplo, puede considerar, y creer que está diciendo la verdad, que su padre le pegó mil veces, cuando su padre sólo le puso la mano encima dos veces en toda su vida. O puede creer que sus padres lo trataron como a un rey cuando, en realidad, su actitud hacia él fue contra-supervivencia en extremo. El auditor tiene que recordar que ni el 1.5 ni el 1.1 consideran a la verdad como una materia prima muy valiosa, y es difícil para el preclear ponerse en contacto con ella. Aunque el 1.1 continuamente puede protestar y presentar evidencias de su honestidad y su buen corazón, el auditor está tratando con un nivel donde el empleo de artimañas es automático. Puede que el auditor realmente tenga éxito en este nivel, en cuanto a desconectar somáticos crónicos, como una jaqueca o úlceras, sin disminuir la turbulencia del caso. Es evidente que tan sólo ha cambiado una manifestación en MEST en una manifestación entheta, de tal forma que aunque el somático crónico ya no molesta al 1.1 como dolor físico, sí le molesta muchísimo como aberraciones mentales. Se puede esperar que ocurra la transferencia de un somático a otro, o la transferencia de la aberración física a aberración mental, si el auditor se equivoca en cuanto al nivel del preclear en la Escala Tonal e intenta emplear métodos de procesamiento que se encuentran por encima del nivel del 1.1. En un caso abierto de par en par, al auditor se le puede engañar por completo y puede seguir recorriendo el caso con métodos pesados *ad infinitum,* enturbulando el caso cada vez más (hasta que el preclear se canse del procesamiento y lo rechace), a menos que preste cuidadosa atención al comportamiento del preclear al localizar al preclear en la tabla de la Escala Tonal.

Probablemente la principal característica del 0.5, en cuanto a la relación auditor-preclear, sea el total desamparo del 0.5. Aun cuando el 0.5 desee que se le audite, el auditor no puede depender de que su preclear tenga responsabilidad alguna por el procesamiento, ni por ninguna otra cosa. Este caso requiere de un auditor con gran paciencia y resistencia. El auditor se enfrenta a un individuo para quien lo negro es blanco, lo bueno es malo y todo está perdido. Si se le permite, su

CAPÍTULO 21 CÓMO AUDITAR EL CASO

preclear puede recorrer horas de incidentes que son dub-in. Pero el auditor tiene que tener mucho cuidado en la forma en que dirige al preclear hacia incidentes reales, que nunca deberían ser más fuertes que candados, preferiblemente los de tipo apatía, porque la más leve desaprobación o falta de aceptación de lo que el preclear está diciendo puede enturbular toda la escasa theta que le queda al preclear. El 0.5 está apenas medio punto por encima de la muerte. Cualquier auditor que use métodos más fuertes que Memoria Directa y que el recorrido de candados individuales ligeros en un 0.5, corre el riesgo de ocasionar alguna manifestación de muerte en el preclear, ya sea la de suicidio o (de forma ocasional) la de asesinato, y sin duda deprimirá al 0.5 hacia la muerte fingida. Sin embargo, si el auditor mantiene su propio caso bien procesado, de manera que pueda perseverar en el procesamiento del 0.5 con los métodos más considerados y de tal forma que pueda mantener un ARC muy elevado (lo cual dependerá por completo del auditor) con el preclear, tarde o temprano tendrá a un preclear que empieza a subir hasta la banda 1.1. Puede ser que este ascenso en la escala no proporcione alivio alguno al auditor, pues 1.1 es un nivel muy desagradable; pero será un gran alivio para el preclear (aunque el auditor no debería esperar agradecimiento alguno del nuevo 1.1).

El auditor promedio no trabajará con un 0.1 en el futuro muy próximo, pues la mayor parte de los casos de muerte fingida se encuentran en hospitales, sanatorios u hospitales psiquiátricos donde están fuera de contacto con la sociedad. Sin embargo, las circunstancias del 0.1 en la sociedad actual no tienen relación alguna con los métodos que se usan para procesar a un 0.1, y ningún auditor debería pensar que los principios de funcionamiento de la mente cambian en forma alguna en el caso del 0.1. El auditor invitado a un sanatorio mental privado por un médico despierto pero desconcertado, como ha ocurrido con algunos auditores, puede encontrarse con que tiene que tratar precisamente a un caso así. Hay diversos métodos para abordar el problema del caso 0.1, pero todos ellos se resumen en una sola cosa: haz que el preclear sea consciente de los percépticos de tiempo presente o, al menos, de la idea de que existe algo como tiempo presente. En todos los demás niveles es necesario establecer y mantener un alto ARC entre el auditor y el preclear. Pero aquí el principal problema es establecer ARC entre el preclear y cualquier cosa en tiempo presente, lo que incluye, por supuesto, al auditor. Cómo se puede lograr esto dependerá de la plena comprensión que tenga el auditor de los principios esbozados en este libro, pues este es un caso en el que podría considerarse que la theta está enturbulada en un 98 por ciento. Se ha observado que a medida que se descendía en la Escala Tonal, se tenían que emplear métodos de procesamiento cada vez más considerados. El auditor puede sentir, entonces, que no existe un método de procesamiento lo suficientemente considerado para un 0.1. Pero el auditor no debería pasar por alto el hecho de que la mera presencia de un auditor en la sala con el preclear es, hasta cierto punto, procesamiento. Partiendo de ese punto, el auditor puede empezar a trabajar para hacer que el tiempo presente sea interesante y atractivo para el preclear. La presencia del auditor durante unas cuantas horas puede desarrollar suficiente afinidad como para que sea posible que el auditor dirija la atención del preclear hacia algún objeto. Cuando el preclear se comunica con este objeto, mirándolo, el hecho de que el auditor lo esté sosteniendo o que también lo esté mirando tenderá a establecer un acuerdo respecto a este objeto. Y habrá entonces al menos una cosa en el mundo que tenga un poco de realidad para este preclear.

Futuras publicaciones tratarán más a fondo el procesamiento de los psicóticos inaccesibles, incluyendo al 0.1. Pero los principios con que te has encontrado al leer este libro son los principios en que se basarán las técnicas futuras y más refinadas. Y cualquier auditor que tenga la oportunidad para procesar a un caso así y la perseverancia para hacerlo encontrará que, por simples que sean estos fundamentos, son más poderosos que ningún otro medio que haya tenido antes el Hombre para llevar la luz adonde hay oscuridad, para poner orden en el desorden y para convertir la sinrazón en razón… o la *entheta* en *theta*.

La Meta del Procesamiento

La meta del procesamiento es elevar al individuo en la Escala Tonal. Parte de este procedimiento es recorrer completamente todos los engramas con el fin de hacer que el ascenso sea permanente, pero lo importante es el ascenso en sí. El comportamiento de un 4.0 o incluso el de un 3.5 es tan superior al comportamiento humano normal, la capacidad de estos niveles superiores para proporcionar felicidad, logro, creación y gozo de vivir es tan grande, que tendemos a pensar en ellos como metas distantes simplemente porque están tan elevadas. Pero no están tan distantes. Incluso al concluirse este libro, se están desarrollando nuevos métodos, nuevas maneras de abordar un caso, gracias a los cuales los niveles más altos de la Escala Tonal son más fáciles de alcanzar para una cantidad cada vez mayor de casos. La validación o manera positiva de abordar el caso, la aparición de *Línea Directa en las Dinámicas* (en la que el efecto de cada dinámica sobre todas las demás descubre todos los posibles candados), el descubrimiento de la naturaleza fundamental de los candados MEST y el desarrollo de la técnica MEST son sólo algunas de las cosas nuevas que están resultando del "tablero de planificación".

Dianética no descansa ni se estanca, no flaquea ni se detiene. Conforme el auditor y el preclear continúan su progreso hacia arriba en la Escala Tonal, se pueden animar no sólo por sus propios éxitos, sino también por el hecho de que conforme se acercan a la meta, esta se acerca a ellos. Un hecho que se ha olvidado en esta época de guerra y calamidad espiritual es que ha habido ocasiones en la historia y prehistoria del Hombre en que ha *tenido éxito*. No todo ha sido abatimiento y desesperanza, pues de otra manera no estaríamos aquí hoy, ni siquiera tan indigentes como estamos. Los hombres han vivido para conquistar a todos los demás seres vivos, desde el mastodonte hasta el microbio. Los hombres han vivido para construir murallas y carreteras y pirámides que han desafiado los elementos durante miles de años. Los hombres han vivido para componer música que ha complicado a los dioses y para escribir versos que han hecho suspirar a los ángeles y sollozar al Diablo.

Este es el momento de que el Hombre tenga éxito una vez más. Aquí está la palabra, la tecnología, la meta. El trabajo se ha definido y se llama ¡SOBREVIVE!

Definiciones y Axiomas

Sobrevivir:
: El Principio Dinámico de la Existencia es ¡SOBREVIVE! En el extremo opuesto del espectro de la existencia está SUCUMBE.

Las Dinámicas:
: El impulso por sobrevivir, expresado a través de un espectro que aquí se presenta con ocho divisiones: (1) Uno Mismo, (2) El Sexo, la familia y la generación futura, (3) El Grupo, (4) la Humanidad, (5) La Vida, todos los organismos, (6) Mest, (7) Theta, (8) El Ser Supremo.

Inmortalidad:
: Supervivencia infinita, la meta absoluta de la supervivencia. El individuo trata de lograrla en la Primera Dinámica como organismo y como entidad theta, y en la perpetuación de su nombre por su grupo. En la Segunda Dinámica, trata de lograrla a través de sus hijos y así sucesivamente por las ocho dinámicas. La vida sobrevive por la persistencia de theta. Una especie sobrevive por la persistencia de la vida que hay en ella. Una cultura sobrevive por la persistencia de las especies que la usan. Hay pruebas de que la theta de un individuo puede sobrevivir como entidad personal de una vida a otra, durante muchas vidas en la Tierra.

Placer:
> El placer es el premio por la actividad de supervivencia a lo largo de cualquiera de las dinámicas. Los éxitos producen placer y supervivencia.

Sucumbir:
> Sucumbir es la penalización máxima por la actividad contra-supervivencia. Es dolor. Los fracasos producen dolor y muerte.

Pensamiento Humano:
> Proceso de percibir y almacenar datos, computar conclusiones, plantear y resolver problemas. El propósito de esto es la supervivencia a lo largo de todas las dinámicas.

Inteligencia:
> Capacidad para percibir, plantear y resolver problemas. La inteligencia y el impulso para Sobrevivir (la Dinámica) son necesarios ambos para la continuación de la existencia. La magnitud de cada uno varía de persona a persona y de grupo a grupo. Las dinámicas son inhibidas por engramas que bloquean su flujo de theta, o fuerza vital, y que la dispersan. La inteligencia también es inhibida por los engramas, que introducen datos falsos o indebidamente clasificados en la mente analítica.

Felicidad:
> La superación de obstáculos no incognoscibles hacia una meta conocida.

Mente Analítica:
> Aquella parte de la mente que percibe y retiene datos de la experiencia para componer y resolver problemas, y dirigir al organismo por las ocho dinámicas. Piensa en diferencias y semejanzas.

Mente Reactiva:
> Aquella parte de la mente que archiva y retiene el dolor físico y la emoción desagradable y que procura dirigir al organismo solamente a base de estímulo-respuesta. Sólo piensa en identidades.

Mente Somática:
> Aquella parte de la mente que, bajo la dirección de la mente reactiva o de la mente analítica, pone en práctica las soluciones en el ámbito físico.

Pauta de Entrenamiento:
> Mecanismo de estímulo-respuesta establecido por la mente analítica para llevar a cabo una actividad de carácter habitual o de emergencia. Se puede decir que la pauta de entrenamiento se mantiene en la mente somática, pero la mente analítica puede modificarla a voluntad.

Hábito:
> Mecanismo de estímulo-respuesta similar a la pauta de entrenamiento, pero establecido por la mente reactiva a partir del contenido de los engramas. La mente analítica no puede modificarlo a voluntad.

Aberraciones:
> Comportamiento o computación (pensamiento) irracional. Son de carácter estímulo-respuesta, y pueden ser pro-supervivencia o contra-supervivencia. El engrama es la fuente básica de las aberraciones.

$VP = ID^X$:
> Esta fórmula expresa el Valor Potencial (VP) de una persona. La I representa Inteligencia, y la D representa Dinámica.

Valor:
> Si el VP (Valor Potencial) de un individuo es alto y está alineado con las dinámicas hacia la supervivencia, se podría decir que su valor es muy alto. Una persona con un alto VP, sin embargo, puede estar aberrada de manera que su VP se invierta en dirección hacia sucumbir, y su valor sea bajo. Esto se puede calcular para cualquiera de las ocho dinámicas o para todas.

Theta (θ):
> Pensamiento, potencialmente independiente de un recipiente o medio material. Fuerza vital. *Élan vital.*

Universo Theta:
: Materia de pensamiento (ideas), energía de pensamiento, espacio de pensamiento y tiempo de pensamiento, que se combinan en un universo independiente análogo al universo material. Se postula que uno de los propósitos de theta es la conquista, el cambio y llevar orden al MEST.

Mest (ϕ):
: Materia, Energía, Espacio y Tiempo (del inglés *Matter, Energy, Space,* y *Time*). El universo físico.

Vida (λ):
: Conquista armoniosa de MEST por theta, en la cual se forma un organismo que se autoperpetúa. La muerte es la retirada de theta del organismo.

Entheta:
: Theta que está enturbulada con MEST (enMEST) en una combinación no armoniosa. Pensamiento irracional.

Enmest:
: MEST que ha sido enturbulado por entheta o aplastado con demasiada fuerza contra theta y se ha dejado menos utilizable.

Dolor:
: Reacción de alarma ante theta que ha sido impactada con demasiada dureza contra MEST. La penalización por una actividad contra-supervivencia.

Engrama:
: Enquistamiento que contiene entheta y enMEST. Una grabación (posiblemente celular) de un periodo de dolor e inconsciencia (o anatén). No está disponible para la mente analítica como experiencia. La fuente única de las aberraciones y las enfermedades psicosomáticas.

Candado:
: Incidente analítico (despierto) de mayor o menor enturbulación de theta que se asemeja a los percépticos de un engrama o cadena de engramas y que por lo tanto queda aprisionado debido al

dolor físico grabado en el engrama, y permanece como un enquistamiento de theta.

ENGRAMA SECUNDARIO:
Candado de tal magnitud que tiene que recorrerse como un engrama en el procesamiento. Un candado con gran cantidad de entheta.

CARGA:
Acumulación de entheta en candados y secundarias que aporta carga a los engramas y les proporciona su fuerza para aberrar.

MUERTE:
Retirada de theta de un organismo, dejando sólo MEST, a fin de conquistar nuevo MEST y formar otro organismo que pueda sobrevivir mejor.

CICLO DE VIDA:
La periódica conquista, retirada y reconquista de MEST por theta. Se postula que una porción o entidad dada de theta (en los seres humanos, por lo menos) experimenta nacimiento, crecimiento, muerte, nacimiento, crecimiento, muerte, etc., aprendiendo cada vez más acerca del asunto de convertir el MEST en organismos exitosos que pueden sobrevivir mejor.

EVOLUCIÓN:
Teoría que se vuelve útil una vez que se le añade el concepto de theta. La selección natural no explicó muchos hechos acerca de la evolución. El intento de explicar la vida únicamente en términos de MEST, por supuesto, fracasó.
Evidentemente hay cuatro líneas evolutivas: la evolución del Organismo, a través de la selección natural, los accidentes y (según lo indican las pruebas) una absoluta planificación; la evolución de MEST, producida por la intervención de organismos vivos; la evolución de theta, un proceso postulado de aprendizaje en theta como un todo o como entidades; y la evolución por apoyo jerárquico en tiempo presente, en la cual organismos menos complicados sustentan a los organismos más complicados.

Cuerpo Theta:
> La entidad theta personal. El alma. Las pruebas sugieren que el cuerpo theta puede, a lo largo de muchas vidas de tono bajo, convertirse en un cuerpo entheta, pero que tal cuerpo entheta podría ser llevado a Clear con el procesamiento de Dianética. Es probable que el cuerpo theta pueda, al menos parcialmente, dejar el organismo temporalmente sin causar la muerte del organismo.

Cuerpo Mest:
> El cuerpo físico. El organismo en todos sus aspectos MEST. El cuerpo MEST está animado o inanimado, vivo o muerto, dependiendo de la presencia o ausencia del cuerpo theta.

Personalidad:
> Conjunto de factores heredados (MEST, orgánicos, theta) y del entorno (aberración, educación, entorno de tiempo presente, nutrición, etc.).

Personalidad Genética:
> Características y tendencias personales derivadas de las tres fuentes de herencia (MEST, línea orgánica, el cuerpo theta). Se podría decir que esta es la personalidad básica, o el núcleo de la personalidad básica.

Personalidad Aberrada:
> La personalidad resultante de la superposición sobre la personalidad genética de características y tendencias personales producidas por todos los factores del entorno, tanto pro-supervivencia como aberrativos.

Entorno:
> Todas las condiciones que rodean al organismo desde el primer momento de su existencia en la vida actual hasta la muerte, incluyendo las físicas, emocionales, espirituales, sociales, educacionales y nutricionales.

Educación:
> Todos los datos percibidos y almacenados en los bancos de memoria estándar. Esto también se podría ampliar para incluir todos los datos almacenados en los bancos, incluyendo las conclusiones y las imaginaciones.

Nutrición:
> Sustento del organismo por medios orgánicos e inorgánicos (comida, agua, aire, luz solar) durante toda la vida actual, desde la concepción o cerca de ella hasta la muerte. La nutrición de una línea genética, por supuesto, pasaría de padres a hijos en forma de herencia orgánica y entorno de gestación.

Cultura:
> Pauta (si la hay) de la vida en la sociedad. Todos los factores de la sociedad: sociales, educacionales, económicos, etc., tanto si son creativos como destructivos. Se podría decir que la cultura es el "cuerpo theta de la sociedad".

Línea Temporal:
> Una representación del hecho de que una persona existe durante un periodo de tiempo MEST. La línea temporal de la vida actual comienza en el primer momento de grabación y finaliza en el tiempo presente o en la muerte. E incluye todos los momentos consecutivos de "ahora" y los percépticos de esos momentos. El cuerpo theta evidentemente tiene una línea temporal MEST propia.

Frases de Acción:
> Palabras o frases en los engramas o candados (o, en 0.1, en tiempo presente) que hacen que el individuo lleve a cabo acciones involuntarias en la línea temporal. Las frases de acción son efectivas en las zonas de tono bajo y no lo son en las zonas altas. Al subir un caso por la escala, pierden su poder. Los tipos de frases de acción son: rebotador, rebotador hacia abajo, agrupador, negador, retenedor, desorientador, revolvedor y los cambiadores de valencia que corresponden a estos.

Rebotador:
: Envía al preclear hacia delante por la línea temporal hacia tiempo presente. ("Levántate", "Sal de aquí", "No me toques", "Déjame en paz", "Tengo que adelantarme").

Rebotador hacia Abajo:
: Envía al preclear a un punto anterior en la línea temporal. ("Vete atrás", "Bájate", "Ponte debajo", "Llegas temprano", "Está abajo", "¡Tírate, Kelly, tírate!").

Agrupador:
: Hace que se contraiga la línea temporal, juntando muchos incidentes. ("No tengo tiempo", "Júntalos todos", "Siempre me cae todo a mí", "Yo tengo que hacerlo todo por aquí", "Son todos iguales", "Me las vas a pagar todas", "¡Solidaridad para siempre!").

Negador:
: Niega la existencia de una frase o incidente. ("No, no es así", "Yo no", "No lo puedo decir", "No puedes", "No es aquí", "Nunca", "Imposible", "Desconocido", "Impensable", "No sabes nada").

Retenedor:
: Retiene al preclear en un punto de la línea temporal. ("Quédate aquí", "No me dejes", "Agárrate a esto", "No te sueltes", "Quédate quieto", "Toma esto, que te hará sentir mejor").

Desorientador:
: Envía al preclear en la dirección incorrecta. ("Por ahí no", "Por el otro lado", "Eso es incorrecto", "No sé si voy o vengo", "No distingues arriba de abajo").

Revolvedor:
: Revuelve incidentes y frases. ("Estoy confundido", "Yo los quiero revueltos", "Remuévelo", "Está todo confuso" y "Yo estoy en medio").

CAMBIADOR DE VALENCIA:
: ("Eres igual que tu padre", "No seas como el tío Beto", "Eres igual que los demás", "Eres igualito que Fido", "No eres nadie", "No eres humano", "Eres algo nunca visto", "Nunca podrás ser tú mismo", "Tendré que fingir que soy otro o nunca volveré a ser feliz").

ARC:
: Afinidad, Realidad, Comunicación, la manifestación triangular de theta, donde cada aspecto afecta a los otros dos.

AFINIDAD:
: Atracción que existe entre dos seres humanos, entre un ser humano y otro ser vivo, o entre un ser humano y MEST, theta o el Ser Supremo. Tiene un paralelismo aproximado en el universo físico con la atracción magnética y gravitacional. La afinidad o falta de afinidad entre un organismo y el entorno o entre la theta y el MEST de un organismo y dentro de la theta (incluyendo la entheta) del organismo produce lo que en el pasado hemos llamado emociones. La escala de afinidad incluye la mayoría de las emociones comunes: apatía, pesar, miedo, enojo, hostilidad, aburrimiento, alivio, satisfacción, entusiasmo, júbilo, inspiración.

COMUNICACIÓN:
: Comunicación con el pasado grabado (a través del recuerdo y la memoria), el presente (a través de la percepción) y el futuro (a través de la imaginación u otros mecanismos); la comunicación entre personas escribiendo, hablando, tocando, viendo, etc.; también la comunicación como en los grupos y la tecnología de ella (Dianética de Grupo). Hay emociones en la escala de comunicación, pero no es común que se les haya nombrado en nuestra sociedad.

REALIDAD:
> La realidad del pasado (la recepción del pasado por el "yo" está de acuerdo con los datos grabados y el "yo" está de acuerdo con que así es). La realidad del presente (la recepción del presente por el "yo" está de acuerdo con los datos que están impactando en el organismo desde el entorno y el "yo" está de acuerdo con que así es). La realidad del futuro (el concepto del futuro que tiene el "yo" está de acuerdo con los datos del pasado y del presente, y el "yo" está de acuerdo con que así es). La realidad entre dos personas (están de acuerdo en algo). La realidad en un grupo (la mayoría está de acuerdo). La realidad física "verdadera", el único tipo que se tiene en cuenta por mucha gente, no es más que el acuerdo entre las condiciones del MEST o las condiciones de la vida y las percepciones de alguien de esas condiciones. Si estas no están de acuerdo, decimos que la persona no conoce la realidad (es decir, la nuestra, ya que sólo tenemos nuestras propias percepciones con las que juzgar las condiciones de MEST). Hay emociones en la escala de realidad. Una de ellas es la vergüenza.

EMOCIÓN:
> Esta palabra se redefine en Dianética y se le da un opuesto para su comparación, la "emoción equivocada". Previamente, la palabra "emoción" nunca fue definida satisfactoriamente. Ahora se define como una manifestación del organismo de su posición en la Escala Tonal, que es racionalmente apropiada al entorno de tiempo presente y que verdaderamente representa la posición de tiempo presente en la Escala Tonal. Afecto racional.

EMOCIÓN EQUIVOCADA:
> Manifestación del organismo que finge ser emoción (según se le define arriba), pero que es irracional, inapropiada para el entorno de tiempo presente o que no es representativa de la verdadera posición de tiempo presente en la Escala Tonal. Afecto irracional.

Emoción Desagradable:
: La emoción desagradable es entheta en la mente reactiva, emoción que ha sido suprimida y que permanece en el caso en los candados y secundarias.

Candados de ARC:
: Enquistamientos "permanentes" de entheta que resultan de la enturbulación de theta por imposiciones o inhibiciones de afinidad, realidad o comunicación, y del aprisionamiento de esta theta enturbulada por el dolor físico de algún engrama o cadena de engramas a cuyos percépticos se asemeja la enturbulación de tiempo presente. Los candados son experiencias analíticas. Si no hubiera dolor físico para aprisionar la theta enturbulada, esta se desenturbularía, con un despliegue mayor o menor de emoción.

Secundarias de ARC:
: Candados de ARC de tal magnitud que se tienen que recorrer como engramas en el procesamiento. O, ya que los candados se recorren a menudo como engramas, candados de ARC de gran magnitud.

Candados de Reestimulación:
: Candados en los que el principal factor que se puede observar es la semejanza en tiempo presente con los percépticos del engrama, más que alguna ruptura de ARC en particular. Estos requieren un bajo nivel de alerta analítica, como en la fatiga, para producirse.

Candados de Dramatización Interrumpida:
: Candados en los que el factor principal es que al individuo se le ha impedido terminar la dramatización de un engrama reestimulado. Donde más abundan es en el nivel 1.5.

Tiempo Presente:
: Punto de la línea temporal de cualquier persona en que se puede encontrar a su cuerpo físico (si está vivo). El "ahora". La intersección de la línea temporal del MEST con la línea temporal (postulada) de theta.

FUTURO:
: En la línea temporal, esa zona posterior al tiempo presente. La percepción del futuro se postula como una posibilidad. La creación de realidades futuras a través de la imaginación es una función reconocida.

PASADO:
: En la línea temporal, todo lo que está antes del tiempo presente. En teoría, un periodo infinito. Probablemente sin sentido más allá de cierto punto. Posiblemente comience con el inicio del universo MEST.

OCLUSIÓN:
: Zona o incidente escondido en la línea temporal. La existencia de una cortina entre el "yo" y algún dato en los bancos de memoria estándar. Las oclusiones están causadas por la entheta.

ALIADO:
: Persona registrada en la mente reactiva del preclear acerca de la cual el preclear hace la computación reactiva de que esta persona es necesaria para la supervivencia del preclear.

PERCÉPTICOS:
: Datos especializados de los bancos de memoria estándar o de los bancos reactivos, que representan y reproducen los mensajes sensoriales de un momento del pasado. También, los mensajes sensoriales del tiempo presente. (Anteriormente se utilizó la palabra "percepciones" para referirse a los mensajes sensoriales del tiempo presente, pero el uso ha eliminado esta distinción).

PERCÉPTICOS THETA:
: Comunicación con el universo theta. Tales percépticos pueden incluir presentimientos, predicciones, percepción extrasensorial a distancias mayores y menores, comunicación con los "muertos", percepción del Ser Supremo, etc.

PERCÉPTICOS MEST:
>   Datos sensoriales comunes y corrientes: percepciones, nuevas y grabadas, de materia, energía, espacio y tiempo, y combinaciones de estos. Hay veintiséis canales postulados de percepción MEST.

SÓNICO:
>   Recuerdo de algo que se ha oído, de forma que se oye de nuevo en la mente con todo su timbre y fuerza.

VISIÓN:
>   recuerdo de algo visto, de forma que se ve otra vez en la mente a todo color, escala, dimensión, brillo y detalle.

TÁCTIL:
>   Recuerdo de percepciones del tacto.

OLFATIVO:
>   Recuerdo de percépticos del olfato.

CINESTESIA:
>   Recuerdo del movimiento.

TÉRMICO:
>   Recuerdo de la temperatura.

POSICIÓN DE LAS ARTICULACIONES:
>   Recuerdo de las posturas corporales.

HUMEDAD:
>   Percéptico recordado que se asocia normalmente con el periodo prenatal.

PERCEPCIONES ORGÁNICAS:
>   Percepciones del estado de varios órganos, presiones, bienestar, aflicciones, etc.

Escala de Gradiente:
: Herramienta de la lógica de valores infinitos. Es un principio de Dianética que los absolutos son inobtenibles. Términos como bueno y malo, vivo y muerto, correcto e incorrecto se usan únicamente en conjunción con escalas de gradiente. En la escala de correcto e incorrecto, todo lo que está por encima de cero o del centro sería cada vez más correcto, acercándose a una corrección infinita; y todo por debajo de cero o del centro sería cada vez más incorrecto, acercándose a una incorrección infinita. La escala de gradiente es una forma de pensar acerca del universo que se asemeja más a las condiciones reales del universo que ningún otro método lógico existente.

Introducción de un Factor Arbitrario:
: Puede considerarse que un factor arbitrario es un factor introducido en la solución de un problema cuando ese factor no se deriva de una ley natural conocida, sino únicamente de una opinión u orden autoritaria. Un problema resuelto por datos derivados de leyes naturales conocidas se resuelve bien y fácilmente y tiene una solución útil. Cuando un problema se resuelve introduciendo factores arbitrarios (factores basados en opinión u órdenes pero no en leyes naturales), entonces esa solución, cuando se usa, normalmente requerirá de factores arbitrarios adicionales para hacer que pueda ponerse en práctica la solución. Cuanto más intente uno aplicar a cualquier situación la solución maleada por factores arbitrarios, más serán los factores arbitrarios que se tendrán que introducir. Así pues, en el gobierno, las leyes pasadas que contienen factores arbitrarios crean nuevos problemas que no se pueden resolver sin más factores arbitrarios nuevos; y así, se crea rápidamente una estructura de gobierno inviable y demasiado pesada en su parte superior, que sería viable sólo si se rediseñara totalmente a la luz de leyes naturales conocidas sobre el gobierno.

Evaluación de Datos:
: Un dato se comprende en la medida en que se pueda relacionar con otros datos.

Evolución de la Lógica

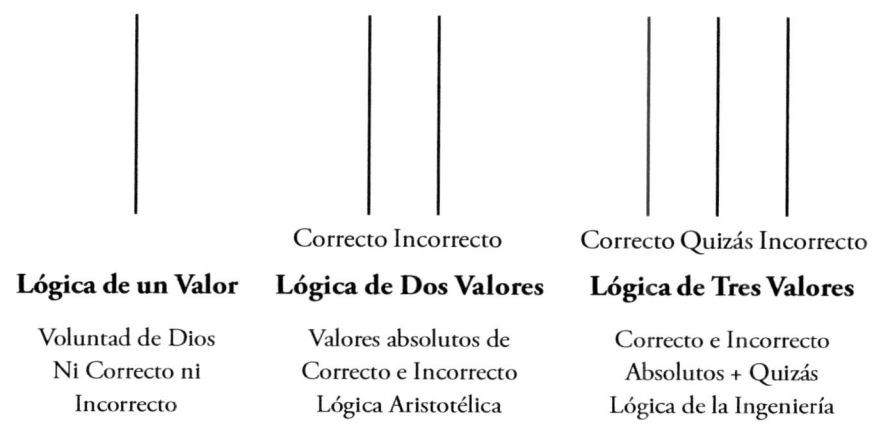

Lógica de un Valor

Voluntad de Dios
Ni Correcto ni Incorrecto

Lógica de Dos Valores

Valores absolutos de
Correcto e Incorrecto
Lógica Aristotélica

Lógica de Tres Valores

Correcto e Incorrecto
Absolutos + Quizás
Lógica de la Ingeniería

Escala de Gradiente de los Valores Relativos de los Datos

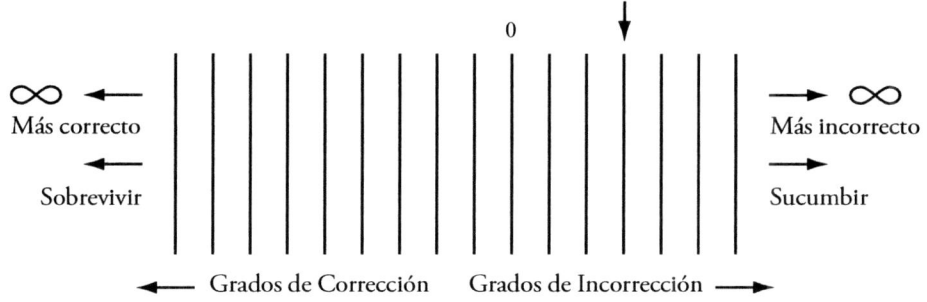

Lógica de Valores Infinitos

Correcto o Incorrecto Absolutos Inobtenibles
Dianética

Valor de Un Dato:
: Un dato es importante o valioso en la medida en que tenga relación con la supervivencia.

Magnitud Comparable:
: Un dato sólo se puede evaluar por comparación con otro dato de magnitud comparable. Esto significa que la unidad básica tiene que ser, por lo tanto, dos.

Accesibilidad:
: Deseo del preclear de ser elevado en la Escala Tonal mediante el procesamiento. (En una publicación anterior, la palabra "accesibilidad" se utilizaba para significar no sólo lo anterior, sino también la accesibilidad a la entheta en el caso por diversos métodos de procesamiento. Este último significado no se usa en la presente obra). Se considera que un caso es accesible cuando trabaja de manera voluntaria con el auditor, sin importar lo ocluido que pueda estar el caso.

"Yo":
: Centro de consciencia del estado de consciencia. Los organismos son conscientes de su entorno. Los organismos superiores también son conscientes de este preciso estado de consciencia. Se puede decir que el "yo" del ser humano es el centro o punto de control de esta consciencia del estado de consciencia.

Altura:
: Prestigio que el auditor tiene a los ojos del preclear. Una posición algo artificial del auditor que le hace sentir mayor confianza al preclear y, por lo tanto, le da mayor capacidad para recorrer de la que hubiera tenido de no ser así. En la sociedad en general hay cuatro tipos de altura que podría tener un individuo.

Altura de Datos:
: Significa que el individuo tiene una reserva de conocimientos recogidos de libros y registros, o a veces de la experiencia, con los que no están familiarizados otros individuos. El profesor universitario tiene altura de datos.

Altura Computacional:
: Significa que el individuo tiene una capacidad sobresaliente para pensar, para computar basándose en datos. Albert Einstein tenía altura computacional.

Altura Posicional:
: Que se deriva de una posición asignada arbitrariamente. Los oficiales militares y los burócratas a menudo dependen mucho de la altura posicional.

Altura de Presencia Personal:
: El individuo que dirige o que causa una impresión en los demás con su sola presencia, con su ejemplo y con el hecho de existir, tiene altura de presencia personal. Gandhi la tuvo en grado muy elevado.

Somático de Orden:
: Somático traído de una parte diferente de la línea temporal por alguna frase de mando como: "Me duele el brazo". El preclear podría tener este somático mientras recorre un engrama prenatal, aunque sólo llevara tres días desde la concepción cuando sucedió ese incidente. Los somáticos de orden ocurren cuando el preclear está fuera de valencia.

Cuatro Falso:
: Risa y alegría que manifiesta el preclear cuando ha consumido totalmente la carga de un incidente. No hay nada realmente "falso" en relación con el cuatro falso, excepto que a menudo dura muy poco.

Propósito Básico:
: Aun a la edad de dos o tres años, un individuo parece saber cuál es su propósito básico en la vida. Más tarde este llega a corromperse por aberraciones individuales y sociales, pero se recobra en el procesamiento de Dianética. Es posible que las vidas pasadas tengan algo que ver con la formación del propósito básico.

Engrama Básico:
: El primer engrama en una cadena específica de engramas.

Área Básica:
: La línea temporal a partir de la primera grabación en la línea temporal del espermatozoide o del óvulo, hasta la primera falta menstrual de la madre.

Básico-Básico:
: El primer momento de dolor, anatén o incomodidad de la vida actual del individuo.

Candados de Lenguaje:
: Candados en los que el principal contenido aberrativo lo es en términos del lenguaje. Estos se pueden considerar reestimuladores simbólicos de los candados MEST, que son más básicos.

Candados Mest:
: Candados que se producen por la inhibición o imposición de la experiencia o control del individuo respecto a la materia, la energía, el espacio o el tiempo. Se postula que la reducción de los candados MEST en que al individuo se le hizo subir o en que no se le permitió bajar volverá inactiva cualquier frase rebotadora del caso; y así sucesivamente con todos los tipos de frases de acción.

Técnica de Validación:
: Procesamiento en el que el auditor, por lo menos durante una sesión, se concentra exclusivamente en el lado theta de las cadenas de candados, sin permitirle al preclear recorrer nada que no sean momentos analíticos sobre cualquier tema dado. Cuando el preclear encuentra demasiada entheta en una cadena dada, el auditor le lleva a momentos analíticos en otro tema (momentos que constituyen, por supuesto, una cadena paralela a los candados en ese tema) obtenido del archivista. Durante este tipo de procesamiento, los somáticos se activarán y se desactivarán, a veces gravemente, pero el auditor los ignora y continúa trayendo al preclear de vuelta a momentos analíticos

(no necesariamente de placer). La técnica de validación *no* debería mezclarse con la técnica de entheta.

TÉCNICA MEST:

Línea Directa, Línea Directa Repetitiva (Scanning de Candados lento, dirigido por el auditor) y Scanning de Candados en candados MEST. Los candados de lenguaje se encuentran con Línea Directa, sólo como una pista de los candados MEST subyacentes. La técnica MEST y la técnica de Validación se pueden y se deberían combinar.

Apéndice

Estudio Adicional	551
Direcciones	566
Glosario Editorial de Palabras, Términos y Frases	571
Índice Temático	677

Estudio Adicional
Libros y Conferencias por L. Ronald Hubbard

Los materiales de Dianética y Scientology componen el conjunto más grande de información jamás reunido sobre la mente, el espíritu y la vida, rigurosamente perfeccionado y sistematizado por L. Ronald Hubbard durante cinco décadas de búsqueda, investigación y desarrollo. Los resultados de ese trabajo están contenidos en cientos de libros y más de 3,000 conferencias grabadas. En cualquier Iglesia u Organización de Publicaciones de Scientology, se puede conseguir una lista y descripción completas de todas ellas, incluyendo las ediciones traducidas disponibles en tu idioma. (Véase la *Guía de los Materiales*).

Los libros y las conferencias mencionados a continuación forman los cimientos sobre los que se ha construido El Puente a la Libertad. Aparecen en la secuencia en que Ronald los escribió o los hizo disponibles. En muchos casos, Ronald dio una serie de conferencias inmediatamente después del lanzamiento de un libro nuevo para proporcionar una explicación y comprensión adicionales de estos hitos. Gracias a esfuerzos monumentales de traducción, esas conferencias están ahora disponibles y aparecen aquí junto con el libro que las acompaña.

Mientras que los libros de Ronald contienen los resúmenes de los avances sensacionales y de las conclusiones a medida que aparecían en el curso de la investigación y desarrollo, sus conferencias proporcionan el registro diario de la investigación y explican los pensamientos, conclusiones, pruebas y demostraciones que hay a lo largo de ese camino. En lo que a eso respecta, son el registro completo de todo el curso de la investigación, que proporcionan no sólo los avances sensacionales más importantes en la historia del Hombre, sino también el *porqué* y el *cómo* Ronald llegó a ellos.

Una ventaja importante del estudio cronológico de estos libros y conferencias es la inclusión de las palabras y términos que, cuando se usaron originalmente, se definieron con considerable exactitud por LRH. Más allá de una mera "definición", hay conferencias enteras dedicadas a la descripción completa de cada nuevo término de Dianética y Scientology; que hizo posible el descubrimiento, su aplicación en la auditación así como su aplicación a la vida en sí. Como resultado, uno no deja atrás ningún malentendido, obtiene una comprensión conceptual completa de Dianética y Scientology y capta los temas a un nivel que de otra manera es imposible.

A través de un estudio en secuencia, puedes ver cómo progresó el tema y reconocer los niveles más altos de desarrollo. La lista de los libros y conferencias que se presenta a continuación muestra dónde encaja *La Ciencia de la Supervivencia* en la línea de desarrollo. A partir de ahí puedes determinar tu *siguiente* paso o cualesquiera libros o conferencias anteriores que hayas podido pasar por alto. Entonces serás capaz de rellenar los huecos, no sólo adquiriendo conocimiento de cada descubrimiento, sino una mayor comprensión de lo que ya hayas estudiado.

Este es el camino hacia saber cómo saber que abre las puertas a tu futura eternidad. Síguelo.

DIANÉTICA: LA TESIS ORIGINAL • La *primera* descripción de Dianética que hizo Ronald. Originalmente estuvo en circulación en forma de manuscrito, fue copiada rápidamente y se pasó de mano en mano. Al correrse la voz se creó tal demanda de información adicional que Ronald concluyó que la única manera de responder a las preguntas era con un libro. Ese libro fue Dianética: La Ciencia Moderna de la Salud Mental, que ahora es el libro de autoayuda más vendido de todos los tiempos. Descubre qué comenzó todo. Pues estos son los cimientos sólidos de los descubrimientos de Dianética: los *Axiomas Originales*, el *Principio Dinámico de la Existencia*, la *Anatomía de la Mente Analítica* y de la *Mente Reactiva*, las *Dinámicas*, la *Escala Tonal*, el *Código del Auditor* y la primera descripción de un *Clear*. Aún más, estas son las leyes primarias que describen *cómo* y *por qué* funciona la auditación. Sólo se encuentra aquí, en Dianética: La Tesis Original.

DIANÉTICA: LA EVOLUCIÓN DE UNA CIENCIA • Esta es la historia de *cómo* Ronald descubrió la mente reactiva y desarrolló los procedimientos para deshacerse de ella. Escrito originalmente para una revista nacional, publicado para que coincidiera con la publicación de Dianética: La Ciencia Moderna de la Salud Mental, inició un movimiento que se extendió como reguero de pólvora, casi de la noche a la mañana, tras la publicación de ese libro. Por tanto, aquí se encuentran, tanto los fundamentos de Dianética como el único informe del viaje de descubrimientos de Ronald a lo largo de dos décadas y de la manera en que aplicó la metodología científica a los problemas de la mente humana. Lo escribió para que lo supieras. Por eso, este libro es de lectura obligada para todo dianeticista y scientologist.

DIANÉTICA: LA CIENCIA MODERNA DE LA SALUD MENTAL • El inesperado acontecimiento que inició un movimiento mundial. Pues aunque Ronald había anunciado previamente su descubrimiento de la mente reactiva, eso sólo había avivado el fuego de los que querían más información. Más concretamente: era humanamente imposible que un hombre llevara a Clear a todo un planeta. Ronald proporcionó el manual completo del procedimiento de Dianética, que abarcaba todos sus descubrimientos anteriores y las historias de caso de la aplicación de esos avances sensacionales, para entrenar auditores a usarlos en todas partes. Habiendo sido un best-seller durante más de medio siglo y habiéndose impreso decenas de millones de ejemplares, Dianética: La Ciencia Moderna de la Salud Mental se ha traducido a más de cincuenta idiomas y se usa en más de 100 países de la Tierra; es sin discusión el libro más leído y más influyente sobre la mente humana que se haya escrito jamás. Y por eso siempre se le conocerá como el *Libro Uno*.

CONFERENCIAS Y DEMOSTRACIONES DE DIANÉTICA • Inmediatamente después de la publicación de *Dianética*, LRH comenzó a dar conferencias en auditorios atestados de gente por todo Estados Unidos. Aunque se dirigía a miles de personas al mismo tiempo, la demanda siguió creciendo. Para satisfacer esa demanda, se grabó su presentación en Oakland, California. En estas cuatro conferencias, Ronald relató los acontecimientos que provocaron su investigación, y su viaje personal hacia sus descubrimientos pioneros. Después continuó con una demostración personal de auditación de Dianética: la única demostración de Libro Uno que hay disponible. *4 conferencias.*

Estudio Adicional

🎤 **Conferencias del Curso Profesional de Dianética:** *Un Curso Especial para Auditores de Libro Uno* • Tras seis meses de viajar de costa a costa, dando conferencias a los primeros dianeticistas, Ronald reunió a los auditores en Los Ángeles para un nuevo Curso Profesional. El tema era su siguiente descubrimiento arrollador acerca de la vida: el *Triángulo ARC,* que describe la interrelación de la *Afinidad,* la *Realidad* y la *Comunicación.* A lo largo de una serie de quince conferencias, LRH anunció muchas primicias, incluyendo el *Espectro de la Lógica,* que contiene una infinidad de gradientes desde lo correcto hasta lo incorrecto; el *ARC y las Dinámicas;* las *Escalas Tonales de ARC;* el *Código del Auditor* y cómo se relaciona con el ARC; y la *Tabla de Accesibilidad,* que clasifica un caso y dice cómo procesarlo. Aquí están, entonces, tanto la declaración final sobre los Procedimientos de Auditación del Libro Uno como el descubrimiento que serviría de base para toda la investigación posterior. Durante más de cincuenta años se pensó que los datos de estas conferencias se habían perdido y que sólo estaban disponibles en notas de estudiantes publicadas en Notas sobre las Conferencias. Ahora se han descubierto las grabaciones originales, lo que ha hecho que estén ampliamente disponibles por vez primera. La vida en su estado más elevado, la *Comprensión,* está compuesta de Afinidad, Realidad y Comunicación. Y como dijo LRH: la mejor descripción del Triángulo de ARC que se puede encontrar está en estas conferencias. *15 conferencias.*

La Ciencia de la Supervivencia: *La Predicción del Comportamiento Humano* • *(Éste libro)* El libro más útil que tendrás jamás. Desarrollado en torno a la *Tabla Hubbard de Evaluación Humana,* La Ciencia de la Supervivencia proporciona la primera predicción exacta del comportamiento humano. Esta tabla incluye todas las manifestaciones del potencial de supervivencia de un individuo, graduadas desde la más alta hasta la más baja, lo que hace que este sea el libro completo sobre la Escala Tonal. Conociendo sólo una o dos características de una persona y usando esta tabla, puedes trazar su posición en la Escala Tonal, y de este modo conocer las demás, y obtener así un índice exacto de *toda* su personalidad, conducta y carácter. Antes de este libro el mundo estaba convencido de que los casos no podían mejorar, sino sólo deteriorarse. La Ciencia de la Supervivencia presenta la idea de diferentes estados de caso y la idea completamente nueva de que uno puede subir por la Escala Tonal. Y ahí se encuentra la base de la actual Tabla de Grados.

🎤 **Conferencias de la Ciencia de la Supervivencia** • Como fundamento del desarrollo de la Escala Tonal y la Tabla de Evaluación Humana había un descubrimiento monumental: La *Teoría Theta–MEST,* contiene la explicación de la interrelación entre la Vida *(theta)* con el universo físico de Materia, Energía, Espacio y Tiempo: *MEST.* En estas conferencias, impartidas a los estudiantes inmediatamente después de la publicación del libro, Ronald dio la más amplia descripción de todo lo que hay detrás de la Tabla de Evaluación Humana y su aplicación a la vida en sí. Además, también incluye la explicación de cómo la proporción entre *theta* y *entheta (theta enturbulada)* determina la posición de alguien en la Escala Tonal y los medios para ascender a los estados más altos. *4 conferencias.*

553

Autoanálisis • Las barreras de la vida son en realidad simplemente sombras. Aprende a conocerte a ti mismo, no sólo una sombra de ti mismo. Contiene la más completa descripción de la consciencia, Autoanálisis te lleva a través de tu pasado, a través de tus potencialidades, de tu vida. En primer lugar, con una serie de autoexámenes y utilizando una versión especial de la Tabla Hubbard de Evaluación Humana, te sitúas en la Escala Tonal. Después, aplicando una serie de procesos ligeros, aunque poderosos, te embarcas en la gran aventura del autodescubrimiento. Este libro contiene también principios globales que alcanzan a *cualquier* caso, desde el más bajo hasta el más elevado, incluyendo técnicas de auditación tan eficaces que Ronald se refiere a ellas una y otra vez, durante todos los años siguientes de investigación en los estados más elevados. En resumen, este libro no sólo eleva a la persona en la Escala Tonal, sino que puede sacarla casi de cualquier cosa.

Procedimiento Avanzado y Axiomas • Con los nuevos y sensacionales descubrimientos sobre la naturaleza y anatomía de los engramas: "Los engramas son efectivos sólo cuando el individuo mismo determina que serán efectivos", vino el descubrimiento del uso por un ser de un *Facsímil de Servicio:* mecanismo empleado para explicar los fracasos en la vida, pero que luego encierra a una persona en pautas de comportamiento perjudiciales y fracaso adicional. En consecuencia, llegó un nuevo tipo de procesamiento dirigido al *Pensamiento*, la *Emoción* y el *Esfuerzo*, detallado en los "Quince Actos" del Procedimiento Avanzado, y orientado a la rehabilitación del *Auto-determinismo* del preclear. De aquí que este libro también contenga una explicación global y sin excusas posibles de la *Responsabilidad Total*, la clave para desatarlo todo. Más aún, aquí está la sistematización de las *Definiciones, Lógicas y Axiomas,* que proporcionan tanto el compendio de todo el tema como la dirección de toda la investigación futura. *Véase el Manual para Preclears,* escrito como manual de auto-procesamiento que acompaña a Procedimiento Avanzado y Axiomas.

Pensamiento, Emoción y Esfuerzo • Con la sistematización de los Axiomas llegaron los medios para abordar puntos clave en un caso que podrían desenredar toda la aberración. *Postulados Básicos, Pensamiento Primario, Causa y Efecto,* y su efecto sobre cualquier cosa desde la *memoria* y la *responsabilidad* hasta el propio papel que juega un individuo en el hecho de conceder poder a los *engramas,* estos temas sólo se abordan en esta serie. También se incluye aquí la descripción más completa que existe del *Facsímil de Servicio,* y por qué su resolución elimina las incapacidades que el individuo se ha autoimpuesto. *21 conferencias.*

Estudio Adicional

Manual para Preclears • Los "Quince Actos" de Procedimiento Avanzado y Axiomas son paralelos a los quince Actos de Auto-procesamiento que se dan en el Manual para Preclears. Además, este libro contiene varios ensayos que dan la descripción más extensa del *Estado Ideal del Hombre*. Descubre por qué las pautas de comportamiento se vuelven tan sólidamente fijas; por qué parece que los hábitos no se pueden romper; cómo las decisiones de hace mucho tiempo tienen más poder sobre una persona que sus decisiones recientes; y por qué una persona mantiene en el presente experiencias negativas del pasado. Todo se explica claramente en la Tabla de Actitudes, un avance histórico sensacional que complementa la Tabla de Evaluación Humana, marcando el estado ideal de ser y las *actitudes* y *reacciones* de uno respecto a la vida. *El Manual para Preclears se usa en auto-procesamiento junto con Autoanálisis*.

La Continuidad de Vida • Acosado por peticiones de conferencias acerca de sus últimos avances, Ronald respondió con todo lo que querían y más en la Segunda Conferencia Anual de Auditores de Dianética, que describe la tecnología que hay detrás de los pasos de auto-procesamiento del *Manual*, aquí está el *cómo* y el *porqué* de todo: el descubrimiento del *Continuum de Vida*, el mecanismo por el cual un individuo se ve compelido a continuar la vida de otro individuo que ha muerto o se ha marchado, generando en su propio cuerpo los padecimientos y hábitos del que partió. Combinadas con la instrucción del auditor sobre cómo usar la Tabla de Actitudes para determinar cómo iniciar cada caso en el gradiente correcto, aquí también, se dan instrucciones para la diseminación del Manual y por lo tanto, los medios para empezar el clearing a gran escala. *10 conferencias*.

Scientology: El Primer Hito • Ronald empezó la primera conferencia de esta serie con seis palabras que podrían cambiar el mundo para siempre: "Este es un curso sobre *Scientology*". A partir de aquí, Ronald no sólo describió el enorme alcance del que hasta entonces era un tema completamente nuevo sino que también detalló sus descubrimientos sobre vidas pasadas. De ahí pasó a la descripción del primer E-Metro, y de su uso inicial para poner al descubierto la *línea theta* (la línea temporal completa de la existencia del thetán), como algo completamente distinto de la *línea genética del cuerpo* (línea temporal completa de los cuerpos y su evolución física), haciendo pedazos la mentira de la "vida única" y revelando la *línea temporal completa* de la existencia espiritual. Aquí está entonces el verdadero génesis de Scientology. *22 conferencias*.

La Ruta al Infinito: Conferencias de la Técnica 80 • Como Ronald explicó: "La Técnica 80 es la Técnica del *Ser o No Ser*". Con eso, dio a conocer la base crucial sobre la cual se apoyan la habilidad y la cordura: *la capacidad del ser para tomar una decisión*. Aquí están entonces: la anatomía del "quizás", las *Longitudes de Onda del ARC*, la *Escala Tonal de las Decisiones*, y los medios para rehabilitar la capacidad de un ser para *Ser*... casi *cualquier cosa*. *7 conferencias*. (Para la Técnica 88, se requiere tener conocimiento sobre la Técnica 80, como se describe en Scientology: Una Historia del Hombre; que viene a continuación).

La Ciencia de la Supervivencia

Scientology: Una Historia del Hombre • "Esta es una narración verdadera y hecha con total frialdad de tus últimos 76 billones de años". Así empieza Una Historia del Hombre, anunciando la revolucionaria *Técnica 88,* que revela por vez primera la verdad acerca de la experiencia de la línea temporal completa y el enfoque exclusivo de la auditación en el thetán. Aquí está la historia desentrañada con el primer E-Metro, que define y describe los principales incidentes en la línea temporal completa que se pueden encontrar en cualquier ser humano: *los implantes electrónicos,* las *entidades,* la *línea temporal genética,* los *incidentes de entre-vidas, cómo evolucionaron los cuerpos* y *por qué te quedaste atrapado en ellos;* todos ellos se detallan aquí.

Técnica 88: Incidentes de la Línea Temporal Antes de la Tierra • "La Técnica 88 es la técnica más hiperbólica, efervescente, espectacular, inexagerable, ambiciosa, superlativa, grandiosa, colosal y espléndida que la mente del Hombre pudiera imaginablemente abarcar. Es tan grande como la línea temporal completa y todos los incidentes en ella. Es aquello a lo que la aplicas; es lo que ha estado ocurriendo. Contiene los enigmas y secretos, los misterios de todos los tiempos. Podrías resaltar el nombre de esta técnica como hacen con las atracciones de las ferias, pero nada que pudieras decir, ningún adjetivo que pudieras usar, describiría adecuadamente ni siquiera una pequeña fracción de ella. No sólo aporrea la imaginación; te hace avergonzarte de imaginar cualquier cosa", es la introducción que Ronald hace de esta serie de conferencias que nunca antes había estado disponible, y que desarrolla todos los demás temas que aparecen en Una Historia del Hombre. Lo que te espera es la propia línea temporal completa. *15 conferencias.*

Scientology 8-80 • La *primera* explicación de la electrónica del pensamiento humano y del fenómeno de la energía en cualquier ser. Descubre cómo incluso las leyes del movimiento del universo físico tienen su reflejo en un ser, por no mencionar la electrónica de la aberración. Aquí está la unión entre theta y MEST revelando qué *es* la energía, y cómo la *creas.* Fue este avance sensacional lo que puso de manifiesto el tema de los *flujos* del thetán, lo que a su vez se aplica en *cada* proceso de auditación hoy en día. En el título del libro: "8-8" significa *Infinito-Infinito,* y "0" representa al estático, *theta.* Se incluyen las *Longitudes de Onda de la Emoción,* la *Estética,* la *Belleza* y la *Fealdad,* el *Flujo de Entrada* y el *de Salida* y la *Escala Tonal por Debajo de Cero,* que es aplicable sólo al thetán.

La Fuente de la Energía de la Vida • Comenzando con el anuncio de su nuevo libro, Scientology 8-80, Ronald no sólo dio a conocer sus grandes avances sensacionales sobre theta como Fuente de la Energía de la Vida, sino que detalló los *Métodos de Investigación* que utilizó para hacer ese y todos los demás descubrimientos de Dianética y Scientology: las *Qs* y las *Lógicas;* métodos de *pensar* aplicables a cualquier universo o proceso de pensamiento. De modo que aquí se encuentran ambos: *cómo pensar* y *cómo evaluar todos los datos y el conocimiento,* y por lo tanto, el eje para la comprensión total tanto de Scientology como de la vida en sí. *14 conferencias.*

Estudio Adicional

El Mando de Theta • Mientras estaba preparando su nuevo libro y el Curso de Doctorado que estaba a punto de dar, Ronald reunió a los auditores para un nuevo Curso Profesional. Como dijo: "Por primera vez con esta clase, estamos dando pasos que van más allá de la palabra *Supervivencia*". Desde ese punto de vista, el Mando de Theta da la tecnología que tiende un puente al conocimiento desde 8-80 hasta 8-8008, y proporciona la primera explicación completa sobre el tema de la *Causa* y un cambio permanente de orientación en la vida de *MEST* a *Theta*. *10 conferencias*.

Scientology 8-8008 • La descripción completa del comportamiento y potenciales de un *thetán*, y el libro de texto para las conferencias del Curso de Doctorado de Filadelfia y Los Factores: Admiración y el Renacimiento del Beingness. Como dijo Ronald, el título del libro sirve para fijar en la mente del individuo una ruta por la cual se puede rehabilitar a sí mismo, sus capacidades, su ética y sus metas: el logro del *infinito* (8) mediante la reducción del *infinito* aparente (8) del universo MEST a *cero* (0) y el incremento del *cero* aparente (0) del universo propio hasta el *infinito* (8). Aquí se encuentran condensadas más de 80,000 horas de investigación, con un resumen y una ampliación de cada descubrimiento realizado hasta esa fecha y la trascendencia total que tienen esos avances sensacionales desde el nuevo punto de vista del *Thetán Operante*.

Conferencias del Curso de Doctorado de Filadelfia • Esta renombrada serie se yergue como el conjunto más grande de trabajo sobre la anatomía, el comportamiento y las potencialidades del espíritu del Hombre que jamás se haya reunido, proporcionando los fundamentos en que se basa la ruta hacia Thetán Operante. Aquí se encuentran con todo detalle la relación del thetán con la *creación*, el *mantenimiento* y la *destrucción de universos*. Tan sólo en lo que a eso se refiere, aquí está la *anatomía* de la materia, la energía, el espacio y el tiempo, y de cómo *postular* universos haciendo que existan. Aquí está también la caída del thetán desde las capacidades de la línea temporal completa, y las *leyes universales* por las cuales se restauran. En resumen, aquí está la sistematización de Ronald de los niveles más altos del beingness y el comportamiento de theta. En una conferencia tras otra desarrolla completamente cada concepto del libro de texto del curso: Scientology 8-8008, proporcionando el alcance total que *tú* tienes en el estado nativo. *76 conferencias y se adjuntan las reproducciones de los 54 diagramas originales de las conferencias hechos a mano por LRH*.

Los Factores: Admiración y el Renacimiento del Beingness • Tras establecer completamente las *potencialidades* de un thetán, vino una mirada hacia afuera que tuvo como resultado el monumental descubrimiento de Ronald de un *solvente universal* y las leyes básicas del *universo* theta, leyes que, siendo bastante literales, son superiores a cualquier cosa: *Los Factores: Resumen de las Consideraciones del Espíritu Humano y el Universo Material*. Tan espectaculares fueron estos avances, que Ronald expandió el libro Scientology 8-8008, clarificando descubrimientos previos y añadiendo capítulo tras capítulo que, estudiado con estas conferencias, proporciona un nivel de postgraduado al Curso de Doctorado. Aquí están, pues, las conferencias que contienen el conocimiento de la *verdad universal*, desentrañando el enigma de la creación en sí. *18 conferencias*.

LA CREACIÓN DE LA HABILIDAD HUMANA: *UN MANUAL PARA SCIENTOLOGISTS* • Inmediatamente después del descubrimiento del Thetán Operante vino un año de investigación intensiva, para explorar el ámbito de un *thetán exterior*. A base de auditación e instrucción, además de 450 conferencias en este mismo lapso de doce meses, Ronald sistematizó todo el tema de Scientology. Y todo está incluido en este manual, desde un *Resumen de Scientology* hasta los fundamentales *Axiomas* y *Códigos*. Además, aquí está el *Procedimiento Intensivo* que contiene los afamados Procesos de Exteriorización de la *Ruta 1* y la *Ruta 2*, procesos diseñados directamente a partir de los Axiomas. Cada uno está descrito en detalle: *cómo* se utiliza el proceso, *por qué* funciona, la tecnología axiomática que subyace a su uso, y la explicación completa de cómo un ser puede romper los *acuerdos falsos* y las *barreras autocreadas* que lo esclavizan al universo físico. En resumen, este libro contiene el sumario definitivo de la habilidad OT de un thetán exterior y su consecución de forma permanente.

LAS CONFERENCIAS DE PHOENIX: LA LIBERACIÓN DEL ESPÍRITU HUMANO • Aquí se encuentra la visión panorámica completa de Scientology. Habiendo sistematizado el tema de Scientology en La Creación de la Habilidad Humana, Ronald impartió entonces una serie de conferencias de media hora para acompañar específicamente a un estudio completo del libro. Desde los puntos *esenciales* que subyacen a la tecnología: *los Axiomas*, las *Condiciones de la Existencia* y las *Consideraciones y los Factores Mecánicos*, hasta los procesos del *Procedimiento Intensivo*, incluyendo doce conferencias que describen uno a uno los procesos del thetán exterior de la *Ruta 1*, todo está tratado por completo, suministrando una comprensión conceptual de la *ciencia del conocimiento* y la *habilidad OT del estado nativo*. Por tanto, aquí están los principios que forman los fundamentos sólidos sobre los que descansa todo lo demás en Scientology, incluyendo la integradora exposición de la religión y su patrimonio: *Scientology, Sus Antecedentes Generales*. Por tanto, esta es la serie de conferencias decisivas sobre la propia Scientology, y los fundamentos axiomáticos para toda búsqueda futura. *42 conferencias*.

¡DIANÉTICA 55!: EL MANUAL COMPLETO DE LA COMUNICACIÓN HUMANA • Junto con todos los sensacionales descubrimientos logrados hasta la fecha, se había aislado un factor único que era igual de crucial para el éxito en todo tipo de auditación. Como dijo LRH: "La comunicación es tan absolutamente importante hoy en día en Dianética y Scientology, (como lo ha sido siempre en la línea temporal completa), que se podría decir que si pusieras a un preclear en comunicación, lo pondrías bien". Y este libro traza la anatomía y fórmulas *exactas*, pero anteriormente desconocidas, de la comunicación *perfecta*. La magia del ciclo de comunicación es *el* fundamento de la auditación y la razón primordial de que la auditación funcione. Los sensacionales avances que hay aquí abrieron nuevas perspectivas a la aplicación; descubrimientos de tal magnitud que LRH llamó a ¡Dianética 55! el *Libro Segundo* de Dianética.

EL CONGRESO DE UNIFICACIÓN: ¡*COMUNICACIÓN! LIBERTAD Y CAPACIDAD* • El histórico Congreso que anunció la reunificación de los temas de Dianética y Scientology con la presentación de *¡Dianética 55!* Hasta ahora, cada una había actuado en su propia esfera: Dianética se dirige al Hombre *como Hombre*, las primeras cuatro dinámicas, mientras que Scientology se dirige a *la vida en sí*, las Dinámicas de la Cinco a la Ocho. La fórmula que serviría como fundamento para todo el desarrollo futuro estaba contenida en una simple palabra: *Comunicación*. Fue un avance capital, al que Ronald llamaría más adelante, "el gran avance sensacional de Dianética y Scientology". Aquí están las conferencias de cuando ocurrió. *16 conferencias y las reproducciones adjuntas de los diagramas originales de las conferencias hechos a mano por LRH*.

Estudio Adicional

SCIENTOLOGY: LOS FUNDAMENTOS DEL PENSAMIENTO—*EL LIBRO BÁSICO DE LA TEORÍA Y PRÁCTICA DE SCIENTOLOGY PARA PRINCIPIANTES* • Designado por Ronald como el *Libro Uno de Scientology*. Tras haber unificado y sistematizado completamente los temas de Dianética y Scientology, llegó el perfeccionamiento de sus *fundamentos*. Publicado originalmente como un resumen de Scientology para su uso en traducciones a lenguas distintas al inglés, este libro es de valor incalculable tanto para el estudiante novicio de la mente, el espíritu y la vida, como para el avanzado. Equipado únicamente con este libro, uno puede comenzar una consulta y producir aparentes milagros y cambios en los estados de bienestar, capacidad e inteligencia de la gente. Contiene las *Condiciones de la Existencia*, las *Ocho Dinámicas*, el *Triángulo de ARC*, *Las Partes del Hombre*, el análisis completo de la *Vida como un Juego*, y más, incluyendo procesos exactos para la aplicación de estos principios en el procesamiento. De modo que aquí, en un libro, está el punto de partida para llevar Scientology a la gente en todas partes.

LAS CONFERENCIAS DEL CURSO PROFESIONAL HUBBARD • Si bien Los Fundamentos del Pensamiento es una introducción al tema para principiantes, también contiene una síntesis de los fundamentos para cada scientologist. Aquí están las descripciones profundas de esos fundamentos, cada conferencia es de media hora de duración y proporciona, uno por uno, un dominio completo de cada avance sensacional de Scientology: *Los Axiomas del 1 al 10; La Anatomía del Control;* el *Manejo de Problemas; Comenzar, Cambiar y Parar;* la *Confusión y el Dato Estable; Exteriorización; Valencias* y más: el *porqué* detrás de ellos, *cómo* es que ocurrieron y sus factores mecánicos. Y todo está unido por el *Código del Scientologist,* punto por punto, y su uso para crear realmente una nueva civilización. En pocas palabras, aquí están las conferencias de LRH que producen un *Scientologist Profesional,* alguien que puede aplicar el tema a todos los aspectos de la vida. *21 conferencias.*

Libros Adicionales que Contienen los Elementos Esenciales de Scientology

Trabajo

Los Problemas del Trabajo: *Scientology Aplicada al Mundo del Trabajo Cotidiano* • Habiendo sistematizado todo el tema de Scientology, Ronald comenzó de inmediato a proporcionar el manual del *principiante* para que cualquiera lo aplicara. Como él lo describió: la vida está compuesta de siete décimas partes de trabajo, una décima parte de familia, una décima parte de política y una décima parte de ocio. Aquí está la aplicación de Scientology a esas siete décimas partes de la existencia incluyendo las respuestas al *Agotamiento* y el *Secreto de la Eficiencia*. Aquí está también el análisis de la vida en sí: un juego compuesto de reglas exactas. Si las conoces prosperas. Los Problemas del Trabajo contiene la tecnología sin la que nadie puede vivir, y que la pueden aplicar inmediatamente tanto scientologists, como los neófitos en el tema.

Los Fundamentos de la Vida

Scientology: Un Nuevo Punto de Vista sobre la Vida • Los elementos esenciales de Scientology para cada aspecto de la vida. Las respuestas básicas que te ponen en control de tu existencia, verdades para consultar una y otra vez: *¿Es Posible Ser Feliz?*, *Dos Reglas para una Vida Feliz*, *Integridad Personal*, *La Personalidad Anti-Social* y muchas más. En cada parte de este libro encontrarás verdades de Scientology que describen las condiciones de tu vida y proporcionan modos *exactos* para cambiarlas. Scientology: Un Nuevo Punto de Vista Sobre la Vida contiene un conocimiento que es fundamental para cada scientologist y una introducción perfecta para cualquier neófito en el tema.

Axiomas, Códigos y Escalas

Scientology 0-8: El Libro de los Fundamentos • El compañero de *todos* los libros, conferencias y materiales de Ronald. Este es *el* Libro de los Fundamentos, que incluye datos indispensables que consultarás constantemente: los *Axiomas de Dianética y Scientology*; *Los Factores*; una recopilación completa de todas las *Escalas*, más de 100 en total; listas de los *Percépticos* y *Niveles de Consciencia*; todos los *Códigos* y *Credos* y mucho más. En este único libro se condensan las leyes superiores de la existencia, extraídas de más de 15,000 páginas de escritos, 3,000 conferencias y docenas de libros.

Estudio Adicional

La Ética de Scientology:
La Tecnología de la Supervivencia Óptima

Introducción a la Ética de Scientology • Una nueva esperanza para el Hombre llega con la primera tecnología funcional de la ética, una tecnología para ayudar a un individuo a levantarse de su caída por la vida y llegar a una meseta superior de supervivencia. Este es el manual global que proporciona los fundamentos cruciales: *Los Fundamentos de la Ética y la Justicia;* la *Honestidad;* las *Condiciones de la Existencia,* las *Fórmulas de las Condiciones* desde Confusión hasta Poder, los *Fundamentos de la Supresión* y su manejo; así como los *Procedimientos de Justicia* y su uso en las iglesias de Scientology. Aquí está la tecnología para superar cualesquiera barreras en la vida y en el viaje personal de subir por El Puente a la Libertad Total.

Purificación

Cuerpo Limpio, Mente Clara: *El Programa de Purificación Eficaz* • Vivimos en un mundo bioquímico, y este libro es la solución. Mientras investigaba los efectos dañinos que el consumo anterior de drogas tenía en los casos de los preclears, Ronald hizo el importante descubrimiento de que muchas drogas de la calle, en particular el LSD, permanecían en el cuerpo de una persona mucho tiempo después de haberse tomado. Observó que los residuos de las drogas podían tener efectos graves y duraderos, incluyendo el desencadenar "viajes" adicionales. La investigación adicional reveló que una gran gama de sustancias (drogas médicas, alcohol, contaminantes, productos químicos domésticos e incluso los conservantes de la comida) se podían alojar también en los tejidos del cuerpo. Por medio de la investigación de miles de casos, desarrolló el *Programa de Purificación,* para eliminar sus destructivos efectos. Cuerpo Limpio, Mente Clara detalla cada aspecto del régimen, totalmente natural, que puede liberarle a uno de los efectos dañinos de las drogas y otras toxinas, abriendo el camino al progreso espiritual.

Manuales de Consulta

¿Qué Es Scientology?

La obra de consulta enciclopédica esencial y completa sobre el tema y la práctica de Scientology. Este libro se diseñó para ser usado y contiene los datos pertinentes sobre cada aspecto del tema:

• La vida de L. Ronald Hubbard y su senda de descubrimientos

• El Patrimonio Espiritual de la religión

• Una descripción completa de Dianética y Scientology

• La auditación: qué es y cómo funciona

• Los cursos: qué contienen y cómo están estructurados

• La Tabla de Grados de Servicios y cómo uno asciende a estados superiores

• El Sistema de Ética y de Justicia de Scientology

• La Estructura Organizativa de la Iglesia

• Una descripción completa de los muchos programas de Mejoramiento Social que la Iglesia apoya, incluyendo: Rehabilitación de Drogadictos, Reforma de Criminales, Alfabetización y Educación y la tarea de inculcar verdaderos valores de moralidad

Más de 1,000 páginas con más de 500 fotografías e ilustraciones, este texto además incluye los Credos, los Códigos, una lista completa de todos los libros y materiales así como un Catecismo con respuestas a prácticamente cualquier pregunta relacionada con el tema.

Tú Preguntas y Este Libro Responde.

El Manual de Scientology

Los fundamentos de Scientology para uso cotidiano en cada aspecto de la vida que representan 19 cuerpos de doctrina tecnológica independientes. Es el manual más exhaustivo sobre los fundamentos de la vida jamás publicado. Cada capítulo contiene principios y tecnologías clave que puedes usar continuamente:

• La Tecnología de Estudio

• Las Dinámicas de la Existencia

• Los Componentes de la Comprensión: Afinidad, Realidad y Comunicación

• La Escala Tonal

• La Comunicación y sus Fórmulas

• Ayudas para Enfermedades y Lesiones

• Cómo Resolver los Conflictos

• La Integridad y la Honestidad

• La Ética y las Fórmulas de las Condiciones

• Soluciones para la Supresión y para un Entorno Peligroso

• El Matrimonio

• Los Niños

• Herramientas para el Trabajo

Más de 700 fotografías e ilustraciones te permiten aprender fácilmente los procedimientos y aplicarlos de inmediato. Este libro es realmente el manual indispensable para todo scientologist.

La Tecnología para Construir un Mundo Mejor.

L. Ronald Hubbard Publicaciones Biográficas

Acerca de L. Ronald Hubbard

"Para realmente conocer la vida", escribió L. Ronald Hubbard, "tienes que ser parte de la vida. Tienes que bajar y mirar, tienes que meterte en los rincones y grietas de la existencia. Tienes que mezclarte con toda clase y tipo de hombres antes de que puedas establecer finalmente lo que es el hombre".

A través de su largo y extraordinario viaje hasta la fundación de Dianética y Scientology, Ronald hizo precisamente eso. Desde su aventurera juventud en un turbulento Oeste Americano hasta su lejana travesía en la aún misteriosa Asia; desde sus dos décadas de búsqueda de la esencia misma de la vida hasta el triunfo de Dianética y Scientology, esas son las historias que se narran en las Publicaciones Biográficas de L. Ronald Hubbard.

L. Ronald Hubbard: Imágenes de una Vida presenta la perspectiva fotográfica general sobre el gran viaje de Ronald. Tomada de la colección de sus propios archivos, esta es la vida de Ronald como él mismo la vio.

En lo que se refiere a los muchos aspectos de esa rica y variada vida, están las Series de Ronald. Cada publicación se centra en una profesión específica de LRH: *Auditor, Filántropo, Filósofo, Artista, Poeta, Compositor, Fotógrafo* y muchas más, incluyendo sus artículos publicados en *Freedom* y sus *Letters & Journals* personales. Aquí está la vida de un hombre que vivió por lo menos veinte vidas en el espacio de una.

Para Más Información, Visita:
www.lronhubbard.org

La Ciencia de la Supervivencia

Guía de los Materiales

¡Estás en una Aventura! Aquí está el Mapa.

- Todos los libros
- Todas las conferencias
- Todos los libros de consulta

Todo ello puesto en secuencia cronológica con descripciones de lo que cada uno contiene.

Guía de los Materiales

Tu viaje a una comprensión completa de Dianética y Scientology es la aventura más grande de todas. Pero necesitas un mapa que te muestre dónde estás y adónde vas.

Ese mapa es la Guía de los Materiales. Muestra todos los libros y conferencias de Ronald con una descripción completa de su contenido y temas, de tal manera que puedas encontrar exactamente lo que *tú* estás buscando y lo que *tú* necesitas exactamente.

Como cada libro y conferencia aparece en secuencia cronológica, puedes ver *cómo* se desarrollaron los temas de Dianética y Scientology. ¡Y lo que eso significa es que simplemente estudiando esta guía te esperan una cognición tras otra!

Las nuevas ediciones de cada libro incluyen extensos glosarios con definiciones de todos los términos técnicos. Como resultado de un programa monumental de traducciones, cientos de conferencias de Ronald se están poniendo a tu alcance en disco compacto con transcripciones, glosarios, diagramas de conferencias, gráficas y publicaciones a los que se refiere en las conferencias. Como resultado, obtienes *todos* los datos y puedes aprenderlos con facilidad, consiguiendo una comprensión *conceptual* completa.

Y lo que eso supone es una nueva Edad de Oro del Conocimiento que todo dianeticista y scientologist ha soñado.

Para conseguir tu Guía de los Materiales y Catálogo GRATIS, o para pedir los libros y conferencias de L. Ronald Hubbard, ponte en contacto con:

HEMISFERIO OCCIDENTAL:
**Bridge
Publications, Inc.**
4751 Fountain Avenue
Los Angeles, CA 90029 USA
www.bridgepub.com
Teléfono: 1-800-722-1733
Fax: 1-323-953-3328

HEMISFERIO ORIENTAL:
**New Era Publications
International ApS**
Store Kongensgade 53
1264 Copenhagen K, Denmark
www.newerapublications.com
Teléfono: (45) 33 73 66 66
Fax: (45) 33 73 66 33

*Libros y conferencias también disponibles en las iglesias de Scientology.
Véase* **Direcciones.**

DIRECCIONES

Dianética es una precursora y un subestudio de Scientology, la religión de más rápido crecimiento en el mundo hoy en día. Existen Iglesias y centros en ciudades de todo el mundo y se están formando nuevas continuamente.

Los centros de Dianética ofrecen servicios introductorios y pueden ayudarte a comenzar tu viaje, o pueden ponerte en marcha en la aventura de la auditación de Dianética. Para obtener más información o para localizar el Centro de Dianética más próximo a tu domicilio, visita el sitio web de Dianética:

www.dianetics.org
e-mail: info@dianetics.org

Cada Iglesia de Scientology tiene un Centro de Dianética que ofrece tanto servicios introductorios como entrenamiento formal en el tema. También pueden proporcionar más información sobre los últimos descubrimientos del señor Hubbard en el tema de Scientology. Para más información visita:

www.scientology.org
e-mail: info@scientology.org

También puedes escribir a cualquiera de las Organizaciones Continentales, que aparecen en la siguiente página, que te dirigirán directamente a una de las miles de Iglesias y Misiones que hay por todo el mundo.

Puedes conseguir los libros y conferencias de L. Ronald Hubbard desde cualquiera de estas direcciones o directamente desde las editoriales que aparecen en la página anterior.

ORGANIZACIONES CONTINENTALES DE LA IGLESIA:

LATINOAMÉRICA

OFICINA DE ENLACE CONTINENTAL DE LATINOAMÉRICA
Federación Mexicana de Dianética
Calle Puebla #31
Colonia Roma, México, D.F.
C.P. 06700, México

ESTADOS UNIDOS

CONTINENTAL LIAISON OFFICE WESTERN UNITED STATES
1308 L. Ron Hubbard Way
Los Angeles, California 90027 USA

CONTINENTAL LIAISON OFFICE EASTERN UNITED STATES
349 W. 48th Street
New York, New York 10036 USA

CANADÁ

CONTINENTAL LIAISON OFFICE CANADA
696 Yonge Street, 2nd Floor
Toronto, Ontario
Canada M4Y 2A7

REINO UNIDO

CONTINENTAL LIAISON OFFICE UNITED KINGDOM
Saint Hill Manor
East Grinstead, West Sussex
England, RH19 4JY

ÁFRICA

CONTINENTAL LIAISON OFFICE AFRICA
5 Cynthia Street
Kensington
Johannesburg 2094, South Africa

EUROPA
CONTINENTAL LIAISON OFFICE EUROPE
Store Kongensgade 55
1264 Copenhagen K, Denmark

Liaison Office of Commonwealth of Independent States
Management Center of Dianetics
and Scientology Dissemination
Pervomajskaya Street, House 1A
Korpus Grazhdanskoy Oboroni
Losino-Petrovsky Town
141150, Moscow, Russia

Liaison Office of Central Europe
1082 Leonardo da Vinci u. 8-14
Budapest, Hungary

Oficina de Enlace de Iberia
C/ Miguel Menéndez Boneta, 18
28460; Los Molinos
Madrid, España

Liaison Office of Italy
Via Cadorna, 61
20090 Vimodrone
Milano, Italy

AUSTRALIA, NUEVA ZELANDA Y OCEANÍA
CONTINENTAL LIAISON OFFICE ANZO
16 Dorahy Street
Dundas, New South Wales 2117
Australia

Liaison Office of Taiwan
1st, No. 231, Cisian 2nd Road
Kaoshiung City
Taiwan, ROC

Afíliate
a la Asociación Internacional de Scientologists

La Asociación Internacional de Scientologists es la organización de afiliación de todos los scientologists unidos en la cruzada de más importancia sobre la Tierra.

Se otorga una Afiliación Introductoria Gratuita de Seis Meses a cualquiera que no haya tenido ninguna afiliación anterior de la Asociación.

Como miembro tienes derecho a descuentos en los materiales de Scientology que se ofrecen sólo a Miembros de la IAS. Además recibirás la revista de la Asociación llamada *IMPACT,* que se emite seis veces al año, llena de noticias de Scientology alrededor del mundo.

El propósito de la IAS es:

"Unir, hacer avanzar, apoyar y proteger a Scientology y a los scientologists de todas las partes del mundo para lograr las Metas de Scientology tal y como las originó L. Ronald Hubbard".

Únete a la mayor fuerza que se dirige a un cambio positivo en el planeta hoy día y contribuye a que la vida de millones de personas tenga acceso a la gran verdad contenida en Scientology.

Únete a la Asociación Internacional de Scientologists.

Para solicitar la afiliación,
escribe a la Asociación
Internacional de Scientologists
c/o Saint Hill Manor, East Grinstead
West Sussex, England, RH19 4JY

www.iasmembership.org

Glosario Editorial de Palabras, Términos y Frases

Las palabras tienen a menudo varios significados. Las definiciones usadas aquí sólo dan el significado que tiene la palabra según se usa en este libro. Los términos de Dianética y Scientology aparecen en negrita. Al lado de cada definición encontrarás la página en que aparece por primera vez, para que puedas remitirte al texto si lo deseas.

Este glosario no está destinado a sustituir a los diccionarios estándar del idioma ni a los diccionarios de Dianética y Scientology, los cuales se deberían consultar para buscar cualesquiera palabras, términos o frases que no aparezcan a continuación.

El capítulo Definiciones y Axiomas se debería leer por completo, para una educación completa en la nomenclatura de este tema. Las definiciones de ese capítulo, sin embargo, se incluyen a continuación para referirse a ellas con facilidad y se muestra en dónde vienen en el texto.

—*Los Editores*

abanico: gran agrupamiento u organización de cosas; sucesión, secuencia o serie (de cosas). Pág. vii.

Aberraciones: comportamiento o computación (pensamiento) irracional. Son de carácter estímulo-respuesta, y pueden ser pro-supervivencia o contra-supervivencia. El engrama es la fuente básica de las aberraciones. (De *Definiciones y Axiomas*). Pág. 19.

aberrado: cualquier persona aberrada. Pág. 57.

abiertamente: aplicado a la manera de hablar o proceder, sin rodeos o reservas; claramente; francamente. Pág. 33.

abordar: empezar a ocuparse de un asunto, dirigir la energía o la atención a algo, especialmente si plantea dificultades. Pág. 14.

abrazar: aceptar de buena gana o con entusiasmo; también llegar a creer en algo y procurar defenderlo y apoyarlo todavía más. Pág. 480.

abrigar: dicho de ideas o deseos, tenerlos o albergarlos. Pág. 140.

absurdo: falto de sentido o significado. Pág. 77.

abyecto: despreciable, vil en extremo. Bajo, rastrero y ruin. Pág. 511.

académico: 1. Erudito hasta el punto de no tener una intención o propósito prácticos. Pág. viii.
2. Relacionado o asociado con una academia o escuela, especialmente de enseñanza superior. Pág. 358.

acantonamiento: refugio o alojamiento separado, temporal, asignado a un grupo de personas, tropas, etc. Pág. 103.

acatar órdenes: obedecer y hacer lo que se ordena. Pág. 77.

acaudalado, hombre: persona rica; persona que tiene mucho dinero. Pág. 145.

ACCESIBILIDAD: DESEO DEL PRECLEAR DE SER ELEVADO EN LA ESCALA TONAL MEDIANTE EL PROCESAMIENTO. (EN UNA PUBLICACIÓN ANTERIOR, LA PALABRA "ACCESIBILIDAD" SE UTILIZABA PARA SIGNIFICAR NO SÓLO LO ANTERIOR, SINO TAMBIÉN LA ACCESIBILIDAD A LA ENTHETA EN EL CASO POR DIVERSOS MÉTODOS DE PROCESAMIENTO. ESTE ÚLTIMO SIGNIFICADO NO SE USA EN LA PRESENTE OBRA). SE CONSIDERA QUE UN CASO ES ACCESIBLE CUANDO TRABAJA DE MANERA VOLUNTARIA CON EL AUDITOR, SIN IMPORTAR LO OCLUIDO QUE PUEDA ESTAR EL CASO. (De *Definiciones y Axiomas*). Pág. 419.

accionar: hacer que algo (un mecanismo) comience a funcionar; liberar algo de manera que se ponga en marcha. Pág. 315.

Aceite de Raíces de la Ciénaga, Poción India de: preparación médica producida inicialmente a finales del siglo XIX. Fabricada y embotellada por un doctor neoyorquino, la Poción India de Aceite de Raíces de la Ciénaga se promocionaba como cura para distintas enfermedades digestivas. Pág. iii.

acelerador: mecanismo que regula la entrada de la mezcla explosiva en la cámara de combustión y que permite acelerar más o menos el número de revoluciones del motor. Pág. vii.

aceptación: acción de dar o expresar aprobación; permiso o tolerancia. Pág. 114.

acopio: acumulación o reunión de gran cantidad de algo. Pág. 12.

acorde: combinación de dos o más tonos tocados en conjunto, especialmente tonos que combinan con armonía. Se usa en sentido figurado. Pág. 372.

acorralar: hacerse con, obtener el control de o reunir. Pág. 146.

acosar: atacar desde todos los lados; asediar o atormentar. Pág. iii.

actitud: posición o postura del cuerpo apropiada para una acción, emoción, etc., o que la expresa. Pág. 541.

Glosario Editorial de Palabras, Términos y Frases

activar: poner en funcionamiento o en movimiento; causar que se ponga en vigor o en actividad. Pág. 11.

activo: conjunto de bienes que posee una persona o una entidad. Pág. 81.

acto hostil: acto al descubierto o hacia el exterior que implica una intención dañina. Pág. 23.

actuar (sobre): tener un efecto (sobre algo o alguien), operar en él o sobre él, sobre todo con una acción repetitiva. Pág. 50.

acumular: juntar en un todo; recolectar. Pág. 253.

acústico: relativo a la acústica, parte de la física que estudia los sonidos. Pág. 69.

adagio: dicho tradicional que expresa experiencias u observaciones comunes; proverbios. Pág. 251.

adhesión: en física, la *adhesión* es la fuerza que mantiene juntas las moléculas de sustancias distintas. Por ejemplo, cuando una placa de cristal se sumerge en agua y se vuelve a sacar, una cierta cantidad de agua se quedará pegada a ella (adhesión), pero el resto del agua se verá atraída hacia la masa principal de agua (cohesión). Pág. 63.

ad infinitum: expresión en latín que indica hasta el infinito; constantemente, sin límite. Pág. 298.

admitir: 1. Aceptar o reconocer algo como verdadero. Pág. 7.
2. Permitir que exista la posibilidad (de algo). Pág. 343.

adornar un escenario: proporcionar mobiliario y decoración (adorno) a una construcción que representa un lugar, sala o escena (escenario) en la cual tiene lugar la acción en una producción de una obra de teatro, de cine o de televisión. Pág. 113.

adornos: artículos de decoración o de vestir. Pág. 274.

advenimiento: llegada o venida, especialmente si es esperada y solemne. Pág. 353.

adversidad(es): experiencia o evento sumamente desfavorable. Pág. 161.

advertencia: declaración autorizada (con autoridad, conocimiento o dominio, en la materia o asunto que se trata) de consejo; precaución, recordatorio. Pág. 194.

advertir: prevenir, o aconsejar. Pág. 362.

afable: amable y educado. Pág. 35.

afección: enfermedad, sufrimiento o problema mental o físico. Pág. 29.

afinar: ajustar (como en un motor) para mejorar su funcionamiento o condición. Pág. 82.

AFINIDAD: ATRACCIÓN QUE EXISTE ENTRE DOS SERES HUMANOS, ENTRE UN SER HUMANO Y OTRO SER VIVO, O ENTRE UN SER HUMANO Y MEST, THETA O EL SER SUPREMO. TIENE UN PARALELISMO APROXIMADO EN EL UNIVERSO FÍSICO CON LA ATRACCIÓN MAGNÉTICA Y GRAVITACIONAL. LA AFINIDAD O FALTA DE AFINIDAD ENTRE UN ORGANISMO Y EL ENTORNO O ENTRE LA THETA Y EL MEST DE UN ORGANISMO Y DENTRO DE LA THETA (INCLUYENDO LA ENTHETA) DEL ORGANISMO, PRODUCE LO QUE EN EL PASADO HEMOS LLAMADO EMOCIONES. LA ESCALA DE AFINIDAD INCLUYE LA MAYORÍA DE LAS EMOCIONES COMUNES: APATÍA, PESAR, MIEDO, ENOJO, HOSTILIDAD, ABURRIMIENTO, ALIVIO, SATISFACCIÓN, ENTUSIASMO, JÚBILO, INSPIRACIÓN. (De *Definiciones y Axiomas*). Pág. 5.

afirmación: declaración enfática de que algo es como se dice que es. Pág. 158.

afirmar: declarar (un hecho, etc.) de forma positiva o firme; asegurar, declarar que algo es verdad o cierto. Pág. 113.

agradable: aceptable o conforme a la mente o sentimientos. Pág. 282.

agravar: aumentar la gravedad o importancia de algo. Pág. 205.

AGRUPADOR: HACE QUE SE CONTRAIGA LA LÍNEA TEMPORAL, JUNTANDO MUCHOS INCIDENTES. ("NO TENGO TIEMPO", "JÚNTALOS TODOS", "SIEMPRE ME CAE TODO A MÍ", "YO TENGO QUE HACERLO TODO POR AQUÍ", "SON TODOS IGUALES", "ME LAS VAS A PAGAR TODAS", "¡SOLIDARIDAD PARA SIEMPRE!"). (De *Definiciones y Axiomas*). Pág. 77.

aguantar: soportar, resistir o tolerar. Pág. 194.

agudo: 1. Intenso o severo. Pág. 316.

2. Breve o de corta duración, a diferencia de crónico (de larga duración o que sucede continuamente). Pág. 65.

alentar: dar ánimo o seguridad; infundir esperanza. Pág. 104.

ALIADO: PERSONA REGISTRADA EN LA MENTE REACTIVA DEL PRECLEAR ACERCA DE LA CUAL EL PRECLEAR HACE LA COMPUTACIÓN REACTIVA DE QUE ESTA PERSONA ES NECESARIA PARA LA SUPERVIVENCIA DEL PRECLEAR. (De *Definiciones y Axiomas*). Pág. 183.

allá va, y: expresión que significa que llega a su fin o que se ha terminado por completo. Pág. 34.

allegado: persona próxima, cercana en parentesco, amistad, trato o confianza. Pág. 22.

altar: estructura elevada, típicamente una plataforma plana de madera o piedra, o un área elevada donde se celebran ceremonias religiosas. Pág. 49.

Altura: prestigio que el auditor tiene a los ojos del preclear. Una posición algo artificial del auditor que le hace sentir mayor confianza al preclear y, por lo tanto, le da mayor capacidad para recorrer de la que hubiera tenido de no ser así. En la sociedad en general hay cuatro tipos de altura que podría tener un individuo. (De *Definiciones y Axiomas*). Pág. 514.

Altura Computacional: significa que el individuo tiene una capacidad sobresaliente para pensar, para computar basándose en datos. Albert Einstein tenía altura computacional. (De *Definiciones y Axiomas*).

Altura de Datos: significa que el individuo tiene una reserva de conocimientos recogidos de libros y registros, o a veces de la experiencia, con los que no están familiarizados otros individuos. El profesor universitario tiene altura de datos. (De *Definiciones y Axiomas*).

Altura de Presencia Personal: el individuo que dirige o que causa una impresión en los demás con su sola presencia, con su ejemplo y con el hecho de existir, tiene altura de presencia personal. Gandhi la tuvo en grado muy elevado. (De *Definiciones y Axiomas*).

Altura Posicional: que se deriva de una posición asignada arbitrariamente. Los oficiales militares y los burócratas a menudo dependen mucho de la altura posicional. (De *Definiciones y Axiomas*).

a mano: al alcance y disponible para su uso, cerca. También cerca en el tiempo, acercándose estrechamente. Pág. 250.

ámbito: espacio comprendido dentro de límites determinados. Área o campo de actividad, pensamiento, estudio o interés. Pág. i.

amedrentarse: acobardarse o encogerse de miedo; echarse atrás con recelo. Pág. 183.

Amor Libre: doctrina o práctica de compartir relaciones sexuales (o vivir juntos) entre muchos, sin que exista un matrimonio legal ni una obligación duradera, con la tendencia de oponerse a la institución tradicional del matrimonio y a la familia. Pág. 113.

amplia: que tiene un ámbito extenso, dilatado, de gran extensión. Pág. 3.

amplitud: grado o magnitud del alcance o la extensión. Pág. 125.

analizador: la mente analítica. Pág. 79.

analizar: examinar o estudiar algo con el fin de evaluarlo, determinar sus características o algo similar. Pág. 302.

análogo: comparable en ciertos aspectos; parecido o similar. Pág. 166.

anatén: *anatén* es la contracción de *ate*nuación *anal*ítica (del inglés, *anal*ytical at*ten*uation). *Atenuación* es la acción de debilitar o reducir en fuerza o intensidad. Pág. 92.

andar: estar, encontrarse o hallarse en una situación determinada. Pág. 14.

anegar: abrumar, agobiar, molestar. Pág. 114.

anestesia, operación con: intervención quirúrgica durante la cual al paciente se le deja "inconsciente" administrándole un fármaco. Pág. 367.

anestesia: 1. Insensibilidad al dolor producida por las drogas que se suministran antes de las operaciones quirúrgicas, ya sea en una parte concreta del cuerpo (local) o en todo el cuerpo (general). La anestesia general también produce la pérdida de consciencia, relajación muscular y pérdida de memoria. Pág. 187. 2. Pérdida total o parcial de una percepción o sensación en concreto, como en "anestesia táctil". *Tabla Hubbard de Evaluación Humana y de Procesamiento de Dianética*.

angustia: sufrimiento mental grave, pesar o aflicción extremadamente dolorosas. Pág. 367.

animales de caza por los que el estado paga: alusión a ciertos animales salvajes (de caza) a los que se da caza a cambio de un pago o premio (recompensa) que un gobierno o estado desembolsa por su destrucción. Pág. 384.

anticapitalista: contrario a los capitalistas o a aquellos que siguen el capitalismo. *Anti-* significa contrario a y *capitalismo* es un sistema económico en que las empresas e industrias del país son controladas y dirigidas por propietarios privados, y no por el gobierno, para obtener ganancias y donde el dinero (capital) se invierte o se presta a diversas empresas para conseguir un beneficio. Pág. 146.

antipatía: sentimiento de repugnancia, normalmente con un deseo intenso de evitar algo o apartarse de ello. Pág. 305.

anular: cancelar o cambiar una acción o decisión hecha anteriormente. Pág. 402.

apaciguamiento: acto o acción de apaciguar (calmar o tranquilizar, especialmente al conceder las exigencias de algún otro). Pág. 101.

apariencia superficial: capa externa de comportamiento que encubre o disfraza la verdadera naturaleza o sentimientos de alguien. Pág. 169.

Apatheia de Zenón: alusión a la doctrina de la escuela de filosofía fundada por el filósofo griego Zenón (aprox. 334–262 a. C.). Enseñaba que el Hombre debería ser libre de la pasión y no preocuparse respecto a la emoción, el placer y el dolor, o ser indiferente ante ellos, pero no carente de sentimientos racionales. También enseñaba que el universo está gobernado por la voluntad divina, y que la felicidad radicaba en aceptar esa voluntad. *Apatheia* significa "sin sentimientos". Pág. 191.

apendicitis: infección e inflamación del apéndice que causa un dolor intenso. Como la infección se puede propagar a otras partes del cuerpo y como no se le conoce ninguna función corporal al apéndice, el remedio normalmente es extirparlo por medio de cirugía. El *apéndice* es una pequeña prolongación con forma de tubo al final del intestino grueso. Pág. 39.

aplicado: que pone esfuerzo constante para lograr algo; atento y persistente al hacer cualquier cosa. Pág. vii.

aplomo: seguridad o confianza en uno mismo. Pág. 307.

apreciar: ser totalmente consciente de algo o de alguien; notar algo o reconocerlo. Pág. 73.

aprensión: anticipación del futuro con miedo o inquietud. Pág. 59.

apropiarse: reservar para sí para algún propósito o uso específicos. Pág. 225.

apuñalar por la espalda: llevar a cabo acciones destructivas o dañinas mientras que se pretende ser honesto, leal, etc.; traicionar. Pág. 158.

ARC: Afinidad, Realidad, Comunicación, la manifestación triangular de theta, donde cada aspecto afecta a los otros dos. (De *Definiciones y Axiomas*). Pág. 41.

archivista: mecanismo de respuesta que es instantáneo. Uno podría proponer que el archivista es un grupo de unidades de atención con fácil acceso a la mente reactiva y a los bancos estándar de memoria, y que mediante la actividad mental común hace llegar datos al "yo" en forma de memoria. Pág. 119.

arco voltaico: chispazo producido por una descarga o flujo de energía eléctrica a través de la distancia entre dos puntos. Se usa en sentido figurado. Pág. 335.

ÁREA BÁSICA: LA LÍNEA TEMPORAL A PARTIR DE LA PRIMERA GRABACIÓN EN LA LÍNEA TEMPORAL DEL ESPERMATOZOIDE O DEL ÓVULO, HASTA LA PRIMERA FALTA MENSTRUAL DE LA MADRE. (De *Definiciones y Axiomas*). Pág. 263.

argucias: engaños o decepción. Pág. 158.

armónico: se usa para describir una frecuencia (cantidad de vibraciones por segundo) que es un múltiplo de una frecuencia "fundamental". Si uno estira una cuerda o banda elástica y la pulsa, se produce un tono acústico o nota. Uno puede medir la cantidad de veces por segundo que vibra esa cuerda. Otra cuerda, que vibre a ciertos múltiplos, aunque diferentes, de esa velocidad de vibración, sonará agradablemente. Esto se calcula matemáticamente como 1, $1/2$, $1/3$, $1/4$, etc. Se puede ver esto en las cuerdas de un piano, cada una de longitud diferente y vibrando a diferentes velocidades por segundo. Pulsando dos o más a la vez, simultáneamente, se puede escuchar cuáles notas son armoniosas (agradables) al tocarse juntas, y cuáles son disonantes (discordantes o desagradables). Pág. 370.

armoniosamente: de forma agradable y que está de acuerdo con (algo). Pág. 48.

arraigado: 1. Fijo de manera firme o segura, como si hubiera echado raíces. Pág. iii.

2. Profundamente enraizado; que difícilmente será cambiado, reducido o eliminado. *Tabla Hubbard de Evaluación Humana y de Procesamiento de Dianética.*

arrasar: 1. Eliminar o destruir todo rastro; acabar por completo. Pág. iii.

2. Pasar por encima *barriendo,* moviéndose rápidamente a lo largo, o a través, de un área con una acción continua. Pág. 141.

arremetida: ataque fuerte, violento o impetuoso. Pág. 163.

artero: sigilosamente astuto o taimado; engañoso. Pág. 198.

ARTICULACIONES, POSICIÓN DE LAS: RECUERDO DE LAS POSTURAS CORPORALES. (De *Definiciones y Axiomas*). Pág. 68.

artilugio: algo que se crea con gran destreza e ingenio para que sirva a un fin en particular. Pág. 2.

artístico: relacionado con el arte; bello. Pág. 480.

artritis: inflamación aguda o crónica de las articulaciones que causa dolor, hinchazón o rigidez. Pág. iv.

artritis reumática: enfermedad crónica que se caracteriza por rigidez e inflamación de las articulaciones, frecuentemente acompañada por marcadas deformidades, pérdida de movilidad y debilidad. Pág. 97.

asalto: ataque o incursión para capturar algo. Pág. 6.

asentir: contestar mostrando acuerdo, como diciendo "sí" con una leve oscilación de la cabeza de arriba abajo. Pág. 355.

asistencia: acto o instancia de cuidar, auxiliar y prestar servicio. Pág. 270.

asociación libre: en psicoanálisis, técnica de hacer que un paciente hable espontáneamente, expresando sin inhibiciones cualesquiera ideas, memorias, etc., que le vengan a la mente, con la esperanza de encontrar memorias o pensamientos reprimidos. Pág. 34.

asombrar: sorprender fuertemente; impactar o abrumar. Pág. 431.

asomo: apariencia o cantidad mínima (de algo). Pág. 114.

aspirante a algo: persona que desearía ser algo, o que está intentando serlo; persona que se hace pasar por. Pág. 204.

ataque: acometida fuerte y vigorosa que abruma o arrolla a alguien o algo. Pág. 6.

ataxia locomotora: enfermedad crónica del sistema nervioso caracterizada por la perturbación de las sensaciones, pérdida de reflejos y de coordinación muscular y, en las etapas posteriores, por la parálisis. Pág. 220.

ateo: persona que niega a Dios o que no cree que exista. Pág. 486.

atenuación: acto o condición de verse atenuado, debilitado o reducido en fuerza, intensidad o efecto. Pág. 92.

aterrador: conmocionante y muy malo. Pág. 461.

átomo: diminuto elemento básico de construcción de la materia que es la unidad más pequeña de materia que puede participar en una reacción química. Los átomos están formados por partículas más pequeñas llamadas electrones, protones y neutrones. Un átomo consiste en una nube de electrones (partículas con carga negativa) que rodean a un pequeño núcleo (centro) que es denso y está formado de protones y neutrones. Los *protones* son partículas que llevan una carga positiva de electricidad y los *neutrones* son partículas que no tienen carga eléctrica. Pág. 2.

atravesar confusamente: avanzar de manera confusa y desordenada, o salir así de alguna condición o estado. Pág. 365.

atribuir: 1. Achacar; culpar. Pág. 38.

2. Considerar que algo fue causado por alguien o algo. Pág. 38.

aturdido: aletargado o torpe, como por la falta de sueño. Pág. 276.

auditación de libro, recibir: recibir auditación basada en las técnicas contenidas en el libro *Dianética: La Ciencia Moderna de la Salud Mental*. Pág. 354.

auditor de libro: auditor sin ningún entrenamiento profesional, que audita basándose en información que ha leído en el libro *Dianética: La Ciencia Moderna de la Salud Mental*. Pág. 290.

aura: cualidad, fuerza o campo sutil que se ve que rodea o emana de ella. Pág. 19.

aura de diez kilovatios: alusión descriptiva a un campo de energía muy poderoso que rodea a un cuerpo. Un *vatio* es una medida de potencia eléctrica necesaria para efectuar trabajo. Por ejemplo, una bombilla eléctrica muy brillante tiene adjudicada una potencia de 100 vatios, lo que significa que necesita 100 vatios de energía eléctrica por hora para generar luz. *Kilovatio* significa 1,000 vatios. *Diez kilovatios* equivalen a 10,000 vatios. *Aura* es una cualidad, atmósfera, fuerza o campo sutil que se percibe como que rodea a una persona o emana de ella. Pág. 19.

autómata: criatura cuyas acciones son fijas, de rutina y mecánicas con poco o ningún indicio de inteligencia activa; robot. Pág. 222.

autónomo, sistema nervioso: referencia al *sistema nervioso autónomo*, aquella parte del sistema nervioso que concierne específicamente a las actividades involuntarias, aparentemente automáticas, de los órganos, vasos sanguíneos, glándulas y una variedad de otros tejidos en el cuerpo. El sistema nervioso autónomo se divide en dos sistemas subordinados que funcionan en conjunto uno con el otro: el parasimpático (que es controlado por la región craneal [del cráneo] y la región del sacro) y el simpático (que es controlado por la región torácica [del tórax] y la región lumbar [de la espalda baja]). Pág. 26.

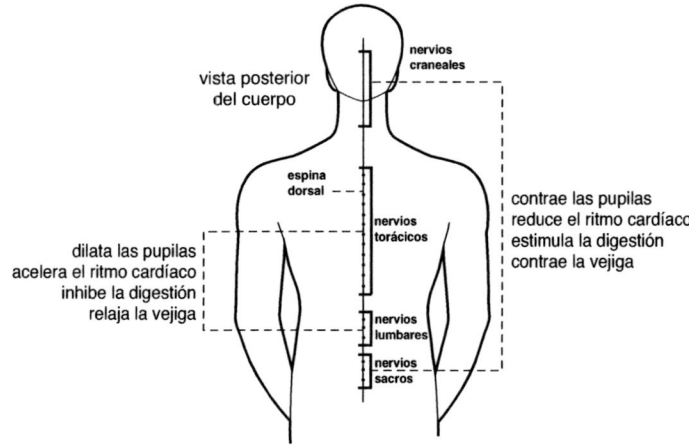

Glosario Editorial de Palabras, Términos y Frases

autoperpetuante: capaz de una continuación o de una renovación de sí mismo, sin ayuda exterior. Pág. 2.

autoritario: 1. Alguien que se considera a sí mismo una "autoridad" en un tema determinado. Una *autoridad*, en este sentido, es un supuesto experto, o alguien cuya opinión sobre un tema es probable que sea aceptada sin dudar y sin considerar los hechos o resultados. Pág. 203.
 2. Que se caracteriza por la obediencia a la autoridad (arbitraria) o que la impone. Pág. 255.
 3. Que no tolera que se le contradiga o se le desobedezca. Pág. 255.

autoritarismo: sistema autoritario o principios autoritarios, que se caracterizan por una obediencia (arbitraria) a la autoridad o por imponerlo, más que por la libertad individual de criterio y acción. Pág. 151.

avaricia: codicia, deseo insaciable de adquirir riqueza o posesiones. Pág. 312.

avaricioso: que tiene o muestra *avaricia*. *Véase también* **avaricia**. Pág. 261.

aventura: relación sexual, especialmente la que implica infidelidad a la pareja. Pág. 260.

aversión: sentimiento de disgusto hacia algo. Usualmente acompañado de un deseo intenso por evitarlo o ignorarlo. Pág. 64.

avidez: cualidad o estado de ser ávido; tener ansia, dedicación o entusiasmo grande o extremo acerca de algo. Pág. 318.

avivar la imaginación (del público): ser atractivo para uno, agradarle. Pág. 113.

axioma: declaración de leyes naturales de la misma categoría que las leyes de las ciencias físicas. Pág. 1.

B_1: una de las vitaminas B, también denominada *tiamina*, que es esencial para el funcionamiento normal del sistema nervioso. Pág. 262.

Bach: Johann Sebastian Bach (1685–1750), compositor y organista alemán. Pág. 485.

Bacon, Francis: (1561–1626) influyente filósofo inglés que creía que debía desterrarse cualquier parcialidad o prejuicio en el pensamiento científico, y que la observación y experimentación precisas eran vitales para la ciencia. Ayudó a desarrollar el método científico de resolución de problemas. Pág. 484.

bacteriana: relacionado con la *bacteria*, organismo unicelular de una longitud de una millonésima de metro (cientos de miles cabrían en un punto redondo hecho con un lápiz). Las bacterias viven en el aire, el océano y en la tierra. Algunas bacterias son útiles y algunas producen enfermedades en los seres humanos, los animales y las plantas. Pág. 37.

Bailarines Fantasma: miembros de un movimiento religioso indígena americano en el oeste de Estados Unidos, que se llamaba "Danza Fantasma". La religión (basada en la creencia de que el hombre blanco desaparecería y que los ancestros muertos y los búfalos volverían a la vida) se centraba en la danza fantasma. Los bailarines cantaban y vestían camisas especiales, llamadas camisas fantasma, decoradas con símbolos sagrados como estrellas, águilas y lunas, creyendo que quedaban protegidos de las balas enemigas. Pág. 196.

banco: 1. La mente reactiva. Pág. 60.

2. Almacenamiento de información, como en un ordenador, en el que antiguamente se almacenaban datos en un grupo o serie de tarjetas llamadas *banco*. Pág. 75.

banco de los hechos: literalmente, lugar donde se almacenan hechos en la mente. *Banco* significa un almacenamiento de información de memoria en la mente. Pág. 330.

banco de memoria estándar: el lugar de almacenamiento en la mente en que todos los datos que se perciben de manera consciente (vista, sonido, audición, olor, sensación orgánica, cinestesia, táctil además de computaciones mentales del pasado) están grabados, se retienen y de los cuales se retransmiten a la mente analítica. Incluye todos los datos de naturaleza consciente desde la concepción hasta el "ahora". Pág. 107.

bancos de arena: barras de arena o porciones que se elevan del fondo del mar, río, etc., y que forman un lugar poco profundo en el agua que es un peligro para los barcos. Pág. 46.

bárbaro: relacionado o característico de los *bárbaros,* gente que es fría y cruel y que actúa más como animales que como seres humanos. Pág. 35.

barro (la vida a partir de): alusión a la teoría de que ciertos seres vivos pueden desarrollarse directamente a partir de cosas sin vida. Los griegos creían que las moscas y otros animales pequeños surgían del barro del fondo de riachuelos y lagunas. Esto ha sido desarrollado por científicos en la teoría de que el Hombre surgió del barro. Según esta teoría, se asegura que en el barro se formaron productos químicos, y que mediante ciertas combinaciones y pautas accidentales, se habría formado una primitiva célula única. Esta célula primitiva chocó luego con otras células similares y, por accidente, formaron una estructura más compleja de células únicas, que se convirtió en un organismo unitario. Supuestamente, de esta combinación de células se habría formado, a la larga, el Hombre. Pág. 2.

BÁSICO-BÁSICO: EL PRIMER MOMENTO DE DOLOR, ANATÉN O INCOMODIDAD DE LA VIDA ACTUAL DEL INDIVIDUO. (De *Definiciones y Axiomas*). Pág. 121.

bastión: un lugar en que hay mucho apoyo para una creencia o grupo de personas, en especial un partido político. Pág. 143.

belicista: persona que aprueba, alienta o trata de provocar la guerra. Pág. 168.

Bencedrina: marca comercial de un fármaco que aumenta la actividad física y mental, impide el sueño y disminuye el apetito. Pág. 462.

beneficencia, estado de: sistema político en el que un gobierno asume la carga principal por sus ciudadanos tal como pagarles directamente cuando no tienen trabajo o apoyando económicamente sus necesidades de salud. Pág. 185.

beneficio: acto de bondad o amabilidad. Pág. 460.

Bergson: Henri Bergson (1859–1941), filósofo y escritor francés, que definió la mente como energía pura, el *élan vital* o fuerza vital, responsable de toda la evolución orgánica. Pág. 3.

bestia de carga, teoría de la: alusión a la visión de que el Hombre es una criatura más adaptada para realizar trabajo mecánico humilde, como el adecuado para una bestia de carga. Pág. 481.

Betania: pueblo mencionado en la Biblia, situado a 3,2 kilómetros al este de Jerusalén, visitado a menudo por Jesús y estrechamente relacionado con las últimas escenas de su vida. Pág. 49.

Bethesda, Hospital Naval: alusión al Centro Médico Naval Nacional, gran hospital gubernamental fundado en 1942 en Bethesda, Maryland, EE.UU. Lo dirige la Armada de Estados Unidos, y atiende al personal naval. Pág. 196.

bienestar: buena fortuna, salud, felicidad, prosperidad, etc., de una persona, grupo u organización. Pág. 393.

biológico: literalmente, que pertenece o está relacionado con la vida o la materia viva en todas sus formas. Los padres biológicos son aquellos que causaron el nacimiento del niño. De ahí, biológico, como se usa aquí, significa únicamente relacionado con los seres vivos en general. Pág. 8.

bioquímica: ciencia que trata de la química de la materia viva. Pág. 3.

blanco número uno: persona u objeto al que primero se apunta, se ataca, se critica, etc. (como en una serie, secuencia o grupo). Pág. 199.

boil-off: condición de somnolencia (adormecimiento o letargo) que a veces no se puede distinguir del sueño. El boil-off se describe en el Libro Dos, Capítulo Diecinueve, Entheta Relativa en el Caso. Pág. 160.

bomba atómica: tipo de *bomba* sumamente destructiva, cuyo poder resulta de la cantidad inmensa de energía que se libera repentinamente al dividir los núcleos (centros) de los átomos en fragmentos. Pág. iii.

bombardeo: ráfaga constante de algo, por ejemplo, críticas dirigidas de forma agresiva a alguien. Pág. 329.

borrar (borrado): causar que un engrama se "desvanezca" por completo mediante el repasarlo varias veces, momento en el cual se archiva como memoria y experiencia. Pág. 118.

borreguil: como borrego, en especial en ser tímido, estúpido y en hacer lo que hacen otros, sin pensar por uno mismo. Pág. 80.

boxear con una sombra: boxear o pelear con una sombra, en vez de contra un oponente que en realidad esté ahí. Se usa en sentido figurado. Pág. 102.

brotar: causar que algo crezca o aparezca (repentinamente). Pág. 19.

bruto: caracterizado por falta de sentimiento o sensibilidad hacia otros. Pág. 226.

buenas carreteras y buen tiempo: comunicación acerca de cosas, actividades o temas sobre las cuales toda la gente está de acuerdo. Pág. 101.

buen número de: cantidad grande o considerable (de algo). Pág. 145.

burdo: carente de tacto, refinamiento o inteligencia. Pág. 461.

burócrata: funcionario que trabaja en una organización o departamento del gobierno, especialmente el que trabaja según rutinas fijas sin ejercer un criterio inteligente. Pág. 545.

caballete: soporte vertical usualmente de madera con tres puntos de apoyo y que sirve para colocar el lienzo o cuadro de un pintor. Pág. 480.

cable: literalmente, varios hilos de conductores unidos de forma entrelazada o como un manojo, como los que se usan para transmitir señales eléctricas. Se usa en sentido figurado para describir un grupo similar hecho de conductos separados. Pág. 397.

cadena(s): serie de incidentes de tipo similar. Pág. vii.

calamidad: desgracia, adversidad, infortunio o sufrimiento, especialmente cuando afecta a muchas personas. Pág. 528.

calidad: 1. Naturaleza o carácter esencial distintivo de alguien o de algo; naturaleza básica. Pág. 166.

2. Sonido característico de una nota musical que la hace distintiva a una fuente particular, como una flauta o una trompeta. Pág. 166.

callejón trasero: alude aquí a áreas que son nauseabundas y repulsivas, descuidadas e inmundas, y caracterizadas por el secreto y por principios morales bajos. Se usa en sentido figurado. Pág. 196.

calvinismo: doctrinas y enseñanzas del reformador religioso John Calvin (1509-1564). El calvinismo enfatizaba el poder o autoridad ilimitada de Dios (él pensaba que la gente era salvada por la gracia de Dios, no por sus propios esfuerzos), la necesidad de disciplina estricta en la iglesia y la seriedad ética de la vida. Pág. 480.

CAMBIADOR DE VALENCIA: ("ERES IGUAL QUE TU PADRE", "NO SEAS COMO EL TÍO BETO", "ERES IGUAL QUE LOS DEMÁS", "ERES IGUALITO QUE FIDO", "NO ERES NADIE", "NO ERES HUMANO", "ERES ALGO NUNCA VISTO", "NUNCA PODRÁS SER TÚ MISMO", "TENDRÉ QUE FINGIR QUE SOY OTRO O NUNCA VOLVERÉ A SER FELIZ"). (De *Definiciones y Axiomas*). Pág. 77.

camino secundario: 1. Carretera lateral o menor. Se usa en sentido figurado. Pág. 72.

2. Camino retirado, privado u oscuro. Pág. 484.

camión de volteo: vehículo con una caja de carga que se puede inclinar, o con un fondo o parte trasera que se puede abrir para descargar su contenido. Pág. 456.

camisa de fuerza: prenda para la parte superior del cuerpo, hecha de material resistente que se puede atar con fuerza, usada para contener a lunáticos o prisioneros violentos y a veces como medio de castigo. Pág. vii.

campo puntual: área o región dentro de la cual una energía ejerce determinado tipo de influencia, y cuya influencia emana de un único punto fuente. Pág. 474.

canalla: persona moralmente indecente o vergonzosa; persona ruin y que se comporta de manera despreciable o vil. Pág. 103.

CANDADO: INCIDENTE ANALÍTICO (DESPIERTO) DE MAYOR O MENOR ENTURBULACIÓN DE THETA QUE SE ASEMEJA A LOS PERCÉPTICOS DE UN ENGRAMA O CADENA DE ENGRAMAS, Y QUE POR LO TANTO QUEDA APRISIONADO DEBIDO AL DOLOR FÍSICO GRABADO EN EL ENGRAMA Y PERMANECE COMO UN ENQUISTAMIENTO DE THETA. (De *Definiciones y Axiomas*). Pág. v.

Candados de ARC: enquistamientos "permanentes" de entheta que resultan de la enturbulación de theta por imposiciones o inhibiciones de afinidad, realidad o comunicación, y del aprisionamiento de esta theta enturbulada por el dolor físico de algún engrama o cadena de engramas a cuyos percépticos se asemeja la enturbulación de tiempo presente. Los candados son experiencias analíticas. Si no hubiera dolor físico para aprisionar la theta enturbulada, esta se desenturbularía, con un despliegue mayor o menor de emoción. (De *Definiciones y Axiomas*). Pág. 128.

Candados de Dramatización Interrumpida: candados en los que el factor principal es que al individuo se le ha impedido terminar la dramatización de un engrama reestimulado. Donde más abundan es en el nivel 1.5. (De *Definiciones y Axiomas*).

Candados de Lenguaje: candados en los que el principal contenido aberrativo es en términos de lenguaje. Estos se pueden considerar reestimuladores simbólicos de los candados MEST, que son más básicos. (De *Definiciones y Axiomas*).

Candados de Reestimulación: candados en los que el principal factor que se puede observar es la semejanza en tiempo presente con los percépticos del engrama, más que alguna ruptura de ARC en particular. Estos requieren un bajo nivel de alerta analítica, como en la fatiga, para producirse. (De *Definiciones y Axiomas*). Pág. 128.

Candados Mest: candados que se producen por la inhibición o imposición de la experiencia o control del individuo respecto a la materia, la energía, el espacio o el tiempo. Se postula que la reducción de los candados MEST en que al individuo se le hizo subir o en que no se le permitió bajar volverá inactiva cualquier frase rebotadora del caso; y así sucesivamente con todos los tipos de frases de acción. (De *Definiciones y Axiomas*). Pág. 527.

capitalista: partidario del capitalismo o participante en una economía capitalista. El *capitalismo* es un sistema económico en el cual los negocios de un país y la industria son controlados y dirigidos para beneficio de propietarios privados más que para el gobierno y donde el dinero (capital) es invertido o prestado por varias empresas a cambio de una ganancia. Pág. 312.

capricho: cambio impredecible o abrupto en una persona sin ninguna razón aparente. Pág. 169.

carente de tacto: estado o condición de ser franco de forma ofensiva, carente de tacto con los sentimientos de otro. Pág. 22.

CARGA: ACUMULACIÓN DE ENTHETA EN CANDADOS Y SECUNDARIAS QUE APORTA CARGA A LOS ENGRAMAS Y LES PROPORCIONA SU FUERZA PARA ABERRAR. (De *Definiciones y Axiomas*). Pág. 76.

carga de línea: grupo completo de incidentes reunidos que en sí constituyen un conjunto de carga. Una *carga de línea* es simplemente una inmensa cantidad de alivio que se desprende del caso. La persona se reirá a carcajadas y de forma desmedida; no puede parar de reírse de estas cosas. Pág. 421.

cargar: hacer que esté *cargado*, que contiene una reserva o acumulación de energía. Literalmente, carga es una acumulación de electricidad. Las cargas son positivas o negativas. Las cargas positivas repelen a las positivas y las negativas repelen a las negativas, mientras que las cargas positivas y negativas se atraen mutuamente. Pág. 52.

Carlyle, Thomas: (1795-1881) ensayista e historiador escocés. Pág. 71.

carnalmente: de una manera que es sensual o sexual. Pág. 234.

carraspear: emitir una tosecilla, generalmente para aclarar la garganta o para evitar la ronquera de la voz. Pág. 344.

Carrel, Alexis: (1873-1944) biólogo y cirujano francés conocido por sus experimentos para mantener vivos los órganos y tejidos fuera del cuerpo. A comienzos de los años 30, Carrel, junto al aviador americano Charles Lindbergh (1902-1974), creó un aparato, conocido como corazón mecánico o artificial, que hacía posible mantener la vida de un órgano después de haber sido extraído de un cuerpo. Pág. 373.

caso abierto de par en par: el *caso abierto de par en par* está en valencia, con sónico y visión, aunque muy cargado. El caso abierto de par en par se describe en el Libro Uno, Capítulo Dieciséis, Condición de la Línea Temporal y las Valencias. Pág. 95.

caso ataúd: preclear que yace en la posición de un hombre muerto, con los brazos cruzados. Este es un engrama de pesar que tiene que ver con la muerte de algún ser querido, y el preclear está en la valencia del ser querido. Pág. 128.

castigo corporal: castigo físico, como azotes dados a un niño. Pág. 135.

catalogar: dar un nombre o clasificación. Pág. 203.

Cataratas del Niágara: gran cascada de agua (de unos 55 metros de altura) situada en el estado de Nueva York, EE.UU., en la frontera entre Estados Unidos y Canadá. Pág. 5.

catatónico: característico de la *catatonia,* condición caracterizada por periodos de incapacidad o reticencia a moverse o actuar, o un aparente estado de aturdimiento y solidez de los músculos. *Tabla Hubbard de Evaluación Humana y de Procesamiento de Dianética.*

categoría, de baja: referido a un trabajo, ocupación o posición que no requiere destreza especial o que no exige el uso de poderes intelectuales superiores o que se clasifica como bajo en alguna escala ocupacional o social y que a menudo se considera que carece de dignidad, nivel social o interés. Pág. 136.

cautela: mucho cuidado o precaución. Pág. 70.

cauteloso: que actúa con la intención de que no se le note, con cuidado. Pág. 96.

cegado: que ha perdido el entendimiento o la capacidad de razonar debido a prejuicios o parámetros fijos. Pág. 484.

cejar: referido especialmente a un empeño o a una postura que se defiende, ceder en ellos o aflojar el ímpetu o la oposición. Pág. 231.

célula: grupo pequeño dedicado al estudio y desarrollo de un programa social o político; especialmente la unidad organizacional más pequeña de un partido, a menudo situada dentro de una empresa, industria o colegio específico y compuesta por sus empleados. Pág. 190.

celular: que tiene que ver con una *célula,* la unidad estructural más pequeña de un organismo que tiene capacidad de funcionar de manera independiente. Todas las plantas y animales están hechas de una o más células que normalmente se combinan para formar diversos tejidos. Pág. 6.

cementerio: terreno, generalmente cercado, destinado a enterrar cadáveres. Pág. 313.

cenizas: polvo o color gris claro que queda después de una combustión completa y está formado generalmente por partículas finas de materia de origen mineral; los volcanes expulsan cenizas durante una erupción explosiva. Pág. 42.

censurar: criticar, juzgar negativamente o tachar de malo. Pág. 315.

Glosario Editorial de Palabras, Términos y Frases

Césares, pequeños: alusión a una persona que actúa como Julio César (aprox. 100-44 a. C.), dictador y gobernante opresivo de Roma y líder militar que contribuyó a convertir a Roma en el centro de un imperio que se extendió por toda Europa. Por ejemplo, en 1931 se estrenó la famosa película de gángsters, *El pequeño César*. Relata el ascenso y la caída, parecidos a los de César, de un depravado líder de una banda que acaba muriendo en el arroyo (en la pobreza y la marginación) mientras pronuncia sus últimas palabras. Pág. 204.

chacal: perro salvaje de Asia y África que hurga en busca de comida y caza en manadas por la noche. Pág. 385.

chaquetero: persona que se pasa al bando o partido opuesto; traidor. Pág. 102.

charla trivial: conversación ligera o cortés sobre asuntos de poca importancia o temas cotidianos. Pág. 84.

charlatán: una persona que finge, profesional o públicamente, una destreza, una habilidad, un conocimiento o calificaciones que no posee. Pág. iv.

charlatanería: tontería que suena importante; lenguaje insincero o vacío. Pág. 188.

chivos expiatorios: personas o grupos a los que se culpa por otros o que sufren en su lugar. Pág. 145.

cíclico: relativo a un ciclo o ciclos, o que se caracteriza por repetirse en ciclos. Un *ciclo* es un periodo de tiempo durante el que se da una característica, un suceso que se repite regularmente o una serie de eventos. Pág. 424.

Ciclo de Vida: LA PERIÓDICA CONQUISTA, RETIRADA Y RECONQUISTA DE MEST POR THETA. SE POSTULA QUE UNA PORCIÓN O ENTIDAD DADA DE THETA (EN LOS SERES HUMANOS, POR LO MENOS) EXPERIMENTA NACIMIENTO, CRECIMIENTO, MUERTE, NACIMIENTO, CRECIMIENTO, MUERTE, ETC., APRENDIENDO CADA VEZ MÁS ACERCA DEL ASUNTO DE CONVERTIR EL MEST EN ORGANISMOS EXITOSOS QUE PUEDEN SOBREVIVIR MEJOR. (De *Definiciones y Axiomas*).

ciénaga: terreno pantanoso o lleno de cieno (lodo o barro blandos que forman depósito en el fondo de las aguas, especialmente en ríos y lagunas). Pág. iii.

ciencia: conocimiento; entendimiento o comprensión de hechos o principios clasificados y puestos a disposición del trabajo, de la vida o de la búsqueda de la verdad. Una ciencia es un cuerpo conexo de verdades demostradas o de hechos observados, clasificados sistemáticamente y vinculados bajo leyes generales. Incluye métodos fiables para el descubrimiento de nuevas verdades dentro de su propia área de conocimiento, y denota la aplicación de métodos científicos en campos de estudio que previamente se consideraba que solamente estaban abiertos a teorías basadas en criterios abstractos subjetivos, históricos o indemostrables. La palabra *ciencia* se usa en este sentido (el significado más fundamental y tradicional de la palabra) y no en el sentido de las ciencias *físicas* o *materiales*. Pág. 1.

ciencias físicas: cualquiera de las ciencias, como la física y la química, que estudia y analiza la naturaleza y las propiedades de la energía y la materia inerte. Pág. iii.

cigarra de Esopo: alusión a la cigarra de la fábula *La cigarra y la hormiga,* del legendario escritor griego Esopo. La fábula habla de una cigarra que sólo piensa en pasársela bien en el presente, y no trabaja ni se prepara para el invierno. En consecuencia, se encuentra muriéndose de hambre, mientras que la laboriosa hormiga tenía comida para aguantar el invierno. Pág. 327.

cigoto: célula reproductora femenina que ha sido fertilizada por una célula reproductora masculina. Pág. 274.

CINESTESIA: RECUERDO DEL MOVIMIENTO. (De *Definiciones y Axiomas*). Pág. 68.

circo romano: diversión popular para los habitantes de la antigua Roma que consistía de carreras de caballos y cuadrigas, competencias atléticas brutales, combates de gladiadores y juegos sangrientos similares. La palabra latina *circus,* la cual viene de la palabra griega *kirkos* que significa círculo, aro, se refiere a un área circular u ovalada rodeada por hileras de asientos para los espectadores. Era en esta área circular (arena) en la cual se llevaban a cabo los eventos. Pág. 323.

circuitería: conjunto de circuitos. *Véase también* **circuito**. Pág. 84.

circuito: el *circuito* es un mecanismo que se convierte en sí mismo en una identidad, con su propio "yo" que toma un trozo del analizador, lo amuralla con carga, y en lo sucesivo, da órdenes al preclear. Los circuitos se describen por completo en el Libro Dos, Capítulo Quince, Circuitos. Pág. 77.

círculo vicioso: situación en que el esfuerzo para resolver algún problema resulta en el empeoramiento del problema, o en la creación de un problema peor, y así sucesivamente. Pág. 243.

circunscribir: mantenerse dentro de los límites de una determinada actividad, tema, área, etc. Pág. 497.

citología: rama de la biología que trata de la estructura, función e historia de la vida de las células. Pág. 134.

clandestinamente: secretamente o de forma oculta, con la intención de esconder. Pág. 150.

clariaudición: poder de escuchar sonidos que se dice que existen más allá de lo que alcanza la experiencia o facultad normal, como las voces de los muertos. Pág. 69.

clarividencia: poder de percibir cosas o sucesos del futuro más allá del contacto sensorial normal. Pág. 69.

clave: el punto decisivo o más importante de un problema, cuestión o situación. Pág. 271.

Clear: un Clear es, por definición, alguien al que toda la entheta de su vida actual se le ha convertido en theta. Esto significa que sus engramas se tienen que haber borrado, que sus secundarias se tienen que haber descargado y que sus candados se tienen que haber eliminado por completo mediante scanning. Pág. 12.

Clear Theta–MEST: ámbito desde 36.0 hacia abajo, hasta 4.0 (Clear MEST) en la columna de Evaluación de Dianética de la Tabla Hubbard de Evaluación Humana. Este ámbito de la tabla se describe enteramente en el Libro Uno, Capítulo Dos, Evaluación de Dianética. *Tabla Hubbard de Evaluación Humana y de Procesamiento de Dianética.*

clientela: los clientes de una organización o negocio profesional, considerados como un grupo. Pág. 290.

clínico: que implica la observación directa más que la teoría, o que se basa en la primera. Pág. 97.

cloaca: en sentido figurado, centro de obscenidad moral y corrupción. Literalmente, un agujero o foso en el suelo, normalmente cubierto, para recibir el drenaje o aguas residuales de lavabos, retretes, etc., de una casa. Pág. 158.

Coal Hill: *véase* **Colina del Carbón**.

coartada: explicación que se ofrece para justificar una acción, eludir responsabilidad o algo similar; pretexto. Pág. 32.

co-auditación: auditación llevada a cabo por un equipo de dos personas cualesquiera que se auditan mutuamente. Abreviatura de *auditación cooperativa*. Pág. 207.

cobrar: quedarse con algo como compensación, sobre todo si es por un favor o como venganza o enmienda por un agravio. Pág. 479.

codicioso: que tiene un fuerte deseo de poseer algo, especialmente algo que le pertenece a otra persona. Pág. 150.

codificación: disposición de leyes, reglas o códigos de conducta dentro de un sistema organizado. Pág. 150.

coeficiente de inteligencia: número al que se llega por medio de exámenes y que tiene la intención de señalar la inteligencia de una persona. (*Coeficiente* significa el resultado de una división y se refiere a la forma en que se calcula el examen para obtener el promedio para la categoría de edades). Pág. 19.

cohesión: en física, la *cohesión* es la fuerza que hace que se mantengan juntas las partículas o moléculas de una sustancia de un solo tipo. La *adhesión* es la fuerza que mantiene juntas las moléculas de sustancias distintas. Por ejemplo, cuando una placa de cristal se sumerge en agua y se vuelve a sacar, una cierta cantidad de agua se quedará pegada a ella (adhesión), pero el resto del agua se verá atraída hacia el cuerpo principal de agua (cohesión). Pág. 41.

colapsar: fallar o ceder; apagarse. Pág. 85.

Colina del Carbón: montículo artificial de más de un kilómetro y medio de circunferencia y unos 64 metros de altura, en Pekín, China, cubierto de árboles y templos, y que también fue un cementerio. Pág. 199.

Columbia: alusión a la Universidad de Columbia, en la ciudad de Nueva York, Estados Unidos, que fue fundada en 1754. Pág. 412.

como una ostra (aburrido): muy aburrido. Pág. 370.

compañero de cama: literalmente, persona que comparte y duerme en la misma cama. En sentido figurado alguien que es un asociado o socio, sobre todo uno que comparte una relación con el fin de lograr algún objetivo. Pág. 190.

compartimentar: dividir o poner en una sección, parte, división o categoría separada. Pág. 87.

compartir: tener la misma naturaleza de algo; tener algunas de las cualidades o características de algo. Pág. 143.

compatible: que armoniza o está de acuerdo. Pág. 232.

complaciente: que tiene un gusto (por algo); favorable; satisfecho, contento (de hacer algo). *Tabla Hubbard de Evaluación Humana y de Procesamiento de Dianética.*

complejo de superioridad: en psicología, término empleado para describir un sentimiento de ser mejor que otros o de autosuficiencia exagerada. Pág. 165.

complejo(s): en el psicoanálisis, un *complejo* es una serie de impulsos, ideas y emociones que compelen (obligan a) pautas habituales de comportamiento. Pág. 264.

complementación: acción y efecto de hacer más entero o completo. Pág. 166.

componente: parte o elemento de algo. Pág. v.

compresa fría: alusión a una práctica en la psiquiatría en la que se envuelve a un paciente con bolsas de hielo o toallas o sábanas empapadas de agua fría, para que actúen como sedante para controlar un comportamiento delirante o excitado. El cuerpo es revestido como una momia, dejando al paciente inmóvil, a menudo durante varias horas. Pág. 35.

comprimido: que se ha visto sujeto a la acción de *comprimir,* hacer algo más pequeño o hacer que ocupe menos espacio, quitándole o eliminándole cosas. Se usa en sentido figurado, con la idea de que a alguien se le haga cambiar de idea, que se le "quiten" ideas de la cabeza. Pág. 339.

compuesto: sustancia que contiene dos o más elementos (sustancias que no se pueden dividir en sustancias más simples) en proporciones exactas. Cada compuesto tiene sus propias propiedades distintivas. Los compuestos pueden ser sólidos, líquidos o gases. Pág. 13.

compulsión: impulso irresistible que es irracional o contrario a la propia voluntad. Pág. ii.

compungido: que está deprimido, afligido o triste. Pág. 103.

computacional: relacionado con las características de la *computación* acción de estimar, considerar y calcular. Pág. 103.

COMUNICACIÓN: COMUNICACIÓN CON EL PASADO GRABADO (A TRAVÉS DEL RECUERDO Y LA MEMORIA), EL PRESENTE (A TRAVÉS DE LA PERCEPCIÓN) Y EL FUTURO (A TRAVÉS DE LA IMAGINACIÓN U OTROS MECANISMOS); LA COMUNICACIÓN ENTRE PERSONAS ESCRIBIENDO, HABLANDO, TOCANDO, VIENDO, ETC.; TAMBIÉN LA COMUNICACIÓN COMO EN LOS GRUPOS Y LA TECNOLOGÍA DE ELLA (DIANÉTICA DE GRUPO). HAY EMOCIONES EN LA ESCALA DE COMUNICACIÓN, PERO NO ES COMÚN QUE SE LES HAYA NOMBRADO EN NUESTRA SOCIEDAD. (De *Definiciones y Axiomas*). Pág. 41.

comunismo: teoría política o sistema en que todas las propiedades y bienes pertenecen, en una sociedad sin clases, a todos los miembros de la comunidad. Impone un amplio control negativo en las libertades personales y las necesidades colectivas de las masas que invalida los derechos individuales. Pág. 143.

concatenación(es): serie de situaciones, sucesos, etc., interconectados o interdependientes. Pág. 314.

concéntricos: se dice de los círculos que tienen un centro común y están, entonces, unos dentro de otros. Pág. 139.

concepción: el inicio del embarazo: fertilización. Pág. 9.

conciliar: hacer consistente o compatible con otra cosa; poner en acuerdo o armonía. Pág. 115.

concordar: estar de acuerdo o en armonía (con algo o alguien). Pág. 483.

concurso hípico: evento deportivo en que los caballos y los jinetes son juzgados en sus habilidades en una variedad de competiciones tales como cabalgar o saltar. Pág. 321.

condición: estado, calificación o limitación. Pág. 222.

confirmado: corroborado o que se ha demostrado que es verdad. Pág. 81.

confundir: hacer que algo sea innecesariamente complicado, normalmente hasta llegar a la confusión; hacer dudoso o poco claro. Pág. 3.

connotar: implicar o sugerir; indicar. Pág. 330.

conocimiento primordial: conocimiento que forma la base fundamental o real, la parte interna o esencial de cualquier cosa; base sobre la que yace cualquier cosa. Pág. iv.

conquista: acción o proceso de superar o dominar, como por medio de la fuerza física o mental. Pág. i.

consejo, reunido en: en una junta. Un *consejo* es una junta de un grupo de personas que son elegidas o escogidas para discutir y decidir qué acciones tomar en un tema en particular. Pág. 141.

conservación de la energía: ley de la física que declara que la energía, en sí misma, no puede ser creada y destruida pero sólo puede alterar su forma. Por ejemplo, se cree que si uno quema un trozo de carbón y reuniera todo el humo, cenizas y otras partículas que se irradian de las llamas y las pesara, uno tendría el mismo peso que cuando el carbón iba a ser quemado. Pág. 250.

conservadurismo: tendencia a oponerse al cambio o a preservar lo establecido. Pág. 108.

considerablemente: en gran medida; sustancialmente. Pág. 39.

consiguiente: que depende o se deduce de otra cosa, la acompaña o la sigue inmediatamente como consecuencia directa de ella. Pág. 391.

consolidación: acción de fortalecer o hacer que algo quede firme o sólido; acto de dar sustancia a algo, o de completarlo. Pág. 190.

conspiración: trama o intriga secretas. Pág. 142.

consternado: desanimado o decepcionado. Pág. 251.

consulta: acción de *consultar,* es decir, acudir, remitirse o dirigirse a algo o a alguien. Pág. 397.

consumado: muy hábil; experto, que realiza con perfección la acción a la que se refiere. Pág. 35.

contacto: tener trato o relaciones con algo. Pág. 183.

contagiar: extender rápidamente de una cosa a otra algo como una enfermedad o una condición indeseada. Pág. 241.

contemplar: ver u observar; experimentar. Pág. 266.

contemporáneo: que existe en el mismo momento que otro; que tiene ocupaciones u organizaciones similares a otra persona o grupo. Pág. 131.

contorsión: acto de retorcerse por dolor o por forcejeo. Pág. 421.

contracorriente: propósito, influencia, dirección o flujo opuesto a otro o en conflicto con él. Pág. 169.

contradecir: negar, disputar o refutar. Pág. 427.

contradicción: estado o condición de ser *contrario,* opuesto o diferente a algo más. Pág. 187.

contraposición: dirección contraria; oposición. Pág. 478.

contusión: moretón o lesión en que la piel no se rasga ni se rompe. Pág. 244.

convencional: que sigue lo que la mayoría de las personas hace o considera normal o aceptable. Pág. 480.

conversación: acción de *conversar,* intercambiar pensamientos y opiniones mediante el habla; hablar. *Con* significa "junto", *"con";* y *versari* es una voz en latín que significa "mover de ida y vuelta, hacer girar". Pág. 73.

coordinado: formados disponiendo (unos elementos) en correcto orden o posición, tanto entre sí como respecto al sistema del que forman parte. Pág. 1.

corolario: 1. Proposición que se deduce de otra que se acaba de demostrar y que no requiere prueba adicional. *Guarda delantera.*
2. Lógicamente consistente. Pág. 483.

corpus: conjunto extenso y ordenado de datos o texto de diversos tipos, que pueden servir como base de investigación. Pág. i.

corregir: poner de manera apropiada o poner en la condición correcta. Pág. 354.

correr (un riesgo): exponerse (a un peligro o situación de riesgo). Pág. 162.

corresponder: 1. Tener una cosa relación o proporción con otra. Pág. 31.
2. Tener (algo) como cometido u obligación. Pág. 225.

corriente de consciencia: flujo continuo e ininterrumpido de pensamientos y sentimientos a través de la mente. Pág. 441.

corriente de pensamiento: manera de escribir en que los pensamientos o percepciones del personaje se presentan como algo que ocurre de forma aleatoria, sin tener en cuenta las secuencias lógicas, las distinciones entre diversos niveles de realidad, ni nada parecido. Pág. 451.

corrupción: hecho o acción de corromper (alterar algo de tal manera que ya no es placentero). Pág. 187.

corteza cerebral: capa exterior del cerebro, que consta de cuerpos de células nerviosas, con pliegues que forman una superficie con muchas hendiduras y surcos. Se dice que la corteza cerebral es responsable de la función de recibir e identificar sensaciones como el tacto, la vista y el oído, del manejo del movimiento muscular voluntario del cuerpo, así como de la memoria, del pensamiento y del razonamiento. Pág. 26.

cortina de humo: algo que tiene la intención de disfrazar, ocultar o engañar. Pág. 198.

cortocircuito: un *circuito* es un sistema de componentes y cables eléctricos que forman un trayecto completo por el que puede fluir una corriente eléctrica, y que realiza una función específica. Un *cortocircuito* es electricidad que sigue un trayecto más corto y con menos resistencia que el trayecto principal previsto por los cables y las piezas. Conduce a un flujo eléctrico excesivo (al no haber resistencia, la electricidad fluye incontroladamente, creando sobrecarga) y normalmente deja al equipo inoperable. Se usa en sentido figurado. Pág. 83.

crisis psicótica: colapso mental en el cual una persona se desorienta gravemente y/o se introvierte y es propensa a mostrar arranques violentos de acción o emoción. Pág. 32.

criterio: cualquier parámetro usado para medición o juicio. Pág. 145.

crónico: que dura mucho tiempo o que se repite a menudo. Pág. vi.

cruz: pena, dolor, carga o trabajo grandes, duros y generalmente prolongados. Pág. 278.

cuarentena: aislamiento forzoso de personas con el fin de impedir la diseminación de algo dañino que es susceptible de transmitirse de un individuo a otro. Pág. 152.

cuasi-: prefijo que significa que algo tiene un parecido con alguna otra cosa, o que simula serlo, pero que en realidad no lo es. Pág. 69.

cuatro falso, hacer: exhibir risa o alegría cuando se ha consumido un incidente de carga. Pág. 160.

Cuatro Falso: risa y alegría que manifiesta el preclear cuando ha consumido totalmente la carga de un incidente. No hay nada realmente "falso" en relación con el cuatro falso, excepto que a menudo dura muy poco. (De *Definiciones y Axiomas*). Pág. 58.

Cuerpo Mest: el cuerpo físico. El organismo en todos sus aspectos mest. El cuerpo mest está animado o inanimado, vivo o muerto, dependiendo de la presencia o ausencia del cuerpo theta. (De *Definiciones y Axiomas*). Pág. 7.

Cuerpo Theta: la entidad theta personal. El alma. Las pruebas sugieren que el cuerpo theta puede, a lo largo de muchas vidas de tono bajo, convertirse en un cuerpo entheta, pero que tal cuerpo entheta podría ser llevado a Clear con el procesamiento de Dianética. Es probable que el cuerpo theta pueda, al menos parcialmente, dejar el organismo temporalmente sin causar la muerte del organismo. (De *Definiciones y Axiomas*). Pág. 68.

cuestión, en: al que se alude o sobre el que se habla; que está bajo consideración. Pág. 370.

cuestionado: de tal naturaleza que es objeto de dudas; en disputa. Pág. 221.

cuestionario: primer paso al comenzar un caso, donde se reúne información sobre el preclear, como su nombre, edad, altura, peso, idioma extranjero, así como información sobre tratamientos pasados, psicosis, neurosis, enfermedades psicosomáticas, operaciones, pérdida de aliados y el entorno en sus primeros años. Pág. 255.

Cultura: pauta (si la hay) de la vida en la sociedad. Todos los factores de la sociedad: sociales, educacionales, económicos, etc., tanto si son creativos como destructivos. Se podría decir que la cultura es el "cuerpo theta de la sociedad". (De *Definiciones y Axiomas*). Pág. iii.

curación por la fe: curación que se efectúa mediante el rezo o la fe religiosa. Pág. 48.

dado a: con tendencia o propensión hacia algo. Pág. 31.

dar crédito: creer algo o darlo por cierto o verdadero. Pág. 383.

dar lugar a un promedio: dicho de dos cosas, alcanzar un equilibrio entre sí. Pág. 15.

darwins: personas similares a Charles Darwin (1809-1882), naturalista y escritor inglés que originó la teoría de la evolución por selección natural, la cual sostiene que todas las especies de plantas y animales se desarrollaron a partir de formas anteriores, y que las formas que sobreviven son las mejor adaptadas al entorno. Pág. 484.

debe: una de las dos partes en que se dividen las cuentas corrientes o los libros mayores de contabilidad. En las columnas que están bajo el título de *"debe"* se anotan todas las cantidades que se cargan al individuo o a la entidad a quien se abre la cuenta. Se usa en sentido figurado con el significado de algo deducido o que se le quita a alguien o algo. Pág. 239.

débil (pulso): diluido, endeble o tenue. Pág. 27.

decadencia, en: en un estado de declive moral; con estándares morales bajos. Pág. 137.

décima: se dice de cada una de las diez partes en que se divide un todo. Las décimas se usan en un sistema de contar que se basa en el número diez. Aquí el término se usa para significar una pequeña fracción o cantidad. Pág. 376.

declaración: cosa que se expresa en palabras. Pág. 233.

declarar: atribuir, otorgar o conceder una calificación, especialmente si es de carácter oficial. Pág. 72.

decreto logarítmico: decreto matemático o científico. Un *logaritmo* es un número que se usa en matemáticas para expresar la multiplicación repetida de un único número. Por ejemplo: en la ecuación $2^3 = 8$ (que significa que 2 x 2 x 2 = 8), el número 3 es el logaritmo. Un *decreto* es una decisión u orden de la autoridad, que tiene fuerza de ley. Pág. 8.

deducción: acción de llegar a ciertas conclusiones a partir de hechos conocidos. Pág. 18.

defecar: deshacerse de material de desecho corporal; realizar una evacuación, o expeler los excrementos. Pág. 377.

definir: planear, precisar o fijar. Pág. 528.

deformación: cambio para empeorar o para volverse anormal, extraño o distorsionado (dicho de la mente, el carácter, el juicio, etc.). Pág. 136.

deificación: considerar a alguien como un dios. Pág. 455.

dejar en la estacada: abandonar o dejar a alguien solo en dificultades o circunstancias desesperadas. Pág. 102.

deliberadamente: después de una cuidadosa o profunda consideración; a propósito. Pág. 413.

delusión: percepción que se percibe de forma diferente a como es en realidad. Pág. 260.

demacrado: que tiene una apariencia agotadora y desgastada como por estar muy cansado o por una ansiedad prolongada. Pág. 339.

de memoria: llevado a cabo por repetición de un modelo particular. Pág. 240.

denotar: servir como indicio de algo; significar; indicar. Pág. 84.

de plano: con seguridad, firmeza o imposibilidad de admitir duda. Pág. iv.

depravado: moralmente malo o maligno; corrupto. Pág. 113.

derivarse: originarse o suceder como un desarrollo o resultado natural. Pág. 333.

dermatitis: inflamación de la piel que da como resultado enrojecimiento, hinchazón, picores u otros síntomas. Pág. 304.

derrotista: que aboga por la derrota o que la acepta; persona que se rinde con facilidad o que ya no se resiste a la derrota por tener la convicción de que cualquier esfuerzo adicional es inútil (incapaz de producir resultado alguno). Pág. 443.

desacreditar: dañar la reputación o el estatus de alguien; causar deshonra. Pág. 104.

desafinado: en música, variando de una nota apropiada; fuera de tono. Pág. 46.

desahogar: liberar o expresar un impulso, emoción, etc., representando (como por ejemplo con palabras, con el comportamiento o con la imaginación) la situación anterior que causó dicha reacción. Pág. 315.

desalentador: que desalienta o desanima. Pág. 169.

descabellado: extraño, excéntrico e impráctico; loco. Pág. iii.

descaro, con: (de algo que se considera incorrecto o inmoral) de una manera que es tan ofensiva que no puede dejar de notarse. Pág. 142.

descartar: desechar o no tener en cuenta una posibilidad. Pág. 3.

desconfiado: que no confía, no se fía o tiene poca seguridad respecto a alguien o algo. Pág. 523.

descontento: falta de satisfacción; insatisfacción; inquietud; disgusto. Pág. 22.

desdén: sentimiento de que algo no es importante, que no tiene valor, que no merece respeto, etc. Pág. 159.

desdeñar: hacer caso omiso abiertamente; en el texto se usa en el sentido de mofarse de algo, o insultarlo. Pág. 464.

desenfrenado: (de algo malo) que existe o se esparce por todas partes de una forma que no se puede controlar. Pág. 383.

desgaste: destrucción o debilitación gradual de algo a lo largo de un periodo de tiempo. Pág. 186.

deslealtad: falta de lealtad (fidelidad y sentido del honor en la forma de actuar). Pág. 324.

desnudo: abierto y directo; contundente. Pág. 137.

DESORIENTADOR: ENVÍA AL PRECLEAR EN LA DIRECCIÓN INCORRECTA. ("POR AHÍ NO", "POR EL OTRO LADO", "ESO ES INCORRECTO", "NO SÉ SI VOY O VENGO", "NO DISTINGUES ARRIBA DE ABAJO"). (De *Definiciones y Axiomas*). Pág. 121.

despectivo: que tiende a reducir el mérito o reputación de una persona o cosa. Pág. 100.

despiadado: que no tiene o muestra interés por el bienestar de otras personas; duro y cruel. Pág. 142.

despreciable: malo en extremo, desagradable y maligno. Pág. 159.

desproporción: falta de igualdad o *proporción* apropiada, la relación correcta o deseable de tamaño, valor, etc., entre dos o más cosas. Pág. 223.

destacado: que sobresale de un grupo, por ejemplo por ser el más conocido, más usado o algo por el estilo. Pág. 63.

destartalado: propenso a descomponerse por ser viejo, estar desgastado, etc. Pág. 160.

desvalido, defender al: proteger, defender o luchar por los derechos, objetivos o principios de una persona, equipo, etc., que es más débil que otros y del que se espera que no tenga éxito. Pág. 198.

desvergüenza: falta de disimulo y vergüenza (sentimiento desagradable, de incomodidad, producido por alguna falta cometida o por alguna acción que se considera deshonrosa, humillante o ridícula). Pág. 143.

desviador: cosa o persona que trata de hacer que alguien se *desvíe*, se retire o se vaya por un curso de acción planeado. Pág. 172.

detrimento: aquello que reduce, quita o rebaja (algo). Pág. 230.

devaluar: reducir (o subestimar) el valor o la importancia de alguien o de algo. Pág. 108.

devastado: arruinado, destrozado o desbaratado. Pág. 485.

Diablo, secuaces del: *secuaces* son seguidores o subordinados serviles (que actúan como esclavos) de una persona poderosa. La frase viene del concepto religioso (del cristianismo y de otras religiones) de que los que se oponen a Dios luchan a favor del diablo y en nombre del mal. Por eso se les llama *secuaces del Diablo*. Pág. 170.

diabólico: extremo o excesivamente grande en nivel, grado o cantidad. Pág. 412.

diablo y sus ángeles de las tinieblas, el: alusión a Satanás y a los ángeles caídos o rebeldes que supuestamente trabajan para él. A lo largo de la historia, al diablo se le ha descrito como un ángel maligno que fue expulsado del Cielo y se convirtió en el archienemigo de Dios. Otros ángeles corruptos, perversos y malvados que fueron expulsados del Cielo se unieron al Diablo, y este se hizo su príncipe. El *diablo y sus ángeles de las tinieblas* alude a las personas que tienen dichas características, cualidades, propósitos, etc. Pág. 170.

diana: punto central de un blanco de tiro. Pág. 307.

Dianética de Grupo: la rama de Dianética que abarca el campo de las actividades y organización de grupos para establecer las condiciones y los procesos óptimos (mejores o más favorables) de liderazgo y de relaciones entre los grupos. Pág. iv.

Dianética Preventiva: rama de Dianética cuyo propósito es impedir la adquisición del engrama; en segundo lugar, si se ha recibido un engrama a pesar de todos los cuidados y precauciones adecuados, se ocupa de impedir la reestimulación del engrama. Pág. iv.

dictados: órdenes o mandatos autoritarios. Pág. 391.

difamatorio: que se caracteriza por difamación, declaraciones falsas sobre alguien que tienen la intención de dañar la buena opinión que la gente tiene de ese alguien. Pág. 108.

diferenciado: claramente diferente. Pág. 4.

difícil: que causa gran dificultad, molestia o irritación; que pone a prueba la paciencia y buena voluntad. Pág. 57.

difuso: poco claro, incierto. Literalmente, ampliamente disperso o desperdigado; no concentrado. Pág. 69.

dígitos binarios, 10^{21}: *binario* proviene de una palabra en latín que significa *de dos en dos*. *Dígitos binarios* alude a un sistema de numeración que se emplea en las computadoras y que sólo usa dos números (dígitos), 0 y 1. *10^{21} dígitos binarios* (10 multiplicado por sí mismo 21 veces) alude a una enorme cantidad de ceros y unos (1,000,000,000,000,000,000,000 de ellos) dispuestos uno tras otro, formando un número enorme. Pág. 333.

dimensión, tercera: una *dimensión* es una medida en el espacio, incluyendo longitud (primera dimensión), anchura (segunda dimensión) y profundidad (tercera dimensión). Las dimensiones de la Tabla Hubbard de Evaluación Humana y de Procesamiento de Dianética incluyen longitud (columnas verticales), anchura (columnas horizontales) y profundidad (extendiéndose hacia fuera de la tabla hacia el lector y representando cantidad o volumen). Por ejemplo, una persona puede tener miedo, pero sólo un poco de miedo. O puede tener tanto miedo que el miedo es terror. Aquí, la cantidad de volumen difiere, pero la posición en la Escala Tonal sería la misma. La tercera dimensión se trata en el Libro Dos, Capítulo Doce, Engramas Secundarios. Pág. 14.

dina: unidad de fuerza; una *dina* es la fuerza que actuando sobre un gramo de materia le dará una aceleración de un centímetro por segundo por cada segundo en que actúe la fuerza. Pág. 8.

Dinámicas, Las: el impulso por sobrevivir, expresado a través de un espectro que aquí se presenta con ocho divisiones: (1) Uno Mismo, (2) El Sexo, la familia y la generación futura, (3) El Grupo, (4) La Humanidad, (5) La Vida, todos los organismos, (6) Mest, (7) Theta, (8) El Ser Supremo. (De *Definiciones y Axiomas*). Pág. 51.

dinámico: del griego: *dynamikos,* poderoso. De ahí, relativo a una fuerza motivadora o aportadora de energía (de la existencia o de la vida), como en: *"Principio Dinámico de la Existencia"*. Pág. 249.

disco fonográfico, tan inalterable como un: frase inventada que significa "fijo o permanente". Un *disco fonográfico* es una grabación permanente de sonido, fijada en una lámina circular de vinilo (resina plastificada). Pág. 391.

discordancia: falta de armonía; discrepancia, mezcla confusa o estridente de sonidos, ideas, etc. Pág. 372.

disonancia: carencia de armonía o acuerdo. Pág. 46.

disputa: discusión o debate, que típicamente es largo y complicado. Pág. 71.

distancia, a: lejos; distante. Pág. 87.

dócil: que se le maneja, controla o influye fácilmente. Pág. 188.

Dolor: REACCIÓN DE ALARMA ANTE THETA QUE HA SIDO IMPACTADA CON DEMASIADA DUREZA CONTRA MEST. LA PENALIZACIÓN POR UNA ACTIVIDAD CONTRA-SUPERVIVENCIA. (De *Definiciones y Axiomas*). Pág. 5.

dolor-drogas-hipnosis: forma destructiva de hipnotismo practicada sin el consentimiento de la persona, usando drogas y que incluye dolor. Dolor-drogas-hipnosis se describe en el Libro Dos, Capítulo Diecisiete, Nivel Hipnótico. Pág. vii.

dolorosamente: de manera afligida, triste o apesadumbrada. Pág. 317.

dones sociales: procedimientos o actitudes que producen impresiones, atracción o encanto favorables. Pág. 184.

dotación: poder, capacidad, facultad o cualquier otra ventaja que una persona tiene por naturaleza o que se le otorga. Pág. 18.

dramatización: referencia a la reacción de una persona que realiza toda una serie de acciones irracionales. Las dramatizaciones ocurren cuando un engrama está completamente reestimulado, tan completamente que el aspecto aglutinado toma el control del organismo. Existen grados de dramatización. Cuando está en plena función, el engrama se representa al pie de la letra y la persona es como un actor, interpretando como una marioneta el papel que se le dicta. Pág. 92.

Dramatización Interrumpida, Candados de: CANDADOS EN LOS QUE EL FACTOR PRINCIPAL ES QUE AL INDIVIDUO SE LE HA IMPEDIDO TERMINAR LA DRAMATIZACIÓN DE UN ENGRAMA REESTIMULADO. DONDE MÁS ABUNDAN ES EN EL NIVEL I.5. (De *Definiciones y Axiomas*).

dub-in: término que se usa para referirse una visión o recuerdo que son imaginarios. El término proviene de la industria cinematográfica. Hacer "dub" (doblar) en el cine es crear y añadir sonidos a una película después de terminar la filmación. Este proceso ("dubbing", o doblar) resulta en una banda sonora fabricada que al público le *parecerá* que de hecho sonaba cuando se rodó la imagen, pero gran parte de ella o *toda* se creó en el estudio mucho después de que se terminara la filmación, y luego se le hizo "dub-in". En Dianética, "dub-in" indica recuerdo alterado, en donde la persona "ve" más de lo que estaba ahí o algo completamente diferente. Es imaginario, pero está segura de haberlo visto. Lo que ocurre es que sin el conocimiento analítico de la persona, parte de su mente está arrojando datos que no son verdaderos, y la persona dirá mentiras. Pág. 77.

dubitativamente: de manera que implica, manifiesta o expresa duda. Pág. 310.

eco: repetición o imitación de palabras, ideas, actitudes, etc. Literalmente, un *eco* es un sonido o serie repetida de sonidos causados por su reflejo desde una superficie y de vuelta al que lo escucha. El eco es similar pero no igual al sonido original. Pág. 444.

ecuación: alusión a la ecuación descrita al final del Libro Uno, *Dianética: La Ciencia Moderna de la Salud Mental,* Capítulo Cinco, Resumen: "El *valor potencial* (VP) de un individuo o de un grupo se puede expresar mediante la ecuación: $VP=ID^x$ donde I es Inteligencia y D es Dinámica". Una *ecuación* es un término matemático que muestra que dos cosas tienen mismo valor o son iguales entre sí. También, por extensión, cualquier situación o problema con diversos factores variables que se pueden calcular y demostrar con precisión matemática. Pág. 146.

edad cronológica: la edad real de una persona, opuesto a la edad sugerida por el desarrollo físico o mental. Pág. 394.

Educación: TODOS LOS DATOS PERCIBIDOS Y ALMACENADOS EN LOS BANCOS DE MEMORIA ESTÁNDAR. ESTO TAMBIÉN SE PODRÍA AMPLIAR PARA INCLUIR TODOS LOS DATOS ALMACENADOS EN LOS BANCOS, INCLUYENDO LAS CONCLUSIONES Y LAS IMAGINACIONES. (De *Definiciones y Axiomas*). Pág. 19.

educación primaria: primera etapa del sistema educativo de un país, previa a los estudios secundarios o bachillerato. Dependiendo de los países suele durar 8 años y abarcar hasta la edad de trece o catorce años. Pág. 204.

educación severa: educación que es autoritaria, que baja al individuo en la Escala Tonal y en que se prohíben la razón y el auto-determinismo. Pág. 31.

efectos (sus propios): las pertenencias personales de uno. Pág. 145.

eficaz: que produce o que es capaz de producir el resultado deseado; que tiene el resultado esperado; efectivo. Pág. 498.

efluvio: vapor u olor desagradable. Pág. 377.

eidético: relativo a imágenes visuales recordadas o reproducidas, que son vívidas y realistas con precisión casi fotográfica. Pág. 78.

Einstein: Albert Einstein (1879-1955), físico alemán y ciudadano americano desde 1940, que formuló *la teoría de la relatividad:* una serie de conclusiones que afirman que el espacio, el tiempo y los objetos no son absolutos sino que son relativos. Por ejemplo, Einstein postuló que a medida que un objeto se aproxima a la velocidad de la luz, el tiempo se reducirá su velocidad para ese objeto, mientras que el tiempo para otros objetos que no se mueven a la velocidad de la luz progresará a su ritmo normal. Pág. 111.

elaborado: caracterizado por detalles intrincados y excesivos. Pág. 431.

élan vital: según la filosofía de Henri Bergson (1859-1941), fuerza vital creativa presente en todo ser vivo. En francés, la palabra *élan* significa "empuje o impulso hacia delante; movimiento inspirado por un sentimiento fuerte o intenso". *Vital* significa "de la vida". Pág. 3.

elasticidad: la habilidad de ser *elástico,* de recuperarse con rapidez de condiciones difíciles, como enfermedades, lesiones, dolor mental, etc. Pág. 52.

electrochoque: descarga de entre 180 y 460 voltios de electricidad a través del cerebro, de sien a sien o desde la frente hasta la parte trasera de uno de los hemisferios de la cabeza. Provoca una grave convulsión (agitación incontrolable del cuerpo) o espasmo (inconsciencia e incapacidad de controlar los movimientos del cuerpo) de larga duración. Pág. 336.

electrón: partícula con carga negativa que forma parte de todos los átomos. Pág. 4.

elemento esencial: algo que sirve como sustento básico para la vida, o como cosa imprescindible para ella. Pág. 492.

embaucar: descaminar o engañar. Pág. 258.

embotamiento: aletargamiento; atontamiento y pesadez en el pensar. Pág. 390.

embotar: debilitar o deteriorar la fuerza o agudeza (de algo); debilitar o insensibilizar el espíritu (de algo). Pág. 45.

embriología: rama de la biología que trata del estudio del desarrollo del individuo desde el óvulo hasta el nacimiento. Pág. 408.

embrión: criatura humana nonata que está en las etapas más tempranas de desarrollo, específicamente desde la concepción hasta la octava semana aproximadamente. Pág. 274.

embrollarse: involucrarse o enredarse profundamente en algo, como en una situación, confusión, etc. Pág. 44.

EMOCIÓN: ESTA PALABRA SE REDEFINE EN DIANÉTICA Y SE LE DA UN OPUESTO PARA SU COMPARACIÓN, LA "EMOCIÓN EQUIVOCADA". PREVIAMENTE, LA PALABRA "EMOCIÓN" NUNCA FUE DEFINIDA SATISFACTORIAMENTE. AHORA SE DEFINE COMO UNA MANIFESTACIÓN DEL ORGANISMO DE SU POSICIÓN EN LA ESCALA TONAL, QUE ES RACIONALMENTE APROPIADA AL ENTORNO DE TIEMPO PRESENTE Y QUE VERDADERAMENTE REPRESENTA LA POSICIÓN DE TIEMPO PRESENTE EN LA ESCALA TONAL. AFECTO RACIONAL. (De *Definiciones y Axiomas*). Pág. 19.

emoción: sentimiento de una persona, tono o respuesta emocional expresada. Pág. 387.

EMOCIÓN DESAGRADABLE: LA EMOCIÓN DESAGRADABLE ES ENTHETA EN LA MENTE REACTIVA, EMOCIÓN QUE HA SIDO SUPRIMIDA Y QUE PERMANECE EN EL CASO EN LOS CANDADOS Y SECUNDARIAS. (De *Definiciones y Axiomas*). Pág. 91.

EMOCIÓN EQUIVOCADA: MANIFESTACIÓN DEL ORGANISMO QUE FINGE SER EMOCIÓN (SEGÚN SE LE DEFINE ARRIBA), PERO QUE ES IRRACIONAL, INAPROPIADA PARA EL ENTORNO DE TIEMPO PRESENTE O QUE NO ES REPRESENTATIVA DE LA VERDADERA POSICIÓN DE TIEMPO PRESENTE EN LA ESCALA TONAL. AFECTO IRRACIONAL. (De *Definiciones y Axiomas*). Pág. 56.

empañar: ensombrecer u ocultar; hacer poco claro. Pág. 295.

empatía: conformidad de sentimientos o inclinaciones, que hace que algunas personas le caigan bien a otras; comprensión o afecto mutuos. Pág. 63.

empírico: que se basa en la observación y la experimentación más que en la teoría, o se caracteriza por ello. Pág. 113.

empobrecido: deficiente o pobre en algo. Pág. 146.

en buenas condiciones: en una condición que se caracteriza por un funcionamiento correcto, sin necesidad de arreglarlo o repararlo. Pág. 167.

encallar: (en alusión a una embarcación) atascarse con el fondo y quedar inmovilizada, especialmente en la playa, las rocas o sobre la arena en aguas poco profundas. Se usa en sentido figurado. Pág. 113.

encarcelamiento: acción de encarcelar o hecho de ser *encarcelado,* ser metido en prisión; reclusión. Pág. 196.

encubierto: que se esconde o se mueve en secreto, intentando no ser advertido, sobre todo cuando se tiene la intención de hacer algo malo, o por cobardía o vergüenza. Pág. 102.

en cuestión: al que se alude o sobre el que se habla; que está bajo consideración. Pág. 370.

endocrino: relativo al sistema de glándulas que secretan hormonas (sustancias químicas) de ciertos órganos y tejidos corporales, o que tiene que ver con dicho sistema. Estas glándulas y sus hormonas regulan el crecimiento, el desarrollo y la función de ciertos tejidos, y coordinan muchos procesos dentro del cuerpo. Por ejemplo, algunas de estas glándulas aumentan la presión sanguínea y el ritmo cardíaco durante los momentos de estrés. Pág. 134.

endurecido: recio, carente de sentimientos, obstinado y tenaz, con costumbres muy arraigadas, terco firme, perseverante o excesivamente tenaz en un propósito. Pág. 384.

enfática (orden): que se expresa con énfasis, que lo denota o que lo implica. Referido a una orden que exige o prohíbe un curso de conducta o acción. Pág. 71.

enfermedades depositarias: enfermedades en las que se forman depósitos de material en alguna parte del cuerpo, como en la artritis, en la que se forman en las articulaciones unos endurecimientos cartilaginosos que causan hinchazón y deformidad. *Tabla Hubbard de Evaluación Humana y de Procesamiento de Dianética.*

engañoso: que parece bueno, sensato, correcto, lógico, etc., sin que lo sea en realidad. Pág. 135.

engendrar: procrear o propagar (descendencia). Pág. 8.

ENGRAMA: ENQUISTAMIENTO QUE CONTIENE ENTHETA Y ENMEST. UNA GRABACIÓN (POSIBLEMENTE CELULAR) DE UN PERIODO DE DOLOR E INCONSCIENCIA (O ANATÉN). NO ESTÁ DISPONIBLE PARA LA MENTE ANALÍTICA COMO EXPERIENCIA. LA FUENTE ÚNICA DE LAS ABERRACIONES Y LAS ENFERMEDADES PSICOSOMÁTICAS. (De *Definiciones y Axiomas*). Pág. v.

Engrama Básico: el primer engrama en una cadena específica de engramas. (De *Definiciones y Axiomas*). Pág. 546.

engrama de compasión: engrama que insiste en que la persona tiene que estar enferma para sobrevivir. "Alguien me cuidaba cuando estaba enfermo. Necesito que alguien me cuide. Debo estar enfermo". He aquí la pauta básica de todos los engramas de compasión, la pauta básica del engrama que contendrá la enfermedad psicosomática crónica. Pág. 340.

engrama maníaco: en un maníaco (engrama pro-supervivencia altamente elogioso), la fuerza vital de la persona se canaliza directamente a través del engrama, y su comportamiento, no importa lo entusiasta o eufórico que sea, en realidad es muy aberrado. Pág. 31.

Engrama Secundario: candado de tal magnitud que tiene que recorrerse como un engrama en el procesamiento. Un candado con gran cantidad de entheta. (De *Definiciones y Axiomas*). Pág. v.

engullir: tragar con ansia y sin masticar. Pág. 88.

Enmest: mest que ha sido enturbulado por entheta o aplastado con demasiada fuerza contra theta y se ha dejado menos utilizable. (De *Definiciones y Axiomas*). Pág. 6.

enquistar: encerrar o encapsular algo dentro de una cubierta (resistente). *En-* es un prefijo que significa "llevar a un cierto estado o condición, o poner en él"; un *quiste* es una bolsa protectora cerrada. Pág. 124.

enredarse: implicarse en algo, como si se estuviera en una red, o atrapado o enmarañado así. Pág. 158.

enrevesado: confuso o difícil de entender. Pág. 186.

Entheta: theta que está enturbulada con mest (enmest) en una combinación no armoniosa. Pensamiento irracional. (De *Definiciones y Axiomas*). Pág. 6.

entidad: cosa o identidad que tiene una existencia independiente, separada o autónoma; algo que existe como unidad particular. Pág. 11.

Entorno: todas las condiciones que rodean al organismo desde el primer momento de su existencia en la vida actual hasta la muerte, incluyendo las físicas, emocionales, espirituales, sociales, educacionales y nutricionales. (De *Definiciones y Axiomas*). Pág. 9.

entremezclado: formado por cosas que están mezcladas unas con otras. Pág. 9.

entretenerse: tomarse uno su tiempo; avanzar lentamente. Pág. 172.

enturbulado: que se ha vuelto turbulento, agitado y perturbado. Pág. 6.

en valencia: la persona está dentro de sí misma y obtendrá la escena tal y como ella la vio. No obtiene una vista de sí misma como parte del escenario. Pág. 79.

envuelto: con una cualidad o característica dada, como de alguna otra fuente. Pág. 374.

epistemología: rama de la filosofía que investiga el origen, naturaleza y métodos del conocimiento humano. Pág. 388.

epíteto: palabra o frase aplicada a una persona o cosa para describir una cualidad real o que le es atribuida; la cual a veces puede ser abusiva o insultante. Pág. 332.

equilibrio: estabilidad mental o emocional. Pág. 307.

era oscura: periodo de grave declive dentro de una civilización que se ha quedado sin conocimiento ni cultura; época caracterizada por una falta de actividad intelectual y espiritual. Pág. iv.

ergio: unidad diminuta de energía, que mide la cantidad de trabajo realizado. Por ejemplo, para levantar verticalmente un peso de 0.45 kilogramos una distancia de 30.5 centímetros requiere de 13,560,000 ergios. Pág. 8.

erudito: que muestra gran conocimiento; bien instruido. Pág. 32.

Escala de Gradiente: herramienta de la lógica de valores infinitos. Es un principio de Dianética que los absolutos son inobtenibles. Términos como bueno y malo, vivo y muerto, correcto e incorrecto se usan únicamente en conjunción con escalas de gradiente. En la escala de correcto e incorrecto, todo lo que está por encima de cero o del centro sería cada vez más correcto, acercándose a una corrección infinita; y todo por debajo de cero o del centro sería cada vez más incorrecto, acercándose a una incorrección infinita. La escala de gradiente es una forma de pensar acerca del universo que se asemeja más a las condiciones reales del universo que ningún otro método lógico existente. (De *Definiciones y Axiomas*). Pág. 493.

Escandinavia: parte de Europa que incluye Suecia, Noruega, Dinamarca y a veces Finlandia e Islandia. Pág. 113.

escaso: pequeño o reducido en cantidad. Pág. 525.

escarceo: prueba o tentativa antes de iniciar una acción o de dedicarse a una actividad. Pág. 333.

escenario: 1. Lugar donde se desarrolla un suceso o una serie de ellos. Pág. ii.

2. Construcción que representa un lugar, sala o escena en la cual tiene lugar la acción en la producción de una obra de teatro, de cine o de televisión. Pág. 113.

escollo: roca o peñasco poco visibles en la superficie del agua, que suponen un peligro para las embarcaciones. Usado de manera figurativa. Pág. 113.

escritor: el que está implicado en el estudio o escritura de literatura o que tiene que ver con la literatura como profesión. Pág. 194.

escrutar: percibir cuidadosamente, con un agudo sentido de detalle. Pág. 193.

escuela del pensamiento: escuela de la mente, alusión a la psicología y la psiquiatría. Una escuela es un grupo o sucesión de personas en algún campo o practica que son seguidores del mismo maestro o a los que une una similitud general de principios, creencias y métodos. Pág. 2.

escueto: sin adornos, seco, estricto. Pág. 333.

esmerado: hecho con gran cuidado y minuciosidad. Pág. 185.

Esopo, zorra de : alusión a la zorra de la fábula *La Zorra Sin Cola,* escrita por el legendario escritor griego Esopo. La fábula habla de una zorra que queda atrapada en una trampa. Incapaz de zafarse (liberarse), decide cortarse la cola a mordiscos para liberarse. Poco después, dándose cuenta del extraño aspecto que tiene sin cola, decide convencer a las otras zorras de las ventajas de no tener cola, y las persuade para que se deshagan de las suyas. Las otras zorras se dan cuenta de lo que pretende, y su plan fracasa. Pág. 476.

espasmódico: relativo a la naturaleza de un *espasmo:* serie de contracciones musculares repentinas, anormales e involuntarias. Pág. 26.

especie, la: la raza humana. Pág. 9.

especie: 1. Seres humanos o la raza humana. Pág. 9.

2. Grupo de animales o plantas que son todos similares y pueden procrear juntos para producir animales o plantas jóvenes del mismo tipo que ellos, pero que no pueden procrearse con animales o plantas de otra especie. Pág. 42.

especioso: que engaña, falso. Pág. 193.

espectáculo de feria: en sentido figurado, algo vistoso o espectacular. El texto alude a producciones secundarias adicionales asociadas a un circo y que acompañan a la exhibición principal. Los espectáculos de feria secundarios antiguos a menudo presentaban a magos, gente con talentos físicos especiales llevando a cabo proezas, gente con rasgos físicos inusuales y animales exóticos. Pág. 19.

espectro: la gama o extensión completa de algo arreglado por grado, calidad, etc.; una amplia gama de objetos variados pero relacionados, las características individuales de lo que forma una serie o secuencia continua, en especial con valores opuestos en sus límites. Pág. 529.

especulación: acción y resultado de pensar o formar opiniones o proponer información o conclusiones para su consideración. Pág. 496.

espejismo: algo que falsamente parece ser real. Literalmente, un *espejismo* es una ilusión óptica de una capa de agua que aparece en el desierto o en una carretera sometida a altas temperaturas, causada por los rayos de luz que se distorsionan por las capas alternas de aire caliente y frío. Pág. 448.

esperma y óvulo, secuencia: incidente que ocurre durante o antes de la concepción. Las personas que se auditan a veces tienen el sentimiento de que son espermas u óvulos al principio de la línea temporal. Se puede encontrar que esa área contenga momentos de dolor e inconsciencia los cuales habitualmente se reducen como engramas. Pág. 397.

espionaje: uso de espías por un gobierno u organización para descubrir los secretos militares, políticos o técnicos de otras naciones u organizaciones. Pág. 462.

espiral descendente: "círculo vicioso" tridimensional que hace descender al individuo por la Escala Tonal. Se llama así porque cuanta más entheta haya en el caso, más theta se convertirá en entheta en cada nueva reestimulación. *Espiral* aquí, alude a un movimiento progresivo hacia abajo, marcando una situación que se deteriora sin parar y que se considera que toma la forma de una espiral. El término proviene de la aviación, donde se usa para describir el fenómeno de un avión que desciende haciendo una espiral con círculos cada vez más cerrados, como en un accidente o en un número de acrobacia, que si no se contrarresta puede resultar en la pérdida de control y que el aparato se estrelle. Pág. 57.

espiritismo: doctrina o creencia de que los espíritus de los muertos pueden comunicarse con los vivos, y que de hecho se comunican, especialmente a través de una persona (médium). Pág. 71.

espolear a (alguien) a dar lo mejor de sí: *espolear* es "avivar, incitar, estimular a alguien para que haga algo". Por lo tanto, *espolear* a alguien a dar lo mejor de sí sería estimularlo para que haga lo mejor que se puede, aludiendo aquí a tener valor y determinación para hacer algo, aun cuando sea muy difícil. Pág. 305.

espurio: de naturaleza o cualidad engañosa o ficticia. Pág. 175.

esquizofrénico: persona que tiene dos (o más) personalidades aparentes. *Esquizofrenia* viene de una palabra griega que significa *tijeras* o *dos*, más otra que significa *cabeza*. Literalmente, *división de la mente,* y de ahí, *doble personalidad.* Pág. 30.

estacada, dejar en la: abandonar o dejar a alguien solo en dificultades o circunstancias desesperadas. Pág. 102.

estado: estatus, prestigio o posición en el mundo. Pág. 6.

estado paga una recompensa, animales de caza por los que el: alusión a ciertos animales salvajes (de caza) a los que se caza a cambio de un pago o premio (recompensa) que un gobierno o estado desembolsa por su destrucción. Pág. 384.

estasis: estancamiento, interrupción o disminución del flujo normal de cualquiera de los fluidos del cuerpo, como del contenido del intestino a través del intestino grueso o de la sangre en un área inflamada. Pág. 27.

estereotipado: algo que se lleva a cabo sin variación; algo unido a un modelo fijo o general y que carece de cualquier cualidad individual. Pág. 257.

estertor: respiración jadeante y que se realiza con dificultad, que produce un sonido ronco o silbante y que es propia de los moribundos. Pág. 191.

estética: estudio o teoría de la belleza y de las reacciones que suscita; específicamente, la rama de la filosofía que trata del arte, sus fuentes creativas, sus formas y sus efectos. Pág. 112.

estigma: se usa en sentido figurado para significar cualquier marca de oprobio (una mancha en la reputación de uno). Pág. 419.

estímulo: cualquier acción o agente que causa o cambia una actividad en un organismo, órgano o parte, como algo que comienza un impulso nervioso, activa un músculo, etc. Pág. 408.

estragos, causar: causar o producir gran destrucción, daño o perjuicio, etc. Pág. 102.

estrella: se usa en sentido figurado para significar el futuro de alguien, su destino o aspiraciones, que se piensa que están influenciados y determinados por las estrellas del cielo. Se usa aquí con un doble sentido, en alusión a las estrellas que luce un general en su uniforme militar, en representación de su rango (que es alto). Pág. iii.

estricto: organizado en un sistema rígido bajo disciplina y control exactos. Pág. 190.

estridente: que causa una sensación desagradable por ser penetrante o cortante, a la vez que fuerte. Pág. 162.

estridentemente: en una forma ruidosa, discordante y desagradable. Pág. 478.

estructura: manera en que está construido algo, o su diseño físico, la manera en que están dispuestas o reunidas las partes para formar un todo, a diferencia de la función. Pág. 38.

éter: líquido incoloro, con un olor aromático y un sabor dulce y ardiente, que antiguamente se usaba como anestésico a ser inhalado para provocar la inconsciencia y la insensibilidad al dolor. Pág. 245.

ética: racionalidad hacia el más alto nivel de supervivencia para el individuo, la raza futura, el grupo, la Humanidad y las demás dinámicas tomadas colectivamente. La ética es razón. Pág. 102.

ético: de la ética, sistema de estándares o principios morales. Pág. 113.

euforia: sensación de bienestar o dicha, a veces temporal o inapropiada a las circunstancias actuales. Pág. 265.

evaluación: opinión estimada o considerada de la naturaleza, cualidad, importancia, etc., de algo. Pág. 11.

EVALUACIÓN DE DATOS: UN DATO SE COMPRENDE EN LA MEDIDA EN QUE SE PUEDA RELACIONAR CON OTROS DATOS. (De *Definiciones y Axiomas*).

EVOLUCIÓN: TEORÍA QUE SE VUELVE ÚTIL UNA VEZ QUE SE LE AÑADE EL CONCEPTO DE THETA. LA SELECCIÓN NATURAL NO EXPLICÓ MUCHOS HECHOS ACERCA DE LA EVOLUCIÓN. EL INTENTO DE EXPLICAR LA VIDA ÚNICAMENTE EN TÉRMINOS DE MEST, POR SUPUESTO, FRACASÓ. EVIDENTEMENTE HAY CUATRO LÍNEAS EVOLUTIVAS: LA EVOLUCIÓN DEL ORGANISMO, A TRAVÉS DE LA SELECCIÓN NATURAL, LOS ACCIDENTES Y (SEGÚN LO INDICAN LAS PRUEBAS) UNA ABSOLUTA PLANIFICACIÓN; LA EVOLUCIÓN DE MEST, PRODUCIDA POR LA INTERVENCIÓN DE ORGANISMOS VIVOS; LA EVOLUCIÓN DE THETA, UN PROCESO POSTULADO DE APRENDIZAJE EN THETA COMO UN TODO O COMO ENTIDADES; Y LA EVOLUCIÓN POR APOYO JERÁRQUICO EN TIEMPO

PRESENTE, EN LA CUAL ORGANISMOS MENOS COMPLICADOS SUSTENTAN A LOS ORGANISMOS MÁS COMPLICADOS. (De *Definiciones y Axiomas*). Pág. 2.

excluir: impedir la entrada en alguna actividad o lugar, o dejar fuera de estas. Pág. 86.

excreción: materia de desecho expulsada de los órganos o tejidos del cuerpo. Pág. 377.

exhaustivo: muy minucioso; que no deja parte alguna sin examinar o considerar. Pág. 109.

exiliar: obligar a marcharse o permanecer alejado del propio país, hogar o zona como castigo. Pág. 112.

exorcista de demonios: alguien que expulsa espíritus malignos (de una persona o lugar) por medio de una ceremonia religiosa o solemne. Pág. 3.

exorcizar: obligar a que dejen un lugar o el cuerpo de alguien los espíritus malignos, usando palabras especiales, acciones especiales, etc. Pág. ii.

exteriorizado: relativo a un estado de *exteriorización*, condición en la que el preclear se ve a sí mismo como parte de la escena del incidente que está recorriendo. Al recorrerse el incidente y salir la carga, el individuo puede entonces meterse dentro de sí mismo y obtener una vista de la escena tal como la vio en aquel momento. El fenómeno de la exteriorización se describe en el Libro Uno, Capítulo Once, Visión. Pág. 84.

extracción dental: operación en que se saca uno o más dientes. Pág. 461.

extracurricular: que se hace u ocurre fuera de los estudios regulares, o del programa de cursos regulares. Pág. 220.

extroversión: acción de dirigir los pensamientos, percepciones, sentimientos, etc., hacia el mundo exterior. Pág. 64.

exudar: expulsar o despedir (un olor o humedad) a través de los poros o pequeñas aberturas. Pág. 377.

facción: grupo que es una minoría dentro de un grupo más grande y que tiene intereses o creencias específicos que no siempre están en armonía con el grupo más grande. Pág. 143.

facsímil: grabación en la memoria de un periodo de tiempo limitado. La palabra *facsímil* se usa tan rotundamente como se usa respecto a un dibujo de la tapa de una caja en vez de tener la verdadera tapa en sí. Significa un artículo similar en lugar del artículo en sí. Puedes recordar un cuadro de memoria de un elefante o de una fotografía. Ni el elefante ni la fotografía están ya presentes. Un facsímil de ellos está almacenado en tu mente. *Guarda delantera*

factor arbitrario: factor introducido en la solución de un problema cuando ese factor no se deriva de una ley natural conocida, sino sólo de una opinión u orden autoritarias. Pág. 542.

factor que compensa: calidad o característica que contrapesa otras características por lo general negativas; elemento que salva. Pág. 32.

factor: uno de entre dos o más números que cuando se multiplican producen cierto número. Pág. 146.

facultad: una de las potencias de la mente, como la memoria, la razón o el habla. Pág. 100.

falacia: idea falsa o desacertada; error. Pág. 80.

familiarizado: con conocimiento personal de algo, como resultado del estudio, experiencia, etc. Pág. 245.

fanático: persona que muestra un entusiasmo excesivo por una causa. Pág. 337.

fanatismo rabioso: alusión a cualquier doctrina, teoría, sistema o práctica que sea demente o temeraria, especialmente de manera peligrosa. Pág. 336.

fanega: medida de capacidad para granos, legumbres y otros frutos secos, que equivale a 55.5 litros en algunas partes de España, pero es muy variable según las diversas regiones del país. Pág. 310.

farsa: falsa apariencia o acción que intenta engañar; una afirmación de logro sin respaldo; algo ideado para engañar o embaucar; falsedad despreciable. Pág. iv.

fascismo: sistema de gobierno dirigido por un dictador que tiene poder absoluto, que suprime por la fuerza a la oposición y la crítica, y rige toda la industria, el comercio, etc. Pág. 33.

fascista: persona que practica el fascismo o cree en él. Pág. 33.

fase: sección o etapa precisa de un curso, viaje, etc. Pág. 4.

fatalidad: cualidad o estado de causar la muerte y la destrucción. Pág. 253.

favorecer: ayudar a que alguien se desarrolle o que algo suceda. Pág. 252.

febril: que se caracteriza por un estado de excitación o gran actividad; inquietante. Pág. 102.

Felicidad: la superación de obstáculos no incognoscibles hacia una meta conocida. (De *Definiciones y Axiomas*). Pág. 19.

fenobarbital: sedante que se usa para aliviar la ansiedad y para tratar el insomnio (incapacidad para dormir). Pág. 462.

fenómeno psíquico: capacidad o fenómeno que al parecer no se puede explicar por las leyes naturales, en especial el que involucra la telepatía (comunicación directa entre la mente de una persona y la de otra sin hablar, escribir, etc.), la clarividencia (capacidad para ver las cosas más allá del ámbito normal de la visión humana) y la percepción extrasensorial (percepción o comunicación fuera de la facultad sensorial normal). Pág. 69.

fenómenos atómicos y moleculares: tema o estudio de la estructura y energía de los *átomos* y las *moléculas* y la relación ente ellos. Un *átomo* es una partícula muy pequeña que es considerada el elemento estructural básico de la materia física. Todo el material de la Tierra está compuesto de diversas combinaciones de átomos que se unen en una cantidad infinita de maneras para formar estructuras más complejas llamadas moléculas. Una *molécula* es una de las unidades básicas de la materia, consistente en uno o más átomos que se mantienen unidos por fuerzas químicas. Pág. 333.

fervor: intensidad o seriedad en la forma de actuar o en la actitud. Pág. ii.

feto: ser humano nonato en el interior del vientre, desde el segundo mes de embarazo hasta el nacimiento. Pág. 274.

fidelidad: 1. Cualidad de ser fiel; lealtad firme e inamovible a una persona. Pág. 142.

2. Lealtad sexual al esposo o la esposa. Pág. 142.

fila: grupo de personas que avanzan una detrás de otra en hilera. Se usa en sentido figurado. Pág. 199.

física nuclear: rama de la física que trata del comportamiento, la estructura y los componentes del centro de un átomo (llamado núcleo), que constituye casi toda la masa del átomo. Pág. 111.

fisiología: ciencia que tiene por objeto el estudio de las funciones y actividades de los organismos vivientes y de sus partes, incluyendo todos los procesos físicos y químicos. Pág. 25.

fisión atómica: división en fragmentos del núcleo (centro) de un átomo, acompañada de una tremenda liberación de energía: el principio de la bomba atómica. Pág. 2.

Glosario Editorial de Palabras, Términos y Frases

flácido: blando, sin consistencia o sin fuerza. Pág. 27.

flaquear: decaer en vigor, energía, actividad, interés, etc. Pág. 528.

flaqueza: punto flaco, acción defectuosa cometida por debilidad o falta cometida por no resistir las malas inclinaciones. Pág. 19.

flatulencia: condición de tener gases en el estómago o en los intestinos. Pág. 499.

fonógrafo, como un: en sentido figurado, algo dicho, hecho o manifiesto de forma mecánica. Un *fonógrafo* es un instrumento que reproduce sonidos grabados en discos. Al girar el disco, una aguja especial transmite sus sonidos, los cuales se escuchan en un altavoz. El sentido aquí es que el fonógrafo sólo puede producir los sonidos que están en un disco, y que si se pone el mismo disco una y otra vez, los sonidos serán los mismos, sin variación. Pág. 270.

forjar: idear de manera engañosa o deshonesta. Pág. 169.

formidable: de gran dificultad; desafiante. Pág. 240.

Forrestal, James: (1892–1949) banquero y funcionario del gobierno americano que, en 1940, se convirtió en Director General de la Marina americana. Durante la Segunda Guerra Mundial (1939–1945), dirigió la inmensa expansión naval y los programas de aprovisionamiento, y fue el responsable de preparar una marina de tiempos de paz para la enorme exigencia de una guerra global. Pág. 196.

fortuito: por accidente o por suerte más que por intención, plan o diseño. Pág. 2.

Frases de Acción: palabras o frases en los engramas o candados (o, en o.i, en tiempo presente) que hacen que el individuo lleve a cabo acciones involuntarias en la línea temporal. Las frases de acción son efectivas en las zonas de tono bajo y no lo son en las zonas altas. Al subir un caso por la escala, pierden su poder. Los tipos de frases de acción son: rebotador, rebotador hacia abajo, agrupador, negador, retenedor, desorientador, revolvedor y los cambiadores de valencia que corresponden a estos. (De *Definiciones y Axiomas*). Pág. 118.

fraseología: palabras o lenguaje peculiar de un grupo o clase. En Dianética, las palabras especiales y jerga usadas por el auditor para guiar o dirigir al preclear. Pág. 425.

Freewheeling: acción de la tira somática y del archivista de recorrer completamente somáticos. El archivista y la tira somática desvanecen los somáticos sin que el "yo" preste atención. Pág. 504.

frente a: cara a cara con algo, o confrontándolo. Pág. 12.

Freud: Sigmund Freud (1856-1939), fundador del psicoanálisis, de nacionalidad austriaca. Pág. 18.

frívolo: no muy serio o confiable y que tiene la tendencia para cambiar de una actividad o idea a otra. *Tabla Hubbard de Evaluación Humana y de Procesamiento de Dianética*.

fruslerías: cosas diversas de cualquier tipo; artículos u objetos varios que sean de interés. Por extensión, cualquier cosa semejante a fruslerías, o que las sugiere. Pág. 174.

frustración: acción de frustrar (destruir la promesa de algo o de alguien; arruinar o estropear). Pág. 150.

frustrar: hacer que fracase algo o malograrlo. Pág. 246.

fuerza: en su definición más básica, *fuerza* es el poder o esfuerzo que se dirige a un objeto. Por lo tanto, puede significar una acción o influencia que se concibe como similar a las fuerzas físicas, como en la frase "las Fuerzas del Mal". Pág. 251.

Fuller, Margaret: (1810-1850) escritora y reformadora social norteamericana que se convirtió en líder del *trascendentalismo,* cualquiera de las diversas filosofías que comparten la creencia de que el conocimiento sólo se puede lograr con guía espiritual o mediante el estudio del proceso del pensamiento, etc., en vez de mediante la experiencia sensorial, objetiva o práctica. Pág. 71.

función: poder intelectual, acción mental, pensamiento; capacidad de actuar, a diferencia de *estructura,* que es la manera en que algo está construido, o su diseño físico. Pág. 27.

función (corporal) de descarga: función del cuerpo que realiza la expulsión o remoción de desechos (orina, heces, aire usado de los pulmones, etc.). Pág. 377.

Fundación: alusión a la Fundación de Investigación de Dianética Hubbard, situada en Elizabeth, Nueva Jersey, EE.UU. (y establecida después de manera separada en Los Ángeles, California, EE.UU.), que se constituyó en 1950 para impulsar la investigación de Dianética y, principalmente, para ofrecer entrenamiento. (Véanse las *ubicaciones* actuales en la sección de Direcciones). Pág. iv.

Futuro: en la línea temporal, esa zona posterior al tiempo presente. La percepción del futuro se postula como una posibilidad. La creación de realidades futuras a través de la imaginación es una función reconocida. (De *Definiciones y Axiomas*). Pág. 35.

gala de cargos, hacer: mostrarlo o lucirlo. Pág. ii.

galaxia: inmenso sistema de miles de millones de estrellas y sus planetas, gases y polvo, todos unidos por la gravedad y aislados de sistemas similares por vastas regiones de espacio. Pág. 7.

Gandhi: Mohandas Karamchand Gandhi (1869–1948), líder hindú, que estableció la libertad de su país tras una revolución pacífica. La campaña de Gandhi de resistencia civil al yugo británico en la India dirigió a la independencia de la India en 1947. Posteriormente llamado Mahatma (sánscrito para "gran alma"). Gandhi efectivamente luchó por la discriminación con sus principios de verdad, no violencia y valentía. Pág. 545.

garantizar: tomar o posesionarse de algo; obtener; adquirir. Pág. 158.

garra y colmillo: caracterizado por una lucha fiera o salvaje, como en una jungla. Alude a la expresión luchar con *garra y colmillo,* usando los *dientes y las uñas* como armas. Pág. 11.

garras de, en las: bajo el control o poder de algo o de alguien. Pág. 4.

gaseoso: semejante al gas, ni sólido ni líquido; que existe en estado de gas. Pág. 499.

generoso: amable o bondadoso. Pág. 233.

genético: relativo al origen, desarrollo y *herencia,* la transmisión de características físicas o mentales de una generación a otra, o que tiene que ver con estas cosas. Pág. 8.

germen: aquello de lo que surge cualquier cosa o puede surgir; fuente o etapa inicial de algo. Pág. 313.

gestación: proceso, estado o periodo dentro del vientre, desde la concepción hasta el alumbramiento. Pág. 535.

glándulas sudoríparas: alusión a las glándulas de transpiración de un cuerpo humano, las estructuras diminutas dentro de la piel que producen el sudor. Pág. 377.

golpes (a base de): adversidades, sufrimientos o desgracias. Pág. 7.

grabar: dejar una impresión en o sobre algo profundamente, por ejemplo un recuerdo en la mente. Literalmente, esculpir o inscribir un diseño o letrero en una superficie dura para decoración o impresión. Pág. 12.

gradación: serie de grados, pasos o etapas graduales y progresivos. Pág. 76.

graduado: dividido o dispuesto en pasos, grados o intervalos regulares o proporcionales. Pág. 13.

grandeza: excelencia, elevación o nobleza de espíritu. Pág. 140.

gratificación: la acción de dar o ser la fuente del placer o satisfacción. Pág. 327.

gravitacional: que tiene que ver con la *gravedad,* el peso que se experimenta debido a la fuerza de atracción por la cual todos los cuerpos tienden a moverse hacia el centro de la Tierra; el grado o intensidad con que un cuerpo en cualquier posición dada es afectado por esta fuerza. Pág. 2.

gritón: persona que normalmente recorre (recibe procesamiento) de forma bastante ruidosa. Pág. 86.

guarda: en un libro encuadernado, cada una de las dos hojas que se ponen al principio y al final unidas a las cubiertas. Pág. 596.

Guk: término informal de un combinado equilibrado de suplementos vitamínicos (como los que recomiendan habitualmente los médicos y los especialistas en dietética), que contiene también ácido glutámico, un aminoácido (sustancia esencial para las células vivas que el cuerpo usa para construir las proteínas). El término "guk" proviene del nombre de un material que los marines usaban para limpiar sus armas. Pág. 504.

Hábito: MECANISMO DE ESTÍMULO-RESPUESTA SIMILAR A LA PAUTA DE ENTRENAMIENTO, PERO ESTABLECIDO POR LA MENTE REACTIVA A PARTIR DEL CONTENIDO DE LOS ENGRAMAS. LA MENTE ANALÍTICA NO PUEDE MODIFICARLO A VOLUNTAD. (De *Definiciones y Axiomas*). Pág. 279.

hacer gala de cargos: mostrarlo o lucirlo. Pág. ii.

hacerse cómplice: asistir, fomentar y ayudar a hacer algo que está mal. Se usa aquí con el significado de ayudar a alguien a hacer algo que es ilegal. Pág. 114.

Hamlet: personaje central de la obra trágica del mismo nombre, escrita por William Shakespeare y que se estrenó en 1603. En la duda entre vivir o morir, Hamlet pronuncia los famosos versos: "Ser o no ser. Esa es la cuestión…". Pág. 485.

harapiento: lleno de harapos, trozo de un traje o prenda que cuelga roto. Pág. 160.

hedonismo: doctrina, originada en la antigua Grecia, que establecía que el placer es el único o principal bien en la vida y que su búsqueda es la meta ideal de la conducta. A partir de esta doctrina se formaron dos escuelas filosóficas. Pág. 327.

herida supurante: infección dolorosa de la piel, abierta (llaga) que libera pus (fluido amarillento que consta de la parte líquida de la sangre más células muertas, bacterias, etc.). Pág. 194.

hidrato de cloral: compuesto químico blanco y cristalino, usado como sedante y droga hipnótica. Pág. 463.

hidroeléctrico: relativo a la generación de electricidad usando agua que cae desde una altura (típicamente desde un embalse formado por una presa u otra barrera) para hacer mover una maquinaria que a su vez genera electricidad, o que denota dicha generación. Pág. 43.

higiénico: que favorecen a la buena salud y limpieza. Pág. 150.

hipocondríaco: persona que sufre de hipocondría, exagerada ansiedad por su salud, a menudo con enfermedades imaginarias. Pág. 39.

hipócrita: persona que finge ser lo que no es o que finge ser mejor de lo que es; alguien que muestra la falsa apariencia de tener unos principios, creencias, sentimientos, etc., admirables, cuando de hecho no es así. Pág. 102.

hitleriano: relativo a las doctrinas, principios y prácticas del dictador nazi Adolf Hitler (1889–1945) o de su régimen en Alemania, que empleó la violencia y la fuerza para llegar al poder y permanecer en él, o parecido a estas doctrinas, principios y prácticas. Pág. 35.

hombre de armas: aquel que usa la fuerza o el poder de las armas para lograr sus fines; militar. Pág. 140.

hombre de paja: persona de poca importancia; persona insignificante. Proviene del *espantapájaros,* muñeco de paja vestido para parecerse a un hombre y para espantar a los cuervos de los terrenos sembrados. Pág. 204.

Hombre: raza o género humano, la especie humana, la Humanidad. Pág. i.

hombre: ser humano, sin importar su sexo o edad; persona. Pág. 9.

hombres de buena voluntad: gente (independientemente de su sexo o edad) que es bienintencionada y que tiene el deseo de hacer bien a los demás. Pág. 2.

hormonas: sustancias químicas segregadas por las glándulas o tejidos en el cuerpo que regulan el crecimiento y desarrollo, controlan la función de varios tejidos, sustentan las funciones reproductivas y regulan el metabolismo (proceso usado para descomponer los alimentos para crear energía). Pág. 39.

horrendo: horrible de ver, oír, etc.; muy repugnante o espantoso. Pág. 137.

hosco: que muestra resentimiento en silencio. Pág. 59.

hospital para enfermos mentales: *véase* **manicomio**.

hospital psiquiátrico: *véase* **manicomio**.

hostil, acto: acto al descubierto o hacia el exterior que implica una intención dañina. Pág. 23.

hostil: contrario o antagónico; que se caracteriza por su rencor o enemistad; de naturaleza o carácter opuestos. Pág. 343.

humanidades: ramas del aprendizaje que atañen al pensamiento y las relaciones humanas (a diferencia de las ciencias); especialmente la literatura, la filosofía, la historia, etc. Pág. iii.

humanitario: que muestra interés o que busca mejorar el bienestar y la felicidad de la gente. Pág. iv.

HUMEDAD: PERCÉPTICO RECORDADO QUE SE ASOCIA NORMALMENTE CON EL PERIODO PRENATAL. (De *Definiciones y Axiomas*). Pág. 68.

hurgar: ir o moverse (hacia abajo) al interior de algo, como un estado o condición; fisgar. Pág. 324.

Ibsen: Henrik Ibsen (1828-1906), dramaturgo y poeta noruego. Se le considera el fundador del drama moderno, desarrolló nuevos estilos y descartó los métodos más tradicionales de composición. Sus obras de teatro abordaban importantes temas sociales, empleando diálogos realistas. Su diálogo produjo un nuevo estilo de interpretación, y sus métodos y temas han influenciado el teatro mundial. Pág. 113.

identidades, pensamiento en: acción del pensamiento, que hace que una cosa sea igual a otra cuando, en realidad, no son iguales. Tal pensamiento puede representarse con la ecuación $A=A=A=A=A$, como se explica en *Dianética: La Ciencia Moderna de la Salud Mental*. Pág. 245.

identificar: reconocer de manera precisa algo. Pág. 136.

idiota: clasificación psicológica para una persona que tiene una edad mental por debajo de los tres años, un coeficiente de inteligencia por debajo de

25 y que generalmente no es capaz de aprender a hablar de manera conexa ni de defenderse de peligros cotidianos. Pág. 22.

idoneidad: reunión de las condiciones necesarias para determinada función. Pág. 373.

ilustrar: explicar o aclarar una condición o característica. Pág. 344.

ilustrativo: que sirve para ilustrar; que explica. Pág. 304.

imbécil: término de psicología para una persona adulta con una edad mental de entre siete y doce años, un coeficiente de inteligencia entre 50 y 69, y que en general tiene destrezas de comunicación y sociales que le permiten cierto grado de educación académica. Pág. 21.

impío: que no tiene religión o no guarda el debido respeto a la religión. Pág. 250.

implantar: fijar, establecer o grabar de manera segura (ideas, principios, etc.), como en la mente o en la consciencia. Pág. 187.

imponer: obligar o forzar (a alguien), de manera fraudulenta o injustificada. Pág. 56.

impositivo: que se impone. Pág. 291.

impreciso: poco claro, como si careciera de información o comprensión completa sobre algo. Pág. 399.

impulso: movimiento (enérgico o de otro tipo) en una dirección generalmente especificada; fuerza impulsora, vital, enérgica, que se considera que tiene movimiento hacia delante. Pág. 80.

incidental: que ocurre como consecuencia natural o subordinada a algo. Pág. 229.

inconexo: (especialmente referido a palabras o ideas) mal conectado u ordenado incorrectamente; al azar. Pág. 264.

inconstante: infiel en sus relaciones. Pág. 135.

incursión: hacer intromisiones o meterse en algún asunto; ataque o invasión. Pág. 388.

independientemente de: sin relación o dependencia respecto de otras personas o cosas. Pág. 327.

indicar: explicar en detalle; exponer con precisión. Pág. 257.

índice: 1. Algo que se usa o que sirve para señalar: indicador, señal o medida de algo. Pág. 39.

2. Alcance de algo que ocurre, o su frecuencia. Pág. 199.

indiferencia: carencia de interés, especialmente cuando hace falta que haya interés; despreocupación; descuido. Pág. 117.

indigencia: pobreza extrema, en la cual se carece de las necesidades básicas de la vida. Pág. 145.

indigente: alguien extremadamente pobre. Pág. 260.

indiscriminado: que no discrimina a la hora de escoger. Por lo tanto, que abarca un área amplia, sin contemplar detalles o circunstancias; que tiene la tendencia a ser global y no-selectivo. Pág. 11.

indolente: perezoso, dejado o que evita cualquier esfuerzo. Pág. 230.

inducir: 1. Ocasionar, producir o causar. Pág. 99.

2. Tentar o engañar a alguien para que haga algo. Pág. 99.

3. Extraer una regla o conclusión general a partir de hechos particulares. *Guardas posteriores.*

inepto: falto de competencia o destreza para una tarea particular. Pág. 32.

inexorable: imposible de parar o impedir; inalterable; inflexible. Pág. 241.

infalible: que se puede confiar en él en todo momento; que no fallará en producir un efecto cada vez. Pág. 464.

infame: tan malo como para merecer ser deshonrado en público. Pág. iii.

inferiores, órdenes: referencia a los tipos o formas (órdenes) de formas de vida que son más simples en su estructura, que se convierten en alimento para formas de vida más complejas. Las formas de vida más simples son "inferiores" porque se piensa de ellas como que están antes que las formas de vida recientes, más avanzadas, complejas e inteligentes en la cadena de evolución, las cuales se consideran como "superiores". Pág. 6.

inflexiblemente: de una manera que es persistente y no dispuesta a cambiar de comportamiento o composición; de una manera que no contempla ajustar diferencias. Pág. 112.

influencia tranquilizadora: lo que sirve de consuelo o alivio. Pág. 285.

informado: lleno de algo que se ha esparcido por todas partes y que se vuelve así la característica dominante. Pág. 392.

informar: decir acerca de algo; dar conocimiento acerca de algo. Pág. ii.

infracción: acto de violar o dejar de observar una ley, acuerdo o código de conducta. Pág. 84.

ingeniería: rama de la ciencia y de la tecnología que tiene que ver con el diseño, la construcción y el uso de máquinas, motores y estructuras. Pág. 92.

ingenio: habilidad, gracia o maña para realizar algo. Pág. 260.

ingenioso: que tiene o que manifiesta ingenio (facultad mental para discurrir, crear o inventar con rapidez; habilidad, gracia o maña para realizar algo). Pág. 137.

inicio: comienzo de alguna situación, condición, etc. Pág. 157.

inminente: que puede ocurrir en cualquier momento. Pág. 198.

inmoralidad: calidad o estado de ser contrario a los principios morales, también, los actos o prácticas contrarios a dichos principios. Pág. 102.

INMORTALIDAD: SUPERVIVENCIA INFINITA, LA META ABSOLUTA DE LA SUPERVIVENCIA. EL INDIVIDUO TRATA DE LOGRARLA EN LA PRIMERA DINÁMICA COMO ORGANISMO Y COMO ENTIDAD THETA, Y EN LA PERPETUACIÓN DE SU NOMBRE POR SU GRUPO. EN LA SEGUNDA DINÁMICA, TRATA DE LOGRARLA A TRAVÉS DE SUS HIJOS Y ASÍ SUCESIVAMENTE POR LAS OCHO DINÁMICAS. LA VIDA SOBREVIVE POR LA PERSISTENCIA DE THETA. UNA ESPECIE SOBREVIVE POR LA PERSISTENCIA DE LA VIDA QUE HAY EN ELLA. UNA CULTURA SOBREVIVE POR LA PERSISTENCIA DE LAS ESPECIES QUE LA USAN. HAY PRUEBAS DE QUE LA THETA DE UN INDIVIDUO PUEDE SOBREVIVIR COMO ENTIDAD PERSONAL DE UNA VIDA A OTRA, DURANTE MUCHAS VIDAS EN LA TIERRA. (De *Definiciones y Axiomas*). Pág. 239.

inmovilizado: impedido de moverse o ir a otra parte. Pág. 418.

inmundo: muy sucio, asqueroso o repugnante; muy impuro. Pág. 160.

innumerable: demasiados para ser contados; una cantidad mayor de la que se puede calcular. Pág. 357.

inorgánico: que no proviene de cosas vivas. Sustancias *inorgánicas* son sustancias como la piedra o el metal. Pág. 491.

insaciable: incapaz de saciarse (hartarse y satisfacerse), por lo tanto capaz de absorber o tomar una cantidad infinita o abundante de algo. Pág. 159.

insidioso: que opera o procede de una manera aparentemente inofensiva pero de hecho con un resultado grave. Pág. 182.

inspiración: acción de causar, guiar o motivar el pensamiento y la actividad (creativas). Pág. 137.

instalar: poner o colocar en un lugar o posición. Pág. 34.

instigar: forzar (a una persona o grupo) para hacer algo al urgirlos de una manera persistente y molesta. Pág. 313.

instruir: dar a alguien instrucción (enseñanza), especialmente en los principios fundamentales o bases de algo; enseñar. Pág. 20.

insulina, choque de: variedad de tratamiento de choque psiquiátrico introducido en los años 30. El supuesto tratamiento consiste en una serie de inyecciones de una cantidad excesiva de insulina (una hormona) en el cuerpo, que reduce el contenido de azúcar en la sangre, lo que produce convulsiones y coma. Pág. 188.

insulso: falto de vida, gracia o aburrido. Pág. 203.

intelecto: facultad de pensar, razonar y comprender. Pág. 21.

INTELIGENCIA: CAPACIDAD PARA PERCIBIR, PLANTEAR Y RESOLVER PROBLEMAS. LA INTELIGENCIA Y EL IMPULSO POR SOBREVIVIR (LA DINÁMICA) SON NECESARIOS AMBOS PARA LA CONTINUACIÓN DE LA EXISTENCIA. LA MAGNITUD DE CADA UNO VARÍA DE INDIVIDUO A INDIVIDUO Y DE GRUPO A GRUPO. LAS DINÁMICAS SON INHIBIDAS POR ENGRAMAS QUE BLOQUEAN SU FLUJO DE THETA, O FUERZA VITAL, Y QUE LA DISPERSAN. LA INTELIGENCIA TAMBIÉN ES INHIBIDA POR LOS ENGRAMAS, QUE INTRODUCEN DATOS FALSOS O INDEBIDAMENTE CLASIFICADOS EN LA MENTE ANALÍTICA. (De *Definiciones y Axiomas*). Pág. 6.

intencionada, de forma no: inadvertidamente, inconscientemente. Pág. 38.

interacción: acción, efecto o influencia de uno con otro o de unos con otros; acción recíproca. Pág. 476.

intereses: asuntos que ocupan la atención o el cuidado de una persona, o que afectan el bienestar o felicidad de una persona. Pág. 192.

interiorizarse: adentrarse en un estado de *interiorización*, condición en que el preclear, al recorrer un incidente, está dentro de sí y obtiene una visión del escenario como lo vio en su momento, a diferencia de *exteriorizado*, donde se ve a sí mismo como parte del escenario del incidente que está recorriendo. El fenómeno de la interiorización se describe en el Libro Uno, Capítulo Once, Visión. Pág. 88.

intermedio: que está situado o que actúa entre dos puntos, etapas o cosas. Pág. 43.

interminable: que no tiene fin; que se extiende por mucho tiempo. Pág. 7.

interponer: insertar o introducir algo en alguna otra cosa. Pág. 459.

interpretar: concebir o comprender de una manera específica. Pág. 178.

intimidad: lugar de protección, fuente familiar de protección, seguridad o afecto. Pág. 296.

íntimo: conectado o relacionado muy estrechamente. Pág. 93.

intrascendente: de poca o ninguna importancia; insignificante. Pág. 244.

intrínseco: propio y característico de algo por sí mismo y no por causas exteriores. Pág. 114.

INTRODUCCIÓN DE UN FACTOR ARBITRARIO: PUEDE CONSIDERARSE QUE UN FACTOR ARBITRARIO ES UN FACTOR INTRODUCIDO EN LA SOLUCIÓN DE UN PROBLEMA CUANDO ESE FACTOR NO SE DERIVA DE UNA LEY NATURAL CONOCIDA, SINO ÚNICAMENTE DE UNA OPINIÓN U ORDEN AUTORITARIA. UN PROBLEMA RESUELTO POR DATOS DERIVADOS DE LEYES NATURALES CONOCIDAS SE RESUELVE BIEN Y FÁCILMENTE Y TIENE UNA SOLUCIÓN ÚTIL. CUANDO UN PROBLEMA SE RESUELVE INTRODUCIENDO FACTORES ARBITRARIOS (FACTORES BASADOS EN OPINIÓN U ÓRDENES, PERO NO EN LEYES NATURALES), ENTONCES ESA SOLUCIÓN, CUANDO SE USA, NORMALMENTE REQUERIRÁ DE FACTORES ARBITRARIOS ADICIONALES PARA HACER QUE PUEDA PONERSE EN PRÁCTICA LA SOLUCIÓN. CUANTO MÁS INTENTE UNO APLICAR A CUALQUIER SITUACIÓN LA SOLUCIÓN MALEADA POR FACTORES ARBITRARIOS, MÁS SERÁN LOS FACTORES ARBITRARIOS QUE SE TENDRÁN QUE INTRODUCIR. ASÍ PUES, EN EL GOBIERNO, LAS LEYES PASADAS QUE CONTIENEN FACTORES ARBITRARIOS CREAN NUEVOS PROBLEMAS QUE NO SE PUEDEN RESOLVER SIN MÁS FACTORES ARBITRARIOS NUEVOS; Y ASÍ, SE CREA RÁPIDAMENTE UNA ESTRUCTURA DE GOBIERNO INVIABLE Y DEMASIADO PESADA EN SU PARTE SUPERIOR, QUE SERÍA VIABLE SÓLO SI SE REDISEÑARA TOTALMENTE A LA LUZ DE LEYES NATURALES CONOCIDAS SOBRE EL GOBIERNO. (De *Definiciones y Axiomas*).

introversión: acción de dirigir el propio interés hacia dentro de sí o hacia cosas dentro de uno mismo. Pág. 115.

introvertido: que tiene su interés y atención dirigidos hacia dentro o hacia cosas dentro de sí mismo. Pág. 102.

intuición: capacidad de saber o comprender algo inmediatamente, sin necesidad de razonar conscientemente. Pág. 69.

inútil: que no resulta *útil* o que no sirve para aquello a lo que está destinado. Pág. 112.

invadir: tomar el poder y control de un país mediante un avance rápido y extenso. Pág. 142.

invalidar: hacer que algo se considere falso o sin importancia; quitar importancia (a algo o alguien). Pág. 101.

inverso: opuesto o al contrario. Pág. 319.

invertido: cambiado totalmente partiendo de lo usual, convertido en lo opuesto de lo que se quería o esperaba. Pág. vii.

inviolable: que no se puede infringir o quebrantar. Pág. 195.

irascible: marcado o caracterizado por enfado, irritación, etc. Pág. 230.

jalón: movimiento brusco, violento o hecho de golpe al tirar. Pág. 265.

Jefferson, Thomas: (1743-1826), autor de la Declaración de Independencia, principal líder fundamental en la Guerra de Independencia de los Estados Unidos y tercer presidente de Estados Unidos (1801-1809). Era un filósofo, educador, naturalista, político, científico, arquitecto, inventor, pionero en el enfoque científico de la agricultura, músico y escritor; y fue el más destacado portavoz de la democracia de su época.

jeffersoniana, democracia: referencia al tipo de gobierno ideado por Thomas Jefferson (1743-1826). La visión que tenía Jefferson de la democracia era que obtiene su autoridad de la gente y que tiene que preservar la libertad del individuo. Jefferson juró ser hostil, dijo, con "toda forma de tiranía sobre la mente del hombre". Tenía mucha fe en el gobierno popular y fue este optimismo lo que es la esencia de la democracia jeffersoniana. Pág. 141.

jovial: bienhumorado; lleno de diversión; alegre. Pág. 439.

júbilo: sentimiento de gran alegría o felicidad. Pág. 265.

juego de palabras: uso de palabras que tienen más de un significado o que tienen significados diferentes pero suenan igual, a veces resultando en un efecto humorístico. Pág. 178.

junta de libertad condicional: grupo de personas que tienen la autoridad de conceder a un prisionero una liberación temprana de prisión bajo palabra. *Libertad* condicional significa una liberación bien sea temporal para un propósito especial o permanente antes de cumplir la sentencia de cárcel, bajo la promesa de buen comportamiento. Pág. 251.

junta directiva: junta (conjunto de personas) designada o elegida que supervisa los asuntos de una organización pública o privada. Pág. 71.

jurado: grupo de personas, habitualmente doce, elegidas para dar veredicto en un caso legal que se presenta ante un tribunal. Pág. 152.

juzgar: emitir un juicio (opinión o valoración que se forma o se emite sobre algo) o decisión acerca de algo. Pág. 73.

key-in: literalmente, en inglés *key* es un interruptor para abrir, cerrar o conectar contactos electrónicos. Tener o hacer *key-in* se usa aquí para describir la acción que ocurre cuando un engrama latente se ha activado y ahora se conecta y entra en un circuito. Pág. 37.

kilográmetro: unidad de trabajo mecánico o esfuerzo requerido para levantar un kilogramo de peso a un metro de altura. Pág. 486.

kilovatios, aura de diez: alusión descriptiva a un campo de energía muy poderoso que rodea a un cuerpo. Un *vatio* es una medida de la potencia eléctrica necesaria para efectuar trabajo. Por ejemplo, una bombilla eléctrica muy brillante tiene adjudicada una potencia de 100 vatios, lo que significa que necesita 100 vatios de energía eléctrica por hora para generar luz. *Kilovatio* significa 1,000 vatios. *Diez kilovatios* equivalen a 10,000 vatios. *Aura* es una cualidad, atmósfera, fuerza o campo sutil que se percibe como que rodea a una persona o emana de ella. Pág. 19.

lanzar hacia la muerte: morir; prepararse para la muerte, comenzar en esa dirección o ir hacia ella. Pág. 314.

Las Vegas: ciudad del sur del estado de Nevada, EE.UU., famosa por sus casinos, hoteles y su entretenimiento las 24 horas del día. Pág. 313.

lastimoso: que merece *lástima* (sentimiento de tristeza o pena provocado por el sufrimiento, desgracia o angustia de otro) o que la suscita. Pág. 311.

latente: temporalmente sin actividad, energía, poder o efecto. Pág. 246.

laxitud: en referencia a los intestinos, estado o condición en la que no se les controla con facilidad o en la que se vacían fácilmente. Pág. 27.

Lázaro: según la Biblia, Lázaro era un hombre procedente de Betania (pueblo a 3.2 kilómetros al este de Jerusalén, Israel), resucitado por Jesucristo después de llevar muerto y sepultado cuatro días. Pág. 49.

lectura, escritura y aritmética: materias consideradas como los fundamentos de la educación. Pág. 297.

legar: asignar formalmente (una propiedad que se posee) a quien sea; dejar, pasar algo a alguien. Pág. 2.

lego: persona sin conocimiento profesional ni especializado. Pág. vi.

leña apilada: leña talada y que se apila para su uso como combustible. Pág. 196.

Lenin: Vladimir Ilyich Lenin (1870-1924), líder ruso de la revolución comunista de 1917 quien, por medio de la fuerza y del terror, se convirtió después en dictador de la URSS (Unión de Repúblicas Socialistas Soviéticas, antigua alianza de estados controlados por Rusia) desde 1917 hasta 1924. Pág. 143.

leproso: 1. Persona que tiene *lepra;* infección de la piel y de los nervios caracterizada por costras blancas escamosas, deformidades y la pérdida de sensación al final. Pág. 184.
2. Persona que ha sido rechazada o sacada de la estructura social normal; paria. Pág. 480.

letargo: estado o condición de estar somnoliento y apagado; falto de energía, apático o inactivo. Pág. 35.

leucotomía transorbital: cirugía psiquiátrica en la que se mete a la fuerza un picahielos a través de la parte trasera de las cuencas oculares, perforando el delgado hueso que separa las cuencas de los lóbulos frontales. La punta del picahielos se inserta entonces en los lóbulos frontales, y se seccionan las fibras nerviosas que conectan estos con el resto del cerebro, con lo que el paciente se convierte en un vegetal emocionalmente. Pág. 188.

leyes electro-magneto-gravitacionales: alusión a las leyes principales que manifiesta el universo físico respecto a la interrelación entre la electricidad, el magnetismo y la gravedad. Pág. 2.

liberación de emoción: en la psicoterapia, acción de descargar emociones, sentimientos, etc., que han sido suprimidos o reprimidos (llorando, hablando, expresando enojo, etc.), suponiendo que la persona es incapaz de descargarlos bajo condiciones normales del entorno. Pág. 387.

Liberado de Dianética: persona que ha alcanzado un punto en el que ya no tiene enfermedades psicosomáticas, donde su estabilidad es buena y puede disfrutar de la vida. Pág. 12.

liberal: conforme al *liberalismo,* filosofía política que, en su teoría, resalta la importancia del individualismo, rechaza el gobierno autoritario, y defiende la libertad de expresión, la de religión y el derecho a la propiedad, y es partidario de la existencia de garantías gubernamentales para los derechos individuales y las libertades civiles, con tolerancia hacia las ideas y el comportamiento de los demás. Pág. 141.

libertad, en: sin restricciones ni encierro. También, con libertad para actuar, moverse, pensar, etc. Pág. 35.

libertinaje: abuso de la propia libertad sin tener en cuenta la de los demás. Pág. 151.

libro mayor, parte del: referencia a una de las dos partes en que se dividen los *libros mayores* de contabilidad, donde se registra un resumen de las sumas de dinero, el activo (importe total del haber o de lo que se tiene en caja), las entradas y los gastos. La columna del "haber" muestra las ganancias o las entradas y en la columna con el título de "debe" se comprenden todas las cantidades que se cargan al individuo o a la entidad registrada en el libro, mostrando las pérdidas o los débitos. Se usa en sentido figurado. Pág. 239.

limpiar (el caso): limpiar o despejar; quitar de la vía o del camino. Pág. 175.

Línea Directa: lo mismo que *Memoria Directa*. Pág. 256.

Línea Temporal: una representación del hecho de que una persona existe durante un periodo de tiempo mest. La línea temporal de la vida actual comienza en el primer momento de grabación y finaliza en el tiempo presente o en la muerte. E incluye todos los momentos consecutivos de "ahora" y los percépticos de esos momentos. El cuerpo theta evidentemente tiene una línea temporal mest propia. (De *Definiciones y Axiomas*). Pág. 39.

liquen: organismo de color gris, verde o amarillo que habitualmente forma una especie de costra o crecimiento ramificado en rocas, paredes y árboles. Pág. 6.

liquidar: deshacerse de las personas no deseadas o asesinarlas. Pág. 190.

literario: referido a libros y obras escritas que tienen un alto valor *artístico* y son reconocidos por la belleza de su estilo o forma. Pág. viii.

llegar hasta el final: hacer algo sin limitación, por completo, hasta terminarlo. Pág. v.

lobotomía prefrontal: operación psiquiátrica ejecutada taladrando agujeros en el cráneo, penetrando en el cerebro y cortando los accesos nerviosos de los dos lóbulos frontales, lo que da como resultado que el paciente se transforme en un vegetal emocional. Los *lóbulos prefrontales* son los lóbulos delanteros del cerebro. Un *lóbulo* es una protuberancia o subdivisión redondeada de un órgano del cuerpo. Pág. 2.

locuaz: que habla mucho, sobre todo de un modo desconsideradamente superficial y poco profundo. Pág. 332.

-logía: estudio del conocimiento, normalmente referido a alguna rama del conocimiento; por ejemplo, psicología (estudio del comportamiento), biología (estudio de los organismos vivos), geología (estudio de la historia física de la Tierra) o etnología (estudio de las razas de la humanidad). Pág. iii.

logrado: bien hecho; completo. Pág. 159.

Londres, bombardeo de: alusión al bombardeo intenso y prolongado de Londres por Alemania durante la Segunda Guerra Mundial (1939-1945), que endureció la resistencia de los británicos, quienes resistieron heroicamente, impidiendo la victoria alemana. Pág. 164.

longitud de onda: una longitud de onda es una característica del movimiento. Muchos movimientos son demasiado aleatorios, demasiado caóticos para tener longitudes de onda ordenadas. Una longitud de onda ordenada es un flujo de movimiento. Tiene una distancia regular que se repite entre sus crestas. Toma una cuerda o la manguera del jardín y dale una sacudida. Verás una onda que viaja por ella. La energía, ya sea eléctrica, de luz o de sonido, sigue una pauta así. Pág. 7.

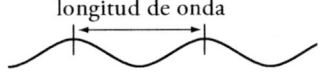

luto, vestir de: ponerse ropa, generalmente de color negro, que se lleva como señal de duelo o tristeza por el fallecimiento de alguien. Pág. 379.

luz de, a la: con la ayuda suministrada por el conocimiento (de algún factor); teniendo en cuenta; considerando. Pág. 143.

lysenkos: personas similares a Trofim Denisovich Lysenko (1898-1976), científico agrónomo y biólogo ruso de la antigua Unión Soviética. Creía que el entorno controlaba la vida e intentó aplicar las teorías de la evolución de Darwin a la agricultura. Era uno de los favoritos de Stalin, y sus teorías que negaban al hombre se enseñaban en todas las escuelas rusas. Pág. 484.

machacón: que repite las cosas con insistencia y pesadez. Pág. 175.

Madrid, bombardeo de: alusión a la Guerra Civil española (1936-1939), durante la cual la ciudad de Madrid se vio sometida a fuertes bombardeos por parte de las fuerzas del general Francisco Franco (1892-1975). A pesar del bombardeo, la ciudad resistió, rindiéndose sólo en marzo de 1939 de forma final. Pág. 164.

Magnitud Comparable: un dato sólo se puede evaluar por comparación con otro dato de magnitud comparable. Esto significa que la unidad básica tiene que ser, por lo tanto, dos. (De *Definiciones y Axiomas*). Pág. 249.

maleado: alterado con respecto a la forma o versión original o correcta (ya sea por error, omisión o adición). Pág. 542.

manchar: volver malo o vergonzoso; corromper. Pág. 187.

mandato: instrucción, orden o aviso autoritario. Pág. 189.

mangoneo: entrometimiento o intervención en asuntos ajenos con intención de imponer la voluntad propia. Pág. 231.

maníaco: caracterizado por la *manía*, una excitabilidad anormal, sentimientos exagerados de bienestar, etc. Pág. 31.

maníaco-depresivo: persona que alterna entre los extremos del entusiasmo y la depresión. Pág. 32.

manicomio: institución para el tratamiento y recuperación de los enfermos mentales o de los que padecen enfermedades crónicas. Pág. 52.

manifestación: una de las formas en que alguien o algo se revela. Pág. 6.

manifestar: mostrar, dejar ver o hacer patente. Pág. 33.

manifiesto: declaración pública de opiniones, intenciones, objetivos, etc., como las que hace una persona, gobierno, organización o semejantes. Pág. 482.

mano dura: caracterizado por el uso de la fuerza o de la violencia física, o por la intimidación mediante la amenaza de violencia, para lograr un objetivo. Pág. 141.

mano, a: al alcance y disponible para su uso, cerca. También cerca en el tiempo, acercándose estrechamente. Pág. 250.

mantenerse unidos: adherirse o permanecer juntos. Pág. 41.

máquina, a toda: a gran velocidad o con el máximo de esfuerzo. Proviene del uso naval, la máxima velocidad de la cual un barco es capaz. Pág. viii.

maraña: situación confusa o problemática; algo que atrapa o detiene. Una *maraña* es literalmente un hilo o conjunto de hilos enredados y entremezclados de forma que es muy difícil desenredarlos. Pág. 467.

marcado: que se percibe o se nota claramente. Pág. 40.

mares de amoniaco, origen en: alusión a una teoría de la evolución, según la cual la vida surgió de una serie de reacciones químicas espontáneas en las que estaban implicadas diversas sustancias, entre ellas, el amoniaco. La teoría especula que estos compuestos cayeron de la atmósfera al mar creando una especie de caldo prebiológico, interactuaron y crecieron cada vez más. De alguna forma, se formaron células que a la larga llegaron a convertirse en los seres vivos que habitan la Tierra hoy en día, incluyendo al Hombre. Pág. 484.

margen: cantidad en reserva que excede lo que normalmente se necesita o requiere para cierto propósito, y que está disponible para situaciones especiales (inesperadas), como para tener en cuenta errores, demoras por razones de seguridad o cosas similares. Pág. 58.

mastodonte: mamífero enorme parecido al elefante, que se extinguió hace unos 25,000 años. Pág. 528.

material, cegado por lo: *material* alude a la doctrina filosófica de que la materia (lo material) es la única realidad y que todo lo demás en el mundo, incluyendo el pensamiento, la voluntad y el sentimiento, únicamente puede explicarse a base de la materia. Por lo tanto, *cegado por lo material* significa cegado a todo excepto a lo material. Pág. 484.

materialista: relativo a la doctrina filosófica de que la materia es la única realidad y que todo en el mundo, incluyendo el pensamiento, la voluntad y el sentimiento, únicamente puede explicarse en términos de materia. Pág. 2.

maternidad, sala de: sala, piso u otra sección de un hospital dedicada al cuidado de las mujeres en el parto y de sus bebés recién nacidos. Pág. 389.

matiz: 1. Pequeña diferencia; leve variación, graduación o diferencia. Pág. 165.
2. Tono o aspecto de algo que le da un carácter determinado. En el texto se usa en términos de sonido, refiriéndose a un tono más alto producido al mismo tiempo que los tonos más bajos y que ayuda así a determinar la cualidad general de un sonido. Pág. 165.

máxima: declaración de una regla o verdad generales. Pág. 146.

medios: elementos mediante o con los cuales se logra o lleva a cabo algo. Pág. 476.

mejoramiento: acto o condición de mejorar la calidad, el valor o el estado de alguien o algo. Pág. 181.

Memoria Directa: llamada también *Línea Directa*. Se llama así porque el auditor está dirigiendo la memoria del preclear y, al hacerlo, está tendiendo un hilo, de forma muy similar a una línea telefónica, entre el "yo" y el banco de memoria estándar, abriéndose camino a través de todas las oclusiones y circuitos. La Memoria Directa se describe completamente en el Libro Dos, Capítulo Siete, Memoria Directa. Pág. v.

menos (que): a excepción de, fuera de, como en: *"…que no puede menos que buscar y poner al descubierto"*. Pág. ii.

Mente Analítica: AQUELLA PARTE DE LA MENTE QUE PERCIBE Y RETIENE DATOS DE LA EXPERIENCIA PARA COMPONER Y RESOLVER PROBLEMAS, Y DIRIGIR AL ORGANISMO POR LAS OCHO DINÁMICAS. PIENSA EN DIFERENCIAS Y SEMEJANZAS. (De *Definiciones y Axiomas*). Pág. 10.

mente estética: aquella mente que, por interacción de las dinámicas, se ocupa del nebuloso campo del arte y la creación. Pág. 13.

Mente Reactiva: AQUELLA PARTE DE LA MENTE QUE ARCHIVA Y RETIENE EL DOLOR FÍSICO Y LA EMOCIÓN DESAGRADABLE Y QUE PROCURA DIRIGIR AL ORGANISMO SOLAMENTE A BASE DE ESTÍMULO-RESPUESTA. SÓLO PIENSA EN IDENTIDADES. (De *Definiciones y Axiomas*). Pág. 10.

Mente Somática: AQUELLA PARTE DE LA MENTE QUE, BAJO LA DIRECCIÓN DE LA MENTE REACTIVA O DE LA MENTE ANALÍTICA, PONE EN PRÁCTICA LAS SOLUCIONES EN EL ÁMBITO FÍSICO. (De *Definiciones y Axiomas*). Pág. 474.

mentor: asesor sabio y en el que se tiene confianza; alguien, por lo general de más edad y experiencia, que da consejos y apoyo, y que vigila y fomenta el progreso de una persona más joven, con menos experiencia. Pág. 291.

Mesopotamia: antigua región en el área que en la actualidad es el este de Siria, el sudeste de Turquía y la mayor parte de Irak. Establecida antes del 7,000 a. C., Mesopotamia fue el hogar de las ciudades más antiguas del mundo, cada una centrada en torno a un templo construido para la veneración del dios de esa ciudad. Pág. 484.

Mest (ϕ): MATERIA, ENERGÍA, ESPACIO Y TIEMPO (DEL INGLÉS *MATTER, ENERGY, SPACE,* Y *TIME*). EL UNIVERSO FÍSICO. (De *Definiciones y Axiomas*). Pág. 4.

metafísico: persona que se especializa en la *metafísica*, rama de la filosofía que se ocupa de la naturaleza fundamental de la existencia, o de la naturaleza de la realidad final, que está por encima de las leyes aparentes de la naturaleza, que va más allá de ellas, o que transciende de lo físico; o, una persona que está versada en la metafísica. Este término se usó por primera vez respecto a los escritos de Aristóteles (384–322 a. C.), y significa literalmente "después de la física", pues estos escritos siguieron a sus obras tituladas *La Física*. Pág. 48.

metodología científica: principios y procesos de descubrimiento y demostración que se consideran característicos de la investigación científica, o necesarios para ella, y que por lo general implican lo siguiente: se identifica una situación o problema, se recopilan repetidamente datos y hechos pertinentes y se formula y verifica una respuesta, verificándola con muchas observaciones y experimentos. Pág. iii.

mezclarse: relacionarse o combinarse con algo. Pág. 374.

mezcolanza: mezcla confusa; lío. Pág. 2.

Miami Beach: ciudad al sudeste del estado de Florida, EE.UU., que es un centro turístico mundialmente conocido visitado durante todo el año, con grandes hoteles y apartamentos frente al mar, clubes nocturnos de lujo y largas playas de arena. Pág. 113.

microbio: organismo microscópico; en especial cualquiera de las bacterias que causan enfermedad; germen. Pág. 528.

1776: referencia a un año crucial de la *Guerra de Independencia de Estados Unidos*, guerra entre Inglaterra y sus colonias americanas (1775-1783). En 1776, los colonos americanos escribieron y firmaron la *Declaración de Independencia,* que declaraba los principios fundamentales de los derechos humanos (incluyendo que todos los hombres "están dotados por el Creador de ciertos Derechos inalienables, que entre ellos están la Vida, la Libertad y la búsqueda de la Felicidad") y proclamaron que las colonias americanas eran libres e independientes de Inglaterra. Pág. 153.

minar: agotar la energía, la vitalidad o el vigor de alguien o algo. Pág. 35.

mínimo común denominador: factor más fundamental que tienen en común una cantidad de personas o de cosas. Pág. 2.

miope: que no ve hacia adelante; no anticipa o planea para el futuro; sin preocupación por lo que podría suceder en el futuro. Pág. 157.

misionero: persona que una iglesia envía a otro país para difundir su fe o hacer trabajo social o médico. Pág. 125.

mito: historia tradicional o legendaria, por lo general respecto a algún ser, héroe o suceso, en especial la que se ocupa de dioses y explica alguna práctica o fenómeno de la naturaleza. Pág. 484.

moda, pasado de: que no está dentro del estilo o moda actual en ropa, objetos, etc., como en: *"Sus recuerdos y su vestido están un poco pasados de moda"*. Pág. 274.

modalidad(es): variante o modo particular en que una misma cosa puede presentarse o manifestarse. Pág. 408.

modus operandi: término en latín que significa *modo de actuar,* forma de actuar o funcionar; procedimiento. Pág. 103.

mofarse: ignorar o tratar a las personas con burla o sin respeto. Pág. 142.

molécula: una de las unidades básicas de la materia, que consiste en uno o más átomos unidos por fuerzas químicas. Es la partícula más pequeña en que puede dividirse una sustancia y todavía conservar la identidad química de la sustancia original. Pág. 4.

moléculas de proteína perforadas, teoría de: alusión a una teoría sobre el almacenamiento de la memoria, en la que se pensaba que determinadas moléculas en el cuerpo estaban perforadas y que las memorias estaban almacenadas en cada agujero. Pág. 333.

momentos de placer: los momentos de placer están descritos plenamente en el Libro Dos, Capítulo Ocho, Momentos de Placer. Pág. 60.

monarquía: forma de gobierno en que el país es gobernado por una sola persona, normalmente un rey o una reina. Pág. 141.

monógamo: que esta casado sólo con una persona. Se aplica a quien tiene relaciones de pareja con una sola persona. Pág. 132.

monótono: falto de variedad o de cambio, soso, aburrido. Pág. 477.

montar: armar y poner en su lugar. Pág. 2.

morador: habitante u ocupante. Pág. 384.

morboso: que se caracteriza por sentimientos irracionales de pesimismo, miedo o sospecha; interés anormal en temas perturbadores y displicentes, especialmente de muerte y enfermedad. Pág. 190.

mordaz: que muestra, expresa o implica ironía y críticas agudas y malintencionadas. Pág. 102.

morfina: droga poderosa y adictiva que se usa en la medicina para aliviar un dolor muy severo. Debido a sus propiedades analgésicas, puede producir un sentimiento de indiferencia respecto a lo que está pasando en el entorno. Otros efectos secundarios que acompañan el uso de morfina son náuseas y vómito, así como estreñimiento. Se vende y se usa de forma ilegal y si se toma en sobredosis, puede causar la muerte. Pág. 463.

moribundo: que se acerca a su final; que se está muriendo. Pág. 113.

motor de oxígeno-carbono: motor que funciona a base de carbono y oxígeno. En el cuerpo, el oxígeno del aire y el carbono de los alimentos se mezclan para formar energía que entonces se usa. Pág. 3.

muérdago: planta de flores amarillentas y bayas blancas, que crece de manera parasitaria en diversos árboles. Pág. 374.

MUERTE: RETIRADA DE THETA DE UN ORGANISMO, DEJANDO SÓLO MEST, A FIN DE CONQUISTAR NUEVO MEST Y FORMAR OTRO ORGANISMO QUE PUEDA SOBREVIVIR MEJOR. (De *Definiciones y Axiomas*). Pág. 7.

mugriento: cubierto de suciedad o algún otro material sucio. Pág. 114.

Multifásico de Minnesota, test: alusión al Cuestionario de Personalidad Multifásico de Minnesota, test de uso generalizado diseñado para determinar rasgos de la personalidad. Consta de varios cientos de preguntas divididas en varios grupos separados. Las puntuaciones más elevadas indican un grado mayor de aberración. (*Multifásico* significa que tiene muchas fases o estados). Pág. 379.

municiones: materiales empleados en la guerra, en especial armas y cartuchos. Pág. 314.

musgo: pequeña planta verde sin flores que crece en masas apretadas, extendiéndose como una alfombra sobre la superficie del suelo, en piedras, árboles, etc. Pág. 6.

Mussolini: Benito Mussolini (1883-1945), líder fascista italiano y primer ministro de Italia (1922-1943). Mussolini metió a Italia en la Segunda Guerra Mundial en 1940 y respaldó a Hitler en su asesinato de millones de personas. Pág. 105.

mutilar: herir o lesionar de manera tan grave que parte del cuerpo queda dañado permanentemente y ya no puede usarse; lisiar. Pág. 317.

narcosíntesis: hipnotismo producido por drogas, en el que un paciente recibe psicoterapia estando bajo el efecto de tales drogas y en un "sueño profundo". *Narco* es una versión abreviada de "narcótico", que significa una droga que produce hipnosis. *Síntesis* en este sentido significa la combinación de distintos elementos de sensación o pensamiento para formar un todo. El nombre fue creado por psiquiatras usando drogas durante la

Segunda Guerra Mundial, intentando "reconstruir (sintetizar)" al soldado "desintegrado o estropeado". Pág. 189.

nebuloso: que carece de forma o límites; sin definir o descrito con falta de claridad; impreciso. Pág. 351.

Negador: NIEGA LA EXISTENCIA DE UNA FRASE O INCIDENTE. ("NO, NO ES ASÍ", "YO NO", "NO LO PUEDO DECIR", "NO PUEDES", "NO ES AQUÍ", "NUNCA", "IMPOSIBLE", "DESCONOCIDO", "IMPENSABLE", "NO SABES NADA"). (De *Definiciones y Axiomas*). Pág. 210.

neurológico: relativo a los asuntos que afectan a los nervios y el sistema nervioso, o que tiene que ver con ellos. *Tabla Hubbard de Evaluación Humana y de Procesamiento de Dianética*.

neurótico: afectado de *neurosis*, estado emocional que contiene conflictos y datos emocionales que inhiben las capacidades o el bienestar del individuo. Un individuo neurótico es dañino principalmente para sí mismo debido a sus aberraciones, pero no hasta el punto del suicidio. Este término también se puede usar como sustantivo para referirse a una persona neurótica. Pág. vi.

neutrones: partículas que no contienen carga eléctrica y que forman parte de todos los átomos. Pág. 41.

Newton: Sir Isaac Newton (1642–1727), científico y matemático inglés cuyos descubrimientos y teorías acerca de las leyes de la gravedad y del movimiento sentaron las bases de gran parte de los progresos científicos que han tenido lugar desde su época. Pág. iii.

nido de víboras: entre los pueblos primitivos, un gran foso que contenía serpientes venenosas donde se echaba a las víctimas para su ejecución o como prueba de resistencia. Se usa en sentido figurado para expresar un lugar o situación sumamente caótico o desagradable. Pág. 159.

niebla: ligera confusión o vaguedad de la mente: estado o condición mental en que los sentimientos y las percepciones son vagas, desorientadoras o están opacadas. Pág. 448.

ninfómana: mujer con un deseo anormal e incontrolable de relación sexual. Pág. 134.

no hace falta decir: es obvio o totalmente evidente por sí mismo. Pág. 123.

noción: idea acerca de cómo es algo o una comprensión general de algo. Pág. 72.

nociones fundamentales: principios o destrezas básicos en un campo o tema particular. Pág. v.

norma, por: algo que se espera como resultado del orden o curso naturales.

notable: marcadamente fuera de lo ordinario; destacable; sobresaliente. Pág. 61.

notoriedad: condición de ser conocido de forma extensa y pública; fama. Pág. 322.

nulo: al nivel de cero o nada; que tiene el carácter o valor de cero. Pág. 65.

NUTRICIÓN: SUSTENTO DEL ORGANISMO POR MEDIOS ORGÁNICOS E INORGÁNICOS (COMIDA, AGUA, AIRE, LUZ SOLAR) DURANTE TODA LA VIDA ACTUAL, DESDE LA CONCEPCIÓN O CERCA DE ELLA HASTA LA MUERTE. LA NUTRICIÓN DE UNA LÍNEA GENÉTICA, POR SUPUESTO, PASARÍA DE PADRES A HIJOS EN FORMA DE HERENCIA ORGÁNICA Y ENTORNO DE GESTACIÓN. (De *Definiciones y Axiomas*). Pág. 15.

obscenidad: estado o condición de carecer de finura y ser maleducado; la condición de ser extremadamente censurable, ofensivo o repugnante. Pág. 81.

obsceno: 1. Repugnante y moralmente ofensivo, en especial por mostrar total desprecio por otras personas. Pág. 460.
2. Relacionado con el sexo en una forma que la mayoría de las personas encuentra ofensiva. Pág. 461.

observador: que presta cuidadosa atención o se da cuenta de los detalles. Pág. 404.

obsoleto: que ya no se usa o se acepta. Pág. 150.

obstaculizar: detener o impedir llevar a cabo un plan o un curso de acción. Pág. 314.

obstetricia: rama de la medicina relacionada con el cuidado y tratamiento de la mujer en el alumbramiento y durante los periodos anteriores y posteriores al parto. Pág. 264.

ocarina: instrumento musical de viento simple o juguete, con la forma como la de un huevo alargado, que tiene una boquilla y agujeros que se tapan con los dedos. Pág. 2.

OCLUSIÓN: ZONA O INCIDENTE ESCONDIDO EN LA LÍNEA TEMPORAL. LA EXISTENCIA DE UNA CORTINA ENTRE EL "YO" Y ALGÚN DATO EN LOS BANCOS DE MEMORIA ESTÁNDAR. LAS OCLUSIONES ESTÁN CAUSADAS POR LA ENTHETA. (De *Definiciones y Axiomas*). Pág. 85.

Glosario Editorial de Palabras, Términos y Frases

ofuscado: confundido o enmarañado; con el entendimiento trastornado. Pág. 290.

ofuscamiento: oscuridad de la razón que confunde las ideas. Pág. 289.

Olfativo: RECUERDO DE PERCÉPTICOS DEL OLFATO. (De *Definiciones y Axiomas*). Pág. 68.

omnisciente: que tiene un conocimiento, consciencia o comprensión completa o ilimitada. Pág. 482.

oneroso: agobiante, opresivo o problemático; que causa fatiga. Pág. 151.

oportunismo, con: de manera que alguien aprovecha oportunidades o situaciones, sin considerar si las acciones son correctas o incorrectas. Pág. 102.

oradores de la muerte: alguien que va a salvar algo de ser destruido causando grandes estragos. Pág. 105.

orden social: totalidad de las interrelaciones humanas estructuradas existentes en una sociedad o en una parte de esta; el sistema social constituido. Pág. 103.

orgánico: 1. Relativo al cuerpo o a las partes del cuerpo, o perteneciente a ellas. Pág. 1.
2. Relativo a los organismos vivos, relacionado con ellos o característico de ellos. Pág. 23.

organismo: 1. Cualquier animal o planta individual que posea varios órganos y partes que funcionan juntas como un todo para mantener la vida y sus actividades. (Un *órgano* es parte de un organismo, como un ojo, un ala o una hoja, que realiza una función específica). Pág. 102.
2. Departamento u otra unidad administrativa de un gobierno con poder o autoridad sobre el estado o condición de los individuos. Pág. 102.

origen (en), tener su: ser causados (por), o producidos (por). Pág. 31.

oscurecer: encubrir algo de manera que no se pueda ver; hacer oscuro o borroso. Pág. 447.

oscuridad: falta de conocimiento espiritual o intelectual, de verdad o de cultura. También, perversidad o maldad. Pág. iii.

ostensible: muy claro, patente o manifiesto. Pág. 317.

ostra, (aburrido) como una: estar muy aburrido. Pág. 370.

óvulo: célula reproductora femenina. Pág. 397.

óvulo y esperma, secuencia: incidente que ocurre durante o antes de la concepción. Las personas que se auditan a veces tienen el sentimiento de que son espermas u óvulos al principio de la línea temporal. Se puede encontrar que esa área contenga momentos de dolor e inconsciencia los cuales habitualmente se reducen como engramas. Pág. 397.

oxigenación: acción de tratar, combinar o enriquecer con oxígeno. Pág. 418.

padecer: tener una enfermedad, sufrimiento o problema (mentales o físicos), o afectado por ellos. Pág. 29.

padres adoptivos: hombre y mujer que reemplazan al padre y a la madre en la crianza de un niño. Pág. 295.

palabrería: abundancia de palabras vanas (huecas, sin sentido) y ociosas (sin fin o sin propósito), resultado de hablar divagando, de manera absurda o sin sentido; hablar sin orden ni propósito evidente. Pág. 307.

pala hidráulica: máquina grande, impulsada con aceite a presión, por lo general móvil para mover tierra que tiene una pala unida por bisagras para excavar. Pág. 7.

palidez: falta de color, condición en que algo tiene un color blanquecino que no es natural, como por ejemplo en la cara. Se asocia con la mala salud. Pág. 27.

paliza: golpiza o derrota contundentes. Pág. 158.

papel de prensa: papel relativamente barato y de baja calidad que a menudo se hace con pulpa de madera (masa blanda y húmeda de fibras que se extraen de madera que se ha descompuesto y reblandecido con sustancias químicas) y que se emplea para imprimir periódicos. Pág. 141.

paperas: enfermedad infecciosa caracterizada por fiebre e hinchazón de las glándulas, sobre todo alrededor de la garganta y la cara. Pág. 39.

papilla sensiblera: literalmente, la papilla es la comida semilíquida para los bebés hecha con pan, harina, etc., elaborada con agua o leche. De ahí, por extensión, algo que una persona proporciona para alimentar, pensando que es saludable, cuando de hecho está minando su fortaleza, salud o bienestar, al carecer de valor nutritivo real o sustancia. "Sensiblera" alude al hecho de que la compasión o las emociones tampoco contribuyen a nada, ni son eficaces. Pág. 315.

paradójico: aparentemente incoherente consigo mismo o que choca con lo que la razón indica, aunque de hecho sea cierto. Pág. 230.

paralelismo: semejanza o equivalencia entre cosas, personas, hechos, etc. Pág. 3.

Glosario Editorial de Palabras, Términos y Frases

paranoico: persona que sufre *paranoia*, condición mental en la que un individuo está obsesivamente ansioso acerca de algo o irrazonablemente sospechoso de otras personas y sus pensamientos o motivos. Pág. 270.

parapsicología: estudio de las capacidades mentales como conocer el futuro o telepatía, que parecen ir en contra de las leyes conocidas de la naturaleza y la ciencia, o que trascienden de ellas. *Para* significa "más allá". Pág. 8.

parasimpático: parte del sistema nervioso que tiene que ver principalmente con manejar las funciones corporales diarias de excreción de desechos. Está más activo durante el sueño, actuando para reducir el ritmo cardíaco y estimular los órganos del sistema digestivo, como el estómago y los intestinos. El sistema parasimpático, en cuanto a su estructura, está formado por dos grupos principales de nervios: Los nervios craneales (situados en el cráneo) y los nervios sacrales (situados en el sacro, hueso situado en la parte inferior de la espina dorsal). Pág. 26.

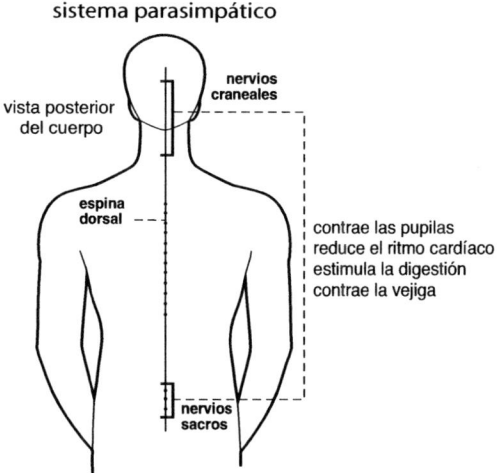

paridad: estado o condición de ser igual que otra cosa, o al mismo nivel; igualdad. Pág. 207.

Parkinson, enfermedad de: trastorno del cerebro, su nombre viene del médico inglés James Parkinson (1755-1824) que fue el primero que lo describió en 1817. Reduce el control muscular, causa temblor en las manos, movimientos lentos y dificultades de equilibrio. Pág. 288.

parodia: imitación burlesca de una cosa seria. Pág. 137.

parte esencial: parte imprescindible o necesaria de algo. Pág. 122.

Partenón: enorme templo construido en Atenas, Grecia. Constituye uno de los mejores ejemplos de la antigua arquitectura griega, adornada ricamente con esculturas y formas talladas. Pág. 477.

partición: algo que divide una cosa de otra; también, una parte dividida, una sección o parte de algo dividido. Pág. 86.

Pasado: EN LA LÍNEA TEMPORAL, TODO LO QUE ESTÁ ANTES DEL TIEMPO PRESENTE. EN TEORÍA, UN PERIODO INFINITO. PROBABLEMENTE SIN SENTIDO MÁS ALLÁ DE CIERTO PUNTO. POSIBLEMENTE COMIENCE CON EL INICIO DEL UNIVERSO MEST. (De *Definiciones y Axiomas*). Pág. 2.

pasajero: que pasa rápido o que dura poco tiempo. Pág. 201.

pasar por, hacer: causar que algo sea aceptado como genuino, auténtico, etc.; darle algo engañoso deshonestamente a una persona. Pág. 88.

paseo saludable: caminata corta que se toma de manera regular por razones de salud. Pág. 126.

paso: pasaje; acción de pasar o atravesar. Pág. 8.

pastel de barro: pequeña forma redondeada de barro o tierra mojada que hacen los niños en el juego. Pág. 301.

pastoso: como masa en cuanto a ser pesado, inerte o sin forma, como datos que carecen de interés o valor o sin orden o arreglo de ideas o hechos. Pág. 203.

patente: claro y manifiesto. Pág. 39.

patito feo: alusión al cuento infantil del escritor danés Hans Christian Andersen (1805–1875), que cuenta la historia de lo que supuestamente era un patito feo que resulta ser un cisne. Pág. 487.

Pauta de Entrenamiento: MECANISMO DE ESTÍMULO-RESPUESTA ESTABLECIDO POR LA MENTE ANALÍTICA PARA LLEVAR A CABO UNA ACTIVIDAD DE CARÁCTER HABITUAL O DE EMERGENCIA. SE PUEDE DECIR QUE LA PAUTA DE ENTRENAMIENTO SE MANTIENE EN LA MENTE SOMÁTICA, PERO LA MENTE ANALÍTICA PUEDE MODIFICARLA A VOLUNTAD. (De *Definiciones y Axiomas*). Pág. 344.

peculiarmente: de forma inusual, extraña o rara. Pág. 386.

Pekín: capital de la República Popular China, en la parte nordeste del país. Pág. 199.

pelotón de fusilamiento: grupo de soldados con la tarea de llevar a cabo una ejecución (de una persona o personas) por medio de armas de fuego. Pág. 190.

pélvico: relacionado con la *pelvis*, el hueso con forma de tazón cerca del final de la espina formado por los huesos de la cadera en el frente y a los lados, y un hueso triangular en la espalda. Pág. 134.

pendiente: sumamente atento. Pág. 260.

penitenciaría: prisión, especialmente una que se mantiene en Estados Unidos para aquellos encontrados culpables de cometer crímenes graves. Pág. 422.

Pensamiento Humano: proceso de percibir y almacenar datos, computar conclusiones, plantear y resolver problemas. El propósito de esto es la supervivencia a lo largo de todas las dinámicas. (De *Definiciones y Axiomas*). Pág. ii.

peor, por no decir algo: usado como eufemismo (implicando que la realidad es más extrema, generalmente peor). Pág. 452.

percentil: cantidad registrada como porcentaje. Pág. 226.

percepción extrasensorial: percepción o comunicación fuera de las capacidades sensoriales normales. Pág. 69.

Percepciones Orgánicas: percepciones del estado de varios órganos, presiones, bienestar, aflicciones, etc. (De *Definiciones y Axiomas*). Pág. 68.

Percépticos: datos especializados de los bancos de memoria estándar o de los bancos reactivos, que representan y reproducen los mensajes sensoriales de un momento del pasado. También, los mensajes sensoriales del tiempo presente. (Anteriormente se utilizó la palabra "percepciones" para referirse a los mensajes sensoriales del tiempo presente, pero el uso ha eliminado esta distinción). (De *Definiciones y Axiomas*). Pág. 10.

Percépticos Mest: datos sensoriales comunes y corrientes: percepciones, nuevas y grabadas, de materia, energía, espacio y tiempo, y combinaciones de estos. Hay veintiséis canales postulados de percepción mest. (De *Definiciones y Axiomas*).

Percépticos Theta: comunicación con el universo theta. Tales percépticos pueden incluir presentimientos, predicciones, percepción extrasensorial a distancias mayores y menores,

COMUNICACIÓN CON LOS "MUERTOS", PERCEPCIÓN DEL SER SUPREMO, ETC. (De *Definiciones y Axiomas*). Pág. 18.

perecedero: que puede *perecer,* ser aniquilado o destrozado; propenso a descomponerse o morir. Pág. 390.

perfidia: acto deliberado de deslealtad o traición, engaño. Pág. 114.

pérfido: desleal, traidor o que no guarda fidelidad. Pág. 102.

periferia: región, espacio o área circundante. Pág. 319.

perpetuación: acto de hacer perdurar algo (como por ejemplo, una condición o situación indeseable). Pág. 38.

perpetuar: hacer durar para siempre o por mucho tiempo. Pág. 97.

PERSONALIDAD: CONJUNTO DE FACTORES HEREDADOS (MEST, ORGÁNICOS, THETA) Y DEL ENTORNO (ABERRACIÓN, EDUCACIÓN, ENTORNO DE TIEMPO PRESENTE, NUTRICIÓN, ETC.). (De *Definiciones y Axiomas*). Pág. 20.

PERSONALIDAD ABERRADA: LA PERSONALIDAD RESULTANTE DE LA SUPERPOSICIÓN SOBRE LA PERSONALIDAD GENÉTICA DE CARACTERÍSTICAS Y TENDENCIAS PERSONALES PRODUCIDAS POR TODOS LOS FACTORES DEL ENTORNO, TANTO PRO-SUPERVIVENCIA COMO ABERRATIVOS. (De *Definiciones y Axiomas*). Pág. 56.

PERSONALIDAD GENÉTICA: CARACTERÍSTICAS Y TENDENCIAS PERSONALES DERIVADAS DE LAS TRES FUENTES DE HERENCIA (MEST, LÍNEA ORGÁNICA, EL CUERPO THETA). SE PODRÍA DECIR QUE ESTA ES LA PERSONALIDAD BÁSICA, O EL NÚCLEO DE LA PERSONALIDAD BÁSICA. (De *Definiciones y Axiomas*).

perspicacia: agudeza de la percepción mental y de la comprensión. Pág. 288.

pesado en su parte superior, demasiado: que tiene una proporción demasiado elevada de gente en puestos administrativos superiores. Pág. 542.

pesar de, a: contra la dificultad o la resistencia que algo ofrece. Pág. 80.

peste: alusión a la *Peste Negra,* nombre dado a una variedad de la peste bubónica (los bubones son tumores voluminosos con pus), enfermedad altamente contagiosa y a menudo mortal que se propagó por Europa y gran parte de Asia en el siglo XIV, matando aproximadamente a la cuarta parte de la población, y causando una gran mortandad o destrucción en Inglaterra. Pág. 4.

Peste Negra: nombre dado a una variedad de la peste bubónica (los bubones son tumores voluminosos con pus), enfermedad altamente contagiosa y a menudo mortal que se propagó por Europa y gran parte de Asia en el siglo XIV, matando aproximadamente a la cuarta parte de la población, y causando una gran mortandad o destrucción en Inglaterra. Pág. 4.

Placer: EL PLACER ES EL PREMIO POR LA ACTIVIDAD DE SUPERVIVENCIA A LO LARGO DE CUALQUIERA DE LAS DINÁMICAS. LOS ÉXITOS PRODUCEN PLACER Y SUPERVIVENCIA. (De *Definiciones y Axiomas*). Pág. 9.

plácidamente: de una manera plácida, ligera, calmada, tranquila apaciblemente, sin agitación. Pág. 7.

plantarse: detenerse en seco, como frente a un obstáculo, y rehusarse a ir o hacer algo específico. Pág. 226.

pobre de: una expresión que predice gran pena y pesar para una persona, grupo, etc. Pág. 259.

Poción India de Aceite de Raíces de la Ciénaga: preparación médica producida inicialmente a finales del siglo XIX. Fabricada y embotellada por un doctor neoyorquino, la Poción India de Aceite de Raíces de la Ciénaga se promocionaba como cura para distintas enfermedades digestivas. Pág. iii.

polaridad: cualidad o condición de un cuerpo u organismo físico que manifiesta propiedades opuestas o en contraste, como en un imán, donde un extremo es positivo y el otro negativo. De aquí, en un sentido general, la condición de tener propiedades o poderes opuestos a los de alguna otra cosa. Pág. 10.

policía secreta: fuerza policiaca que funciona como brazo impositivo de las políticas de un gobierno y cuyas actividades, que incluyen vigilancia, intimidación y violencia física como medio de reprimir el desacuerdo con las políticas, están ocultas al público. Pág. 102.

pomposidad: grandiosidad u ostentación excesivas. Pág. 482.

poner a prueba: someter a gran tensión o a dificultades. Pág. 192.

poner en tela de juicio: poner o quedar en duda. Pág. 182.

por así decirlo: decirlo de esta forma. Se usa para indicar que se está describiendo algo en forma figurada. Pág. 5.

por no decir algo peor: usado como eufemismo (implicando que la realidad es más extrema, generalmente peor). Pág. 452.

por sí mismo: sólo; sin nadie más. Pág. 116.

por sí sola: de manera voluntaria o espontánea; sin persuasión. Pág. 412.

portarse mal: tener un comportamiento inapropiado o desobediente, desacatando las reglas o desobedeciendo órdenes. Pág. 351.

poseer carnalmente: tener relaciones sexuales con alguien. Pág. 234.

Posición de las Articulaciones: recuerdo de las posturas corporales. (De *Definiciones y Axiomas*). Pág. 68.

posición dominante: acción de elevarse a un estado o nivel más alto. Pág. 493.

postulado: algo que se sugiere o se asume que es verdad en base del razonamiento. Pág. 5.

postular: 1. Presuponer que (algo) es cierto, real o necesario, especialmente como base para el razonamiento. Pág. 2.

2. Producir, causar (como para que exista); crear. Pág. 112.

potencia: 1. Multiplicación de un número o cantidad por sí mismo en un número determinado de veces. La primera potencia de un número o cantidad es el número en sí mismo; la segunda potencia es el número multiplicado por sí mismo, etc. Por ejemplo 2 elevado a la 4ª potencia es: 2 x 2 x 2 x 2 = 16 ó 2 x 2 = 4 x 2 = 8 x 2 = 16 ó 24. Pág. 146.

2. Habilidad para afectar o influenciar a alguien; poder o fuerza. Pág. 427.

potencial de acción: oportunidad o capacidad de hacer algo. Pág. 126.

precipitación: acción de causar que algo ocurra repentinamente. Pág. 38.

predisponer: hacer que alguien sea propenso a algo o que tienda a ello, por ejemplo a enfermarse; hacer que se sea susceptible a algo. Pág. 240.

predisposición: condición que lleva a su poseedor a ser susceptible a enfermedades, males, etc. Pág. 38.

predominar: existir un tipo de cosa por encima de los demás tipos. Pág. 2.

predominio: condición o caso en que algo es más grande en peso, fuerza, importancia o influencia que las demás cosas. Pág. 254.

premisa: algo que se supone que es cierto y que se emplea como base para desarrollar una idea. Pág. 484.

prenatal: que existe o se produce antes del nacimiento. En este caso se refiere a una experiencia o incidente que tiene lugar mientras se está en el útero antes de nacer, y que se graba en la mente. Pág. 84.

prensa favorable: opiniones positivas expresadas en artículos o reseñas en periódicos o revistas. Pág. 4.

prescribir: establecer algo como una regla o procedimiento que se tiene que seguir. Pág. 478.

prestarse: adaptarse; resultar adecuado o útil. Pág. 108.

prestigio: posición o estimación ante los ojos de los demás: influencia. Pág. 544.

presuntuoso: muy osado o atrevido; que presume o se muestra excesivamente orgulloso de sí mismo. Pág. 140.

pretexto: razón o motivo falsos que se exponen para esconder la verdadera razón; excusa. Pág. 109.

prevalecer: estar en vigor o en efecto; predominar. Pág. 84.

primo hermano: literalmente, el hijo del tío o tía de una persona. El término se usa en sentido figurado para significar "algo relacionado muy estrechamente". Pág. 35.

principio: doctrina u opinión en religión, filosofía, política o algo parecido, que se cree en una escuela, secta, partido o persona. Pág. 48.

privar: despojar a la fuerza, robar, causar la pérdida de la posesión o el uso de algo. Pág. 52.

procedencia, encubrir la: enmascarar, esconder o perjudicar los derechos de titularidad de la propiedad de algo. Pág. 50.

Procedimiento Estándar: el nombre de las técnicas de auditación de Dianética. Véase *Dianética: La Ciencia Moderna de la Salud Mental*. Pág. 70.

procesa, el que: persona que aplica el procesamiento: un auditor. Pág. 12.

procesamiento: aplicación de técnicas exactas (llamadas procesos) de Dianética. Los procesos tienen que ver directamente con aumentar la capacidad de la persona para sobrevivir y con aumentar su cordura, su capacidad para razonar, su capacidad física y su disfrute general de la vida. Llamado también *auditación*. Pág. iv.

proclamar: elogiar públicamente con gran entusiasmo. Pág. 195.

pródigo: profuso; copioso, en abundancia. Pág. 250.

profesional: persona que ejerce una profesión o que practica habitualmente una actividad de la cual vive. Pág. 467.

profundizar: cualquier herramienta que permite a uno examinar algo o probar y registrar información, etc. Usado en sentido figurado. Pág. 387.

proliferar: multiplicarse abundantemente. Pág. 412.

promedio, dar lugar a un: dicho de dos cosas, alcanzar un equilibrio entre sí. Pág. 15.

promiscuo: comportamiento caracterizado por relaciones sexuales casuales y aleatorias con un gran número de parejas. Pág. 132.

pronosticar: ser capaz de decir algo antes de que ocurra; estimar; predecir. Pág. 70.

prontitud: velocidad eficiente; rapidez en el desempeño o movimiento. Pág. vii.

propaganda: información, en especial de naturaleza poco objetiva o engañosa, empleada para fomentar o dar publicidad a una causa o punto de vista particular. Pág. 142.

propensión a los accidentes: tendencia de un individuo a causar o sufrir accidentes (sucesos imprevistos que causan daño de forma repentina), más que la persona promedio. Pág. 38.

propensiones: inclinaciones o tendencias habituales o naturales hacia algo. Pág. 360.

propenso: que tiene tendencia o inclinación natural hacia algo; proclive a algo dañino o perjudicial. Pág. 174.

propiciación: emoción de nivel bajo por debajo de enojo y cerca de la apatía. La *propiciación* es el acto de intentar complacer o satisfacer a alguien de una manera calculada para ganar su favor, para defenderse o protegerse de su desaprobación, su ataque, etc. Pág. 157.

proporción: relación correspondiente entre dos o más cosas; relación proporcional. Una *proporción* se expresa a veces como un número o cantidad en relación con otro número o cantidad. Por ejemplo, si una persona pasa diez horas dentro y una hora fuera, la proporción es de diez a uno (10:1). Pág. 465.

proporción inversa: una *proporción* es un número o cantidad en relación a otro número o cantidad; *inverso* significa opuesto. En una *proporción inversa,* una cantidad incrementa y otra cantidad disminuye (o viceversa). Por ejemplo, una persona trabaja cinco horas y hace diez hogazas de pan. Si aumentara el número de horas de trabajo de cinco a diez y resultara que el número de hogazas de pan *disminuyera* de diez a cinco (es decir, fuera en dirección opuesta), entonces la cantidad producida está en *proporción inversa* al número de horas trabajadas. Pág. 319.

proporcionar: suministrar, dar o suplir. Pág. 204.

Propósito Básico: AUN A LA EDAD DE DOS O TRES AÑOS, UN INDIVIDUO PARECE SABER CUÁL ES SU PROPÓSITO BÁSICO EN LA VIDA. MÁS TARDE ESTE LLEGA A CORROMPERSE POR ABERRACIONES INDIVIDUALES Y SOCIALES, PERO SE RECOBRA EN EL PROCESAMIENTO DE DIANÉTICA. ES POSIBLE QUE LAS VIDAS PASADAS TENGAN ALGO QUE VER CON LA FORMACIÓN DEL PROPÓSITO BÁSICO. (De *Definiciones y Axiomas*). Pág. 514.

propugnar: dar lealtad o apoyo a algo. Pág. 485.

protector: tener la cualidad de *preservar*, proteger a alguien o a algo del peligro. Pág. 168.

protocolo: reglas para la conducta correcta o apropiada para un grupo de gente en particular o para una situación concreta. Pág. 455.

protón: partícula de carga positiva que forma parte de todos los átomos. Pág. 41.

protoplasma: líquido incoloro y gelatinoso que está presente en las células de todas las plantas, animales y humanos vivos, y que consiste en la materia viva de las células de las plantas y de los animales. Pág. 134.

provecho (sacar): beneficio o utilidad que se obtiene de algo o que se proporciona a alguien. Pág. 301.

proyectar: emitir dentro de los pensamientos o imaginación de uno. Pág. 198.

pseudo-: palabra que se combina con otras para dar el significado de falso o fingido. También aparentemente similar a otra cosa como en pseudocientífico, pseudoaliado. Pág. 133.

pseudocientífico: persona que practica pseudo-ciencia (cualquier método, teoría o sistema que no posee bases científicas), como Lysenko, científico agrónomo y biólogo ruso que creía que el ambiente controlaba la vida e intentaba aplicar las teorías de Darwin a la agricultura. Él era un favorito de Stalin y sus teorías que negaban al Hombre eran enseñadas en todas las escuelas rusas. Pág. 295.

psicoanalista: practicante del *psicoanálisis*, sistema de terapia mental desarrollado por Sigmund Freud (1856-1939) en Austria en 1894, en el cual al paciente se le hacía recordar incidentes (ocultos) de su niñez (que Freud creía que eran la causa de los males mentales) y recordarlos. Pág. vi.

psicodrama: forma de psicoterapia en que un paciente actúa o hace una interpretación de sus problemas o dificultades (sin preparación) espontáneamente, con o delante de sus compañeros pacientes y terapeutas. Pág. 387.

psicometría: serie de tests dada a individuos para averiguar su inteligencia, aptitud y diversos rasgos de su personalidad. Pág. 422.

psicosis posparto: cualquier tipo de psicosis que sufre una madre tras el alumbramiento. *Posparto* significa "después del parto". Pág. 461.

psicosomático: *psico* alude a la mente, y *somático* alude al cuerpo; el término psicosomático significa que la mente enferma al cuerpo, o dolencias creadas físicamente en el cuerpo por trastorno de la mente. Pág. iv.

psicoterapia: uso de procedimientos psicológicos en el supuesto tratamiento de trastornos mentales. Pág. iv.

psicótico: el psicótico se describe por completo en el Libro Uno, Capítulo Cuatro, Ámbito Psiquiátrico. Pág. 29.

psíquico: relativo a la mente humana o concerniente a ella. Pág. 55.

puesto de mando: zona desde la cual emanan órdenes, direcciones o control. Proviene del uso militar de la palabra, que significa cuartel general de una unidad militar, desde donde los oficiales dirigen las operaciones militares. Pág. 11.

pulmonía: enfermedad que causa que los pulmones se llenen con fluidos, haciendo difícil la respiración. Pág. 37.

pulular: abundar en un lugar o moverse mucho por él. Pág. 423.

punto de origen: fuente (de energía, luz, etc.) que está concentrada en un punto. Pág. 8.

punto de vista: posición desde la cual las cosas (como objetos, principios o algo similar) se ven o pueden verse, y conforme a la cual se comparan y se juzgan, como en: *"Desde el punto de vista del comportamiento humano"*. Pág. 181.

puritanismo: principios y prácticas de los *Puritanos*, miembros de un grupo radical de protestantes ingleses que surgieron a finales del siglo XVI y llegaron a ser una fuerza importante en Inglaterra durante el siglo XVII. Los puritanos creían en la necesidad de una estricta disciplina religiosa y exhortaban a seguir un código moral estricto. Pág. 480.

pusilanimidad: carencia de energía, valor o fuerza de voluntad para llevar a cabo cualquier actividad. Pág. 234.

quedarse rezagado: avanzar, desarrollarse o progresar con más lentitud que alguien o algo similar, de forma que uno se queda atrás. Pág. 514.

quirófano: sala en un hospital especialmente designada para operaciones quirúrgicas (originalmente acondicionada de tal manera que estas pueden ser presenciadas a través de un cristal). Pág. 461.

racionalidad: capacidad de razonar, realizar o transmitir pensamiento lógico, racional y analítico; facultad de pensar usando pensamientos cuerdos, sensatos. Pág. 7.

racionalizar: pensar en una forma que es *lógica*, basada en hechos y razonamientos sensatos. Pág. 177.

Glosario Editorial de Palabras, Términos y Frases

radicalmente: De una manera que difiere marcadamente de lo usual o acostumbrado; de una manera extrema. Pág. 71.

ramera: mujer de mala reputación; prostituta. Pág. 133.

ramificación: efecto, consecuencia o resultado que acompaña a una acción o decisión. Pág. 434.

raro: extremadamente inusual o extrañamente diferente de lo que es normal. Pág. 506.

raspón: rozadura; herida o marca superficial en la piel a causa de un roce con algo. Pág. 244.

raya: trazo o marca delgados y alargados que indican o asignan un espacio de entre una serie de estos para un uso específico. Pág. 302.

rayar: estar una cosa muy cerca de otra. Pág. 23.

rayo (de esperanza): ligera indicación de algo positivo en una situación difícil o preocupante. Pág. iii.

razonabilidad: capacidad o habilidad para *razonar*, hacer o concebir un pensamiento lógico, racional y analítico; aplicar la mente de acuerdo con un juicio o pensamiento correcto y sano. Pág. 218.

reabastecer: llenar de nuevo con energía, alimento o nutrición necesaria. Pág. 495.

realidad, en: verdadera o efectivamente, sin duda alguna. Pág. 256.

Realidad: LA REALIDAD DEL PASADO (LA RECEPCIÓN DEL PASADO POR EL "YO" ESTÁ DE ACUERDO CON LOS DATOS GRABADOS Y EL "YO" ESTÁ DE ACUERDO CON QUE ASÍ ES). LA REALIDAD DEL PRESENTE (LA RECEPCIÓN DEL PRESENTE POR EL "YO" ESTÁ DE ACUERDO CON LOS DATOS QUE ESTÁN IMPACTANDO EN EL ORGANISMO DESDE EL ENTORNO Y EL "YO" ESTÁ DE ACUERDO CON QUE ASÍ ES). LA REALIDAD DEL FUTURO (EL CONCEPTO DEL FUTURO QUE TIENE EL "YO" ESTÁ DE ACUERDO CON LOS DATOS DEL PASADO Y DEL PRESENTE, Y EL "YO" ESTÁ DE ACUERDO CON QUE ASÍ ES). LA REALIDAD ENTRE DOS PERSONAS (ESTÁN DE ACUERDO EN ALGO). LA REALIDAD EN UN GRUPO (LA MAYORÍA ESTÁ DE ACUERDO). LA REALIDAD FÍSICA "VERDADERA", EL ÚNICO TIPO QUE SE TIENE EN CUENTA POR MUCHA GENTE, NO ES MÁS QUE EL ACUERDO ENTRE LAS CONDICIONES DEL MEST O LAS CONDICIONES DE LA VIDA Y LAS PERCEPCIONES DE ALGUIEN DE ESAS CONDICIONES. SI ESTAS NO ESTÁN DE ACUERDO, DECIMOS QUE LA PERSONA NO CONOCE LA REALIDAD (ES DECIR, LA NUESTRA, YA QUE SÓLO TENEMOS NUESTRAS PROPIAS PERCEPCIONES CON LAS QUE JUZGAR LAS CONDICIONES

DE MEST). Hay emociones en la escala de realidad. Una de ellas es la vergüenza. (De *Definiciones y Axiomas*). Pág. 41.

Rebotador: envía al preclear hacia delante por la línea temporal hacia tiempo presente. ("Levántate", "Sal de aquí", "No me toques", "Déjame en paz", "Tengo que adelantarme"). (De *Definiciones y Axiomas*). Pág. 121.

Rebotador hacia Abajo: envía al preclear a un punto anterior en la línea temporal. ("Vete atrás", "Bájate", "Ponte debajo", "Llegas temprano", "Está abajo", "¡Tírate, Kelly, tírate!"). (De *Definiciones y Axiomas*). Pág. 210.

rebotar: recuperar o aumentar la energía, fortaleza o algo similar; botar de vuelta hacia arriba hacia un nivel más alto. Pág. 152.

rebuznar: expresar algo con un sonido alto y desabrido, como un asno o burro. Pág. 313.

recalcitrante: que es difícil de manejar o intratable; que se resiste al control; que desafía las directrices. Pág. 505.

recepción: la acción de percibir o detectar algo; o la manera en que algo se percibe o se detecta. Pág. 69.

recipiente: artículo diseñado para servir como receptáculo para líquidos u otras sustancias. Se usa en sentido figurado. Pág. 137.

recomendable: aconsejable, deseable o sensato, como un curso de acción. Pág. 520.

recompensa: compensación, especialmente la que da el gobierno por matar ciertos animales. Pág. 385.

reconocer: aceptar algo como verdadero; creer, poner la confianza en algo o en alguien. Pág. 396.

recortar las miras: fallar en pensar de manera cuidadosa sobre los efectos posibles de algo o lo que podría pasar en el futuro. Pág. 310.

recuerdos: artículos o regalos que se guardan por la persona que los dio, o en memoria de ella. Pág. 274.

recurrir: acudir o dirigirse a algo para obtener ayuda. Pág. 282.

recurso: medio de lograr un fin, especialmente uno que es conveniente pero probablemente inapropiado. Pág. 184.

reducción: acción de eliminar de un incidente toda la carga o dolor. *Reducir* significa, técnicamente, dejar libre de material aberrativo tanto como sea posible para hacer que el caso progrese. Pág. 375.

Reducción de Candados: acción de recorrer un candado repasándolo varias veces como si fuera un engrama. Pág. v.

reestimulación/reestimulativo: condición en que los percépticos del entorno de tiempo presente se asemejan a los del engrama. Pág. 14.

reestimulador: algo en el entorno de tiempo presente que se asemeja a los percépticos en el engrama. Pág. 546.

re-genetizado: palabra inventada para expresar que se han reestructurado las características genéticas de una persona. Pág. 125.

régimen: forma de gobierno o dirección; sistema político. Pág. 190.

registrarse: grabarse o indicarse como por medio de instrumentos o en una escala (como un termómetro que registra la temperatura). Pág. 46.

regla práctica general: principio, procedimiento, regla o método para calcular, general o aproximado, basado en la práctica, a diferencia del que esté basado en un cálculo científico o estimado. Pág. 187.

regresar: volver a una condición peor; declinar. Pág. 265.

regular: dirigir el funcionamiento (de algo). Pág. 38.

relacionar: mostrar o hacer una conexión entre dos o más cosas. Pág. 115.

relámpago: (de una frase, hecho, idea o parecido) arranque inesperado en vista o percepción. Pág. 119.

relegar: asignar a una clase, área, etc.; clasificar como que pertenece a cierto orden. Pág. 439.

relieve: escultura hecha sobre una superficie plana en la que las formas resaltan sobre el fondo, de manera que sobresalen de la superficie. Específicamente alude a las muchas esculturas y tallas que adornan el enorme templo del Partenón en Atenas, Grecia.(Talla es una obra de escultura, especialmente la que está realizada en madera). Pág. 477.

relucir, sacar a: descubrir, desenterrar, localizar y revelar algo, por medio de una búsqueda minuciosa. Pág. 104.

rematar: dar el toque final; completar. Pág. 5.

remisión: fenómeno (indeseable) en la auditación de Dianética en que el engrama bajará a cierto volumen de intensidad pero, sin importar que se detalle treinta, cincuenta o cien veces, seguirá persistiendo un somático. A diferencia de una reducción, durante una remisión el somático del engrama al principio se reduce levemente, y luego continúa constante. En la reducción, el somático, se reduce poco a poco con cada vez que se detalla. En una remisión, el somático permanece constante. Una remisión ocurre únicamente en engramas que no son lo suficientemente antiguos en la cadena de engramas como para ser reducidos, o que están demasiado cargados. Pág. 406.

remitir: 1. Disminuir o reducir la intensidad, cantidad, etc. Pág. 59.
2. Entrar en remisión. Pág. 403.

remordimiento: inquietud o vacilación acerca de lo correcto de una acción. Pág. 195.

remunerativo: que produce ganancia financiera; lucrativo. Pág. iii.

rencor: odio hacia alguien, con tendencia a irritarlo o molestarlo. Pág. 137.

reparos, poner: plantear objeciones irritantes y triviales; sacar defectos de forma innecesaria. Pág. 342.

repentinamente y de golpe: súbitamente, de una sola vez; alude aquí a algo que ocurre todo a la vez o al mismo tiempo, en un único esfuerzo o acción que es completamente efectiva. Pág. 226.

repertorio: conjunto completo de destrezas, técnicas o recursos empleados en un campo u ocupación particular. Pág. 444.

repetir como un loro: repetir o reproducir lo que se ha oído, leído o aprendido, en forma totalmente mecánica, sin evidencia de comprensión. Pág. 203.

repleto: cubierto completamente de un tipo particular de cosa, o lleno de ello, especialmente algo desagradable, peligroso o algo parecido. Pág. 198.

represalia: daño causado como respuesta a alguna ofensa o daño recibidos. Pág. 101.

represión: acción, proceso o resultado de suprimir memorias o deseos inaceptables hasta llevarlos a un nivel de inconsciencia, o de mantenerlos fuera de la mente consciente. Pág. 330.

reprochablemente: de manera que merece o es acreedor a que lo culpen, le muestren fuerte desaprobación o condena por mala conducta. Pág. 150.

reproches: críticas o desaprobaciones cortantes o severas. Pág. 461.

repugnancia: sentimiento de rechazo o antipatía hacia algo. Pág. 133.

repugnante: que provoca malestar o disgusto intenso; odioso, nauseabundo. Pág. 114.

repulsión: rechazo abrupto y rotundo como a los consejos y ayuda que se ofrecen. Pág. 64.

resentido: que muestra disgusto o pena por algo que se considera una falta de afecto o una desconsideración. Pág. 101.

reserva: abastecimiento o provisión. Pág. 222.

residir: estar ubicado en un lugar o posición. Pág. 37.

resonante: literalmente, que vibra en armonía con otra cosa, como por ejemplo un sonido. Por ejemplo, cualquier objeto vibrará si es golpeado con la frecuencia correcta de tono acústico, como al vibrar en reacción a otro sonido que lo golpea. Esta vibración natural se llama resonancia. La cualidad del sonido producido por la vibración depende de la forma del objeto y del material de que esté hecho. Por ejemplo, un vaso de cristal fino emitirá un sonido de tintineo como respuesta a la voz de un cantante. Se usa en sentido figurado. Pág. 372.

respectivo: que pertenece o está relacionado por separado a cada una de las personas o cosas ya mencionadas. Pág. iii.

resultante: que ocurre como resultado, como consecuencia. Pág. 10.

RETENEDOR: RETIENE AL PRECLEAR EN UN PUNTO DE LA LÍNEA TEMPORAL. ("QUÉDATE AQUÍ", "NO ME DEJES", "AGÁRRATE A ESTO", "NO TE SUELTES", "QUÉDATE QUIETO", "TOMA ESTO, QUE TE HARÁ SENTIR MEJOR"). (De *Definiciones y Axiomas*). Pág. 119.

retorcimiento: acción o movimiento de dar vueltas como si se sufriera dolor, se estuviera luchando o se sufriera de angustia física o mental. Se usa en sentido figurado. Pág. 103.

retraimiento: renuencia: reservación; acción de contenerse. Pág. 70.

reumático: relativo al *reumatismo*. *Véase* **reumatismo**. Pág. 97.

reumatismo: afección de las extremidades (miembros, manos o pies) o la espalda, caracterizada por dolor y rigidez. Pág. 474.

revelar: 1. Mostrar o exhibir; exponer; descubrir. Pág. 199.

2. Divulgar de manera sorprendente algo que previamente era desconocido o que no se comprendía. Pág. 199.

reverencia: profundo respeto que se muestra hacia alguien o algo. Pág. 167.

revista, pasar: someterse a una inspección militar formal. Pág. 126.

revolución: derrocamiento de un gobierno, un tipo de gobierno o sistema social por los gobernados, usualmente mediante la fuerza, sustituyéndolo por otro gobierno o sistema. Pág. 190.

Revolvedor: revuelve incidentes y frases. ("Estoy confundido", "Yo los quiero revueltos", "Remuévelo", "Está todo confuso" y "Yo estoy en medio"). (De *Definiciones y Axiomas*). Pág. 535.

rezongón: persona que es habitualmente malhumorada o quejumbrosa. Pág. 22.

ridiculizar: reírse con desprecio o desdén; hacer burla. Pág. 441.

rienda suelta, dar: liberar o expresar enérgicamente sentimientos o emociones fuertes. Pág. 315.

riendas, tomar las: liberarse del control; tomar el propio camino deliberadamente y controlar la situación por uno mismo. Tomar las riendas es una variación de llevar las riendas, que significa dirigir la buena marcha de algo. Pág. 443.

riesgo aceptable: algo que es probable que se mantenga en buenas condiciones; algo que implica poca o ninguna posibilidad de sufrir pérdida o daño. En consecuencia: *"Su cordura, por supuesto, distaba mucho de constituir un riesgo aceptable"*, significa que no estaba totalmente garantizado que la cordura de la persona se mantendría en buena condición. Pág. 270.

robusto: fuerte y saludable. Pág. 10.

rodapié: tabla vertical colocada a través del pie (pie en este contexto significa el final de la cama en la dirección en que los pies están colocados). Pág. 453.

rumbo, mantener el: aplicar la atención (en dirección a), como en: *"Mantenga el rumbo atentamente hacia su misión básica"*. Pág. 229.

Rutgers, Universidad de: Universidad Estatal (pública) del Estado de Nueva Jersey, EE.UU., fundada en 1766 y bautizada en honor a un benefactor local: Henry Rutgers. Pág. 275.

rutina, caer en la: una *rutina* es una costumbre o hábito de hacer las cosas de forma mecánica y sin razonar. "Caer en la rutina" sería seguir una línea de acción limitada e inalterable. Pág. 307.

sádico: que siente placer al causarle dolor físico o mental a otros. Pág. 35.

salvedad: limitación, condición o excepción que se pone a algo. Pág. 158.

sanatorio: *véase* **manicomio.**

santidad: el estado o calidad de ser santo, sagrado o sacro. Pág. 48.

sátiro: hombre con deseo sexual excesivo o anormal. Pág. 134.

saturar: llenar excesivamente; atascar. Pág. 8.

Scanning de Cadenas: el Scanning de Cadenas se describe en el Libro Dos, Capítulo Catorce, Cadenas de Engramas. Pág. 357.

Scanning de Candados: procedimiento de auditación en que el auditor comienza con el preclear en la primera oportunidad en que ocurrió un tipo particular de incidente, y simplemente lo trae hacia delante a través de los candados. El Scanning de Candados se describe plenamente en el Libro Dos, Capítulo Once, Scanning de Candados. *Véase también* **Candado**. Pág. v.

secta: grupo exclusivo de personas que comparten una devoción o dedicación excesiva hacia alguna persona, idea o cosa. Pág. 459.

secuaces del Diablo: un *secuaz* es un seguidor o subordinado servil (como un esclavo) de una persona poderosa. La frase viene del concepto religioso (del cristianismo y de otras religiones) de que los que se oponen a Dios luchan a favor del Diablo y en nombre del mal. De ahí, *secuaces del Diablo*. Pág. 170.

SECUNDARIAS DE ARC: CANDADOS DE ARC DE TAL MAGNITUD QUE SE TIENEN QUE RECORRER COMO ENGRAMAS EN EL PROCESAMIENTO. O, YA QUE LOS CANDADOS SE RECORREN A MENUDO COMO ENGRAMAS, CANDADOS DE ARC DE GRAN MAGNITUD. (De *Definiciones y Axiomas*). Pág. 89.

seguridad: certeza o confianza de que algo ocurrirá como se expresó o se planeó. Pág. 313.

selección natural: proceso mediante el cual los seres vivos que tienen características que les hacen más capaces para adaptarse a presiones concretas del entorno (como son los depredadores, los cambios climáticos o la contienda por el alimento o la pareja) tenderán a sobrevivir y reproducirse en cantidades mayores que otros de su especie, asegurando así la perpetuación de esas características favorables en las generaciones sucesivas. Un *depredador* es un animal que caza, mata y come otros animales para sobrevivir, o cualquier otro organismo que se comporta de manera similar. Pág. 72.

sello característico: marca distintiva o rasgo que llega a asociarse de tal manera con una persona o cosa que se convierte en su señal o característica, por la cual se identifica. Pág. 57.

semántica general: enfoque filosófico del lenguaje, desarrollado por Alfred Korzybski (1879-1950), erudito polaco-americano. Korzybski creía que el uso impreciso del lenguaje afectaba la conducta humana, causando confusión, mala comunicación, mala conducta e incluso las enfermedades psicosomáticas. Con el fin de remediar esto, creó diversos ejercicios y convenciones. Por ejemplo, empezó a utilizar las notaciones numeradas, como poner la fecha bajo el nombre de alguien (Smith$_{1920}$ y Smith$_{1935}$), para impedir la identificación de personas o cosas que en realidad no eran idénticas y distinguiendo en tiempo cuando se hacía referencia a alguien. Pág. 67.

sendero: ruta seguida normalmente por un propósito particular. Pág. 114.

senilidad: deterioro mental y espiritual característico de un anciano. Pág. 486.

sensacional: que produce un efecto asombroso, fuerte reacción, gran interés, etc., a veces por ser exagerado. Pág. 341.

sensato: basado en el sentido común y en un razonamiento válido. Pág. 146.

sensiblero: lleno de sentimentalismo enfermizo; débilmente emotivo. Pág. 194.

sentencia de muerte: documento oficial que autoriza la ejecución de alguien. Pág. 195.

sentimentalismo: estado o condición de ser *sentimental*, sentir o mostrar emociones en una forma que se considera exagerada o tonta. Pág. 194.

servir: satisfacer las necesidades o requisitos de; ser útil para un propósito en particular. Pág. 12.

servomecanismo: dispositivo que sirve a otra cosa, permite que funcione o la ayuda. Concretamente, la mente humana es un servomecanismo para todas las matemáticas, porque las matemáticas son algo que el Hombre usa para resolver problemas; sin la mente humana, las matemáticas no sirven de nada. *Guardas posteriores.*

sesión: periodo de tiempo destinado a llevar a cabo una actividad en particular. En Dianética, alude a un periodo de tiempo destinado al procesamiento, la aplicación de técnicas y ejercicios de Dianética. Pág. 35.

si a eso vamos: expresión coloquial para comentar sobre algo que acaba de decirse o escribirse para darle énfasis o un cierto tono irónico o sarcástico. Pág. 260.

sigiloso: que guarda silencio cauteloso. Se usa en sentido figurado. Pág. 312.

simbología: estudio o interpretación de los *símbolos,* cosas que representan a otra, ya sea por asociación o por sugerencia, pero no por parecido exacto. Se considera a veces que el estudio de los símbolos se limita a un grupo especializado, como de eruditos avanzados. Pág. 295.

Simón Simplón: alusión al cuento infantil Epaminondas, que habla de un chico, Epaminondas, cuya madre le advierte: "Ten cuidado cuando salgas a jugar. Tengo seis pasteles enfriándose en el umbral, así que cuidado con pisarlos". Tomando al pie de la letra la advertencia de su madre, Epaminondas sale al porche y pisa, con mucho cuidado, justo en medio de cada pastel. Pág. 415.

simpático: relativo al *sistema simpático,* parte del sistema nervioso del cuerpo que tiene que ver principalmente con preparar el cuerpo para la acción, especialmente durante momentos de tensión, excitación o miedo. Actúa para estimular funciones como el ritmo cardíaco, la sudoración y el flujo sanguíneo a los músculos, mientras que al mismo tiempo disminuye la actividad del aparato digestivo. Los nervios de este sistema se originan en dos regiones de la columna vertebral: la torácica (a la altura del tórax, zona del cuerpo entre el cuello y el abdomen; pecho) y la lumbar (de la parte inferior de la espalda, por debajo del tórax). Pág. 26.

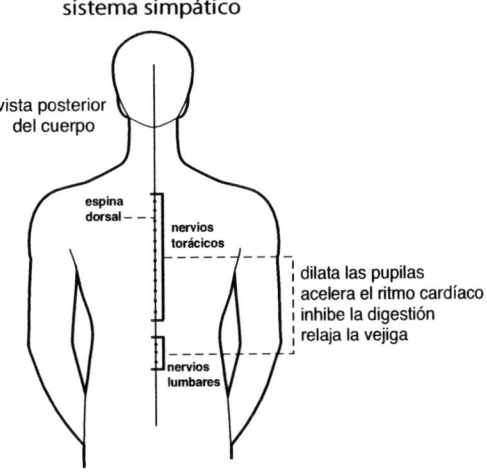

simular: fingir; representar falsamente; dar la apariencia de algo. Pág. 340.

sincronizados: que funcionan u ocurren en conjunto de manera normal o correcta. Pág. 397.

sinfín: gran número de cosas, como en: *"Un sinfín de problemas"*. Pág. 4.

sinfónico: relativo a una sinfonía, pieza detallada de música muy elaborada que consta de tres o más secciones, por lo general de grandes proporciones y diversos elementos, escrita para que la ejecute una *orquesta,* un grupo grande de músicos que tocan muchos instrumentos musicales diferentes juntos y a los que dirige un director. Pág. 76.

sinónimo: algo que está íntimamente relacionado con algo más de manera que los dos parecen ser lo mismo. Pág. 55.

sintético: que no es real ni genuino; artificial. Pág. 86.

sistema de organillo: frase que describe una acción que se repite una y otra vez, en referencia a un sistema utilizado para determinar preguntas que hacer al preclear. El término es tomado de un *hurdy-gurdy* (zanfonía) un instrumento musical parecido a un órgano tocado al dar la vuelta a una manilla una y otra vez. El sistema de "zanfonía" de Línea Directa se describe en el Libro Dos, Capítulo Siete, Memoria Directa. Pág. 288.

sistema vascular periférico: alusión a los vasos sanguíneos periféricos del cuerpo. *Periférico* se utiliza aquí para expresar algo que está situado en la superficie del cuerpo o cerca de ella, alejado de la parte central. *Vascular* quiere decir relativo a los vasos que llevan fluido corporal, como la sangre, por todo el cuerpo, y *sistema* alude a un conjunto de órganos relacionados que cooperan para llevar a cabo funciones vitales fundamentales. Pág. 27.

¡Sobrevive!: el Principio Dinámico de la Existencia es: ¡Sobrevive! En el extremo opuesto del espectro de la existencia está sucumbe. (De *Definiciones y Axiomas*). Pág. 2.

sobornar: procurarse la lealtad o apoyo de (alguien) con sobornos (entrega de dinero o de otro tipo de recompensa a cambio de un favor, especialmente si es ilícito o injusto). Pág. 65.

sobriedad, con: de forma reflexiva y seria. Pág. 420.

sociología: ciencia o estudio del origen, desarrollo, organización y funcionamiento de la sociedad humana; ciencia de las leyes fundamentales de las relaciones sociales, de las instituciones sociales, etc. *Guardas posteriores.*

Sócrates: (¿470?-399 a. C.) filósofo y maestro griego, y una de las figuras más originales e influyentes de la filosofía de la antigua Grecia y de la historia del pensamiento occidental. Antes de Sócrates, la filosofía griega se centraba en la naturaleza y origen del universo. Él recondujo la filosofía hacia la consideración de los problemas morales y a la cuestión de cuál era la mejor manera en que debía vivirse la vida. Pág. 441.

sofisticación: uso del razonamiento con falta de juicio o engañoso, pero que es mañoso, aparentemente cierto e ingenioso; tergiversación o falsificación en cuanto al argumento. Pág. 485.

solemnemente: de manera que muestra que algo es *solemne*, muy importante y que debe ser tratado con gran respeto. Pág. 149.

somático: la palabra *somático* se usa en Dianética para significar dolor o malestar físicos de cualquier clase. Los *somáticos* se describen enteramente en el Libro Uno, Capítulo Doce, Somático. Pág. 12.

SOMÁTICO DE ORDEN: SOMÁTICO TRAÍDO DE UNA PARTE DIFERENTE DE LA LÍNEA TEMPORAL POR ALGUNA FRASE DE MANDO COMO: "ME DUELE EL BRAZO". EL PRECLEAR PODRÍA TENER ESTE SOMÁTICO MIENTRAS RECORRE UN ENGRAMA PRENATAL, AUNQUE SÓLO LLEVARA TRES DÍAS DESDE LA CONCEPCIÓN CUANDO SUCEDIÓ ESE INCIDENTE. LOS SOMÁTICOS DE ORDEN OCURREN CUANDO EL PRECLEAR ESTÁ FUERA DE VALENCIA. (De *Definiciones y Axiomas*). Pág. 441.

somero: breve y carente de detalle o meticulosidad. Pág. 89.

somnolencia: pesadez y torpeza producidos por el sueño. Pág. 365.

SÓNICO: RECUERDO DE ALGO QUE SE HA OÍDO, DE FORMA QUE SE OYE DE NUEVO EN LA MENTE CON TODO SU TIMBRE Y FUERZA. (De *Definiciones y Axiomas*). Pág. 44.

sórdido: pobre y en decadencia. Pág. 160.

sostener: defender una idea o una teoría. Pág. 2.

statu quo: la condición o situación que existe en la actualidad. Pág. 183.

suavidad, con: de manera placentera, delicada o agradable. Pág. 143.

subjetivo: que surge del interior del individuo o que le pertenece estrictamente, personal (como en *realidad subjetiva,* una realidad para la persona misma). *Tabla Hubbard de Evaluación Humana y de Procesamiento de Dianética.*

sublimación: sustitución de una cosa por otra para mejorar una condición, situación, estado o algo similar. Pág. 20.

sublimar: canalizar la energía (de un impulso sexual o de otro tipo) para que en vez de ir a su meta inmediata vaya a otra de carácter o utilidad más estéticos. *Tabla Hubbard de Evaluación Humana y de Procesamiento de Dianética.*

subproducto: algo que ocurre o es producido como un resultado adicional de una acción o proceso. Pág. 403.

subsidiar: apoyar a alguien o algo mediante becas de dinero. Pág. 478.

subterfugio: cualquier plan, acción o ardid que se emplea para esconder los verdaderos objetivos o para eludir una situación difícil, desagradable, etc. Pág. 64.

subversivo: alguien que busca derrocar o destruir un gobierno, institución, etc., establecido o legalmente constituido. Pág. 102.

subyacente: que se encuentra debajo, como una base o fundamento. Pág. 300.

Sucumbir: SUCUMBIR ES LA PENALIZACIÓN MÁXIMA POR LA ACTIVIDAD CONTRA-SUPERVIVENCIA. ES DOLOR. LOS FRACASOS PRODUCEN DOLOR Y MUERTE. (De *Definiciones y Axiomas*). Pág. 51.

sufrir: pasar por un estado de dolor o molestia física o emocional; no estar bien. Pág. 323.

sugestionable: que otros pueden influir con facilidad en él. Pág. 142.

sujeto a: que puede ser afectado, influenciado o controlado por algo en particular. Pág. 22.

sumisión: la acción de poner bajo dominio o control. Pág. 332.

superficial: (referente a una idea, comentario, etc.) que no muestra pensamientos, sentimientos, etc., serios respecto a algo. Pág. 27.

supino: referido a algo negativo, que es enorme o extraordinario. Usado en alusión a un lenguaje amenazante, poderoso o persuasivo. Pág. 482.

suplemento: 1. Parte añadida o publicada como continuación de un libro u otra publicación para actualizarlo. Pág. 1.
2. Algo que se añade a algo más para mejorarlo o completarlo, como suplementos de vitaminas que se toman además de lo que uno come normalmente. Pág. 221.

súplica: apelación humilde ante alguien que tiene poder para conceder una petición. Pág. 65.

suspicacia: tendencia a tener sospechas o desconfianza. Pág. 108.

sustancia: el carácter o esencia misma de alguien. Pág. 50.

sustento: nutrientes que apoyan la vida; alimento. Pág. 167.

"tablero de planificación", resultar del: ponerse en práctica a partir de las ideas, planes, desarrollos y actividades similares que se han estado considerando. Pág. 527.

Táctil: RECUERDO DE PERCEPCIONES DEL TACTO. (De *Definiciones y Axiomas*). Pág. 11.

tacto: capacidad para tratar con una persona o para actuar con acierto en asuntos delicados. Pág. 61.

taimado: secreto y calculador. Pág. 103.

tajo: corte, generalmente profundo, hecho con un instrumento afilado. Pág. 270.

tapia, sordo como una: muy sordo. Una *tapia* es un muro o pared que separa o aísla un terreno. Pág. 77.

teatro de variedades: espectáculo y diversiones teatrales en los que se alternan diferentes presentaciones individuales, actos o variedades, incluyendo comediantes, cantantes, bailarines, acróbatas y magos. Pág. 19.

Técnica de Validación: PROCESAMIENTO EN EL QUE EL AUDITOR, POR LO MENOS DURANTE UNA SESIÓN, SE CONCENTRA EXCLUSIVAMENTE EN EL LADO THETA DE LAS CADENAS DE CANDADOS, SIN PERMITIRLE AL PRECLEAR RECORRER NADA QUE NO SEAN MOMENTOS ANALÍTICOS SOBRE CUALQUIER TEMA DADO. CUANDO EL PRECLEAR ENCUENTRA DEMASIADA ENTHETA EN UNA CADENA DADA, EL AUDITOR LE LLEVA A MOMENTOS ANALÍTICOS EN OTRO TEMA (MOMENTOS QUE CONSTITUYEN, POR SUPUESTO, UNA CADENA PARALELA A LOS CANDADOS EN ESE TEMA) OBTENIDO DEL ARCHIVISTA. DURANTE ESTE TIPO DE PROCESAMIENTO, LOS SOMÁTICOS SE ACTIVARÁN Y SE DESACTIVARÁN, A VECES GRAVEMENTE, PERO EL AUDITOR LOS IGNORA Y CONTINÚA TRAYENDO AL PRECLEAR DE VUELTA A MOMENTOS ANALÍTICOS (NO NECESARIAMENTE DE PLACER). LA TÉCNICA DE VALIDACIÓN *NO* DEBERÍA MEZCLARSE CON LA TÉCNICA DE ENTHETA. (De *Definiciones y Axiomas*).

Técnica Mest: LÍNEA DIRECTA, LÍNEA DIRECTA REPETITIVA (SCANNING DE CANDADOS LENTO, DIRIGIDO POR EL AUDITOR) Y SCANNING DE CANDADOS EN CANDADOS MEST. LOS CANDADOS DE LENGUAJE SE ENCUENTRAN CON LÍNEA DIRECTA, SÓLO COMO UNA PISTA DE LOS CANDADOS MEST

SUBYACENTES. LA TÉCNICA MEST Y LA TÉCNICA DE VALIDACIÓN SE PUEDEN Y SE DEBERÍAN COMBINAR.(De *Definiciones y Axiomas*). Pág. 527.

Técnica Repetitiva: se describe la Técnica Repetitiva por completo en el Libro Dos, Capítulo Siete, Memoria Directa. Pág. 291.

tedio: aburrimiento extremo o estado de ánimo producido cuando se soporta algo en lo que uno no está interesado. Pág. 359.

tela de juicio, poner en: poner o quedar en duda. Pág. 182.

tender a la muerte: caracterizado por una disposición o tendencia a morir; marcado por una dirección determinada y decidida hacia la muerte. *Tender* aquí significa marcado por una fuerte inclinación hacia algo, o que se inclina hacia ello, hablando de la mente o de los deseos de alguien. Pág. 102.

tenderete: quiosco, puesto o mostrador para la exhibición de mercancías para la venta. Pág. iii.

tener trato (con): juntarse o reunirse (con alguien). Pág. vi.

tensión: situación de oposición o de hostilidad no manifiesta abiertamente entre personas o entre grupos. Pág. 231.

teoría, en: de una manera que está basada en la teoría, o que está relacionada con esta, basada en explicaciones propuestas que no están totalmente probadas como hechos. Pág. 49.

terapia: (en Dianética) administración y aplicación de las técnicas y procedimientos de Dianética para resolver los problemas que tienen que ver con el comportamiento humano y la enfermedad psicosomática. Pág. 188.

terapia: (fuera de Dianética) intento de "tratamiento" de las enfermedades, incapacidades o problemas de comportamiento. Pág. 188.

terapias de control: formas de supuesto "tratamiento" que se usan en la psicoterapia, en donde el terapeuta aborda de forma activa, a menudo autoritaria, al paciente, dando consejos, sugestiones, interpretaciones y exigencias para que el paciente las siga. *De control* significa aquí que da o tiende a dar orientación y dirección, mediante consejos, información, instrucciones, etc. Pág. 188.

tercera dimensión: una *dimensión* es una medida en el espacio, incluyendo longitud (primera dimensión), anchura (segunda dimensión) y profundidad (tercera dimensión). Las dimensiones de la Tabla Hubbard de

Evaluación Humana y de Procesamiento de Dianética incluyen longitud (columnas verticales), anchura (columnas horizontales) y profundidad (extendiéndose hacia fuera de la tabla hacia el lector y representando cantidad o volumen). Por ejemplo, una persona puede tener miedo, pero sólo un poco de miedo. O puede tener tanto miedo que el miedo es terror. Aquí, la cantidad de volumen difiere, pero la posición en la Escala Tonal sería la misma. La tercera dimensión se trata en el Libro Dos, Capítulo Doce, Engramas Secundarios. Pág. 14.

Térmico: RECUERDO DE LA TEMPERATURA. (De *Definiciones y Axiomas*). Pág. 68.

terminología: sistema de términos perteneciente a cualquier ciencia o tema especializado. Pág. 30.

Theta (θ): PENSAMIENTO, POTENCIALMENTE INDEPENDIENTE DE UN RECIPIENTE O MEDIO MATERIAL. FUERZA VITAL. *ÉLAN VITAL*. (De *Definiciones y Axiomas*). Pág. 4.

theta libre: theta que es libre y no enturbulada ni transformada en entheta. Pág. 8.

Thompson, Comandante: Joseph Cheesman Thompson (1874-1943), comandante y cirujano de la armada de Estados Unidos, que estudió psicoanálisis freudiano directamente con Sigmund Freud (1856-1939). Pág. 291.

Tiempo Presente: PUNTO DE LA LÍNEA TEMPORAL DE CUALQUIER PERSONA EN QUE SE PUEDE ENCONTRAR A SU CUERPO FÍSICO (SI ESTÁ VIVO). EL "AHORA". LA INTERSECCIÓN DE LA LÍNEA TEMPORAL DEL MEST CON LA LÍNEA TEMPORAL (POSTULADA) DE THETA. (De *Definiciones y Axiomas*). Pág. 7.

tira somática: se le llama *tira somática* pues parece ser un mecanismo de indicador físico que tiene que ver con el tiempo. El auditor da órdenes a la tira somática. A la tira somática se le puede regresar al principio de un engrama e irá ahí. La tira somática avanzará a través de un engrama en cuestión de minutos contados por el auditor, de manera que el auditor puede decir que la tira somática irá al principio del engrama, luego al punto cinco minutos después del engrama y demás. La tira somática se describe completamente en el Libro Dos, Capítulo Trece, Engramas. Pág. 266.

tiranía: gobierno en el que un solo gobernante tiene el poder absoluto. Pág. 141.

tirano: persona o entidad que gobierna e impone su voluntad sobre los demás. Aquí alude a alguien o algo que es una exigente fuente de obligaciones. Pág. 170.

¡Tírate, Kelly, tírate!: frase que se acuñó a finales del siglo XIX, aludiendo al exuberante comportamiento de la leyenda del béisbol Mike "King" Kelly. "Tírate" se refiere a una acción del juego de béisbol, en que un jugador que corre se tira deslizándose, intentando evitar que lo toque el jugador contrario (momento en que quedaría eliminado), saltando y deslizándose, con los pies o con la cabeza por delante. La frase se convirtió también en el título de una canción en honor a Kelly. La frase por lo tanto se usa para expresar la existencia de un peligro cercano. Pág. 536.

tiroideo: alusión a las hormonas secretadas por la glándula tiroides, que regula el crecimiento del cuerpo y el metabolismo (la velocidad con que las células convierten el oxígeno y los nutrientes en energía y calor para uso del cuerpo). Pág. 38.

título de propiedad: documento que afirma el derecho de propiedad sobre algo. Pág. 50.

tono: estado emocional momentáneo o continuado de la persona. Pág. v.

tono: firmeza natural de los músculos cuando no están flexionados o la firmeza general del cuerpo. Pág. 26.

tono acústico: frecuencia particular de una nota musical específica. (*Frecuencia* es la cantidad de veces por segundo que la nota vibra de un lado a otro, la cual determina si la nota suena alta, como los platillos, o baja, como un contrabajo). También se usa en sentido figurado. Pág. 370.

topera: pequeño montículo de tierra que levanta un *topo* enterrado, un pequeño mamífero con grandes patas delanteras para excavar, que vive bajo tierra. En sentido figurado, una *topera* sería una dificultad menor, en especial si se ha exagerado su importancia. Pág. 259.

tortuoso: malicioso, indirecto y poco claro. Pág. 319.

totalitario: relativo a una forma de gobierno en que la autoridad política ejerce el control absoluto y centralizado sobre todos los aspectos de la vida, donde el individuo esta totalmente subordinado al estado y donde se suprime cualquier política y cultural opuesta. Pág. 189.

tracto: sistema de órganos o partes corporales que trabajan en conjunto para lograr el paso de algo como el aire, los alimentos o los productos corporales de desecho. Pág. 26.

tracto gastrointestinal: parte del sistema digestivo que incluye la boca, el esófago (el conducto que va de la boca al estómago), el estómago y el intestino. *Gastrointestinal* significa relativo tanto al estómago como al intestino, o que tiene que ver con ambos. *Tracto* alude a un grupo, sistema o serie de órganos relacionados que funcionan en conjunto para proporcionar el paso de algo como, por ejemplo, de productos alimenticios o de desecho. Pág. 26.

traicionar: actuar de una manera que es contraria a una promesa hecha; ser desleal. Pág. 259.

trance amnésico: *trance profundo* de una persona, como si estuviera dormida, que hace que sea susceptible a las órdenes. *Amnesia*, en este sentido, alude al hecho de que la persona normalmente no recuerda lo que pasó durante el estado de trance profundo. Pág. 452.

transferencia: en psicoterapia, proceso por el cual alguien, como por ejemplo un paciente, redirige inconscientemente sus sentimientos, miedos o emociones hacia otra persona, a menudo el psicoanalista. La teoría es que los sentimientos del paciente no se originan en la situación presente, sino que simplemente transfieren emociones anteriores que él o ella tenía hacia otro (como por ejemplo hacia uno de sus padres), trayendo supuestamente así a la superficie estos sentimientos. Pág. 65.

transitorio: que dura un breve periodo; que existe brevemente; temporal. Pág. 310.

trastorno: estado de estar *trastornado*, inmerso en desorden o confusión; desarreglo. Pág. 132.

tres procesos válidos: los tres procesos válidos son: (1) cambiar el entorno del preclear, (2) la educación y (3) el procesamiento individual. Los tres procesos válidos se describen enteramente en el Libro Dos, Capítulo Uno, Los Principios Básicos del Procesamiento. Pág. 183.

triangular: propio de un triángulo: figura, objeto, parte, etc., de tres lados, o parecido a aquel. Pág. 514.

tribulación: angustia o pena muy intensas. Pág. 281.

trillado: carente de frescura o novedad, debido a que se ha empleado o repetido mucho. Dicho de un asunto o un argumento, muy común, sabido o usado. Pág. 32.

trivial: ordinario, sin interés y aburrido. Pág. 109.

truco de salón: forma ingeniosa y efectiva de obtener un resultado o lograr un fin; proviene de una analogía con *magia de salón*, la práctica de magia en el salón de una casa. Pág. 307.

tuberculosis: grave enfermedad infecciosa en la que aparecen inflamaciones en los pulmones y otras partes del cuerpo, y que fue, en otro tiempo, una de las causas más comunes de mortandad en el mundo. Pág. 37.

tumultuoso: caracterizado por el tumulto (confusión, agitación, perturbación); muy agitado o turbulento. Pág. 46.

turbulencia: condición de estar violentamente agitado o alborotado; desorden o conmoción violenta. Pág. 5.

ubicado: estar situado en un determinado espacio o lugar. Pág. 6.

úlcera: llaga en el revestimiento interno de un órgano como el estómago, acompañada del deterioro del tejido circundante, así como de dolor y malestar. Pág. 524.

umbral: entrada o principio de un proceso. Pág. 65.

unidades de atención: cantidad de consciencia medida en energía theta. Podría decirse que las unidades de atención existen en la mente en cantidad variable de una persona a otra. Esta sería la dotación de theta de la persona. Las unidades de atención se describen por completo en el Libro Dos, Capítulo Seis, Tiempo Presente. Pág. 60.

unísono, al: al mismo tiempo; en acuerdo o armonía precisos y perfectos; correspondiendo de forma exacta. Pág. 264.

unitario: que está formado por una sola unidad. Pág. 218.

universitario, típico de: relativo a estudiantes de universidades o para ellos; en este caso se considera que son instruidos, pero en realidad carentes de verdadero conocimiento y carácter. Una *universidad* es una escuela de educación superior, a la que se asiste después del bachillerato. Pág. 295.

UNIVERSO THETA: MATERIA DE PENSAMIENTO (IDEAS), ENERGÍA DE PENSAMIENTO, ESPACIO DE PENSAMIENTO Y TIEMPO DE PENSAMIENTO, QUE SE

COMBINAN EN UN UNIVERSO INDEPENDIENTE ANÁLOGO AL UNIVERSO MATERIAL. SE POSTULA QUE UNO DE LOS PROPÓSITOS DE THETA ES LA CONQUISTA, EL CAMBIO Y LLEVAR ORDEN AL MEST. (De *Definiciones y Axiomas*). Pág. 51.

uso: acción libre; libertad, oportunidad o espacio para la acción; ámbito para la actividad. Pág. 18.

usurpar: encargarse de algo y desempeñarlo (por otro) sin el derecho de hacerlo. Pág. 452.

utopía: de la utopía, con utopía o relacionado con ella. *Utopía* es un plan, idea o concepción que se muestra como irrealizable en el momento de ser concebido o realizado. Pág. 336.

vaca sagrada: institución, sistema, costumbre, etc., que ha existido por mucho tiempo y que se considera que está por encima de cualquier cuestionamiento o crítica. Proviene de la tradicional creencia religiosa hinduista de que las vacas son sagradas y por lo tanto protegidas de cualquier agresión. Pág. 1.

vacilación: acción de alternar o vacilar en cuanto a opinión o parecer; indecisión. *Tabla Hubbard de Evaluación Humana y de Procesamiento de Dianética*.

vacilante: que no está muy firme. Pág. 100.

vacío: espacio que no contiene aire ni otra materia perceptible. Pág. 114.

vajilla: objetos usados para servir y comer alimentos, como platos, vasos, cuchillos y tenedores. Pág. 76.

valencia: una valencia es una identidad, falsa o verdadera. El preclear tiene su propia valencia; además están a su disposición las valencias de todas las personas que aparecen en sus engramas. La *valencia* se describe en el Libro Uno, Capítulo Dieciséis, Condición de la Línea Temporal y las Valencias. Pág. 76.

valencia, en: la persona está dentro de sí misma y obtendrá la escena tal y como ella la vio. No obtiene una vista de sí misma como parte del escenario. Pág. 79.

valencia sintética: persona artificial. La valencia sintética se describe completamente en el Libro Dos, Capítulo Quince, Circuitos. Pág. 86.

validez: mostrar o probar el valor de algo, especialmente a la luz de los últimos acontecimientos. Pág. iii.

Valor: si el VP (Valor Potencial) de un individuo es alto y está alineado con las dinámicas hacia la supervivencia, se podría decir que su valor es muy alto. Una persona con un alto VP, sin embargo, puede estar aberrada de manera que su VP se invierta en dirección hacia sucumbir, y su valor sea bajo. Esto se puede calcular para cualquiera de las ocho dinámicas o para todas. (De *Definiciones y Axiomas*). Pág. 81.

Valor de Un Dato: un dato es importante o valioso en la medida en que tenga relación con la supervivencia. (De *Definiciones y Axiomas*).

válvula de vacío: componente ampliamente utilizado en electrónica para controlar los flujos de corrientes eléctricas. También llamada "lámpara", porque parece una bombilla; es un tubo de cristal cerrado herméticamente, del que se ha extraído casi todo el aire para mejorar el flujo eléctrico. Pág. 5.

variable incontrolable: literalmente, cantidad o número que durante un cálculo matemático varía de manera inestable o incontrolable, haciendo imposible llegar a conclusiones o respuestas precisas. *Incontrolable* significa aquí "carente de restricción o control; inestable". Una *variable* es algo que puede cambiar, sobre todo en el sentido matemático; es una cantidad que varía, que se tiene que tener en cuenta en una situación. Se usa en sentido figurado. Pág. 3.

variable: propenso a cambiar rápida y repentinamente. *Tabla Hubbard de Evaluación Humana y de Procesamiento de Dianética.*

variedades, teatro de: espectáculo y diversiones teatrales en los que se alternan diferentes presentaciones individuales, actos o variedades, incluyendo comediantes, cantantes, bailarines, acróbatas y magos. Pág. 19.

vascular: relativo a los vasos que llevan fluido corporal, como la sangre, por todo el cuerpo. Pág. 27.

veleta: persona afectada por otros o por el entorno y que cambia fácilmente o a menudo. Una *veleta*, literalmente, es una pieza de metal, ordinariamente en forma de flecha o manecilla del reloj, que se coloca en lo alto de un edificio, de forma que pueda girar alrededor de un eje vertical impulsada por el viento, y que sirve para señalar la dirección del mismo. Pág. 419.

velocidad de la luz: 300,000 kilómetros por segundo. En la ciencia, se considera que la velocidad de la luz es una *constante,* una cantidad que siempre es la misma. Pág. 42.

vendedor: persona que vende cosas, por ejemplo comida o periódicos, normalmente afuera en la calle. Pág. iii.

veneno: líquido tóxico secretado por animales como las víboras, arañas, escorpiones, abejas, etc. Aquí alude a algo que parece veneno en su efecto, o que lo sugiere. Pág. 186.

venérea: se dice de la enfermedad que se contagia por relaciones sexuales con una persona que ya estaba infectada. Pág. 194.

venezolano: persona originaria de Venezuela, república en el norte de Sudamérica, o alguien que la habita. Pág. 184.

verdadero: que posee todas las cualidades distintivas de la persona o cosa específica. Pág. 512.

versatilidad: capacidad de hacer muchas cosas diferentes. Pág. 477.

vértebra: cualquiera de los pequeños huesos circulares que forman la columna vertebral de un ser humano. Pág. 102.

vestigio: señal que queda de otras cosas, materiales o inmateriales, tal como en: *"Un vestigio duradero de memoria".* Pág. 11.

vías: modos o maneras de entrar en algo o de aproximarse a ello; maneras de acceder o de lograr algo. Pág. 71.

víbora: serpiente venenosa. Se usa en sentido figurado para referirse a una persona maligna, malintencionada. Pág. 142.

VIDA (λ): CONQUISTA ARMONIOSA DE MEST POR THETA, EN LA CUAL SE FORMA UN ORGANISMO QUE SE AUTOPERPETÚA. LA MUERTE ES LA RETIRADA DE THETA DEL ORGANISMO. (De *Definiciones y Axiomas*). Pág. 2.

vil: bajo en la escala moral, sin dignidad; indigno. Pág. 188.

virar: inclinar un avión hacia un lado al girar en el aire. Pág. vii.

virgen: en su estado original o intacto. Pág. 48.

virilidad: conjunto de características que tradicionalmente se han considerado propias de un varón, como la fuerza, el valor o la firmeza. Pág. 137.

virulento: extremadamente dañino o mortal. Pág. 314.

virus: entidad submicroscópica con un tamaño de entre uno y cinco por ciento del de las bacterias, y que no puede sobrevivir fuera de otro organismo vivo, teniendo que vivir dentro de la célula de otro ser vivo. Los virus causan enfermedades en los humanos, los animales y las plantas. Pág. 37.

Visión: RECUERDO DE ALGO VISTO, DE FORMA QUE SE VE OTRA VEZ EN LA MENTE A TODO COLOR, ESCALA, DIMENSIÓN, BRILLO Y DETALLE. (De *Definiciones y Axiomas*). Pág. 60.

vista, a la: de forma que se pueda ver o recordar. Pág. 270.

vital: 1. Extremadamente importante y necesario para la supervivencia o la efectividad continua de algo. Pág. 132.
2. Lleno de vida; energético. Pág. 185.

vitalidad: energía y entusiasmo. Pág. 316.

vivisección: la acción y el efecto de cortar a un ser vivo para examinar la estructura, relación de sus partes o aspectos similares. Pág. 35.

volar: causar que algo se disipe y desaparezca. Pág. 45.

votos, tomar los: un voto es una promesa formal y seria, especialmente una religiosa, de hacer algo. "Tomar los votos" es hacer una promesa formal y significa unirse a una comunidad religiosa que vive junta y sigue reglas y modos de vida específicos. Pág. 243.

$VP=ID^x$: ESTA FÓRMULA EXPRESA EL VALOR POTENCIAL (VP) DE UNA PERSONA. LA I REPRESENTA INTELIGENCIA, Y LA D REPRESENTA DINÁMICA. (De *Definiciones y Axiomas*).

vulgaridad: estado o condición de ser vulgar, que muestra ignorancia de algo o falta de buenos modales o moralidad. Pág. 81.

x: símbolo de una potencia desconocida. (En matemáticas, una *potencia* es las veces que se multiplica por sí misma una cantidad dada. Por ejemplo, 3^3 es 3 por 3 por 3 = 27). La "x" en este caso es la Dinámica de una persona elevada a una potencia desconocida. Pág. 531.

y allá va: expresión que significa que llega a su fin o que se ha terminado por completo. Pág. 34.

Glosario Editorial de Palabras, Términos y Frases

"Yo": CENTRO DE CONSCIENCIA DEL ESTADO DE CONSCIENCIA. LOS ORGANISMOS SON CONSCIENTES DE SU ENTORNO. LOS ORGANISMOS SUPERIORES TAMBIÉN SON CONSCIENTES DE ESTE PRECISO ESTADO DE CONSCIENCIA. SE PUEDE DECIR QUE EL "YO" DEL SER HUMANO ES EL CENTRO O PUNTO DE CONTROL DE ESTA CONSCIENCIA DEL ESTADO DE CONSCIENCIA. (De *Definiciones y Axiomas*). Pág. 75.

zancos: par de palos con apoyos para los pies, que le permiten al usuario caminar elevado del suelo. Así, en sentido figurado, cualquier cosa que actúa para extender la posición normal, el alcance normal, etc. Pág. 293.

zorra de Esopo: alusión a la zorra de la fábula *La Zorra Sin Cola,* escrita por el legendario escritor griego Esopo. La fábula habla de una zorra que queda atrapada en una trampa. Incapaz de zafarse (liberarse), decide cortarse la cola a mordiscos para liberarse. Poco después, dándose cuenta del extraño aspecto que tiene sin cola, decide convencer a las otras zorras de las ventajas de no tener cola, y las persuade para que se deshagan de las suyas. Las otras zorras se dan cuenta de lo que pretende, y su plan fracasa. Pág. 476.

Índice Temático

A

"a base de golpes", aprender, 7

aberración, 15, 20, 127, 371, 417, 524
    acumulativa, del cuerpo
        theta, 331
    base de toda, 246
    causa básica de, 387
    conducta y, 415
    contagio de, 49, 224, 240–241
    cuatro fuentes de, 330
    definición, 531
    educativa, definición, 331
    entheta en un caso y, 291
    estructura humana y, 331
    factores mecánicos de, 237–247
    frases en engramas y, 330
    fuente de
        básica, 392
    fuente del, 330, 404
    grave y secundarias, 380
    heredada en la línea genética, 331
    línea familiar de, 241
    manifestaciones de, 449
    mecánica, definición, 330
    mental o física, 348
    por el entorno, definición, 331

aberración acumulativa del cuerpo theta, 331

aberración mecánica
    definición, 330

aberrado, 51

aborto, 135
    recuerdo del niño e intento de, 289

absolutos
    son inobtenibles, 493

abuelo
    "igual que su abuelo", 123

aburrimiento
    (caso 2.5), definición, 22, 58

accesibilidad, 419–425
    bajo en la Escala Tonal y, 424
    definición, 419, 544

accidentes
    banda de apatía y, 196
    propensión a los accidentes, 38

acné, 270

acopio
    theta
        devuelve el pleno uso de la propia, 18

actitud de "no discutamos acerca de eso", 101

actitud de "tal vez, ¿qué más da?", 116

actividad pseudosexual, 133

actores, 113

acuerdo
    definición, 112

realidad, 72, 111–115
véase también **realidad**

adornos de 1910, 274

adulación, 101

afinar los percépticos, 256

afinidad, 41, 44, 63–65, 72, 166, 255, 296
    auditación y, 175
    buena cambiada a deficiente, 224
    candados y, 128
    circuitos y, 445
    componente de theta, 367
    computaciones y, 300
    definición, 63, 537
    dinámicas y, 53
    emoción y, 55
    engramas de ruptura o de imposición de, 61
    engrama y ruptura de la básica de, 246
    entre padre y niño, 295
    entre theta y MEST, 5, 372
    impuesta, 296
        inhibida y, 445
    incidentes imaginarios y, 341
    inhibición de, 299
    Procesamiento Positivo y, 326
    sónico y, 82
    véase también **ARC**

afinidad, realidad y comunicación, *véase* **ARC**

agitar los párpados, 467

agrupador, 269
    definición, 118, 401, 432, 536
    ejemplos, 210
    valencia, 439

A igual A igual A igual A, 334

aislante
    analogía entre las unidades de memoria, 335

alcohol
    auditar al preclear bajo la influencia de, 189

Alemania, 313

aliado, 341, 374
    definición, 540
    en la valencia de, 205
        antipatías y, 305
    pérdida de, 304

aligerar
    engramas, 427–429
    la emoción, 61
    técnica de Aligerar, 427

aligerar la carga, 442, 499

alma, 4, 534
    se marcha, 8

alojamientos sórdidos e inmundos, 160

altura, 514
    altura de datos, definición, 544
    auditor y, 514
    computacional, definición, 545
    definición, 544
    de presencia personal, definición, 545
    posicional, definición, 545

Índice Temático

altura computacional
    definición, 545

altura de datos
    definición, 544

altura de presencia personal
    definición, 545

altura posicional
    definición, 545

ámbito médico, 37-40

ámbito psiquiátrico, 29-35

amor, 63, 64
    Amor Libre, 132, 189
    "amor" llevado clandestinamente, 150
    recibir o dar, 45
    "Tú no me quieres", 299

Amor Libre, 132, 133, 189

analizador, 416
    cierre, dolor y, 92
    véase también mente analítica

analogía musical de theta, 46

anatén, 92-96, 261, 390, 446, 448, 499, 519
    aligerado del caso, 263
    boil-off y, 365
    bostezos y, 403, 446
    definición, 92

anestesia, 245, 403, 461
    hipnotismo y, 459

antagonismo, 64
    cómo auditar el caso 2.0, 521
    humor en el nivel de, 178
    véase también **Tono 2.0**

anticapitalismo, 145

anulación, 423, 520
    definición, 182
    de individuos, 294
    del ARC, 302
    enturbula theta, 182
    Escala Tonal y descripción de, 185
    sistema de organillo y, 303
    esfuerzo del 1.1 por reducir a un 3.5, 183

Apatheia de Zenón, 191

apatía, 23, 104, 172, 183, 191-196, 317, 520
    alejamiento completo y, 65
    aligerar, 60
    candados, 525
    caso, y persistencia en auditación, 173
    cómo auditar el caso 0.1, 525
    definición, 23
    enturbular la theta libre, 201
    infracción más flagrante de la verdad y, 84
    ningún código moral y, 198
    resistencia a las infecciones y, 39
    secundaria, 88, 378

aprender
    "a base de golpes", 7
    enturbulación y, 217

aprendizaje por medio del placer y el dolor, 9

arbitrario
    autoritario, destructivo, 151
    definición, 542
    Introducción de un Factor Arbitrario, 542

ARC, 41–54, 84, 296, 525, 539, 586
    auditor y elevado, 380
    candados de, *véase* **candados de ARC**
    candados y secundarias, 82
    definición, 537
    entre el auditor y el preclear, 343
    impuesta, definición, 296
    infringir el Código del Auditor, y, 255
    inhibición del, 299
        exigido o, 304
    matemáticas y, 51
    Memoria Directa y, 287
    secundarias de ARC impuesto o negado, 129
    secundarias de, *véase* **secundarias de ARC**
    sistema de organillo y, 303
    theta y, 41–54
    triángulo, *véase* **Triángulo ARC**
    visión y, 85
    véase también **afinidad; comunicación; realidad**

archivista, 119, 266, 394–415, 450, 451
    auditor consulta con el, 398
    boil-off inducido y, 501
    Clear de archivista, 504
    condición del, 449–457
    definición, 394
    de repente deja de operar, 442
    diferencia entre la tira somática y, 395
    engramas secundarios y, 380
    ineptitud y desconexión de, 455
    no fiable o no responde, 457
    pedirle el tipo de frase, 210
    Scanning de Candados y, 355
    "Sr. Archivista", 455
    uso de, 434, 453

ARC impuesto
    definición, 296
    sistema de organillo, 303

ARC inhibido, 299, 302

área básica
    definición, 546

argucias, 158, 324

artista, 81, 113, 331, 476–482
    destruido, 203
    educación autoritaria y, 223
    los sueños de la cultura son soñados por el, 481
    neurosis y, 476
    papel de, en la sociedad, 479
    versatilidad, 477

artritis, 39, 97

asesinato
    de la personalidad o proyectos de otros, 186

asociación libre, 34, 226, 287, 307

atacar, 25, 163
    violento, 1.5 y, 27

atención
    demasiado fija frente a una zona demasiado amplia, 222
    fija, 199

atenuación analítica, *véase* **anatén**

ateos, 486

atorado en la línea temporal, 39, 77, 94, 272, 353, 394
    indicios de, 517
    respuesta relámpago y, 119
    1.5, 1.1 y, 363

"atorado en tiempo presente", 121, 278, 496

auditación
    a uno mismo, *véase* **auto-auditación**
    autoritaria, 175, 196, 230, 417
    de casos, cómo, 515-526
    marido y mujer, 34
    mecánica, indolente y descuidada, 230
    Scanning de Candados de la, 360, 413, 435, 468
    valentía y, 163
    vitaminas y, 262

auditación entre marido y mujer, 34, 345, 423, 513

auditor, 174, 206, 227, 258, 457
    actitud interrogadora, 454
    advertencia, 256
    altura, 514
    confianza, 266
    cuidar de uno como auditor, 234
    definición, 15
    descripción según el Código, 233
    elevado nivel de theta, 502
    elevar el tono, 15
        propio, 234
    eliminar con scanning las sesiones dadas, 512
    grupo de preclear y, 342
    habla demasiado, 264
    instrumentos del, 394-399
    interés demasiado intenso o demasiado pequeño, 454
    interés primario, 285
    meta del, 244
    misión del, 229, 282
    movimiento de la mano o de los pies, 453
    niños y papel del, 231
    observación, 273
    perspicacia de, 288
    preclear que propicia y, 173
    presencia del, 509, 526
    procesamiento del, 225
    propósito del, 232, 247
    psicometría de dos minutos, 105
    reestimulado, 510
    tono del, 104, 220, 509-514
        procesamiento y, 162
    valentía de, 162, 264, 405

Auditor, Código del, *véase* **Código del Auditor**

aura, 474

aura de diez kilovatios, 19

Autoanálisis, 443

auto-auditación, 298, 509
    circuitos y, 298

autocontrol, 439

    circuitos y, 442

auto-determinismo, 20, 174, 231, 374, 438, 439, 442

    ARC y, 296

    auditor reestablece, 234

    comunicación impuesta frente a, 297

    destrozar el, 188

    educación y, 202

    enseñanza autoritaria suprime el, 222

    identidad personal y, 375

autómata

    auto-determinismo y, 223

"auto" procesamiento, 443

autoritarismo

    arbitrariedad destructiva y, 151

    arte y, 482

    auditación, 175, 196, 230, 417

    educación y, 203, 222, 223

    estética y, 480

axiomas

    conocimiento y dos básicos, 249

    de Dianética, 49, 215, 251, 480

    de Dianética, en conformidad con axiomas básicos, 1

    definiciones y, 529-547

axiomas de Dianética, 49, 215, 251, 480

ayuda

    de Dianética, 389, 390

    definición, 39

B

B_1, 448

    comida insuficiente y, 262

Bach, 485

Bacon, Francis, 484

bacterias, 97

    engrama frente a, 37

Bailarines Fantasma, 196

banco de memoria estándar, 75, 239

    definición, 239, 471

    dolor y, 471

    véase también **memoria**

banco reactivo (de memoria)

    definición, 75

    véase también **mente reactiva**

básico-básico, 204, 263

    definición, 121, 546

básico en una cadena, 96

belicistas, 168

Bencedrina, 462

Bergson, 3

Betania, 49

bien

    definición, 251

    descripción, 252

    Fuerzas del Bien, 251

bien y el mal, 153

    ética y, 153

biología, 3

bioquímica, 3

Índice Temático

boil-off, 160, 262, 291, 434, 446, 467, 499-501
    archivista y, 501
    conducta del auditor, 262
    en Scanning de Candados, 364
    manejo, 263
    no interrumpir durante, 448, 500

bomba atómica, viii, 43
    Japón y, 164

Bonzo, 440

borradura, 519
    bostezos y, 403, 499
    definición, 403

bostezos, 446, 499, 519
    anatén y, 403, 446
    borrado y, 403, 499
    cuando se hace scanning a momentos de placer, 326

boxear con una sombra, 102

buenas carreteras, tiempo y, 101

C

cadena, 413
    básico en la, 96
    de candados, 282, 354
    de engramas, 280, 431-435
    definición, 432
    scanning de engramas, *véase* **Scanning de Cadenas; engrama**

calvinismo, 480

campo puntual
    de la energía del cuerpo, 474

canalla despreciable, 173

cancelador, 468

cáncer, 304

candados, vii, 13, 92, 204, 347-352
    cadena de, 282, 354
    cuándo recorrer secundarias y, 96
    de ARC,
        véase **candados de ARC**
    de dramatización interrumpida, definición, 539
    definición, 127, 349, 532
    descripción, 376
    diferencia entre secundaria y, 243
    dramatización interrumpida, definición, 128, 348
    impuestos, ARC inhibido, 302
    lenguaje, *véase* **candados de lenguaje**
    manifestaciones, 125, 127-129
    Memoria Directa y, vii
    MEST, *véase* **candados MEST**
    niños y, 243
    objetivo usual de la Memoria Directa, 288
    reducción de, v
    Reducción de Candados, v
    reestimulación, *véase* **candados de reestimulación**
    scanning, 203, 256
        véase también **Scanning de Candados**
    severos, personas más bajas de tono y, 206
    sólo se pueden recibir cuando, 348

tipos de, 128
toda la educación puede ser un, 203

candados de ARC, 128, 353
definición, 128, 539

candados de dramatización interrumpida
definición, 128, 348, 539
véase también **dramatización**

candados de lenguaje
definición, 546

candados de reestimulación
definición, 128, 348, 539

candados MEST
definición, 546

caníbal
por educación, 125

capas
caso se recorre por, 93

caprichos del comportamiento, 259

características
theta cambiando las, 46
theta que excede la entheta, 223

características fisiológicas, 274
comportamiento y, 25–27

carga, 86, 124, 277, 446
aberración por cantidad de, 330
aislar y separar en compartimentos, 79
caso muy cargado, 127, 280
definición, 533
frases con mucha, 121
recorrerla hasta quitar el boil-off, 160
valencia y, 446

carga de línea, 421

Carlyle, Thomas, 71

Carrel, Alexis, 373

Cary, David, 34

caso, 266, 271, 276
bajo de tono, 350
cómo auditar, 515–526
para cada tono, 518–526
con más entheta que theta, 284
con mucha carga, 94
declive del, 265
eliminar emoción desagradable del, 378
empezar un, 515
entheta en el, 291
entheta relativa en el, 489–507
frases de acción y, 124
fuertemente cargado, 256, 279, 350, 438, 443
historias de, *véase* **historias de caso**
incidente necesario para resolver el, 398
muy cargado, 86, 127, 280
frases y, 121
ocluido, *véase* **caso ocluido**
progreso general del, 262
psicosomáticamente enfermo, 94
suerte por encima de 2.0, 313
tono del auditor necesario para manejar el, 509–514

1.1 y "errores" inevitables en, 206
valencia, 86

caso abierto de par en par, 95, 123, 363, 419-421, 524
    cambiadores de valencia y, 211
    candados y, 352
    definición, 258, 419
    gran maníaco en reestimulación plena y, 517
    recorrer engramas en, 507
    recorrer secundarias y, 383

"caso ataúd", 128, 385, 446

caso bajo de tono
    candados y, 350

caso con mucha carga
    definición, 94

"caso de control", 298

caso 2.5, *véase* **aburrimiento**

caso ocluido, 76, 123, 381, 421, 496, 502, 523
    boil-off y, 263, 500
    caso abierto de par en par frente a, 259
    circuitos que producen emoción desagradable y, 384
    engramas secundarios y, 369
    hipnotismo y, 467
    no visión, 84, 88
    poder de razonamiento y, 506
    por debajo de 2.0 en la Escala Tonal, 260
    Scanning de Candados y Línea Directa, 256
    muy, 353
    somáticos y, 94, 95

caso psicosomáticamente enfermo, 94

caso sin sónico, 78

caso 1.5
    definición, 58
    hechos y, 158
    Scanning de Candados y, 522
    sentido del humor de, 178
    véase también **enojo**

castigo
    amenazas de, 189

castigo corporal
    niños y, 135

Cataratas del Niágara, 5

células, 8, 9
    mente somática y, 474
    vestigio duradero de memoria en, 12

cementerio, 313

cerebros con malformaciones, demencia de, 240

Césares, pequeños, 204

chasquear los dedos, uso de, 119, 272, 279, 394, 426, 453

chismoso/chismorreo, 103, 142

choque
    de insulina, 188
    pesar, 39

ciclo
    contacto, crecimiento, deterioro y muerte, 215
    de acción, término de, 128

de aprendizaje por medio del placer y el dolor, 9
de creación, 44
de existencia, 6
de theta comprendiendo MEST, 43
de vida, definición, 533

ciclo de vida
definición, 533

ciencia
cuerpo y, 474
definición, 1

ciencia materialista, 484

cierre
frase de mandato y, 77
somático, 388
sónico, 44, 76
visión y, 234

cinestesia, 68
definición, 68, 541

circo romano, 323

circuito/circuitería, 84, 294, 298-299, 382, 416, 437-448
(perturbación) de visión, definición, 444
(perturbación) sónica, definición, 444
auto-auditación y, 298
circuito de oclusión
definición, 444
"conmutador telefónico" de, 282
control, 424, 442, 447, 450, 456
definición, 298, 437

demonio, 441, 455
control, 505
definición, 77
existencia de, en un caso, 381
1.1 y mente llena de, 103
valencia, 270
frente a, 441
vendedor, 450

circuito de control, 424, 447, 450, 456
descripción, 442

circuito demonio, *véase* circuito/circuitería

circuito de oclusión
definición, 444

circuitos de (perturbación) sónica
definición, 444

circuitos de (perturbación) visión
definición, 444

círculos concéntricos, 139

"círculo vicioso" tridimensional, 243

citología, 134

ciudad de Nueva York, iluminación, 5

clariaudición, 69

clarividencia, 69

clasificaciones psiquiátricas, 29, 30

clavo para una herradura, falta de, 312

Clear, 12, 51, 78, 88, 219, 369
Clear de archivista, 504

"Clear falso", 518
Código del Auditor y, 235
coeficiente de inteligencia y, 19
definición, 350
descripción, 18, 237
hacer un, 207
por qué se le llama un, 20
preclear afirma ser, 265
producir un, 19
tiempo presente y, 282
toda la theta disponible, 51, 125
unidades de atención y, 275
véase también **Clear Mest**

"Clear falso", 518

Clear Mest, 57, 71
definición, 18
definición técnica, 94
véase también **Clear**

Coal Hill, 199

co-auditación, 225, 422, 512
de tres, 514
equipo formándose, 343, 422
marido y mujer, 34, 345, 423
no funcionabilidad y, 513
paridad en, 207

cobarde, 150, 161
"amor" llevado clandestinamente, 150

Código del Auditor, 229–235, 453
definición, 229
dos aspectos más importantes del, 234
infringir, 78, 232, 523
engrama sin reducir, 78
más grave, 300

pareja conduciéndose de acuerdo al, 235
pareja en relación constante, 235
preservación de theta y, 225
principios sagrados, 233

código moral
apatía y ningún, 198
ética frente a, 151
fuera de tiempo presente, 277
surge cuando, 150

coeficiente de inteligencia (IQ)
del criminal, 251
de un Clear, 19

Colina del Carbón, 199

Columbia
profesor de física de, 412

compañero de cama, 1.1, 190

compartimentación, 86
valencia, definición, 437

compasión
apatía y búsqueda de, 193
engrama, 340
incidentes, 340

"**complejo de superioridad**", 165

comportamiento
caprichos del, 259
características fisiológicas y, 25–27
humano, *véase* **comportamiento humano**
las dinámicas del, -1
sexual, 131–137

comportamiento humano
    exactitud de la predicción del, 412
    manejar a los demás, 181
    nido de víboras, 186
    véase también **comportamiento**

comprensión
    4.0 y nivel de, 177
    definición, 50

compresas frías, 35

compulsión, 334
    de copiar a ciertas personas, 441
    Dianética previene, alivia, ii
    engramas y, 330, 368
    erradicación de, 230
    mentir como una, 158

computación, 67, 275
    definición, 50

computaciones respecto al secreto, 517

computadora/computador
    corrección y, 472
    factores desconocidos y, 126
    mente frente a, 5

comunicación, 67-73, 82, 99, 107
    afinidad, realidad y, 41, 72
    al hablar, al escuchar y la escala tonal, 99-105
    buena, cambiada a deficiente, 224
    candados y, 128
    ciencia de la percepción, descrita, 67
    circuitos y, 445
    definición, 537
    engramas de ruptura o de imposición de, 61
    impuesta, 297
        inhibida y, 445
    inhibición de, 301
    parte del Triángulo ARC, 44
    Procesamiento Positivo y, 326
    procesamiento y, 175
    punto de retransmisión, Escala Tonal y, 107-109
    sociedad y, 142
    véase también **ARC**

comunismo, 143

concentración, 26

concepción, 262, 290, 397, 519
    recordar tercer mes después de la, 290
    recorrer, 406-408

conclusiones
    archivados por tiempo y tema, 471

conducta
    aberración que dicta la, 415
    del auditor, boil-off y, 262
    evaluar, 253
    humana, 125
    momentáneamente la de un Clear, 369
    no ética, 150

conducta no ética, 150

conmoción, 39

conocimiento
    dos axiomas básicos acerca de, 249
    enturbulación primaria y, 43

Índice Temático

consciencia, 275
    corriente de, 441, 451
    reducida, dolor físico y, 244

conservadurismo
    dones sociales y, 184
    mentiras sociales, 157

conspiración, 142

consultores
    auditor y archivista, 399

contador, 312

contagio de la aberración, 49
    definición, 240
    ley de, 224
    principio de, 240–241

contra-supervivencia, 126, 149

control
    del público, 105

control del MEST
    ordenado de forma irracional por los engramas, 94

conversación
    al hablar, al escuchar, 99–105

copa de plata en un concurso hípico, 321

corazón
    latido del corazón, acelerado, 266
    somáticos crónicos y, 474

corbata, 466

cordura
    contagio de, 241
    determinar el nivel de, 31
    Dianética y, iv
    escala de, 17
    legalmente definida, 153
    límite de, 83
    tiempo presente, 269

correcto e incorrecto, 252
    mente analítica, 473
    sobrevivir y sucumbir, 543

"corriente de consciencia", 441, 451

creación
    artística, 476
    ciclo de, 44
    proporción entre destrucción y, 141

Creador, 167
    Octava Dinámica, 54

criminales, 151
    meta de Dianética y mundo sin, i
    sexo, 103

crisis psicótica, 32, 33, 408, 417
    enturbular la theta restante y, 33

cristianos, 283, 479

crítica
    al niño por ser imaginativo, 329
    "por su propio bien", 185
    se intensifica hacia abajo hasta 1.0, 116

cuarentena
    aquellos por debajo de 2.0, 184
    de psicóticos, 152

Cuarta Dinámica, 54, 167
    definición, 53

cuatro falso, 58, 160, 378
    definición, 545

cuatro terapias válidas, 20

cuerpo, 502
    campo puntual de energía, 474
    definición de cuerpo MEST, 534
    fluidos acercándose a la zona lesionada, 97
    manifestaciones de liberación de entheta, 418
    muerto, 13
    olor, 377
    posición (percéptico)
        definición, 68

cuerpo MEST
    véase también **cuerpo**

cuerpo theta, 68, 254, 368, 494
    aberración por, 331
    definición, 534
    evolución de, 491
    existe como identidad personal, 70
    línea temporal y, 118
    muerte y partida del, 474

cuestionario, 255, 385, 516

cultura
    definición, 535
    riqueza de, 113
    tan grande como sus sueños, 481

culturas americana y europea
    sexo y, 132, 133

curación por la fe, 48

curso
    básico o profesional, vii

D

Darwin, 484

dato(s)
    de magnitud comparable, 544
    deshonroso, 510
    Escala de Gradiente del Valor Relativo de, 543
    evaluación de, 542
    masas pastosas de, 203

defender al desvalido, 198

Definiciones y Axiomas, 1, 529–547

deformidad, 12

dejar en la estacada, 102

delincuentes, 251

delito
    definición, 251

delusión, 329, 383, 411
    tres maneras de manejar, 337

demencia, 102, 269–271, 337, 409
    contagio de, 152, 240
    dos tipos de, 270
    guerra y, 199
    "Ven a tiempo presente" y, 120
    véase también **psicosis; psicótico**

de Mesopotamia, 484

democracia, 141, 479

democracia jeffersoniana
    definición, 141

depósitos de theta, 325

derechos civiles, 152

dermatitis, 304

desahogar hostilidades, 315

descargar
    definición, 428

descuido, 168, 192

desorientador, 269, 401
    definición, 121, 536
    ejemplos, 210

destrucción
    insidiosa y apatía, 195
    proporción entre creación y, 141

desvalido, defender al, 198

Diablo, 249
    Dios y, 483
    secuaces del, 170, 254

diagrama
    Theta, MEST, entheta, enMEST, vida y organismo, 490

Dianética, 44, 173, 194
    definición, i, 1
    descripción, ii, 8
    enfermedad y, ii
    esfuerzo sincero por poner en práctica, 233
    evaluación, 17–23
    Grupo, *véase* **Dianética de Grupo**
    invalidación, razón para, 409
    Médica, 39
    meta de, i, iv
    mezcla de, 34
    neurosis y, 197
    postulado principal de, 249
    Preventiva, 40
    psicosis y, 197
    qué está haciendo el auditor, 215
    términos nuevos y, 55
    theta y MEST, 4, 41, 215
    triángulo de, 301
    validada, iii

Dianética: La Ciencia Moderna de la Salud Mental, 291, 341

Dianética de Grupo, iv, 141, 537
    comunicación y, 109

Dianética Médica, 39

Dianética Preventiva, iv, 40

dictadores, 168

dictador venezolano, 184

10^{21} dígitos binarios, 333

diez kilovatios, aura de, 19

diferenciación, 177
    definición, 177
    parte superior de la escala y, 334

dimensión, tercera, 14, 371

dinámica(s), 51–54, 319
    Cuarta, 54, 167
        definición, 53
    definición, 52, 529
    de la existencia, 249–254
    del comportamiento, -1
    ecuación de valor potencial y, 146
    Octava, definición, 53, 54, 529
    Primera, 166
        definición, 53

Quinta, 54, 167
definición, 53
responsabilidad y la Escala
Tonal, 167
Segunda, *véase* **Segunda
Dinámica**
Séptima, 54
definición, 53
Sexta, 54, 167
definición, 53
Tercera, 53, 166
definición, 53

dinero, 145

Dios, 69
Diablo y, 483
gobierno ateo, 114
hombres a quienes Dios
sonríe, 313
Octava Dinámica, 54
probabilidades de que el
Hombre alcance a, 487
progreso hacia, 486

discusión
cuando la razón no puede
resolver, 200

disonancia, 494
dolor físico y, 372
en theta, 46

dolor, 73, 518
analizador y cerrar el, 92
bancos de memoria estándar
y, 471
causa de, 347
ciclo del aprendizaje por medio
del placer y el dolor, 9
definición, 532
"extraños, peculiares", 97
físico, *véase* **dolor físico**
fracaso en los esfuerzos por
sobrevivir y, 9
momento más temprano
del, 519
promesa de, a menos que se
obedezca, 182
somático y, 91
theta, MEST y, 5, 46

dolor de cabeza
migraña, 410, 474, 524

dolor-drogas-hipnosis, vii, 463–465

dolor físico
definición, 238
del más reciente al más
antiguo, 88
entheta mantenida en su sitio
y, 501
entheta y, 240, 501
reducción de la consciencia
y, 244
scanning, 434
véase también **dolor**

dominación, 184, 423, 520
definición, 184
2.0 hacia abajo, 200
enturbula theta en el
entorno, 182
sistema de organillo y, 303

dominio
del entorno, 139–143

dones sociales, 184

dos
unidad básica, 343, 544

Índice Temático

dotación
    de theta
        alta, 184
    genética, 21
    theta, 140, 464, 465
        cantidad de, 140
        definición, 275
        gran, 476
        suficiente, 171

dotación genética, 21

dramatización, 92, 502
    interrumpida, 94, 348, 391
        desciende en la Escala Tonal y, 315
        ejemplos, 126
        1.5 y, 351

drogas
    fenobarbital, 462
    morfina, 463
    véase también **sedar; sedantes; estimulantes**

dub-in, 77, 83, 160, 382, 385
    apatía y avalanchas de, 193
    caso de pesar y, 525
    sónico, 77
    visión y, 87

E

ecuación
    valor potencial, 146

edad relámpago, 394
    descripción, 272

educación, 15, 202-206
    aberración por, 331
    autoritaria, 203, 223
        artistas y, 223
    Clear y, 19
    definición, 221, 535
    Escala Tonal y, 202-206, 223
    manejar a los demás y, 205
    personal, 222
    por clasificación, 482
    preclear y, 231
    Scanning de Candados y, 358, 486
    terapia válida y, 20

educación personal, 222

Einstein, 111

ejercicio físico, 221

élan vital, 3, 4

electrochoque, 2, 34, 230, 463, 511

embrión, 274, 408

emoción, 55-61
    afinidad y, 63
    aligerar la, 61
    definición, 538
    dolorosa, 61
        mayor mejora al recorrer, 61
    índice del estado de ser, 55
    índice primario de la Escala Tonal, 58
    racional frente a irracional, 56
    recorrer engramas y reducir la, 17
    tono más fácil de recorrer en un caso, 60

emoción desagradable, 91, 127
    transformación del dolor físico y, 93

emoción dolorosa, 61
    recorrer, mejoras más señaladas en Dianética, 61
    véase también **secundaria**

emoción equivocada, 224, 375
    definición, 56, 538
    eliminar del caso, 378

enemigo
    mejor táctica al pelear, 164

energía
    alto nivel de, 26
    campo de energía del organismo de, 8
    del cuerpo, campo puntual de, 474
    del pensamiento y la vida, 41
    vital, 4
        fuerza y, 333

enfermedad, 39, 97, 196
    Dianética y, ii
    "imaginaria", 341
    key-in de, 38
    predisposición a, 17
    psicosomática, 197, 264, 368, 404
    silencio cerca de, 40
    tres fases de, 38

enfermedad de Parkinson, 288

enfermedad mental
    clasificación, 481

engrama, 85, 166, 278, 372, 387–427, 494
    Aligerar, 427
    anatomía de, 390
    aumento de carga, 247

bacterias, virus y, 37
básico, *véase* **engrama básico**
borrado, definición, 403
cadenas de, 280, 431–435
caso abierto de par en par y, 258
colisión básica entre theta y MEST, 427
compasión, 340
concepción, 407
definición, 9, 11, 127, 348, 367, 532
descripción, 11
dolor físico, 61, 367
ejemplo de muchachito, 9
emoción y, 17, 56
enturbulando theta, 224
frases, 330
    literal, 415
frases de acción, 124
impedir que contenga palabras, 40
individuos por debajo de 2.0 y, 425
key-in de, 38
latente, 368
ley general, 399
maníaco, *véase* **engrama maníaco**
manifestaciones, 125–127
no está disponible para la auditación, 417
obtener la parte más temprana del, 402
partes componentes, 91
parte somática de, 93
preclear atorado en, 516
previos a la concepción, 408
psicótico y recorrer, 49

puesto de mando oculto, 11
recorrer, v
    en caso abierto de par en par, 507
    en casos bajos de tono, 507
    fraseología de, 426
reducción del, 18, 71, 119, 266, 280, 405
reestimulación, *véase* **reestimulación**
remisión, definición, 406
"reproducir" una frase en un, 291
scanning, 357, 433–435, 518
Scanning de Candados y, 428
secundaria, *véase* **engrama secundario**
si no se puede reducir, 362
tres reglas de procesamiento, 413
último en un caso, 427, 498
única manera de salir de, 410
valencias y, 439
véase también **cadena**

engrama básico, 95
    definición, 546

engrama maníaco, 31, 140, 265, 420, 449
    definición, 391

engramas de dolor físico, 61, 367
    véase también **engrama**

engrama secundario, 84, 242, 262, 327, 367–386, 405, 421
    aligerar la emoción de un caso, 61
    candados de ARC y, 129
    definición, 61, 243, 367, 533
    y tipos de, 61
    descargar el pesar y el miedo, v

    enormes cantidades de theta aprisionadas y, 246
    entheta fijada "de forma permanente", 348
    frases en, 211
    implacabilidad del auditor y, 264
    lágrimas y, 499
    Liberado de Dianética, 21
    momento con gran carga, 61
    ocluye los somáticos, 93
    scanning de, 434
    visión de dub-in y, 87
    véase también **secundaria**

"engrasar la línea temporal", 96

en**MEST**, 126, 160, 418, 494, 498
    definición, 6, 46, 532
    diferencia entre MEST y, 48
    engrama y, 91
    por debajo de 2.0 y, 147
    rechaza theta, 7
    secundarias y depósitos más grandes de, 497

enojo, 84
    auditor que desalienta el, 174
    cómo auditar el caso 1.5, 522
    hombre enojado y verdad, 158
    zona, 22
    véase también **caso 1.5**

entheta, 6, 49, 124, 126, 282, 418, 465
    anatomía de, 347
    contenidos de la mente reactiva, 416
    conversión en theta, 495–507
        manifestaciones fisiológicas, 498

cortar, 100, 108
definición, 6, 46, 237, 532
dolor físico y, 240
en el caso, 291, 489-507
    regla general, 276
    relativa, 489
Escala Tonal, línea de demarcación de entheta y, 369
fijada "de forma permanente", 348
inmovilizada, 201, 516
irracionalidad y, 49
mente reactiva y, 473
oclusión y, 497
psicóticos y máxima, 34
rechaza MEST, 7
repeliendo theta, 64, 281
rupturas de ARC y, 242
salud y, 39
Scanning de Candados y convertir, 366, 498
secundarias y
    depósito más grande de, 497
    enquistamiento del, 385
temporal, 201, 348
theta que excede, 223
tres divisiones de, 241

entheta inmovilizada, 201, 516

entidades, 397
    mente humana y, 449
    mente reactiva y, 77

entidades "peligrosas", 197

entorno, 15, 186, 201, 516
    aberración por, 331
    adaptarse al, 485
        frente a adaptarlo, 80
    antecedentes del preclear, 516
    cambio de, 220
        terapia válida, 20
    definición, 534
    de "garra y colmillo", 11
    del preclear y reestimulación, 231
    dominio del, 139-143
    Escala Tonal y, 340
    peligrosidad de, 198
    reestimulativo, 11, 14
    tono de, 200

entorno de "garra y colmillo", 11

enturbulación, 43, 91
    caso de apatía y máxima, 192
    del entorno, Clear y, 283
    literalidad y, 177

entusiasmo
    comprensión, nivel de, 177
    cortar la entheta y, 108

en valencia, 88
    abierto de par en par y, 123
    cuadros exactos y claros y, 85
    enturbulado por engramas pero todavía aun, 79
    moverse con libertad por la línea temporal, 79

escala de gradiente, 78, 253, 310
    definición, 542
    Escala Tonal, 493
    muerte y, 312

Escala de Gradiente del Valor Relativo de los Datos, 543

Índice Temático

escala evolutiva
    theta y, 42

Escala Tonal, 1–15, 374
    accesibilidad y, 419
    anulación y, 185
    auditor
        bajo en, 175
        herramienta y, 60
        incapaz de localizar de inmediato al preclear en la, 258
        más elevado que el preclear en la, 220
        subir a la gente por, 40
    basada en la observación, 58
    columna de percentiles, 226
    cómo auditar el caso, tono por tono, 518–526
    cómo elevar a una persona en, 15
    conversación
        hablar y escuchar, 99–105
        índice preciso de la posición en, 100
    cosas que hacen descender por, 238
    de afinidad, 63
    definición, 219
    derivación de, 48
    descripción, 13
    de un entorno a otro, 340
    2.0, y no prestar atención a comentarios más altos en, 178
    educación y, 202–206, 223
    elevar
        al psicótico antes de recorrer engramas, 415
        preclear en la, 229
    emoción e índice primario de, 58
    escala de gradiente y, 493
    espiral descendente y, 57
    ganar o perder en Las Vegas y, 313
    hipnotismo y, 187
    identificación y bajo en la, 333
    índice más preciso de la posición en la, 99
    índice preciso de la posición del preclear en, 181
    interacción de theta y MEST, 372
    manejo del MEST por theta, 373
    manejo de personas de 2.0 hacia abajo en, 183
    nivel de supervivencia del organismo, 13
    original, Dianética y, 58
    persona oscila en, ejemplo, 14
    placer y, 310
    por encima frente a por debajo de 2.0 en la, 318
    posición en
        crónica o temporal, 369
        determinada por tres factores, 14
    preferencia de hechos y, 156
    progreso, 417
    realidad y, 115–116
    reducción de engrama y, 18
    responsabilidad y las dinámicas, 167
    retransmisión, persona actuando como punto de, 107–109
    Scanning de Candados y, 360
    se divide en, 250
    Segunda Dinámica y, 131–137
    subida y bajada por el entorno, 201

theta y, 496
  línea de demarcación de entheta, 369
  MEST y, 5
tiempo presente y, 282–285
tono acústico, 370
Triángulo ARC, diagrama, 47
turbulencia de theta y MEST, 5
ubicar al preclear en la tabla, 515–518
valor de mando de frase de acción y, 209–212
volumen, 370

Escandinavia, 113

escuchar
  Escala Tonal y, 99–105

escuela
  realidad impuesta y, 296

escuela del pensamiento "demasiado-complicada", 3

esfera de influencia, 165

Esopo, 327, 476

espionaje
  hipnotismo, 462

espiral descendente, 57, 133, 172
  definición, 243
  en acción sobre el entorno, 182

esposa infiel, 133

esquizofrénico, 86, 270
  definición, 438
  psiquiatría y, 30

estacada, dejar en la, 102

estado de beneficencia, 185

estado nativo
  MEST y, 6

Estados Unidos
  inteligencia y capacidad de la población, 22

esterilidad, 38

estética, 112, 329, 477
  campo autoritario, 480
  verdad y, 156

estimulantes, 462

estructura
  aberración por, 331
  función y, 38
  mental, 172
  pensamiento, 475

estructura humana
  aberración en la, 331

estructura mental
  dos tipos, 172

éter, 245

ética, 149–153
  apatía y falta de, 195
  definición, 149
  sin concepto de, 102
  1.1 y fachada de, 158

evaluación
  Código del Auditor y, 233
  de Dianética, 17–23

Evaluación de Datos, 542

evolución, 2, 69
  cuatro líneas temporales de, 491, 533

Índice Temático

de la lógica, 543
descripción, 533
MEST y, 491, 533
organismo, 533
selección natural, 533
theta, 533
tiempo presente y, 6, 42, 491

evolución de la lógica, 543

evolución por apoyo jerárquico en tiempo presente, 533

examen en temas académicos, 358

existencia, 1, 486
ciclo de, 6
dinámicas de, 249-254
mínimo común denominador de, 2
Principio Dinámico de la Existencia, 249

existencia espiritual, 486

experiencias celulares, 408

experiencias positivas de ARC, 326

exteriorización, 85, 88

extrasensorial
percepción, 448, 540

extroversión
del preclear, 414

extroversión–introversión
Escala Tonal y, 115

F

falta de tacto, 155

familia, 200
bajar el tono de, 182
línea de aberración, 241

fascismo, 141, 189
definición, 141
por debajo de 2.0, 33

fecha relámpago
definición, 273

fe, curación por la, 48

felicidad, 19, 81, 323
aberración y, 57
definición, 161, 309, 323, 530

fenobarbital, 462

fenómenos atómicos y moleculares, 333

fenómenos psíquicos, 69

fidelidad, 408

Fido
Eres igualito que Fido, 537

fiebre, 39, 266

filosofías políticas, 142-143

fingimiento
a sabiendas, 340

fisiología, 274

fonógrafo
engrama y, 391
no dramatiza como, 270

Forrestal, James, 196

frase(s)
aberración por, 330
aberrativa, *véase* frase aberrativa

699

acción de los engramas, 124
acción, *véase* **frase de acción**
anulación, 294
archivista, pedirle el tipo de, 210
circuito, *véase* **frase de circuito**
compulsiva y obsesiva, 392
control, *véase* **frase de control**
engrama, 330
    literal en, 415
orden engrámica, 516
orden, *véase* **frase de mandato**
retenedor y sónico, 120
secundarias y, 211
"tú", 437

frase aberrativa
    definición, 415
    frase de acción frente a, 415
    scanning verbal y, 356

frase de acción, 118, 269, 426, 435, 505
    aberrativa frente a acción, 415
    activa si hay mucha carga en el caso, 124
    candados y, 350
    definición, 209, 535
    engrama, 124
    secundarias y, 211
    valencia
        agrupador, definición, 210
        cambiador de, definición, 210
        negador, definición, 210
        rebotador, definición, 210
    valor de mando y Escala Tonal, 209-212

frase de circuito, 294, 505
    definición, 392
    engramas y, 521

frase de control, 294
    ejemplos, 447

frase de mando, 77, 330
    cierre y, 77
    ejemplo, 545
    engrama, 516

frases de acción de los engramas, 124

frases de "tú", 298, 437

Freewheeling, 504-505
    definición, 504

Freud, Sigmund, 18, 290, 387, 388

fuera de valencia, 122, 440

fuerza
    fuerza MEST frente a theta, 184
    MEST y, 169

Fuerzas del Bien, 251

fuerza vital, 3, 4, 14, 137, 237, 348, 530, 531, 626, 667
    cordura y, 17
    energía, 333

Fuller, Margaret, 71

función controla la estructura, 38

Fundación, vi, vii, 219, 262

futuro, 115
    de especie y de niños, 136
    definición, 540

G

Gandhi, 545

genio
    cinco imbéciles hacen un genio, 146

glándulas
    agrandadas, 39
    véase también **sistema endocrino**

glándulas sudoríparas, 377

gobierno, 141, 169
    ateo, 114
    comunismo, 143
    democracia, 141
    fascismo, 141
    fuera de tiempo presente, 277

golf
    sentirse como un león al jugar al, 439

grabaciones, 78

gritón, 162
    definición, 86

grupo, 447, 492
    Código del Auditor y, 235
    preclear y auditor como un, 342
    tecnología del, 218
    1.1, 190

guerra, 12
    demencia y, 199

Guk, 504

H

hábito
    definición, 531

hacerse un ovillo (caso), 420

Hamlet, 485

hechos
    banco de los hechos, 330
    2.0 o abajo, valor de desecho, 157
    Escala Tonal y, 155–160
    inversión de, 187, 192
    preferencia de, 156

hedonismo, 327

hidrato de cloral, 463

hipnotismo, 174, 230, 256, 261, 425, 459–469, 521
    definición, 459
    descripción, 466
    droga, 463
    Escala Tonal y, 187–188
    línea temporal y, 117
    "Nunca creas a un hipnotizador", 468

hipnotismo con drogas
    descripción, 463
    véase también **dolor-drogas-hipnosis**

hipocondríaco, 39

hipócrita, 102

histeria colectiva, 223

historias de caso
    hombre que activó sarampión en su esposa, 411

preclear postrado en cama, 220

recorrer momentos de placer, 319–320

recuperación de apendicitis, 39

Hitler, 105, 142, 313

razón frente a fuerza hitleriana, 35

Hollywood, 113

Hombre

bondad del, 20

mujer, belleza de la Humanidad, 137

organismos inferiores al, 126

progreso de, 113

razón y, 217

transformar el MEST y, 7

véase también **hombres**

hombres

a quienes Dios sonríe, 313

débiles y lastimosos, 162

de ideas, no de armas, 140

"Los hombres no sirven para nada", 294

manejo creativo y manejo de, 137

nacen con igualdad de derechos, 147

unos pocos desesperados, 147

valor potencial y, 147

véase también **Hombre**

honestidad

los 1.1s "se enorgullecen" de, 155

"tipo brusco y honesto", 22

hormonas, 39

hospitales mentales

demente y, 264

hospitales psiquiátricos, 525

sedantes en, 188

Hospital Naval Bethesda, 196

hostilidad

encubierta, *véase* **hostilidad encubierta**

manifiesta, definición, 22

hostilidad encubierta, 101, 190, 194

auditor, 206

banda de 1.1

sexo, niños y, 133–134

circuitos y, 103

colocar lejos de la sociedad, 103

cómo auditar el caso 1.1, 523

definición, 22

demencia y, 102

Scanning de Candados de 1.1 hacia arriba, 434

subversión y, 141–143

hostilidad manifiesta

definición, 22

huir, 163

humor, sentido del, 177

1.5, reírse de desdichas, 178

I

Ibsen, 113

ideas

theta, materia y, 5

velocidad y avance de, 113

identidad
    confusión en, 77
    Memoria Directa, separar, 375
    personal y
        auto-determinismo, 375

identificación, 177
    bajo en la Escala Tonal y, 333
    definición, 177

idiota, 22

iglesia sudamericana, 48

ignorar, 25, 163

imaginación, 67, 155, 329, 450, 472
    creativa, definición, 329
    delusoria o alucinatoria,
        definición, 330
    realidad y, 331
    tipo práctico de, definición, 330
    tres tipos de, 329

imaginación creativa
    definición, 329

**imaginación delusoria o
    alucinatoria**, 330

imbécil, 21, 79
    "cinco imbéciles hacen un
        genio", 146

imitar
    psicótico y, 271, 425

impacto
    Escala Tonal y, 5
    nivel de valentía y, 164

Imperio Romano
    estertores de agonía del, 191
    "placer" y, 323

implantación, 230, 296
    hipnotismo y, 187, 465

impotencia, 133

impuestos, 479

inaccesibilidad, 422-425
    psicótico y, 526

incidente(s), 279
    entheta, 282
    imaginario, *véase* **incidentes
        imaginarios**
    necesario para resolver el
        caso, 398
    siete tipos de, 296
    sin dolor físico y sin emoción
        equivocada, 351

incidentes imaginarios, 82, 329-345
    (engramas) secundarios, 382
    afinidad y, 341
    sirve para cuatro cosas, 341
    terreno de pruebas, 342

inconformismo, 190

inconsciencia, 11, 245
    conversación cerca de persona
        en, 460
    percépticos grabados durante, 75

indeseables, 250

índice de theta–entheta
    índice seguro de, 165
    nivel de valentía e índice de, 161

indiferencia, 101

indigencia, 185

indigente, princesa y, 260

indio americano, 195

individuo más bajo de tono, 206

individuos, 69, 113
  dos tipos de, 171
  gran dotación de theta, 476

individuos dominantes, 294

infección
  resistencia a, 39

infiel, esposa, 133

infinito
  corrección y, 252
  Octava Dinámica, 53
  supervivencia y, 23

inmoralidad
  apatía y, 195

inmortalidad, 311, 483
  definición, 529
  placer y, 310

inmovilizaciones, 35

inteligencia, 347, 422
  definición, 530
  definición y axioma, 626
  ecuación de valor potencial y, 146
  el procesamiento incrementa la, 22
  reestimulación y, 217
  test, 217

interés
  afinidad y, 255
  del auditor, 454

"intrepidez", 163

Introducción de un Factor Arbitrario, 542

introversión, 115

intuición, 69

invalidación, 231, 342
  archivista y, 454
  auditor se abstiene de, 233
  Código del Auditor y, 234
  de Dianética, razón para, 409
  definición, 300
  del preclear, 256, 455
  2.0 y conversación, 101
  infracción más grave del Código del Auditor, 300
  vidas pasadas y, 71

irracionalidad
  dos categorías de, 222
  "emocional" y, 55
  entheta y, 49
  flagrante, crítica de, 100

J

Japón
  bomba atómica y, 164

juegos de palabras, 178

juntas de libertad condicional, 251

justicia
  tribunales de, 152

justificación, 195, 475
  mucho uso de, 2.0 hacia abajo, 182

K

key-in, 242, 291, 367
    de engrama, enfermedad y, 38
    definición, 246

L

ladrón, 50

lágrimas
    de alivio, 327
    espurias, caso de apatía y, 193
    secundarias y, 499

Las Vegas
    Escala Tonal y perder o ganar en, 313

Lázaro, 49

lectura, escritura y aritmética, 297

lenguaje, 11
    candados de, *véase* **candados de lenguaje**

Lenin, 143

leprosos
    de París, 423
    de Venezuela, 184

lesión, 498
    auditación y recuperación rápida, 389
    fingida y niños, 340
    silencio cerca de, 40

leucotomía transorbital, 188

leyes
    creación de, 150

leyes electro-magneto-gravitacionales
    energía theta frente a, 216
    propias reglas de la vida frente a, 3

"liberación de emoción", 387

Liberado de Dianética, 12, 51, 57, 218, 417
    definición, 21
    eliminar todos los engramas secundarios y, 246
    estabilidad del, 219
    sacar la emoción dolorosa de un caso, 61
    tiempo presente y, 283

Liberado, *véase* **Liberado de Dianética**

liberal, 142

libertad del individuo, 142

Línea Directa, 256, 262, 441
    alta velocidad, 363
    de forma sistemática, 304
    estabiliza el caso, 503
    fuera de tiempo presente y, 276
    Línea Directa en las Dinámicas, 527
    sistema de organillo, 301–306
    véase también **Memoria Directa**

Línea Directa en las Dinámicas, 527

línea genética, 8, 331, 491, 535

líneas de comunicación
    definición, 108
    problemas de los ejecutivos y, 109

líneas de comunicación ejecutivas, 109

línea temporal
    atorado en la, *véase* **atorado en la línea temporal**
    colapso de, 432
    condición de las valencias y, 117–124
    definición, 117, 239, 397, 535
    de otra valencia, 88
    "engrasar la línea temporal", 96
    establecer dónde está el preclear en, 395
    frases de acción y, 209
    fuera de la propia, 77
    genética, 119
    moverse en, 121
    percepción del movimiento en, 68
    Scanning de Candados y preclear moviéndose en, 121

línea temporal genética, 119

liquen, 6, 42

literalidad, 177–179

llamada, 274, 284
    definición, 121
    ejemplos, 210, 278

lobotomía prefrontal, 2, 188, 511

lógica
    de valores infinitos
        definición, 493
        dos o tres valores, frente a, 493

lógica de dos valores, 493, 543

Lógica de Ingeniería, 543

lógica de tres valores, 493, 543

lógica de un valor, 543

lógica de valores infinitos, 543
    definición, 493
    escalas de gradiente y, 542

Londres, bombardeos de, 164

longitud de onda, 492, 495

Lysenko, 484

M

Madrid
    bombardeos de, 164

magnitud comparable
    dato evaluado por datos de, 544

mal, 254
    aberración y, 20
    definición, 253
    descripción, 252
    Fuerzas del Mal, 251, 483, 487

mal aliento, 377

manejar a los demás, 181–207
    educación y, 205
    tres categorías, 181

maníaco, 31, 58, 99, 449
    estado, 165
    orden hipnótica, 465
    peligro de clasificar demasiado alto en la escala, 517

maníaco-depresivo, 32, 33

manicomios
    hacer psicóticos a la medida en, 221

Índice Temático

manifestación
    alarmante, caso y, 266
    engramas y candados, 125

Manual, *véase* **Dianética: La Ciencia Moderna de la Salud Mental**

maquinaciones, 169

máquina sumadora, 472

mares de amoniaco, 484

marido y mujer
    auditación, 34
        no funcionabilidad y, 345, 423, 513

matemáticas
    ARC, MEST y, 216

materia, energía, espacio y tiempo, *véase* MEST

materialismo, 487

matrimonio
    con cualquiera debajo de 2.0, 314
    en caso de apatía, 195
    equipos de co-auditación de marido-mujer, 345, 513
    feliz, 243
    tono del marido y la mujer, 224

matrimonio americano, 344

mecanismo de cooperación, 193

mecanismo de estímulo-respuesta, 484

mecanismo olvidador, 467, 469

medicina, 40
    papel de, 264

mejoramiento, 182
    definición, 181

memoria
    analogía del aislante y, 335
    del nacimiento, 290
    de nombres, validación y, 292
    directa, *véase* **Memoria Directa**
    muy mala, 451
    potencial de supervivencia y, 289
    refrescar, 321
    retornar frente a, 282
    véase también **banco de memoria estándar**

Memoria Directa, 280, 326, 457, 497, 502, 504
    aberración y, 425
    aliviar circuitos, 445
    auditación en la Fundación y, vii
    candados y, vii
    definición, 287
    descripción, 287–307
    en cualquiera, sin peligro alguno, 288
    frases de circuito y, 505
    Línea Directa
        por qué también se le llama, 287
    procesamiento muy ligero, 515
    quedarse trabado en Scanning de Candados, 364
    recordar por medio de, 280
    regla fundamental del, 293
    resolver casos y, 264
    sacar la carga de un caso y, 446
    separar la identidad y, 375
    se puede hacer en casi cualquiera, v

siete tipos de incidentes y, 296
"truco de salón" del auditor, 307
valencias y, 446
véase también **Línea Directa**

mensajes, 107

mente
alerta, nivel de, 471–487
analítica, *véase* **mente analítica**
capacidad de almacenamiento de la, 76, 333
compartimentos en, 438
dos mentes, 10
estética, *véase* **mente estética**
humana
computadora frente a, 5
entidades y, 397, 449
"inconsciente", 10
mente de theta libre, 13
niveles de función, 471
periodo de actualización de uno a tres días, 289
reactiva, *véase* **mente reactiva**
sistema de archivo, 431
somática, *véase* **mente somática**

mente analítica, 11–13, 282, 390, 415, 437, 438, 449
banda de actividad de, 13
definición, 10
descripción y, 471–472, 530
lenguaje y, 11
mando del organismo y, 475
mente reactiva y, 22
diferencia entre, 92
propósito, estar en lo correcto, nunca equivocada, 473
unidades de atención y, 451

mente de theta libre, 13

mente estética, 13, 477
definición, 475
rehabilitar, 480

mente "inconsciente"
mente reactiva y, 10
siempre consciente, 416

mente reactiva, 11
banda de actividad de, 13
contenido de, 244
definición, 10, 11, 473, 530
diferencia entre la analítica y la, 92
entheta y contenidos de, 416
entidades y, 77
grabaciones de dolor físico y, 239
hipnotismo y, 459
inconsciencia y, 389
theta del auditor y del pc frente a, 509

mente somática
definición, 474, 531

mentiroso, 101, 150
social, 157

Mesopotamia, de, 484

MEST, 4
colisión de theta y, 427, 494
conquista de, 6, 43, 347
definición, 48, 489, 532
2.0, por encima y por debajo, y, 487
entheta rechaza a, 7
estado nativo, 6
evolución, 491, 533

Índice Temático

fuerza, 169
misión de, 372
técnica, 527
terapia válida regula la cantidad de, 20
theta y, 5, 41–54
    atracción, 49
    conquista de, 139, 215, 249
    diagrama, 490
    postulado de, 9
    separación del, 372
vida se maneja a sí misma y, 25
vida, theta más, 215
véase también universo físico

MEST cuerpo
definición, 534

meta del procesamiento, 527–528

metas, 309, 323
confianza en alcanzar, 311
del auditor, 244
Dianética y, iv
fundamentales y theta, 42
procesamiento y, 21, 219, 227, 527
unión hacia una común, 199
vida, una de las primarias, 320

método usado para manejar a los demás, 181–207

Miami Beach, 113

miedo, 22, 163
ante conversación de naturaleza seria, 178
recorrer secundarias y descargar el, v

migraña, 410, 474, 524

mímica, 438

mínimo común denominador de la existencia, 2

misericordia
súplicas de, 194

momentos de placer, 120, 307, 309–327
bostezos y scanning, 326
cómo recorrer, 320
futuro, 82, 326
percépticos ocluidos y, 257
preclear, valencia y, 122
recorrer, 60
somáticos y, 501
sónico y, 81
tiempo presente y, 276
unidades de atención y, 81

monarquía, 141

monogamia, 132

morfina, 463

motivación mediante el castigo, 168

motor de oxígeno-carbono, 3

movimiento
tono y, 26

muérdago, 374

muerte, 33, 65, 186, 216, 368
apatía raya en la vecindad de, 23
banda por debajo de, 23
ciclo de contacto, crecimiento, deterioro y, 215
cuerpo, 13
definición, 493, 533
Dianética y ciclo de, 44

2.0 hacia abajo,
    "responsabilidad" hacia, 170
equivocación y, 253
escala de gradiente de, 312
falta de obediencia y, 184
fingida, 23, 198
matrimonio en caso de apatía
    y, 195
mayoría de la theta enturbulada
    y, 115
mecanismo de, 48
MEST y, 215-218
orador de la, 168
partida del cuerpo theta, 475
pasada, 70
plaga y Peste Negra, 4
por debajo de 2.0
    tiende hacia, 250, 251
    y "meta" del, 318
qué es, 7
theta, MEST y, 215-218
tirana, si bien oculta,
    inflexible, 170
vencer a, 8

muerte fingida, 23
    definición, 23

muerte pasada, 70

mujer, 136
    belleza de la Humanidad, 137
    promiscua, 187
    propiciar por medio de ofrecer
        sexo, 173

musgo, 6, 42

música
    morbosa, 477

músico, 476

Mussolini, 105, 142

N

nacimiento
    atorado en, 274
    memoria del, 290

narcosíntesis, 189, 463

negador, 269, 401
    definición, 210, 536
    ejemplos, 210
    valencia, 210, 439

nerviosismo, 462

neurosis
    artista y, 476, 479
    clasificación de, 30
    Dianética y, 197
    sónico y, 79
    véase también **neurótico**

neurótico, 22, 29, 33, 73
    definición, 30
    sedar al, 462
    véase también **neurosis**

Newton, iii, 484

**nido de víboras del
    comportamiento humano**, 186

niñez
    recuerdo de la, 204

ninfómana, 134, 317

niños, 89, 134-137
    actitud hacia, cómo
        determinar, 517
    afinidad entre padres y, 295

ARC impuesto, 296
ARC y, 45
candados y secundarias, 243
castigo corporal y, 135
educación de, 205
futuro de especie y, 136
intento de aborto y recuerdo del niño, 289
lesión o enfermedad fingida, 340
papel del auditor, 231
prácticas extrañas respecto a, 187
realidad postulada y, 155

nivel de necesidad, 199

nombres, recordar, 292

normal
definición, 22
muy alto, definición, 21
puede parecer bastante normal pero está muy por debajo de, 419

normal muy alto
definición, 21

No te sorprendas por nada, 413

novio(a)
amante que abandonó a, 159
sónico y pelea con, 82
visión y pérdida de, 89

nutrición, 15, 20, 221, 262
definición, 535

O

obligación mediante el castigo
definición, 182

obsesión, 186
véase también **compulsión**

obstetricia, 264

ociosidad
secundarias y candados y, 243

oclusión, 85, 86
áreas de entheta, 497
definición, 540
de somáticos por secundarias, 93
fuera de valencia y, 122

Octava Dinámica
definición, 529

odio
secreto, tortuosos retorcimientos de, 103

olfativo
definición, 68

olor corporal, 377, 418

operación, 521

orden
circuito, 363
engrámica, *véase* **órdenes engrámicas**

órdenes de circuito, 363

órdenes de "Contrólate", 363

órdenes de dominio, 363

órdenes engrámicas, 31
ejemplo, 38

orden somática, 441

organismo, 126, 498
campo de energía y, 8

compuesto de, 489
diagrama, 490
evolución, 533
mente analítica y mando de, 475
supervivencia del, 372

organización
militar y de inteligencia, 462
propósitos de, 1

oxigenación, 418

P

padres
adoptivos frente a los propios, 295
formación que dan los padres, 204

paranoico, 270, 432
auditor y, 511

Partenón, 477

partición, 86

parto
difícil, 134

pasado
definición, 540
recuerdos del, 273

paseo saludable, 126

pauta de comportamiento, 331

pauta de entrenamiento
definición, 531

Pekín, 199

peligro
apatía crónica y, 191
entorno y, 198
evitar el, 92
máximo, banda de enojo a 1.1, 152

pensamiento
creativo, 132
de circuito y verbalizado, 441
"demasiado-complicada", escuela de, 3
dirigido hacia el mundo exterior, 115
estructura y, 475
humano, definición, 530
instantáneo, 5
reactivo, 10
véase también **theta**

pensamiento humano
definición, 530
Dianética y, iv, 1
véase también **pensamiento**

pequeños Césares, 204

percepción, 67–69
definición, 67
extrasensorial, 69, 84
movimiento en la línea temporal y, 68
orgánica, definición, 541

percepción de la humedad, 68
definición, 68, 541

percepciones orgánicas, 68
definición, 68, 541

Índice Temático

percepción extrasensorial, 69, 448, 540
    dub-in de visión prenatal frente a, 84

percepción olfativa, 68, 73
    definición, 541

percépticos, 10, 92, 404, 418
    archivados por tiempo y tema, 471
    definición, 540
    inconsciencia y, 75
    línea temporal, "cable" o haz de, 397
    MEST, definición, 541
    poner a prueba o afinar los, 256
    theta, *véase* **percépticos theta**

percépticos MEST
    definición, 541

percépticos theta, 336, 397, 506
    definición, 540
    plenos, 18

pérdida, 348
    amenazada, *véase* **secundaria**
    de aliado, 304
    enquistamiento de entheta y, 385

perpetuación
    de enfermedad, 38, 97

persistencia, 171–175
    dos tipos de individuos, 171

personalidad
    aberrada, definición, 534
    básica, *véase* **personalidad básica**
    definición, 534
    genética, definición
    pérdida de, 375
    poder de, 371

personalidad aberrada
    definición, 534

personalidad básica, 439, 534
    calmada y serena, 452
    Clear y, 20

personalidad genética
    definición, 534

pervertido, 102, 186

pesar, 159, 160, 179
    carga, 263, 273
        benéfico, 365
    choques de, 39
    cómo auditar el caso 0.5, 524
    Dianética acaba con el, 194
    recorrer secundarias y descargar el, v
    suicidio y, 319
    tergiversaciones de la verdad y, 65

Peste Negra, 4

placer
    ciclo del aprendizaje por medio del placer y el dolor, 9
    definición, 309, 323, 530
    filosofía dedicada a, 327
    mutilar animales o a hombres por "placer", 317
    "placer" reactivo, 315
    por debajo de 2.0, sucumbir y, 309
    supervivencia y, 20

una de la metas primarias de la vida, 320

verdadero, definición, 324

"placer" reactivo, 315

plaga

Peste Negra, 4

Poción India de Aceite de Raíces de la Ciénaga, iv

polaridad, 48, 495

entheta, enMEST y, 492

theta y

entheta, 223

MEST e invertida, 216

posición de las articulaciones, 68

definición, 68, 541

posición fetal, adoptar una, 409

posparto

psicosis, 461

postulado

de theta y MEST, 9

potencial

acción, 126

afinidad, realidad y comunicación, 100

aumentar el potencial de supervivencia, 12, 167

aumentar el potencial de vida, 39

de felicidad y longevidad, 239

de theta y supervivencia, 239

memoria y mayor supervivencia, 289

mental, muy alto, 124

vida, 57

potencial contra-supervivencia, 239

precipitación

de enfermedad, 38

preclear

antecedentes de, 516

ARC con el auditor, 343

auditor localizando en la tabla, 261

definición, 21

educación del, 231

elevar en la Escala Tonal, 229

encontrar auditor que pueda mantener el Código, 232

Escala Tonal e índice de, 181

extroversión del, 414

grupo de auditor y, 342

hacer el cuestionario de un, 385

invalidación del, 256, 455

movimientos, 502

operación reciente y, 521

qué anda mal con el, 296

reestimulación y el entorno del, 231

reestimulativo para el auditor, 510

sugestionabilidad, 459

tono y procesamiento, 21

ubicar en la Tabla de Evaluación Humana, 31, 457, 515–518

preconcepción, 408

predicción

de individuos en la Escala Tonal, 253

del comportamiento humano, 412

potencial del individuo, 69

predisposición
    a la enfermedad, 17, 97
    de enfermedad, 38

prenatal, 71, 440
    memoria de, 289
    percepción extrasensorial y, 448
    personas detenidas en el periodo del, 274
    visión prenatal, 84, 89, 447
        definición, 447

preocupación
    empezar sesión preguntando por, 306

Primera Dinámica, 53, 166
    definición, 53

primitivo
    al que se han quitado sus engramas, 125

princesa, indigente y, 260

Principio Dinámico de la Existencia, 249, 529

principios básicos del procesamiento, 215-227

principios morales
    definición, 150

problema
    tres formas de manejar un, 163

Procedimiento Estándar, 428, 518
    muerte pasada reducida por, 70

procesamiento
    afinidad y, 326
    auditor mantiene su propio, 234
    "auto", 443
    axioma básico de, 49
    del auditor, 225
    descripción, 255-266
    entheta convertida en theta, 490
    finalidad y meta total del, 227
    finanzas, solución a, 422
    impositivo, 264
    individual, 223
    legítimo, 15
    menos y menos impositivo, 226
    meta del, 21, 219, 227, 527-528
    muy suave, 1.1 y, 285
    nivel de supervivencia y, 17
    no desea, 260
    oposición al, 409
    principios básicos del, 215-227
    Procesamiento Positivo, 325-327
    qué hace, 244
    supervivencia y, 17
    terapia válida y, 20
    tres reglas y engramas, 413

procesamiento de Dianética, *véase* procesamiento

procesamiento individual, 223

Procesamiento Positivo, 325-327
    definición, 325

procesos
    de Dianética, 218
    que liberan entheta del caso, 240
    tres válidos, 183, 220

procreación, 132, 187

promedio
    definición, 22

promiscuidad, 135, 187

propiciación
    "amor" y, 195
    hacia el auditor, 65, 173
    por debajo de 2.0 no hay afecto real sino, 197

proporción de theta–entheta, 516

propósito
    básico, *véase* **propósito básico**
    del auditor, 247
    del auditor, sinceridad, 232
    organización y, 1

propósito básico, 514
    definición, 545

prostitución, 114

protoplasma, 134

pseudoaliado
    definición, 341

psicocirugía, 221, 230, 331
    extirpar partes del cerebro, 34

psicodrama, 387

psicometría, 18, 157, 218
    de dos minutos, 104

psicosis, 29–35
    definición, 29
    Dianética y, 197
    posparto, 389, 461
    sónico y, 79
    véase también **demencia; psicótico**

psicosis posparto, 389, 461

psicosomático, 12, 29
    definición, 30
    enfermedades, 96, 197, 229, 392, 497
    definición, 368
    parte somática del engrama, 93
    70 por ciento de los males del Hombre, 30, 37

psicoterapia, 131, 387

psicótico, 29–35, 49, 73, 186, 413, 510
    agudo, *véase* **psicótico agudo**
    al borde, 96
    casos fuertemente cargados y, 271
    cíclico, definición, 424
    computacional, definición, 270
    crisis, *véase* **crisis psicótica**
    crónico, *véase* **psicótico crónico**
    cuarentena de, 152
    definición, 30, 424
    descanso, buena alimentación y ejercicio, 226
    entheta frente a somático, 94
    hacer a la medida, 221
    imitar y, 271, 425
    inaccesible, 526
    máxima entheta y, 34
    potencial, 171
    que dramatiza, definición, 270
    recorrer engramas y, 49, 415
    sedar al, 462
    suicidio y, 32
    tratamiento de, 271

psicótico agudo, 152
    definición, 166, 424

psicótico cíclico
    definición, 424

Índice Temático

psicótico computacional
    definición, 270

psicótico crónico, 152, 226
    definición, 166

psicótico que dramatiza
    definición, 270

público, control de, 105

pulmonía, 37

punto de retransmisión
    persona actuando como, 107-109

puritanismo, 480

Q

quemadura solar, 396

Quinta Dinámica, 54, 167
    definición, 53

R

racionalidad, 165

racionalización
    diferenciación y, 177

ración de proteínas, 502

ratón
    hablar con esposa, sentirse como un, 439

razón/razonamiento, 181, 216, 371, 479
    ausente de 1.3 a 0.6, 190
    cantidad incrementada de 2.0 hacia arriba, 200
    discusión y, 200

2.0 hacia abajo
    excusas y justificaciones, no, 185
    no tiene contacto con, 183
ética y, 149-151
Hombre y, 217
nivel más alto de, 45
    diferenciación, 177
nivel máximo de, 20
razonabilidad theta, 218
theta y, 49, 222
    estado nativo, 6
unidad theta, 283

realidad, 41, 67-73, 192, 296, 445
    acuerdo, 72, 111-115
    afinidad, comunicación y, 72
    afrontar la, 114, 332
    buena, cambiada a deficiente, 224
    candados y, 128
    confirmar la realidad del preclear, 522
    cualidad conocida como, 111
    definición, 538
    dos clases, 112
    engramas de ruptura o de imposición de, 61
    Escala Tonal de, 115-116
    futura, 115
    imaginación y, 331
    impuesta, inhibida, 445
    inhibición del, 299
    interna y externa, 114
    Memoria Directa y, 288
    MEST, definición, 112
    negación de, 301

parte componente de cualquier dinámica, 53
parte del triángulo, 44
percepción acordada del universo físico, 71
postulada, 112, 114, 155
Procesamiento Positivo y, 326
supresión de, 45
véase también **ARC**

realidad MEST
definición, 112

realidad postulada, 155
definición, 112
universo theta y, 114

rebotador, 269, 401
definición, 121, 536
ejemplos, 210, 279
valencia, *véase* **valencia: rebotador**

rebotador hacia abajo, 426
definición, 121, 536
ejemplos, 210

recorrer en "automático", 442

recuerdo, 78
apatía y tergiversación de, 84
ARC y recuerdo imaginario, 83
de la niñez, 204
eidético, 79

recuerdos del pasado, 273

reducción, 71, 401, 403
borradura, 399
de Candados, v
definición, 405
engrama y, 18, 119, 266, 280

reestimulación, 92, 242, 348, 360, 498
candados de, *véase* **candados de reestimulación**
caso atorado en la línea temporal y, 94
del auditor, 510
descripción, 245
entorno del preclear y, 14, 231

reino
animal y vegetal, 6

reino animal, 6

reino vegetal, 6

relaciones interpersonales, 199

relámpago
edad, 394
descripción, 272
fecha, descripción, 273

relámpago del escenario
definición, 273

relatar, 256

religiones, 485

remisión, 393, 403
definición, 406

responsabilidad, 165–170, 524
calidad de, 166
definición, 165
en el campo de las dinámicas, Escala Tonal y, 167

respuesta relámpago, 120, 395
base de sí o no, 279
definición, 119, 272
ejemplos, 279

Índice Temático

retenedor, 273, 292, 401
    definición, 119, 536
    ejemplos, 119, 210
    frase sónica y, 120
    valencia, 439

retirada, 25
    lenta, 1.1 y, 27

retornar
    a momentos de placer, 81
    memoria frente a, 282
    preclear a tiempo presente, métodos para, 269
    tira somática y, 395

reumatismo, 474

reverie, 425
    definición, 256

revisor de tranvías, el mejor, 449

Revolvedor
    definición, 536

rezongón, 22

Roma, 479

ruptura de ARC, 89
    descripción, 246
    engramas y, 372
    entheta y, 242
    Memoria Directa en una, 522

rupturas de afinidad
    tono del auditor y, 206

S

sádico, 187

sadismo, 132, 133

salud
    entheta y, 39

sanatorios, 525

sarampión, 411

sátiro, 134, 317

scanning, 204
    de secundarias, 434
    engrama, *véase* **engrama: scanning**
    mecanismo del, 357
    no verbal, definición, 357
    verbal, definición, 356
    véase también **Hacer Scanning de Cadenas; Scanning de Candados**

Scanning de Cadenas, 357, 504
    automático, 506
    circuitos y, 518
    engramas, 357, 433, 504, 520
    3.0 y, 518

Scanning de Candados, 263, 265, 353–366, 386, 457, 502, 547
    "a oscuras", 88
    boil-off, manejo para, 364
    caso 2.0, 284
    convertir la entheta y, 366, 498
    definición, 357
    de la auditación, 360, 413
    de 1.1 hacia arriba, 434
    dolor físico y, 434
    duración de la sesión y, 262
    educación y, 203, 358, 486
    eliminar la carga del engrama básico, 505
    en casi cualquiera, v

engrama y, 119, 428

en sesiones llevadas a cabo por el auditor, en sí mismo, 512

Freewheeling y, 504

hacer que el preclear se mueva en la línea temporal, 121

Memoria Directa y, 287, 306

momento de parar, 359

órdenes, 355

procesamiento muy ligero, 515

recorrer secundarias y, 381

scanning no verbal, definición, 357

técnica de alta velocidad de, 365

1.5 y, 522

uso, 256, 258

valencias y, 446

velocidad acelerada, definición, 357

velocidad de, 435

velocidad máxima, definición, 357

velocidad verbal, definición, 357

verbal como no verbal, 356

scanning no verbal, 356

definición, 357

scanning verbal

definición, 356

scanning no verbal frente a, 356

"secuaces del Diablo", 170, 254

secuencia esperma y óvulo, 397

secundaria, 204, 498

aberración grave y, 380

apatía, 88, 378

ARC, *véase* secundaria de ARC

consumir toda la carga posible, 87

cuándo recorrer candados y, 96

4.0 a 2.0 fácil de descargar, 85

definición, 127

depósitos más grandes de entheta y enMEST, 497

emoción desagradable, 124, 129

espectacular elevación en el tono al descargar, 380

imaginaria, 382

Liberado de Dianética y, 21

niños y, 243

si no se puede reducir, 362

visión y, 88

véase también **engrama secundario**

secundarias de ARC, 89

definición, 539

secundarias de emoción desagradable, 124, 129

sedantes, 35, 463

fenobarbital, 462

más enturbulación y, 188

sedar, 188, 334, 452, 462

al neurótico, 462

nunca audites a un preclear que esté sedado, 189

seducción, 260

Segunda Dinámica, 53, 131, 133, 166, 408

definición, 53

seguridad

forma más alta de, 310

selección natural, 491, 533
    apartar "locuras" de la sociedad y, 72

semántica general, 67

sentido del humor, 177, 178

sentidos, 68-69
    evolución probable de nuestros, 69

sentimentalismo sensiblero, 194

sentimientos, herir los de la gente, 157

Séptima Dinámica, 54
    definición, 53

Ser Supremo, 113, 166, 249, 311, 482
    Octava Dinámica, 54
    triángulo de theta, MEST universo y, 114

sesión
    duración de, 262

sexo, 131-134
    capacidad reducida en, 38
    Escala Tonal y, 132
    perversión de, 133, 186
    propiciación por medio de, 173
    sublimación de, 132

Sexta Dinámica, 54, 167
    definición, 53

shock
    reacción de, 27

silencio, 40
    en los hospitales, 461

Simón Simplón, 415

sistema de organillo, 288, 301-306
    diagrama, 303

sistema endocrino, 38, 134
    mal funcionamiento de, 474

sobrepeso, 38

¡SOBREVIVE!, 528
    escala de gradiente y, 543
    mínimo común denominador de la existencia, 2
    Principio Dinámico de la Existencia, 249, 529

sobrevivir, 543
    sucumbir y, 249

sociedad
    baja de tono, 52
    papel del artista en, 479
    sacar a un 1.1 de, 103
    tono del gobierno frente a, 169
    valor para la, 145-147

Sócrates, 441

somático, 91-97, 257
    cierre, 388
    crónico, 12, 93, 365, 474
        definición, 12, 30
    definición, 91, 389
    enfermedad y, 97
    engrama y, 56
    momentos de placer y, 501
    orden, 441, 446
        definición, 545
    puede verse que "se esconde", 94
    tiempo presente y, 266
    transferido, 524

somático crónico, 93, 365, 368, 392, 404, 474, 497
    corazón y, 474
    definición, 12, 30
    véase también **psicosomático; somático**

somático de orden
    definición, 545

sombra, boxear con una, 102

sónico, 60, 68, 75–82, 420
    cierre, 44, 76, 77
        fuera de valencia y, 122
    definición, 68, 75, 541
    dub-in, 77
    frase, retenedor y, 120
    impresiones, 76, 78
        circuitos y, 444
    mecanismo que influye en, 79

sorpresa
    No te sorprendas por nada, 413

statu quo*,* 347

sublimación, 20
    sexo y, 132

subterfugios, 64

subversión, 141
    prácticas pérfidas y retorcidas de, 189

subversivo, 102, 141, 141–143, 145
    banda, 189–191
    político, 103

sucumbir, 250, 452, 543
    definición, 51, 530
    2.0 hacia abajo, 51, 200
    más equivocado que correcto, 473
    por debajo de 2.0, 309
    sobrevivir frente a, 249
    supervivencia frente a, 372

sueño, 471
    aparente y boil-off, 499
    recorrer secundaria durante, 506

sueño(s)
    artistas y su cultura, 481
    morir con el último de, 173
    soñar mucho, dos razones para, 448

suerte, 50, 313
    por encima de 2.0, 313

sugestión
    poder de, 396, 411

suicidio, 23, 186
    apatía y, 23, 191
    0.5 y, 319
        crónico en potencia, 159
    cometer, 12
    engramas y, 33

superstición
    definición, 222

supervivencia, 50, 250
    como proceso de nivel-de-necesidades-mínimas, 310
    corrección y, 23
    de theta, 6
    dolor y, 9
    2.0 hacia arriba, 51
    esfuerzo es, 200

Escala Tonal y, 13
fundamento único de la existencia, 1
liberar de aberración y, 21
más correcto que equivocado, 473
máximo en, 151
metas, 311
momentos de placer y, 320
organismo y, 372
placer y, 327
por encima de 2.0, placer y, 309
potencial
   aumentar el, 12
   memoria y, 289
   theta y, 239
procesamiento y, 17
sucumbir y, 372
theta, entheta y, 51

supresor
   combatir, 172
   hacer que esté accesible, 45

T

Tabla Hubbard de Evaluación Humana y de Procesamiento de Dianética, v, 256
   empezar un caso, 515
   libro construido en torno a, v
   ubicar al preclear en la, 31, 457, 515–518

táctil, 68, 73, 420
   definición, 68, 541

teatro de variedades, 19

técnica de Validación
   definición, 546

técnica MEST
   definición, 547

Técnica Repetitiva, 469, 504
   definición, 291
   uso de, 291

teoría de "bestia de carga", 481

teoría "del-barro-al-Hombre", 2

teoría sobre moléculas de proteína perforadas, 333

Teoría Theta–MEST, 45–52, 218, 225, 251, 374

terapias
   cuatro válidas, 20
   de control, 188

terapias de control, 188

terapias válidas, 20

tercera dimensión
   tabla y, 14
   volumen de enturbulación y, 371

Tercera Dinámica, 53, 166
   definición, 53

térmico, 68
   definición, 541

terror, 377

test
   inteligencia, 217
   Multifásico de Minnesota, 379
   percépticos, 256

theta, 167, 374, 494
   acopio de, 18
   ARC y, 41
   atrae MEST, 49

auditación de Dianética y, 215
auditor y, 502
cantidad de, 49
ciclo de existencia para, 6
Clear y toda la theta disponible, 125
colisión de MEST y, 494
conquista de MEST, 215, 249
cordura y, 17
cuerpo, *véase* **cuerpo theta**
definición, 4, 216, 237, 489, 531
del auditor y del pc frente al banco, 509
depósitos de, 325
descripción, 225, 237
diagrama del organismo MEST y, 490
dotación, 18
    definición, 275
    mente estética y, 476
dotación alta de, 184, 371
entheta repeliendo, 64, 281
enturbulada por anulación, 182
enturbulada temporalmente, 201
Escala Tonal, 496
    línea de demarcación de entheta y, 369
estado nativo, 6
evolución, 533
leyes básicas de, 41–54
liberación de, 495–507
libre, *véase* **theta libre**
mecanismo para retirarse y, 7
mente analítica y, 473
MEST
    frente a, 5
    separación de theta y, 372

meta fundamental, 42
misión de, 6, 70, 139, 372
muerte y enturbulación de la mayoría de, 115
partes componentes, 44, 51, 216, 367
percépticos, *véase* **percépticos theta**
persona responsable y, 167
poder del, 216
polaridad, MEST y, 223
postulado de MEST y, 9
razonabilidad de, 218
secundarias y enormes cantidades aprisionadas, 246
temporalmente enturbulada, 348
Tono 40 y estado puro de, 45
tres condiciones de, 200
unidad de atención y, 275
universo físico frente a, 4, 42
universo, *véase* **universo theta**
volumen de, 14, 50
véase también **pensamiento**

theta libre, 91, 115, 201
    cantidad de, 226, 371
    convertir el banco en, 243
    Escala Tonal y, 57
    proporción de, 219

Thompson, Comandante, 291, 388

tiempo
    conclusiones modificadas por, 253
    presente, *véase* **tiempo presente**

tiempo de reacción
    Clear y, 19

Índice Temático

tiempo presente, 269–285, 293, 516, 525
    banda de "ahora", 492
    carga y, 277
    Clear y, 282
    cómo llevar al preclear a, 282
    definición, 117, 269, 539
    desenturbula entheta, 497
    enfermedad y, 39
    entheta en, 275
    evolución y, 6, 42, 491
    fuera de, 275
        1.1 y, 284
    momento que siempre se está prolongando, 118
    primer y primordial interés del auditor en cualquier caso, 278
    "Ven a", 120, 269
    véase también "atorado en tiempo presente"

tipo "brusco y honesto", 22

tirador diestro y diana, 307

tira somática, 266, 380, 394, 395–402, 504
    definición, 395
    diferencia entre el archivista y, 395
    Freewheeling y, 504

"¡Tírate, Kelly, tírate!", 536

tiroides, 38

tono
    agudo, crónico, 14, 200, 516
    auditor sólo trata de elevar el, 12
    bajar a la familia en, 182
    0.5, ignora comentarios de cualquier otro, 179
    cinco cosas que afectan las manifestaciones de, 516
    cómo auditar el caso, para cada, 518–526
    definición, 12
    del auditor, 162
        necesario para manejar el caso, 509–514
    del auditor y rupturas de afinidad, 206
    descargar secundarias y elevación espectacular en el, 380
    elevar el del auditor, 234
    eliminación de bandas inferiores de, y elevación en tono cultural, 183
    marido y mujer, 224
    más fácil de recorrer en un caso, 60
    mejora en, v
    nivel promedio, 14
    posición momentánea o crónica, 369
    procesamiento y, 15
        preclear, 21
    tono acústico, volumen, 370
    visión y prueba de, 89

tono acústico (de la Escala Tonal), 370

Tono 40.0
    theta en un estado puro, 45

Tono 2.0
    cómo auditar el caso 2.0, 521
    conversación y, 101

2.0 hacia abajo
    aislar a aquellos, 184
    dominación, 200
    justificación, uso de, 182
    responsabilidad, 170
    sucumbir, 200
    valor de desecho de los datos en, 157
esfuerzo de supervivencia de 2.0 hacia arriba, 200
humor en el nivel de, 178
matrimonio con alguien debajo de, 314
no presta atención a comentarios más altos en, 178
por debajo de
    "meta" de la muerte, 318
    ocasiona muerte o lesión, 33
    propiciación, ningún afecto real, 197
    recorrido de engramas, 425
    tiende hacia la muerte, 250, 251
por encima está la supervivencia, por debajo está sucumbir, 51, 309

tono muscular, 26

toperas
    escalar, como si se tratara de montañas, 259

totalitarismo
    arte y, 478

traicionar, 103

trance amnésico, 452

trance hipnótico, 196
    ligero, 468

transferencia, 65

tres procesos válidos, 183, 220

triangular, 577

triángulo
    ARC, *véase* **Triángulo ARC**
    rayas para circuito (líneas rectas) y, 302
    Ser Supremo, MEST y universo theta, 114

Triángulo ARC, 55, 72, 301, 302
    descrito, 44-47
    véase también **ARC**

triángulo de Dianética
    afinidad, realidad y comunicación, 72

"truco de salón" del auditor, 307

trucos para apuñalarte por la espalda, 158

tuberculosis, 37

turbulencia, 43
    de theta y MEST, 5

U

úlceras, 524

única manera de salir de un engrama
    lema, 410

unidad
    básica, dos y, 343

unidades de atención, 273, 450
    definición, 275
    mente analítica y, 451
    momentos de placer y, 81
    recuperación de, 321

Unión Soviética, 143

Universidad de Rutgers, 275, 408

universo físico, 41
    conductos de percepción de, 68
    definición, 4
    realidad y, 70
        percepción acordada de, 71
    theta frente a, 4, 42
    véase también MEST; **universo MEST**

universo MEST
    contacto demasiado fuerte con el dolor y, 73
    universo theta y, 5, 114
        ruptura de afinidad entre el, 166
        triángulo de Ser Supremo, 114
    véase también **universo físico**

universo theta, 51, 67, 69, 114, 254
    definición, 532
    diagrama y, 490
    Dios y, 54

uno mismo
    apatía y descuido de, 192
    detestar, mecanismo de, 123

1.1, *véase* **hostilidad encubierta**

V

valencia, 117, 122–124
    agrupador, 210, 439
        definición, 210
    cambiador de, 77, 78, 87, 210, 401
        definición, 122, 210, 439, 537
    carga y, 446
    caso de valencia, definición, 86
    caso fuertemente cargado y, 438
    circuito y, 270, 441
    compartimentación, definición, 437
    condición de la línea temporal y, 117–124
    cuadros exactos, claros y, 85
    definición, 122
    en la de un aliado, 205
    en valencia, *véase* **en valencia**
    fuera de, 440
        oclusión y, 122
        sónico, visión y cierres somáticos y, 122
    ganadora, 123
    línea temporal de otro, 88
    mecanismo de supervivencia, 122
    negador, 439
        definición, 210
    pared, 335
        definición, 438
        descripción, 86
    perro o gato, 440
    rebotador, 210, 439
        definición, 210
    retenedor, 439
    secundarias y, 445
    sintética, 86
        definición, 440
    todo el problema de, 305

valencia ganadora, 123

valencia sintética, 86
    definición, 440

valentía, 161–164
    auditación y, 163
    auditor, 162, 233, 264, 405, 510
        recorrer el caso y, 206
    ausente en caso de apatía, 194
    definición, 161
    "intrepidez", diferente a, 163

valor
    actual, del individuo, 146
    artistas y, 480
    definición, 531
    ecuación de valor potencial, 146
    para la sociedad, 145–147

valor de un dato, 542

valor potencial
    ecuación de, 146

vampiros, 511

veleta, 419

velocidad acelerada (del Scanning de Candados)
    definición, 357

velocidad máxima (del Scanning de Candados)
    definición, 357

velocidad verbal (del Scanning de Candados)
    definición, 357

"Ven a tiempo presente", 120, 269, 395

verdad, 48, 524
    apatía y mentira, 317
    definición, 155
    manejo de, 155–160
    personas enojadas y, 84
    pesar y tergiversaciones de, 65
    Verdad Absoluta, 155

vida
    axioma, theta más MEST, 215
    ciclo, definición, 532
    cómo se maneja a sí misma y MEST, 25
    energía de, 2, 4
    esperanza, 17
    formas inferiores frente a las superiores, 167
    qué es, 6
    somático, 372
    theta y MEST y, 5, 489

vida pasada, 70, 71
    confeccionada, 524
    nunca invalides una, 71

vida somática, 372

violación, 133

visión, 60, 68, 73, 83–89, 298, 420
    ARC y, 85
    auténtica, definición, 83
    caso ocluido y, 84
    definición, 68, 83, 541
    dub-in, 83
        dos subdivisiones, 87
    fuera de valencia y, cierre de, 122
    imaginaria, definición, 83
    moverse en la línea temporal y, 88
    prueba para determinar el tono y, 89
    visión prenatal, 84, 89
        definición, 447

visión auténtica
    definición, 83
visión imaginaria, definición, 83
vitamina B$_1$, 262, 448
vitaminas, 502
    auditación y, 262
volumen (Escala Tonal), 370
votos del sacerdocio, 233
VP=ID^X
    definición, 531

Y

"yo", 172, 282, 395, 439, 450
    capacidad para retornar, 398
    definición, 544
    del circuito, 441
    el individuo verdadero, 335
    valencias y, 439

Z

zapato izquierdo, 466

Tu Siguiente Libro

Aprende a Conocerte a Ti Mismo

Y no sólo a una sombra de ti

Incluyendo la descripción más completa de la consciencia, *Autoanálisis* te lleva a través de tu pasado, tus potenciales, tu vida. Primero, con una serie de autoexámenes y usando una versión especial de la Tabla Hubbard de Evaluación Humana, puedes trazar tu posición en la Escala Tonal. Luego, a través de estas páginas, el mismo Ronald te audita con una serie de procesos ligeros, mas sin embargo poderosos, llevándote a la mayor aventura de todas: la aventura del descubrimiento de uno mismo. Pronto conocerás al mejor amigo que tienes: ¡tú!

OBTÉN

Autoanálisis
POR
L. Ronald Hubbard

Disponible en cualquier Iglesia de Scientology o directo de la editorial.
www.bridgepub.com • **www.newerapublications.com**

(continuación de las páginas de cubierta frontales)

LÓGICA 12: *El valor de un dato o campo de datos es modificado por el punto de vista del observador.*

LÓGICA 13: *Los problemas se resuelven subdividiéndolos en zonas de magnitud y datos similares, comparándolos con datos ya conocidos o parcialmente conocidos, y resolviendo cada zona. Los datos que no pueden conocerse inmediatamente, se pueden resolver guiándose por lo que se sabe y usando su solución para resolver el resto.*

LÓGICA 14: *Los factores que se introducen en un problema o solución que no provienen de la ley natural, sino sólo de una orden autoritaria, aberran ese problema o solución.*

LÓGICA 15: *La introducción de un factor arbitrario en un problema o solución invita a la introducción adicional de factores arbitrarios en los problemas y soluciones.*

LÓGICA 16: *Un postulado abstracto debe compararse con el universo al que se aplica y ponerse en la categoría de aquello que puede percibirse, medirse o experimentarse en ese universo antes de que tal postulado pueda considerarse funcional.*

LÓGICA 17: *Aquellos campos que más dependen de la opinión autoritaria para sus datos, son los que menos contienen la ley natural conocida.*

LÓGICA 18: *Un postulado es valioso en la medida en que sea funcional.*

LÓGICA 19: *La funcionalidad de un postulado se establece por el grado en que explica fenómenos existentes ya conocidos, por el grado en que predice nuevos fenómenos que cuando se buscan se encontrará que existen, y por el grado en que no requiere para su explicación que se afirme la existencia de fenómenos que de hecho no existen.*